# Stimmen zum Buch *Bitcoin – Grundlagen und Programmierung*

*Bitcoin – Grundlagen und Programmierung* ist sehr nützlich für jeden, der die Technologie von Bitcoin und die Konzepte des Protokolls verstehen will oder muss.

*– René Pickhardt, Bitcoin Lightning Network Developer*

Tauchen Sie in die faszinierende Welt von Bitcoin ein – mit *Bitcoin – Grundlagen und Programmierung*, dem definitiven Leitfaden, der Sie durch die Besonderheiten dieser digitalen Währung navigiert. Ganz gleich, ob Sie Entwickler, Investor oder einfach nur neugierig auf die Zukunft des Geldes sind, dieses umfassende Buch dient Ihnen als Wegweiser, der Ihnen wesentliches Wissen vermittelt und Sie in die Lage versetzt, sicher an der Ära des Internets des Geldes teilzunehmen.

*– Jorge Lesmes, Senior Director bei NTT DATA*

Fast ein Jahrzehnt nach der erstmaligen Veröffentlichung bestätigt die dritte Auflage von *Bitcoin – Grundlagen und Programmierung*, dass es die erste Anlaufstelle für technische Bitcoin-Lerninhalte ist. Kein anderes Buch ist so umfassend und aktuell.

*– Olaoluwa Osuntokun, CTO bei Lightning Labs*

Ein umfassender Überblick darüber, was unter der Haube von Bitcoin vor sich geht und wie die Dinge zusammenpassen.

*– Mark »Murch« Erhardt, Bitcoin Engineer bei Chaincode Labs*

# Bitcoin – Grundlagen und Programmierung

3. Auflage

# Bitcoin – Grundlagen und Programmierung

*Die Blockchain verstehen, Bitcoin-Anwendungen entwickeln*

*Andreas M. Antonopoulos,*
*David A. Harding*

*Deutsche Übersetzung von*
*Peter Klicman*

O'REILLY®

Andreas M. Antonopoulos, David A. Harding

Lektorat: Ariane Hesse
Übersetzung: Peter Klicman
Korrektorat: Sibylle Feldmann, *www.richtiger-text.de*
Satz: III-satz, *www.drei-satz.de*
Herstellung: Stefanie Weidner
Umschlaggestaltung: Karen Montgomery, Michael Oréal, *www.oreal.de*
Druck und Bindung: mediaprint solutions GmbH, 33100 Paderborn

Bibliografische Information der Deutschen Nationalbibliothek
Die Deutsche Nationalbibliothek verzeichnet diese Publikation in der Deutschen Nationalbibliografie; detaillierte bibliografische Daten sind im Internet über *http://dnb.d-nb.de* abrufbar.

ISBN:
Print 978-3-96009-247-6
PDF 978-3-96010-883-2
ePub 978-3-96010-884-9

3. Auflage 2025

Wieblinger Weg 17
69123 Heidelberg



*Hinweis:*
Dieses Buch wurde mit mineralölfreien Farben auf PEFC-zertifiziertem Papier aus nachhaltiger Waldwirtschaft gedruckt. Der Umwelt zuliebe verzichten wir zusätzlich auf die Einschweißfolie. Hergestellt in Deutschland.

PEFC-zertifiziert
Dieses Buch stammt aus nachhaltig bewirtschafteten Wäldern und kontrollierten Quellen
PEFC
PEFC/04-31-0810
www.pefc.de

*Schreiben Sie uns:*
Falls Sie Anregungen, Wünsche und Kommentare haben, lassen Sie es uns wissen: *kommentar@oreilly.de*.



5 4 3 2 1 0

# Inhalt

# Vorwort

## Ein Bitcoin-Buch schreiben

Ich (Andreas) stolperte Mitte 2011 das erste Mal über Bitcoin. Meine erste Reaktion war mehr oder weniger »Pfft! Nerd-Geld!«, und ich ignorierte es für weitere sechs Monate, ohne seine Bedeutung zu erkennen. Diese Reaktion habe ich bei vielen der klügsten Menschen, die ich kenne, beobachtet, was mich ein bisschen tröstet. Als ich in einer Mailinglistendiskussion das zweite Mal über Bitcoin stolperte, entschied ich mich, das Whitepaper von Satoshi Nakamoto zu lesen, um die maßgebliche Quelle zu studieren und herauszufinden, worum es denn da eigentlich ging. Ich erinnere mich immer noch an den Moment, als ich diese neun Seiten gelesen hatte und begriff, dass Bitcoin nicht einfach eine digitale Währung, sondern ein Vertrauensnetzwerk ist, das die Basis für weit mehr als nur Währungen sein konnte. Die Erkenntnis, dass das »kein Geld, sondern ein dezentralisiertes Vertrauensnetzwerk« ist, schickte mich auf eine viermonatige Reise, in der ich jedes Quäntchen an Informationen über Bitcoin, das ich finden konnte, aufsaugte. Es hatte mich gepackt, und wie besessen verbrachte ich täglich zwölf Stunden und mehr vor dem Bildschirm, in denen ich las, schrieb, programmierte und so viel lernte, wie ich konnte. Nachdem ich aus diesem Zustand wieder erwachte, war ich zehn Kilogramm leichter und hatte mich entschieden, zukünftig an Bitcoin zu arbeiten.

Zwei Jahre später, nachdem ich eine Reihe kleiner Start-ups gegründet hatte, um verschiedene Bitcoin-bezogene Dienste und Produkte zu erforschen, entschied ich, dass es an der Zeit wäre, mein erstes Buch zu schreiben. Bitcoin hatte mich in einen Kreativitätsrausch versetzt und meine Gedanken bestimmt. Das war die aufregendste Technologie, der ich seit Beginn des Internets begegnet war – Zeit also, meine Leidenschaft für diese faszinierende Technologie mit einem breiteren Publikum zu teilen.

## Leserkreis

Dieses Buch richtet sich hauptsächlich an Entwicklerinnen und Entwickler. Wenn Sie eine Programmiersprache beherrschen, lehrt Sie dieses Buch, wie kryptografische

Währungen funktionieren, wie man sie nutzt und wie man Software entwickelt, die mit ihnen arbeitet. Die ersten Kapitel eignen sich ebenfalls als ausführliche Einführung in Bitcoin für Nichtprogrammierer, also für diejenigen, die die innere Funktionsweise von Bitcoin und Kryptowährungen verstehen wollen.

## Warum sind Ameisen auf dem Cover?

Die Blattschneiderameise ist eine Spezies, die in einem Kolonie-Superorganismus ein hochkomplexes Verhalten zeigt. Doch jede einzelne Ameise agiert nach einem Satz einfacher Regeln, die durch soziale Interaktion und das Ausschütten chemischer Duftstoffe (Pheromone) gesteuert wird. Laut (englischer) Wikipedia bilden Blattschneiderameisen nach dem Menschen die größten und komplexesten Tiergesellschaften. Blattschneiderameisen essen keine Blätter, vielmehr nutzen sie sie, um einen Pilz anzubauen, der die zentrale Futterquelle der Kolonie bildet. Diese Ameisen betreiben also Landwirtschaft!!

Zwar bilden Ameisen eine kastenbasierte Gesellschaft und haben eine Königin, die für den Nachwuchs sorgt, doch es gibt weder eine zentrale Autorität noch einen Anführer. Das hochgradig intelligente und komplexe Verhalten, das eine aus mehreren Millionen Ameisen bestehende Kolonie zeigt, ist eine emergente Eigenschaft der Interaktion von Individuen in einem sozialen Netzwerk.

Die Natur demonstriert, dass ein dezentralisiertes System robust, komplex und unglaublich ausgereift sein kann, ohne eine zentrale Autorität, eine Hierarchie oder komplexe Teile zu benötigen.

Bitcoin ist ein kunstvolles dezentralisiertes Vertrauensnetzwerk, das eine Vielzahl finanzieller Prozesse unterstützen kann. Dennoch folgt jeder Knoten im Bitcoin-Netzwerk nur einigen wenigen einfachen mathematischen Regeln. Die Interaktion zwischen vielen Knoten führt zu diesem ausgeklügelten Verhalten, nicht die Komplexität eines einzelnen Knotens oder das in ihn gesetzte Vertrauen. Wie eine Ameisenkolonie ist das Bitcoin-Netzwerk ein robustes Netzwerk einfacher Knoten, die einfachen Regeln folgen, um erstaunliche Dinge ohne zentrale Koordinierung zu erreichen.

## Verwendete Konventionen

Im Buch folgen wir diesen typografischen Konventionen:

*Kursivschrift*
: Wird für neue Begriffe, URLs, E-Mail-Adressen, Dateinamen und Dateierweiterungen verwendet.

`Nichtproportionalschrift`
: Wird für Programmlistings verwendet. Im normalen Fließtext werden damit Programmelemente wie Variablen- oder Funktionsnamen, Datenbanken, Datentypen, Umgebungsvariablen, Anweisungen und Schlüsselwörter hervorgehoben.

`**Nichtproportionalschrift fett**`
: Wird für Befehle oder andere Eingaben verwendet, die Sie wortwörtlich eingeben müssen.

*`Nichtproportionalschrift kursiv`*
: Wird für Text verwendet, der durch benutzereigene oder durch den Kontext bestimmte Werte ersetzt wird.

**Tipp**
Mit diesem Symbol wird ein Tipp oder ein Vorschlag angezeigt.

**Hinweis**
Dieses Symbol repräsentiert einen allgemeinen Hinweis.

**Warnung**
Hiermit wird eine Warnung angezeigt.

## Codebeispiele

Alle Code-Snippets können für die meisten Betriebssysteme mit einer minimalen Installation der Compiler und Interpreter für die entsprechenden Sprachen repliziert werden. Wenn nötig, stellen wir grundlegende Installationsanweisungen und schrittweise Beispiele der Ausgaben bereit.

Einige der Code-Snippets wurden für den Druck aufbereitet. In diesen Fällen wurden die Zeilen mit einem Backslash-Zeichen (\) gefolgt von einem Newline-Zeichen getrennt. Wenn Sie mit den Beispielen arbeiten, sollten Sie diese beiden Zeichen entfernen und die Zeilen wieder zusammenfassen. Die Ergebnisse sollten dann denen der Beispiele entsprechen.

Alle Code-Snippets verwenden wann immer möglich reale Werte und Berechnungen. Sie können sich also von Beispiel zu Beispiel vorarbeiten und kommen immer zu den gleichen Ergebnissen wie das Buch.

## Verwendung der Codebeispiele

Dieses Buch ist dazu gedacht, Ihnen bei der Erledigung Ihrer Arbeit zu helfen. Im Allgemeinen dürfen Sie den Code in diesem Buch in Ihren eigenen Programmen oder Dokumentationen verwenden. Solange Sie den Code nicht in großem Umfang reproduzieren, brauchen Sie uns nicht um Erlaubnis zu bitten. Zum Beispiel benötigen

Sie nicht unsere Erlaubnis, wenn Sie ein Programm unter Zuhilfenahme mehrerer Codestücke aus diesem Buch schreiben. Eine Frage mit einem Zitat oder einem Codebeispiel aus dem Buch zu beantworten, erfordert ebenfalls keine Genehmigung. Signifikante Teile des Beispielcodes aus dem Buch für die eigene Produktdokumentation zu verwerten, ist dagegen genehmigungspflichtig.

Wir freuen uns über eine Quellenangabe, verlangen sie aber nicht unbedingt. Zu einer Quellenangabe gehören normalerweise Autor, Titel, Verlagsangabe, Veröffentlichungsjahr und ISBN, hier also: »Andreas M. Antonopoulos und David A. Harding, *Mastering Bitcoin*, O'Reilly Media, Inc. 2024, ISBN 978-1098150099.

Einige Auflagen dieses Buchs werden unter einer Open-Source-Lizenz wie CC-BY-NC (*https://oreil.ly/RzUHE*) angeboten. In diesem Fall gelten die Bedingungen dieser Lizenz.

Sollten Sie befürchten, dass Ihre Verwendung der Codebeispiele gegen das Fairnessprinzip oder die Genehmigungspflicht verstoßen könnte, nehmen Sie bitte unter *permissions@oreilly.com* Kontakt mit O'Reilly Media, Inc. auf.

## Neuerungen der dritten Auflage

Die dritte Auflage konzentriert sich auf die Aktualisierung des Texts der zweiten Auflage aus dem Jahr 2017 sowie der aus der ersten Auflage von 2014 verbliebenen Inhalte. Zusätzlich wurden viele Konzepte ergänzt, die für die Bitcoin-Entwicklung im Jahr 2023 von Bedeutung waren:

*Kapitel 4*
: Wir haben die Adressinfo neu organisiert, sodass alles in der historischen Reihenfolge durchgegangen werden kann. Wir haben einen neuen Abschnitt zu P2PK hinzugefügt (wo »Adresse« eine »IP-Adresse« war), die Abschnitte zu P2PKH und P2SH überarbeitet und Abschnitte zu Segwit/Bech32 und Taproot/Bech32m ergänzt.

*Kapitel 6 und Kapitel 7*
: Der Text der alten Kapitel 6, »Transaktionen«, und Kapitel 7, »Transaktionen und Skripting für Fortgeschrittene«, wurde in vier Kapiteln neu organisiert: Kapitel 6 (Transaktionen), Kapitel 7 (»Autorisierung und Authentifizierung«), Kapitel 8 (»Digitale Signaturen«) und Kapitel 9 (»Transaktionsgebühren«).

*Kapitel 6*
: Ein fast vollständig neuer Text beschreibt die Struktur einer Transaktion.

*Kapitel 7*
: Wir haben Text zu MAST, P2C, skriptlosen Multisignaturen, Taproot und Tapscript ergänzt.

*Kapitel 8*
: Der Text zu ECDSA wurde überarbeitet, und Text zu Schnorr-Signaturen wurde ergänzt.

*Kapitel 9*
Der Text zu Gebühren, RBF- und CPFP-Fee-Bumping, Transaktions-Pinning, Paketweiterleitung (Package Relay) und CPFP-Carve-out wurde fast vollständig neu geschrieben.

*Kapitel 10*
Wir haben Text zu Compact Block Relay hinzugefügt, Bloomfilter überarbeitet, um deren Probleme mit der Privatsphäre besser zu beschreiben, und Text zu kompakten Blockfiltern ergänzt.

*Kapitel 11*
Text zu Signet ergänzt.

*Kapitel 12*
Text zu BIP8 und Speedy Trial ergänzt.

*Anhänge*
Bibliotheksspezifische Anhänge wurden entfernt. Auf den Anhang mit dem Original-Whitepaper folgt nun ein Anhang, der beschreibt, wie sich die Implementierung und die Eigenschaften von Bitcoin vom Whitepaper unterscheiden.

## Bitcoin-Adressen und -Transaktionen in diesem Buch

Die Bitcoin-Adressen, Transaktionen, Schlüssel, QR-Codes und Blockchain-Daten in diesem Buch sind größtenteils real. Das bedeutet, dass Sie die Blockchain durchgehen und den größten Teil real nachverfolgen können. Sie können also die Blockchain durchsuchen, sich die in den Beispielen enthaltenen Transaktionen genau ansehen, sie mit Ihren eigenen Skripten/Programmen abrufen und so weiter.

Beachten Sie aber, dass die in diesem Buch zur Generierung von Adressen verwendeten privaten Schlüssel entweder in diesem Buch abgedruckt oder »verbrannt« wurden. Wenn Sie also Geld an diese Adressen senden, ist es für immer verloren, oder es kann von jedem abgeschöpft werden, der die hier abgedruckten privaten Schlüssel kennt.

> *Bitte senden Sie keinesfalls Geld an irgendeine der in diesem Buch verwendeten Adressen.* Ihr Geld landet bei einem anderen Leser oder ist für immer verloren.

## Die Autoren kontaktieren

Sie erreichen Andreas M. Antonopoulos über seine persönliche Website: *https://antonopoulos.com*.

Folgen Sie Andreas auf Facebook: *https://facebook.com/AndreasMAntonopoulos*.

Twitter-Account von Andreas (eingestellt): *https://twitter.com/aantonop*.

Folgen Sie Andreas auf LinkedIn: *https://linkedin.com/company/aantonop*.

Herzlichen Dank an die Förderer von Andreas, die seine Arbeit durch monatliche Spenden unterstützen. Seine Patreon-Seite finden Sie hier: *https://patreon.com/aantonop*.

Informationen zu *Mastering Bitcoin*, zur Open Edition und Übersetzungen finden Sie hier: *https://bitcoinbook.info*.

Sie erreichen David A. Harding über seine persönliche Website: *https://dtrt.org*.

## Danksagungen der ersten und zweiten Auflage

*Von Andreas M. Antonopoulos*

Dieses Buch spiegelt die Bemühungen und Beiträge vieler Menschen wider. Ich bin sehr dankbar für die Hilfe, die ich von Freunden, Kollegen, aber auch völlig Fremden erhalten habe, die mich dabei unterstützt haben, diesen technischen Leitfaden zu Kryptowährungen und Bitcoin zu schreiben.

Es ist unmöglich, zwischen der Bitcoin-Technologie und der Bitcoin-Community zu unterscheiden, und dieses Buch ist ebenso ein Produkt dieser Community wie ein Buch über die Technologie. Meine Arbeit an diesem Buch wurde vom Anfang bis zum Ende von der Community befürwortet, angefeuert und unterstützt. Neben vielem anderen ermöglichte mir dieses Buch, über zwei Jahre Teil dieser wundervollen Community zu sein, und ich bin mehr als dankbar, in dieser Community akzeptiert worden zu sein. Eine große Menge an Menschen haben das Buch beeinflusst, und es sind viel zu viele, um sie beim Namen zu nennen. Es sind Menschen, die ich auf Konferenzen, Events, Seminaren, Meet-ups, beim Pizza-Plausch oder bei privaten Treffen kennengelernt habe, ebenso wie bei Twitter, auf reddit, bitcointalk.org und GitHub. Jede Idee, Analogie, Frage, Antwort und Erläuterung in diesem Buch wurde an irgendeinem Punkt durch die Community inspiriert, getestet und verbessert. Ich danke euch allen für die Unterstützung. Ohne euch hätte es dieses Buch nie gegeben, und ich bin euch für immer dankbar.

Der Weg zum Autor begann natürlich lange vor dem ersten Buch. Meine erste Sprache war Griechisch (und damit war auch mein erster Unterricht in Griechisch). Deshalb belegte ich im ersten Jahr an der Universität einen Schreibkurs. Ich danke meiner damaligen Lehrerin Diana Kordas, die mir in diesem Jahr dabei half, Selbstvertrauen und Fertigkeiten zu sammeln. Später schrieb ich für das *Network World Magazine* und entwickelte meine Fertigkeiten als technischer Autor im Bereich Data Center. Ich danke John Dix und John Gallant, die mir meinen ersten Job als Kolumnist bei *Network World* gaben, sowie meinem Lektor Michael Cooney und meinem Kollegen Johna Till Johnson, die meine Kolumnen lektorierten und für eine Veröffentlichung aufbereiteten. Vier Jahre lang 500 Wörter pro Woche zu schreiben, sorgten für ausreichend Erfahrung, um ernsthaft über ein Dasein als Autor nachzudenken.

Vielen Dank auch an diejenigen, die mich unterstützten, nachdem ich meinen Buchvorschlag bei O'Reilly eingereicht hatte, indem sie Empfehlungen aussprachen und sich den Entwurf genauer ansahen. Mein Dank geht an John Gallant, Gregory Ness, Richard Stiennon, Joel Snyder, Adam B. Levine, Sandra Gittlen, John Dix, Johna Till Johnson, Roger Ver und Jon Matonis. Besonderer Dank geht an Richard Kagan und Tymon Mattoszko, die frühe Fassungen prüften, und an Matthew Taylor, der diese Fassung lektorierte.

Dank an Cricket Liu, Autor des O'Reilly-Titels *DNS and BIND*, der mich bei O'Reilly vorgestellt hat. Ein Dank auch an Michael Loukides und Allyson MacDonald von O'Reilly, die Monate daran arbeiteten, dass dieses Buch Wirklichkeit wurde. Allyson war besonders aufmerksam, wenn Abgabefristen verstrichen und Ergebnisse fehlten. Bei der zweiten Ausgabe gab Timothy McGovern die Richtung vor, Kim Cofer übernahm das Lektorat, und Rebecca Panzer sorgte für viele neue Diagramme.

Die ersten Entwürfe der ersten Kapitel waren die schwersten, schlicht weil Bitcoin ein kompliziertes Thema ist. Sobald ich einen Aspekt herauspickte, musste ich direkt schon wieder das große Ganze betrachten. Wiederholt blieb ich hängen und war frustriert, wenn ich versuchte, ein Thema leicht verständlich rüberzubringen, indem ich eine Geschichte um ein schwieriges technisches Thema herum erzählen wollte. Letztendlich entschied ich mich dafür, die Geschichte des Bitcoins über die Geschichten derjenigen zu erzählen, die Bitcoins nutzen. Das Buch zu schreiben, wurde dadurch erheblich einfacher. Ich schulde meinem Freund und Mentor Richard Kagan Dank, der mir dabei half, die Geschichte zu entwirren und meine Schreibblockaden zu überwinden. Ich danke Pamela Morgan, die frühe Fassungen jedes Kapitels der ersten und zweiten Auflage Korrektur las und die richtigen Fragen stellte. Mein Dank geht auch an die Entwickler der »San Francisco Bitcoin Developers Meetup«-Gruppe sowie an Taariq Lewis und Denise Terry, die dabei halfen, das frühe Material zu testen. Dank ebenfalls an Andrew Naugler für den Entwurf der Infografiken.

Während ich das Buch schrieb, machte ich frühe Fassungen auf GitHub verfügbar und lud dazu ein, diese zu kommentieren. Über 100 Kommentare, Vorschläge, Korrekturen und Beiträge sind daraufhin eingegangen. Für diese Beiträge bedanke ich mich explizit in »Early Release Draft (GitHub-Beiträge)« auf Seite 23. Zuallererst gilt mein Dank meinen freiwilligen GitHub-Lektoren Ming T. Nguyen (erste Auflage) und Will Binns (zweite Auflage), die auf GitHub unermüdlich Pull-Requests kuratiert, verwaltet und aufgelöst, Reports veröffentlicht und Bug-Fixes vorgenommen haben.

Sobald die erste Fassung stand, wurde sie mehrfach von technischen Korrektoren überarbeitet. Vielen Dank an Cricket Liu und Lorne Lantz für deren sorgfältiges Korrekturlesen sowie ihre Kommentare und die Unterstützung.

Verschiedene Bitcoin-Entwickler steuerten Codebeispiele, Korrekturen und Kommentare bei. Dank an Amir Taaki und Eric Voskuil für Beispielcode und viele gute Kommentare, Chris Kleeschulte für den Bitcore-Anhang, Vitalik Buterin und Richard Kiss für Codebeiträge und ihre Hilfe bei der Mathematik elliptischer Kurven, Gavin Andresen für Korrekturen und Kommentare, Michalis Kargakis für Kommentare und Beiträge sowie Robin Inge für die Fehlerkorrektur der zweiten Auflage. Auch bei der zweiten Auflage erhielt ich wieder Hilfe von vielen Bitcoin-Core-Entwicklern, darunter Eric Lombrozo, der Segregated Witness entmystifizierte, Luke Dashjr, der mir beim Kapitel über Transaktionen half, Johnson Lau, der (unter anderem) das Kapitel zu Segregated Witness Korrektur las, und viele andere. Ich danke Joseph Poon, Tadge Dryja und Olaoluwa Osuntokun, die mir das Lightning Network erklärten, meinen Text Korrektur lasen und Fragen beantworteten, wenn ich nicht weiterkam.

Meine Liebe für Wörter und Bücher verdanke ich meiner Mutter Theresa, die mich in einem Haus aufzog, in dem Bücher jede Wand mit Beschlag belegten. Meine Mutter kaufte mir 1982 auch meinen ersten Computer, obwohl sie sich selbst als technophob beschrieb. Mein Vater Menelaos, ein Bauingenieur, der sein erstes Buch im Alter von 80 Jahren veröffentlichte, lehrte mich logisches und analytisches Denken und schürte meine Vorliebe für Wissenschaft und Technik.

Ich danke euch allen für eure Unterstützung während meiner Reise.

## Danksagungen zur dritten Auflage

*Von David A. Harding*

Die Einführung in das nicht interaktive Schnorr-Signaturprotokoll in »Schnorr-Signaturen« auf Seite 209, die mit der Beschreibung des interaktiven Schnorr-Identitätsprotokolls beginnt, wurde stark von der Einführung in das Thema in »Borromean Ring Signatures« (2015) von Gregory Maxwell und Andrew Poelstra beeinflusst. Ich stehe tief in beider Schuld für die Hilfe, die sie mir über die letzte Dekade hinweg gewährt haben.

Wertvolle technische Reviews früher Fassungen dieses Manuskripts kamen von Jorge Lesmes, Olaoluwa Osuntokun, René Pickhardt und Mark »Murch« Erhardt. Insbesondere Murchs ausführliches und aufschlussreiches Review und seine Bereitschaft, mehrere Versionen desselben Texts zu beurteilen, haben die Qualität dieses Buchs weit über meine Erwartungen hinaus verbessert.

Ich schulde auch Jimmy Song meinen Dank, der mich für dieses Projekt vorgeschlagen hat, meinem Mitautor Andreas, dass ich diesen Beststeller aktualisieren durfte, Angela Rufino, die mich durch den Prozess der Autorschaft bei O'Reilly geleitet hat, sowie allen anderen Mitarbeitenden bei O'Reilly, die das Schreiben der dritten Auflage zu einer angenehmen und produktiven Erfahrung gemacht haben.

Ich weiß nicht, wie ich all den Bitcoin-Beitragenden danken soll, die mir auf meinem Weg geholfen haben – sei es bei der Entwicklung der von mir genutzten Software oder dabei, mir beizubringen, wie sie funktioniert, und mir zu helfen, mein bisschen Wissen weiterzugeben. Es sind zu viele, um ihre Namen aufzuführen, doch ich denke oft an sie und weiß, dass mein Beitrag zu diesem Buch ohne all das, was sie für mich getan haben, nicht möglich gewesen wäre.

## Early Release Draft (GitHub-Beiträge)

Viele Beitragende lieferten Kommentare, Korrekturen und Ergänzungen zum Early Release Draft auf GitHub. Ich danke euch allen für euren Beitrag zu diesem Buch.

Nachfolgend eine Liste wichtiger GitHub-Beitragender mit deren GitHub-IDs in Klammern:

- Abdussamad Abdurrazzaq (AbdussamadA)
- Adán SDPC (aesedepece)
- Akira Chiku (achiku)
- Alex Waters (alexwaters)
- Andrew Donald Kennedy (grkvlt)
- Andrey Esaulov (andremaha)
- andronoob
- AnejaBK
- Appaji (CITIZENDOT)
- ariesunny
- Arthur O'Dwyer (Quuxplusone)
- bargitta
- Basem Alasi (Bamskki)
- bisqfan
- bitcoinctf
- blip151
- Bryan Gmyrek (physicsdude)
- Carlos Sims (simsbluebox)
- Casey Flynn (cflynn07)
- cclauss
- Chapman Shoop (belovachap)
- chrisd95
- Christie D'Anna (avocadobreath)
- Cihat Imamoglu (cihati)
- Cody Scott (Siecje)
- coinradar
- Cragin Godley (cgodley)
- Craig Dodd (cdodd)
- dallyshalla
- Dan Nolan (Dan-Nolan)
- Dan Raviv (danra)
- Darius Kramer (dkrmr)
- Darko Janković (trulex)
- David Huie (DavidHuie)
- didongke
- Diego Viola (diegoviola)
- Dimitris Tsapakidis (dimitris-t)
- Dirk Jäckel (biafra23)
- Dmitry Marakasov (AMDmi3)
- drakos (Jolly-Pirate)
- drstrangeM
- Ed Eykholt (edeykholt)
- Ed Leafe (EdLeafe)
- Edward Posnak (edposnak)
- Elias Rodrigues (elias19r)
- Eric Voskuil (evoskuil)
- Eric Winchell (winchell)
- Erik Wahlström (erikwam)
- effectsToCause (vericoin)
- Esteban Ordano (eordano)
- ethers
- Evlix
- fabienhinault
- Fan (whiteath)
- Felix Filozov (ffilozov)
- Francis Ballares (fballares)
- François Wirion (wirion)
- Frank Höger (francyi)
- Gabriel Montes (gabmontes)
- Gaurav Rana (bitcoinsSG)
- genjix

- Geremia
- Gerry Smith (Hermetic)
- gmr81
- Greg (in3rsha)
- Gregory Trubetskoy (grisha)
- Gus (netpoe)
- halseth
- harelw
- Harry Moreno (morenoh149)
- Hennadii Stepanov (hebasto)
- Holger Schinzel (schinzelh)
- Ioannis Cherouvim (cherouvim)
- Ish Ot Jr. (ishotjr)
- ivangreene
- James Addison (jayaddison)
- Jameson Lopp (jlopp)
- Jason Bisterfeldt (jbisterfeldt)
- Javier Rojas (fjrojasgarcia)
- Jordan Baczuk (JBaczuk)
- Jeremy Bokobza (bokobza)
- JerJohn15
- jerzybrzoska
- Jimmy DeSilva (jimmydesilva)
- Jo Wo (jowo-io)
- Joe Bauers (joebauers)
- joflynn
- Johnson Lau (jl2012)
- Jonathan Cross (jonathancross)
- Jorgeminator
- jwbats
- Kai Bakker (kaibakker)
- kollokollo
- krupawan5618
- kynnjo
- Liangzx
- lightningnetworkstores
- lilianrambu
- Liu Yue (lyhistory)
- Lobbelt
- Lucas Betschart (lclc)
- Matt Wesley (MatthewWesley)
- Magomed Aliev (30mb1)
- Mai-Hsuan Chia (mhchia)
- Marco Falke (MarcoFalke)
- María Martín (mmartinbar)
- Marcus Kiisa (mkiisa)
- Mark Erhardt (Xekyo)
- Mark Pors (pors)
- Martin Harrigan (harrigan)
- Martin Vseticka (MartyIX)
- Marzig (marzig76)
- Matt McGivney (mattmcgiv)
- Matthijs Roelink (Matthiti)
- Maximilian Reichel (phramz)
- MG-ng (MG-ng)
- Michalis Kargakis (kargakis)
- Michael C. Ippolito (michaelcippolito)
- Michael Galero (mikong)
- Michael Newman (michaelbnewman)
- Mihail Russu (MihailRussu)
- mikew (mikew)
- milansismanovic
- Minh T. Nguyen (enderminh)
- montvid
- Morfies (morfies)
- Nagaraj Hubli (nagarajhubli)
- Nekomata (nekomata-3)
- nekonenene
- Nhan Vu (jobnomade)
- Nicholas Chen (nickycutesc)

- Ning Shang (syncom)
- Oge Nnadi (ogennadi)
- Oliver Maerz (OliverMaerz)
- Omar Boukli-Hacene (oboukli)
- Óscar Nájera (Titan-C)
- Parzival (Parz-val)
- Paul Desmond Parker (sunwukonga)
- Philipp Gille (philippgille)
- ratijas
- rating89us
- Raul Siles (raulsiles)
- Reproducibility Matters (TheCharlatan)
- Reuben Thomas (rrthomas)
- Robert Furse (Rfurse)
- Roberto Mannai (robermann)
- Richard Kiss (richardkiss)
- rszheng
- Ruben Alexander (hizzvizz)
- Sam Ritchie (sritchie)
- Samir Sadek (netsamir)
- Sandro Conforto (sandroconforto)
- Sanjay Sanathanan (sanjays95)
- Sebastian Falbesoner (theStack)
- Sergei Tikhomirov (s-tikhomirov)
- Sergej Kotliar (ziggamon)
- Seiichi Uchida (topecongiro)
- shaysw
- Simon de la Rouviere (simondlr)
- simone-cominato
- sindhoor7
- Stacie (staciewaleyko)
- Stephan Oeste (Emzy)
- Stéphane Roche (Janaka-Steph)
- takaya-imai
- Thiago Arrais (thiagoarrais)
- Thomas Kerin (afk11)
- Tochi Obudulu (tochicool)
- Tosin (tkuye)
- Vasil Dimov (vasild)
- venzen
- Vlad Stan (motorina0)
- Vijay Chavda (VijayChavda)
- Vincent Déniel (vincentdnl)
- weinim
- wenxiaolong (QingShiLuoGu)
- wenzhenxiang
- Will Binns (wbnns)
- wintercooled
- wjx
- wll2007
- Wojciech Langiewicz (wlk)
- Yancy Ribbens (yancyribbens)
- yjjnls
- Yoshimasa Tanabe (emag)
- yuntai
- yurigeorgiev4
- Zheng Jia (zhengjia)
- Zhou Liang (zhouguoguo)

KAPITEL 1

# Einführung

Bitcoin ist eine Sammlung von Konzepten und Technologien, die ein Ökosystem für digitales Geld bilden. Währungseinheiten namens Bitcoin werden genutzt, um Werte zu speichern und sie zwischen den Teilnehmenden des Bitcoin-Netzwerks zu übertragen. Bitcoin-Nutzerinnen und -Nutzer kommunizieren miteinander über das Bitcoin-Protokoll. Das geschieht hauptsächlich über das Internet, andere Transportprotokolle sind aber auch möglich. Der Bitcoin-Protokollstack steht als Open-Source-Software zur Verfügung und ist auf einer Vielzahl von Geräten (einschließlich Laptops und Smartphones) lauffähig, d. h., der Zugang zu dieser Technik gestaltet sich einfach.

Nutzer können Bitcoin über das Netzwerk transferieren und damit das tun, was man auch mit normalem Geld macht: Güter kaufen und verkaufen, Geld an Menschen oder Organisationen überweisen oder jemandem einen Kredit gewähren. Bitcoin kann an speziellen Börsen gekauft, verkauft und gegen andere Währungen getauscht werden. Bitcoin ist in gewissem Sinn das perfekte Geld für das Internet, da es schnell und sicher ist und keine Grenzen kennt.

Im Gegensatz zu traditionellen Währungen ist Bitcoin vollständig virtuell. Es gibt keine Münzen im herkömmlichen Sinn und auch keine digitalen Münzen. Die Münzen (also die Coins) sind in Transaktionen enthalten, die Werte vom Sender zum Empfänger transferieren. Bitcoin-Nutzer verfügen über Schlüssel, die den Besitz von Bitcoins im Bitcoin-Netzwerk nachweisen. Mit diesen Schlüsseln können sie Transaktionen signieren, um den Betrag freizugeben und an einen neuen Eigentümer zu transferieren. Die Schlüssel werden häufig in einer digitalen Geldbörse (der Wallet) auf dem Computer oder Smartphone des Nutzers gespeichert. Der Besitz des Schlüssels, mit dem eine Transaktion signiert werden kann, ist die einzige Voraussetzung, um Bitcoins auszugeben, d. h., die Kontrolle liegt vollständig in den Händen der Nutzenden.

Bitcoin ist ein verteiltes Peer-to-Peer-System. Daher gibt es keinen »zentralen« Server oder Kontrollpunkt. Bitcoins werden in einem als Mining bezeichneten Prozess erzeugt, bei dem darum gerungen wird, wer als Erster die Lösung eines mathematischen Problems findet, während die Bitcoin-Transaktionen verarbeitet werden. Jeder Teilnehmer am Bitcoin-Netzwerk (d. h. jeder, auf dessen Gerät der vollständige

Bitcoin-Protokollstack läuft) kann als Miner fungieren und die Rechenleistung seines Computers nutzen, um Transaktionen zu verifizieren und festzuhalten. Im Schnitt ist alle zehn Minuten jemand in der Lage, die Transaktionen der letzten zehn Minuten zu verifizieren, und wird dafür mit neuen Bitcoins belohnt. Im Grunde dezentralisiert das Mining die Geldausgabe und die Abrechnung (das Clearing), wodurch eine Zentralbank überflüssig wird.

Das Bitcoin-Protokoll enthält fest eingebaute Algorithmen, die die Mining-Funktion innerhalb des Netzwerks regeln. Der Schwierigkeitsgrad (die *Difficulty*) der Rechenaufgabe, die die Miner lösen müssen, wird dynamisch so angepasst, dass im Durchschnitt alle zehn Minuten jemand erfolgreich ist, und zwar unabhängig davon, wie viele Miner (und wie viel Rechenleistung) gerade an der Lösung arbeiten. Das Protokoll halbiert alle vier Jahre die Geschwindigkeit, mit der neue Bitcoins erzeugt werden, und beschränkt die Gesamtzahl der Bitcoins auf etwas unter 21 Millionen. Das führt dazu, dass die im Umlauf befindlichen Bitcoins einer einfach vorhersagbaren Kurve folgen, nach der die 21 Millionen im Jahr 2140 erreicht werden. Ungefähr bei Block 1.411.200, der um das Jahr 2035 erzeugt wird, werden 99% aller jemals existierenden Bitcoins erzeugt worden sein. Durch die sinkende Geschwindigkeit der Ausgabe ist die Währung Bitcoin auf lange Sicht deflationär. Darüber hinaus kann der Bitcoin nicht »aufgeblasen« werden, indem man neue Coins über oder unter der erwarteten Ausgaberate »druckt«.

Hinter den Kulissen ist Bitcoin auch der Name eines Protokolls, eines Peer-to-Peer-Netzwerks und einer Innovation in Sachen *Distributed Computing*. Tatsächlich ist die Währung Bitcoin nur die erste Anwendung dieser innovativen Technik. Bitcoin repräsentiert den Höhepunkt jahrzehntelanger Forschung zu den Themen Kryptografie und verteilte Systeme. Die Technik fasst vier Schlüsselinnovationen in einer einmaligen und leistungsfähigen Kombination zusammen. Bitcoin besteht aus:

- einem dezentralisierten Peer-to-Peer-Netzwerk (dem Bitcoin-Protokoll),
- einem öffentlichen Kassenbuch (der Blockchain),
- einer Reihe von Regeln für die unabhängige Validierung von Transaktionen und die Geldausgabe (Konsensregeln) sowie
- einem Mechanismus, mit dem ein globaler, dezentralisierter Konsens zur jeweils gültigen Blockchain erreicht wird (Proof-of-Work-Algorithmus).

Als Entwickler sehe ich Bitcoin als eine Art Internet des Geldes – als Netzwerk für die Verteilung von Werten und die Sicherung des Eigentums an digitalen Vermögenswerten mithilfe verteilter Berechnungen. Hinter Bitcoin steht viel mehr, als es auf den ersten Blick scheint.

In diesem Kapitel wollen wir einige der wesentlichen Konzepte und Begriffe erläutern, uns die notwendige Software beschaffen und Bitcoin für einfache Transaktionen nutzen. In den folgenden Kapiteln sehen wir uns dann schrittweise die tieferen Schichten der Technik an, die Bitcoin möglich machen, und untersuchen das Innenleben des Bitcoin-Netzwerks und -Protokolls.

## Digitale Währungen vor Bitcoin

Das Aufkommen brauchbarer digitaler Währung ist eng mit den Entwicklungen in der Kryptografie verknüpft. Das ist nicht weiter überraschend, wenn man die Herausforderungen betrachtet, vor denen man steht, wenn man Bits nutzt, um Werte zu repräsentieren, die gegen Güter und Dienste getauscht werden können. Für jeden, der digitales Geld akzeptiert, stellen sich drei grundlegende Fragen:

- Kann ich sicher sein, dass das Geld echt und nicht gefälscht ist?
- Kann ich sicher sein, dass digitales Geld nur einmal ausgegeben werden kann (das sogenannte *Double-Spending-Problem*)?
- Kann ich sicher sein, dass niemand außer mir dieses Geld für sich beansprucht?

Die Herausgeber von Papiergeld bekämpfen das Fälschungsproblem mit immer ausgefeilteren Papieren und anspruchsvoller Drucktechnik. Physikalisches Geld verhindert das Problem des doppelten Ausgebens ganz einfach, weil eine Banknote nicht an zwei Orten gleichzeitig sein kann. Natürlich wird konventionelles Geld häufig digital gespeichert und überwiesen. In diesen Fällen werden Fälschungen und Double Spending verhindert, indem alle elektronischen Transaktionen durch zentrale Instanzen verarbeitet werden, die eine globale Übersicht über alle im Umlauf befindlichen Währungen haben. Bei digitalem Geld, das nicht auf esoterische Tinten oder Hologramme zurückgreifen kann, bildet Kryptografie die Basis für das Vertrauen in die Legitimität eines Besitzanspruchs. Insbesondere kryptografische digitale Signaturen ermöglichen einem Nutzer, ein digitales Gut oder eine Transaktion zu signieren und so das Eigentum an diesem Gut zu beweisen. Mit der richtigen Architektur können digitale Signaturen auch verwendet werden, um das Double-Spending-Problem in den Griff zu bekommen.

Als die Kryptografie in den späten 1980ern einer breiteren Masse zur Verfügung stand und besser verstanden wurde, versuchten viele Forschende, Kryptografie zum Aufbau digitaler Währungen zu nutzen. Diese frühen Projekte gaben digitales Geld heraus, das durch eine nationale Währung oder ein Edelmetall wie Gold gedeckt war.

Zwar funktionierten diese frühen digitalen Währungen, doch sie waren zentralisiert und dementsprechend von Regierungen und Hackern einfach anzugreifen. Frühe digitale Währungen nutzten (genau wie das traditionelle Bankensystem) eine zentrale Abrechnungsstelle, um alle Transaktionen in regelmäßigen Intervallen abzuwickeln. Leider gerieten die meisten dieser aufstrebenden digitalen Währungen ins Visier besorgter Regierungen und wurden letztendlich auf dem Rechtsweg aus dem Weg geschafft. Einige gingen spektakulär unter, als das Mutterunternehmen unvermittelt abgewickelt wurde. Um gegen Interventionen durch Antagonisten gewappnet zu sein, war eine *dezentralisierte* digitale Währung nötig, um einen zentralen Angriffspunkt zu vermeiden. Bitcoin ist ein solches System, es wurde bereits von Grund auf dezentralisiert entworfen. Es kommt vollständig ohne zentrale Autorität und ohne eine zentrale Kontrollstelle aus, die angegriffen oder geschädigt werden könnte.

## Geschichte des Bitcoins

Bitcoin wurde 2008 erstmals beschrieben in einem Papier mit dem Titel »Bitcoin: A Peer-to-Peer Electronic Cash System«[1], das unter dem Pseudonym Satoshi Nakamoto veröffentlicht worden war. Nakamoto kombinierte verschiedene frühere Erfindungen wie digitale Signaturen und Hashcash, um ein vollständig dezentralisiertes Electronic-Cash-System zu entwickeln, das völlig unabhängig war von einer zentralen Instanz für Geldausgabe und Abrechnung sowie die Validierung von Transaktionen. Die Kerninnovation war die Nutzung eines verteilten Rechensystems (das als *Proof-of-Work-Algorithmus* bezeichnet wird), um alle zehn Minuten eine globale »Wahl« durchzuführen, die dem dezentralisierten Netzwerk zu einem *Konsens* über den Zustand der Transaktionen verhilft. Das löst auf elegante Weise das Double-Spending-Problem, bei dem eine einzelne Währungseinheit zweimal ausgegeben werden kann. Bis dahin war das Double-Spending-Problem eine Schwäche digitaler Währungen, die dadurch gelöst wurde, dass alle Transaktionen über eine zentrale Abrechnungsstelle verarbeitet wurden.

Das Bitcoin-Netzwerk startete 2009 basierend auf einer Referenzimplementierung von Nakamoto, die seitdem von vielen anderen Programmierern überarbeitet wurde. Anzahl und Leistung der den Proof-of-Work-Algorithmus ausführenden Maschinen (*Mining*), die für die Sicherheit und Belastbarkeit des Bitcoins sorgt, ist exponentiell angestiegen und übertrifft mittlerweile die kombinierte Rechenleistung der Top-Supercomputer auf der Welt. Satoshi Nakamoto zog sich im April 2011 zurück und übergab die Verantwortung für die Entwicklung des Codes und des Netzwerks an eine Gruppe von Freiwilligen. Die Identität der Person oder Personen hinter Bitcoin ist bisher nicht bekannt. Ungeachtet dessen kontrolliert weder Satoshi Nakamoto noch irgendwer sonst das Bitcoin-System. Es arbeitet auf vollständig transparenten mathematischen Prinzipien, Open-Source-Code und dem Konsens zwischen den Teilnehmenden. Diese Erfindung ist für sich genommen schon bahnbrechend und hat bereits zu neuen Forschungen in den Bereichen Distributed Computing, Wirtschaftswissenschaften und Ökonometrie geführt.

### Eine Lösung für ein Distributed-Computing-Problem

Satoshi Nakamotos Erfindung liefert auch eine praktische und neue Lösung für ein Problem des Distributed Computing, das als »Problem der byzantinischen Generäle« bekannt ist. Kurz gefasst, besteht das Problem darin, sich über das Vorgehen oder den Zustand eines Systems zu einigen, in dem Informationen über ein unzuverlässiges und möglicherweise kompromittiertes Netzwerk ausgetauscht werden. Satoshi Nakamotos Lösung, die das Proof-of-Work-Konzept nutzt, um einen Konsens *ohne eine zentrale vertrauenswürdige Instanz* zu erzielen, stellt einen Bruch für das Distributed Computing dar.

1 »Bitcoin: A Peer-to-Peer Electronic Cash System« (*https://oreil.ly/KUaBM*)

# Erste Schritte

Bitcoin ist ein Protokoll, auf das man über eine Anwendung zugreifen kann, die dieses Protokoll versteht. Eine »Bitcoin-Wallet« ist die übliche Benutzerschnittstelle zum Bitcoin-System (so wie der Webbrowser die übliche Schnittstelle zum HTTP-Protokoll ist). Es gibt viele verschiedene Implementierungen von Bitcoin-Wallets, ebenso wie es die unterschiedlichsten Webbrowser gibt (z. B. Chrome, Safari, Firefox). Und genau wie wir unsere Lieblingsbrowser haben, variieren auch Bitcoin-Wallets in Qualität, Performance, Sicherheit, Privatsphäre und Zuverlässigkeit. Es gibt ebenfalls eine Referenzimplementierung des Bitcoin-Protokolls, die auch eine Wallet umfasst. Diese ist als »Bitcoin Core« bekannt und leitet sich aus der ursprünglich von Satoshi Nakamoto geschriebenen Implementierung ab.

## Wahl einer Bitcoin-Wallet

Bitcoin-Wallets sind mit die am aktivsten entwickelten Anwendungen des Bitcoin-Ökosystems. Es herrscht ein starker Wettbewerb, und während wahrscheinlich gerade jetzt eine neue Wallet entwickelt wird, werden verschiedene Wallets aus dem letzten Jahr nicht mehr aktiv gepflegt. Viele Wallets konzentrieren sich auf bestimmte Plattformen oder auf spezielle Anwendungen. Einige eignen sich besser für Einsteiger, während andere vollgepackt sind mit Features für fortgeschrittene Anwender. Die Wahl einer Wallet ist eine hochgradig subjektive Angelegenheit und hängt von der Nutzung und dem Wissen des Anwenders ab. Es ist daher unmöglich, ein bestimmtes Produkt oder Projekt zu empfehlen. Ungeachtet dessen können wir Bitcoin-Wallets entsprechend ihrer Plattform und ihrer Funktion kategorisieren und etwas Klarheit in Bezug auf die verschiedenen Arten von Wallets schaffen. Es lohnt sich also, verschiedene Wallets auszuprobieren, bis man die gefunden hat, die den eigenen Bedürfnissen am besten entspricht.

### Arten von Bitcoin-Wallets

Bitcoin-Wallets lassen sich entsprechend ihrer Plattform wie folgt klassifizieren:

*Desktop-Wallet*
: Die Desktop-Wallet war die erste Form der Wallet, die als Referenzimplementierung entwickelt wurde. Viele Nutzende verwenden Desktop-Wallets aufgrund ihrer Features, der Autonomie und der von ihnen gebotenen Kontrolle. Der Betrieb auf verbreiteten Betriebssystemen wie Windows und macOS ist jedoch nicht ganz so sicher, weil diese Plattformen selbst häufig unsicher und schlecht konfiguriert sind.

*Mobile Wallet*
: Mobile Wallets sind die am weitesten verbreitete Form der Bitcoin-Wallets. Sie laufen auf Smartphone-Betriebssystemen wie Apple iOS und Android und sind daher eine gute Wahl für neue Nutzerinnen und Nutzer. Viele stellen Einfachheit und eine unkomplizierte Anwendung in den Vordergrund, doch es gibt auch voll ausgestattete mobile Wallets für Poweruser. Um den Download und

das Speichern großer Datenmengen zu vermeiden, rufen die meisten mobilen Wallets Informationen von entfernten Servern ab. Das schränkt ihre Privatsphäre ein, weil Drittparteien so Informationen über ihre Bitcoin-Adressen und Kontostände erhalten.

*Web-Wallet*

Der Zugriff auf Web-Wallets erfolgt über den Webbrowser, und die Benutzer-Wallets liegen auf den Servern einer dritten Partei. Dies ähnelt Webmail, da man vollständig von Servern eines Drittanbieters abhängig ist. Einige dieser Dienste arbeiten mit clientseitigem Code, der auf dem Browser des Benutzers ausgeführt wird, wodurch der Nutzer die Kontrolle über die Schlüssel behält. Die meisten stellen allerdings einen Kompromiss dar, bei dem die Kontrolle über die Schlüssel der Nutzer übernommen wird, um eine einfache Nutzung zu ermöglichen. Es ist nicht empfehlenswert, größere Mengen an Bitcoin auf Systemen von Drittanbietern zu speichern.

*Hardwarebasierte Wallets*

Hardwarebasierte Wallets sind Geräte, die eine sichere eigenständige Bitcoin-Wallet auf spezieller Hardware betreiben. Sie werden per USB über einen Webbrowser am Desktop gesteuert oder per *Near Field Communication* (NFC) von einem mobilen Gerät aus. Auch der Einsatz einer Kamera und von QR-Codes ist möglich. Da alle Bitcoin-bezogenen Operationen auf dieser speziellen Hardware abgewickelt werden, betrachtet man diese Wallets als besonders sicher und als geeignet zur Speicherung großer Mengen an Bitcoins. Allerdings müssen diese »Hardware-Wallets« mit einer vollwertigen Wallet verbunden werden, um Transaktionen senden und empfangen zu können, und die Sicherheit und die Privatsphäre dieser Wallet bestimmt den Grad an Sicherheit und Privatsphäre, die der Nutzer der Hardware-Wallet genießt.

## Full Node oder leichtgewichtig

Eine andere Möglichkeit der Kategorisierung von Bitcoin-Wallets ist ihr Grad an Autonomie und wie sie mit dem Bitcoin-Netzwerk interagieren:

*Full Node*

Ein vollwertiger Client, oder kurz eine Full Node (also ein »vollwertiger Knoten«), ist ein Programm, das die gesamte Historie aller Bitcoin-Transaktionen (jede Transaktion jedes Nutzers) validiert. Optional können Full Nodes bereits validierte Daten vorhalten und auch für andere Bitcoin-Programme (auf dem gleichen Computer oder über das Internet) bereitstellen. Ein Full-Node-Client benötigt einiges an Ressourcen (pro Tage eine Stunde Video-Streaming zu schauen entspricht etwa den Bitcoin-Transaktionen an einem Tag), bietet aber vollständige Autonomie und die unabhängige Verifikation von Transaktionen.

*Leichtgewichtiger Client*

Ein »leichtgewichtiger« (*Lightweight*) Client, auch bekannt als SPV-Client (*Simple Payment Verification*), stellt die Verbindung zu einer Full Node oder einem entfernten Server her, um auf die Bitcoin-Transaktionsdaten zuzugreifen. Er speichert die Wallet des Nutzers aber lokal ab und kann unabhängig Transaktionen erzeugen, validieren und übertragen.

*API-Client*
: Ein API-Client interagiert mit Bitcoins über ein System eines Drittanbieters mithilfe von APIs (*Application Programming Interfaces*), statt eine direkte Verbindung mit dem Bitcoin-Netzwerk herzustellen. Die Wallet kann beim Nutzer oder auf den Servern des Fremdanbieters liegen, doch der Client vertraut dem entfernten Server, dass korrekte Informationen geliefert werden und die Privatsphäre geschützt wird.

> Bitcoin ist ein sogenanntes *Peer-to-Peer-Netzwerk* (P2P), d.h. ein Netzwerk gleichberechtigter Teilnehmer. Full Nodes bilden die *Peers:* Jeder Peer validiert eigenständig jede bestätigte Transaktion und kann seinen Nutzern autoritative Daten bereitstellen. Lightweight-Wallets und andere Software sind *Clients:* Jeder Client ist von einem oder mehreren Peers abhängig, die ihn mit gültigen Daten versorgen. Bitcoin-Clients können eine sekundäre Validierung einiger empfangener Daten vornehmen und Verbindungen zu mehreren Peers herstellen, um die Abhängigkeit von der Integrität eines einzelnen Peers zu reduzieren, doch letztlich hängt die Sicherheit des Clients von der Integrität seiner Peers ab.

### Wer kontrolliert die Schlüssel?

Ein sehr wichtiger weiterer Aspekt ist die Frage, *wer die Schlüssel kontrolliert.* Wie Sie in den folgenden Kapiteln noch sehen werden, wird der Zugriff auf Bitcoins durch »private Schlüssel« kontrolliert, die wie sehr lange PINs aussehen. Wenn nur Sie die Kontrolle über diese privaten Schlüssel haben, kontrollieren Sie auch Ihre Bitcoins. Haben Sie diese Kontrolle nicht, werden Ihre Bitcoins von einer dritten Partei verwaltet, die letztlich Ihr Guthaben in Ihrem Namen verwaltet. Basierend auf der Kontrolle, lässt sich Software zur Schlüsselverwaltung in zwei wesentliche Kategorien unterteilen: *Wallets*, bei denen Sie Schlüssel und Guthaben kontrollieren, sowie *Treuhänder*, bei denen eine Drittpartei die Schlüssel kontrolliert. Um diesen Punkt zu unterstreichen, hat Andreas den Ausspruch geprägt: *Deine Schlüssel, deine Coins. Nicht deine Schlüssel, nicht deine Coins.*

Kombiniert man diese Kategorien, fallen viele Bitcoin-Wallets in nur wenige Gruppen, von denen die gängigsten der Desktop-Full-Client (Sie kontrollieren die Schlüssel), die mobile leichtgewichtige Wallet (Sie kontrollieren die Schlüssel) und die Web-Wallet eines Fremdanbieters (Sie kontrollieren die Schlüssel nicht) sind. Die Grenzen zwischen den verschiedenen Kategorien sind oft etwas unscharf, weil viele Wallets auf mehreren Plattformen laufen und mit dem Netzwerk auf unterschiedlichen Wegen kommunizieren können.

## Schnelleinstieg

Alice ist keine technisch versierte Nutzerin und hat erst jüngst über ihren Freund Joe von Bitcoin gehört. Während einer Party schwärmt Joe mal wieder von Bitcoin und bietet eine Demonstration an. Neugierig fragt Alice, wie sie mit Bitcoin beginnen kann. Joe hält eine mobile Wallet für neue Nutzer für die beste Möglichkeit und empfiehlt einige seiner Lieblings-Wallets. Alice lädt sich eine von Joes Empfehlungen herunter und installiert sie auf ihrem Telefon.

Während Alice ihre Wallet-Anwendung zum ersten Mal ausführt, wählt sie die Option zur Einrichtung einer neuen Wallet. Da die von ihr gewählte Wallet eine selbstverwaltete Wallet ist (*noncustodial*), kann Alice (und nur Alice) die Schlüssel kontrollieren. Daher muss sie auch für die Sicherung der Schlüssel sorgen, denn der Verlust der Schlüssel bedeutet den Verlust des Zugriffs auf ihre Bitcoins. Um ihr das zu erleichtern, erzeugt ihre Wallet einen *Wiederherstellungscode* (*Recovery Code*), mit dessen Hilfe sie ihre Wallet wiederherstellen kann.

## Wiederherstellungscodes (Recovery Codes)

Die meisten modernen selbstverwalteten Bitcoin-Wallets stellen ihren Nutzerinnen und Nutzern zur Datensicherung einen Wiederherstellungscode zur Verfügung. Dieser besteht üblicherweise aus von der Software zufällig gewählten Zahlen, Buchstaben oder Wörtern und dient als Basis für die von der Wallet generierten Schlüssel. Beispiele finden Sie in Tabelle 1-1.

*Tabelle 1-1: Beispiele für Wiederherstellungscodes*

| Wallet | Wiederherstellungscode |
|---|---|
| BlueWallet | (1) media (2) suspect (3) effort (4) dish (5) album (6) shaft (7) price (8) junk (9) pizza (10) situate (11) oyster (12) rib |
| Electrum | nephew dog crane clever quantum crazy purse traffic repeat fruit old clutch |
| Muun | LAFV TZUN V27E NU4D WPF4 BRJ4 ELLP BNFL |

Ein Wiederherstellungscode wird manchmal auch *Mnemonik* oder *mnemonischer Ausdruck* genannt. Das deutet an, dass man den Ausdruck auswendig lernen soll, doch ihn auf Papier festzuhalten, scheint zuverlässiger zu sein als das Gedächtnis der meisten Menschen. Ein anderer Begriff ist *Seed-Phrase*, da die Phrase die Eingabe (die Saat, engl. *Seed*) für die Funktion bildet, die alle Schlüssel der Wallet generiert.

Wenn etwas mit Alice' Wallet geschieht, kann sie eine neue Kopie der Wallet-Software herunterladen und den Wiederherstellungscode eingeben, um die Wallet-Datenbank mit allen jemals gesendeten oder empfangenen Onchain-Transaktionen wiederherzustellen. Allerdings kann die Wiederherstellung über den Wiederherstellungscode nicht die zusätzlichen Daten wiederherstellen, die Alice in ihre Wallet eingegeben hat, etwa Labels für bestimmte Adressen oder Transaktionen. Der Verlust der Metadaten ist nicht so tragisch wie der Verlust von Guthaben, kann für sich genommen aber Folgen haben. Stellen Sie sich einen Kontoauszug oder eine Kreditkartenabrechnung vor, bei denen alle Angaben zu den Zahlungen ausradiert sind.

Um den Verlust von Metadaten zu verhindern, bieten viele Wallets neben Wiederherstellungscodes noch zusätzliche Backup-Möglichkeiten an.

Für einige Wallets ist die Möglichkeit zusätzlicher Backups heutzutage sogar noch wichtiger. Viele Bitcoin-Zahlungen erfolgen mittlerweile *offchain*, d.h., dass nicht jede Zahlung in der öffentlichen Blockchain gespeichert wird. Neben anderen Vorteilen reduziert das die Kosten für den Nutzer und verbessert seine Privatsphäre, doch Mechanismen wie Wiederherstellungscodes, die auf Onchain-Daten angewiesen sind, können nicht garantieren, dass alle Bitcoins des Nutzers wiederhergestellt werden. Bei Anwendungen mit Offchain-Unterstützung ist es wichtig, die Wallet-Datenbank häufig zu sichern.

Beachten Sie, dass viele neue mobile Wallets beim ersten Empfang von Geldmitteln noch einmal prüfen, ob Sie den Wiederherstellungscode wirklich notiert haben. Das reicht von einem einfachen Prompt bis zur händischen Eingabe des Codes durch den Nutzer.

> Viele Wallets fordern zur erneuten Eingabe des Wiederherstellungscodes auf, doch es gibt auch viele Malware-Anwendungen, die das Design einer Wallet nachahmen und versuchen, Sie zur Eingabe des Wiederherstellungscodes zu bewegen. Der Code wird dann an den Malware-Entwickler weitergeleitet, damit dieser Ihr Guthaben stehlen kann. Das ist das Gegenstück zu den Phishing-Websites, die versuchen, Ihr Bankpasswort zu stehlen. Die meisten Wallets fragen den Wiederherstellungscode nur bei der Ersteinrichtung (bevor Sie Bitcoins empfangen haben) und bei der Wiederherstellung (wenn Sie keinen Zugang mehr zu Ihrer ursprünglichen Wallet haben) ab. Fragt die Anwendung zu einem anderen Zeitpunkt den Wiederherstellungscode ab, sollten Sie sich mit einem Experten beraten, um nicht Opfer eines Phishing-Angriffs zu werden.

## Bitcoin-Adressen

Alice ist nun bereit, Zahlungen zu empfangen. Ihre Wallet-Anwendung hat einen zufälligen privaten Schlüssel erzeugt (der in »Private Schlüssel« auf Seite 81 ausführlicher beschrieben wird), zusammen mit der zugehörigen Bitcoin-Adresse. An diesem Punkt ist ihre Bitcoin-Adresse dem Bitcoin-Netzwerk nicht bekannt und nirgendwo im Bitcoin-System »registriert«. Ihre Bitcoin-Adresse ist einfach eine zu einem Schlüssel gehörende Zeichenfolge, mit deren Hilfe sie den Zugriff auf ihre Gelder kontrollieren kann. Sie wurde von ihrer Wallet unabhängig generiert, ohne sich bei irgendeinem Dienst registrieren oder eine Referenz erzeugen zu müssen. Die Adressen werden durch die Wallet generiert, und zwar ohne Bezug zu oder Registrierung bei einem Dienst.

> Es gibt eine Vielzahl von Bitcoin-Adressen und Rechnungsformaten. Adressen und Rechnungen können mit anderen Bitcoin-Nutzenden geteilt werden, um Bitcoins direkt an ihre Wallet zu senden. Sie können eine Adresse oder Rechnung mit anderen Menschen teilen, ohne sich um die Sicherheit Ihrer Bitcoins Sorgen machen zu müssen. Im Gegensatz zu einer Kontonummer kann niemand Geld von Ihrer Wal-

let abheben, der Ihre Bitcoin-Adressen kennt. Alle Ausgaben müssen durch Sie veranlasst werden. Geben Sie die gleiche Adresse aber an zwei Personen weiter, können diese sehen, wie viele Bitcoins Ihnen die andere Person gesendet hat. Machen Sie Ihre Adresse öffentlich, kann jeder sehen, wie viele Bitcoins andere an diese Adresse geschickt haben. Um Ihre Privatsphäre zu schützen, sollten Sie bei jeder Zahlung eine neue Rechnung mit einer neuen Adresse generieren.

## Bitcoin empfangen

Alice verwendet den *Receive*-Button, der einen QR-Code ausgibt, wie in Abbildung 1-1 zu sehen.

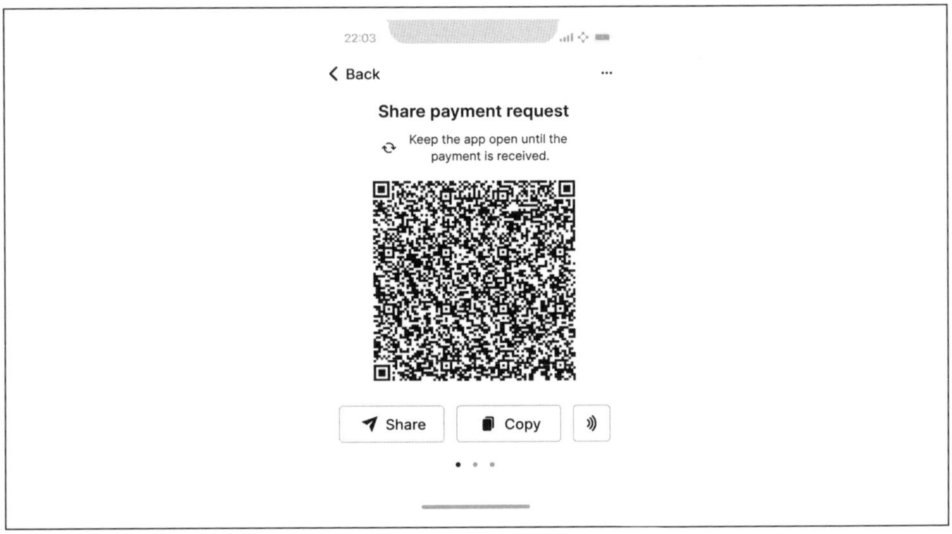


*Abbildung 1-1: Alice nutzt die Empfangsseite ihrer mobilen Bitcoin-Wallet und gibt ihre Adresse als QR-Code aus.*

Der QR-Code ist das Quadrat mit einem Muster aus schwarzen und weißen Punkten. Er funktioniert ähnlich wie ein Barcode und enthält die Informationen in einem Format, das von Joes Smartphone-Kamera gescannt werden kann.

Alle Geldmittel, die Sie an die Adressen in diesem Buch senden, sind verloren. Wenn Sie testweise Bitcoins senden wollen, könnten Sie überlegen, etwas an eine Bitcoins akzeptierende Hilfsorganisation zu spenden.

## Ihr erster Bitcoin

Der erste Schritt besteht darin, sich einige Bitcoins zu beschaffen.

Bitcoin-Transaktionen sind unumkehrbar, während die meisten elektronischen Zahlungsnetzwerke wie Kreditkarten, EC-Karten, PayPal und Banküberweisungen umkehrbar sind. Für jemanden, der Bitcoins verkauft, birgt dieser Unterschied das sehr hohe Risiko, dass ein Käufer eine elektronische Zahlung wieder rückgängig macht, nachdem er die Bitcoins erhalten hat, und auf diese Weise den Verkäufer betrügt. Um dieses Risiko zu minimieren, verlangen Unternehmen, die »normales« Geld gegen Bitcoin tauschen, üblicherweise eine Überprüfung der Identität sowie der Kreditwürdigkeit, was mehrere Tage oder sogar Wochen dauern kann. Für Sie als neuen Nutzer bedeutet das, dass Sie Bitcoins nicht einfach direkt über eine Kreditkarte kaufen können. Mit ein wenig Geduld und kreativem Denken ist das aber auch nicht nötig.

Hier einige Möglichkeiten, um als neuer Nutzer an Bitcoins zu gelangen:

- Finden Sie einen Freund oder eine Freundin, der oder die Bitcoins besitzt, und kaufen Sie direkt bei ihm oder ihr. Viele Bitcoin-Nutzer haben so angefangen. Diese Methode ist die einfachste. Eine Möglichkeit, Menschen mit Bitcoins kennenzulernen, bieten lokale Bitcoin-Meet-ups, die auf Meetup.com (*https://meetup.com*) aufgeführt sind.
- Erwerben Sie Bitcoins, indem Sie ein Produkt oder einen Dienst für Bitcoin anbieten. Wenn Sie Entwicklerin sind, verkaufen Sie Ihre Programmierkenntnisse. Sind Sie Friseur, schneiden Sie Haare für Bitcoin.
- Nutzen Sie einen Bitcoin-Automaten[2] in Ihrer Stadt. Ein Bitcoin-Automat ist ein Gerät, das Bargeld akzeptiert und dafür Bitcoins an die Bitcoin-Wallet auf Ihrem Smartphone schickt.
- Verwenden Sie eine Bitcoin-Börse in Kombination mit Ihrem Bankkonto. In vielen Ländern gibt es mittlerweile Börsen, die einen Markt für Käufer und Verkäufer bieten, um Bitcoins gegen lokale Währungen zu tauschen. Wechselkursverzeichnisdienste wie BitcoinAverage (*https://bitcoinaverage.com*) bieten häufig Übersichten mit Bitcoin-Börsen für verschiedene Währungen an.

> Ein Vorteil von Bitcoin gegenüber anderen Zahlungssystemen besteht darin, dass dieses System den Nutzenden (wenn man es richtig einsetzt) wesentlich mehr Privatsphäre bietet. Um Bitcoins zu kaufen, zu besitzen oder auszugeben, müssen Sie keine sensiblen und sie persönlich identifizierbaren Informationen an Dritte weitergeben. Wo sich allerdings Bitcoin und traditionelle Systeme begegnen, etwa auf Börsen, gelten häufig nationale und internationale Bestimmungen. Um Bitcoin in Ihre nationale Währung zu tauschen, müssen Sie häufig Ihre Identität nachweisen und Bankdaten angeben. Nutzende sollten sich dessen bewusst sein, dass, sobald eine Bitcoin-Adresse mit einer Identität verknüpft ist, auch alle mit ihr verknüpften Transaktionen leicht identifiziert und verfolgt werden können. Das ist einer der Gründe dafür, dass viele Nutzer dedizierte Börsen-Accounts vorhalten, die nicht mit ihren Wallets verknüpft sind.

Alice wurde von einem Freund in Bitcoin eingeführt, für sie ist es also einfach, sich ihre ersten Bitcoins zu beschaffen. Wir wollen uns nun ansehen, wie sie Bitcoins von ihrem Freund Joe kauft und wie Joe diese Bitcoins an ihre Wallet sendet.

2 Anmerkung des Übersetzers: Bitcoin-Automaten sind in Deutschland noch immer verboten.

## Den aktuellen Bitcoin-Preis ermitteln

Bevor Alice Bitcoins von Joe kaufen kann, müssen beide sich auf einen *Wechselkurs zwischen* Bitcoin und US-Dollar einigen. Das führt uns zur üblichen Frage von Bitcoin-Einsteigern: »Wer legt den Bitcoin-Preis fest?« Die kurze Antwort lautet, dass der Markt den Preis festlegt.

Für Bitcoin gilt, wie für die meisten anderen Währungen auch, ein *freier Wechselkurs*. Das bedeutet, dass der Wert des Bitcoins gegenüber anderen Währungen gemäß Angebot und Nachfrage an der jeweiligen Börse schwankt. Zum Beispiel wird der »Preis« des Bitcoins in US-Dollar an jeder Börse basierend auf dem letzten Trade von Bitcoin und US-Dollar berechnet. Daher neigt der Preis dazu, sich ständig zu ändern. Ein Preisermittlungsdienst fasst die Preise verschiedener Börsen zusammen und berechnet einen nach Volumen gewichteten Mittelwert, der einen relativ realistischen Wechselkurs für ein bestimmtes Handelspaar (z. B. BTC/USD) darstellt.

Es gibt Hunderte von Anwendungen und Websites, die die aktuellen Wechselkurse zur Verfügung stellen. Hier einige der beliebtesten:

*Bitcoin Average (https://bitcoinaverage.com)*
: Eine Site, die eine einfache Übersicht des nach Volumen gewichteten Durchschnitts für jede Währung enthält.

*CoinCap (https://coincap.io)*
: Bietet eine Auflistung von Marktkapitalisierung und Wechselkursen Hunderter Kryptowährungen einschließlich Bitcoin.

*Chicago Mercantile Exchange Bitcoin Reference Rate (https://oreil.ly/ACieC)*
: Referenzwert, der als institutionelle und vertragliche Referenz dienen kann. Wird als Teil des Investment-Datenfeeds von der CME zur Verfügung gestellt.

Neben den verschiedenen Sites und Anwendungen wandeln auch einige Bitcoin-Wallets zwischen Bitcoin und anderen Währungen um.

## Bitcoin senden und empfangen

Alice hat sich entschieden, 0,001 Bitcoin zu kaufen. Nachdem sie und Joe einen Wechselkurs vereinbart haben, gibt sie Joe den Betrag in bar, öffnet ihre mobile Wallet und wählt *Receive*. Daraufhin erscheint ein QR-Code mit Alice' erster Bitcoin-Adresse.

Joe wählt nun *Send* auf seiner Smartphone-Wallet und öffnet den QR-Code-Scanner. Damit kann Joe den Code mit der Smartphone-Kamera scannen, statt Alice' doch recht lange Bitcoin-Adresse eingeben zu müssen.

Bei Joe erscheint jetzt Alice' Bitcoin-Adresse als Empfänger. Joe gibt den Betrag von 0,001 Bitcoin (BTC) ein (siehe Abbildung 1-2). Einige Wallets können den Betrag auch in einer anderen Stückelung anzeigen: 0,001 BTC ist ein Millibitcoin (mBTC) oder 100.000 Satoshis (Sats).

Ein paar Wallets empfehlen Joe, die Transaktion mit einem Label zu versehen. Ist das der Fall, gibt Joe »Alice« ein. In einigen Wochen oder Monaten hilft das Joe, sich daran zu erinnern, warum er diese 0,001 Bitcoin gesendet hat. Manche Wallets fragen Joe auch nach den Gebühren. Je nach Wallet und wie die Transaktion gesendet wird, wird Joe aufgefordert, einen Gebührensatz anzugeben, oder man schlägt ihm eine Gebühr – oder einen Gebührensatz – vor. Je höher die Transaktionsgebühr, desto schneller wird die Transaktion bestätigt (siehe »Bestätigungen« auf Seite 40).

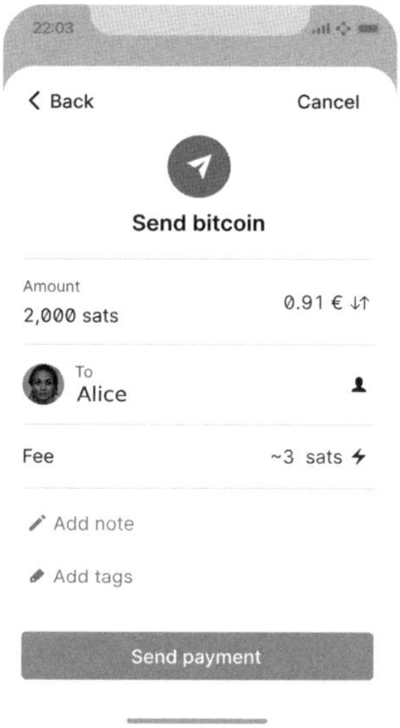


*Abbildung 1-2: Bitcoin-Wallet-Send-Seite*

Joe überprüft sorgfältig seine Eingaben, weil er Geld überweisen möchte und Fehler nicht rückgängig gemacht werden können. Nachdem er alles ein weiteres Mal nachkontrolliert hat, drückt er auf *Send*, um die Transaktion zu starten. Joes mobile Bitcoin-Wallet erzeugt eine Transaktion, die 0,001 BTC an die von Alice angegebene Adresse überweist. Sie bedient sich dabei aus Joes Wallet und signiert die Transaktion mit Joes privatem Schlüssel. Das teilt dem Bitcoin-Netzwerk mit, dass Joe den Transfer dieser Summe an Alice' neue Adresse autorisiert hat. Da die Transaktion über das Peer-to-Peer-Protokoll übertragen wird, breitet sie sich im Bitcoin-Netzwerk schnell aus. In weniger als einer Sekunde haben die meisten der gut angebundenen Netzwerkknoten die Transaktion empfangen und sehen Alice' Adresse zum ersten Mal.

Währenddessen »horcht« Alice' Wallet fortlaufend auf die im Bitcoin-Netzwerk veröffentlichten Transaktionen und sucht nach Adressen, die zu ihrer Wallet passen. Einige Sekunden nachdem Joes Wallet die Transaktion angestoßen hat, zeigt Alice' Wallet an, dass sie 0,001 BTC empfängt.

### Bestätigungen

Zuerst zeigt Alice' Adresse an, dass die Transaktion von Joe »unbestätigt« ist. Das bedeutet, dass die Transaktion im Netzwerk verbreitet wurde, aber noch nicht im Bitcoin-Kassenbuch, auch bekannt als Blockchain, festgehalten wurde. Um bestätigt zu werden, muss eine Transaktion in einen Block eingetragen und in die Blockchain aufgenommen werden, was im Schnitt alle zehn Minuten passiert. In der Finanzwelt wird das traditionell als *Clearing* bezeichnet. Details zu Propagation, Validierung und Clearing (Bestätigung) von Bitcoin-Transaktionen finden Sie in Kapitel 12.

Alice ist nun stolze Besitzerin von 0,001 BTC, die sie jetzt ausgeben kann. In den nächsten Tagen kauft Alice weitere Bitcoins an einem Automaten und an einer Börse. Im nächsten Kapitel wird sie zum ersten Mal etwas mit Bitcoins kaufen, und wir sehen uns die zugrunde liegenden Transaktions- und Propagationstechniken im Detail an.

KAPITEL 2

# Wie Bitcoin funktioniert

Das Bitcoin-System basiert, anders als die traditionellen Bank- und Zahlungssysteme, auf dezentralisiertem Vertrauen. Anstelle einer zentralen Vertrauensinstanz kann bei Bitcoin jeder ein Programm auf seinem Computer ausführen, um den korrekten Betrieb jedes Aspekts des Bitcoin-Systems zu verifizieren. In diesem Kapitel verschaffen wir uns erst mal einen Überblick über Bitcoin im Allgemeinen. Wir verfolgen eine einzelne Transaktion auf dem Weg durch das Bitcoin-System und sehen, wie sie schließlich in der Blockchain eingetragen wird, dem verteilten Kassenbuch für alle Transaktionen. Die nachfolgenden Kapitel tauchen dann tiefer ein in die Technik hinter den Transaktionen, dem Netzwerk und dem Mining.

## Bitcoin-Übersicht

Das Bitcoin-System besteht aus Benutzerinnen und Benutzern mit Wallets, die Schlüssel enthalten, im Netzwerk propagierten Transaktionen sowie Minern, die (durch konkurrierende Berechnungen) die Blockchain erzeugen, die das verbindliche Kassenbuch für alle Transaktionen darstellt.

Jedes Beispiel in diesem Kapitel basiert auf einer realen Transaktion, die im Bitcoin-Netzwerk durchgeführt wurde. Sie simuliert die Interaktion zwischen den Nutzern (Joe, Alice, Bob und Gopesh), indem sie Gelder von einer Wallet zu einer anderen sendet. Während wir eine Transaktion durch das Bitcoin-Netzwerk verfolgen, nutzen wir eine *Blockchain-Explorer-Site*, um jeden Schritt zu visualisieren. Ein Blockchain-Explorer ist eine Webanwendung, die als Bitcoin-Suchmaschine fungiert, d.h., sie erlaubt die Suche nach Adressen, Transaktionen und Blöcken und zeigt die Beziehung und den Fluss zwischen ihnen auf.

Beliebte Blockchain-Explorer sind:

- Blockstream Explorer (*https://blockstream.info*)
- Mempool.Space (*https://mempool.space*)
- BlockCypher Explorer (*https://live.blockcypher.com*)

Jeder verfügt über eine Suchfunktion, mit deren Hilfe Sie eine Bitcoin-Adresse, einen Transaktions-Hash, eine Blocknummer oder einen Block-Hash eingeben können und die dazugehörigen Informationen aus dem Bitcoin-Netzwerk abgerufen werden. Für jedes Beispiel einer Transaktion oder eines Blocks stellen wir eine URL bereit, sodass Sie diese Informationen selbst abrufen und untersuchen können.

**Block-Explorer und Privatsphäre**

Die Suche nach Informationen in einem Block-Explorer zeigt dessen Betreiber, dass Sie an diesen Informationen interessiert sind. Das erlaubt ihm, diese Informationen mit Ihrer IP-Adresse, Browserdetails, früheren Suchen und anderen identifizierbaren Informationen zu verknüpfen. Wenn Sie sich die Transaktionen in diesem Buch mit einem Block-Explorer ansehen, wird der Betreiber sich denken können, dass Sie etwas über Bitcoin lernen, was kein Problem sein sollte. Doch wenn Sie Ihre eigenen Transaktionen anschauen, kann der Betreiber ermitteln, wie viele Bitcoins Sie empfangen und ausgegeben haben und wie viele Sie gerade besitzen.

## Kaufen im Onlineshop

Alice, die wir im vorherigen Kapitel kennengelernt haben, ist eine neue Nutzerin, die gerade erst ihre ersten Bitcoins erworben hat. In »Ihr erster Bitcoin« auf Seite 36 traf sich Alice mit ihrem Freund Joe, um Bitcoins gegen etwas Bargeld einzutauschen. Danach hat Alice noch weitere Bitcoins gekauft. Alice will nun ihre erste »Einzelhandelstransaktion« durchführen, d.h., sie möchte eine Premium-Podcast-Episode in Bobs Onlineshop erwerben.

Bobs Webshop hat jüngst damit begonnen, Bitcoin-Zahlungen zu akzeptieren, indem er seine Website um eine Bitcoin-Option erweitert hat. Die Preise in Bobs Shop sind in der lokalen Währung (US-Dollar) aufgeführt, doch auf der Bezahlseite gibt es die Möglichkeit, in Dollar oder Bitcoin zu bezahlen.

Alice findet die gewünschte Podcast-Episode und wechselt zur Bezahlseite. Beim Bezahlen wird Alice neben den üblichen Optionen auch die Bezahlung in Bitcoin angeboten. Die Bezahlseite gibt den Preis in US-Dollar und in Bitcoin (BTC) zum aktuellen Wechselkurs an.

Bobs E-Commerce-System erzeugt automatisch einen QR-Code, der eine *Zahlungsanforderung* enthält (siehe Abbildung 2-1).

*Abbildung 2-1: QR-Code für die Zahlungsanforderung*

Im Gegensatz zu einem QR-Code, der einfach nur eine Bitcoin-Zieladresse enthält, besteht eine Zahlungsanforderung aus einer QR-codierten URL, die die Zieladresse, den Betrag und eine allgemeine Beschreibung enthält. Das erlaubt der Bitcoin-Wallet-Anwendung, die Informationen für die Zahlung schon mal einzutragen, während der Nutzer gleichzeitig eine für ihn lesbare Beschreibung erhält. Sie können den QR-Code mit einer Bitcoin-Wallet-Anwendung scannen, um zu sehen, was Alice sehen würde:

```
bitcoin:bc1qk2g6u8p4qm2s2lh3gts5cpt2mrv5skcuu7u3e4?amount=0.01577764&
label=Bob%27s%20Store&
message=Purchase%20at%20Bob%27s%20Store

Komponenten des URI

Eine Bitcoin-Adresse: "bc1qk2g6u8p4qm2s2lh3gts5cpt2mrv5skcuu7u3e4"
Zahlungsbetrag: "0.01577764"
Beschreibung der Empfängeradresse: "Bob's Store"
Beschreibung der Zahlung: "Purchase at Bob's Store"
```

Versuchen Sie, den QR-Code mit Ihrer Wallet einzuscannen, aber *senden Sie auf keinen Fall Geld!*

Alice nutzt ihr Smartphone, um den Code in der Anzeige einzuscannen. Ihr Smartphone zeigt eine Zahlung in der richtigen Höhe an `Bob's Store` an, und sie wählt *Send*, um die Zahlung zu autorisieren. Innerhalb weniger Sekunden (die Dauer entspricht in etwa der einer Kreditkartenzahlung) sieht Bob die Transaktion in seiner Kasse.

Das Bitcoin-Netzwerk kann auch Teilwerte übertragen, etwa ein Millibitcoin (1/1000 Bitcoin) bis hinunter zu 1/100.000.000 Bitcoin, was als »Satoshi« bezeichnet wird. In diesem Buch verwenden wir den Begriff »Bitcoin« für beliebige Mengen der Währung Bitcoin – vom kleinsten Betrag (1 Satoshi) bis zur Gesamtzahl (21.000.000) aller Bitcoins, die es jemals geben wird.

Sie können Alice' Transaktion (*https://oreil.ly/hAeyh*) an Bobs Shop mithilfe einer Block-Explorer-Site in der Blockchain untersuchen.

In den folgenden Abschnitten werden wir uns diese Transaktion genauer ansehen. Wir schauen uns an, wie Alice' Wallet sie konstruiert, wie sie über das Netzwerk propagiert und wie sie verifiziert wird. Abschließend zeigen wir, wie Bob den Betrag in darauffolgenden Transaktionen ausgeben kann.

## Bitcoin-Transaktionen

Einfach ausgedrückt, teilt eine Transaktion dem Netzwerk mit, dass der Besitzer eines bestimmten Bitcoin-Werts den Transfer dieses Betrags an einen anderen Nutzer autorisiert hat. Der neue Besitzer kann nun diese Bitcoins einlösen, indem er eine weitere Transaktion anstößt, die den Transfer an einen anderen Benutzer autorisiert und so weiter. So entsteht eine Eigentümerkette.

## Inputs und Outputs von Transaktionen

Transaktionen sind vergleichbar mit einzelnen Zeilen bei der doppelten Buchführung. Jede Transaktion enthält ein oder mehrere *Inputs*, also Eingänge, die den Abbuchungen des Bitcoin-Kontos entsprechen (Soll). Auf der anderen Seite der Transaktion stehen ein oder mehrere *Outputs*, Ausgänge, die für die Gutschriften auf das Bitcoin-Konto stehen (Haben). Die Inputs und Outputs (Soll und Haben) summieren sich nicht unbedingt zum gleichen Betrag auf. Vielmehr summieren sich die Outputs zu einem geringfügig geringeren Betrag auf, und der Unterschied repräsentiert die enthaltene *Transaktionsgebühr*, eine kleine Zahlung für den Miner, der die Transaktion ins Kassenbuch eingetragen hat. Eine Bitcoin-Transaktion in Form eines Kassenbucheintrags sehen Sie in Abbildung 2-2.

Die Transaktion enthält auch einen Eigentumsnachweis (*Proof-of-Ownership*) für jeden ausgegebenen Bitcoin-Betrag (Input). Dieser Nachweis liegt in Form einer digitalen Signatur vor, die von jedem unabhängig überprüft werden kann. Im Sinne von Bitcoin bedeutet »Bitcoin ausgeben« das Signieren einer Transaktion, die einen Betrag aus einer vorangegangenen Transaktion an einen neuen Besitzer überträgt, der durch eine Bitcoin-Adresse identifiziert wird.

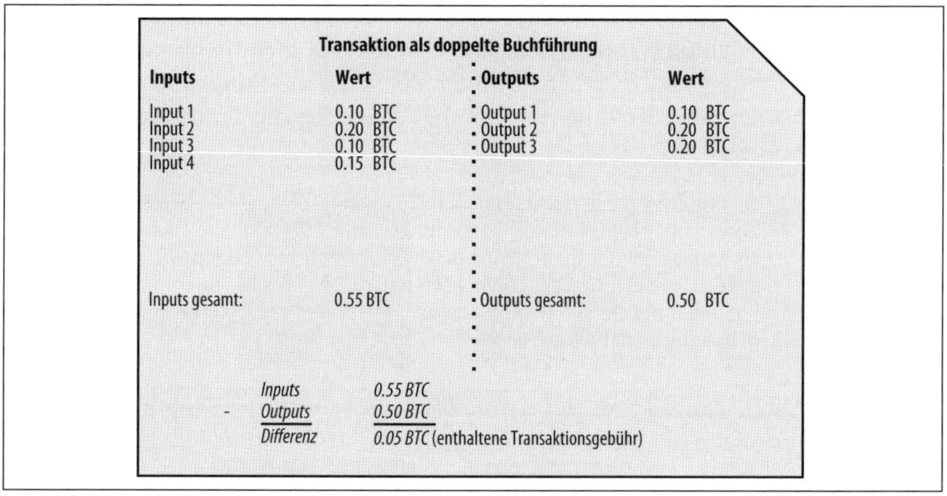


*Abbildung 2-2: Transaktion als doppelte Buchführung*

## Transaktionsketten

Alice' Zahlung an Bobs Café verwendet den Output einer vorangegangenen Transaktion als Input. Im vorherigen Kapitel hat Alice gegen Bargeld Bitcoin von ihrem Freund Joe bekommen. Wir bezeichnen sie in Abbildung 2-3 als *Transaktion 1* (Tx1).

Tx1 sendet 0,001 Bitcoin (100.000 Satoshi) an einen Output, der durch Alice' Schlüssel geschützt ist. Ihre neue Transaktion an Bobs Shop (Tx2) referenziert den vorherigen Output als Input. In der Abbildung zeigt ein Pfeil diese Referenz an, und wir nennen den Input *Tx1:0*. Bei einer echten Transaktion ist die Referenz eine 32

Byte lange Transaktionskennung (`txid`) der Transaktion, bei der Alice Geld von Joe erhalten hat. Das »:0« gibt die Position des Outputs an, an der Alice das Geld erhalten hat, in diesem Fall also die erste Position (Position 0).

Wie Sie sehen, enthalten Bitcoin-Transaktionen keine Angaben zum Wert ihrer Inputs. Um den Wert des Inputs zu ermitteln, muss die Software die Referenz des Inputs nutzen, um den Output der vorherigen Transaktion abzurufen.

Alice' Tx2 enthält zwei neue Outputs. Der eine bezahlt 75.000 Satoshi für den Podcast, und der andere gibt 20.000 Satoshi als Wechselgeld an Alice zurück.

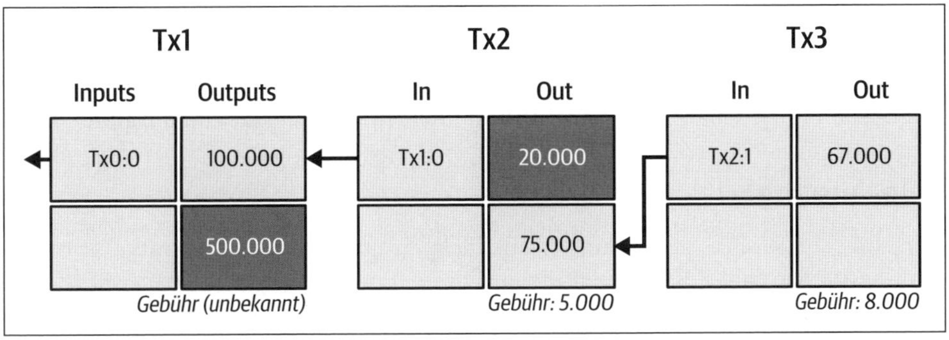


*Abbildung 2-3: Eine Transaktionskette, bei der der Output einer Transaktion zum Input der nächsten Transaktion wird*

> Serialisierte Bitcoin-Transaktionen – das Datenformat, das die Software nutzt, um Transaktionen zu senden – codiert den Wert des Transfers als Integer der kleinsten definierten Onchain-Werteeinheit. Als Bitcoin entwickelt wurde, hatte diese Einheit noch keinen Namen, und einige Entwickler nannten sie einfach *Basiseinheit*. Später begannen die Nutzer diese Einheit zu Ehren des Bitcoin-Erfinders als *Satoshi* (Sat) zu bezeichnen. In Abbildung 2-3 und einigen anderen Abbildungen in diesem Buch sprechen wir von Satoshi, weil das Protokoll selbst sie so nennt.

## Wechselgeld

Neben einem oder mehreren Outputs, die den Empfänger bezahlen, enthalten viele Transaktionen auch einen Output, der den aktuellen Besitzer der Bitcoins bezahlt. Dieser wird *Change-Output* genannt, zu Deutsch etwa *Wechselgeld-Output*. Das liegt daran, dass Transaktions-Inputs genau wie Geldnoten nicht geteilt werden können. Wenn Sie etwas für 5 Dollar im Laden kaufen und mit einer 20-Dollar-Note bezahlen, erwarten Sie 15 Dollar Wechselgeld. Wenn Sie etwas für den Preis von 5 Bitcoin kaufen, aber Ihr Input 20 Bitcoin aufweist, würden Sie einen Output von 5 Bitcoin an den Ladenbesitzer senden und einen Output von 15 Bitcoin als Wechselgeld zurück an sich selbst (abzüglich der Transaktionsgebühr).

Aus Sicht des Bitcoin-Protokolls gibt es keinen Unterschied zwischen einem Change-Output (und der sogenannten *Change-Adresse*, also der Adresse, an die gezahlt wird) und einem Zahlungs-Output.

Wesentlich ist dabei, dass die Wechselgeldadresse nicht mit der Adresse übereinstimmen muss, die für den Input verwendet wurde. Aus Gründen der Vertraulichkeit wird häufig eine neue Adresse aus der Wallet des Eigentümers verwendet. Im Idealfall nutzen die beiden unterschiedlichen Outputs vorher nie verwendete Adressen und sehen ansonsten identisch aus. Dritte können so nicht herausfinden, welche Outputs Wechselgeld und welche Zahlungen sind. Zu Illustrationszwecken haben wir die Change-Outputs in Abbildung 2-3 aber farblich hervorgehoben.

Nicht jede Transaktion hat einen Change-Output. Diejenigen ohne werden *Changeless-Transaktionen* (zu Deutsch etwa »wechselgeldfreie« Transaktionen) genannt und besitzen nur einen einzigen Output. Solche Changeless-Transaktionen sind nur dann möglich, wenn der zu zahlende Betrag ungefähr der Höhe des Transaktions-Inputs abzüglich der voraussichtlichen Gebühr entspricht. In Abbildung 2-3 erzeugt Bob mit Tx3 eine Changeless-Transaktion, die den Output aus Tx2 ausgibt.

## Coin-Auswahl

Verschiedene Wallets nutzen unterschiedliche Strategien, um die Inputs auszuwählen, die sie für eine Zahlung einsetzen. Dieser Vorgang wird *Coin-Auswahl* (engl. *Coin Selection*) genannt.

Unterschiedliche Wallets nutzen verschiedene Strategien bei der Zusammenfassung von Inputs, um die Zahlungsanforderung des Nutzers zu erzeugen. Sie können viele kleine Inputs zusammenfassen oder einen größeren, der der gewünschten Zahlung entspricht. Wenn die Wallet keine Inputs zusammenfassen kann, die genau der gewünschten Zahlung und den Transaktionsgebühren entsprechen, muss sie auch das Wechselgeld generieren. Das ist dem sehr ähnlich, wie wir Menschen mit Bargeld umgehen. Wenn Sie immer mit dem größten Schein in Ihrer Brieftasche bezahlen, haben Sie irgendwann die Brieftasche voller Kleingeld. Bezahlen Sie dagegen immer mit Kleingeld, ist Ihre Brieftasche voller großer Scheine. Die meisten Menschen finden unbewusst eine gesunde Mischung dieser beiden Extreme, und die Entwickler von Bitcoin-Wallets streben diese Mischung an.

## Gängige Transaktionsformen

Die gängigste Form einer Transaktion ist eine einfache Zahlung. Dieser Transaktionstyp hat einen Input und zwei Outputs, wie in Abbildung 2-4 zu sehen.

Eine andere gängige Form von Transaktion ist die sogenannte *Konsolidierungs-Transaktion*, die verschiedene Inputs zu einem einzigen Output zusammenfasst (siehe Abbildung 2-5). Das stellt den Fall dar, in dem wir aus mehreren kleinen Münzen und Scheinen eine größere Summe zusammensuchen. Solche Transaktionen werden manchmal durch Wallet-Anwendungen (und Unternehmen) generiert, um viele kleine Beträge zusammenzufassen.

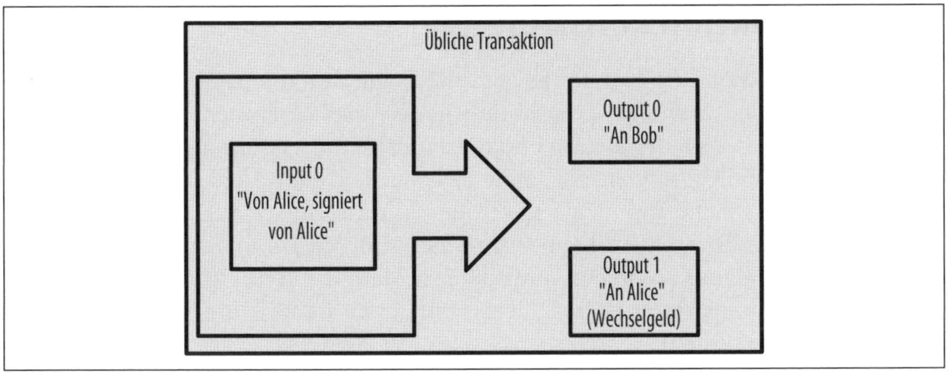


*Abbildung 2-4: Gängige Transaktion*

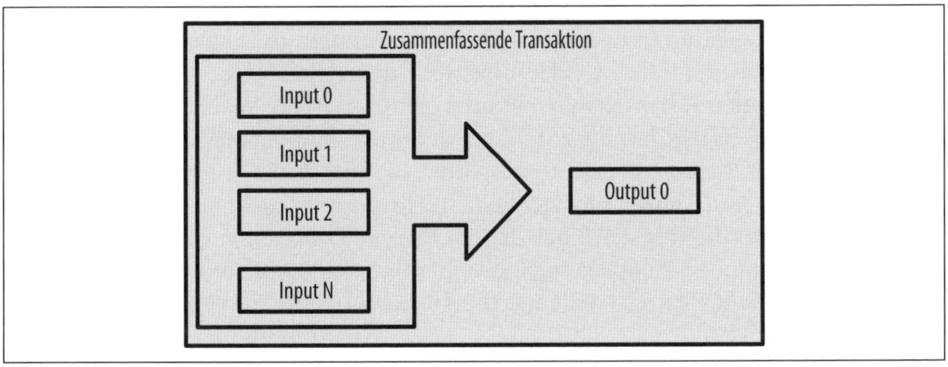


*Abbildung 2-5: Zahlungen zusammenfassende Transaktion*

Eine weitere typische Transaktionsform, die man oft in der Blockchain findet, ist die sogenannte *Batch-Verarbeitung*, die einen Input auf mehrere Outputs verteilt, also an mehrere Empfänger (). Dieser Transaktionstyp wird manchmal von gewerblichen Teilnehmern genutzt, um Zahlungen, etwa Löhne, an mehrere Mitarbeitende zu verteilen.

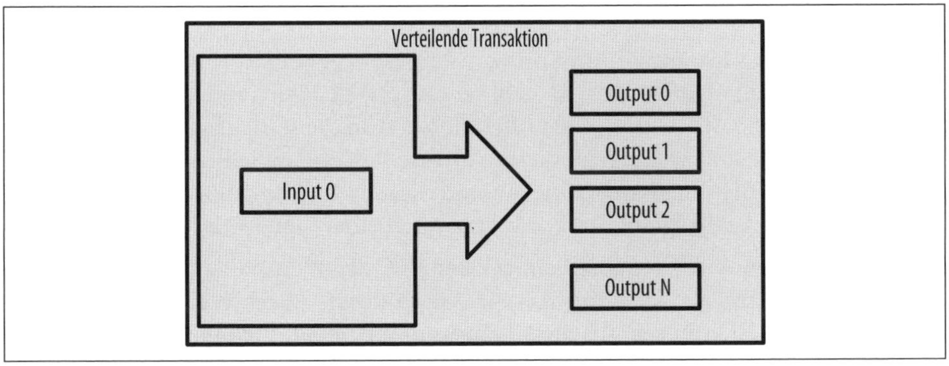


*Abbildung 2-6: Zahlungen verteilende Transaktion*

## Eine Transaktion konstruieren

Alice' Wallet-Anwendung enthält die gesamte Logik, um die passenden Inputs und Outputs zu wählen und eine Transaktion nach Alice' Vorgaben zu konstruieren. Alice muss nur das Ziel, den Betrag und die Transaktionsgebühr angeben. Den Rest übernimmt die Wallet-Anwendung, ohne dass sie die Details sieht. Wichtig ist dabei (wenn sie weiß, welche Inputs sie kontrolliert), dass eine Wallet-Anwendung die Transaktionen auch erzeugen kann, wenn sie komplett offline ist. Genau wie Sie einen Scheck zu Hause ausstellen und später in die Post geben können, kann auch die Transaktion konstruiert und signiert werden, während keine Verbindung zum Bitcoin-Netzwerk besteht.

### Die richtigen Inputs

Alice' Wallet-Anwendung muss zuerst die Inputs finden, mit denen sie den Betrag bezahlen kann, die sie an Bob senden möchte. Die meisten Wallets halten alle Outputs nach, die zu den Adressen in der Wallet gehören. Alice' Wallet würde also eine Kopie des Transaktions-Outputs enthalten, der durch den Barverkauf entstanden ist (siehe »Ihr erster Bitcoin« auf Seite 36). Eine Bitcoin-Wallet-Anwendung, die als Full-Node-Client läuft, enthält tatsächlich eine Kopie aller nicht ausgegebenen Outputs aller Transaktionen in der Blockchain (*Unspent Transaction Outputs*, UTXOs). Da aber ein Full-Node-Client sehr viel Speicherplatz benötigt, sind die meisten Nutzer-Wallets »leichtgewichtige« Clients, die nur die ungenutzten Outputs des Users nachhalten.

In unserem Beispiel reicht ein einzelner UTXO, um den Podcast zu bezahlen. Wäre das nicht der Fall, müsste Alice' Wallet mehrere kleinere UTXOs zusammenfassen, so wie Sie in Ihrer Geldbörse das Kleingeld zusammensuchen, bis das Geld reicht, um den Podcast zu bezahlen. In beiden Fällen erhalten Sie möglicherweise etwas Wechselgeld zurück, was wir im nächsten Abschnitt sehen werden, wenn die Wallet-Anwendung die Transaktions-Outputs (Zahlungen) erzeugt.

### Die Outputs erzeugen

Ein Transaktions-Output wird in Form eines Skripts generiert, das einen Betrag erzeugt, das in etwa Folgendes besagt: »Dieser Output ist zahlbar an jeden, der eine Signatur mit dem Schlüssel von Bobs öffentlicher Adresse vorlegen kann.« Weil nur Bob die Wallet besitzt, die den zu dieser Adresse passenden Schlüssel enthält, kann nur Bobs Wallet diese Signatur vorlegen und diesen Output einlösen. Alice *belastet* daher den Output-Betrag mit der Forderung nach einer Signatur von Bob.

Diese Transaktion wird zusätzlich einen zweiten Output enthalten, weil Alice' Guthaben viel höher ist als der Kaufpreis für den Podcast. Alice' Wechselgeldzahlung wird von ihrer Wallet in der gleichen Transaktion erzeugt wie die Zahlung an Bob. Alice' Wallet teilt das Geld also in zwei Beträge auf: Einer geht an Bob und einer an sich selbst. Das Wechselgeld kann sie dann in einer nachfolgenden Transaktion verwenden (ausgeben).

Damit die Transaktion vom Netzwerk zeitnah verarbeitet wird, fügt Alice' Wallet-Anwendung eine kleine Gebühr hinzu. Diese ist nicht explizit in der Transaktion enthalten, sondern ergibt sich aus der Differenz zwischen Inputs und Outputs. Diese *Transaktionsgebühr* erhält der Miner für die Validierung und das Einfügen der Transaktion in einen Block, der in der Blockchain festgehalten wird.

> Sehen Sie sich die Transaktion von Alice an Bobs Shop an (*https://oreil.ly/GwBq1*).

## Die Transaktion zur Blockchain hinzufügen

Die von Alice' Wallet-Anwendung erzeugte Transaktion enthält alles, was nötig ist, um die Eigentümerschaft zu bestätigen und neue Eigentümer festzulegen. Die Transaktion muss nun an das Bitcoin-Netzwerk gesendet werden, wo sie Teil der Blockchain wird. Im nächsten Abschnitt erfahren Sie, wie die Transaktion Teil eines neuen Blocks wird und wie dieser Block »geschürft« wird. Zum Schluss sehen wir uns an, wie der neue Block immer vertrauenswürdiger wird, je mehr Blöcke hinzugefügt werden.

### Die Transaktion senden

Da die Transaktion alle für die Verarbeitung benötigten Informationen enthält, spielt es keine Rolle, wo und wie sie an das Bitcoin-Netzwerk übertragen wird. Das Bitcoin-Netzwerk ist ein Peer-to-Peer-Netzwerk, an dem jeder Bitcoin-Client teilnimmt, indem er mit verschiedenen anderen Bitcoin-Clients verbunden ist. Die Aufgabe des Bitcoin-Netzwerks besteht darin, die Transaktionen und Blöcke an alle Teilnehmer zu propagieren.

### Propagation

Die Peers im Bitcoin-Peer-to-Peer-Netzwerk sind Programme, die sowohl die notwendige (Programm-)Logik als auch die Daten besitzen, um die Korrektheit einer neuen Transaktion zu verifizieren. Die Verbindungen zwischen den Peers werden häufig als Kanten (Linien) eines Graphen dargestellt und die Peers selbst als Knoten (engl. *Nodes*, Kreise). Bitcoin-Peers werden daher »vollständig verifizierende Knoten« (engl. *Full Verification Nodes*) oder kurz *Full Nodes* genannt.

Alice' Wallet-Anwendung kann die neue Transaktion an jeden Bitcoin-Knoten senden, mit dem sie irgendwie verbunden ist: kabelgebunden, per Wi-Fi, mobil usw. Sie kann die Transaktion auch an ein anderes Programm (etwa einen Block-Explorer) senden, das es an eine Node weiterleitet. Ihre Bitcoin-Wallet muss nicht direkt mit Bobs Bitcoin-Wallet verbunden sein, und sie muss nicht die Internetverbindung nutzen, die von Bob angeboten wird (auch wenn beide Optionen möglich sind). Jeder Bitcoin-Knoten, der eine gültige Transaktion empfängt, die er bisher noch nicht gesehen hat, leitet diese sofort an alle anderen Knoten weiter, mit denen er verbunden ist. Diese Propagationstechnik wird *Gossiping* (auf Deutsch »tratschen«) genannt. So wird die Transaktion sehr schnell durch das Peer-to-Peer-Netzwerk durchpropagiert und erreicht den Großteil der Knoten innerhalb weniger Sekunden.

### Bobs Sicht der Dinge

Wäre Bobs Wallet-Anwendung direkt mit Alice' Wallet-Anwendung verbunden, könnte Bobs Wallet-Anwendung der erste Knoten sein, der die Transaktion empfängt. Doch selbst wenn Alice' Wallet die Transaktion über andere Knoten sendet, erreicht sie Bobs Wallet innerhalb weniger Sekunden. Bobs Wallet erkennt Alice' Transaktion als eingehende Zahlung, weil sie Outputs enthält, die mit Bobs Schlüssel eingelöst werden können. Bobs Wallet-Anwendung kann auch unabhängig prüfen, ob die Transaktion wohlgeformt ist. Nutzt Bob zur Verifikation eine eigene Full Node, kann seine Wallet außerdem prüfen, ob Alice' Transaktion nur gültige UTXOs ausgibt.

## Bitcoin Mining

Alice' Transaktion wurde nun in das Bitcoin-Netzwerk propagiert. Sie wird erst Teil der *Blockchain*, nachdem sie verifiziert und in einen Block eingefügt wurde. Dieser Prozess wird *Mining* genannt. Eine detaillierte Erläuterung finden Sie in is now propagated on the Bitcoin.

Vertrauen basiert im Bitcoin-System auf Berechnungen. Transaktionen werden zu *Blöcken* zusammengefasst. Blöcke besitzen einen sehr kleinen Header, der in einer bestimmten Weise aufgebaut sein muss und dessen Erzeugung eine enorme Rechenleistung verlangt – der aber nur wenig Rechenleistung benötigt, um die Berechnungen zu verifizieren. Der Mining-Prozess dient bei Bitcoin zwei Zwecken:

- Mining-Knoten validieren alle Transaktionen unter Berücksichtigung der *Konsensregeln* von Bitcoin. Das Mining bietet daher Sicherheit für Bitcoin-Transaktionen, indem es ungültige oder fehlerhafte Transaktionen ablehnt. Die Nutzer können so darauf vertrauen, dass jede Transaktion in einem Block eine gültige Transaktion ist.
- Das Mining erzeugt neue Bitcoins mit jedem Block – etwa so, wie eine Zentralbank neues Geld druckt. Die Menge der pro Block erzeugten Bitcoins ist limitiert und verringert sich mit der Zeit (nach einem festgelegten Ausgabeschema).

Durch Mining erreicht man eine gute Balance zwischen Kosten und Belohnungen. Das Mining verbraucht Strom, um ein mathematisches Problem zu lösen. Ein erfolgreicher Miner erhält eine *Belohnung* in Form neuer Bitcoins und Transaktionsgebühren. Die Belohnung gibt es aber nur, wenn alle Transaktionen nach den Regeln des *Konsens* korrekt validiert wurden. Diese Balance bietet Sicherheit für den Bitcoin ohne eine zentrale Instanz.

Das Mining ist eine Art dezentralisierte Lotterie. Jeder Miner kann ein eigenes Lotterielos einreichen, indem er einen sogenannten *Kandidaten-Block* erzeugt, der die zu schürfenden neuen Transaktionen sowie einige zusätzliche Daten enthält. Der Miner übergibt seinen Kandidaten an einen speziellen Algorithmus, der die Daten chiffriert (oder »hasht«) und eine Ausgabe erzeugt, in der die Eingabedaten nicht mehr zu erkennen sind. Diese *Hashfunktion* erzeugt immer die gleiche Ausgabe für die gleiche Eingabe, doch niemand kann vorhersagen, wie die Ausgabe für eine neue Eingabe aussieht, selbst wenn diese sich nur ganz leicht von einer früheren Eingabe unterscheidet. Entspricht die Ausgabe der Hashfunktion einem vom Bitcoin-Protokoll vorgegebenen Muster (engl. *Template*), gewinnt der Miner die Lotterie, und die Bitcoin-Nutzer akzeptieren den Block samt seiner Transaktionen als gültigen Block. Entspricht die Ausgabe nicht dem Muster, nehmen die Miner eine kleine Änderung an ihrem Kandidaten-Block vor und versuchen es erneut. Während diese Zeilen geschrieben werden, muss ein Miner etwa 168 Milliarden Trillionen Kandidaten-Blöcke durchprobieren, bevor er eine gültige Kombination findet. Und genauso häufig muss die Hashfunktion ausgeführt werden.

Doch sobald eine richtige Kombination gefunden ist, kann jeder die Gültigkeit des Blocks verifizieren, indem er die Hashfunktion nur einmal ausführt. Einen gültigen Block zu erzeugen, verlangt also unglaublich viel Arbeit, doch die zur Verifikation notwendige Arbeit ist gering. Der einfache Verifikationsprozess kann probabilistisch prüfen, ob die Arbeit getan wurde; deshalb bezeichnet man die zur Generierung dieses Beweises (engl. *Proof*) benötigten Daten – in diesem Fall den Block – als *Proof-of-Work (PoW)*.

Transaktionen werden dem neuen Block, sortiert nach Gebühren (und einigen wenigen anderen Kriterien), hinzugefügt. Jeder Miner beginnt mit dem Mining eines neuen Transaktions-Blocks, sobald er den vorherigen Block aus dem Netzwerk erhält. Er erzeugt umgehend einen neuen Block, füllt ihn mit Transaktionen und dem Fingerprint des vorherigen Blocks auf und startet die Berechnung des Proof-of-Work für den neuen Block. Jeder Miner fügt eine spezielle Transaktion in seinen Block ein, die die Belohnung und die Gebühren aller im Block enthaltenen Transaktionen an seine eigene Bitcoin-Adresse auszahlt. Findet er eine Lösung, die den Block gültig macht, »gewinnt« er die Belohnung, sobald sein Block erfolgreich in die globale Blockchain eingetragen wird. Nehmen Miner an einem Mining-Pool teil, erzeugt die Software Kandidaten-Blöcke, die die Belohnung einer Pool-Adresse zuweisen. Von dort wird die Belohnung an die Mitglieder der Pools verteilt, abhängig davon, wie viel Rechenleistung sie zur Lösung beigetragen haben.

Alice' Transaktion wurde durch das Netzwerk eingesammelt und in einen Pool nicht verifizierter Transaktionen eingetragen. Direkt nachdem die Full Node sie validiert hat, wird sie in einen Kandidaten-Block eingefügt. Etwa fünf Minuten nachdem die Transaktion von Alice' Wallet übermittelt wurde, findet einer der Miner eine Lösung für den Block und meldet sie dem Netzwerk. Sobald andere Miner den Gewinnerblock verifiziert haben, startet eine neue Lotterie um den nächsten Block.

Der Gewinnerblock mit Alice' Transaktion wird Teil der Blockchain. Der Block, der Alice' Transaktion enthält, zählt als eine *Bestätigung* dieser Transaktion. Nachdem der Block mit Alice' Transaktion durch das Netzwerk propagiert wurde, würde die Erzeugung eines alternativen Blocks mit einer anderen Version von Alice' Transaktion (etwa ohne eine Zahlung an Bob) den gleichen Aufwand verlangen, den alle Bitcoin-Miner zur Generierung eines neuen Blocks aufwenden müssen. Kann man zwischen verschiedenen alternativen Blöcken wählen, entscheiden sich Full Nodes für die Chain mit dem größten PoW – bezeichnet als *beste Blockchain*. Damit das gesamte Netzwerk einen alternativen Block akzeptiert, muss ein neuer Block zusätzlich zur Alternative geschürft werden.

Die Miner haben also die Wahl. Sie können zusammen mit Alice an einer Alternative zu der Transaktion arbeiten, in der Bob bezahlt wird (vielleicht teilt sich Alice mit den Minern einen Teil von Bobs Geld). Um dieses unlautere Verhalten durchzuziehen, müssen aber zwei neue Blöcke generiert werden. Ehrliche Miner müssen hingegen nur einen neuen Block erzeugen und erhalten alle Transaktionsgebühren und die Belohnung für den Block. Normalerweise sind die hohen Kosten für die unrechtmäßige Generierung zweier Blöcke für eine kleine zusätzliche Zahlung weit weniger profitabel als die korrekte Erzeugung eines neuen Blocks. Daher ist es sehr unwahrscheinlich, dass eine bestätigte Transaktion im Nachhinein geändert wird. Für Bob bedeutet das, dass er der Zahlung von Alice vertrauen kann.

Sie können sich den Block ansehen, der Alice' Transaktion (*https://oreil.ly/7v_lH*) enthält.

Etwa 19 Minuten nachdem der Block mit Alice' Transaktion veröffentlicht wurde, wird ein neuer Block durch einen anderen Miner geschürft. Da dieser Block auf dem Block aufbaut, der Alice' Transaktion enthält (und Alice' Transaktion die zweite Bestätigung einbringt), kann Alice' Transaktion jetzt nur noch geändert werden, wenn zwei alternative Blöcke geschürft werden – mit einem zusätzlichen neuen Block darüber –, d.h., es müssten drei Blöcke geschürft werden, damit sich Alice das an Bob gesendete Geld zurückholen könnte. Jeder über dem Block mit Alice' Transaktion liegende zusätzliche Block zählt als weitere Bestätigung. Da die Blöcke aufeinander aufbauen, wird es exponentiell schwieriger, die Transaktion rückgängig zu machen. Dies erhöht das Vertrauen durch das Netzwerk immer weiter.

In Abbildung 2-7 sehen wir den Block, der die Transaktion von Alice enthält. Darunter befinden sich Hunderttausende von Blöcken, die in einer Kette von Blöcken (Blockchain) miteinander verbunden sind, die bis zum Block #0, dem sogenannten Genesis-Block, zurückreicht. Im Laufe der Zeit steigt mit der »Höhe« der neuen Blöcke auch die Schwierigkeit der Berechnungen für die Kette als Ganzes. In der Regel gilt jeder Block mit mehr als sechs Bestätigungen als sehr schwer zu ändern, da die Neuberechnung von sechs Blöcken (plus einem neuen Block) einen immensen Rechenaufwand erfordern würde. Wir werden den Prozess des Mining und die Art und Weise, wie er Vertrauen aufbaut, in Kapitel 12 genauer untersuchen.

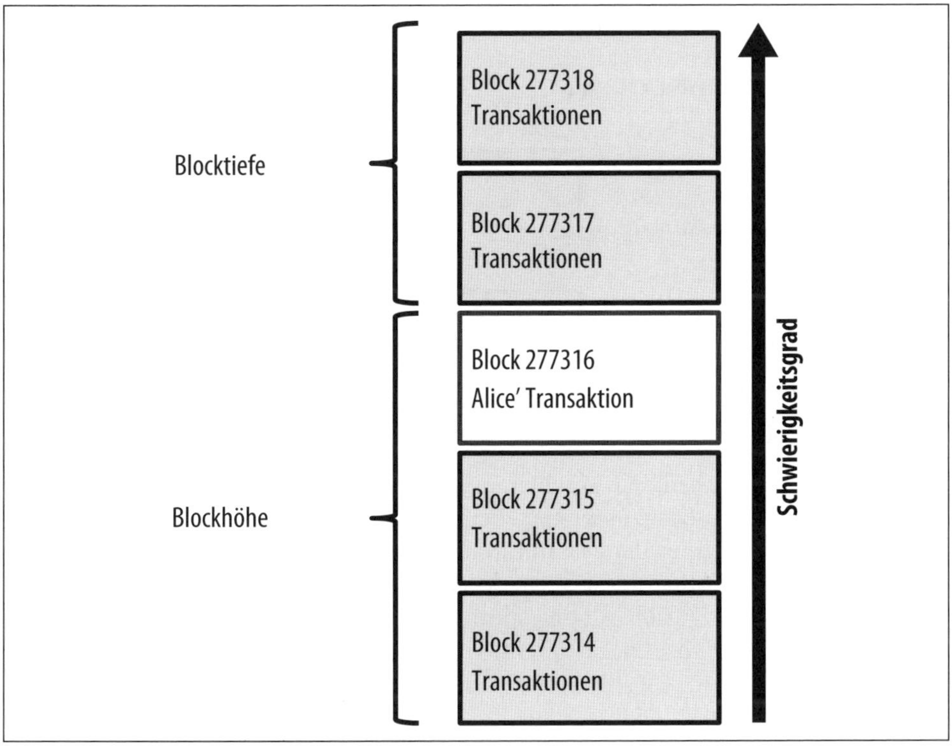


*Abbildung 2-7: Alice' Transaktion in einem Block*

## Die Transaktion einlösen

Nachdem Alice' Transaktion als Teil eines Blocks in die Blockchain aufgenommen wurde, ist sie für alle Bitcoin-Transaktionen sichtbar. Jede Bitcoin-Full-Node kann die Transaktion unabhängig als gültig und nutzbar verifizieren. Full Nodes validieren jeden Geldtransfer von dem Moment an, in dem die Bitcoins zum ersten Mal in einem Block generiert wurden, über jede nachfolgende Transaktion, bis sie Bobs Adresse erreichen. Leichtgewichtige (*Lightweight*) Clients können Zahlungen partiell verifizieren, indem sie prüfen, ob eine Transaktion in der Blockchain steht und ob nach ihr weitere Blöcke gemint wurden, was sicherstellt, dass die Miner die Transaktion als gültig akzeptiert haben (siehe Abbildung 2-8).

Bob kann nun über den Output dieser und anderer Transaktionen verfügen. Beispielsweise kann Bob einen Lieferanten bezahlen, indem er den Betrag von Alice' Podcast-Zahlung an den neuen Eigentümer überträgt. Wenn Bob die von Alice und anderen Kunden empfangenen Zahlungen ausgibt, erweitert er die Transaktionskette. Nehmen wir an, Bob bezahlt seinen Webdesigner Gopesh für eine Seite der neuen Website. Die Transaktionskette sieht dann wie folgt aus (siehe Abbildung 2-8):

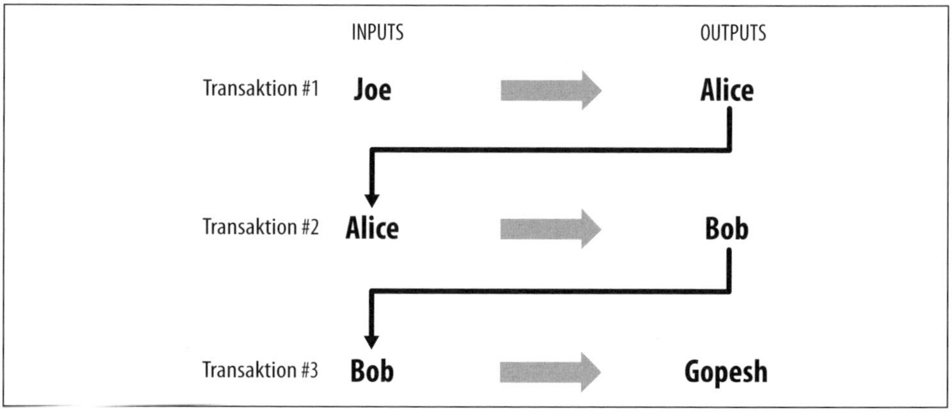


*Abbildung 2-8: Alice' Transaktion als Teil der Transaktionskette von Joe an Gopesh*

In diesem Kapitel haben wir gesehen, wie Transaktionen eine Kette bilden, die Werte von Besitzer zu Besitzer weitergeben. Wir haben Alice' Transaktion von dem Augenblick an verfolgt, in dem sie in ihrer Wallet erzeugt wurde, über das gesamte Netzwerk bis zu den Minern, die sie in der Blockchain festgehalten haben. Der Rest dieses Buchs beschäftigt sich mit den spezifischen Technologien hinter Wallets, Adressen, Signaturen, Transaktionen, dem Netzwerk und schließlich dem Mining.

# KAPITEL 3

# Bitcoin Core: die Referenzimplementierung

Menschen akzeptieren Geld im Tausch für Ware nur dann, wenn sie glauben, dieses Geld später auch ausgeben zu können. Geld, das gefälscht ist oder unerwartet an Wert verliert, kann später möglicherweise nicht mehr ausgegeben werden. Daher hat jede Person, die Bitcoins akzeptiert, ein starkes Interesse daran, die Integrität der empfangenen Bitcoins zu prüfen. Das Bitcoin-System wurde so entworfen, dass eine vollständig auf einem Computer lokal laufende Software Fälschungen, Entwertung und verschiedene andere schwerwiegende Probleme verhindern kann. Eine diese vollständige Verifikation bereitstellende Software wird *vollständig verifizierende Node*, kurz *Full Node*, genannt, weil sie jede bestätigte Bitcoin-Transaktion mit jeder Regel des Systems abgleicht. Full Nodes können auch Tools und Daten zur Verfügung stellen, mit deren Hilfe Sie verstehen können, wie Bitcoin funktioniert und was gerade im Netzwerk passiert.

In diesem Kapitel installieren wir Bitcoin Core. Diese Implementierung nutzen die meisten Full-Node-Betreiber seit den Anfängen des Bitcoin-Netzwerks. Wir untersuchen dann Blöcke, Transaktionen und andere von Ihrer Node bereitgestellte Daten. Diese Daten sind autoritativ, und zwar nicht, weil eine mächtige Entität das so entschieden hat, sondern weil die Node alle Daten unabhängig verifiziert hat. Im weiteren Verlauf des Buchs werden wir immer wieder Bitcoin Core nutzen, um für die Blockchain und das Netzwerk bestimmte Daten zu erzeugen und zu untersuchen.

## Von Bitcoin zu Bitcoin Core

Bitcoin ist ein *Open-Source-Projekt*. Der Quellcode ist unter einer offenen (MIT-)Lizenz verfügbar und kann kostenlos heruntergeladen und für beliebige Zwecke genutzt werden. Open Source bedeutet nicht nur freie Nutzung, es bedeutet auch, dass der Bitcoin von einer offenen Community von Freiwilligen entwickelt wird. Zuerst bestand diese Community nur aus Satoshi Nakamoto. Im Jahr 2023 haben bereits mehr als 1.000 Freiwillige zum Bitcoin-Quellcode beigetragen. Über ein Dutzend Entwicklerinnen und Entwickler arbeiten mehr oder weniger in Vollzeit und mehrere Dutzend in Teilzeit an dem Projekt. Jeder kann etwas zum Code beitragen – auch Sie!

Als Bitcoin von Satoshi Nakamoto entwickelt wurde, war die Software bereits fertig, bevor das Whitepaper (siehe Anhang A) geschrieben wurde. Satoshi wollte sicherstellen, dass es funktioniert, bevor er darüber schreibt. Diese erste Implementierung wurde einfach »Bitcoin« genannt und wurde inzwischen stark modifiziert und verbessert. Sie hat sich zu dem entwickelt, was heute als *Bitcoin Core* bezeichnet wird, um es von anderen Implementierungen unterscheiden zu können. Bitcoin Core ist die *Referenzimplementierung* des Bitcoin-Systems, d.h. die maßgebliche Referenz dafür, wie jeder Teil der Technologie zu implementieren ist. Bitcoin Core implementiert alle Aspekte des Bitcoins – einschließlich Wallets, einer Engine zur Validierung von Transaktionen und Blöcken sowie aller modernen Elemente der Bitcoin-Peer-to-Peer-Kommunikation.

Abbildung 3-1 zeigt die Architektur von Bitcoin Core.

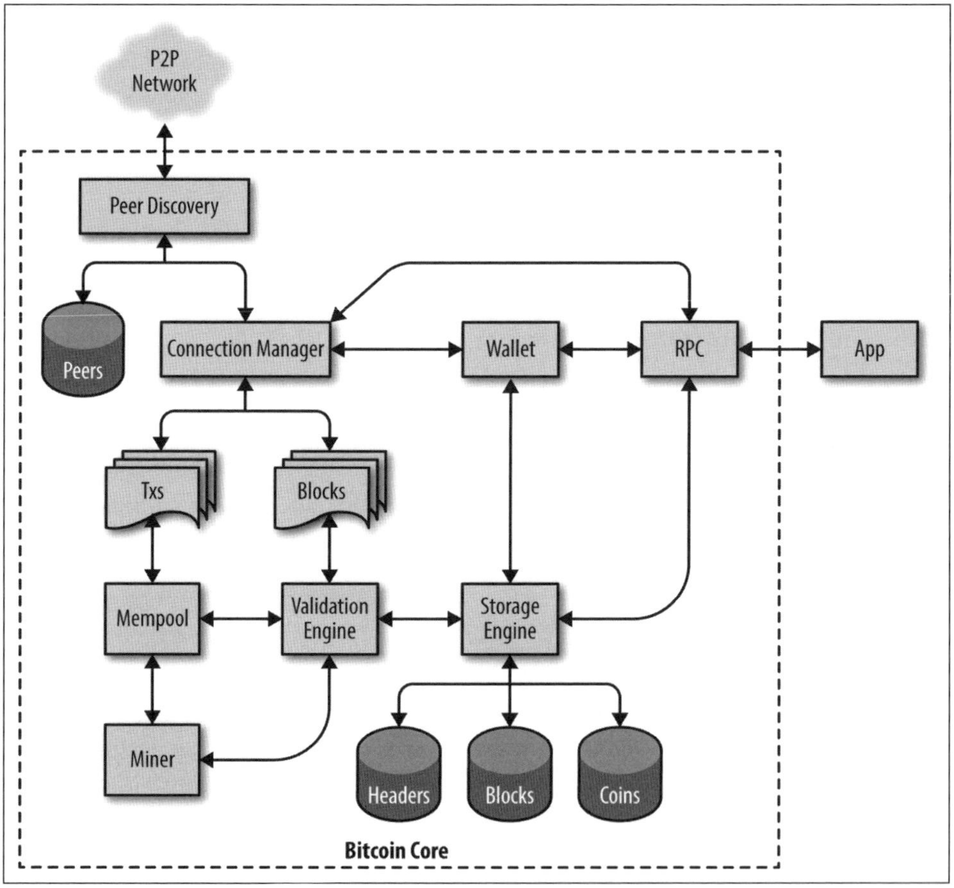


*Abbildung 3-1: Bitcoin-Core-Architektur (Quelle: Eric Lombrozo)*

Obwohl Bitcoin Core als Referenzimplementierung vieler wichtiger Teile des Systems dient, beschreibt das Bitcoin-Whitepaper verschiedene frühe Teile des Systems. Die meisten wesentlichen Teile des Systems wurden seit 2011 in einer Reihe sogenannter Bitcoin Improvement Proposals (BIPs) (*https://oreil.ly/BCXAQ*) (zu Deutsch etwa *Bitcoin-Verbesserungsvorschläge*) dokumentiert. Im gesamten Buch verweisen wir auf BIP-Spezifikationen über deren Nummer. Beispielsweise beschreibt BIP9 einen Mechanismus, der für viele große Upgrades von Bitcoin verwendet wurde.

## Bitcoin-Entwicklungsumgebung

Als Entwicklerin oder Entwickler werden Sie eine Entwicklungsumgebung einrichten wollen, die alle Tools, Bibliotheken und sämtliche Supportsoftware umfasst, die Sie zum Schreiben von Bitcoin-Anwendungen benötigen. In diesem sehr technischen Kapitel gehen wir diesen Prozess Schritt für Schritt durch. Wenn Ihnen das Material zu kompliziert wird (oder wenn Sie keine Entwicklungsumgebung einrichten wollen), machen Sie einfach mit dem nächsten Kapitel weiter, das nicht mehr ganz so viel Technik beinhaltet.

## Bitcoin Core aus dem Quellcode kompilieren

Der Quellcode von Bitcoin Core kann als Archiv heruntergeladen oder aus dem Quell-Repository von GitHub geklont werden. Auf der Bitcoin-Core-Download-Seite (*https://oreil.ly/hN9g1*) wählen Sie die neueste Version aus und laden das komprimierte Archiv des Quellcodes herunter. Alternativ können Sie die Git-Kommandozeile nutzen, um eine lokale Kopie des Quellcodes von der GitHub-Bitcoin-Seite (*https://oreil.ly/BdOwl*) herunterzuladen.

> Viele Beispiele in diesem Kapitel nutzen die Kommandozeilenschnittstelle (die *Shell*) des Betriebssystems, auf die über eine Terminalanwendung zugegriffen wird. Die Shell gibt einen Prompt aus, Sie geben einen Befehl ein, und die Shell antwortet mit einem Text oder einem neuen Prompt. Der Prompt kann bei Ihrem System anders aussehen, wir verwenden in den folgenden Beispielen das $-Symbol. Geben Sie in diesen Beispielen den auf das $-Symbol folgenden Text ein und drücken Sie die Enter-Taste, um den Befehl auszuführen. Die auf den Befehl folgenden Zeilen sind die Antwort des Programms auf diesen Befehl. Sobald Sie das nächste $ im Text sehen, wissen Sie, dass es sich um einen Befehl handelt, den Sie wieder eingeben müssen.

In diesem Beispiel nutzen wir den git-Befehl, um eine lokale Kopie des Quellcodes zu »klonen«:

```
$ git clone https://github.com/bitcoin/bitcoin.git
Cloning into 'bitcoin'...
remote: Enumerating objects: 245912, done.
remote: Counting objects: 100% (3/3), done.
```

```
remote: Compressing objects: 100% (2/2), done.
remote: Total 245912 (delta 1), reused 2 (delta 1), pack-reused 245909
Receiving objects: 100% (245912/245912), 217.74 MiB | 13.05 MiB/s, done.
Resolving deltas: 100% (175649/175649), done.
```

Git ist das am häufigsten genutzte System zur verteilten Versionskontrolle und elementarer Bestandteil jedes Softwareentwicklungs-Toolkits. Falls es nicht schon vorhanden ist, müssen Sie den git-Befehl oder eine grafische Git-Schnittstelle auf Ihrem Rechner installieren.

Sobald das Klonen abgeschlossen ist, besitzen Sie eine vollständige lokale Kopie des Quellcode-Repository im Verzeichnis *bitcoin*. Wechseln Sie mit dem Befehl `cd` in dieses Verzeichnis:

```
$ cd bitcoin
```

## Wahl einer Bitcoin-Core-Release

Standardmäßig wird die lokale Kopie mit dem aktuellsten Code abgeglichen, bei dem es sich aber um eine instabile (*unstable*) oder eine Betaversion von Bitcoin handeln kann. Bevor Sie den Code kompilieren, sollten Sie daher eine spezifische Version verwenden, die Sie durch das Check-out eines bestimmten Release-*Tags* auswählen. Damit gleichen Sie die lokale Kopie mit einem bestimmten Snapshot ab, der durch ein Tag identifiziert wird. Um die verfügbaren Tags zu ermitteln, verwenden wir zuerst den Befehl `git tag`:

```
$ git tag
v0.1.5
v0.1.6test1
v0.10.0
...
v0.11.2
v0.11.2rc1
v0.12.0rc1
v0.12.0rc2
...
```

Die Liste der Tags zeigt alle veröffentlichten Bitcoin-Releases. Per Konvention werden *Release Candidates*, die zum Testen gedacht sind, durch die Endung rc gekennzeichnet. Stabile Releases, die in Produktivsystemen verwendet werden können, besitzen keine besondere Endung. Aus der obigen Liste wählen Sie die aktuelle Version aus. Während dies geschrieben wird, ist das v24.0.1. Um den lokalen Code mit dieser Version zu synchronisieren, nutzen Sie den Befehl `git checkout`:

```
$ git checkout v24.0.1
Note: switching to 'v24.0.1'.

You are in 'detached HEAD' state. You can look around, make experimental
changes and commit them, and you can discard any commits you make in this
state without impacting any branches by switching back to a branch.

HEAD is now at b3f866a8d Merge bitcoin/bitcoin#26647: 24.0.1 final changes
```

Sie können prüfen, ob die gewünschte Version »ausgecheckt« wurde, indem Sie den Befehl `git status` ausführen:

```
HEAD detached at v24.0.1
nothing to commit, working tree clean
```

## Den Bitcoin-Core-Build konfigurieren

Der Quellcode umfasst auch die Dokumentation, die in einer Reihe von Dateien enthalten ist. Die Hauptdokumentation finden Sie in der Datei *README.md* im *bitcoin*-Verzeichnis. In diesem Kapitel wollen wir den Bitcoin-Core-Daemon (Server) erzeugen, der unter Linux (und Unix-ähnlichen Systemen) als `bitcoind` bekannt ist. Lesen Sie die Anweisungen für die Kompilierung des `bitcoind`-Clients für Ihre Plattform in *doc/build-unix.md*. Anweisungen für andere Betriebssysteme finden Sie im *doc*-Verzeichnis, z.B. *build-windows.md* für Windows. Während diese Zeilen geschrieben werden, sind Anweisungen für Android, FreeBSD, NetBSD, OpenBSD, macOS (OSX), Unix und Windows verfügbar.

Gehen Sie sorgfältig die für den Build verlangten Systemvoraussetzungen durch, die Sie im ersten Teil der Build-Dokumentation finden. Dabei handelt es sich um Bibliotheken, die auf Ihrem System vorhanden sein müssen, bevor Bitcoin kompiliert werden kann. Fehlen sie, bricht der Build-Prozess mit einem Fehler ab. Passiert das wegen einer fehlenden Bibliothek, installieren Sie diese einfach nach und wiederholen den Build-Prozess. Sind alle Voraussetzungen erfüllt, beginnen Sie mit der Generierung einer Reihe von Build-Skripten durch das Skript *autogen.sh*:

```
$ ./autogen.sh
libtoolize: putting auxiliary files in AC_CONFIG_AUX_DIR, 'build-aux'.
libtoolize: copying file 'build-aux/ltmain.sh'
libtoolize: putting macros in AC_CONFIG_MACRO_DIRS, 'build-aux/m4'.
 ...
configure.ac:58: installing 'build-aux/missing'
src/Makefile.am: installing 'build-aux/depcomp'
parallel-tests: installing 'build-aux/test-driver'
```

Das Skript *autogen.sh* erzeugt eine Reihe automatischer Konfigurationsskripte, die Ihr System untersuchen, um die richtigen Einstellungen zu ermitteln und sicherzustellen, dass die zur Kompilierung des Codes benötigten Bibliotheken vorhanden sind. Das wichtigste dieser Skripte ist `configure`, das eine Reihe verschiedener Optionen anbietet, über die Sie den Build-Prozess individuell anpassen können. Geben Sie `./configure --help` ein, um sich die verschiedenen Optionen anzusehen:

```
$ ./configure --help
`configure' configures Bitcoin Core 24.0.1 to adapt to many kinds of systems.

Usage: ./configure [OPTION]... [VAR=VALUE]...

...
Optional Features:
  --disable-option-checking  ignore unrecognized --enable/--with options
  --disable-FEATURE       do not include FEATURE (same as --enable-FEATURE=no)
  --enable-FEATURE[=ARG]  include FEATURE [ARG=yes]
```

```
  --enable-silent-rules   less verbose build output (undo: "make V=1")
  --disable-silent-rules  verbose build output (undo: "make V=0")
...
```

Das `configure`-Skript erlaubt Ihnen, verschiedene Features von `bitcoind` zu aktivieren bzw. zu deaktivieren. Sie nutzen dazu die Flags `--enable-FEATURE` und `--disable-FEATURE`, wobei Sie `FEATURE` durch den Namen des Features ersetzen, wie es im Output der Hilfe gelistet ist. In diesem Kapitel werden wir `bitcoind` mit allen Standardfeatures kompilieren. Wir werden keine Konfigurations-Flags nutzen, doch Sie sollten sie sich ansehen, um zu verstehen, welche optionalen Features Teil des Clients sind. Je nach Arbeitsumgebung werden Sie bestimmte Nutzungsbedingungen einhalten und Anwendungen z. B. in Ihrem Home-Verzeichnis (mit `--prefix=$HOME`) ablegen müssen.

Hier einige nützliche Optionen, die das Standardverhalten des `configure`-Skripts ändern:

`--prefix=$HOME`
: Überschreibt den Standardinstallationspfad (*/usr/local/*) für das erzeugte Executable. Verwenden Sie `$HOME`, um alles in Ihrem Home-Verzeichnis (oder einem anderen Pfad) abzulegen.

`--disable-wallet`
: Deaktiviert die Referenzimplementierung der Wallet.

`--with-incompatible-bdb`
: Erlaubt die Verwendung einer inkompatiblen Version der Berkeley-DB-Bibliothek bei der Kompilierung der Wallet.

`--with-gui=no`
: Kompiliert die grafische Benutzerschnittstelle nicht, die die Qt-Bibliothek verlangt. Erzeugt nur die Server- und Kommandozeilenversionen.

Als Nächstes führen Sie das `configure`-Skript aus, um automatisch die benötigten Bibliotheken zu ermitteln und ein individuelles Build-Skript für Ihr System zu erzeugen:

```
$ ./configure
checking for pkg-config... /usr/bin/pkg-config
checking pkg-config is at least version 0.9.0... yes
checking build system type... x86_64-pc-linux-gnu
checking host system type... x86_64-pc-linux-gnu
checking for a BSD-compatible install... /usr/bin/install -c
...
[Unmengen weiterer Konfigurationstests]
...
```

Geht alles gut, erzeugt der `configure`-Befehl die individuell angepassten Build-Skripte, die uns die Kompilierung von `bitcoind` erlauben. Wenn Bibliotheken fehlen oder andere Fehler auftreten, bricht der `configure`-Befehl mit einer entsprechenden Fehlermeldung ab und erzeugt keine Build-Skripte. Fehler treten hauptsächlich wegen fehlender oder inkompatibler Bibliotheken auf. Gehen Sie die Build-Dokumentation noch einmal durch und installieren Sie fehlende Systemvoraussetzungen nach. Führen Sie `configure` dann erneut aus und prüfen Sie, ob die Fehler damit behoben sind.

## Die Bitcoin-Core-Executables erzeugen

Kompilieren Sie nun den Quellcode, was je nach CPU und verfügbarem Speicher bis zu einer Stunde dauern kann. Während der Kompilierung sehen Sie alle paar Sekunden oder Minuten eine Ausgabe bzw. eine Fehlermeldung, wenn etwas schiefgeht. Kommt es zu einem Fehler oder wird die Kompilierung unterbrochen, können Sie sie durch die Eingabe von `make` jederzeit wieder starten. Geben Sie jetzt **`make`** ein, um mit der Kompilierung des Executables zu beginnen:

```
$ make
Making all in src
  CXX      bitcoind-bitcoind.o
  CXX      libbitcoin_node_a-addrdb.o
  CXX      libbitcoin_node_a-addrman.o
  CXX      libbitcoin_node_a-banman.o
  CXX      libbitcoin_node_a-blockencodings.o
  CXX      libbitcoin_node_a-blockfilter.o
[... Unmengen weiterer Compiler-Meldungen ...]
```

Auf einem schnellen System mit mehr als einer CPU können Sie die Anzahl paralleler Kompilierjobs festlegen. Beispielsweise nutzt `make -j 2` zwei Kerne (wenn sie verfügbar sind). Ist alles gut gegangen, ist Bitcoin Core nun kompiliert. Sie sollten die Unit-Tests mit `make check` ausführen, um sicherzustellen, dass die eingebundenen Bibliotheken wie erwartet funktionieren. Der letzte Schritt besteht darin, die verschiedenen Executables mit dem Befehl `make install` auf Ihrem System zu installieren. Möglicherweise werden Sie nach dem Passwort gefragt, da dieser Schritt administrative Rechte benötigt:

```
$ make check && sudo make install
Password:
Making install in src
 ../build-aux/install-sh -c -d '/usr/local/lib'
libtool: install: /usr/bin/install -c bitcoind /usr/local/bin/bitcoind
libtool: install: /usr/bin/install -c bitcoin-cli /usr/local/bin/bitcoin-cli
libtool: install: /usr/bin/install -c bitcoin-tx /usr/local/bin/bitcoin-tx
...
```

Die Standardinstallation legt `bitcoind` in */usr/local/bin* ab. Sie können sicherstellen, dass Bitcoin Core korrekt installiert wurde, indem Sie das System nach dem Pfad der ausführbaren Programme fragen:

```
$ which bitcoind
/usr/local/bin/bitcoind

$ which bitcoin-cli
/usr/local/bin/bitcoin-cli
```

# Eine Bitcoin-Core-Node betreiben

Bitcoins Peer-to-Peer-Netzwerk besteht aus Netzwerkknoten (Nodes), die hauptsächlich von Freiwilligen betrieben werden sowie von einigen Unternehmen, die Bitcoin-Anwendungen entwickeln. Die laufenden Bitcoin-Knoten haben einen direkten und autoritativen Blick auf die Bitcoin-Blockchain. Eine lokale Kopie aller Transaktionen wird dabei vorgehalten, die vom eigenen System unabhängig validiert werden kann. Durch den Betrieb eines eigenen Knotens sind Sie nicht von Dritten abhängig, um eine Transaktion zu validieren. Darüber hinaus tragen Sie mit einer eigenen Node zu einem stabileren Bitcoin-Netzwerk bei.

Der Betrieb eines solchen Knotens verlangt aber zuerst den Download und die Verarbeitung von über 500 GB Daten und danach etwa 400 MB an Bitcoin-Transaktionen pro Tag. Diese Zahlen gelten für das Jahr 2023 und werden mit der Zeit sicher weiter steigen. Falls Sie Ihren Knoten herunterfahren oder für mehrere Tage vom Internet abgeschnitten sind, muss Ihr Knoten die fehlenden Daten herunterladen. Fahren Sie Bitcoin Core beispielsweise für zehn Tage herunter, müssen Sie beim nächsten Start etwa 4 GB herunterladen.

Wenn Sie alle Transaktionen indexieren und eine vollständige Kopie der Blockchain vorhalten wollen, benötigen Sie außerdem sehr viel Plattenplatz – mindestens 1 TB, wenn Sie Bitcoin Core mehrere Jahre betreiben wollen. Standardmäßig senden Bitcoin-Knoten Transaktionen und Blöcke auch an andere Knoten (*Peers* genannt), was Internetbandbreite verbraucht. Wenn Ihre Internetverbindung eingeschränkt ist, eine geringe Datenrate aufweist oder nach Datenvolumen (im Gigabit-Bereich) abgerechnet wird, sollten Sie keinen Bitcoin-Knoten betreiben oder zumindest die Bandbreite beschränken (siehe »Den Bitcoin-Core-Node konfigurieren« auf Seite 63). Stattdessen können Sie Ihre Node an ein alternatives Netzwerk anbinden, etwa einen freien Anbieter von Satellitendaten wie Blockstream Satellite (*https://oreil.ly/cIwf3*).

> Bitcoin Core hält standardmäßig eine vollständige Kopie der Blockchain vor, d. h. jede Transaktion im Bitcoin-Netzwerk seit seiner Einführung im Jahr 2009. Dieser Datensatz ist Hunderte Gigabytes groß und wird in Abhängigkeit von CPU-Leistung und Internetverbindung über Tage oder gar Wochen inkrementell heruntergeladen. Bitcoin Core kann keine Transaktionen verarbeiten und Kontostände aktualisieren, solange die vollständige Blockchain nicht heruntergeladen wurde. Sorgen Sie also für ausreichend Plattenplatz, Bandbreite und Zeit, um die initiale Synchronisation abschließen zu können. Sie können Bitcoin Core so konfigurieren, dass die Größe der Blockchain reduziert wird, indem alte Blöcke aussortiert werden, doch Sie müssen dennoch den gesamten Datensatz herunterladen, bevor Daten aussortiert werden können.

Trotz dieser hohen Anforderungen werden Bitcoin-Knoten von Tausenden Freiwilligen betrieben. Einige dieser Systeme sind einfache Raspberry Pis (35-Euro-Computer im Kreditkartenformat).

Warum sollten Sie einen Knoten betreiben? Hier einige der häufigsten Gründe:

- Sie wollen sich nicht auf eine dritte Partei verlassen, um empfangene Transaktionen zu validieren.
- Sie entwickeln Bitcoin-Software und sind auf einen Bitcoin-Knoten angewiesen, um über die API auf das Netzwerk und die Blockchain zugreifen zu können.
- Sie wollen Drittparteien nicht offenlegen, welche Transaktionen zu Ihrer Wallet gehören.
- Sie entwickeln Anwendungen, die Transaktionen entsprechend den Bitcoin-Konsensregeln validieren müssen. Üblicherweise betreiben Unternehmen für Bitcoin-Software mehrere Knoten.
- Sie wollen Bitcoin unterstützen. Der Betrieb eines Knotens macht das Netzwerk stabiler, und es können mehr Wallets, mehr Nutzende und mehr Transaktionen verarbeitet werden.

Wenn Sie dieses Buch lesen und an hoher Sicherheit und Privatsphäre oder an der Entwicklung von Bitcoin-Software interessiert sind, sollten Sie Ihren eigenen Knoten betreiben.

## Den Bitcoin-Core-Node konfigurieren

Bitcoin Core sucht bei jedem Start in seinem Datenverzeichnis nach einer Konfigurationsdatei. In diesem Abschnitt sehen wir uns die verschiedenen Konfigurationsoptionen an und richten eine Konfigurationsdatei ein. Um die Lage der Konfigurationsdatei zu ermitteln, führen Sie `bitcoind -printtoconsole` in einem Terminal aus und sehen sich die ersten Zeilen der Ausgabe an:

```
$ bitcoind -printtoconsole
2023-01-28T03:21:42Z Bitcoin Core version v24.0.1
2023-01-28T03:21:42Z Using the 'x86_shani(1way,2way)' SHA256 implementation
2023-01-28T03:21:42Z Using RdSeed as an additional entropy source
2023-01-28T03:21:42Z Using RdRand as an additional entropy source
2023-01-28T03:21:42Z Default data directory /home/harding/.bitcoin
2023-01-28T03:21:42Z Using data directory /home/harding/.bitcoin
2023-01-28T03:21:42Z Config file: /home/harding/.bitcoin/bitcoin.conf
...
[Unmengen weiterer Debug-Ausgaben]
...
```

Sobald Sie die Lage der Konfigurationsdateien kennen, können Sie den Knoten mit Strg-C herunterfahren. Üblicherweise liegt die Konfigurationsdatei innerhalb des *.bitcoin*-Datenverzeichnisses im Home-Verzeichnis des Nutzers. Öffnen Sie die Konfigurationsdatei in dem von Ihnen bevorzugten Editor.

Bitcoin Core bietet mehr als 100 Konfigurationsoptionen. Diese kontrollieren das Verhalten des Netzwerkknotens, die Speicherung der Blockchain und viele andere Aspekte. Um eine Liste aller Optionen anzusehen, führen Sie `bitcoind --help` aus:

```
$ bitcoind --help
Bitcoin Core version v24.0.1
```

```
Usage:  bitcoind [options]
Start Bitcoin Core

Options:

  -?
       Print this help message and exit

  -alertnotify=<cmd>
       Execute command when an alert is raised (%s in cmd is replaced by
       message)
...
[viele weitere Optionen]
```

Es folgen einige der wichtigsten Konfigurationsoptionen. Sie können sie in der Konfigurationsdatei festlegen oder als Kommandozeilenparameter an `bitcoind` übergeben:

`alertnotify`
: Führt einen festgelegten Befehl oder ein Skript aus, um dem Betreiber des Knotens Alarmmeldungen zu senden.

`conf`
: Alternative Lage der Konfigurationsdatei. Nur als Kommandozeilenparameter für `bitcoind` sinnvoll, da er nicht in der Konfigurationsdatei stehen kann, auf die er verweist.

`datadir`
: Legt das Verzeichnis und das Dateisystem fest, in dem alle Blockchain-Daten abgelegt werden sollen. Standardmäßig ist das das *.bitcoin*-Unterverzeichnis in Ihrem Home-Verzeichnis. Während wir dies schreiben, kann es je nach Konfiguration zwischen 10 GB und fast 1 TB groß sein und wächst jedes Jahr um mehrere Hundert Gigabyte.

`prune`
: Reduziert den Bedarf an Plattenspeicher auf die angegebene Größe in Megabyte durch das Löschen alter Blöcke. Verwenden Sie diese Option bei einem ressourcenreduzierten Knoten, der nicht die gesamte Blockchain vorhalten kann. Andere Teile des Systems nutzen Plattenplatz, der momentan nicht reduziert werden kann. Sie benötigen daher mindestens den Platz, der in der `datadir`-Option festgelegt wurde.

`txindex`
: Hält einen Index aller Transaktionen vor. Ermöglicht den programmatischen Abruf einer Transaktion über ihre ID, wenn der die Transaktion enthaltende Block nicht durch Pruning gelöscht wurde.

`dbcache`
: Die Größe des UTXO-Caches. Voreingestellt sind 450 MiB (Mebibyte). Erhöhen Sie diese Größe auf High-End-Hardware, um die Schreib-/Lesezugriffe auf die Festplatte zu reduzieren. Reduzieren Sie die Größe auf Low-End-Hardware, um Speicher zu sparen, auch wenn dafür häufiger auf die Festplatte zugegriffen werden muss.

`blocksonly`
: Minimiert Ihre Bandbreite, indem nur Blöcke mit bestätigten Transaktionen von Ihren Peers akzeptiert werden, statt unbestätigte Transaktionen weiterzuleiten.

`maxmempool`
: Beschränkt den Speicherpool für Transaktionen auf die angegebene Größe in Megabyte. Nutzen Sie diese Option für Knoten mit beschränktem Hauptspeicher.

### Index der Transaktionsdatenbank und die Option txindex

Standardmäßig baut Bitcoin Core eine Datenbank auf, die *nur* die Transaktionen enthält, die mit der Wallet des Nutzers verknüpft sind. Wenn Sie mit Befehlen wie `getrawtransaction` (siehe »Transaktionen untersuchen und decodieren« auf Seite 69) auf *alle* Transaktionen zugreifen wollen, müssen Sie Bitcoin Core so konfigurieren, dass es einen vollständigen Transaktionsindex aufbaut. Dazu verwenden Sie die Option `txindex`, d. h., Sie tragen `txindex=1` in die Bitcoin-Core-Konfigurationsdatei ein. Ist diese Option zuerst nicht gesetzt und möchten Sie später auf die vollständige Indexierung umsteigen, müssen Sie warten, bis der Index neu aufgebaut ist.

Beispiel 3-1 zeigt, wie Sie die obigen Optionen zu einem vollständig indexierten Knoten kombinieren können, der als AOU-Backend für eine Bitcoin-Anwendung verwendet werden kann.

*Beispiel 3-1: Beispielkonfiguration eines voll indexierten Knotens*

```
alertnotify=myemailscript.sh "Alert: %s"
datadir=/lotsofspace/bitcoin
txindex=1
```

Beispiel 3-2 zeigt einen Knoten mit beschränkten Ressourcen, der auf einem kleineren Server läuft.

*Beispiel 3-2: Beispielkonfiguration eines ressourcenbeschränkten Systems*

```
alertnotify=myemailscript.sh "Alert: %s"
blocksonly=1
prune=5000
dbcache=150
maxmempool=150
```

Sobald Sie die Konfigurationsdatei entsprechend Ihren Bedürfnissen angepasst haben, können Sie `bitcoind` mit dieser Konfiguration testen. Starten Sie Bitcoin Core mit der Option `printtoconsole`, um es im Vordergrund ausführen und die Ausgaben auf der Konsole verfolgen zu können:

```
$ bitcoind -printtoconsole
2023-01-28T03:43:39Z Bitcoin Core version v24.0.1
2023-01-28T03:43:39Z Using the 'x86_shani(1way,2way)' SHA256 implementation
2023-01-28T03:43:39Z Using RdSeed as an additional entropy source
2023-01-28T03:43:39Z Using RdRand as an additional entropy source
2023-01-28T03:43:39Z Default data directory /home/harding/.bitcoin
2023-01-28T03:43:39Z Using data directory /lotsofspace/bitcoin
2023-01-28T03:43:39Z Config file: /home/harding/.bitcoin/bitcoin.conf
2023-01-28T03:43:39Z Config file arg: [main] blockfilterindex="1"
2023-01-28T03:43:39Z Config file arg: [main] maxuploadtarget="1000"
2023-01-28T03:43:39Z Config file arg: [main] txindex="1"
2023-01-28T03:43:39Z Setting file arg: wallet = ["msig0"]
2023-01-28T03:43:39Z Command-line arg: printtoconsole=""
2023-01-28T03:43:39Z Using at most 125 automatic connections
2023-01-28T03:43:39Z Using 16 MiB out of 16 MiB requested for signature cache
2023-01-28T03:43:39Z Using 16 MiB out of 16 MiB requested for script execution
2023-01-28T03:43:39Z Script verification uses 3 additional threads
2023-01-28T03:43:39Z scheduler thread start
2023-01-28T03:43:39Z [http] creating work queue of depth 16
2023-01-28T03:43:39Z Using random cookie authentication.
2023-01-28T03:43:39Z Generated RPC cookie /lotsofspace/bitcoin/.cookie
2023-01-28T03:43:39Z [http] starting 4 worker threads
2023-01-28T03:43:39Z Using wallet directory /lotsofspace/bitcoin/wallets
2023-01-28T03:43:39Z init message: Verifying wallet(s)…
2023-01-28T03:43:39Z Using BerkeleyDB version Berkeley DB 4.8.30
2023-01-28T03:43:39Z Using /16 prefix for IP bucketing
2023-01-28T03:43:39Z init message: Loading P2P addresses…
2023-01-28T03:43:39Z Loaded 63866 addresses from peers.dat  114ms
[... weitere Startmeldungen ...]
```

Sie können das Programm mit Strg-C unterbrechen, wenn Sie sehen, dass die richtigen Einstellungen geladen wurden und es wie erwartet läuft.

Um Bitcoin Core als Prozess im Hintergrund auszuführen, verwenden Sie die Option daemon.

Und um den Fortschritt und den Laufzeitstatus Ihres Bitcoin-Knotens zu überwachen, nutzen Sie den Befehl `bitcoin-cli getblockchaininfo`:

```
$ bitcoin-cli getblockchaininfo

{
  "chain": "main",
  "blocks": 0,
  "headers": 83999,
  "bestblockhash": "[...]19d6689c085ae165831e934ff763ae46a2a6c172b3f1b60a8ce26f",
  "difficulty": 1,
  "time": 1673379796,
  "mediantime": 1231006505,
  "verificationprogress": 3.783041623201835e-09,
  "initialblockdownload": true,
  "chainwork": "[...]000000000000000000000000000000000000000000000100010001",
  "size_on_disk": 89087,
  "pruned": false,
  "warnings": ""
}
```

Das zeigt einen Bitcoin-Knoten mit der Blockchain-Höhe von 0 Blöcken und 83.999 Headern. Der Knoten ruft zuerst die Block-Header von seinen Peers ab, um die Blockchain mit dem höchsten PoW zu finden, lädt dann die Blöcke herunter und validiert sie.

Wenn Sie mit Ihren Konfigurationsoptionen zufrieden sind, sollten Sie Bitcoin in die Startskripte Ihres Betriebssystems aufnehmen, damit es kontinuierlich läuft und auch neu gestartet wird, sobald Ihr Betriebssystem hochfährt. Beispiele dieser Startskripte für verschiedene Betriebssysteme finden Sie im Quellverzeichnis unter *contrib/init*. Die Datei *README.md* beschreibt, welches System welches Skript verwendet.

# Bitcoin-Core-API

Bitcoin Core implementiert eine JSON-RPC-Schnittstelle, die auch über das Kommandozeilenhilfsprogramm `bitcoin-cli` verwendet werden kann. Die Kommandozeile erlaubt uns, interaktiv mit den Fähigkeiten zu experimentieren, die über die API auch für Programme zur Verfügung stehen. Zum Einstieg rufen wir sie mit `help` auf, um uns eine Liste der verfügbaren Bitcoin-Core-RPC-Befehle anzusehen:

```
$ bitcoin-cli help
+== Blockchain ==
getbestblockhash
getblock "blockhash" ( verbosity )
getblockchaininfo
...
walletpassphrase "passphrase" timeout
walletpassphrasechange "oldpassphrase" "newpassphrase"
walletprocesspsbt "psbt" ( sign "sighashtype" bip32derivs finalize )
```

Jeder dieser Befehle verlangt eine Reihe von Parametern. Zusätzliche Hilfe mit einer detaillierten Beschreibung und Informationen zu den jeweiligen Parametern erhalten Sie, wenn Sie nach `help` den Befehlsnamen anfügen. Um also Hilfe zum RPC-Befehl `getblockhash` zu erhalten, geben Sie Folgendes ein:

```
$ bitcoin-cli help getblockhash
getblockhash height

Returns hash of block in best-block-chain at height provided.

Arguments:
1. height    (numeric, required) The height index

Result:
"hex"    (string) The block hash

Examples:
> bitcoin-cli getblockhash 1000
> curl --user myusername --data-binary '{"jsonrpc": "1.0", "id": "curltest",
  "method": "getblockhash",
  "params": [1000]}' -H 'content-type: text/plain;' http://127.0.0.1:8332/
```

Am Ende dieser Hilfe sehen Sie zwei Beispiele des RPC-Befehls. Der eine verwendet das Hilfsprogramm `bitcoin-cli` und der andere den HTTP-Client `curl`. Diese Beispiele demonstrieren, wie Sie den Befehl aufrufen. Kopieren Sie das erste Beispiel und sehen Sie sich das Ergebnis an:

```
$ bitcoin-cli getblockhash 1000
00000000c937983704a73af28acdec37b049d214adbda81d7e2a3dd146f6ed09
```

Das Ergebnis ist ein Block-Hash, der in den nächsten Kapiteln detaillierter beschrieben wird. Im Augenblick reicht es, wenn Ihr System das gleiche Ergebnis zurückgibt, was bedeutet, dass Ihr Bitcoin-Core-Knoten läuft, Befehle akzeptiert und Informationen über Block 1000 an Sie zurückliefert.

In den nächsten Abschnitten wollen wir einige sehr nützliche RPC-Befehle und deren erwartete Ausgaben vorstellen.

## Informationen zum Status von Bitcoin Core erhalten

Bitcoin Core stellt Statusberichte verschiedener Module über eine JSON-RPC-Schnittstelle zur Verfügung. Die wichtigsten Befehle sind `getblockchaininfo`, `getmempoolinfo`, `getnetworkinfo` und `getwalletinfo`.

Bitcoins RPC-Befehl `getblockchaininfo` haben wir bereits vorgestellt. Der Befehl `getnetworkinfo` gibt grundlegende Informationen über den Status des Bitcoin-Netzwerkknotens aus. Nutzen Sie `bitcoin-cli`, um ihn auszuführen:

```
$ bitcoin-cli getnetworkinfo

{
  "version": 240001,
  "subversion": "/Satoshi:24.0.1/",
  "protocolversion": 70016,
  "localservices": "0000000000000409",
  "localservicesnames": [
    "NETWORK",
    "WITNESS",
    "NETWORK_LIMITED"
  ],
  "localrelay": true,
  "timeoffset": -1,
  "networkactive": true,
  "connections": 10,
  "connections_in": 0,
  "connections_out": 10,
  "networks": [
    "...detailed information about all networks..."
  ],
  "relayfee": 0.00001000,
  "incrementalfee": 0.00001000,
  "localaddresses": [
  ],
  "warnings": ""
}
```

Die Daten werden im JSON-Format (*JavaScript Object Notation*) zurückgeliefert. Dieses Format kann von allen Programmiersprachen einfach verarbeitet werden, ist aber auch für uns Menschen recht gut lesbar. Unter den Daten finden Sie die Versionsnummer der Bitcoin-Core-Software und des Bitcoin-Protokolls. Wir sehen die Anzahl der aktuellen Verbindungen und verschiedene Informationen zum Bitcoin-Netzwerk und den Einstellungen dieses Knotens.

> Es kann einige Zeit dauern, möglicherweise über einen Tag, bis `bitcoind` mit der aktuellen Blockhöhe »gleichzieht«, während er Blöcke von anderen Bitcoin-Knoten herunterlädt und alle darin enthaltenen Transaktionen verifiziert (mehr als eine Milliarde Transaktionen, während diese Zeilen geschrieben werden). Sie können den Fortschritt überprüfen, indem Sie sich mit `getblockchaininfo` die Zahl der bekannten Blöcke ansehen. Die in diesem Kapitel noch folgenden Beispiele setzen zumindest Block 775.072 voraus. Da die Sicherheit der Bitcoin-Transaktionen von den Blöcken abhängt, werden die Informationen der folgenden Beispiele etwas unterschiedlich ausfallen, je nachdem, wie viele Blöcke Ihr Knoten besitzt.

## Transaktionen untersuchen und decodieren

In »Kaufen im Onlineshop« auf Seite 42 hat Alice etwas in Bobs Shop gekauft. Ihre Transaktion wurde in der Blockchain festgehalten. Wir wollen die API nutzen, um diese Transaktion abzurufen und zu untersuchen. Wir übergeben dazu die Transaktions-ID (`txid`) als Parameter:

```
$ bitcoin-cli getrawtransaction 466200308696215bbc949d5141a49a41\
38ecdfdfaa2a8029c1f9bcecd1f96177

01000000000101eb3ae38f27191aa5f3850dc9cad00492b88b72404f9da13569
8679268041c54a0100000000ffffffff02204e0000000000002251203b41daba
4c9ace578369740f15e5ec880c28279ee7f51b07dca69c7061e07068f8240100
0000000016001477752c165ea7be772b2c0acb7f4d6047ae6f4768e0141cf5efe
2d8ef13ed0af21d4f4cb82422d6252d70324f6f4576b727b7d918e521c00b51b
e739df2f899c49dc267c0ad280aca6dab0d2fa2b42a45182fc83e81713010000
0000
```

> Eine Transaktions-ID (`txid`) ist nicht autoritativ. Das Fehlen einer `txid` in der Blockchain bedeutet nicht, dass die Transaktion nicht verarbeitet wurde. Das wird als *Transaktionsverformbarkeit* (engl. *Transaction Malleability*) bezeichnet, weil man Transaktionen modifizieren kann, bevor sie in einem Block bestätigt werden. Nach der Bestätigung ist die `txid` unveränderlich, solange die Blockchain nicht reorganisiert und dieser Block entfernt wird. Solche Reorganisationen sind selten, nachdem eine Transaktion mehrere Bestätigungen erhalten hat.

Der Befehl `getrawtransaction` liefert eine serialisierte Transaktion in hexadezimaler Notation zurück. Um diese zu decodieren, verwenden wir den Befehl `decoderawtransaction`, wobei wir die Hex-Daten als Parameter übergeben. Sie können den von getrawtransaction zurückgelieferten Hex-Wert kopieren und als Parameter für decoderawtransaction verwenden:

```
$ bitcoin-cli decoderawtransaction 0100000000000101eb3ae38f27191aa5f3850dc9cad0\
0492b88b72404f9da135698679268041c54a0100000000ffffffff02204e00000000000022512\
03b41daba4c9ace578369740f15e5ec880c28279ee7f51b07dca69c7061e07068f82401000000\
00001600147752c165ea7be772b2c0acb7f4d6047ae6f4768e0141cf5efe2d8ef13ed0af21d4f\
4cb82422d6252d70324f6f4576b727b7d918e521c00b51be739df2f899c49dc267c0ad280aca6\
dab0d2fa2b42a45182fc83e817130100000000

{
  "txid": "466200308696215bbc949d5141a49a4138ecdfdfaa2a8029c1f9bcecd1f96177",
  "hash": "f7cdbc7cf8b910d35cc69962e791138624e4eae7901010a6da4c02e7d238cdac",
  "version": 1,
  "size": 194,
  "vsize": 143,
  "weight": 569,
  "locktime": 0,
  "vin": [
    {
      "txid": "4ac541802679866935a19d4f40728bb89204d0cac90d85f3a51a19...aeb",
      "vout": 1,
      "scriptSig": {
        "asm": "",
        "hex": ""
      },
      "txinwitness": [
        "cf5efe2d8ef13ed0af21d4f4cb82422d6252d70324f6f4576b727b7d918e5...301"
      ],
      "sequence": 4294967295
    }
  ],
  "vout": [
    {
      "value": 0.00020000,
      "n": 0,
      "scriptPubKey": {
        "asm": "1 3b41daba4c9ace578369740f15e5ec880c28279ee7f51b07dca...068",
        "desc": "rawtr(3b41daba4c9ace578369740f15e5ec880c28279ee7f51b...6ev",
        "hex": "51203b41daba4c9ace578369740f15e5ec880c28279ee7f51b07d...068",
        "address": "bc1p8dqa4wjvnt890qmfws83te0v3qxzsfu7ul63kp7u56w8q...5qn",
        "type": "witness_v1_taproot"
      }
    },
    {
      "value": 0.00075000,
      "n": 1,
      "scriptPubKey": {
        "asm": "0 7752c165ea7be772b2c0acb7f4d6047ae6f4768e",
        "desc": "addr(bc1qwafvze0200nh9vkq4jmlf4sy0tn0ga5w0zpkpg)#qq404gts",
        "hex": "00147752c165ea7be772b2c0acb7f4d6047ae6f4768e",
        "address": "bc1qwafvze0200nh9vkq4jmlf4sy0tn0ga5w0zpkpg",
        "type": "witness_v0_keyhash"
      }
    }
  ]
}
```

Die Decodierung zeigt alle Komponenten der Transaktion einschließlich der Inputs und Outputs. In diesem Fall sehen wir, dass die Transaktion einen Input und zwei Outputs erzeugt hat. Der Input dieser Transaktion war die vorher bestätigte Transaktion (zu erkennen als Input-`txid`). Die beiden Ausgänge entsprechen der Zahlung an Bob und dem Wechselgeld für Alice.

Wir können die Blockchain weiter untersuchen, indem wir uns die vorherige Transaktion ansehen, auf die Ihre `txid` verweist. Wir nutzen dazu die gleichen Befehle wie eben, z.B. `getrawtransaction`). Indem wir uns von Transaktion zu Transaktion bewegen, können wir verfolgen, wie die Coins von einem Besitzer zum nächsten wandern.

## Blöcke untersuchen

Die Untersuchung von Blöcken ähnelt der Untersuchung von Transaktionen. Allerdings können Blöcke sowohl über ihre *Höhe* als auch über den *Block-Hash* referenziert werden. Zuerst wollen wir einen Block über seine Höhe finden. Wir nutzen den Befehl `getblockhash`, der die Blockhöhe als Parameter erwartet und den *Header-Hash* dieses Blocks zurückliefert:

```
$ bitcoin-cli getblockhash 123456
0000000000002917ed80650c6174aac8dfc46f5fe36480aaef682ff6cd83c3ca
```

Da wir nun den Block kennen, in dem Alice' Transaktion enthalten war, können wir diesen Block abrufen. Wir nutzen dazu den Befehl `getblock` mit dem Block-Hash als Parameter:

```
$ bitcoin-cli getblock 0000000000002917ed80650c6174aac8dfc46f5fe36480aaef682f\
f6cd83c3ca

{
  "hash": "0000000000002917ed80650c6174aac8dfc46f5fe36480aaef682ff6cd83c3ca",
  "confirmations": 651742,
  "height": 123456,
  "version": 1,
  "versionHex": "00000001",
  "merkleroot": "0e60651a9934e8f0decd1c[...]48fca0cd1c84a21ddfde95033762d86c",
  "time": 1305200806,
  "mediantime": 1305197900,
  "nonce": 2436437219,
  "bits": "1a6a93b3",
  "difficulty": 157416.4018436489,
  "chainwork": "[...]00000000000000000000000000000000000000541788211ac227bc",
  "nTx": 13,
  "previousblockhash": "[...]60bc96a44724fd72daf9b92cf8ad00510b5224c6253ac40095",
  "nextblockhash": "[...]00129f5f02be247070bf7334d3753e4ddee502780c2acaecec6d66",
  "strippedsize": 4179,
  "size": 4179,
  "weight": 16716,
  "tx": [
    "5b75086dafeede555fc8f9a810d8b10df57c46f9f176ccc3dd8d2fa20edd685b",
    "e3d0425ab346dd5b76f44c222a4bb5d16640a4247050ef82462ab17e229c83b4",
    "137d247eca8b99dee58e1e9232014183a5c5a9e338001a0109df32794cdcc92e",
    "5fd167f7b8c417e59106ef5acfe181b09d71b8353a61a55a2f01aa266af5412d",
    "60925f1948b71f429d514ead7ae7391e0edf965bf5a60331398dae24c6964774",
```

```
        "d4d5fc1529487527e9873256934dfb1e4cdcb39f4c0509577ca19bfad6c5d28f",
        "7b29d65e5018c56a33652085dbb13f2df39a1a9942bfe1f7e78e97919a6bdea2",
        "0b89e120efd0a4674c127a76ff5f7590ca304e6a064fbc51adffbd7ce3a3deef",
        "603f2044da9656084174cfb5812feaf510f862d3addcf70cacce3dc55dab446e",
        "9a4ed892b43a4df916a7a1213b78e83cd83f5695f635d535c94b2b65ffb144d3",
        "dda726e3dad9504dce5098dfab5064ecd4a7650bfe854bb2606da3152b60e427",
        "e46ea8b4d68719b65ead930f07f1f3804cb3701014f8e6d76c4bdbc390893b94",
        "864a102aeedf53dd9b2baab4eeb898c5083fde6141113e0606b664c41fe15e1f"
    ]
}
```

Das `confirmations`-Feld gibt die *Tiefe* des Blocks an – also wie viele Blöcke über diesem Block liegen – und ist ein Indikator für den Schwierigkeitsgrad, die Transaktionen in diesem Block zu verändern. Das `height`-Feld teilt uns mit, wie viele Blöcke diesem Block voranstehen. Wir sehen die Version des Blocks, den Zeitpunkt, zu dem er erzeugt wurde (laut dessen Miner), die durchschnittliche Zeit der elf vorherigen Blöcke (eine Zeitmessung, die Miner nur schwer manipulieren können) sowie die Größe des Blocks in drei verschiedenen Maßeinheiten (der veralteten gekürzten Größe [Stripped Size], der Gesamtgröße und der Größe nach Gewichtung [Weight Units]). Wir sehen auch einige Felder, die der Sicherheit und dem Proof-of-Work dienen (*merkle root*, *nonce*, *bits*, *difficulty* und *chainwork*). Diese sehen wir uns in Kapitel 12 im Detail an.

## Die Bitcoin Core API nutzen

Das Hilfsprogramm `bitcoin-cli` ist sehr nützlich, wenn man die Bitcoin Core API kennenlernen und Funktionen testen möchte. Doch der eigentliche Punkt einer API ist der Zugriff auf die Funktionen aus einem Programm heraus. In diesem Abschnitt wollen wir zeigen, wie man von einem anderen Programm auf Bitcoin Core zugreift.

Die Bitcoin Core API ist eine JSON-RPC-Schnittstelle. JSON ist eine sehr komfortable Möglichkeit, Daten darzustellen, die sowohl von Menschen als auch von Programmen einfach verarbeitet werden können. RPC steht für *Remote Procedure Call*, was bedeutet, dass wir Prozeduren (Funktionen) aufrufen, die remote (auf dem Bitcoin-Core-Knoten) über ein Netzwerkprotokoll erreichbar sind. In diesem Fall ist das Netzwerkprotokoll HTTP.

Als wir uns die Hilfe zum `bitcoin-cli`-Befehl angeschaut haben, sahen wir auch ein Beispiel für die Nutzung von `curl` (einem vielseitigen HTTP-Client für die Kommandozeile), der einen solchen JSON-RPC-Aufruf durchführte:

```
$ curl --user myusername --data-binary '{"jsonrpc": "1.0", "id":"curltest",
  "method": "getblockchaininfo",
  "params": [] }' -H 'content-type: text/plain;' http://127.0.0.1:8332/
```

Mit diesem Befehl sendet `curl` einen HTTP-Request an den lokalen Host (`127.0.0.1`) sowie den Bitcoin-Standardport (`8332`) und sendet einen `jsonrpc`-Request für die `getblockchaininfo`-Methode in `text/plain`-Codierung.

Ihnen wird aufgefallen sein, dass `curl` die Anmeldedaten für den Request abfragt. Bitcoin Core erzeugt bei jedem Start ein zufälliges Passwort und legt es im Datenverzeichnis unter dem Namen `.cookie` ab. `bitcoin-cli` kann diese Passwortdatei lesen, wenn es das Datenverzeichnis kennt. Sie können das Passwort aber auch kopieren und direkt an `curl` (oder andere Bitcoin-Core-RPC-Wrapper), übergeben, wie Beispiel 3-3 zeigt.

*Beispiel 3-3: Cookie-basierte Authentifizierung mit Bitcoin Core*

```
$ cat .bitcoin/.cookie
  __cookie__:17c9b71cef21b893e1a019f4bc071950c7942f49796ed061b274031b17b19cd0

$ curl
  --user __cookie__:17c9b71cef21b893e1a019f4bc071950c7942f49796ed061b274031b17b19cd0
  --data-binary '{"jsonrpc": "1.0", "id":"curltest",
  "method": "getblockchaininfo",
  "params": [] }' -H 'content-type: text/plain;' http://127.0.0.1:8332/

{"result":{"chain":"main","blocks":799278,"headers":799278,
"bestblockhash":"00000000000000000000018387c50988ec705a95d6f765b206b6629971e6978879",
"difficulty":53911173001054.59,"time":1689703111,"mediantime":1689701260,
"verificationprogress":0.9999979206082515,"initialblockdownload":false,
"chainwork":"00000000000000000000000000000000000000004f3e111bf32bcb47f9dfad5b",
"size_on_disk":563894577967,"pruned":false,"warnings":""},"error":null,
"id":"curltest"}
```

Sie können mit dem Hilfsprogramm *./share/rpcauth/rpcauth.py* im Bitcoin-Core-Quellverzeichnis aber auch ein festes Passwort festlegen.

Wenn Sie JSON-RPC-Aufrufe in eigenen Programmen aufbauen, können Sie eine generische HTTP-Bibliothek verwenden, um den Aufruf wie im obigen `curl`-Beispiel aufzubauen.

Es gibt aber Bibliotheken für nahezu jede Programmiersprache, die die Bitcoin Core API in einer Form verpacken, die deren Nutzung wesentlich vereinfacht. Wir werden die `python-bitcoinlib`-Bibliothek verwenden, um den API-Zugriff zu vereinfachen. Diese Bibliothek ist nicht Teil des Bitcoin-Core-Projekts und muss wie andere Python-Bibliotheken installiert werden. Denken Sie daran, dass eine Bitcoin-Core-Node laufen muss, die wir für die JSON-RPC-Aufrufe verwenden. Das Python-Skript in Beispiel 3-4 führt einen einfachen `getblockchaininfo`-Aufruf durch und gibt den `block`-Parameter aus den von Bitcoin Core zurückgelieferten Daten aus.

»getblockchaininfo« über die Bitcoin-Core-JSON-RPC-API ausführen:

```
from bitcoin.rpc import RawProxy

# Verbindung mit der lokalen Bitcoin-Core-Node herstellen
p = RawProxy()

# getblockchaininfo-Befehl ausführen und Ergebnis in info ablegen
info = p.getblockchaininfo()

# 'blocks'-Element aus info abrufen
print(info['blocks'])
```

Wenn wir das Programm ausführen, erhalten wir das folgende Ergebnis:

```
$ python rpc_example.py
773973
```

Wir wissen nun, wie viele Blöcke unser lokaler Bitcoin-Core-Knoten in seiner Blockchain hält. Das ist nicht gerade spektakulär, demonstriert aber die grundlegende Nutzung der Bibliothek als vereinfachte Schnittstelle auf die JSON-RPC-API von Bitcoin Core.

Als Nächstes wollen wir die `getrawtransaction`- und `decodetransaction`-Aufrufe verwenden, um uns die Details von Alice' Zahlung an Bob anzusehen. In Beispiel 3-4 haben wir Alice' Transaktion abgerufen und deren Outputs ausgegeben. Für jeden Output haben wir die Adresse des Empfängers und den Betrag gezeigt. Erinnern Sie sich daran, dass bei Alice' Transaktion ein Output als Zahlung an Bob ging und ein Output als Wechselgeld zurück an Alice.

*Beispiel 3-4: Transaktion abrufen und Outputs durchgehen*

```
from bitcoin.rpc import RawProxy

p = RawProxy()

# Alice' Transaktions-ID
txid = "466200308696215bbc949d5141a49a4138ecdfdfaa2a8029c1f9bcecd1f96177"

# Zuerst Rohdaten der Transaktion im Hex-Format abrufen
raw_tx = p.getrawtransaction(txid)

# Rohdaten der Transaktion in JSON-Objekt umwandeln
decoded_tx = p.decoderawtransaction(raw_tx)

# Alle Outputs der Transaktion abrufen
for output in decoded_tx['vout']:
    print(output['scriptPubKey']['address'], output['value'])
```

Als Ergebnis erhalten wir:

```
$ python rpc_transaction.py
bc1p8dqa4wjvnt890qmfws83te0v3qxzsfu7ul63kp7u56w8qc0qwp5qv995qn 0.00020000
bc1qwafvze0200nh9vkq4jmlf4sy0tn0ga5w0zpkpg 0.00075000
```

Beide Beispiele sind sehr einfach. Sie brauchen eigentlich kein Programm, um sie auszuführen, sondern könnten ebenso gut `bitcoin-cli` nutzen. Das nächste Beispiel benötigt allerdings mehrere Hundert RPC-Aufrufe und zeigt wesentlich klarer den Einsatz einer Programmierschnittstelle.

In Beispiel 3-5 rufen wir zuerst einen Block und anschließend nacheinander alle darin enthaltenen Transaktionen über die jeweilige Transaktions-ID ab. Zum Schluss gehen wir alle Outputs einer Transaktion durch und addieren deren Beträge auf.

*Beispiel 3-5: Block abrufen und alle Transaktions-Outputs addieren*

```
from bitcoin.rpc import RawProxy

p = RawProxy()
```

```
# Höhe des Blocks, in der Alice' Transaktion steht
blockheight = 775072

# Block-Hash des Blocks mit der angegebenen Höhe ermitteln
blockhash = p.getblockhash(blockheight)

# Block mit diesem Hash abrufen
block = p.getblock(blockhash)

# Element tx enthält die Liste aller Transaktions-ID im Block
transactions = block['tx']

block_value = 0

# Alle Transaktions-IDs des Blocks durchgehen
for txid in transactions:
  tx_value = 0
  # Rohdaten der Transaktion über ID abrufen
  raw_tx = p.getrawtransaction(txid)
  # Transaktion decodieren
  decoded_tx = p.decoderawtransaction(raw_tx)
  # Alle Outputs der Transaktion durchgehen
  for output in decoded_tx['vout']:
    # Wert jedes Outputs aufaddieren
    tx_value = tx_value + output['value']

  # Wert dieser Transaktion zum Gesamtwert aufaddieren
  block_value = block_value + tx_value

print("Total value in block: ", block_value)
```

Das Ergebnis sieht wie folgt aus:

```
$ python rpc_block.py

Total value in block:  10322.07722534
```

Unser Beispielcode berechnet den Gesamtwert der in diesem Block abgewickelten Transaktionen mit 10322,07722534 BTC (inklusive einer Belohnung von 25 BTC und 0,0909 BTC Gebühren). Vergleichen Sie das mit dem Betrag, den ein Block-Explorer für den Block-Hash bzw. die Blockhöhe liefert. Einige Block-Explorer geben den Gesamtwert allerdings ohne Belohnung und Gebühren aus. Schauen Sie nach, ob Sie einen Unterschied sehen.

## Alternative Clients, Bibliotheken und Toolkits

Es gibt viele alternative Clients, Bibliotheken, Toolkits und sogar Implementierungen vollständiger Nodes im Bitcoin-Ökosystem. Diese sind in einer Vielzahl unterschiedlicher Programmiersprachen implementiert und bieten Programmierern native Schnittstellen zu ihren bevorzugten Sprachen.

Nachfolgend finden Sie einige der besten Bibliotheken, Clients und Toolkits, nach Programmiersprachen sortiert.

## C/C++

*Bitcoin Core (https://oreil.ly/BdOwl)*
  Die Bitcoin-Referenzimplementierung.

## JavaScript

*bcoin (https://bcoin.io)*
  Eine modulare und skalierbare Full-Node-Implementierung mit API.

*Bitcore (https://bitcore.io)*
  Full Node, API und Bibliothek von Bitpay.

*BitcoinJS (https://oreil.ly/4iqf2)*
  Reine Bitcoin-Bibliothek in JavaScript für node.js und Browser.

## Java

*bitcoinj (https://bitcoinj.github.io)*
  Eine Java-Full-Node-Clientbibliothek.

## Python

*python-bitcoinlib (https://oreil.ly/xn_rg)*
  Von Peter Rodd in Python geschriebene Bitcoin-Bibliothek, Konsensbibliothek und Knoten.

*pycoin (https://oreil.ly/wcpXP)*
  Python-Bitcoin-Bibliothek von Richard Kiss.

## Go

*btcd (https://oreil.ly/h5MEI)*
  Full-Node-Bitcoin-Client in Go.

## Rust

*rust-bitcoin (https://oreil.ly/me6gf)*
  Rust-Bitcoin-Bibliothek für Serialisierung, Parsing und API-Aufrufe.

## Scala

*bitcoin-s (https://bitcoin-s.org)*
  Bitcoin-Implementierung in Scala.

## C#

*NBitcoin (https://oreil.ly/Qfjgq)*
: Umfangreiche Bitcoin-Bibliothek für das .NET Framework.

Es gibt viele weitere Bibliotheken für eine Vielzahl anderer Programmiersprachen, und ständig kommen neue hinzu.

Wenn Sie den Anweisungen in diesem Kapitel gefolgt sind, besitzen Sie ein laufendes Bitcoin-Core-System und haben damit begonnen, das Netzwerk und die Blockchain mit einer eigenen Full Node zu untersuchen. Ab jetzt können Sie unabhängig eine von Ihnen kontrollierte Software – auf einem von Ihnen kontrollierten Computer – nutzen, um alle empfangenen Bitcoins mit jeder Regel des Bitcoin-Systems zu verifizieren, ohne einer außenstehenden Autorität vertrauen zu müssen. In den folgenden Kapiteln lernen Sie die Regeln des Systems kennen und wie Ihr Knoten und Ihre Wallet sie nutzen, um Ihr Geld und Ihre Privatsphäre zu schützen sowie Einnahmen und Ausgaben komfortabel zu gestalten.

KAPITEL 4

# Schlüssel und Adressen

Alice möchte Bob bezahlen, doch die vielen Tausend Bitcoin-Full-Nodes, die ihre Transaktion verifizieren müssen, kennen weder Alice noch Bob, und das soll auch so bleiben, um ihre Privatsphäre zu schützen. Alice muss kommunizieren, dass Bob einen Teil ihrer Bitcoins erhalten soll, ohne irgendwelche Details dieser Transaktion mit der wahren Identität von Bob oder anderen an Bob gerichteten Zahlungen zu verknüpfen. Die von Alice genutzte Methode muss außerdem sicherstellen, dass nur Bob die empfangenen Bitcoins ausgeben kann.

Das Original-Bitcoin-Whitepaper beschreibt ein sehr einfaches Schema, um diese Ziele zu erreichen (siehe Abbildung 4-1).

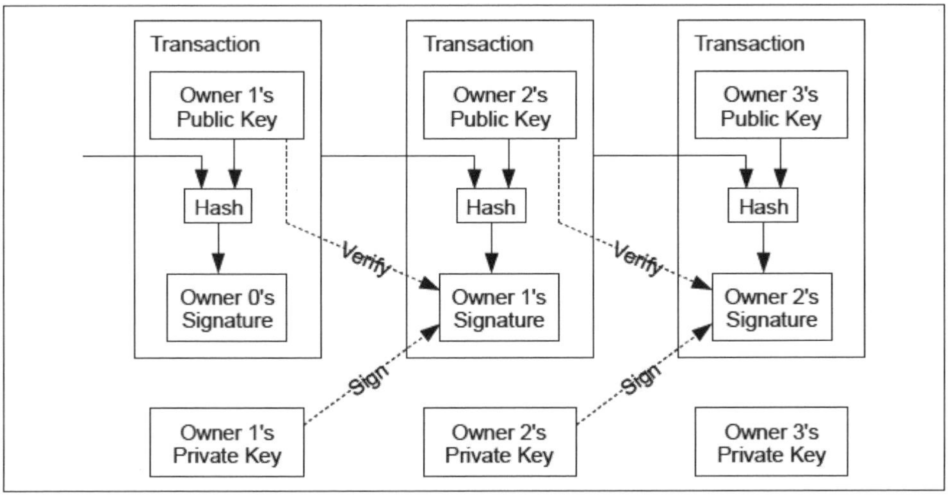


*Abbildung 4-1: Transaktionskette des Original-Bitcoin-Whitepapers*

Ein Zahlungsempfänger wie Bob akzeptiert in einer Transaktion Bitcoins an einen öffentlichen Schlüssel (*Public Key*), der durch den Zahlungspflichtigen (hier Alice) signiert wurde. Die von Alice ausgegebenen Bitcoins wurden vorher durch einen ihrer öffentlichen Schlüssel empfangen, und sie nutzt den dazugehörigen privaten Schlüssel, um ihre Signatur zu erzeugen. Full Nodes können prüfen, dass Alice' Signatur an den Output einer Hashfunktion gebunden ist, die wiederum an Bobs öffentlichen Schlüssel und andere Transaktionsdetails gebunden ist.

Wir sehen uns in diesem Kapitel öffentliche und private Schlüssel, Signaturen und Hashfunktionen an und nutzen diese dann zusammen, um die von moderner Bitcoin-Software verwendeten Adressen zu erläutern.

## Public-Key-Kryptografie

Die Public-Key-Kryptografie wurde in den 1970er-Jahren erfunden und ist die mathematische Grundlage der Computer- und Informationssicherheit.

Seit der Erfindung der Public-Key-Kryptografie wurden verschiedene geeignete mathematische Funktionen wie die diskrete Exponentialfunktion und die Punktmultiplikation bei elliptischen Kurven entdeckt. Diese mathematischen Funktionen sind praktisch unumkehrbar, was bedeutet, dass man sie sehr leicht in die eine Richtung berechnen kann, während die Berechnung in die andere Richtung mit heutigen Computern und Algorithmen nahezu unmöglich ist. Basierend auf diesen mathematischen Funktionen, ermöglicht die Kryptografie die Erstellung fälschungssicherer digitaler Signaturen. Bitcoin verwendet die Addition und Multiplikation elliptischer Kurven als Basis seiner Kryptografie.

Bei Bitcoin verwenden wir die Public-Key-Kryptografie, um ein Schlüsselpaar zu erzeugen, das den Zugriff auf unsere Bitcoins kontrolliert. Das Schlüsselpaar besteht aus einem privaten Schlüssel und – aus diesem abgleitet – einem öffentlichen Schlüssel. Der öffentliche Schlüssel wird verwendet, um Zahlungen zu empfangen, während wir mit dem privaten Schlüssel Transaktionen signieren.

Es besteht eine mathematische Beziehung zwischen dem öffentlichen und dem privaten Schlüssel. Diese erlaubt es, den privaten Schlüssel zu verwenden, um Signaturen für Nachrichten zu erzeugen. Eine solche Signatur kann über den öffentlichen Schlüssel validiert werden, ohne den privaten Schlüssel offenlegen zu müssen.

> Bei den meisten Wallet-Implementierungen werden die privaten und öffentlichen Schlüssel der Bequemlichkeit halber zusammen als *Schlüsselpaar* gespeichert. Allerdings lässt sich der öffentliche Schlüssel aus dem privaten Schlüssel berechnen. Es ist also auch möglich, nur den privaten Schlüssel zu speichern.

Eine Bitcoin-Wallet besteht aus einer Reihe von Schlüsselpaaren, die jeweils aus einem privaten und einem öffentlichen Schlüssel bestehen. Der private Schlüssel ($k$) ist eine Zahl, die üblicherweise zufällig ausgewählt wird. Mit diesem privaten Schlüssel nutzen wir die Skalarmultiplikation der Punkte auf einer elliptischen Kurve (eine kryptografische Einwegfunktion), um den öffentlichen Schlüssel ($K$) zu erstellen.

## Warum asymmetrische Kryptografie (öffentliche/private Schlüssel)?

Warum wird bei Bitcoin asymmetrische Kryptografie genutzt? Sie wird nicht verwendet, um die Transaktionen zu »verschlüsseln«. Die nützliche Eigenschaft asymmetrischer Kryptografie ist vielmehr die Fähigkeit, *digitale Signaturen* erzeugen zu können. Ein privater Schlüssel kann auf eine Transaktion angewandt werden, um eine numerische Signatur zu erzeugen. Diese Signatur kann nur von jemandem erzeugt werden, der den privaten Schlüssel kennt. Andererseits kann jeder, der Zugriff auf den öffentlichen Schlüssel und die Transaktion hat, die Signatur *verifizieren*. Diese nützliche Eigenschaft asymmetrischer Kryptografie macht es für jedermann möglich, jede Signatur jeder Transaktion zu verifizieren, während gleichzeitig nur der Besitzer bzw. die Besitzerin des privaten Schlüssels gültige Signaturen erzeugen kann.

## Private Schlüssel

Ein privater Schlüssel ist einfach eine zufällig gewählte Zahl. Die Kontrolle des privaten Schlüssels ist die Basis der Kontrolle des Benutzers über alle Mittel, die mit dem entsprechenden öffentlichen Schlüssel verknüpft sind. Mit dem privaten Schlüssel werden die Signaturen erzeugt, die benötigt werden, um Bitcoins ausgeben zu können, da sie das Eigentum an den in einer Transaktion überwiesenen Mitteln belegen. Der private Schlüssel muss immer geheim bleiben. Wenn Sie den Schlüssel einer dritten Partei gegenüber offenlegen, verlieren Sie die Kontrolle über die mit diesem Schlüssel gesicherten Bitcoins. Der private Schlüssel muss außerdem gesichert und vor Verlust geschützt werden. Geht er verloren, kann er nicht wiederhergestellt werden, und die damit gesicherten Mittel sind für immer verloren.

Der private Schlüssel ist bei Bitcoin nur eine Zahl. Sie können Ihre eigenen Schlüssel ganz einfach mit einer Münze, einem Stift und etwas Papier selbst kreieren: Werfen Sie die Münze 256-mal, und Sie verfügen über die binären Ziffern eines zufälligen privaten Schlüssels, den Sie in einer Bitcoin-Wallet nutzen können. Der öffentliche Schlüssel kann dann aus dem privaten Schlüssel erzeugt werden. Doch Vorsicht: Ist dieser Prozess nicht komplett zufällig, reduziert sich die Sicherheit Ihres privaten Schlüssels und der durch ihn kontrollierten Bitcoins erheblich.

Der erste und wichtigste Schritt bei der Generierung eines Schlüssels besteht darin, eine sichere Quelle für die »Zufälligkeit« (von Informatikern als *Entropie* bezeichnet) zu finden. Die Erzeugung eines Bitcoin-Schlüssels ist im Wesentlichen ein »wähle eine Zahl zwischen 1 und $2^{256}$«. Die genaue Methode, nach der Sie diese Zahl wählen, spielt keine Rolle, solange sie weder vorhersehbar noch reproduzierbar ist. Bitcoin-Software nutzt die Zufallszahlengeneratoren des verwendeten Betriebssystems, um 256 Bit an Entropie zu erzeugen.

Genauer gesagt, kann der private Schlüssel jede Zahl zwischen 0 und $n - 1$ sein, wobei $n$ eine Konstante ist ($n = 1.1578 \times 10^{77}$, etwas weniger als $2^{256}$), die als Ordnung der von Bitcoin verwendeten elliptischen Kurve definiert ist ( siehe »Kryptografie mit elliptischen Kurven«). Um einen solchen Schlüssel zu generieren, wählen wir eine zufällige 256-Bit-Zahl und stellen sicher, dass sie kleiner ist als $n$. Programmtechnisch erreichen wir das üblicherweise, indem wir einen langen String zufälliger Bits erzeugen, die aus einer kryptografisch sicheren Entropiequelle stammen. Diesen String übergeben wir an den Hashalgorithmus SHA256, der praktischerweise eine 256-Bit-Zahl erzeugt. Ist das Ergebnis kleiner als $n$, haben wir einen geeigneten privaten Schlüssel. Andernfalls versuchen wir es einfach mit einer weiteren Zufallszahl.

> Entwickeln Sie keinen eigenen Code zur Generierung von Zufallszahlen und verwenden Sie auch keinen »einfachen« Zufallszahlengenerator, wie er von Ihrer Programmiersprache angeboten wird. Nutzen Sie einen kryptografisch sicheren Pseudozufallszahlengenerator (CSPRNG) mit einem Seed-Wert aus einer geeigneten Entropiequelle. Sehen Sie sich die Dokumentation der verwendeten Zufallszahlenbibliothek an, um sicherzustellen, dass sie kryptografisch sicher ist. Die korrekte Implementierung des CSPRNG ist von kritischer Bedeutung für die Sicherheit der Schlüssel.

Nachfolgend sehen Sie einen zufällig generierten privaten Schlüssel (*k*) im Hexadezimalformat (256 Bit in Form von 64 hexadezimalen Ziffern mit jeweils 4 Bit):

```
1E99423A4ED27608A15A2616A2B0E9E52CED330AC530EDCC32C8FFC6A526AEDD
```

> Der von Bitcoin genutzte Schlüsselraum für den privaten Schlüssel ($2^{256}$) ist unvorstellbar groß. Er entspricht etwa $10^{77}$ dezimal. Zum Vergleich: Man schätzt, dass das sichtbare Universum $10^{80}$ Atome enthält.

## Kryptografie mit elliptischen Kurven

Kryptografie mittels elliptischer Kurven ist eine Form der asymmetrischen (oder Public-Key-)Kryptografie. Sie basiert auf dem Problem des diskreten Logarithmus, wie es durch die Addition und Multiplikation von Punkten auf der elliptischen Kurve ausgedrückt wird. Abbildung 4-2 ist ein Beispiel für eine elliptische Kurve, wie sie auch von Bitcoin genutzt wird.

Bitcoin verwendet eine bestimmte elliptische Kurve und eine Reihe mathematischer Konstanten, die in einem vom *National Institute of Standards and Technology (NIST)* geschaffenen Standard namens `secp256k1` definiert sind. Die `secp256k1`-Kurve ist durch die folgende Funktion definiert, die die elliptische Kurve erzeugt:

$$y^2 = (x^3 + 7) \text{ over } (\mathbb{F}_p)$$

oder

$$y^2 \bmod p = (x^3 + 7) \bmod p$$

Das *mod p* (Modulo Primzahl *p*) gibt an, dass diese Kurve über den endlichen Körper $\mathbb{F}_p$ definiert ist, wobei *p* eine Primzahl ist (auch Primzahlkörper genannt). Das kann man ebenfalls wie folgt schreiben: $\mathbb{F}_p$, wobei $p = 2^{256} - 2^{32} - 2^9 - 2^8 - 2^7 - 2^6 - 2^4 - 1$ ist, eine sehr große Primzahl.

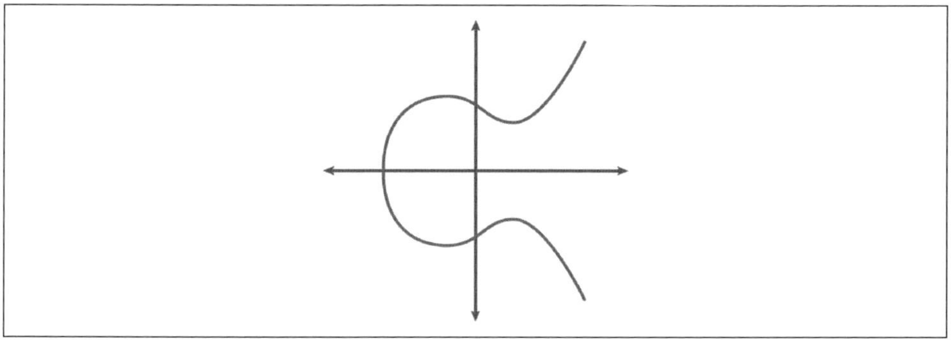

*Abbildung 4-2: Eine elliptische Kurve*

Weil diese Kurve über einen endlichen Primzahlkörper definiert ist und nicht über reelle Zahlen, sieht sie wie ein Muster aus Punkten aus, das über zwei Dimensionen verteilt ist, was die Visualisierung erschwert. Die Mathematik dahinter entspricht aber derjenigen einer elliptischen Kurve über reelle Zahlen. Abbildung 4-3 zeigt beispielhaft die gleiche elliptische Kurve über einen wesentlich kleineren Primzahlenkörper F17. Sie erkennen ein Muster von Punkten in einem Gitternetz. Die `secp256k1`-Kurve von Bitcoin können Sie sich als wesentlich komplexeres Muster von Punkten in einem unglaublich großen Gitternetz vorstellen.

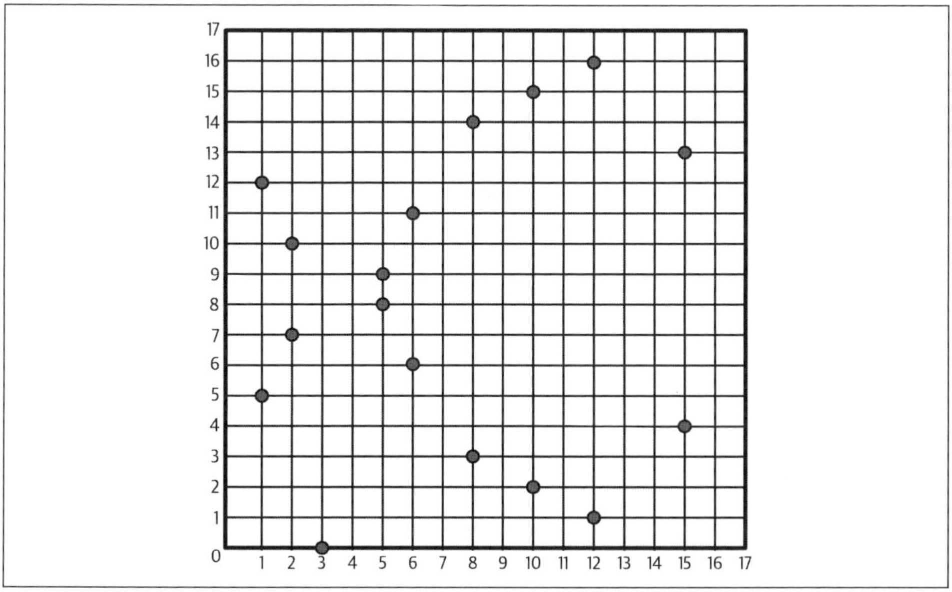


*Abbildung 4-3: Kryptografie mit elliptischen Kurven: Visualisierung einer elliptischen Kurve über F(p) für p=17*

Nachfolgend ein Punkt *P* mit den Koordinaten (x, y), der ein Punkt auf der secp256k1-Kurve ist:

```
P =
(55066263022277343669578718895168534326250603453777594175500187360389116729240,
32670510020758816978083085130507043184471273380659243275938904335757337482424)
```

Beispiel 4-1 zeigt, wie Sie das mit Python selbst überprüfen können.

*Beispiel 4-1: Mit Python sicherstellen, dass dieser Punkt auf einer elliptischen Kurve liegt*

```
Python 3.10.6 (main, Nov 14 2022, 16:10:14) [GCC 11.3.0] on linux
Type "help", "copyright", "credits" or "license" for more information.
> p = 115792089237316195423570985008687907853269984665640564039457584007908834671663
> x = 55066263022277343669578718895168534326250603453777594175500187360389116729240
> y = 32670510020758816978083085130507043184471273380659243275938904335757337482424
> (x ** 3 + 7 - y**2) % p
0
```

Bei elliptischen Kurven gibt es einen Punkt, der als »Unendlichkeitspunkt« bezeichnet wird und in etwa der Rolle einer Null bei der Addition entspricht. Bei Computern wird das manchmal mit x = y = 0 ausgedrückt (was nicht der Gleichung einer elliptischen Kurve entspricht, aber einen einfachen separaten Fall darstellt, der überprüft werden kann).

Es gibt auch einen +-Operator, genannt »Addition«, der einige Ähnlichkeiten mit der traditionellen Addition reeller Zahlen aufweist, die wir als Grundschulkinder lernen. Nimmt man zwei Punkte $P_1$ und $P_2$ auf der elliptischen Kurve, gibt es einen dritten Punkt $P_3 = P_1 + P_2$, der ebenfalls auf der elliptischen Kurve liegt.

Geometrisch wird dieser dritte Punkt $P_3$ berechnet, indem man eine Linie zwischen $P_1$ und $P_2$ zeichnet. Diese Linie schneidet die elliptische Kurve an genau einer Stelle. Wir nennen diese Stelle $P_3' = (x, y)$. Dann spiegeln wir sie in der x-Achse und erhalten $P_3 = (x, -y)$.

Es gibt eine Reihe von Sonderfällen, die die Notwendigkeit eine »Unendlichkeitspunkts« erklären.

Sind $P_1$ und $P_2$ identisch, muss die Linie »zwischen« $P_1$ und $P_2$ zur Tangente der Kurve an dem Punkt $P_1$ verlängert werden. Diese Tangente schneidet die Kurve an genau einem neuen Punkt. Sie können Techniken der Analysis nutzen, um die Neigung der Berührungslinie zu bestimmen. Diese Techniken funktionieren seltsamerweise, obwohl sich unser Interesse auf Punkte dieser Kurve beschränkt, die über zwei ganzzahlige Koordinaten angegeben werden!

In manchen Fällen (z.B. wenn $P_1$ und $P_2$ den gleichen x-, aber unterschiedliche y-Werte aufweisen) ist die Berührungslinie exakt vertikal. In dem Fall ist $P_3$ der »Unendlichkeitspunkt«.

Ist $P_1$ der »Unendlichkeitspunkt«, dann ist $P_1 + P_2 = P_2$. Liegt $P_2$ am Unendlichkeitspunkt, ist hingegen $P_1 + P_2 = P_1$. Das verdeutlicht, wie der Unendlichkeitspunkt die Rolle der Null übernimmt.

Wie sich zeigt, ist + assoziativ, d.h. $(A + B) + C = A + (B + C)$. Wir können also $A + B + C$ ohne Klammern und Mehrdeutigkeiten schreiben.

Nachdem wir die Addition definiert haben, machen wir das Gleiche für die Multiplikation, die die Addition auf die übliche Weise erweitert. Für einen Punkt P auf der elliptischen Kurve ist $kP = P + P + P + \ldots + P$ (k-mal), sofern es sich bei k um eine ganze Zahl handelt. Beachten Sie, dass k manchmal verwirrenderweise als »Exponent« bezeichnet wird.

## Öffentliche Schlüssel

Der öffentliche Schlüssel wird aus dem privaten Schlüssel über eine Skalarmultiplikation der Punkte einer elliptische Kurve berechnet. Diese Operation ist unumkehrbar: $K = k \times G$, wobei $k$ der private Schlüssel und $G$ ein konstanter Punkt ist, genannt *Generatorpunkt*. $K$ ist der resultierende öffentliche Schlüssel. Die Umkehroperation – berechne $k$ für ein bekanntes $K$ – ist ähnlich schwierig, als würde man alle möglichen Werte von $k$ durchgehen, eine Brute-Force-Suche also. Bevor wir uns ansehen, wie ein öffentlicher Schlüssel aus einem privaten Schlüssel erzeugt wird, betrachten wir die Kryptografie mittels elliptischer Kurven etwas genauer.

> Die Skalarmultiplikation bei elliptischen Kurven ist eine Funktion, die Kryptografen als »Falltür« bezeichnen: Sie ist sehr einfach in einer Richtung durchzuführen (Multiplikation), aber so gut wie unmöglich in der anderen Richtung (Division). Der Besitzer des privaten Schlüssels kann den öffentlichen Schlüssel sehr einfach erzeugen und dann mit der Welt teilen, ohne sich darum sorgen zu müssen, dass jemand die Funktion umkehrt und den privaten Schlüssel aus dem öffentlichen Schlüssel berechnet. Dieser mathematische Trick ist die Grundlage (fälschungs-)sicherer Signaturen, die das Eigentumsrecht an Bitcoins belegen.

Ausgehend von einem privaten Schlüssel in Form einer zufällig erzeugten Zahl $k$, multiplizieren wir diesen mit einem vorbestimmten Punkt der Kurve, der als *Generator* (*Generator Point*) $G$ bezeichnet wird, um einen weiteren Punkt irgendwo auf der Kurve zu erzeugen. Der so berechnete Punkt ist der öffentliche Schlüssel $K$. Der Generatorpunkt ist Teil des `secp256k1`-Standards und ist für alle Bitcoin-Schlüssel gleich:

$$K = k \times G$$

Dabei ist $k$ der private Schlüssel, $G$ der Generator und $K$ der daraus resultierende öffentliche Schlüssel. Da der Generator für alle Bitcoin-Nutzer gleich ist, liefert der private Schlüssel $k$ multipliziert mit $G$ immer den gleichen öffentlichen Schlüssel $K$. Die Beziehung zwischen $k$ und $K$ ist fest, kann aber nur in einer Richtung berechnet werden, nämlich von $k$ nach $K$. Darum können Bitcoins öffentliche Schlüssel ($K$) mit jedermann geteilt werden, ohne das der private Schlüssel des Nutzers ($k$) offengelegt wird.

> Ein privater Schlüssel kann in einen öffentlichen Schlüssel umgewandelt werden, ein öffentlicher Schlüssel aber nicht wieder in einen privaten Schlüssel, weil die Mathematik nur in einer Richtung funktioniert.

Wir nehmen nun also den vorhin erzeugten privaten Schlüssel *k* und multiplizieren ihn wie beschrieben mit dem Generatorpunkt *G*, um den öffentlichen Schlüssel *K* zu bestimmen:

```
K = 1E99423A4ED27608A15A2616A2B0E9E52CED330AC530EDCC32C8FFC6A526AEDD × G
```

Der öffentliche Schlüssel *K* ist als Punkt $K = (x, y)$ definiert:

$$K = (x, y)$$

wobei:

```
x = F028892BAD7ED57D2FB57BF33081D5CFCF6F9ED3D3D7F159C2E2FFF579DC341A
y = 07CF33DA18BD734C600B96A72BBC4749D5141C90EC8AC328AE52DDFE2E505BDB
```

Um die Multiplikation eines Punkts mit einer ganzen Zahl zu veranschaulichen, verwenden wir die einfachere elliptische Kurve über reelle Zahlen. Denken Sie daran, dass die Mathematik identisch ist. Unser Ziel besteht darin, das Vielfache *kG* des Generatorpunkts *G* zu ermitteln. Das entspricht der *k*-fachen Addition von *G* mit sich selbst. Bei elliptischen Kurven entspricht die Addition mit sich selbst dem Zeichnen einer Tangente an diesem Punkt und der Bestimmung des Punkts, an dem die Kurve wieder geschnitten wird. Dann wird dieser Punkt auf der x-Achse gespiegelt.

Abbildung 4-4 zeigt den Prozess der Ableitung von *G*, *2G*, *4G* als geometrische Operation auf der Kurve.

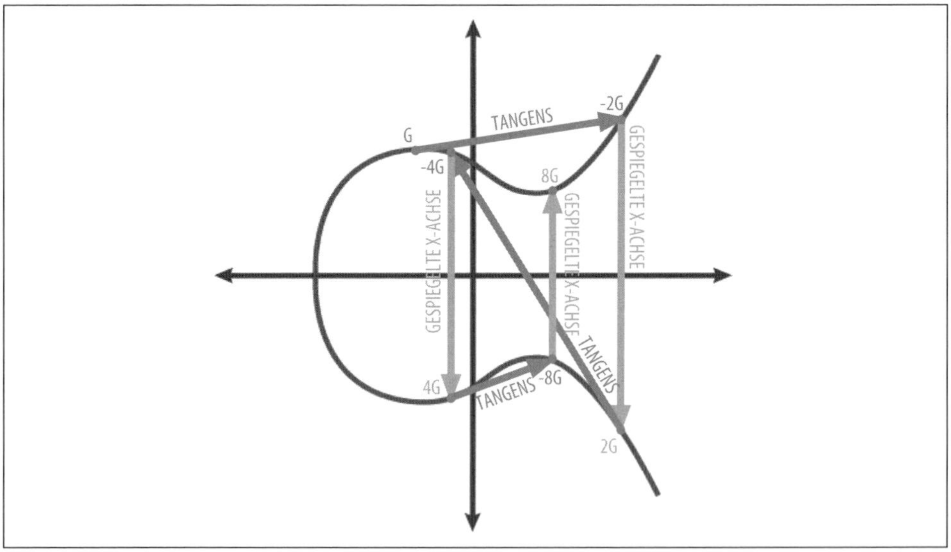


*Abbildung 4-4: Kryptografie mittels elliptischer Kurven: Veranschaulichung der Multiplikation eines Punkts G mit einer ganzen Zahl k auf einer elliptischen Kurve*

> Viele Bitcoin-Implementierungen nutzen die kryptografische Bibliothek libsecp256k1 (*https://oreil.ly/wD60m*) für die Mathematik hinter elliptischen Kurven.

## Output- und Input-Skripte

In der Abbildung aus dem Original-Bitcoin-Whitepaper (siehe Abbildung 4-1) werden öffentliche Schlüssel (Pubkeys) und Signaturen (Sigs) zwar direkt genutzt, doch bei der ersten Bitcoin-Version wurden Zahlungen an ein sogenanntes *Output-Skript* gesendet, während man Bitcoins nur ausgeben konnte, wenn sie in einem *Input-Skript* autorisiert waren. Diese Felder erlauben neben dem Abgleich der Signatur mit dem öffentlichen Schlüssel zusätzliche (oder andere) Operationen. Zum Beispiel kann ein Output-Skript zwei öffentliche Schlüssel enthalten und dementsprechend zwei passende Signaturen im Input-Skript verlangen.

In »Transaktionsskripte und Skriptsprache« auf Seite 167 gehen wir im Detail auf Skripte ein. Im Moment müssen Sie nur wissen, dass alle Bitcoins von einem Output-Skript empfangen werden, das als öffentlicher Schlüssel arbeitet, und dass das Bezahlen mit Bitcoins durch ein Input-Skript autorisiert wird, das als Signatur fungiert.

## IP-Adressen: die ursprünglichen Bitcoin-Adressen (P2PK)

Wir haben festgestellt, dass Alice Bob bezahlen kann, indem sie die Bitcoins an einen von Bobs öffentlichen Schlüsseln schickt. Doch wie gelangt Alice an einen von Bobs öffentlichen Schlüsseln? Bob könnte ihn ihr einfach nennen, doch betrachten wir den Schlüssel noch einmal, den wir in »Öffentliche Schlüssel« auf Seite 85 verwendet haben. Wie Sie sehen, ist er recht lang. Stellen Sie sich vor, wie Bob versucht, ihn Alice am Telefon mitzuteilen:

```
x = F028892BAD7ED57D2FB57BF33081D5CFCF6F9ED3D3D7F159C2E2FFF579DC341A
y = 07CF33DA18BD734C600B96A72BBC4749D5141C90EC8AC328AE52DDFE2E505BDB
```

Anstelle des öffentlichen Schlüssels war es bei frühen Versionen der Bitcoin-Software möglich, die IP-Adresse des Empfängers anzugeben (siehe Abbildung 4-5). Diese Möglichkeit wurde später entfernt, weil es viele Probleme bei der Nutzung von IP-Adressen gibt. Eine kurze Erklärung hilft uns aber dabei, zu verstehen, warum bestimmte Features in das Bitcoin-Protokoll aufgenommen wurden.

Hätte Alice Bobs IP-Adresse in Bitcoin 0.1 eingegeben, hätte ihre Full Node eine Verbindung mit seiner Full Node hergestellt und aus Bobs Wallet einen neuen öffentlichen Schlüssel erhalten, den bisher noch niemand erhalten hat. Dass es ein neuer öffentlicher Schlüssel war, ist wichtig, weil so sichergestellt wurde, dass unterschiedliche Zahlungen an Bob nicht miteinander verknüpft werden konnten, wenn man sich die Blockchain anschaute und sah, dass alle Transaktionen an den gleichen öffentlichen Schlüssel gingen.

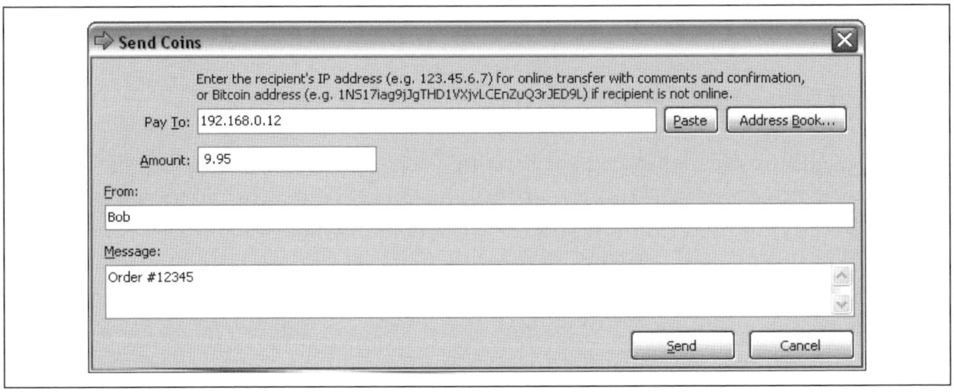


*Abbildung 4-5: Frühe Bitcoin-Senden-Seite aus dem Internet Archive (https://oreil.ly/IDV1a)*

Mit dem von Bobs Node empfangenen öffentlichen Schlüssel hätte Alice' Wallet einen Transaktions-Output erzeugt, der an ein sehr einfaches Output-Skript auszahlt:

```
<Bobs öffentlicher Schlüssel> OP_CHECKSIG
```

Bob könnte diesen Output später ausgeben, indem er ein Input-Skript präsentiert, das nur aus seiner Signatur besteht:

```
<Bobs Signatur>
```

Um herauszufinden, was ein Output- und ein Input-Skript machen, kombinieren Sie beide Skripte (Input-Skript zuerst) und legen jedes Element (in spitzen Klammern) in einer als Stack (Stapel) bezeichneten Liste ab. Wird ein Operation-Code (*Opcode*) erkannt, verwendet es die obersten Elemente des Stacks. Sehen wir uns an, wie das funktioniert. Zuerst kombinieren wir die Skripte:

```
<Bobs Signatur> <Bobs öffentlicher Schlüssel> OP_CHECKSIG
```

Bei diesem Skript wird Bobs Signatur auf dem Stack abgelegt, gefolgt von Bobs öffentlichem Schlüssel. Die Operation `OP_CHECKSIG` verarbeitet zwei Elemente (den öffentlichen Schlüssel und die Signatur) und entfernt sie vom Stack. Sie vergleicht die Signatur mit dem öffentlichen Schlüssel und bestätigt (signiert) gleichzeitig die verschiedenen Felder der Transaktion. Ist die Signatur korrekt, legt `OP_CHECKSIG` den Wert 1 auf dem Stack ab, andernfalls den Wert 0. Liegt nach dem Ende der Evaluierung ein Wert ungleich 0 auf dem Stack, war das Skript erfolgreich. Laufen alle Skripte einer Transaktion erfolgreich durch und sind auch alle anderen Details der Transaktion gültig, betrachten Full Nodes die Transaktion als gültig.

Kurz zusammengefasst, verwendet das obige Skript den gleichen öffentlichen Schlüssel und die gleiche Signatur wie im Whitepaper, ergänzt sie aber um zwei Skriptfelder und einen Opcode. Das sieht nach zusätzlicher Arbeit aus, doch Sie werden die Vorteile erkennen, wenn Sie den folgenden Abschnitt durchgehen.

Diese Art von Output wird heutzutage »Zahle an Public Key« (*Pay to Public Key*, kurz *P2PK*) genannt. Dies wurde für Zahlungen kaum genutzt, und Zahlungen an IP-Adressen wurden von den weitverbreiteten Programmen über fast ein Jahrzehnt nicht unterstützt.

## Altadressen für P2PKH

Die Eingabe der IP-Adresse der Person, die man bezahlen möchte, hat einige Vorteile, aber auch eine Reihe von Nachteilen. Ein besonderer Nachteil ist, dass der Empfänger mit seiner Wallet online sein und die IP-Adresse für die Außenwelt erreichbar sein muss. Für viele Menschen ist das keine Option. Sie schalten ihre Computer über Nacht aus, ihre Laptops gehen in den Ruhemodus, sie befinden sich hinter einer Firewall oder nutzen NAT (*Network Address Translation*).

Das bringt uns zurück zu dem Problem, dass Empfänger wie Bob dem Sender wie Alice einen langen öffentlichen Schlüssel geben müssen. Die kürzeste Version eines Public Key für frühe Bitcoin-Versionen war 65 Byte lang, was ausgeschrieben 130 hexadezimalen Zeichen entspricht. Allerdings enthielt Bitcoin bereits verschiedene Datenstrukturen, die wesentlich länger waren als 65 Byte. Diese mussten in anderen Teilen des Bitcoin-Systems mit der kleinsten Menge sicherer Daten sicher referenziert werden.

Bitcoin erreicht das mithilfe einer *Hashfunktion*, die eine beliebig große Menge an Daten nimmt, sie vermischt (*hasht*) und das Ergebnis mit einer fester Länge ausgibt. Eine kryptografische Hashfunktion erzeugt für die gleiche Eingabe immer die gleiche Ausgabe. Eine sichere Funktion macht es außerdem so gut wie unmöglich, eine Eingabe zu wählen, die eine vorher gesehene Ausgabe erzeugt. Die Ausgabe wird so zu einer Garantie (einem *Commitment*) für die Eingabe. Sie verspricht, dass in der Praxis nur der Input $x$ den Output $X$ generiert.

Nehmen wir zum Beispiel an, dass ich Ihnen eine Frage stelle und Ihnen die Antwort in einer Form liefere, die Sie nicht direkt lesen können. So könnte meine Frage z.B. lauten: »In welchem Jahr begann Satoshi Nakamoto die Arbeit an Bitcoin?« Ich liefere Ihnen ein Commitment meiner (englischen) Antwort in Form der Ausgabe einer SHA256-Hashfunktion, die bei Bitcoin sehr häufig genutzt wird:

```
94d7a772612c8f2f2ec609d41f5bd3d04a5aa1dfe3582f04af517d396a302e4e
```

Später teilen Sie mir Ihre Antwort mit, und ich kann beweisen, dass meine Antwort, die ich als Eingabe für die Hashfunktion verwendet habe, genau die gleiche Ausgabe erzeugt, die ich Ihnen vorab gegeben habe:

```
$ echo "2007.  He said about a year and a half before Oct 2008" | sha256sum
94d7a772612c8f2f2ec609d41f5bd3d04a5aa1dfe3582f04af517d396a302e4e
```

Nun stellen wir Bob die Frage: »Wie lautet dein Public Key?« Bob kann eine Hashfunktion nutzen, um uns ein kryptografisch sicheres Commitment für seinen Public Key zu liefern. Legt er den Schlüssel später offen und kann das gleiche Commitment erzeugt werden, das es zuvor gab, können wir sicher sein, dass es sich um genau den Schlüssel handelt, den er zur Erzeugung des Commitments verwendet hat.

Die Hashfunktion SHA256 wird als sehr sicher angesehen und erzeugt eine Ausgabe von 256 Bit (32 Byte), ist also weniger als halb so lang wie die ursprünglichen Public Keys von Bitcoin. Es gibt aber etwas weniger sichere Hashfunktionen, die eine kleinere Ausgabe erzeugen, etwa die Hashfunktion RIPEMD-160, deren Ausgabe nur 160 Bit (20 Byte) lang ist. Aus Gründen, die Satoshi Nakamoto nie offengelegt hat, erzeugte die Originalversion von Bitcoin Commitments für Public Keys, indem der Schlüssel zuerst mit SHA256 gehasht wurde und dessen Ergebnis dann mit RIPEMD-160. Das erzeugte ein 20-Byte-Commitment für den Public Key.

Wir können uns das auch algorithmisch ansehen. Aus dem öffentlichen Schlüssel *K* berechnen wir zuerst den SHA256-Hash. Anschließend berechnen wir aus dem Ergebnis den RIPEMD-160-Hash und erzeugen eine 160 Bit (20 Byte) lange Zahl:

$$A = RIPEMD160(SHA256(K))$$

Dabei ist *K* der öffentliche Schlüssel und *A* das resultierende Commitment.

Nachdem wir verstehen, wie man ein Commitment für einen öffentlichen Schlüssel erzeugt, müssen wir herausfinden, wie man es in einer Transaktion nutzt. Betrachten Sie dieses Output-Skript:

```
OP_DUP OP_HASH160 <Bobs Commitment> OP_EQUAL OP_CHECKSIG
```

sowie das Input-Skript:

```
<Bobs Signature> <Bobs Public Key>
```

Zusammen bilden sie das folgende Skript:

```
<sig> <pubkey> OP_DUP OP_HASH160 <commitment> OP_EQUALVERIFY OP_CHECKSIG
```

Wie in »IP-Adressen: die ursprünglichen Bitcoin-Adressen (P2PK)« auf Seite 87 beginnen wir damit, die Elemente auf dem Stack abzulegen. Zuerst kommt Bobs Signatur. Dann wird sein Public Key auf den Stack geschoben. Die Operation `OP_DUP` dupliziert das oberste Element, sodass das oberste und das zweite Element auf dem Stack nun Bobs Public Key ist. Die Operation `OP_HASH160` bearbeitet (entfernt) den oberen Public Key und ersetzt ihn durch das Ergebnis der Hashoperation `RIPEMD160(SHA256(K))`. Das oberste Element auf dem Stack ist nun also der Hash von Bobs Public Key. Nun wird Bobs Commitment auf dem Stack abgelegt. Die Operation `OP_EQUALVERIFY` nimmt die beiden obersten Elemente vom Stack und prüft, ob sie gleich sind. Das sollte der Fall sein, wenn der von Bob im Input-Skript bereitgestellte Public Key mit dem identisch ist, der für das Commitment in Alice' Output-Skript (Zahlung) genutzt wurde. Schlägt `OP_EQUALVERIFY` fehl, schlägt das gesamte Skript fehl. Nun verbleiben auf dem Stack nur noch Bobs Signatur und sein Public Key. Der Opcode `OP_CHECKSIG` prüft, ob sie passen und ob die Signatur die Transaktion bestätigt.

Dieser Prozess des Bezahlens an einen Public-Key-Hash (*P2PKH*) mag etwas unübersichtlich wirken, erlaubt aber Alice' Zahlung an Bob mit nur einem 20-Byte-

Commitment von Bobs Public Key anstelle des Schlüssels selbst, der in der ursprünglichen Version von Bitcoin 65 Byte lang war. Bob muss also wesentlich weniger Daten an Alice kommunizieren.

Wir wissen allerdings noch nicht, wie Bob diese 20 Byte aus seiner Bitcoin-Wallet auf Alice' Wallet bekommt. Es gibt eine Reihe gängiger Codierungen für Byte-Werte (etwa hexadezimal), doch jeder Fehler beim Kopieren eines Commitments führt dazu, dass die Bitcoins an einen nicht einzulösenden Output gehen und für immer verloren sind. Im nächsten Abschnitt sehen wir uns kompakte Codierungen und bewährte Prüfsummen an.

## Base58Check-Codierung

Um lange Zahlen kompakt darstellen zu können, verwenden viele Computersysteme eine gemischte alphanumerische Darstellung in einer Basis (Radix) höher als 10. Während das traditionelle Dezimalsystem beispielsweise mit den zehn Ziffern 0 bis 9 arbeitet, nutzt das Hexadezimalsystem 16, wobei die Buchstaben A bis F als zusätzliche Symbole dienen. Die Darstellung einer Zahl im Hexadezimalformat ist kürzer als die entsprechende Dezimaldarstellung. Noch kompakter ist die Base64-Darstellung, die mit 26 Kleinbuchstaben, 26 Großbuchstaben, zehn Ziffern und zwei weiteren Zeichen («+« und »/«) arbeitet, um Binärdaten über textbasierte Medien wie E-Mail zu übertragen.

Base58 ist der Base64-Codierung sehr ähnlich. Sie nutzt Groß- und Kleinbuchstaben, lässt aber einige Zeichen weg, die häufig miteinander verwechselt werden und in bestimmten Schriftarten gleich aussehen. Genauer gesagt, ist Base58 ein Base64 ohne 0 (die Ziffer 0), O (das große O), l (das kleine L), I (das große i) sowie die Symbole »+« und »/«. Anders ausgedrückt, verwendet es Klein- und Großbuchstaben sowie Ziffern ohne die gerade erwähnten vier Symbole (0, O, l, I). Beispiel 4-2 zeigt das vollständige Base58-Alphabet.

*Beispiel 4-2: Bitcoins Base58-Alphabet*

```
123456789ABCDEFGHJKLMNPQRSTUVWXYZabcdefghijkmnopqrstuvwxyz
```

Als zusätzlichen Schutz vor Schreib- oder Übertragungsfehlern bietet Base58Check eine im Base58-Alphabet codierte *Prüfsumme*. Die Prüfsumme wird in zusätzlichen vier Bytes an das Ende der codierten Daten gehängt. Sie wird aus dem Hash der codierten Daten berechnet und kann daher verwendet werden, um Schreib- und Übertragungsfehler zu erkennen und zu vermeiden. Die Decodersoftware berechnet die Prüfsumme der Daten und vergleicht sie mit der Prüfsumme im Code. Stimmen die beiden nicht überein, ist ein Fehler aufgetreten, und die Base58Check-Daten sind ungültig. Dies verhindert, dass eine falsch geschriebene Bitcoin-Adresse von der Wallet-Software als gültiges Ziel akzeptiert wird (ein Fehler, der zum Verlust des Überweisungsbetrags führt).

Um Daten (eine Zahl) in das Base58Check-Format umzuwandeln, ergänzen wir diese zuerst um ein Präfix (das sogenannte *Versionsbyte*), das zur einfachen Identifizierung der zu codierenden Daten dient. Zum Beispiel gibt das Präfix null (0x00 hex) an, dass die Daten als Commitment (Hash) in einem alten P2PKH-Output-Skript dienen. Eine Liste gängiger Versionspräfixe sehen Sie in Tabelle 4-1.

Als Nächstes berechnen wir die »Doppel-SHA-Prüfsumme«, d.h., wir wenden den SHA256-Algorithmus zweimal auf das vorherige Ergebnis (Präfix und Daten) an:

```
prüfsumme = SHA256(SHA256(präfix||daten))
```

Aus dem daraus resultierenden 32-Byte-Hash (Hash eines Hash) verwenden wir nur die ersten vier Bytes. Diese dienen nun als Prüfsumme der Fehlererkennung und werden einfach an die Daten angehängt.

Das Ergebnis besteht aus drei Teilen – einem Präfix, den Daten und einer Prüfsumme – und wird entsprechend dem oben beschriebenen Base58-Alphabet codiert. Abbildung 4-6 veranschaulicht den Base58Check-Codierungsprozess.

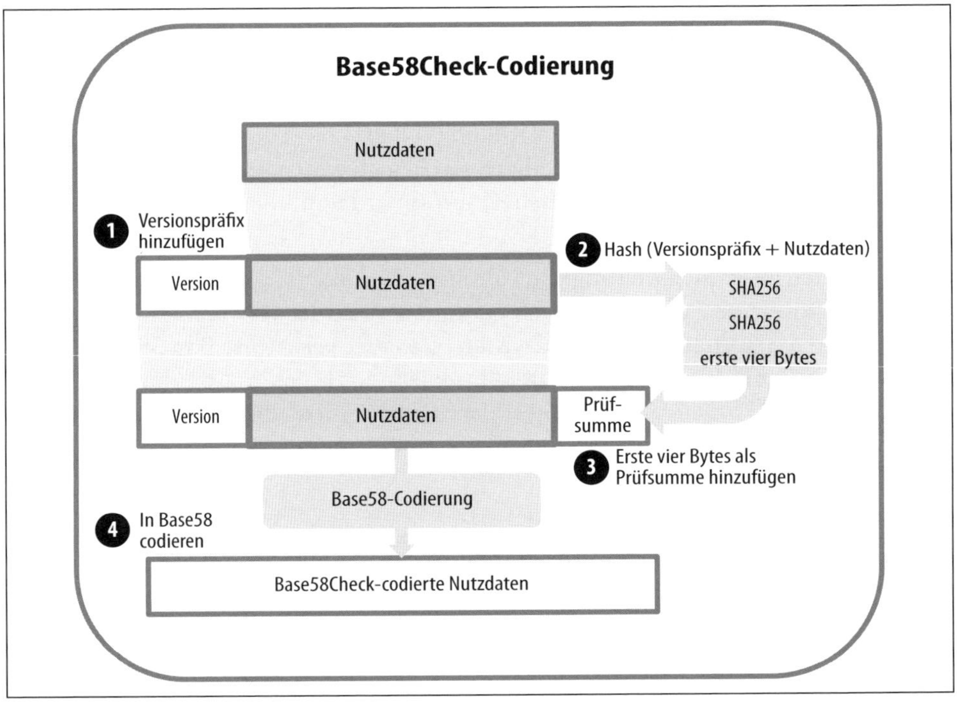


*Abbildung 4-6: Base58Check-Codierung: Format einer eindeutigen Codierung von Bitcoin-Daten in Base58 mit Versionierung und Prüfsumme*

Bei Bitcoin ist der Großteil der dem Benutzer präsentierten Daten in Base58Check codiert. Das macht die Darstellung kompakt, einfach zu lesen und erleichtert die Erkennung von Fehlern. Das Versionspräfix der Base58Check-Codierung erleichtert es, einfach zu unterscheidende Formate zu erzeugen. Bei der Base58Check-Codierung der Nutzdaten wird jeweils ein bestimmtes Zeichen vorangestellt. Auf diese Weise können Menschen die Art der codierten Daten leichter erkennen und wissen, wie sie zu nutzen sind. Dieses Präfix unterscheidet beispielsweise eine Base58Checkcodierte Bitcoin-Adresse, die mit 1 beginnt, von einem Base58Check-codierten WIF (*Wallet Import Format*), das mit 5 beginnt. Einige Versionspräfixe und die entsprechenden Base58-Zeichen sind in Tabelle 4-1 zusammengefasst.

*Tabelle 4-1: Base58Check-Versionspräfix und codiertes Ergebnis*

| Typ | Versionspräfix (hex) | Base58-codiertes Präfix |
|---|---|---|
| Pay-to-Public-Key-Hash-Adresse (P2PKH) | 0x00 | 1 |
| Pay-to-Script-Hash-Adresse (P2SH) | 0x05 | 3 |
| Testnet-Adresse für P2PKH | 0x6F | m oder n |
| Testnet-Adresse für P2SH | 0xC4 | 2 |
| Privater Schlüssel-WIF | 0x80 | 5, K oder L |
| BIP32, erweiterter öffentlicher Schlüssel | 0x0488B21E | xpub |

Abbildung 4-7 veranschaulicht die Umwandlung eines öffentlichen Schlüssels in eine Bitcoin-Adresse durch die Kombination öffentlicher Schlüssel, hashbasierter Commitments und Base58Check-Codierung.

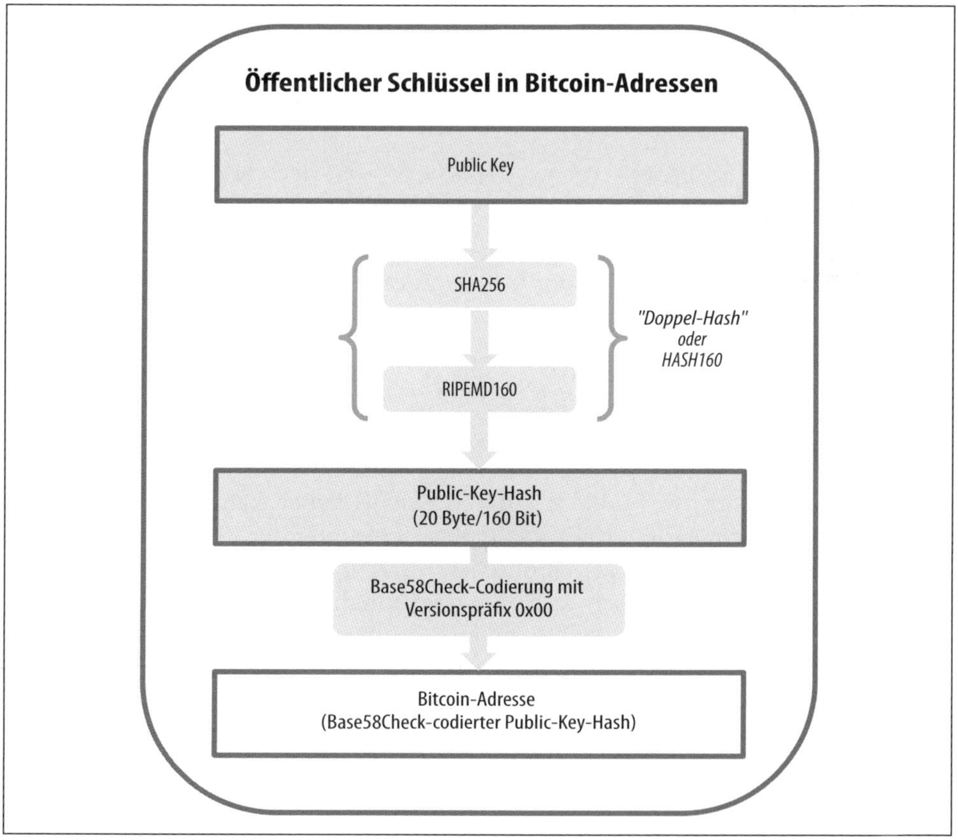


*Abbildung 4-7: Umwandlung eines öffentlichen Schlüssels in eine Bitcoin-Adresse*

# Komprimierte öffentliche Schlüssel

Als Bitcoin entwickelt wurde, konnten die Entwicklerinnen und Entwickler nur 65 Byte lange öffentliche Schlüssel erzeugen. Später entdeckte ein Entwickler eine alternative Codierung für öffentliche Schlüssel, die nur 33 Byte benötigte und rückwärtskompatibel mit allen Full Nodes jener Zeit war, sodass das Bitcoin-Protokoll nicht geändert werden musste. Die 33 Byte langen öffentlichen Schlüssel werden *komprimierte öffentliche Schlüssel* genannt, während man die ursprünglichen 65-Byte-Schlüssel als *unkomprimierte öffentliche Schlüssel* bezeichnet. Die Nutzung kleinerer öffentlicher Schlüssel führt zu kleineren Transaktionen und erlaubt so mehr Zahlungen in einem Block.

Wie im Abschnitt »Öffentliche Schlüssel« auf Seite 85 gesehen, ist ein öffentlicher Schlüssel ein Punkt (x, y) auf einer elliptischen Kurve. Da diese Kurve eine mathematische Funktion ausdrückt, stellt ein Punkt auf der Kurve eine Lösung der Gleichung dar. Kennen wir also die *x*-Koordinate, können wir die *y*-Koordinate über die Gleichung $y^2 \bmod p = (x^3 + 7) \bmod p$ ermitteln. Auf diese Weise können wir nur die *x*-Koordinate des Punkts des öffentlichen Schlüssels speichern und uns die *y*-Koordinate sparen, was die Größe des Schlüssels und des benötigten Speichers um 256 Bit reduziert. Mit der Reduzierung der Größe um nahezu 50% für jede Transaktion sparen wir mit der Zeit ganz schön viele Daten!

Hier der in »Öffentliche Schlüssel« auf Seite 85 über den privaten Schlüssel generierte öffentliche Schlüssel:

```
x = F028892BAD7ED57D2FB57BF33081D5CFCF6F9ED3D3D7F159C2E2FFF579DC341A
y = 07CF33DA18BD734C600B96A72BBC4749D5141C90EC8AC328AE52DDFE2E505BDB
```

Und dies ist der gleiche öffentliche Schlüssel als 520-Bit-Zahl (130 Hex-Ziffern) mit dem Präfix `04`, gefolgt von den x- und y-Koordinaten (`04 x y`):

```
K = 04F028892BAD7ED57D2FB57BF33081D5CFCF6F9ED3D3D7F159C2E2FFF579DC341A\
    07CF33DA18BD734C600B96A72BBC4749D5141C90EC8AC328AE52DDFE2E505BDB
```

Während unkomprimierte öffentliche Schlüssel das Präfix `04` verwenden, beginnen komprimierte Schlüssel mit `02` oder `03`. Sehen wir uns an, warum es zwei mögliche Präfixe gibt: Da die linke Seite der Gleichung $y^2$ lautet, ist die Lösung *y* eine Quadratwurzel, die ein positives oder negatives Ergebnis haben kann. Visuell bedeutet dies, dass die resultierende *y*-Koordinate über oder unter der x-Achse liegen kann. Wie Sie aus dem Diagramm der elliptischen Kurve in Abbildung 4-2 ersehen können, ist die Kurve symmetrisch, d.h., sie wird durch die x-Achse gespiegelt. Wir können also die *y*-Koordinate weglassen, müssen aber das *Vorzeichen* von *y* (positiv oder negativ) festhalten. Mit anderen Worten: Wir müssen uns merken, ob der Wert über oder unter der x-Achse liegt, da beide Möglichkeiten einen anderen Punkt und damit einen anderen öffentlichen Schlüssel darstellen. Bei der Berechnung der elliptischen Kurve in Binärarithmetik über dem Primzahlenkörper p ist die *y*-Koordinate entweder gerade oder ungerade, was dem eben erläuterten positiven/negativen Vorzeichen entspricht. Um diese beiden möglichen *y*-Werte unterscheiden zu können, speichern wir einen komprimierten öffentlichen Schlüssel mit dem Präfix `02` für gerade und 03 für ungerade *y* ab. Die Software kann daraus die korrekte *y*-Koordinate aus der *x*-Koordinate ableiten und die vollständigen Punktkoordinaten des öffentlichen Schlüssels wiederherstellen. Die Public-Key-Komprimierung veranschaulicht Abbildung 4-8.

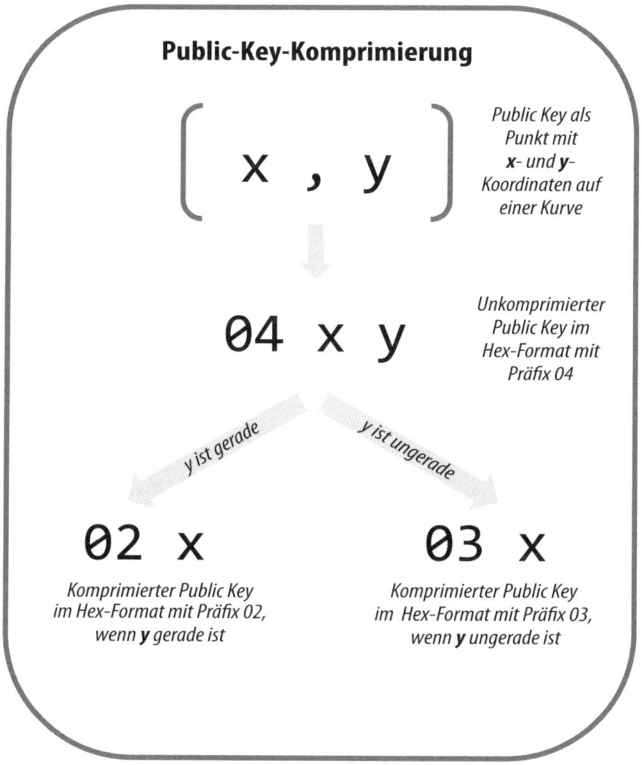


*Abbildung 4-8: Public-Key-Komprimierung*

Hier der generierte öffentliche Schlüssel in komprimierter Form, gespeichert in 264 Bit (66 Hex-Ziffern) mit dem Präfix 03 (d.h., die *y*-Koordinate ist ungerade):

```
K = 03F028892BAD7ED57D2FB57BF33081D5CFCF6F9ED3D3D7F159C2E2FFF579DC341A
```

Dieser komprimierte öffentliche Schlüssel wurde aus dem gleichen öffentlichen Schlüssel erzeugt, sieht aber anders aus als der unkomprimierte Public Key. Wichtiger ist jedoch, dass bei der Konvertierung des komprimierten öffentlichen Schlüssels in eine Bitcoin-Adresse über die Doppelhashfunktion (`RIPEMD160(SHA256(K))`) ein *anderes* Commitment erzeugt wird. Das kann verwirrend sein, weil es bedeutet, dass ein einzelner privater Schlüssel einen öffentlichen Schlüssel in zwei unterschiedlichen Formaten (komprimiert und unkomprimiert) erzeugen kann, die wiederum zwei verschiedene Bitcoin-Adressen erzeugen. Allerdings ist der private Schlüssel für beide Bitcoin-Adressen identisch.

Komprimierte öffentliche Schlüssel sind mittlerweile bei jeder Bitcoin-Software Standard und Voraussetzung für bestimmte neue Features, die mit späteren Protokoll-Updates eingeführt wurden.

Allerdings müssen einige Softwareprogramme unkomprimierte öffentliche Schlüssel auch weiterhin unterstützen, etwa eine Wallet-Anwendung, die private Schlüssel aus einer älteren Wallet importiert. Wenn die neue Wallet die Blockchain nach alten P2PKH-Outputs und -Inputs absucht, muss sie wissen, ob die 65-Byte-Schlüssel (und deren Commitments) oder die 33-Byte-Schlüssel (samt Commitments) gesucht werden sollen. Fehler bei der Suche nach dem korrekten Typ können dazu führen, dass der Nutzer nicht über seine gesamten Mittel verfügen kann. Um dieses Problem beim Export privater Schlüssel aus einer Wallet zu lösen, ist das sie repräsentierende WIF bei neueren Bitcoin-Wallets etwas anders implementiert, d.h., es gibt an, dass diese privaten Schlüssel verwendet wurden, um komprimierte öffentliche Schlüssel zu erzeugen.

## Alte Pay-to-Script-Hashes (P2SH)

Wie wir in den vorherigen Abschnitten gesehen haben, kann ein Bitcoin-Empfänger (wie Bob) verlangen, dass die Zahlungen an ihn im Output-Skript bestimmte Bedingungen erfüllen. Bob muss diese Bedingungen in einem Input-Skript erfüllen, wenn er die Bitcoins ausgeben will. In »IP-Adressen: die ursprünglichen Bitcoin-Adressen (P2PK)« auf Seite 87 bestand diese Bedingung einfach darin, dass das Input-Skript eine gültige Signatur vorweisen kann. In »Altadressen für P2PKH« auf Seite 89 musste auch ein passender öffentlicher Schlüssel vorgelegt werden.

Damit der oder die Zahlende (wie Alice) die von Bob geforderten Randbedingungen in einem Output-Skript angeben kann, muss Bob ihr diese Randbedingungen vorher mitteilen. Das gleicht Bobs Problem, ihr den öffentlichen Schlüssel zukommen zu lassen. Genau wie öffentliche Schlüssel, die sehr lang sein können, können auch Bobs Randbedingungen recht groß sein – möglicherweise mehrere Tausend Bytes. Das sind nicht nur Tausende von Bytes, die an Alice kommuniziert werden müssen, sondern auch Tausende Bytes, für die Alice jedes Mal Transaktionsgebühren bezahlen muss, wenn sie Geld an Bob überweist. Doch die Lösung, Hashfunktionen zur Generierung von Commitments für große Datenmengen zu erzeugen, kann auch hier verwendet werden.

Das BIP16-Upgrade des Bitcoin-Protokolls aus dem Jahr 2012 erlaubt es einem Output-Skript, sich an ein sogenanntes *Einlöseskript* (engl. *Redeem Script*) zu binden. Gibt Bob die Bitcoins aus, muss sein Input-Skript ein Redeem-Skript bereitstellen, das zum Commitment passt und alle Daten bereitstellt, die das Redeem-Skript verlangt (etwa Signaturen). Nehmen wir zum Beispiel an, dass Bob zwei Signaturen verlangt, um die Bitcoins einlösen zu können: eine Signatur aus seiner Desktop-Wallet und eine aus seinem elektronischen Signaturgerät. Diese Bedingungen legt er in einem Redeem-Skript fest:

```
<public key 1> OP_CHECKSIGVERIFY <public key 2> OP_CHECKSIG
```

Er erzeugt ein Commitment für das Redeem-Skript mit dem gleichen HASH160-Mechanismus, das er auch für P2PKH-Commitments genutzt hat: RIPEMD160(SHA256(script)). Das Commitment wird über eine spezielle Vorlage (Template) im Output-Skript platziert:

```
OP_HASH160 <commitment> OP_EQUAL
```

> Wenn Sie einen Pay-to-Script-Hash (P2SH) nutzen, müssen Sie das spezifische P2SH-Template ohne zusätzliche Daten oder Bedingungen in das Output-Skript übernehmen. Entspricht das Output-Skript nicht genau OP_HASH160 <20 Bytes> OP_EQUAL, wird das Redeem-Skript nicht verwendet, und die Bitcoins können entweder nicht ausgegeben werden oder können von jedermann eingelöst werden.

Will Bob den Betrag ausgeben, den er für das Commitment zu diesem Skript erhalten hat, verwendet er ein Input-Skript, das das Redeem-Skript in Form eines einzelnen serialisierten Datenelements enthält. Er stellt außerdem die Signaturen zur Verfügung, die das Redeem-Skript verlangt. Die Elemente sind dabei so angeordnet, dass sie von den Opcodes verarbeitet werden können:

```
<signatur2> <signatur1> <redeem-skript>
```

Empfangen Bitcoin-Full-Nodes Bobs Einlösung, überprüfen sie, ob das serialisierte Redeem-Skript den gleichen Hash liefert wie das Commitment. Sie ersetzen es dann auf dem Stack durch den deserialisierten Wert:

```
<signatur2> <signatur1> <pubkey1> OP_CHECKSIGVERIFY <pubkey2> OP_CHECKSIG
```

Das Skript wird nun ausgeführt, und wenn es erfolgreich abgeschlossen wird (und auch alle anderen Details der Transaktion korrekt sind), ist die Transaktion gültig.

Adressen für P2SH werden ebenfalls per Base58Check erzeugt. Das Versionspräfix wird auf 5 gesetzt, was zu einer codierten Adresse führt, die mit 3 beginnt. Ein Beispiel für eine P2SH-Adresse ist 3F6i6kwkevjR7AsAd4te2YB2zZyASEm1HM.

> P2SH ist nicht notwendigerweise das Gleiche wie eine Multisignaturtransaktion. Eine P2SH-Adresse repräsentiert *meistens* ein Multisignaturskript, doch es kann auch ein Skript repräsentieren, das andere Arten von Transaktionen codiert.

P2PKH und P2SH sind die beiden einzigen Skriptvorlagen mit Base58Check-Codierung. Sie gelten mittlerweile als veraltet und sind nicht mehr sehr verbreitet. Sie wurden durch die Bech32-Adressfamilie verdrängt.

### P2SH-Kollisionsangriffe

Alle auf Hashfunktionen basierenden Adressen sind theoretisch verwundbar, wenn der Angreifer unabhängig den gleichen Input findet, den die Hashfunktion ausgibt (Commitment). Würde bei Bitcoin der Angreifer den gleichen Input finden, den der eigentliche Nutzer verwendet, würde er den privaten Schlüssel des Nutzers kennen und könnte alle seine Bitcoins ausgeben. Die Chance des Angreifers, unabhängig den Input für ein gegebenes Commitment zu generieren, ist proportional zur Stärke des Hashalgorithmus. Bei einem sicheren 160-Bit-Algorithmus wie HASH160 liegt die Wahrscheinlichkeit bei 1 zu $2^{160}$. Man nennt das einen *Preimage-Angriff*.

Ein Angreifer kann auch versuchen, zwei verschiedene Inputs zu generieren (z.B. Redeem-Skripte), die das gleiche Commitment erzeugen. Für von einer einzigen Partei erzeugte Adressen liegt die Chance des Angreifers, einen Input für ein gegebenes Commitment zu erzeugen, ebenfalls bei etwa 1 zu $2^{160}$ für den HASH160-Algorithmus. Das ist ein *zweiter Preimage-Angriff*.

Allerdings ändert sich das, wenn der Angreifer den ursprünglichen Input-Wert beeinflussen kann. Zum Beispiel kann ein Angreifer bei der Erzeugung eines Multisignaturskripts beteiligt sein, bei dem er den öffentlichen Schlüssel erst bekannt geben muss, wenn alle anderen Parteien ihre öffentlichen Schlüssel offengelegt haben. In diesem Fall reduziert sich die Stärke des Hashalgorithmus auf dessen Quadratwurzel. Für HASH160 liegt die Wahrscheinlichkeit dann bei 1 zu $2^{80}$. Das nennt man einen *Kollisionsangriff* (engl. *Collision Attack*).

Um diese Zahlen in einen realen Kontext zu stellen, sei gesagt, dass die Bitcoin-Miner Anfang 2023 zusammen etwa $2^{80}$ Hashfunktionen pro Stunde ausgeführt haben. Die genutzte Hashfunktion ist nicht HASH160, d.h., ihre Hardware kann einen Kollisionsangriff durchführen, doch die Existenz des Bitcoin-Netzwerks beweist, dass Kollisionsangriffe gegen 160-Bit-Funktionen wie HASH160 praktikabel sind. Bitcoin-Miner haben Milliarden US-Dollar für spezielle Hardware ausgegeben, weshalb Kollisionsangriffe nicht billig wären, doch es gibt Organisationen, die den Eingang von Milliarden Dollars in Bitcoin erwarten, bei deren Adressen mehrere Parteien involviert sind. Das könnte solche Angriffe profitabel machen.

Es gibt bewährte kryptografische Protokolle, um Kollisionsangriffe zu verhindern, doch die einfachste Lösung (die kein spezielles Wissen vonseiten der Wallet-Entwickler verlangt) besteht darin, schlicht eine stärkere Hashfunktion zu nutzen. Spätere Upgrades von Bitcoin haben das möglich gemacht, und neuere Bitcoin-Adressen bieten eine Kollisionsresistenz von mindestens 128 Bit. Um $2^{128}$ Hashoperationen durchzuführen, würden alle heute laufenden Bitcoin-Miner zusammen etwa 32 Milliarden Jahre brauchen.

Zwar glauben wir nicht, dass neu erzeugte P2SH-Adressen aktuell gefährdet sind, doch wir empfehlen bei allen neuen Wallets die Verwendung neuer Adressarten, um die Möglichkeit eines Kollisionsangriffs auszuschließen.

## Bech32-Adressen

Im Jahr 2017 wurde das Bitcoin-Protokoll aktualisiert. Wird dieses Upgrade genutzt, ist eine Änderung der Transaktionskennungen (`txid`) ohne Zustimmung des Zahlenden (bzw. einer beschlussfähigen Mehrheit, wenn mehrere Signaturen verlangt werden) nicht möglich. Das Upgrade namens *Segregated Witness* (kurz *Segwit*) bietet (neben anderen Vorteilen) außerdem zusätzlichen Raum für Transaktionsdaten in den Blöcken. Will man die Vorteile von Segwit direkt nutzen, muss man aber die Zahlung an neue Output-Skripte akzeptieren.

Wie in »Pay-to-Script-Hash« auf Seite 176 erwähnt, bestand einer der Vorteile von P2SH darin, dass der oder die Zahlende (wie Alice) keine Details des Skripts kennen musste, das vom Empfänger (wie Bob) verwendet wurde. Das Segwit-Upgrade verwendet diesen Mechanismus ebenfalls, sodass die Nutzer unmittelbar viele der neuen Vorteile mit einer P2SH-Adresse nutzen konnten. Doch damit Bob alle Vorteile nutzen kann, müsste Alice' Wallet ihn mit einem anderen Skripttyp bezahlen. Alice müsste also ihre Wallet aktualisieren, um diese neuen Skripte zu unterstützen.

Zuerst schlugen die Bitcoin-Entwickler BIP142 vor, bei dem man Base58Check (ähnlich wie beim P2SH-Upgrade) mit einem neuen Versionsbyte weiternutzen konnte. Doch alle Wallets um neue Skripte mit einer neuen Base58Check-Version zu aktualisieren, schien genauso viel Arbeit zu sein, wie auf ein völlig neues Adressformat umzusteigen. Daher machten sich mehrere Bitcoin-Mitwirkende daran, das bestmögliche Adressformat zu entwerfen. Sie identifizierten verschiedene Probleme mit Base58Check:

- Die Verwendung von Groß- und Kleinbuchstaben erschwerte das Vorlesen und Abschreiben. Versuchen Sie, eine der alten Adressen in diesem Kapitel einem Freund vorzulesen, der sie aufschreiben soll. Ihnen wird auffallen, dass Sie jedem Buchstaben die Worte »großes« und »kleines« voranstellen müssen. Sie werden auch bemerken, dass Sie beim Lesen der handgeschriebenen Adresse die groß- und kleingeschriebenen Varianten mancher Buchstaben werden kaum unterscheiden können.
- Es kann Fehler erkennen, den Nutzern bei der Korrektur dieser Fehler aber nicht helfen. Wenn Sie zum Beispiel bei der manuellen Eingabe einer Adresse zwei Buchstaben miteinander vertauschen, wird ihre Wallet sie sehr wahrscheinlich warnen, dass ein Fehler vorliegt, doch wo der Fehler genau liegt, kann die Wallet nicht sagen. Es kann mehrere frustrierende Minuten dauern, bis man den Fehler schließlich findet.
- Ein Groß- und Kleinbuchstaben nutzendes Alphabet benötigt zusätzlichen Platz zur Codierung der QR-Codes, die man üblicherweise zum Austausch von Adressen und Rechnungen verwendet. Zusätzlicher Platz bedeutet, dass die QR-Codes bei gleicher Auflösung größer werden oder nicht mehr so schnell gescannt werden können.
- Jede Wallet muss also um die Unterstützung neuer Protokollfeatures wie P2SH und Segwit ergänzt werden. Auch wenn für die Upgrades nur wenig neuer Code benötigt wird, zeigt die Erfahrung, dass viele Wallet-Autoren mit anderen Dingen beschäftigt sind und Upgrades manchmal erst nach Jahren erfolgen. Das hat natürlich negative Folgen für jeden, der die neuen Features nutzen will.

Die Entwickler, die an einem neuen Adressformat für Segwit arbeiteten, fanden in einem neuen Adressformat namens Bech32 Lösungen für all diese Probleme. Das »Bech« steht dabei für BCH, die Initialen der drei Personen, die 1959 und 1960 den zyklischen Code entdeckt hatten, auf dem Bech32 basiert. Die »32« steht für die Anzahl der Zeichen im Bech32-Alphabet (wie die 58 bei Base58Check):

- Bech32 nutzt nur Zahlen und für Buchstaben nur eine Schreibweise (vorzugsweise Kleinbuchstaben). Obwohl das Alphabet nur etwa halb so groß ist wie das Base58Check-Alphabet, ist eine Bech32-Adresse für ein P2WPKH-Skript (*Pay-to-Witness-Public-Key-Hash*) kaum länger als eine alte Adresse für ein entsprechendes P2PKH-Skript.
- Bech32 erkennt Fehler und hilft bei deren Korrektur. Bei einer Adresse der erwarteten Länge wird mathematisch garantiert, jeden Fehler, der vier oder weniger Zeichen betrifft, zu erkennen. Das ist zuverlässiger als bei Base58Check. Längere Fehler werden nur einmal pro Milliarde nicht erkannt, was etwa der Zuverlässigkeit von Base58Check entspricht. Und bei einer Adresse mit nur wenigen Fehlern kann es dem Nutzer sogar sagen, wo der Fehler aufgetreten ist, sodass kleinere Schreibfehler schnell korrigiert werden können. Beispiel 4-3 zeigt beispielhaft eine fehlerhafte Adresse.

*Beispiel 4-3: Erkennung von Schreibfehlern bei Bech32*

Adresse:
bc1p9nh05ha8wrljf7ru236aw**n**4t2x0d5ctkkywm**v**9sclnm4t0av2vgs4k3au7

Erkannte Fehler erscheinen fett und unterstrichen. Das Beispiel wurde mit der Bech32-Adressdecoder-Demo (*https://oreil.ly/paWIx*) erzeugt.

- Bech32 wird vorzugsweise in Kleinbuchstaben geschrieben, diese können aber durch Großbuchstaben ersetzt werden, bevor eine Adresse als QR-Code codiert wird. Das erlaubt die Verwendung eines speziellen QR-Codierungsmodus, der weniger Platz braucht. Beachten Sie den Unterschied in Größe und Komplexität der beiden QR-Codes für die gleiche Adresse in Abbildung 4-9.

*Abbildung 4-9: QR-Codierung der gleichen Bech32-Adresse mit Groß- und Kleinbuchstaben*

- Bech32 nutzt einen Upgrade-Mechanismus, der als Teil von Segwit entworfen wurde. Dieser soll den Wallets Zahlungen an Output-Typen ermöglichen, die noch nicht genutzt werden. Das Ziel war es, Entwicklern die Möglichkeit zu geben, heute eine Wallet zu erstellen, die Zahlungen an eine Bech32-Adresse ermöglicht, und dass diese Wallet weiterhin in der Lage ist, Zahlungen an Bech32-Adressen zu tätigen, wenn neue Funktionen in zukünftigen Protokoll-Upgrades hinzugefügt werden. Die Hoffnung war, nie wieder einen systemweiten Upgrade-Zyklus durchlaufen zu müssen, um den Menschen die vollständige Nutzung von P2SH und Segwit zu ermöglichen.

## Probleme mit Bech32-Adressen

Bech32-Adressen wären in allen Bereichen ein Erfolg – abgesehen von einem Problem. Die mathematischen Garantien für deren Fähigkeit, Fehler zu erkennen, gelten nur, wenn die von Ihnen in die Wallet eingegebene Adresse genauso lang ist wie die Originaladresse. Sollten Sie Zeichen bei der Eingabe weglassen oder hinzufügen, gelten diese Garantien nicht mehr, und die Wallet könnte die Mittel an eine falsche Adresse überweisen. Doch selbst wenn ein Nutzer Zeichen vergisst oder hinzufügt, ist es sehr unwahrscheinlich, dass die Eingabe zu einer gültigen Prüfsumme führt, weshalb man davon ausging, dass die Mittel sicher sind.

Unglücklicherweise macht es die Wahl einer Konstanten des Bech32-Algorithmus sehr einfach, den Buchstaben `q` an der vorletzten Stelle einer Adresse einzufügen oder wegzulassen, wenn diese mit dem Buchstaben `p` endet. In solchen Fällen können Sie den Buchstaben `q` beliebig oft einfügen oder löschen. Das wird manchmal durch die Prüfsumme abgefangen, doch die Eins-zu-einer-Milliarde-Erwartung für Bech32-Substitutionsfehler kann bei Weitem nicht eingehalten werden. Ein Beispiel zeigt Beispiel 4-4.

*Beispiel 4-4: Länge einer Bech32-Adresse erhöhen, ohne die Prüfsumme ungültig zu machen*

```
Gewollte Bech32-Adresse:
bc1pqqqsq9txsqp

Ungültige Adressen mit gültiger Prüfsumme:
bc1pqqqsq9txsqqqqp
bc1pqqqsq9txsqqqqqqp
bc1pqqqsq9txsqqqqqqqqp
bc1pqqqsq9txsqqqqqqqqqp
bc1pqqqsq9txsqqqqqqqqqqqp
```

Bei der ersten Segwit-Version (Version 0) war das kein Problem. Nur zwei gültige Längen wurden für Segwit-v0-Outputs definiert: 22 Byte und 34 Byte. Diese entsprechen den 42 bzw. 62 Zeichen langen Bech32-Adressen, d. h., man müsste 20 mal den Buchstaben `q` von der vorletzten Stelle einer Bech32-Adresse ersetzen, um Geld an eine ungültige Adresse zu senden, ohne dass die Wallet das erkennt. Allerdings könnte es zukünftig für Nutzer ein Problem werden, sollte ein Segwit-basiertes Upgrade implementiert werden.

## Bech32m

Obwohl Bech32 mit Segwit v0 gut funktionierte, wollten die Entwickler die Output-Größen für spätere Segwit-Versionen nicht unnötig einschränken. Ohne solche Einschränkungen könnte das Einfügen oder Entfernen eines einzelnen `q` in einer Bech32-Adresse dazu führen, dass der Nutzer sein Geld versehentlich an einen Output sendet, der entweder nicht ausgegeben oder von jedem ausgegeben werden kann (also jeder die Bitcoins abgreifen kann). Die Entwickler analysierten das Bech32-Problem ausgiebig und erkannten, dass die Änderung einer einzelnen Konstanten das Problem lösen würde. Das Einfügen oder Löschen von bis zu fünf Zeichen würde bei weniger als einer Milliarde Fällen nicht erkannt werden.

Die Bech32-Version mit dieser einen geänderten Konstanten wird *modifiziertes Bech32* (*bech32 modified, Bech32m*) genannt. Alle Zeichen in Bech32- und Bech32m-Adressen für die gleichen zugrunde liegenden Daten sind identisch bis auf die letzten sechs (die Prüfsumme). Das bedeutet, dass die Wallet wissen muss, welche Version verwendet wird, um die Prüfsumme validieren zu können. Da beide Adressarten aber ein internes Versionsbyte enthalten, ist die Erkennung einfach.

Um sowohl mit Bech32 als auch mit Bech32m arbeiten zu können, sehen wir uns die Codierungs- und Parsing-Regeln für Bech32m-Bitcoin-Adressen an, da sie auch Bech32-Adressen parsen können. Sie sind das momentan empfohlene Format für Bitcoin-Wallets.

Bech32m-Adressen beginnen mit einem für Menschen lesbaren Teil (engl. *Human Readable Part*, HRP). In BIP173 finden sich Regeln zum Erstellen eigener HRPs, doch für Bitcoin müssen Sie nur die bereits gewählten HRPs kennen, die in Tabelle 4-2 aufgeführt sind.

*Tabelle 4-2: Bech32-HRPs für Bitcoin*

| HRPs | Netzwerk |
|---|---|
| bc | Bitcoin-Mainnet |
| tb | Bitcoin-Testnet |

Dem HRP folgt als Trennzeichen die Ziffer »1«. In früheren Vorschlägen für ein Trennzeichen wurde ein Doppelpunkt verwendet, aber einige Betriebssysteme und Anwendungen, die es dem Benutzer ermöglichen, ein Wort durch Doppelklick zu markieren, um es für das Kopieren und Einfügen hervorzuheben, dehnen die Hervorhebung nicht auf den Doppelpunkt und darüber hinaus aus. Eine Zahl stellt sicher, dass das Markieren durch Doppelklick mit jedem Programm funktionieren würde, das Bech32m-Strings (die auch andere Ziffern enthalten) generell unterstützt. Die Ziffer »1« wurde gewählt. Sie wird sonst nicht verwendet, um eine Verwechslung der Ziffer »1« und dem kleinen »l« auszuschließen.

Der andere Teil einer Bech32m-Adresse wird *Datenteil* genannt. Dieser Datenteil besteht aus folgenden drei Elementen:

*Witness-Version*
: Ein einzelnes Byte in Form eines einzelnen Buchstabens in der Bech32m-Adresse, die unmittelbar auf das Trennzeichen folgt. Dieser Buchstabe repräsentiert die Segwit-Version. Der Buchstabe `q` codiert die »0« für Segwit v0 (die erste Segwit-Version, mit der Bech32-Adressen eingeführt wurden). Der Buchstabe `p` codiert die »1« für Segwit v1 (auch Taproot genannt), mit der Bech32m eingeführt wurde. Es gibt 17 mögliche Segwit-Versionen. Bitcoin muss im ersten Byte des Bech32m-Datenteils die Werte 0 bis 16 (einschließlich) codieren.

*Witness-Programm*
: Zwischen 2 und 40 Byte. Für Segwit v0 muss das Witness-Programm 20 oder 32 Byte lang sein. Andere Längen sind nicht erlaubt. Für Segwit v1 ist (während wir diese Zeilen schreiben) nur eine Länge von 32 Byte definiert, doch weitere Längen könnten später noch definiert werden.

*Prüfsumme*
: Genau sechs Zeichen. Wird mithilfe eines BCH-Codes, einer Art Fehlerkorrekturcode, erzeugt. Wie wir später aber noch sehen werden, wird die Prüfsumme bei Bitcoin-Adressen ausschließlich zur Fehlererkennung und nicht zur Fehlerkorrektur verwendet.

Wir wollen diese Regeln verdeutlichen, indem wir die Erzeugung von Bech32- und Bech32m-Adressen beispielhaft durchgehen. Alle folgenden Beispiele verwenden den Bech32m-Referenzcode für Python (*https://oreil.ly/gpTT6*).

Zuerst erzeugen wir vier Output-Skripte, eines für jeden Segwit-Output, der zum Zeitpunkt der Veröffentlichung aktiv war, sowie eines für eine zukünftige Segwit-Version ohne definierte Bedeutung. Die Skripte sehen Sie in Tabelle 4-3.

*Tabelle 4-3: Skripte für verschiedene Arten von Segwit-Outputs*

| Output-Typ | Beispielskript |
| --- | --- |
| P2WPKH | `OP_0 2b626ed108ad00a944bb2922a309844611d25468` |
| P2WSH | `OP_0 648a32e50b6fb7c5233b228f60a6a2ca4158400268844c4bc295ed5e8c3d626f` |
| P2TR | `OP_1 2ceefa5fa770ff24f87c5475d76eab519eda6176b11dbe1618fcf755bfac5311` |
| Zukünftiges Beispiel | `OP_16 0000` |

Für den P2WPKH-Output enthält das Witness-Programm ein Commitment, das genau so konstruiert wird wie das Commitment für den P2PKH-Output in »Altadressen für P2PKH« auf Seite 89. Ein öffentlicher Schlüssel wird an die Hashfunktion SHA256 übergeben. Der resultierende 32-Byte-Digest wird dann an die Hashfunktion RIPEMD-160 übergeben. Der Digest dieser Funktion (das Commitment) wird im Witness-Programm eingetragen.

Für den P2WSH-Output (*Pay-to-Witness-Script-Hash*) verwenden wir den P2SH-Algorithmus nicht. Stattdessen nehmen wir das Skript, übergeben es an die SHA256-Hashfunktion und nutzen den 32-Byte-Digest dieser Funktion im Witness-Programm. Für P2SH wurde der SHA256-Digest mit RIPEMD-160 erneut gehasht, doch das ist in manchen Fällen nicht sicher (Details finden Sie in »P2SH-Kollisionsangriffe« auf Seite 97). Da wir SHA256 ohne RIPEMD-160 für diese P2WSH-Commitments verwenden, ist das Ergebnis 32 Byte (256 Bit) und nicht 20 Byte (160 Bit) lang.

Für den P2TR-Output (*Pay-to-Taproot*) ist das Witness-Programm ein Punkt auf der `secp256k1`-Kurve. Es kann ein einfacher öffentlicher Schlüssel sein, doch in den meisten Fällen sollte es sich um einen öffentlichen Schlüssel handeln, der an zusätzliche

Daten gebunden ist. Sie lernen dieses Commitment in »Taproot« auf Seite 201 genauer kennen.

Als Beispiel für eine zukünftige Segwit-Version nehmen wir einfach die höchstmögliche Segwit-Versionsnummer (16) und das kleinstmögliche Witness-Programm (2 Byte) mit einem Nullwert.

Wir kennen jetzt die Versionsnummern und die Witness-Programme und können diese nun in eine Bech32-Adresse umwandeln. Wir nutzen die Bech32m-Referenzbibliothek für Python, um diese Adressen schnell zu erzeugen, und sehen uns dann genauer an, was da passiert:

```
$ github="https://raw.githubusercontent.com"
$ wget $github/sipa/bech32/master/ref/python/segwit_addr.py

$ python
>>> from segwit_addr import *
>>> from binascii import unhexlify

>>> help(encode)
encode(hrp, witver, witprog)
    Encode a segwit address.

>>> encode('bc', 0, unhexlify('2b626ed108ad00a944bb2922a309844611d25468'))
'bc1q9d3xa5gg45q2j39m9y32xzvygcgay4rgc6aaee'
>>> encode('bc', 0,
unhexlify('648a32e50b6fb7c5233b228f60a6a2ca4158400268844c4bc295ed5e8c3d626f'))
'bc1qvj9r9egtd7mu2gemy28kpf4zefq4ssqzdzzycj7zjhk4arpavfhsct5a3p'
>>> encode('bc', 1,
unhexlify('2ceefa5fa770ff24f87c5475d76eab519eda6176b11dbe1618fcf755bfac5311'))
'bc1p9nh05ha8wrljf7ru236awm4t2x0d5ctkkywmu9sclnm4t0av2vgs4k3au7'
>>> encode('bc', 16, unhexlify('0000'))
'bc1sqqqqkfw08p'
```

Wenn wir die Datei *segwit_addr.py* öffnen und uns ansehen, was der Code macht, wird uns zuerst auffallen, dass der einzige Unterschied zwischen Bech32 (für Segwit v0) und Bech32m (für nachfolgende Segwit-Versionen) die folgende Konstante ist:

```
BECH32_CONSTANT = 1
BECH32M_CONSTANT = 0x2bc830a3
```

Als Nächstes sehen wir den Code, der die Prüfsumme erzeugt. Im letzten Schritt wird dabei die entsprechende Konstante über eine XOR-Operation in den Wert eingefügt. Dieser Wert ist der einzige Unterschied zwischen Bech32 und Bech32m.

Nachdem die Prüfsumme erzeugt wurde, wird jedes 5-Bit-Zeichen im Datenteil (einschließlich Witness-Version, Witness-Programm und Prüfsumme) in alphanumerische Zeichen umgewandelt.

Für die Decodierung zurück zum Output-Skript gehen wir umgekehrt vor. Zuerst nutzen wir die Referenzbibliothek, um zwei unserer Adressen zu decodieren:

```
>>> help(decode)
decode(hrp, addr)
    Decode a segwit address.
```

```
>>> _ = decode("bc", "bc1q9d3xa5gg45q2j39m9y32xzvygcgay4rgc6aaee")
>>> _[0], bytes(_[1]).hex()
(0, '2b626ed108ad00a944bb2922a309844611d25468')
>>> _ = decode("bc",
  "bc1p9nh05ha8wrljf7ru236awm4t2x0d5ctkkywmu9sclnm4t0av2vgs4k3au7")
>>> _[0], bytes(_[1]).hex()
(1, '2ceefa5fa770ff24f87c5475d76eab519eda6176b11dbe1618fcf755bfac5311')
```

Wir erhalten sowohl die Witness-Version als auch das Witness-Programm zurück. Diese können dann in das Template für das Output-Skript eingefügt werden:

```
<version> <programm>
```

Hier ein Beispiel:

```
OP_0 2b626ed108ad00a944bb2922a309844611d25468
OP_1 2ceefa5fa770ff24f87c5475d76eab519eda6176b11dbe1618fcf755bfac5311
```

Ein möglicher Fehler, auf den es hier zu achten gilt, ist, dass die Witness-Version `0` für `OP_0` steht, das den Bytewert 0x00 nutzt, die Witness-Version `1` nutzt dagegen `OP_1`, dessen Bytewert 0x51 lautet. Die Witness-Versionen `2` bis `16` nutzen die Werte 0x52 bis 0x60.

Bei der Implementierung einer Bech32m-(De-)Codierung empfehlen wir dringend, die Testvektoren in BIP350 zu verwenden. Sie sollten auch sicherstellen, dass Ihr Code die Testvektoren für zukünftige Zahlungen mit noch nicht definierten Segwit-Versionen durchläuft. Auf diese Weise bleibt Ihre Software viele Jahre nutzbar, selbst wenn Sie neue Bitcoin-Features nicht direkt unterstützen können, sobald diese verfügbar sind.

## Formate privater Schlüssel

Der private Schlüssel kann in einer Reihe unterschiedlicher Formate ausgegeben werden, die alle der gleichen 256-Bit-Zahl entsprechen. Tabelle 4-4 zeigt drei gängige Formate zur Darstellung privater Schlüssel. Unterschiedliche Formate werden für unterschiedliche Zwecke genutzt. Hexadezimale und binäre Rohformate werden intern von der Software verwendet und den Nutzern nur selten gezeigt. WIF wird zum Import/Export von Schlüsseln zwischen Wallets eingesetzt und häufig für die QR-Code-Darstellung (Barcode) privater Schlüssel verwendet.

### Relevanz der Formate privater Schlüssel

Frühe Bitcoin-Wallet-Software generierte einen oder mehrere unabhängige private Schlüssel, wenn eine neue Nutzer-Wallet initialisiert wurde. War der Satz initialer Schlüssel aufgebraucht, konnte die Wallet zusätzliche private Schlüssel erzeugen. Individuelle private Schlüssel konnten exportiert oder importiert werden. Wenn neue private Schlüssel generiert oder importiert wurden, musste eine Sicherung der Wallet erfolgen.

Später wurde mit der Nutzung deterministischer Wallets begonnen, bei der alle privaten Schlüssel aus einem einzelnen Seed-Wert erzeugt werden. Diese Wallets müssen für die typische Onchain-Nutzung nur einmal gesichert werden. Exportiert ein Nutzer einen einzelnen privaten Schlüssel aus einer solchen Wallet und gelingt es einem Angreifer, an diesen Schlüssel und einige nicht private Daten dieser Wallet zu gelangen, dann kann er möglicherweise alle privaten Schlüssel dieser Wallet ableiten und so alle Guthaben dieser Wallet stehlen. Darüber hinaus können bei deterministischen Wallets keine Schlüssel importiert werden. Das bedeutet, dass nahezu keine moderne Wallet die Fähigkeit besitzt, einzelne Schlüssel zu exportieren bzw. zu importieren. Diese Informationen sind hauptsächlich für Leute von Interesse, die Kompatibilität mit frühen Bitcoins-Wallets benötigen.

Weitere Informationen finden Sie in »Hierarchisch-deterministische (HD-)Schlüsselgenerierung (BIP32)« auf Seite 117.

*Tabelle 4-4: Codierungsformate für private Schlüssel*

| Typ | Präfix | Beschreibung |
|---|---|---|
| Hex | ohne | 64 hexadezimale Ziffern |
| WIF | 5 | Base58Check-Codierung: Base58 mit Versionspräfix (128) und 32-Bit-Prüfsumme |
| WIF-komprimiert | K oder L | wie oben mit zusätzlicher Endung 0x01 vor der Codierung |

Tabelle 4-5 zeigt die privaten Schlüssel in unterschiedlichen Formaten.

*Tabelle 4-5: Beispiel: Gleicher Schlüssel, unterschiedliche Formate*

| Format | Privater Schlüssel |
|---|---|
| Hex | 1e99423a4ed27608a15a2616a2b0e9e52ced330ac530edcc32c8ffc6a526aedd |
| WIF | 5J3mBbAH58CpQ3Y5RNJpUKPE62SQ5tfcvU2JpbnkeyhfsYB1Jcn |
| WIF-komprimiert | KxFC1jmwwCoACiCAWZ3eXa96mBM6tb3TYzGmf6YwgdGWZgawvrtJ |

Das sind drei verschiedene Möglichkeiten, die gleiche Zahl darzustellen. Sie sehen unterschiedlich aus, doch jedes dieser Formate kann sehr einfach in jedes andere Format umgewandelt werden.

## Komprimierte private Schlüssel

Der üblicherweise verwendete Begriff *komprimierter privater Schlüssel* ist eine Fehlbenennung, da ein WIF-komprimierter privater Schlüssel tatsächlich ein Byte *länger* ist als der »unkomprimierte« private Schlüssel. Das liegt daran, dass dem privaten Schlüssel ein zusätzliches Byte angehängt wird (in Tabelle 4-6 als 01 hex zu sehen), das angibt, dass der private Schlüssel aus einer neuen Wallet stammt und nur genutzt werden sollte, um komprimierte öffentliche Schlüssel zu erzeugen. Private Schlüssel selbst werden nicht komprimiert und können nicht komprimiert werden. Der Begriff *komprimierter privater Schlüssel* bedeutet also eigentlich »privater Schlüssel, über den nur komprimierte öffentliche Schlüssel erzeugt werden sollen«, während *unkomprimierter privater Schlüssel* eigentlich »privater Schlüssel, über den nur unkomprimierte öffentliche Schlüssel erzeugt werden sollen« bedeutet. Sie sollten nur das Exportformat als »WIF-komprimiert« oder »WIF« bezeichnen und private Schlüssel selbst nicht »komprimiert« nennen, um zusätzliche Verwirrung zu vermeiden.

Tabelle 4-6 zeigt den gleichen Schlüssel im WIF- und im WIF-komprimierten Format.

*Tabelle 4-6: Beispiel: Gleicher Schlüssel, unterschiedliche Formate*

| Format | Privater Schlüssel |
|---|---|
| Hex | 1E99423A4ED27608A15A2616A2B0E9E52CED330AC530EDCC32C8FFC6A526AEDD |
| WIF | 5J3mBbAH58CpQ3Y5RNJpUKPE62SQ5tfcvU2JpbnkeyhfsYB1Jcn |
| Hex-komprimiert | 1E99423A4ED27608A15A2616A2B0E9E52CED330AC530EDCC32C8FFC6A526AEDD01 |
| WIF-komprimiert | KxFC1jmwwCoACiCAWZ3eXa96mBM6tb3TYzGmf6YwgdGWZgawvrtJ |

Beachten Sie, dass dem Hex-komprimierten privaten Schlüssel ein zusätzliches Byte angehängt wird (hex 01). Während das Versionspräfix für die Base58-Codierung für die WIF- und WIF-komprimierten Formate identisch ist (0x80), führt das zusätzliche Byte am Ende der Zahl dazu, dass sich das erste Zeichen der Base58-Codierung von einer *5* in ein *K* oder *L* ändert. Stellen Sie sich das als Base58-Äquivalent zum Unterschied in der Codierung der Dezimalzahlen 100 und 99 vor. Die 100 ist eine Ziffer länger, und das Präfix wechselt von 9 in 1. Wenn sich die Länge ändert, wirkt sich das auf das Präfix aus. Bei Base58 wird das Präfix *5* zu einem *K* oder *L*, wenn sich die Länge der Zahl um ein Byte erhöht.

Denken Sie daran, dass diese Formate *nicht* austauschbar sind. Neuere Wallets, die komprimierte öffentliche Schlüssel implementieren, exportieren private Schlüssel nur WIF-komprimiert (mit dem Präfix *K* oder *L*). Ältere Implementierungen der Wallet komprimieren öffentliche Schlüssel nicht, und die privaten Schlüssel werden nur im WIF-Format (mit dem Präfix *5*) exportiert. Damit soll angezeigt werden, ob beim Import dieser privaten Schlüssel die Blockchain nach komprimierten oder unkomprimierten öffentlichen Schlüsseln und Adressen durchsucht werden soll.

Ist eine Bitcoin-Wallet in der Lage, komprimierte öffentliche Schlüssel zu erzeugen, nutzt sie diese für alle Transaktionen. Die privaten Schlüssel in der Wallet werden verwendet, um die Punkte des öffentlichen Schlüssels auf der Kurve zu ermitteln, die entsprechend komprimiert werden. Die komprimierten öffentlichen Schlüssel werden genutzt, um Bitcoin-Adressen zu erzeugen, und diese werden in Transaktionen genutzt. Beim Export privater Schlüssel aus einer Wallet, die die Komprimierung privater Schlüssel beherrscht, wird das WIF modifiziert, indem das Byte `01` an den privaten Schlüssel angehängt wird. Der daraus resultierende Base58Check-codierte private Schlüssel wird als »komprimiertes WIF« bezeichnet und beginnt mit dem Buchstaben *K* oder *L* anstelle der *5* bei WIF-codierten (nicht komprimierten) Schlüsseln älterer Wallets.

# Fortgeschrittene Schlüssel und Adressen

In den folgenden Abschnitten sehen wir uns fortgeschrittene Formen von Schlüsseln und Adressen wie Vanity-Adressen und Paper-Wallets an.

## Vanity-Adressen

Vanity-Adressen sind gültige Bitcoin-Adressen, die für Menschen lesbare »Nachrichten« enthalten. Beispielsweise ist `1LoveBPzzD72PUXLzCkYAtGFYmK5vYNR33` eine gültige Adresse, die das Wort »Love« als die ersten vier Buchstaben der Base58-Codierung enthält. Um Vanity-Adressen zu erzeugen, müssen Milliarden privater Schlüssel erzeugt und verifiziert werden, bis eine Adresse mit dem gewünschten Muster gefunden wird. Zwar kennt der Generierungsalgorithmus für Vanity-Adressen einige Optimierungen, doch grundsätzlich muss bei diesem Prozess ein privater Schlüssel zufällig gewählt, dann der öffentliche Schlüssel berechnet, die Bitcoin-Adresse erzeugt und schließlich mit dem gewünschten Vanity-Muster verglichen werden. Das wiederholt man zig Milliarden Mal, bis das gewünschte Muster gefunden wird.

Sobald die Vanity-Adresse mit dem gewünschten Muster übereinstimmt, kann der private Schlüssel, aus dem sie abgeleitet wurde, vom Besitzer verwendet werden, um Bitcoin wie mit jeder anderen Adresse zu nutzen. Vanity-Adressen sind nicht mehr oder weniger sicher als andere Adressen. Sie basieren wie alle anderen Adressen auf elliptischen Kurven und SHA. Der private Schlüssel einer Adresse, die mit einem Vanity-Muster beginnt, ist ebenso schwer zu knacken wie jede andere Adresse.

Eugenia ist Leiterin einer Kinderhilfsorganisation auf den Philippinen. Nehmen wir an, Eugenia organisiert eine Bitcoin-Spendenaktion und möchte eine Vanity-Adresse nutzen, um die Spendenaktion bekannt zu machen. Eugenia erzeugt dafür eine Vanity-Adresse, die mit `1Kids` beginnt. Sehen wir uns an, wie diese Vanity-Adresse erzeugt wird und was das für die Sicherheit von Eugenias Hilfsorganisation bedeutet.

### Vanity-Adressen generieren

Es ist wichtig, zu verstehen, dass eine Bitcoin-Adresse einfach eine Zahl ist, die durch die Symbole des Base58-Alphabets repräsentiert wird. Die Suche nach einem Muster wie »1Kids« kann man als Suche nach einer Adresse im Bereich von `1Kids11111111111111111111111111111` bis `1Kidszzzzzzzzzzzzzzzzzzzzzzzzzzzzz` betrachten. Es gibt ungefähr $58^{29}$ (etwa $1{,}4 \times 10^{51}$) Adressen in diesem Wertebereich, die alle mit »1Kids« beginnen. Tabelle 4-7 zeigt den Adressbereich mit dem Präfix `1Kids`.

*Tabelle 4-7: Bereich der mit 1Kids beginnenden Vanity-Adressen*

| | |
|---|---|
| **Von** | `1Kids11111111111111111111111111111` |
| | `1Kids11111111111111111111111111112` |
| | `1Kids11111111111111111111111111113` |
| | ... |
| **Bis** | `1Kidszzzzzzzzzzzzzzzzzzzzzzzzzzzzz` |

Betrachten wir das Muster `1Kids` als Zahl und sehen wir uns an, wie oft man dieses Muster in einer Bitcoin-Adresse aufspüren kann (siehe Tabelle 4-8). Ein durchschnittlicher Desktop-PC ohne spezialisierte Hardware findet etwa 100.000 Schlüssel pro Sekunde.

*Tabelle 4-8: Häufigkeit des Vanity-Musters 1KidsCharity und die durchschnittliche Suchzeit auf einem Desktop-PC*

| Länge | Muster | Häufigkeit | Durchschnittliche Suchzeit |
|---|---|---|---|
| 1 | 1K | 1 in 58 Schlüsseln | < 1 Millisekunde |
| 2 | 1Ki | 1 in 3.364 | 50 Millisekunden |
| 3 | 1Kid | 1 in 195.000 | < 2 Sekunden |
| 4 | 1Kids | 1 in 11 Millionen | 1 Minute |
| 5 | 1KidsC | 1 in 656 Millionen | 1 Stunde |
| 6 | 1KidsCh | 1 in 38 Milliarden | 2 Tage |
| 7 | 1KidsCha | 1 in 2.2 Billionen | 3–4 Monate |
| 8 | 1KidsChar | 1 in 128 Billionen | 13–18 Jahre |
| 9 | 1KidsChari | 1 in 7 Billiarden | 800 Jahre |
| 10 | 1KidsCharit | 1 in 400 Billiarden | 46.000 Jahre |
| 11 | 1KidsCharity | 1 in 23 Trillionen | 2,5 Million Jahre |

Wie Sie sehen, kann Eugenia die Vanity-Adresse »1KidsCharity« nicht so bald erzeugen, selbst wenn sie Zugriff auf Tausende von Computern hätte. Jedes zusätzliche Zeichen erhöht die Schwierigkeit um den Faktor 58. Muster mit mehr als sieben Zeichen werden üblicherweise über spezialisierte Hardware gefunden, etwa über spezielle Desktops mit mehreren GPUs (*Graphics Processing Units*, Grafikprozessoren). Die Suche nach Vanity-Adressen ist mit GPU-Systemen um viele Größenordnungen schneller als auf einer normalen CPU.

Eine andere Möglichkeit, Vanity-Adressen zu finden, besteht darin, die Arbeit an einen Pool von Vanity-Minern wie etwa vanity pool (*https://oreil.ly/99K81*) auszulagern. Ein Pool ist ein Dienst, der es Menschen mit schneller Hardware erlaubt, Bitcoins zu verdienen, indem sie für andere nach Vanity-Adressen suchen. Gegen eine kleine Gebühr kann Eugenia die Suche nach einer Vanity-Adresse mit dem aus sieben Zeichen bestehenden Muster auslagern und erhält das Ergebnis in wenigen Stunden, statt monatelang auf einer normalen CPU danach zu suchen.

Die Generierung einer Vanity-Adresse ist eine Brute-Force-Aufgabe: zufälligen Schlüssel ausprobieren, resultierende Adresse mit dem gewünschten Muster vergleichen und das so lange wiederholen, bis das gewünschte Muster gefunden ist.

### Sicherheit und Privatsphäre von Vanity-Adressen

Vanity-Adressen waren in der früheren Bitcoin-Zeit sehr beliebt, sind 2023 aber nahezu verschwunden. Dafür gibt es im Wesentlichen die beiden folgenden Gründe:

*Deterministische Wallets*

Wie in »Wiederherstellungscodes (Recovery Codes)« auf Seite 34 gesehen, ist es bei modernen Wallets möglich, jeden Schlüssel zu sichern, indem man einfach einige Wörter oder Zeichen aufschreibt. Das wird durch einen deterministischen Algorithmus erreicht, der jeden Schlüssel in der Wallet aus diesen Wörtern oder Zeichen ableiten kann. Vanity-Adressen mit einer deterministischen Wallet zu nutzen, ist nicht möglich, es sei denn, der Nutzer sichert zu jeder Vanity-Adresse zusätzliche Daten ab. In der Praxis erlauben es die meisten Wallets mit deterministischer Schlüsselgenerierung schlicht nicht, private Schlüssel oder Schlüssel eines Vanity-Generators zu importieren.

*Vermeidung der Wiederverwendung von Adressen*

Die Verwendung einer Vanity-Adresse zum Empfang mehrerer Zahlungen stellt eine Verbindung zwischen all diesen Zahlungen her. Das kann für Eugenia akzeptabel sein, wenn sie Einkommen und Aufwendungen sowieso an das Finanzamt weitergeben muss. Allerdings wirkt sich das auch auf die Privatsphäre der Menschen aus, die Eugenia etwas spenden oder Zahlungen von ihr erhalten. Zum Beispiel könnte Alice anonym spenden wollen, und Bob könnte nicht wollen, dass seine anderen Kunden wissen, dass Eugenia einen Vorzugspreis erhält.

Wir gehen nicht davon aus, dass man zukünftig noch viele Vanity-Adressen sieht, solange die oben genannten Probleme nicht gelöst werden.

## Paper-Wallets

Paper-Wallets sind auf Papier ausgedruckte private Schlüssel. Häufig enthält die Paper-Wallet der Bequemlichkeit halber auch die dazugehörige Bitcoin-Adresse, was aber nicht notwendig ist, da sich diese aus dem privaten Schlüssel ableiten lässt.

Paper-Wallets sind eine *veraltete* Technologie und für die meisten Nutzerinnen und Nutzer gefährlich. Es gibt bei ihrer Generierung eine Reihe subtiler Fallstricke, darunter die Möglichkeit, dass der generierende Code mit einer »Hintertür« (engl. *Back Door*) kompromittiert wurde. Viele Bitcoins wurden auf diese Weise gestohlen. Wir gehen hier auf Paper-Wallets nur der Vollständigkeit halber ein. Sie sollten nicht zum Speichern von Bitcoin verwendet werden. Nutzen Sie einen Wiederherstellungscode, um Ihre Schlüssel zu sichern, und zwar möglichst mit einem hardwarebasierten Signaturgerät zur Speicherung der Schlüssel und der Signatur von Transaktionen. NUTZEN SIE KEINE PAPER- WALLETS.

Paper-Wallets gibt es in den unterschiedlichsten Formen, Größen und Designs mit den unterschiedlichsten Features. Abbildung 4-10 zeigt eine einfache Paper-Wallet.

*Abbildung 4-10: Beispiel einer einfachen Paper-Wallet*

Einige sind als Geschenk gedacht und haben ein saisonales Thema wie Weihnachten oder Neujahr. Andere sind für die Aufbewahrung in einer Bank oder einem Safe konzipiert. Dabei wird der private Schlüssel in irgendeiner Form verborgen, etwa durch blickdichte, manipulationssichere Sticker oder gefalzte und versiegelte Folien. Andere Designs bieten zusätzliche Kopien des Schlüssels und der Adresse in Form von »Abreißzetteln« an. Diese Kopien können dann an verschiedenen Stellen aufbewahrt werden, um sich vor Feuer, Flut und anderen Naturkatastrophen zu schützen.

Ausgehend vom ursprünglichen auf öffentlichen Schlüsseln basierenden Bitcoin-Design hin zu modernen Adressen und Skripten wie Bech32m und Pay-to-Taproot (und sogar Adressen für zukünftige Bitcoin-Updates), haben wir gezeigt, wie das Bitcoin-Protokoll dem Zahlenden erlaubt, die Wallets zu identifizieren, die eine Zahlung erhalten sollen. Andererseits wollen Sie als Zahlungsempfänger sicherstellen, dass Sie auch dann noch auf Ihr Geld zugreifen können, wenn etwas mit den Daten Ihrer Wallet passiert. Im nächsten Kapitel wollen wir uns ansehen, wie Bitcoin-Wallets konzipiert sind, um ihr Vermögen vor einer Vielzahl von Gefahren zu schützen.

KAPITEL 5

# Wallet-Recovery

Das Erzeugen privater und öffentlicher Schlüsselpaare ist ein wesentliches Element, das es Bitcoin-Wallets erlaubt, Bitcoins zu senden und zu empfangen. Doch der Verlust des privaten Schlüssels macht es unmöglich, Bitcoins auszugeben, die mit dem dazugehörigen öffentlichen Schlüssel empfangen wurden. Wallet- und Protokollentwickler haben über Jahre an Systemen gearbeitet, die es den Nutzerinnen und Nutzern erlauben, bei einem Problem den Zugriff auf ihre Bitcoins wiederzuerlangen, ohne die Sicherheit zu gefährden.

In diesem Kapitel betrachten wir einige der unterschiedlichen Methoden, die von Wallets eingesetzt werden, damit aus dem Verlust von Daten nicht der Verlust von Geld wird. Einige Lösungen haben nahezu keine Nachteile und werden allgemein von modernen Wallets genutzt. Wir empfehlen diese Lösungen als Best Practices. Andere Lösungen haben sowohl Vor- als auch Nachteile, was bei unterschiedlichen Wallet-Autoren zu verschiedenen Kompromissen führt. In diesen Fällen beschreiben wir die verfügbaren Optionen.

## Unabhängige Schlüsselgenerierung

Geldbörsen für echtes Geld enthalten dieses Geld, weshalb es nicht überrascht, dass die Menschen glauben, dass Bitcoin-Wallets Bitcoins enthalten. Was viele als Bitcoin-Wallet bezeichnen, enthält aber tatsächlich nur die Schlüssel. Wir nennen sie *Wallet-Datenbank*, um sie von Wallet-Anwendungen zu unterscheiden. Diese Schlüssel sind mit Bitcoins verknüpft, die in der Blockchain festgehalten wurden. Indem Sie den Bitcoin-Full-Nodes nachweisen, dass Sie die Schlüssel kontrollieren, können Sie die dazugehörigen Bitcoins ausgeben.

Einfache Wallet-Datenbanken enthalten sowohl die öffentlichen Schlüssel (über die Bitcoins empfangen werden) als auch die privaten Schlüssel (mit denen die Signaturen erzeugt werden), die das Einlösen dieser Bitcoins autorisieren. Andere Wallet-Datenbanken enthalten nur öffentliche Schlüssel oder nur einen Teil der privaten Schlüssel, die notwendig sind, um Transaktionen zu autorisieren. Diese Wallet-Anwendungen erzeugen die notwendigen Signaturen, indem sie mit externen Tools zusammenarbeiten, etwa einem hardwarebasierten Gerät, oder (bei einem Multisignaturschema) mit anderen Wallets.

Eine Wallet-Anwendung kann unabhängig jeden Wallet-Schlüssel erzeugen, den sie später nutzen will (siehe Abbildung 5-1). Alle frühen Bitcoin-Wallet-Anwendungen arbeiteten nach diesem Prinzip, doch der Nutzer musste die Wallet-Datenbank jedes Mal sichern, wenn neue Schlüssel erzeugt und verteilt wurden, was bei jeder neu generierten Adresse zum Empfang einer neuen Zahlung der Fall sein konnte. Wurde die Wallet-Datenbank nicht zeitnah gesichert, verlor der Nutzer im Fall eines Falles den Zugang zu allen Mitteln der Schlüssel, die nicht gesichert wurden.

Für jeden unabhängig generierten Schlüssel muss der Nutzer 32 Byte plus Overhead sichern. Einige Nutzer und Wallet-Anwendungen haben versucht, die zu sichernde Datenmenge durch die Nutzung eines einzigen Schlüssels zu minimieren. Das kann zwar sicher sein, reduziert aber die Privatsphäre des Nutzers und aller anderen, mit denen er Geschäfte macht. Wer die eigene Privatsphäre und die seiner Partner schätzte, generierte für jede Transaktion einen neuen Schlüssel. Die so erzeugten Wallet-Datenbanken konnten nur mithilfe digitaler Medien vernünftig gesichert werden.

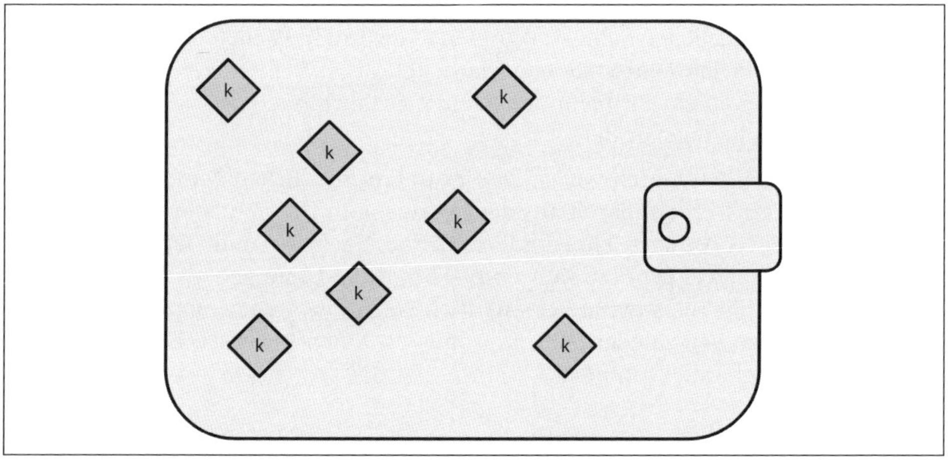


*Abbildung 5-1: Nichtdeterministische Schlüsselgenerierung: eine Sammlung unabhängig generierter Schlüssel, die in einer Wallet-Datenbank gespeichert werden*

Moderne Wallet-Anwendungen generieren die Schlüssel nicht unabhängig, sondern leiten diese aus einem gemeinsamen Seed-Wert (engl. für Saat) über einen deterministischen Algorithmus ab.

## Deterministische Schlüsselgenerierung

Eine Hashfunktion erzeugt für die gleiche Eingabe immer die gleiche Ausgabe. Wird die Eingabe nur ein klein wenig verändert, ändert sich auch die Ausgabe. Ist die Funktion kryptografisch sicher, kann niemand diese neue Ausgabe vorhersagen – selbst wenn man die neue Eingabe kennt.

So ist es uns möglich, einen zufälligen Wert zu nehmen und daraus eine praktisch unbeschränkte Anzahl scheinbar zufälliger Werte zu erzeugen. Und wenn wir später die gleiche Hashfunktion mit dem gleichen Eingabewert (dem sogenannten *Seed*-Wert) verwenden, erzeugen wir die gleichen scheinbar zufälligen Werte:

```
# Ein wenig Entropie (Zufall) einsammeln
$ dd if=/dev/random count=1 status=none | sha256sum
f1cc3bc03ef51cb43ee7844460fa5049e779e7425a6349c8e89dfbb0fd97bb73 -

# Seed für unsere zufälligen Werte festlegen
$ seed=f1cc3bc03ef51cb43ee7844460fa5049e779e7425a6349c8e89dfbb0fd97bb73

# Deterministisch abgeleitete Werte generieren
$ for i in {0..2} ; do echo "$seed + $i" | sha256sum ; done
50b18e0bd9508310b8f699bad425efdf67d668cb2462b909fdb6b9bd2437beb3 -
a965dbcd901a9e3d66af11759e64a58d0ed5c6863e901dfda43adcd5f8c744f3 -
19580c97eb9048599f069472744e51ab2213f687d4720b0efc5bb344d624c3aa -
```

Wenn wir die abgeleiteten Werte als private Schlüssel nutzen, können wir später exakt die gleichen privaten Schlüssel regenerieren, indem wir unseren Seed-Wert mit dem vorhin genutzten Algorithmus verwenden. Nutzer deterministischer Schlüsselgenerierung können jeden Schlüssel ihrer Wallet sichern, indem sie einfach den Seed-Wert festhalten und den genutzten Algorithmus angeben. Zum Beispiel muss Alice, selbst wenn sie eine Million Bitcoins über eine Million verschiedene Adressen empfangen hat, nur die folgenden Werte sichern, um später den Zugriff auf all diese Bitcoins wiederherstellen zu können:

```
f1cc 3bc0 3ef5 1cb4 3ee7 8444 60fa 5049
e779 e742 5a63 49c8 e89d fbb0 fd97 bb73
```

Ein logisches Diagramm der grundlegenden sequenziellen deterministischen Schlüsselgenerierung zeigt Abbildung 5-2. Allerdings verfügen moderne Wallet-Anwendungen über eine bessere Lösung, die es erlaubt, öffentliche Schlüssel unabhängig von den privaten Schlüsseln abzuleiten. Die privaten Schlüssel können auf diese Weise sicherer gespeichert werden als die öffentlichen Schlüssel.

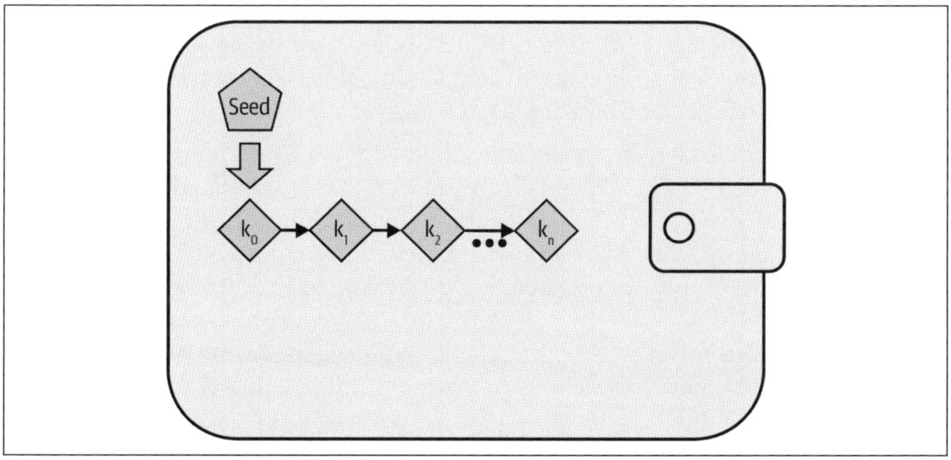


*Abbildung 5-2: Deterministische Schlüsselgenerierung: eine deterministische Folge von Schlüsseln, abgleitet aus dem Seed-Wert*

## Ableitung öffentlicher Child-Schlüssel

In »Öffentliche Schlüssel« auf Seite 85 haben Sie gelernt, wie man einen öffentlichen Schlüssel mithilfe elliptischer Kurven aus einem privaten Schlüssel erzeugt. Operationen über elliptische Kurven sind zwar nicht gerade intuitiv, doch Addition, Subtraktion und Multiplikation funktionieren genau wie bei der normalen Arithmetik. Mit anderen Worten, wir können mit einem öffentlichen Schlüssel addieren, subtrahieren und multiplizieren. Erinnern Sie sich an die Operation zurück, die wir in »Öffentliche Schlüssel« auf Seite 85 genutzt haben, um einen öffentlichen Schlüssel ($K$) aus einem privaten Schlüssel ($k$) und einem Generatorpunkt ($G$) zu erzeugen:

$$K = k \times G$$

Man kann nun ein abgeleitetes Schlüsselpaar erzeugen (genannt Child-Schlüsselpaar), indem man einfach den gleichen Wert auf beiden Seiten der Gleichung hinzuaddiert:

$$K + (123 \times G) == (k + 123) \times G$$

Bei allen Gleichungen in diesem Buch verwenden wir ein einzelnes Gleichheitszeichen für Operationen wie $K = k \times G$, bei denen der Wert einer Variablen berechnet wird. Zwei Gleichheitszeichen geben an, dass beide Seiten einer Gleichung gleichwertig sind oder dass eine Operation »falsch« (»nicht wahr«) zurückliefert, wenn beide Seiten nicht wahr sind.

Eine interessante Konsequenz daraus ist, dass das Hinzuaddieren von 123 zum öffentlichen Schlüssel allein mit öffentlichen Informationen möglich ist. Zum Beispiel generiert Alice den öffentlichen Schlüssel $K$ und gibt ihn Bob. Bob kennt den privaten Schlüssel nicht, aber er kennt die globale Konstante $G$. Daher kann er einen beliebigen Wert zum öffentlichen Schlüssel hinzuaddieren, um einen abgeleiteten öffentlichen Child-Schlüssel zu erzeugen. Teilt er den Wert, den er zum öffentlichen Schlüssel hinzuaddiert hat, Alice mit, kann sie diesen zu ihrem privaten Schlüssel hinzufügen und einen abgeleiteten privaten Child-Schlüssel erzeugen, der zum von Bob erzeugten öffentlichen Child-Schlüssel passt.

Anders gesagt, ist es möglich, öffentliche Child-Schlüssel zu erzeugen, selbst wenn man nichts über den privaten Parent-Schlüssel weiß. Der zum öffentlichen Schlüssel hinzuaddierte Wert wird *Key-Tweak* (deutsch etwa »Schlüsseljustierung«) genannt. Wird ein deterministischer Algorithmus zur Generierung der Key-Tweaks genutzt, kann man ohne Kenntnis des privaten Schlüssels eine nahezu unendliche Folge öffentlicher Child-Schlüssel aus einem einzigen öffentlichen Parent-Schlüssel ableiten. Die Person, die den privaten Parent-Schlüssel kontrolliert, kann dann die gleichen Key-Tweaks nutzen, um die zugehörigen privaten Child-Schlüssel zu erzeugen.

Diese Technik wird üblicherweise genutzt, um die Frontends einer Wallet-Anwendung (die keine privaten Schlüssel benötigen) von den Signiervorgängen (die private Schlüssel benötigen) zu trennen. Zum Beispiel verteilt Alice' Frontend ihre öffentlichen Schlüssel an Personen, die ihr etwas überweisen wollen. Wenn sie das eingegangene Geld später ausgeben will, kann sie die verwendeten Key-Tweaks an ein *elektronisches Signiergerät* (manchmal irreführenderweise *Hardware-Wallet* genannt) übergeben, das ihre privaten Originalschlüssel sicher verwahrt. Das Signiergerät nutzt die Tweaks, um die notwendigen privaten Child-Schlüssel abzuleiten, und nutzt diese dann zum Signieren der Transaktionen. Die signierten Transaktionen werden anschließend an das weniger sichere Frontend geschickt, das sie im Bitcoin-Netzwerk verteilt.

Die Ableitung öffentlicher Child-Schlüssel kann eine lineare Folge von Schlüsseln erzeugen, wie wir sie in Abbildung 5-2 gesehen haben, doch moderne Wallet-Anwendungen nutzen einen weiteren Trick, um statt einer einzigen Folge eine Baumstruktur abgeleiteter Schlüssel zu erzeugen. Wie das funktioniert, erläutern wir im folgenden Abschnitt.

## Hierarchisch-deterministische (HD-)Schlüsselgenerierung (BIP32)

Jede uns bekannte moderne Bitcoin-Wallet nutzt standardmäßig die hierarchisch-deterministische (HD-)Schlüsselgenerierung. Dieser Standard ist in BIP32 definiert. Er nutzt die deterministische Schlüsselgenerierung und optional die Ableitung öffentlicher Child-Schlüssel mit einem Algorithmus, der Schlüssel in einer Baumstruktur erzeugt. Bei diesem Baum kann jeder Schlüssel der Parent-Schlüssel einer Folge von Child-Schlüsseln sein, und diese Child-Schlüssel können die Parent-Schlüssel einer weiteren Folge von Child-Schlüsseln (Grandchild-Schlüssel des ursprünglichen Schlüssels) sein. Eine Grenze für die Tiefe des Baums gibt es nicht. Diese Baumstruktur veranschaulicht Abbildung 5-3.

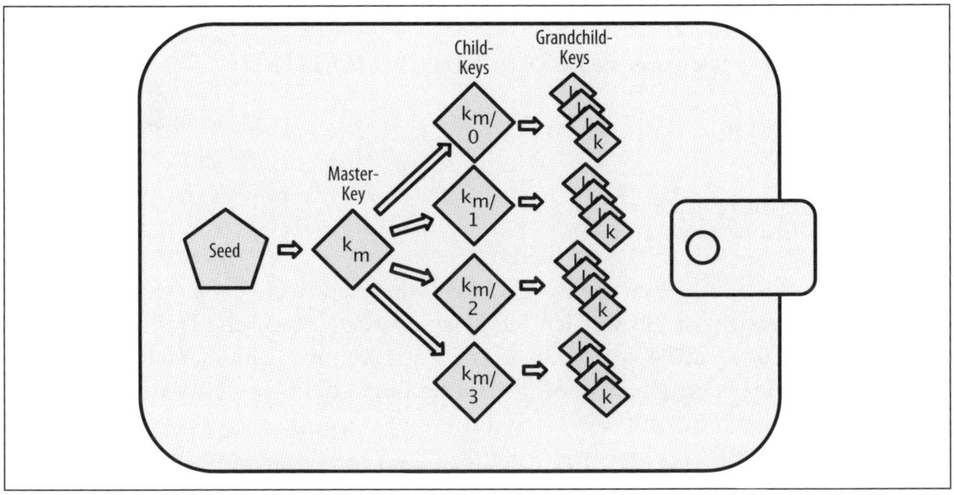


*Abbildung 5-3: HD-Wallet: Baumstruktur mit Schlüsseln, die aus einem einzigen Seed-Wert erzeugt werden*

Die Baumstruktur kann genutzt werden, um eine zusätzliche organisatorische Bedeutung auszudrücken, etwa wenn ein bestimmter Zweig von Subschlüsseln für eingehende Zahlungen verwendet wird und ein anderer Zweig für den Empfang des Wechselgelds bei ausgehenden Zahlungen. Die Verzweigung von Schlüsseln kann auch in Unternehmen eingesetzt werden, indem etwa verschiedene Zweige für Abteilungen, Niederlassungen, spezielle Funktionen oder Rechnungslegungskategorien genutzt werden.

Wir sehen uns HD-Wallets in »Eine HD-Wallet aus dem Seed-Wert erzeugen« auf Seite 132 genauer an.

## Seeds und Recovery-Codes

HD-Wallets sind ein sehr leistungsfähiger Mechanismus zur Verwaltung vieler Schlüssel und Adressen, die aus einem einzelnen Seed-Wert abgeleitet werden. Sollte Ihre Wallet beschädigt werden oder verloren gehen, können Sie alle privaten Schlüssel Ihrer Wallet mithilfe des ursprünglichen Seed-Werts wiederherstellen. Wenn aber irgendein anderer an Ihren Seed-Wert gelangt, kann er ebenfalls alle privaten Schlüssel generieren und all Ihre Bitcoins aus einer Wallet mit nur einer Signatur (Single-Sig) stehlen sowie die Sicherheit von Multisignatur-Wallets reduzieren. In diesem Abschnitt sehen wir uns verschiedene *Recovery-Codes* (Wiederherstellungscodes) an, die Backups einfacher und sicherer machen sollen.

Obwohl Seed-Werte große Zufallszahlen sind (üblicherweise 128 bis 256 Bit), verwenden die meisten Recovery-Codes Wörter der menschlichen Sprache. Die wesentliche Motivation für die Verwendung von Wörtern war, dass man sich den Recovery-Code einfacher merken kann. Betrachten Sie zum Beispiel den folgenden Recovery-Code, einmal hexadezimal und einmal in Wörtern codiert (siehe Beispiel 5-1).

*Beispiel 5-1: Seed-Wert, hexadezimal und in englischen Wörtern codiert*

```
Hex-codiert:
0C1E 24E5 9177 79D2 97E1 4D45 F14E 1A1A

Wort-codiert:
army van defense carry jealous true
garbage claim echo media make crunch
```

Es gibt Situationen, in denen die Möglichkeit, sich den Recovery-Code zu merken, ein wichtiges Feature ist. So werden Sie beispielsweise physische Dokumente (wie den Recovery-Code auf Papier) nicht mitnehmen können, ohne Gefahr zu laufen, dass diese von einer Drittpartei konfisziert oder untersucht werden. Allerdings ist es meist gefährlich, sich nur auf sein Gedächtnis zu verlassen:

- Wenn Sie den Recovery-Code vergessen und den Zugang zu Ihrer Original-Wallet-Datenbank verlieren, sind Ihre Bitcoins für immer verloren.
- Wenn Sie sterben oder schwer verletzt werden und Ihre Erben keinen Zugriff auf die Original-Wallet-Datenbank haben, werden sie Ihre Bitcoins nicht erben können.

- Wenn jemand glaubt, dass Sie den Recovery-Code auswendig gelernt haben, könnte er versuchen, Sie dazu zu bringen, diesen Code zu verraten. Während wir diese Zeilen schreiben, hat der Bitcoin-Contributor Jameson Lopp über 100 physische Angriffe auf vermeintliche Eigner von Bitcoins oder anderen digitalen Vermögenswerten dokumentiert (*https://oreil.ly/aw5XM*). Dabei gab bereits mindestens drei Tote und eine Vielzahl von Vorfällen, bei denen Menschen gefoltert, als Geiseln gehalten oder Familien bedroht wurden.

> Selbst wenn Sie einen leicht zu merkenden Recovery-Code nutzen, empfehlen wir dringend, ihn aufzuschreiben.

Während wir dies schreiben, sind verschiedene Arten von Recovery-Codes sehr verbreitet:

*BIP39*
: Im letzten Jahrzehnt die beliebteste Methode zur Generierung von Recovery-Codes. BIP39 generiert eine zufällige Folge von Bytes, ergänzt sie um eine Prüfsumme und codiert diese Daten in einer Folge von 12 bis 24 Wörtern (die in der Muttersprache des Nutzers lokalisiert sein kann). Die Wörter (sowie eine optionale Passphrase) laufen durch eine *Schlüsselstreckungsfunktion* (engl. *Key-stretching Function*). Deren Ausgabe wird dann als Seed-Wert genutzt. BIP39 hat mehrere Nachteile, die spätere Schemata zu beheben versuchen.

*Electrum v2*
: Eingesetzt in der Electrum-Wallet (Version 2.0 und höher), weist dieser wortbasierte Recovery-Code gegenüber BIP39 einige Vorteile auf. Er baut nicht auf einer globalen Wortliste auf, die für jede Version jedes kompatiblen Programms implementiert werden muss. Darüber hinaus enthalten die Recovery-Codes eine Versionsnummer, die die Zuverlässigkeit und Effizienz steigert. Wie BIP39 unterstützt Electrum v2 eine optionale Passphrase (die Electrum *Seed Extension* nennt) und nutzt die gleiche Funktion zur Schlüsselstreckung.

*Aezeed*
: Wird in der LND-Wallet genutzt und ist ein weiterer wortbasierter Recovery-Code, der gegenüber BIP39 einige Verbesserungen bietet. Er nutzt zwei Versionsnummern: Eine davon ist intern und behebt verschiedene Probleme beim Upgrade von Wallet-Anwendungen (wie die Versionsnummern von Electrum v2). Die andere ist extern und kann inkrementiert werden, um die dem Recovery-Code zugrunde liegenden kryptografischen Eigenschaften zu verändern. Aezeed fügt auch einen *Wallet-Geburtstag* in den Recovery-Code ein, also das Datum, an dem der Nutzer die Wallet-Datenbank angelegt hat. Auf diese Weise kann der Wiederherstellungsprozess alle mit der Wallet verknüpften Mittel aufspüren, ohne die gesamte Blockchain durchsuchen zu müssen, was insbesondere bei auf Privatsphäre fokussierten Lightweight-Clients besonders nützlich ist. Die Passphrase und andere Aspekte des Recovery-Codes können

verändert werden, ohne die Mittel auf einen neuen Seed-Wert umziehen zu müssen. Der Nutzer muss nur einen neuen Recovery-Code sichern. Ein Nachteil im Vergleich zu Electrum v2 ist, dass er wie BIP39 davon abhängig ist, dass sowohl die Backup- als auch die Recovery-Software die gleiche Wortliste unterstützen.

*Muun*
: Die Muun-Wallet verlangt mehrere Schlüssel zur Signierung einer Transaktion und nutzt einen wortfreien Code, der zusätzliche Informationen verlangt (die Muun momentan in einem PDF zur Verfügung stellt). Der Recovery-Code steht in keiner Beziehung zum Seed-Wert und wird stattdessen genutzt, um die im PDF enthaltenen privaten Schlüssel zu entschlüsseln. Auch wenn das im Vergleich zu den Recovery-Codes von BIP39, Electrum v2 und Aezeed etwas umständlich ist, unterstützt dieses Vorgehen neue Technologien und Standards, die in neuen Wallets häufiger vorkommen, z.B. das Lightning-Netzwerk (LN), Output-Skript-Deskriptoren und Miniskripte.

*SLIP39*
: Als Nachfolger von BIP39 (an dem einige der ursprünglichen Autoren beteiligt sind), erlaubt SLIP39 die Verteilung eines einzelnen Seed-Werts mit mehreren Recovery-Codes, die an unterschiedlichen Stellen (oder durch verschiedene Personen) gespeichert werden können. Wenn Sie die Recovery-Codes erzeugen, können Sie festlegen, wie viele nötig sind, um den Seed-Wert wiederherzustellen. Zum Beispiel können Sie fünf Recovery-Codes erzeugen, aber nur drei verlangen, um den Seed-Wert wiederherzustellen. SLIP39 unterstützt eine optionale Passphrase (die auf einer globalen Wortliste basiert). Die Versionierung wird nicht direkt unterstützt.

> Ein neues Verfahren für verteilte Recovery-Codes, das SLIP39 ähnelt, wurde vorgeschlagen, während dieses Buch geschrieben wurde. *Codex32* erlaubt die Erzeugung und Validierung von Recovery-Codes mithilfe von gedruckten Anweisungen, Scheren, einem Präzisionsmesser, einem Messingverschluss und einem Stift – sowie ein wenig Privatsphäre und ein paar Stunden Zeit. Falls man Computern vertraut, kann man die Recovery-Codes aber auch direkt per Software auf einem elektronischen Gerät erzeugen. Sie können bis zu 31 Codes erzeugen, die an verschiedenen Orten gespeichert werden können, und Sie können festlegen, wie viele benötigt werden, um den Seed-Wert wiederherzustellen. Da es sich um einen neuen Vorschlag handelt, können sich die Details stark verändern, bevor dieses Buch in Druck geht. Alle an verteilten Recovery-Codes interessierten Leserinnen und Leser sollten daher einen Blick auf den aktuellen Status (*https://oreil.ly/Xx_Zq*) werfen.

### Passphrasen für Recovery-Codes

BIP39, Electrum v2, Aezeed und SLIP39 können alle mit optionalen Passphrasen verwendet werden. Speichern Sie diese Passphrasen nur in Ihrem Gedächtnis, hat das die gleichen Vor- und Nachteile wie bei Ihrem Recovery Code. Allerdings gibt es durch die Art und Weise, wie Passphrasen mit Recovery-Codes genutzt werden, noch ganz spezifische Nachteile.

Drei der genannten Schemata (BIP39, Electrum v2 und SLIP39) nehmen die optionale Passphrase nicht in die Prüfsumme auf, die sie zum Schutz vor fehlerhaften Dateneingaben nutzen. Jede Passphrase (und auch das Fehlen einer Passphrase) erzeugt einen BIP32-Baum von Schlüsseln, doch diese Bäume sind nicht gleich. Unterschiedliche Passphrasen führen zu unterschiedlichen Schlüsseln. Je nach Perspektive kann das positiv oder negativ sein:

- Ein positiver Aspekt ist, dass, wenn es jemandem gelingt, an Ihren Recovery-Code (mit oder ohne Passphrase) zu gelangen, dieser einen gültigen BIP32-Baum sieht. Falls Sie sich auf diese Eventualität vorbereitet und einige Bitcoins im passphrasenfreien Baum abgelegt haben, wird er diese stehlen. Werden Ihre Bitcoins gestohlen, ist das keine schöne Sache, aber es warnt Sie, dass Ihr Recovery-Code kompromittiert wurde. Sie können die Sache also untersuchen und Gegenmaßnahmen treffen. Die Fähigkeit, mehrere Passphrasen für den gleichen Recovery-Code zu erzeugen, die alle gültig aussehen, ist eine Form der *glaubhaften Bestreitbarkeit*.
- Wenn Sie aber genötigt werden, einem Angreifer einen Recovery-Code (mit oder ohne Passphrase) zu überlassen und die Menge an Bitcoins nicht dessen Erwartungen entspricht, könnte er Sie zwingen, eine andere Passphrase mit Zugang zu weiteren Bitcoins preiszugeben. Glaubhafte Bestreitbarkeit bedeutet hier, dass es für den Angreifer keine Möglichkeit gibt, festzustellen, ob Sie alle Informationen preisgegeben haben. Er könnte Sie also zwingen, weitere Informationen zu liefern, obwohl er schon alle Bitcoins erhalten hat.
- Ein weiterer Nachteil ist die reduzierte Fehlererkennung. Geben Sie eine Passphrase nur leicht verändert ein, kann die Wallet Sie nicht warnen. Wenn Sie ein Guthaben erwarten, wissen Sie, dass etwas schiefgelaufen ist, wenn Ihre Wallet für den generierten Schlüsselbaum kein Guthaben anzeigt. Neulinge könnten aber glauben, dass ihre Bitcoins für immer verloren sind, und etwas Dummes tun. Sie könnten beispielsweise aufgeben und ihre Recovery-Codes wegwerfen. Wenn Sie hingegen einen ausgeglichenen Kontostand erwarten, könnten Sie die Wallet jahrelang nutzen, bis Sie die Wallet mit der korrekten Passphrase wiederherstellen und ein leeres Konto vorfinden. Können Sie den vor Jahren gemachten Fehler nicht finden, ist Ihr Guthaben für immer verloren.

Im Gegensatz zu anderen Schemata authentifiziert das Seed-Verschlüsselungsschema von Aezeed die optionale Passphrase und meldet einen Fehler, wenn Sie einen falschen Wert eingeben. Das hebt die glaubhafte Bestreitbarkeit auf, fügt eine Fehlererkennung ein und ermöglicht den Beweis, dass die Passphrase aufgedeckt wurde.

Nutzer und Entwickler sind sich nicht einig, welcher Ansatz der bessere ist. Einige ziehen die glaubhafte Bestreitbarkeit vor, während andere die erhöhte Sicherheit bevorzugen, die die Fehlererkennung Neulingen und unter Zwang stehenden Personen bietet. Wir gehen davon aus, dass diese Debatte anhält, bis Recovery-Codes gängiger Standard werden.

## Nichtschlüsseldaten sichern

Die wichtigsten Daten in einer Wallet-Datenbank sind die privaten Schlüssel. Verlieren Sie den Zugang zu den privaten Schlüsseln, können Sie Ihre Bitcoins nicht mehr ausgeben. Die deterministische Ableitung von Schlüsseln und Recovery-Codes bieten eine recht robuste Lösung zur Sicherung und Wiederherstellung Ihrer Schlüssel und der durch sie kontrollierten Bitcoins. Allerdings müssen Sie beachten, dass viele Wallet-Datenbanken mehr als nur Schlüssel speichern. Sie speichern auch von den Nutzenden eingegebene Informationen zu jeder empfangenen oder gesendeten Transaktion.

Wenn Bob zum Beispiel eine neue Adresse für eine Rechnung an Alice erzeugt, gibt er der generierten Adresse eine Bezeichnung (ein *Label*), damit er ihre Zahlung von anderen Zahlungseingängen unterscheiden kann. Wenn Alice an Bobs Adresse überweist, gibt sie der Transaktion aus dem gleichen Grund ebenfalls ein Label. Einige Wallets ergänzen Transaktionen um weitere nützliche Informationen, etwa den aktuellen Wechselkurs, was bei der Steuerberechnung in einigen Jurisdiktionen nützlich ist. Diese Labels werden vollständig innerhalb der Wallet gespeichert und nicht mit dem Netzwerk geteilt. So wird die Privatsphäre geschützt, und unnötige persönliche Informationen werden aus der Blockchain herausgehalten. Ein Beispiel sehen Sie in Tabelle 5-1.

*Tabelle 5-1: Alice' Transaktionshistorie mit einem Label für jede Transaktion*

| Datum | Label | BTC |
|---|---|---|
| 2023-01-01 | Bitcoins von Joe gekauft | +0,00100 |
| 2023-01-02 | Bob für Podcast bezahlt | • 0,00075 |

Da aber Adressen und Transaktionslabels nur in der Wallet-Datenbank des jeweiligen Nutzers gespeichert werden und nicht deterministisch sind, können sie nicht einfach mithilfe eines Recovery-Codes wiederhergestellt werden. Ist die Wiederherstellung Seed-basiert, sieht der Nutzer nur eine Liste ungefährer Transaktionszeitpunkte und die Bitcoin-Mengen. Es kann also recht schwierig werden, herauszufinden, wie Sie Ihr Geld in der Vergangenheit ausgegeben haben. Stellen Sie sich einmal vor, Sie würden sich einen ein Jahr alten Kontoauszug ansehen, auf dem Datum und Höhe jeder Überweisung aufgeführt ist, nicht aber der »Verwendungszweck«.

Wallets sollten ihren Nutzerinnen und Nutzern eine bequeme Möglichkeit bieten, ihre Labeldaten zu sichern. Das mag offensichtlich erscheinen, doch bei einer Reihe weitverbreiteter Wallet-Anwendungen ist es sehr einfach, Recovery-Codes zu erzeugen und zu nutzen, während es keine Möglichkeit gibt, Labeldaten zu sichern und wiederherzustellen.

Zusätzlich kann es für Wallet-Anwendungen nützlich sein, ein standardisiertes Format zum Export der Labels bereitzustellen, sodass diese von anderen Anwendungen (z.B. Buchhaltungssoftware) genutzt werden können. Ein solches Standardformat wird in BIP329 vorgeschlagen.

Wallet-Anwendungen, die neben der grundlegenden Unterstützung für Bitcoin noch andere Protokolle unterstützen, werden auch weitere Daten speichern können oder müssen. Zum Beispiel unterstützen seit 2023 immer mehr Anwendungen das Senden und Empfangen von Transaktionen über das Lightning-Netzwerk (LN). Zwar stellt das LN-Protokoll eine Methode zur Wiederherstellung der Mittel im Fall eines Datenverlusts bereits (sogenannte *statische Kanal-Backups*), ein zufriedenstellendes Ergebnis wird aber nicht garantiert. Wenn eine Node, mit der Ihre Wallet verbunden ist, bemerkt, dass Sie Daten verloren haben, könnte sie Ihnen Bitcoins stehlen. Verliert sie ihre Wallet-Datenbank zum gleichen Zeitpunkt, zu dem auch Sie Ihre Datenbank verloren haben, und verfügt keiner über ein adäquates Backup, sind beide Guthaben verloren.

Daher noch mal: Nutzer und Wallet-Anwendungen müssen mehr tun, als einfach nur einen Recovery-Code zu sichern.

Eine von einigen wenigen Wallet-Anwendungen implementierte Lösung besteht darin, häufig und automatisch vollständige Backups der Wallet-Datenbank anzulegen und mit einem aus dem Seed abgeleiteten Schlüssel zu verschlüsseln. Bitcoin-Schlüssel dürfen nicht erraten werden können, und moderne Verschlüsselungsalgorithmen werden als sehr sicher betrachtet. Daher sollte niemand ein verschlüsseltes Backup öffnen können, der den Seed-Wert nicht kennt. Die Backups können daher auf nicht vertrauenswürdigen Computern (etwa in der Cloud) oder auf beliebigen Netzwerkrechnern abgelegt werden.

Sollte die Original-Wallet-Datenbank zu einem späteren Zeitpunkt verloren gehen, kann der Nutzer seinen Recovery-Code in der Wallet-Anwendung angeben, um den Seed-Wert wiederherzustellen. Die Anwendung kann dann die letzte Sicherungsdatei abrufen, den Verschlüsselungsschlüssel wiederherstellen, das Backup entschlüsseln und dann die Labels und alle zusätzlichen Protokolldaten wiederherstellen.

## Schlüsselableitungspfade sichern

In einem BIP32-Schlüsselbaum gibt es auf der ersten Ebene etwa vier Milliarden Schlüssel. Jeder dieses Schlüssel besitzt selbst vier Milliarden Child-Schlüssel, die wiederum vier Milliarden Child-Schlüssel besitzen – und so weiter. Es ist einer Wallet-Anwendung nicht möglich, auch nur einen kleinen Teil jedes möglichen Schlüssels eines BIP32-Baums zu erzeugen. Für die Wiederherstellung nach einem Datenverlust muss man daher mehr kennen als den Recovery-Code, den verwendeten Seed-Algorithmus (z. B. BIP39) und den deterministischen Algorithmus zur Schlüsselableitung (z. B. BIP32) – Sie müssen auch wissen, welche Pfade im Schlüsselbaum Ihre Wallet-Anwendung genutzt hat, um die verteilten Schlüssel zu generieren.

Für dieses Problem werden zwei Lösungen angeboten. Die erste besteht in der Verwendung von Standardpfaden. Bei jeder Änderung in Bezug auf die von Wallet-Anwendungen möglicherweise generierten Adressen entwickelt jemand ein BIP, das definiert, welcher Schlüsselableitungspfad verwendet werden soll. Zum Beispiel definiert BIP44 den Pfad `m/44'/0'/0'` für die Nutzung von Schlüsseln in P2PKH-Skripten (einer veralteten Adresse). Eine diesen Standard implementierende Wallet-Anwendung nutzt die Schlüssel in diesem Pfad sowohl beim Erststart als auch nach der Wiederherstellung durch einen Recovery-Code. Wir nennen diese Lösung *implizite Pfade*. Einige durch BIPs definierte beliebte implizite Pfade sehen Sie in Tabelle 5-2.

*Tabelle 5-2: Von verschiedenen BIPs definierte implizite Skriptpfade*

| Standard | Skript | BIP32-Pfad |
|---|---|---|
| BIP44 | P2PKH | m/44'/0'/0' |
| BIP49 | geschachteltes P2WPKH | m/49'/1'/0' |
| BIP84 | P2WPKH | m/84'/0'/0' |
| BIP86 | P2TR (ein Schlüssel) | m/86'/0'/0' |

Die zweite Lösung besteht darin, die Pfadinformation zusammen mit dem Recovery-Code zu sichern. Dadurch ist klar, welcher Pfad mit welchen Skripten genutzt wird. Wir nennen das *explizite Pfade*.

Der Vorteil impliziter Pfade besteht darin, dass der Nutzer die verwendeten Pfade nicht nachhalten muss. Gibt er seinen Recovery-Code in die vorher verwendete Wallet-Anwendung (in der gleichen oder einer höheren Version) ein, werden automatisch die Schlüssel für die vorher verwendeten Pfade neu generiert.

Der Nachteil impliziter Skripte ist ihre mangelnde Flexibilität. Wird ein Recovery-Code eingegeben, muss die Wallet-Anwendung die Schlüssel für alle unterstützten Pfade generieren und dann die Blockchain nach Transaktionen mit diesen Schlüsseln absuchen, da andernfalls nicht alle Transaktionen des Nutzers gefunden werden. Das ist unnötig aufwendig, wenn die Wallet viele Features mit eigenen Pfaden unterstützt, der Nutzer aber nur einige wenige Features nutzt.

Bei Recovery-Codes mit impliziten Pfaden, die keine Versionsnummer enthalten (etwa BIP39 und SLIP39), kann eine neuere Version einer Wallet-Anwendung, die ältere Pfade nicht mehr unterstützt, den Nutzer während der Wiederherstellung nicht warnen, dass ein Teil seines Guthabens möglicherweise nicht gefunden wird. Das gleiche Problem tritt auch auf, wenn der Nutzer den Recovery-Code in einer älteren Software eingibt: Neuere Pfade, über die der Nutzer Zahlungen erhalten hat, werden möglicherweise nicht gefunden. Versionsnummern enthaltende Recovery-Codes, etwa bei Electrum v2 und Aezeed, können erkennen, dass der Nutzer einen älteren oder neueren Recovery-Code eingibt, und ihn an die passenden Ressourcen weiterleiten.

In letzter Konsequenz können implizite Pfade nur allgemeine Informationen enthalten (wie etwa einen standardisierten Pfad) oder aus dem Seed abgeleitete Informationen (wie die Schlüssel). Wichtige nichtdeterministische Informationen eines bestimmten Nutzers können mit einem Recovery-Code nicht wiederhergestellt werden. Zum Beispiel erhalten Alice, Bob und Carol Mittel, die nur bei zwei der drei Signaturen ausgegeben werden können. Auch wenn Alice nur Bobs oder Carols Signatur benötigt, um die Mittel abzurufen, so benötigt sie doch ihre beiden öffentlichen Schlüssel, um das gemeinschaftliche Guthaben in der Blockchain zu finden. Das bedeutet, dass jeder von ihnen alle drei öffentlichen Schlüssel sichern muss. Je gebräuchlicher Multisignatur- und andere fortschrittlichere Skripte werden, desto signifikanter wird die mangelnde Flexibilität impliziter Pfade.

Der Vorteil expliziter Pfade besteht darin, dass sie genau beschreiben können, welche Schlüssel mit welchen Skripten zu nutzen sind. Veraltete Skripte müssen nicht unterstützt werden, es gibt keine Probleme mit der Vor- und Rückwärtskompatibilität, und alle zusätzlichen Informationen (wie die öffentlichen Schlüssel anderer Nutzer) sind direkt enthalten. Der Nachteil ist, dass die Nutzerinnen und Nutzer die zusätzlichen Informationen zusammen mit dem Recovery-Code sichern müssen. Die zusätzlichen Informationen wirken sich üblicherweise nicht auf die Sicherheit des Nutzers aus, sodass sie nicht so geschützt werden müssen wie der Recovery-Code. Allerdings können sich die Informationen auf die Privatsphäre auswirken und einen gewissen Schutz verlangen.

Während dies geschrieben wird, verwenden nahezu alle explizite Pfade nutzenden Wallet-Anwendungen den *Output-Skript-Deskriptor*-Standard (kurz *Deskriptor*), der in den BIPs 380, 381, 382, 383, 384, 385, 386 und 389 spezifiziert ist. Deskriptoren beschreiben ein Skript und die mit diesem zu nutzenden Schlüssel (oder Schlüsselpfade). Einige Beispiele für Deskriptoren sehen Sie in Tabelle 5-3.

*Tabelle 5-3: Deskriptoren aus der Bitcoin-Core-Dokumentation (mit elision)*

| Deskriptor | Erklärung |
|---|---|
| `pkh(02c6...9ee5)` | P2PKH-Skript für den bereitgestellten öffentlichen Schlüssel. |
| `sh(multi(2,022f...2a01,03ac...ccbe))` | P2SH-Multisignatur, die zwei diesen Schlüsseln entsprechende Signaturen verlangt. |
| `pkh([d34db33f/44'/0'/0'] xpub6ERA...RcEL/1/*)` | P2PKH-Skripte für BIP32 `d34db33f` mit erweitertem öffentlichem Schlüssel (xpub) an Pfad `M/44'/0'/0'` (`xpub6ERA...RcEL`). Nutzt die Schlüssel an `M/1/*` dieses xpub. |

Bei Wallet-Anwendungen, die nur für einfache Signaturskripte entwickelt wurden, war es lange üblich, mit impliziten Pfaden zu arbeiten. Multisignatur- oder andere fortschrittlichere Skripte unterstützende Wallet-Anwendungen unterstützen immer häufiger explizite Pfade über Deskriptoren. Anwendungen, die beides tun, halten üblicherweise die Standards für implizite Pfade ein und stellen außerdem Deskriptoren zur Verfügung.

# Details des Wallet-Technologiestacks

Entwickler moderner Wallets können aus einer Vielzahl unterschiedlicher Technologien wählen, die die Nutzerinnen und Nutzer beim Anlegen und Einsetzen von Backups unterstützen, und neue Lösungen erscheinen jedes Jahr. Statt uns jede in diesem Kapitel beschriebene Option genauer anzusehen, wollen wir uns auf den

Technologiestack konzentrieren, der Anfang 2023 bei Wallets am häufigsten genutzt wurde:

- BIP39-Recovery-Codes
- BIP32-HD-Schlüsselableitung
- implizite Pfade im BIP44-Stil

All diese Standards gibt es seit 2014 (oder früher), und Sie werden keine Probleme haben, zusätzliche Ressourcen zu deren Nutzung zu finden. Wenn Sie sich trauen, ermutigen wir Sie, sich die moderneren Standards genauer anzuschauen, die zusätzliche Features oder Sicherheit bieten.

## BIP39-Recovery-Codes

BIP39-Recovery-Codes sind Wortfolgen, die eine Zufallszahl repräsentieren (codieren), die als Seed-Wert genutzt wird, um eine deterministische Wallet abzuleiten. Die Reihenfolge der Wörter reicht aus, um den Seed-Wert und daraus dann die Wallet und alle abgeleiteten Schlüssel wiederherzustellen. Eine Wallet-Anwendung, die deterministische Wallets mit BIP39-Recovery-Codes implementiert, präsentiert dem Nutzer eine Folge von 12 bis 24 Wörtern, wenn er eine Wallet anlegt. Diese Wortfolge ist das Wallet-Backup und kann verwendet werden, um alle Schlüssel in derselben oder einer anderen kompatiblen Wallet-Anwendung wiederherzustellen und neu zu erzeugen. Das funktioniert mit jeder kompatiblen Wallet-Anwendung. Recovery-Codes machen es den Nutzern einfacher, die Wallets zu sichern, da sie im Gegensatz zu einer zufälligen Zahlenfolge besser gelesen und aufgeschrieben werden können.

> Recovery-Codes werden häufig mit »Brainwallets« verwechselt, sind aber nicht identisch. Der wesentliche Unterschied besteht darin, dass eine Brainwallet (zu Deutsch »Gehirn-Wallet«) aus vom Nutzer gewählten Wörtern besteht, während Recovery-Codes von der Wallet zufällig erzeugt werden. Dieser Unterschied macht Recovery-Codes wesentlich sicherer, weil Menschen eine schlechte Quelle für den Zufall darstellen.

BIP39 ist eine Implementierung eines Recovery-Code-Standards. BIP39 wurde von dem Unternehmen hinter der Trezor-Hardware-Wallet vorgeschlagen und ist zu vielen anderen (wenn auch nicht allen) Wallet-Anwendungen kompatibel.

BIP39 definiert die Erzeugung eines Recovery-Codes und eines Seed-Werts. Diesen Vorgang wollen wir nun in neun Schritten erläutern. Der Übersichtlichkeit halber wird der Prozess in zwei Teilen beschrieben: Die Schritte 1 bis 6 finden Sie in »Einen Recovery-Code erzeugen« auf Seite 127 und die Schritte 7 bis 9 in »Vom Recovery-Code zum Seed-Wert« auf Seite 128.

### Einen Recovery-Code erzeugen

Recovery-Codes werden durch die Wallet automatisch generiert. Diese nutzt dazu einen standardisierten Prozess, der in BIP39 definiert ist. Die Wallet startet mit einer Entropiequelle, fügt eine Prüfsumme hinzu und bildet die Entropie auf eine Wortliste ab:

1. Erzeuge eine zufällige Folge (Entropie) von 128 bis 256 Bit.
2. Erzeuge eine Prüfsumme der zufälligen Folge über einen SHA256-Hash der ersten Bits (Entropielänge/32).
3. Hänge die Prüfsumme an das Ende der Folge an.
4. Teile die Folge in Abschnitte von 11 Bit.
5. Bilde jeden 11-Bit-Wert auf ein Wort aus einem Wörterbuch mit 2.048 Wörtern ab.
6. Der Recovery-Code ist die Folge der Wörter.

Abbildung 5-4 demonstriert, wie Entropie genutzt wird, um einen BIP39-Recovery-Code zu erzeugen.

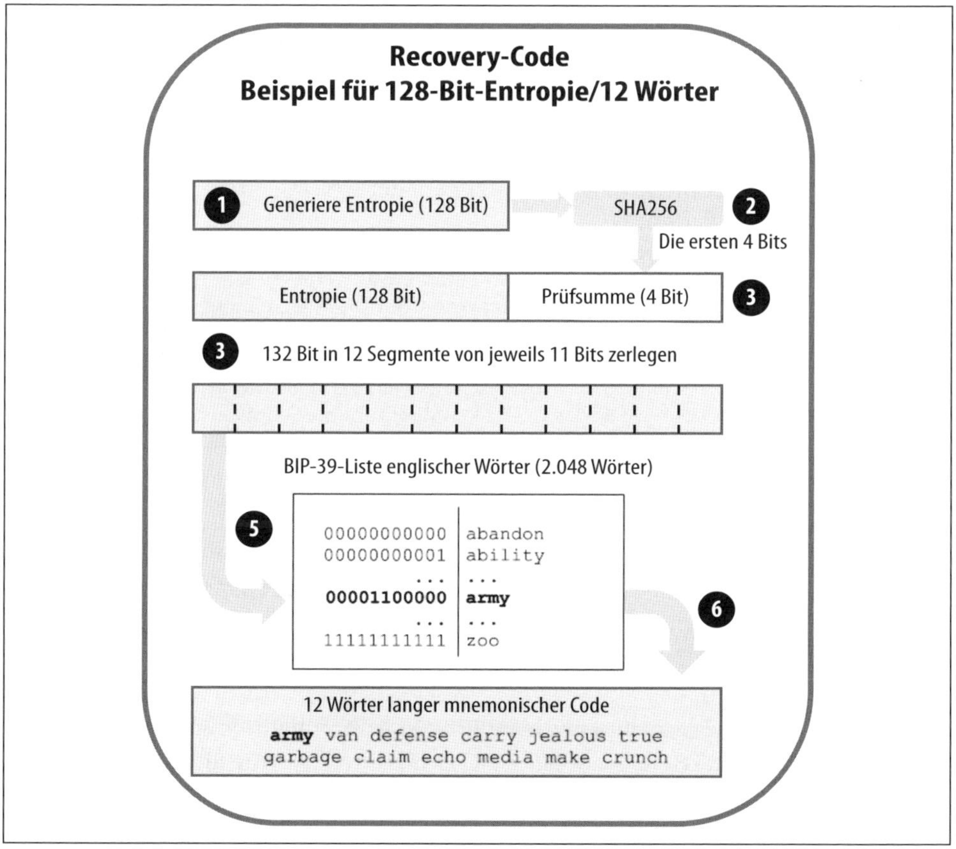


*Abbildung 5-4: Entropie generieren und als Recovery-Code codieren*

Tabelle 5-4 zeigt die Beziehung zwischen der Größe der Entropiedaten und der Länge des Recovery-Codes in Wörtern.

*Tabelle 5-4: BIP39: Entropie und Wortlänge*

| Entropie (Bits) | Prüfsumme (Bits) | Entropie + Prüfsumme (Bits) | Recovery-Code (Wörter) |
|---|---|---|---|
| 128 | 4 | 132 | 12 |
| 160 | 5 | 165 | 15 |
| 192 | 6 | 198 | 18 |
| 224 | 7 | 231 | 21 |
| 256 | 8 | 264 | 24 |

### Vom Recovery-Code zum Seed-Wert

Der Recovery-Code repräsentiert Entropie mit einer Länge von 128 bis 256 Bit. Die Entropie wird dann genutzt, um über die Funktion PBKDF2 (*https://oreil.ly/6lwbd*) den Seed-Wert auf 512 Bit zu strecken. Der so erzeugte Seed-Wert wird dann verwendet, um eine deterministische Wallet zu erzeugen und dessen Schlüssel abzuleiten.

Die den Schlüssel streckende Funktion verlangt zwei Parameter: die Entropie und einen sogenannten *Salt*-Wert. Die Aufgabe des Salt-Werts besteht darin, den Aufbau einer Lookup-Tabelle für Brute-Force-Angriffe zu erschweren. Im BIP39-Standard dient der Salt-Wert einem anderen Zweck: Er erlaubt die Einführung einer Passphrase, die als zusätzlicher Faktor den Seed-Wert schützt. Wir gehen darauf in »Optionale Passphrase bei BIP39« auf Seite 131 genauer ein.

> Die zur Streckung des Schlüssels verwendete Funktion nutzt 2.048 Hash-Runden und bietet so einen etwas höheren Schutz vor Brute-Force-Angriffen auf den Recovery-Code. Spezialhardware wird davon nicht besonders beeinträchtigt. Bei einem Angreifer, der den gesamten Recovery-Code eines Nutzers knacken muss, ist die Länge des Codes (mindestens 128 Bit) mehr als ausreichend. Falls der Angreifer aber einen kleinen Teil des Codes kennt, erhöht die Schlüsselstreckung ein wenig die Sicherheit, weil sie die Prüfung verschiedener Codekombinationen durch den Angreifer verlangsamt. Die BIP39-Parameter galten nach modernen Standards schon bei der Erstveröffentlichung als eher veraltet, auch wenn das wohl der Kompatibilität von Hardwaresigniergeräten mit CPUs niedriger Leistung geschuldet war. Einige Alternativen zu BIP39 nutzen stärkere Parameter zu Schlüsselstreckung, so etwa Aezeeds 32.768 Hashing-Runden nutzender, etwas komplexere Scrypt-Algorithmus (auch wenn dieser auf Hardwaresigniergeräten nicht so bequem einzusetzen ist).

Der in den Schritten 7 bis 9 beschriebene Prozess knüpft nahtlos an die eben in »Einen Recovery-Code erzeugen« auf Seite 127 erläuterten Schritte an:

7. Der erste Parameter für die PBKDF2-Funktion ist die in Schritt 6 erzeugte *Entropie*.

8. Der zweite Parameter für die PBKDF2-Funktion ist ein *Salt*-Wert. Dieser besteht aus dem konstanten String »`mnemonic`« und einer vom Benutzer (optional) angegebenen Passphrase.
9. PBKDF2 »streckt« den Recovery-Code und Salt in 2.048 Hashing-Runden mit dem HMAC-SHA512-Algorithmus und erzeugt als Ergebnis einen 512-Bit-Wert. Dieser 512-Bit-Wert bildet dann den Seed-Wert.

Abbildung 5-5 zeigt einen zur Generierung des Seed-Werts verwendeten Recovery-Code.

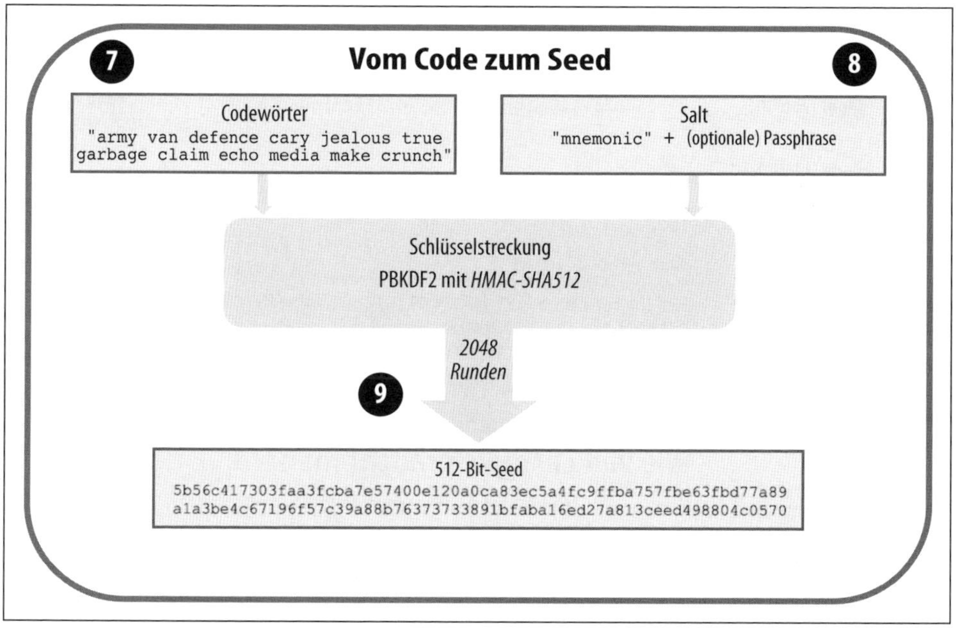


*Abbildung 5-5: Vom Recovery-Code zum Seed-Wert*

Die Tabellen 5-5, 5-6 und 5-7 zeigen einige Beispiele für Recovery-Codes und die daraus erzeugten Seed-Werte.

*Tabelle 5-5: 128-Bit-Entropie-BIP39-Recovery-Code, keine Passphrase, resultierender Seed-Wert*

| | |
|---|---|
| **Entropie-Input (128 Bit)** | `0c1e24e5917779d297e14d45f14e1a1a` |
| **Recovery-Code (12 Wörter)** | `army van defense carry jealous true garbage claim echo media make crunch` |
| **Passphrase** | ohne |
| **Seed (512 Bit)** | `5b56c417303faa3fcba7e57400e120a0ca83ec5a4fc9ffba757fbe63fbd77a89a1a3be4 c67196f57c39a88b76373733891bfa-ba16ed27a813ceed498804c0570` |

*Tabelle 5-6: BIP39-Recovery-Code mit Passphrase, 128-Bit-Entropie, resultierender Code*

| | |
|---|---|
| **Entropie-Input (128 Bit)** | `0c1e24e5917779d297e14d45f14e1a1a` |
| **Recovery Code (12 Wörter)** | `army van defense carry jealous true garbage claim echo media make crunch` |
| **Passphrase** | SuperDuperSecret |
| **Seed (512 Bit)** | `3b5df16df2157104cfdd22830162a5e170c0161653e3afe6c88defeefb0818c793dbb28 ab3ab091897d0715861dc8a18358f80b79d49acf64142ae57037d1d54` |

*Tabelle 5-7: 256-Bit-Entropie-BIP39-Recovery-Code ohne Passphrase, 256-Bit-Entropie, resultierender Seed-Wert*

| | |
|---|---|
| **Entropie-Input (256 Bit)** | `2041546864449caff939d32d574753fe684d3c947c3346713dd8423e74abcf8c` |
| **Recovery Code (24 Wörter)** | `cake apple borrow silk endorse fitness top denial coil riot stay wolf luggage oxygen faint major edit measure invite love trap field dilemma oblige` |
| **Passphrase** | ohne |
| **Seed (512 Bit)** | `3269bce2674acbd188d4f120072b13b088a0ecf87c6e4cae41657a0bb78f5315b33b3 a04356e53d062e55f1e0deaa082df8d487381379df848a6ad7e98798404` |

## Wie viel Entropie braucht man?

BIP32 erlaubt Seed-Werte von 128 bis 512 Bit. BIP39 akzeptiert 128 bis 256 Bit an Entropie, Electrum v2 132 Bit, Aezeed 128 Bit und SLIP39 entweder 128 oder 256 Bit. Bei diesen unterschiedlichen Werten ist unklar, wie viel Entropie für die Sicherheit benötigt wird. Wir wollen versuchen, ein wenig Licht ins Dunkel zu bringen.

Erweiterte private Schlüssel bestehen bei BIP32 aus einem 256-Bit-Schlüssel und einem 256-Bit-Chaincode, insgesamt also 512 Bit. Das bedeutet, dass es maximal $2^{512}$ verschiedene erweiterte private Schlüssel geben kann. Wenn Sie mit mehr als 512 Entropie-Bit beginnen, enthält der erweiterte private Schlüssel trotzdem nur 512 Bit Entropie. Es ergibt daher keinen Sinn, mehr als 512 Bit zu nutzen, selbst wenn einer der genannten Standards das erlauben würde.

Nun gibt es zwar $2^{512}$ verschiedene erweiterte private Schlüssel, aber nur (knapp) $2^{256}$ reguläre private Schlüssel – und es sind diese privaten Schlüssel, die Ihre Bitcoins tatsächlich absichern. Wenn Sie also mehr als 256 Bit Entropie für Ihren Seed-Wert verwenden, bestehen Ihre privaten Schlüssel trotzdem nur aus 256 Bit Entropie. Es mag in Zukunft Bitcoin-bezogene Protokolle mit zusätzlicher Entropie in den erweiterten Schlüsseln geben, die für zusätzliche Sicherheit sorgen, doch momentan ist das nicht der Fall.

Die Sicherheitsstärke eines öffentlichen Bitcoin-Schlüssels beträgt 128 Bit. Ein Angreifer mit einem klassischen Computer (momentan die einzige Möglichkeit für einen praktikablen Angriff) muss etwa $2^{128}$ Operationen über Bitcoins elliptische Kurve ausführen, um den privaten Schlüssel eines anderen Nutzers zu finden. Diese Sicherheitsstärke von 128 Bit impliziert, dass es keinen offensichtlichen Vorteil gibt, mehr als 128 Bit Entropie zu nutzen. Allerdings müssen Sie sicherstellen, dass die für Sie generierten privaten Schlüssel gleichmäßig über den gesamten Bereich von $2^{256}$ privaten Schlüsseln verteilt sind.

Eine größere Entropie hat einen zusätzlichen Vorteil: Kennt ein Angreifer einen bestimmten Prozentsatz Ihres Recovery-Codes (aber nicht den gesamten Code), wird es für den Angreifer immer schwieriger, den ihm nicht bekannten Teil des Codes herauszufinden, je größer die Entropie ist. Kennt ein Angreifer zum Beispiel die Hälfte eines 128-Bit-Codes (64 Bit), ist es denkbar, dass er per Brute-Force-Angriff die restlichen 64 Bit bestimmen kann. Kennt er hingegen die Hälfte eines 256-Bit-Codes (128 Bit), ist es unwahrscheinlich, dass er per Brute Force die andere Hälfte ermitteln kann. Doch verlassen Sie sich nicht darauf. Bewahren Sie Ihre Recovery-Codes sehr sicher auf oder verwenden Sie eine Methode wie SLIP39, bei der Sie Ihre Recovery-Codes an verschiedenen Stellen unterbringen können, ohne sich auf die Sicherheit eines individuellen Codes verlassen zu müssen.

Mit Stand 2023 generieren die meisten modernen Wallets 128 Entropie-Bit für die Recovery-Codes (oder einen Wert nahe 128, etwa 132 Bit bei Electrum v2).

### Optionale Passphrase bei BIP39

Der BIP39-Standard erlaubt bei der Ableitung des Seed-Werts die Verwendung einer optionalen Passphrase. Wird keine Passphrase genutzt, wird der Recovery-Code mit einem Salt-Wert mit dem konstanten String "`mnemonic`" gestreckt und ein spezifischer 512-Bit-Seed-Wert für jeden übergebenen Recovery-Code erzeugt. Wenn eine Passphrase verwendet wird, erzeugt die Funktion einen *anderen* Seed-Wert für den gleichen Recovery-Code. Tatsächlich führt für einen einzelnen Recovery-Code jede Passphrase zu einem anderen Seed-Wert. Grundsätzlich gibt es keine »falsche« Passphrase. Alle Passphrasen sind gültig, sie führen zu unterschiedlichen Seed-Werten und bilden so eine riesige Menge möglicher (nicht initialisierter) Wallets. Die Menge möglicher Wallets ist so groß ($2^{512}$), dass ein Brute-Force-Angriff praktisch unmöglich ist und auch die zufällige Auswahl kaum eine genutzte Wallet ergibt.

Es gibt keine »falschen« Passphrasen bei BIP39. Jede Passphrase führt zu einer leeren Wallet (wenn sie noch nicht verwendet wurde).

Die optionale Passphrase führt zwei wichtige Features ein:

- Einen zweiten (auswendig gelernten) Faktor, der den Recovery-Code für sich genommen nutzlos macht. Das schützt Recovery-Codes vor einer Gefährdung durch Diebe. Zum Schutz vor technisch versierten Dieben müssen Sie eine sehr starke Passphrase verwenden.
- Eine Art »Fake-Wallet«, bei der die gewählte Passphrase zu einer Wallet mit nur geringen Mitteln führt, um einen Angreifer von der »echten« Wallet abzulenken, die den Großteil der Mittel enthält.

Allerdings ist es wichtig, zu bemerken, dass die Verwendung einer Passphrase auch mit dem Risiko des Verlusts behaftet ist:

- Ist der Besitzer der Wallet verstorben oder handlungsunfähig, ist der Seed- Wert nutzlos, und alle in der Wallet gespeicherten Mittel sind für immer verloren.
- Bewahrt der Eigentümer die Passphrase hingegen am gleichen Ort auf wie den Seed-Wert, macht er den eigentlichen Zweck eines zweiten Faktors zunichte.

Zwar sind Passphrasen sehr nützlich, doch sie sollten nur in Kombination mit einem sorgfältig geplanten Backup-Recovery-Prozess eingesetzt werden. Dabei sollte auch das mögliche Ableben des Eigentümers berücksichtigt und eine Nutzung des Vermögens durch die Erben ermöglicht werden.

## Eine HD-Wallet aus dem Seed-Wert erzeugen

HD-Wallets werden aus einem einzigen *Stamm-Seed-Wert (Root Seed)* erzeugt, einer 128, 256 oder 512 Bit langen Zufallszahl. Üblicherweise wird dieser Seed-Wert, wie im vorherigen Abschnitt beschrieben, aus einem Recovery-Code erzeugt.

Jeder Schlüssel in der HD-Wallet wird deterministisch aus dem Root Seed abgeleitet. Das macht es möglich, die gesamte HD-Wallet aus diesem Seed-Wert auf jeder kompatiblen HD-Wallet wiederherzustellen. Auf diese Weise können Sie HD-Wallets mit Tausenden oder sogar Millionen von Schlüsseln sichern, wiederherstellen sowie exportieren/importieren, indem Sie nur den Recovery-Code übertragen, aus dem der Root Seed abgeleitet ist. Der Prozess, mit dem die Master-Schlüssel und der Master-Chain-Code für eine HD-Wallet erzeugt werden, ist in Abbildung 5-6 zu sehen.

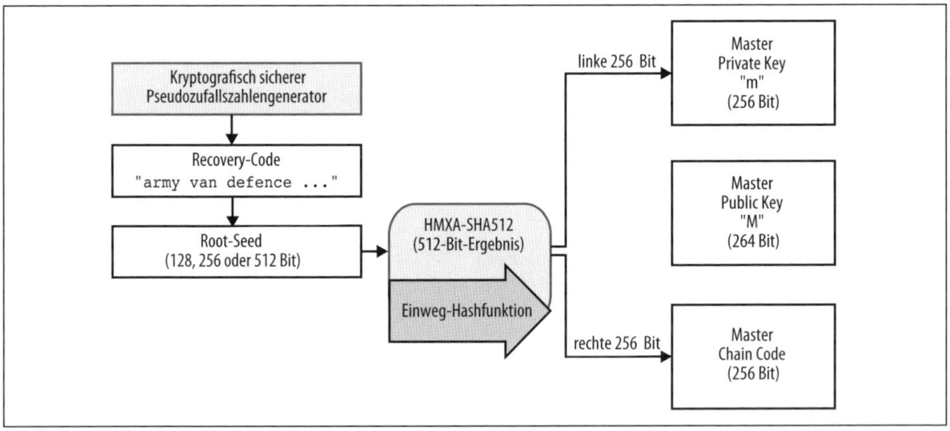


*Abbildung 5-6: Master-Schlüssel und Chain-Code aus dem Root Seed erzeugen*

Der Root Seed wird an den HMAC-SHA512-Algorithmus übergeben, und der daraus resultierende Hashwert wird genutzt, um einen *privaten Master-Schlüssel* (*m*) und einen *Master-Chaincode* (*c*) zu erzeugen.

Der private Master-Schlüssel (*m*) erzeugt dann den entsprechenden öffentlichen Master-Schlüssel (*M*) über die übliche Multiplikation elliptischer Kurven $m \times G$, die wir aus »Öffentliche Schlüssel« auf Seite 85 kennen.

Der Master-Chaincode (*c*) wird genutzt, um Entropie für die Funktion bereitzustellen, die Child-Schlüssel aus den Parent-Schlüsseln erzeugt (was im nächsten Abschnitt beschrieben wird).

### Ableitung privater Child-Schlüssel

HD-Wallets verwenden eine Funktion zur Ableitung von Child-Schlüsseln aus Parent-Schlüsseln (*Child Key Derivation*, CKD).

Die CKD-Funktion basiert auf einem Einweg-Hash, der Folgendes kombiniert:

- einen öffentlichen oder privaten (nicht komprimierten) Parent-Schlüssel,
- einen als Chaincode (256 Bit) bezeichneten Seed-Wert und
- einen Index (32 Bit).

Der Chaincode führt deterministische zufällige Daten in den Prozess ein, sodass es nicht reicht, den Index und einen Child-Schlüssel zu kennen, um andere Child-Schlüssel ableiten zu können. Wer den Child-Schlüssel kennt, kann dessen Geschwister nicht ableiten, solange er nicht auch den Chaincode kennt. Der initiale Chaincode (am Stamm des Baums) wird aus dem Seed-Wert erzeugt, während nachfolgende Chaincodes aus dem Parent-Chaincode abgeleitet werden.

Diese drei Elemente (Parent-Schlüssel, Chaincode und Index) werden kombiniert in einer Hashfunktion zur Generierung von Child-Schlüsseln verwendet.

Der öffentliche Parent-Schlüssel sowie Chaincode und Index werden kombiniert, und über den HMAC-SHA512-Algorithmus wird daraus ein 512-Bit-Hashwert erzeugt. Dieser 512-Bit-Hash wird in Teile von jeweils 256 Bit halbiert. Die 256 Bit der rechten Hälfte des erzeugten Hash werden zum Chaincode für das Child. Die linke Hälfte und der Index werden zum privaten Parent-Schlüssel addiert, um den privaten Child-Schlüssel zu erzeugen. Abbildung 5-7 zeigt diesen Vorgang, wobei der Index 0 verwendet wird, um das erste Child (nach Index) des Parents zu erzeugen.

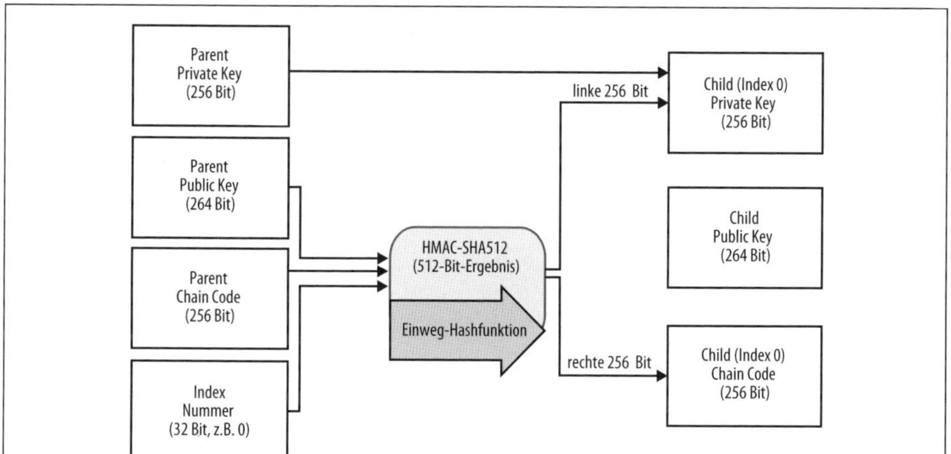


*Abbildung 5-7: Privaten Parent-Schlüssel erweitern, um einen privaten Child-Schlüssel zu erzeugen*

Durch Änderung des Index können wir den Parent erweitern und nacheinander weitere Children erzeugen, z.B. Child 0, Child 1, Child 2 usw. Jeder Parent-Schlüssel kann 2.147.483.647 ($2^{31}$) Children besitzen. ($2^{31}$ ist die Hälfte des gesamten Wertebereichs von $2^{32}$. Die andere Hälfte ist für eine spezielle Art der Ableitung reserviert, über die wir später noch sprechen werden).

Wiederholt man diesen Prozess eine Stufe tiefer, wird jedes Child zu einem Parent und kann eigene Children mit einer unendlichen Reihe von Nachfahren erzeugen.

### Abgeleitete Child-Schlüssel verwenden

Private Child-Schlüssel sind von nichtdeterministischen (zufälligen) Schlüsseln nicht zu unterscheiden. Da die Ableitungsfunktion eine Einwegfunktion ist, kann der Child-Schlüssel nicht verwendet werden, um den Parent-Schlüssel zu ermitteln. Der Child-Schlüssel kann ebenfalls nicht dazu genutzt werden, irgendwelche Geschwisterschlüssel zu finden. Wenn Sie den n-ten Child-Schlüssel kennen, können Sie dessen Geschwister wie etwa Child n–1 oder Child n+1 oder einen der anderen Children dieser Sequenz nicht ermitteln. Nur der Parent-Schlüssel und der Chaincode können alle Children ableiten. Ohne Chaincode kann der Child-Schlüssel auch nicht verwendet werden, um irgendwelche »Enkel« abzuleiten. Sie benötigen sowohl den privaten Child-Schlüssel als auch den Child-Chaincode, um einen neuen Zweig zu eröffnen und »Enkel« abzuleiten.

Wozu kann also der private Child-Schlüssel allein verwendet werden? Er kann genutzt werden, um einen öffentlichen Schlüssel und eine Bitcoin-Adresse zu erzeugen. Dann kann er eingesetzt werden, um Transaktionen zu signieren und so über die in dieser Adresse gespeicherten Mittel zu verfügen.

> Ein privater Child-Schlüssel, der dazugehörige öffentliche Schlüssel und die Bitcoin-Adresse sind von zufällig erzeugten Schlüsseln und Adressen nicht zu unterscheiden. Die Tatsache, dass sie Teile einer Folge sind, ist außerhalb der HD-Wallet-Funktion, die sie erzeugt hat, nicht zu ersehen. Einmal erzeugt, arbeitet er wie ein »normaler« Schlüssel.

### Erweiterte Schlüssel

Wie Sie vorhin gesehen haben, kann die Funktion zur Schlüsselableitung verwendet werden, um Children auf jeder Ebene des Baums zu erzeugen. Dazu verwenden wir drei Inputs: einen Schlüssel, einen Chaincode und den Index des gewünschten Childs. Die beiden grundlegenden Zutaten sind der Schlüssel und der Chaincode. Kombiniert man die beiden, erhält man einen sogenannten *erweiterten Schlüssel*. Man kann sich diesen erweiterten Schlüssel auch als »erweiterbaren« Schlüssel vorstellen, da aus einem solchen Schlüssel Child-Schlüssel abgeleitet werden können.

Erweiterte Schlüssel sind einfach die Verkettung des 256-Bit-Schlüssels und des 256-Bit-Chaincodes in einer 512-Bit-Sequenz, und so werden sie auch gespeichert und dargestellt. Es gibt zwei Arten erweiterter Schlüssel. Ein erweiterter privater Schlüssel ist die Kombination aus einem privaten Schlüssel und einem Chaincode. Dieser kann verwendet werden, um private Child-Schlüssel abzuleiten (und daraus öffentliche Child-Schlüssel). Ein erweiterter öffentlicher Schlüssel besteht aus einem öffentlichen Schlüssel und einem Chaincode. Aus diesem lassen sich öffentliche Child-Schlüssel (*nur öffentliche*) erzeugen, wie es in »Öffentliche Schlüssel« auf Seite 85 beschrieben wird.

Stellen Sie sich einen erweiterten Schlüssel als Wurzel eines Zweigs in der Baumstruktur der HD-Wallet vor. Von der Wurzel des Stamms können Sie den ganzen Rest ableiten. Der erweiterte private Schlüssel kann einen vollständigen Stamm erzeugen, während der erweiterte öffentliche Schlüssel nur einen Zweig mit öffentlichen Schlüsseln erzeugen kann.

Erweiterte Schlüssel werden in Base58Check codiert, um sie einfach zwischen unterschiedlichen BIP32-kompatiblen Wallets im- und exportieren zu können. Die Base58-Check-Codierung für erweiterte Schlüssel verwendet eine spezielle Versionsnummer, die zu den Präfixen `xprv` und `xpub` in den Base58-codierten Zeichen führt, wodurch sie leicht zu erkennen sind. Da die erweiterten Schlüssel aus 512 oder 513 Bit bestehen, sind sie auch wesentlich länger als die anderen Base58Check-codierten Strings, die wir bisher gesehen haben.

Hier ein Beispiel für einen erweiterten *privaten* Schlüssel, codiert in Base58Check:

```
xprv9tyUQV64JT5qs3RSTJkXCWKMyUgoQp7F3hA1xzG6ZGu6u6Q9VMNjGr67Lctvy5P8oyaYAL9CA
WrUE9i6GoNMKUga5biW6Hx4tws2six3b9c
```

Und hier der dazugehörige erweiterte *öffentliche* Schlüssel, ebenfalls in Base58Check codiert:

```
xpub67xpozcx8pe95XVuZLHXZeG6XWXHpGq6Qv5cmNfi7cS5mtjJ2tgypeQbBs2UAR6KECeeMVKZBP
LrtJunSDMstweyLXhRgPxdp14sk9tJPW9
```

### Ableitung öffentlicher Child-Schlüssel

Wie bereits erwähnt, ist eine sehr nützliche Charakteristik von HD-Wallets die Fähigkeit, öffentliche Child-Schlüssel aus öffentlichen Parent-Schlüsseln abzuleiten, *ohne* den privaten Schlüssel zu besitzen. Das gibt uns zwei Möglichkeiten, einen öffentlichen Child-Schlüssel abzuleiten: entweder aus dem privaten Child-Schlüssel oder direkt aus dem öffentlichen Parent-Schlüssel.

Ein erweiterter öffentlicher Schlüssel kann also verwendet werden, um alle *öffentlichen Schlüssel* (und nur die öffentlichen Schlüssel) in diesem Zweig der Struktur der HD-Wallet abzuleiten.

Diese Verknüpfung kann genutzt werden, um Deployments mit sehr sicheren, rein öffentlichen Schlüsseln aufzubauen, bei denen ein Server oder eine Anwendung nur einen erweiterten öffentlichen Schlüssel und keinerlei private Schlüssel enthält. Diese Form des Deployments kann eine unendliche Zahl von öffentlichen Schlüsseln und Bitcoin-Adressen erzeugen, ohne auf das an diese Adressen gesendete Geld zugreifen zu können. Gleichzeitig kann auf einem anderen (sichereren) Server der erweiterte private Schlüssel alle passenden privaten Schlüssel ableiten, mit denen eine Transaktion signiert und Geld eingelöst werden kann.

Eine typische Anwendung dieser Lösung ist die Installation eines erweiterten öffentlichen Schlüssels auf einem Webserver mit einer E-Commerce-Anwendung. Der Webserver kann neue Bitcoin-Adressen für jede Transaktion mithilfe des öffentlichen Schlüssels erzeugen (etwa für den Warenkorb eines Kunden). Auf dem Webserver selbst liegen keine privaten Schlüssel, die man stehlen könnte. Ohne HD-Wallets müsste man schon im Vorfeld Tausende von Bitcoin-Adressen auf einem separaten sicheren Server erzeugen und auf den E-Commerce-Server hochladen. Dieser Ansatz ist umständlich und verlangt eine regelmäßige Pflege, damit dem E-Commerce-Server die Schlüssel nicht ausgehen.

## Vorsicht, Lücke

Ein erweiterter öffentlicher Schlüssel kann etwa vier Milliarden direkte Child-Schlüssel generieren – weit mehr, als jeder Shop und jede Anwendung jemals braucht. Allerdings würde eine Wallet-Anwendung auch unangemessen viel Zeit benötigen, um alle vier Milliarden Schlüssel zu generieren und die Blockchain nach Transaktionen mit diesen Schlüsseln abzusuchen. Aus diesem Grund generieren die meisten Wallets nur jeweils einige wenige Schlüssel, suchen nach Zahlungen für diese Schlüssel und generieren zusätzliche Schlüssel, wenn die vorherigen verbraucht sind. Alice' Wallet generiert zum Beispiel 100 Schlüssel. Erkennt sie eine Zahlung an den ersten Schlüssel, erzeugt sie Schlüssel 101.

Manchmal gibt die Wallet-Anwendung einen Schlüssel an jemanden weiter, der später nicht zahlt, was zu einer Lücke (Gap) in der Schlüsselkette führt. Das ist in Ordnung, solange die Wallet bereits Schlüssel generiert hat, die auf diese Lücke folgen, sodass spätere Zahlungen gefunden und weitere Schlüssel generiert werden. Die maximale Anzahl aufeinanderfolgender ungenutzter Schlüssel, die keine Zahlungen empfangen, ohne Probleme zu verursachen, wird *Lückengrenze* (*Gap Limit*) genannt.

Hat eine Wallet-Anwendung alle Schlüssel bis zu ihrem Gap Limit verteilt und wurde über keinen dieser Schlüssel eine Zahlung empfangen, gibt es drei Möglichkeiten, zukünftige Anforderungen neuer Schlüssel zu handhaben:

1. Sie kann Anforderungen ablehnen, wodurch weitere Zahlungen unmöglich werden. Das ist offensichtlich keine Option, auch wenn sie einfach zu implementieren ist.
2. Sie kann neue Schlüssel jenseits des Gap Limit erzeugen. Das stellt sicher, dass jeder Zahlungspflichtige einen eindeutigen Schlüssel erhält, verhindert die Wiederverwendung von Adressen und erhöht die Privatsphäre. Muss die Wallet allerdings über einen Recovery-Code wiederhergestellt werden oder nutzt der Wallet-Eigner eine andere Software mit den gleichen erweiterten öffentlichen Schlüsseln, dann werden die eingegangenen Zahlungen hinter der erweiterten Lücke nicht erkannt.
3. Sie kann Schlüssel verteilen, die bereits verteilt wurden. Das ermöglicht eine sichere Wiederherstellung, reduziert aber die Privatsphäre des Wallet-Eigners und aller Menschen, die mit ihm Geschäfte tätigen.

Produktiv eingesetzte Open-Source-Systeme für Onlinehändler, wie der BTCPay-Server, versuchen, dieses Problem zu umgehen, indem sie sehr große Gap Limits verwenden und die Frequenz reduzieren, mit der sie Rechnungen erzeugen. Andere Lösungen wurden vorgeschlagen, so etwa die Anfrage an die Wallet des Zahlungspflichtigen, eine Transaktion zu konstruieren (aber nicht zu veröffentlichen), die an eine bereits verwendete Adresse überweist, bevor eine neue Adresse für die aktuelle Transaktion ausgegeben wird. Allerdings wurden diese anderen Lösungen nicht produktiv eingesetzt, während diese Zeilen geschrieben werden.

Eine weitere gängige Anwendung dieser Lösung bilden Cold Storage oder Hardwaresignaturgeräte. In diesem Szenario kann der erweiterte private Schlüssel auf einer Paper-Wallet oder einer speziellen Hardware gespeichert werden, während die erweiterten privaten Schlüssel online vorgehalten werden. Der Benutzer kann beliebige »Empfängeradressen« erzeugen, während die privaten Schlüssel offline sicher aufbewahrt werden. Um die Mittel auszugeben, kann der Nutzer den erweiterten privaten Schlüssel auf einem offline liegenden Bitcoin-Client oder einem Hardwaresignaturgerät verwenden. Abbildung 5-8 verdeutlicht den Mechanismus, bei dem aus einem Parent-Schlüssel öffentliche Child-Schlüssel abgeleitet werden.

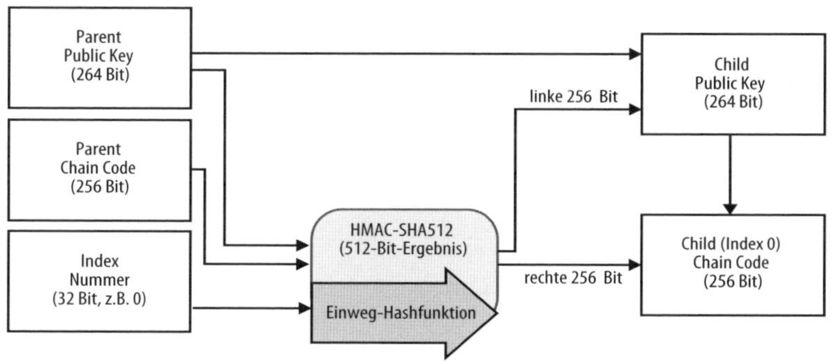


*Abbildung 5-8: Öffentlichen Parent-Schlüssel erweitern, um öffentliche Child-Schlüssel zu erzeugen*

## Einen erweiterten öffentlichen Schlüssel in einem Webshop nutzen

Schauen wir uns an, wie HD-Wallets verwendet werden, indem wir uns den Webshop von Gabriel ansehen.

Für Gabriel war der Webshop zuerst nur ein Hobby und basierte auf einer einfachen gehosteten WordPress-Seite. Der Shop war mit nur wenigen Seiten und einer einzelnen Bitcoin-Adresse sehr einfach aufgebaut.

Gabriel nutzte die erste von seiner Wallet erzeugte Bitcoin-Adresse für seinen Shop. Kunden konnten Bestellungen über ein Formular aufgeben und Zahlungen an die von Gabriel veröffentlichte Bitcoin-Adresse senden. Er erhielt daraufhin eine E-Mail mit den Daten, die er zur Abwicklung des Auftrags benötigte. Bei nur wenigen Aufträgen pro Woche hat das System ausreichend gut funktioniert, auch wenn das seine eigene Privatsphäre einschränkte.

Doch der Shop wurde schnell erfolgreich, und es gingen viele Bestellungen von der lokalen Community ein. Schon bald wurde Gabriel mit Bestellungen überschwemmt, und es wurde zunehmend schwerer, die Bestellungen mit den Zahlungen abzugleichen, insbesondere wenn zeitnah mehrere Bestellungen mit den gleichen Beträgen eingingen.

Die einzigen Metadaten, die vom Empfänger einer typischen Bitcoin-Transaktion gewählt werden, sind die Menge und die Zahlungsadresse. Es gibt kein Feld für den Verwendungszweck oder für eine Nachricht, in die man eine eindeutige Rechnungsnummer eintragen könnte.

Die HD-Wallet bietet mit der Fähigkeit, öffentliche Child-Schlüssel abzuleiten, ohne die privaten Schlüssel kennen zu müssen, hier eine wesentlich bessere Lösung an. Gabriel kann einen erweiterten öffentlichen Schlüssel (xpub) auf seine Website laden und für jede Bestellung eine eindeutige Adresse ableiten. Die eindeutige Adresse erhöht unmittelbar die Privatsphäre und weist jeder Bestellung eine eindeutige Kennung zu, die genutzt werden kann, um eingehende Zahlungen nachzuhalten.

Die Nutzung der HD-Wallet erlaubt es Gabriel, Beträge über seine persönliche Wallet einzulösen, doch der auf die Website geladene xpub kann nur Adressen generieren und Zahlungen empfangen. Diese Möglichkeit von HD-Wallets ist ein tolles Sicherheitsfeature. Gabriels Website enthält keine privaten Schlüssel, weshalb ein Hack nur zukünftig empfangene Mittel stehlen könnte, nicht die bereits empfangenen.

Zum Export des xpub verwendet Gabriel eine webbasierte Software im Zusammenspiel mit seinem *Trezor*, einem Hardwaresignaturgerät. Der Trezor muss angeschlossen sein, um die öffentlichen Schlüssel exportieren zu können. Beachten Sie, dass die meisten Hardwaresignaturgeräte niemals private Schlüssel exportieren – diese verbleiben immer auf dem Gerät.

Gabriel kopiert den xpub in die Bitcoin-Software seines Webshops, etwa den häufig genutzten Open-Source-Server BTCPay.

### Gehärtete Ableitung von Child-Schlüsseln

Die Fähigkeit, einen Zweig öffentlicher Schlüssel aus einem xpub abzuleiten, ist sehr nützlich, aber es gibt ein potenzielles Risiko. Durch den Zugriff auf einen xpub gelangen Sie nicht an die privaten Child-Schlüssel. Doch weil der xpub den Chaincode enthält, können Sie, falls der private Schlüssel irgendwie durchsickert, alle anderen privaten Child-Schlüssel ableiten. Ein einziger durchgesickerter privater Child-Schlüssel legt zusammen mit einem Parent-Chaincode alle privaten Schlüssel aller Children offen. Schlimmer noch: Mit dem privaten Child-Schlüssel und einem Parent-Chaincode können Sie den privaten Parent-Schlüssel ableiten.

Um diesem Risiko entgegenzuwirken, verwenden HD-Wallets eine alternative Ableitungsfunktion, die als *gehärtete Ableitung* bezeichnet wird. Diese »bricht« die Beziehung zwischen öffentlichem Parent-Schlüssel und Child-Chaincode auf. Die gehärtete Ableitungsfunktion verwendet den privaten Parent-Schlüssel anstelle des öffentlichen Parent-Schlüssels, um den Child-Chaincode abzuleiten. Auf diese Weise wird eine »Firewall« in der Parent-Child-Sequenz erzeugt, da der Chaincode nicht mehr genutzt werden kann, um einen privaten Parent- oder Child-Schlüssel abzuleiten. Die gehärtete Ableitungsfunktion ist nahezu identisch mit der normalen Ableitung des privaten Child-Schlüssels. Anstelle des öffentlichen Parent-Schlüssels wird aber der private Parent-Schlüssel als Input für die Hashfunktion verwendet (siehe Abbildung 5-9).

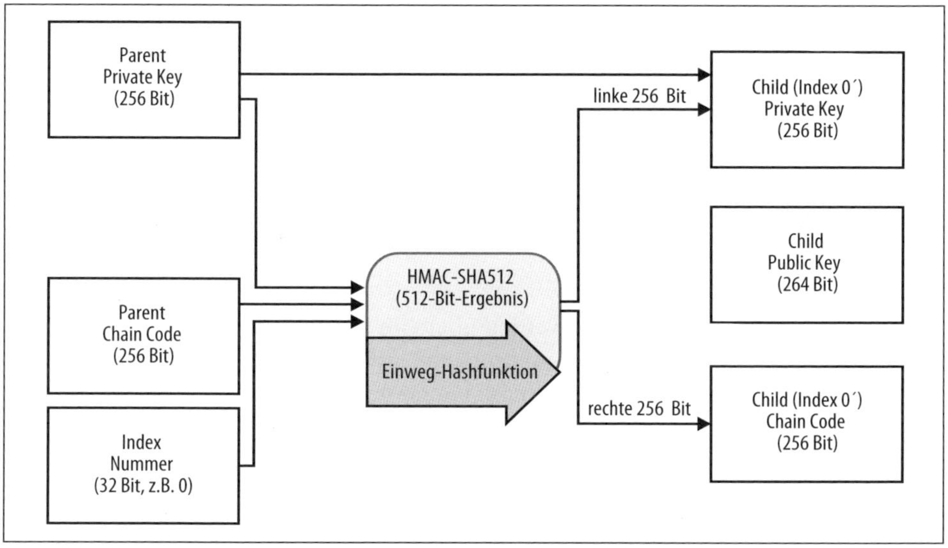


*Abbildung 5-9: Gehärtete Ableitung eines Child-Schlüssels – vermeidet den öffentlichen Parent- Schlüssel*

Wird die gehärtete Ableitungsfunktion verwendet, unterscheiden sich der resultierende private Child-Schlüssel und der Chaincode völlig von dem Ergebnis der normalen Ableitungsfunktion. Der resultierende »Zweig« von Schlüsseln kann zur Erzeugung erweiterter öffentlicher Schlüssel genutzt werden, die nicht angreifbar sind, weil der darin enthaltene Chaincode nicht ausgenutzt werden kann, um private Schlüssel offenzulegen. Die gehärtete Ableitung wird daher genutzt, um an der Stelle eine »Lücke« zu schaffen, an der erweiterte Schlüssel verwendet werden.

Wenn Sie die Bequemlichkeit eines xpub zur Ableitung von »Zweigen« mit öffentlichen Schlüsseln verwenden wollen, ohne sich selbst der Gefahr eines durchgesickerten Chaincodes aussetzen zu wollen, sollten Sie diesen nicht von einem »normalen«, sondern von einem gehärteten Parent ableiten. Es hat sich bewährt, den ersten Child-Schlüssel des Master-Schlüssels über eine gehärtete Ableitung zu erzeugen, um eine Gefährdung des Master-Schlüssels zu verhindern.

### Indizes für normale und gehärtete Ableitungen

Der Index, der für die Ableitungsfunktion verwendet wird, ist ein 32-Bit-Integerwert. Um einfach zwischen der normalen und der gehärteten Ableitungsfunktion unterscheiden zu können, wird der Index in zwei Wertebereiche geteilt. Indizes zwischen 0 und $2^{31} - 1$ (0x0 bis 0x7FFFFFFF) werden *ausschließlich* für die normale Ableitung verwendet, die Indizes zwischen $2^{31}$ und $2^{32} - 1$ (0x80000000 bis 0xFFFFFFFF) *nur* für die gehärtete Ableitung. Bei Werten kleiner als $2^{31}$ handelt es sich um normale Child-Schlüssel, bei Indizes größer oder gleich $2^{31}$ um gehärtete Child-Schlüssel.

Um den Index besser lesen und darstellen zu können, beginnt die Darstellung der Indizes gehärteter Children bei null, wird aber zusätzlich mit einem Hochkomma versehen. Der erste normale Child-Schlüssel wird also als 0 dargestellt, während das erste gehärtete Child (Index 0x80000000) als 0' ausgegeben wird. Dementsprechend wird der zweite gehärtete Schlüssel mit dem Index 0x80000001 als 1' dargestellt und so weiter. Ein HD-Wallet-Index von i' bedeutet $2^{31}$ + i. Bei normalem (ASCII-)Text wird das erste Zeichen durch einen einzelnen Apostroph oder den Buchstaben *h* ersetzt. In den Fällen, in denen der Text in einer Shell oder einem anderen Kontext verwendet wird (etwa Output-Skript-Deskriptoren), bei dem der Apostroph eine besondere Bedeutung hat, wird der Buchstabe *h* empfohlen.

### HD-Wallet-Schlüsselbezeichner (Pfad)

Die Schlüssel in einer HD-Wallet werden über einen »Pfad« identifiziert, wobei jede Stufe durch einen Slash (/) getrennt wird (siehe Tabelle 5-8). Vom Master-Schlüssel abgeleitete private Schlüssel beginnen mit einem *m*. Aus einem öffentlichen Master-Schlüssel abgeleitete öffentliche Schlüssel beginnen mit einem *M*. Der erste private Child-Schlüssel des privaten Master-Schlüssels ist also *m/0*. Der erste öffentliche Child-Schlüssel ist *M/0*. Der »Enkel« des ersten Childs ist dann *m/0/1* und so weiter.

Die »Herkunft« eines Schlüssels wird von rechts nach links gelesen, bis man den Master-Schlüssel erreicht, aus dem er abgeleitet ist. Der Bezeichner *m/x/y/z* beschreibt beispielsweise das z-te Child des Schlüssels *m/x/y*, der das y-te Child des Schlüssels *m/x* ist, der wiederum das x-te Child von *m* darstellt.

*Tabelle 5-8: HD-Wallet-Pfadbeispiel*

| HD-Pfad | Beschriebener Schlüssel |
|---|---|
| m/0 | Der erste (0) private Child-Schlüssel des privaten Master-Schlüssels (m). |
| m/0/0 | Erster privater Enkel-Schlüssel des ersten Schlüssels (m/0). |
| m/0'/0 | Erster normaler Enkel des ersten *gehärteten* Child-Schlüssels (m/0'). |
| m/1/0 | Erster privater Enkel-Schlüssel des zweiten Child-Schlüssel (m/1). |
| M/23/17/0/0 | Erster öffentlicher Ururenkel des ersten Urenkels des 18. Urenkels des 24. Child-Schlüssels. |

### Durch die Baumstruktur der HD-Wallet navigieren

Die Baumstruktur der HD-Wallet bietet eine enorme Flexibilität. Jeder erweiterte Parent-Schlüssel kann vier Milliarden Child-Schlüssel besitzen, jeweils zwei Milliarden normale und zwei Milliarden gehärtete Child-Schlüssel. Jeder dieser Child-Schlüssel kann weitere vier Milliarden Child-Schlüssel erzeugen und so weiter. Der Baum kann beliebig tief sein mit einer unendlichen Anzahl von Nachkommen. Bei all der Flexibilität wird es aber recht schwierig, durch den Baum zu navigieren. Besonders schwer ist der Transfer von HD-Wallets zwischen Implementierungen, da die interne Organisation in Verzweigungen und Unterverzweigungen schier endlos ist.

Zwei BIPs bieten eine Lösung für diese Komplexität, indem sie Standards für die Struktur der HD-Wallet-Bäume empfehlen. BIP43 empfiehlt die Verwendung des ersten gehärteten Child-Index als speziellen Bezeichner, der den »Zweck« der Baumstruktur verdeutlicht. Basierend auf BIP43 soll eine HD-Wallet nur einen Zweig der ersten Ebene verwenden, bei dem der Indexwert die Struktur und den Namensraum für den Rest des Baums festlegt, indem er dessen »Zweck« definiert. Zum Beispiel dient eine HD-Wallet, die ausschließlich den Zweig `m/i'/` verwendet, einem bestimmten Zweck, der durch *i* identifiziert wird.

Auf dieser Spezifikation aufbauend, schlägt BIP44 eine Multi-Account-Struktur mit der »Zweck«-Nummer `44'` unter BIP43 vor. Alle der BIP44-Struktur folgenden HD-Wallets können daran erkannt werden, dass sie nur einen Zweig des Baums, nämlich `m/44'/`, nutzen.

BIP44 legt die Struktur mit fünf vordefinierten Baumebenen fest:

```
m / purpose' / coin_type' / account' / change / address_index
```

Der »Zweck« (`purpose`) der ersten Ebene ist immer `44'`. Der »Cointyp« (`coin_type`) der zweiten Ebene legt die Kryptowährung fest. Das erlaubt Mehrwährungs-Wallets, bei denen jede Währung einen eigenen Teilbaum unterhalb der zweiten Ebene besitzt. Bitcoin ist `m/44'/0'`, und Bitcoin Testnet ist `m/44'/1'`.

Die dritte Ebene des Baums ist das Konto (`account`). Darüber kann der Nutzer seine Wallet in separate, logische Unterkonten für buchhalterische oder organisatorische Zwecke aufteilen. Eine HD-Wallet könnte beispielsweise zwei Bitcoin-Konten enthalten: `m/44'/0'/0'` und `m/44'/0'/1'`. Jedes Konto bildet den Stamm eines eigenen Teilbaums.

Auf der vierten Ebene, `change`, besitzt die HD-Wallet zwei Teilbäume. Einer dient der Erzeugung von Empfängeradressen, während der andere für Change-Adressen, also »Wechselgeldadressen«, gedacht ist. Während die vorangegangenen Ebenen die gehärtete Ableitung nutzen, verwendet dieses Level die normale Ableitung. Das erlaubt dieser Ebene des Baums, erweiterte öffentliche Schlüssel zu exportieren, die in ungeschützten Umgebungen eingesetzt werden können. Verwendbare Adressen werden von der HD-Wallet als Child-Elemente des vierten Levels erzeugt, was die fünfte Ebene des Baums zum »Adressindex« macht. Zum Beispiel wäre `M/44'/0'/0'/0/2` die dritte Empfängeradresse für Bitcoin-Zahlungen des primären Kontos. Tabelle 5-9 zeigt einige weitere Beispiele.

*Tabelle 5-9: Beispiele der BIP44-HD-Wallet-Struktur*

| HD-Pfad | Beschriebener Schlüssel |
|---|---|
| M/44'/0'/0'/0/2 | Dritter empfangender öffentlicher Schlüssel des primären Bitcoin-Kontos. |
| M/44'/0'/3'/1/14 | 15. öffentlicher Schlüssel für Change-Adressen des vierten Bitcoin-Kontos. |
| m/44'/2'/0'/0/1 | Zweiter privater Schlüssel im Litecoin-Hauptkonto zum Signieren von Transaktionen. |

Viele Menschen konzentrieren sich darauf, ihre Bitcoins vor Diebstahl und anderen Angriffen zu schützen, doch einer häufigsten Gründe für den Verlust von Bitcoins – vielleicht sogar *der* Hauptgrund – ist Datenverlust. Gehen die Schlüssel, oder andere Daten verloren, die zum Ausgeben von Bitcoins benötigt werden, können diese Bitcoins nicht mehr ausgegeben werden. Niemand kann sie für Sie zurückholen. In diesem Kapitel haben wir uns das System angesehen, das moderne Wallet-Anwendungen nutzen, um Sie vor dem Verlust dieser Daten zu schützen. Denken Sie aber daran, dass es letztendlich an Ihnen liegt, gute Backups anzulegen und regelmäßig zu testen.

KAPITEL 6

# Transaktionen

Die Art und Weise, wie »normales« Geld den Besitzer wechselt, hat nur wenig Ähnlichkeit mit der Überweisung von Bitcoins. Physisches Geld ist ein Inhaberwertzeichen. Alice bezahlt Bob, indem sie ihm einige dieser Token, z.B. Dollarscheine, übergibt. Im Vergleich dazu existieren Bitcoins weder physisch noch als digitale Daten. Alice kann Bob nicht einfach Bitcoins geben oder sie ihm per E-Mail senden.

Stellen Sie sich stattdessen vor, wie Alice ein Stück Land an Bob übertragen könnte. Sie kann dieses Land nicht einfach in die Hand nehmen und Bob geben. Vielmehr wird es irgendwo eine Art Aufzeichnung geben (die üblicherweise durch eine lokale Behörde gepflegt wird), die darlegt, dass Alice das Land gehört. Alice überschreibt Bob dieses Land, indem sie die Behörde bittet, die Aufzeichnung in der Form zu aktualisieren, dass Bob der neue Eigentümer ist.

Bitcoin funktioniert ähnlich. Auf jeder Bitcoin-Full-Node gibt es eine Datenbank, die besagt, dass Alice eine gewisse Menge an Bitcoins kontrolliert. Alice bezahlt Bob, indem sie die Full Nodes anweist, ihre Datenbanken dahin gehend zu aktualisieren, dass einige von Alice' Bitcoins jetzt von Bob kontrolliert werden. Die Daten, die Alice verwendet, um die Full Nodes dazu zu bewegen, ihre Datenbanken zu aktualisieren, werden als *Transaktion* bezeichnet. Wie wir in Kapitel 7 sehen werden, geschieht das, ohne Alice' und Bobs Identität direkt zu nutzen.

In diesem Kapitel zerlegen wir eine Bitcoin-Transaktion in ihre Einzelteile und schauen uns diese Teile an, um zu verstehen, wie sie den Transfer sehr expressiv und erstaunlich zuverlässig ermöglichen.

## Eine serialisierte Bitcoin-Transaktion

In »Transaktionen untersuchen und decodieren« auf Seite 69 haben wir Bitcoin Core mit der `txindex`-Option genutzt, um eine Kopie der Zahlung von Alice an Bob abzurufen. Rufen wir die diese Zahlung enthaltende Transaktion noch einmal (siehe Beispiel 6-1) ab:

*Beispiel 6-1: Alice' serialisierte Transaktion*

```
$ bitcoin-cli getrawtransaction 466200308696215bbc949d5141a49a41\
38ecdfdfaa2a8029c1f9bcecd1f96177
```

```
01000000000101eb3ae38f27191aa5f3850dc9cad00492b88b72404f9da13569
8679268041c54a0100000000ffffffff02204e0000000000002251203b41daba
4c9ace578369740f15e5ec880c28279ee7f51b07dca69c7061e07068f8240100
00000000160014 7752c165ea7be772b2c0acb7f4d6047ae6f4768e0141cf5efe
2d8ef13ed0af21d4f4cb82422d6252d70324f6f4576b727b7d918e521c00b51b
e739df2f899c49dc267c0ad280aca6dab0d2fa2b42a45182fc83e81713010000
0000
```

Das Serialisierungsformat von Bitcoin Core ist besonders, da es zum Commitment von Transaktionen und zur Weiterleitung in Bitcoins P2P-Netzwerk verwendet wird. Programme können aber auch andere Formate verwenden, solange sie die gleichen Daten übertragen. Das Bitcoin-Core-Format ist aber für die zu übertragenden Daten recht kompakt und einfach zu parsen, deshalb setzen auch viele andere Bitcoin-Programme dieses Format ein.

Die hexadezimale Transaktion aus Beispiel 6-1 finden Sie als Byte-Map in wieder. Beachten Sie, dass wir 64 hexadezimale Zeichen benötigen, um 32 Bytes darzustellen. Diese Map zeigt nur die Felder der obersten Ebene. Wir untersuchen jedes Feld in der Reihenfolge seines Auftretens innerhalb der Transaktion und beschreiben zusätzliche Felder, die sie enthalten.

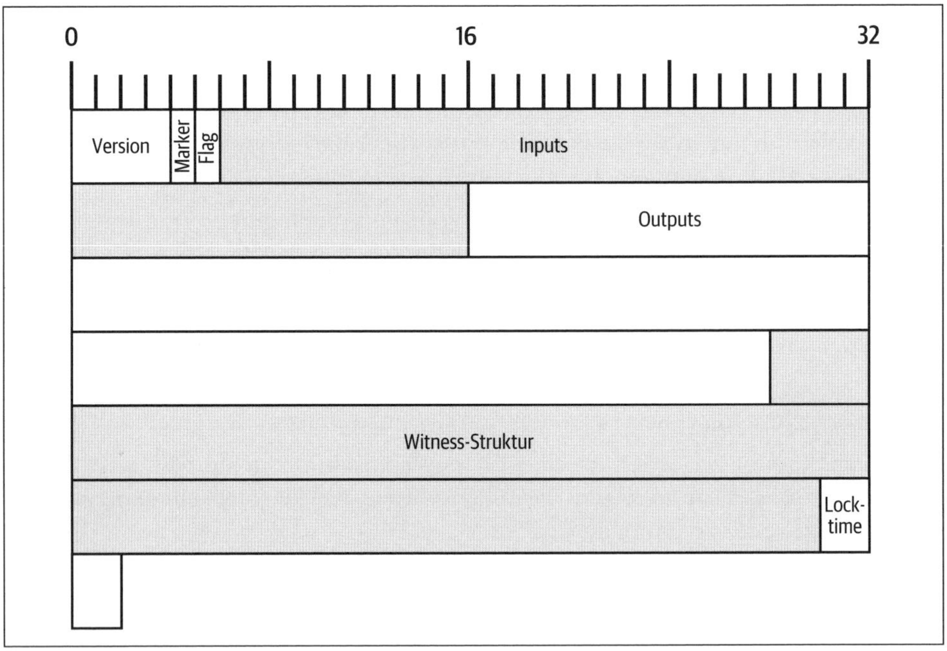


*Abbildung 6-1: Byte-Map von Alice' Transaktion*

Das einzige uns bekannte andere verbreitete Serialisierungsformat für Transaktionen ist PSBT (*Partially Signed Bitcoin Transaction*), das in den BIPs 174 und 370 dokumentiert ist. (Erweiterungen sind in anderen BIPs dokumentiert). PSBT erlaubt einem nicht vertrauenswürdigen Programm, eine Transaktionsvorlage zu erzeugen, die von vertrauenswürdigen Programmen (etwa einem Signaturgerät) verifiziert und aktualisiert werden können, die die notwendigen privaten Schlüssel und andere sensitive Daten zum Ausfüllen der Vorlage besitzen. Um das zu erreichen, erlaubt PSBT das Speichern signifikanter Mengen an Metadaten zu einer Transaktion, weshalb es deutlich weniger kompakt ist als das Standardserialisierungsformat. Dieses Buch geht nicht weiter auf PSBT ein, doch wir empfehlen es denjenigen Entwicklerinnen und Entwicklern wärmstens, die das Signieren mit mehreren Schlüsseln unterstützen wollen.

# Version

Die ersten vier Bytes einer serialisierten Bitcoin-Transaktion enthalten deren Version. Die Originalversion für Bitcoin-Transaktionen war Version 1 (0x01000000). Alle Bitcoin-Transaktionen müssen den Regeln für Version-1-Transaktionen folgen. Viele dieser Regeln werden Sie im Verlauf des Buchs noch kennenlernen.

Version 2 der Bitcoin-Transaktionen wurde durch die Änderungen der Konsensregeln durch einen Soft-Fork mit BIP68 eingeführt. BIP68 führt zusätzliche Beschränkungen für Sequenzfelder ein, die jedoch nur für Transaktionen der Version 2 (oder höher) gelten. Version-1-Transaktionen sind nicht betroffen. BIP112, das Teil des gleichen Soft-Forks wie BIP68 war, hat einen Opcode (`OP_CHECKSEQUENCEVERIFY`) aktualisiert. Dieser schlägt nun fehl, wenn er als Teil einer Transaktion mit einer Version kleiner als 2 evaluiert wird. Abgesehen von diesen beiden Änderungen sind die Transaktionen beider Versionen identisch.

## Schutz vorsignierter Transaktionen

Bevor eine Transaktion an das Netzwerk übergeben wird, um in die Blockchain aufgenommen zu werden, besteht der letzte Schritt darin, sie zu signieren. Allerdings kann man eine Transaktion auch signieren, ohne sie direkt zu veröffentlichen. Sie können diese vorsignierte Transaktion Monate oder Jahre aufheben und sie später in die Blockchain eintragen, wenn Sie sie veröffentlichen. In der Zwischenzeit können Sie sogar den Zugriff auf den (oder die) privaten Schlüssel verlieren, der zum Signieren einer alternativen Transaktion benötigt wird, die diese Mittel einlösen könnte. Das ist nicht hypothetisch gemeint: Verschiedene auf Bitcoin aufbauende Protokolle, wie etwa das Lightning-Netzwerk, basieren auf vorsignierten Transaktionen.

Das stellt Protokollentwickler vor Herausforderungen, wenn sie Nutzerinnen und Nutzer beim Upgrade der Bitcoin-Konsensprotokolle unterstützen wollen. Die Einführung neuer Einschränkungen – wie es BIP68 mit dem Sequenzfeld gemacht hat – kann dazu führen, dass einige vorsignierte Transaktionen ungültig werden. Gibt es keine Möglichkeit, eine neue Signatur für eine gleichwertige Transaktion zu erzeugen, sind die Mittel der vorsignierten Transaktion für immer verloren.

Dieses Problem wird gelöst, indem man einige Transaktionsfeatures, wie etwa die Versionsnummer, für Upgrades reserviert. Jeder, der vor BIP68 vorsignierte Transaktionen verwendet hat, muss Version-1-Transaktionen genutzt haben. Wendet man die zusätzlichen Einschränkungen von BIP68 nur auf V2-Transaktionen (oder höher) an, sollten ältere vorsignierte Transaktionen nicht betroffen sein.

Wenn Sie ein Protokoll implementieren, das vorsignierte Transaktionen nutzt, dann stellen Sie sicher, dass es keine Features nutzt, die für zukünftige Upgrades reserviert sind. Bitcoin Cores Standardregeln zur Weiterleitung von Transaktionen verbieten die Nutzung reservierter Features. Sie können im `testmempoolaccept`-RPC des Bitcoin-Mainnets prüfen, ob eine Transaktion diesen Regeln genügt.

Während diese Zeilen geschrieben werden, wird über die Einführung von Version-3-Transaktionen verstärkt nachgedacht. Der Vorschlag will nicht die Konsensregeln ändern, sondern die Regeln, nach denen Bitcoin-Full-Nodes Transaktionen weiterleiten. Nach diesem Vorschlag wären Version-3-Transaktionen zusätzlichen Einschränkungen unterworfen, die bestimmte Arten von DoS-Angriffen (*Denial of Service*) verhindern. Wir gehen darauf in »Transaktions-Pinning« auf Seite 234 noch genauer ein.

## Erweiterter Marker und Flag

Die beiden nächsten Felder der serialisierten Beispieltransaktion wurden als Teil des Segwit-Soft-Fork (*Segregated Witness*) eingeführt, durch den Bitcoins Konsensregeln geändert wurden. Die Regeln haben sich entsprechend den BIPs 141 und 143 geändert, das *erweiterte Serialisierungsformat* ist hingegen in BIP144 definiert.

Enthält die Transaktion eine Witness-Struktur (die wir in »Witness-Struktur« auf Seite 157 erläutern), muss der Marker null (0x00) und das Flag ungleich null sein. Im aktuellen P2P-Protokoll muss das Flag immer eins (0x01) sein. Andere Werte sind für spätere Protokoll-Updates reserviert.

Benötigt die Transaktion keinen Witness-Stack, müssen Marker und Flag nicht vorhanden sein. Das ist mit dem ursprünglichen Serialisierungsformat für Bitcoin-Transaktionen kompatibel, die nun *alte Serialisierung* genannt wird. Details finden Sie in »Veraltete Serialisierung« auf Seite 166.

Bei der alten Serialisierung wurde das Marker-Byte als Anzahl der Inputs (null) interpretiert. Da eine Transaktion Inputs haben muss, signalisiert der Marker modernen Programmen, dass die erweiterte Serialisierung verwendet wird. Das Flag-Feld liefert ein ähnliches Signal und vereinfacht außerdem das zukünftige Update des Serialisierungsformats.

## Inputs

Das Inputs-Feld enthält verschiedene weitere Felder. Wir beginnen daher mit einer Abbildung dieser Bytes in Abbildung 6-2.

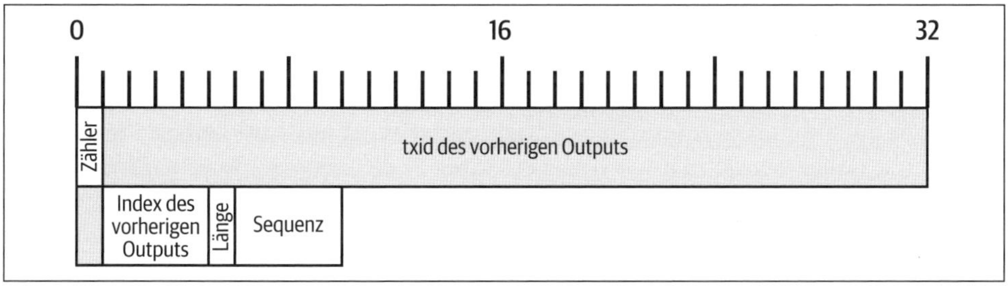


*Abbildung 6-2: Map der Bytes im Inputs-Feld von Alice' Transaktion*

## Länge der Input-Liste der Transaktion

Die Input-Liste der Transaktion beginnt mit einem Integerwert, der die Anzahl der Inputs in der Transaktion angibt. Der kleinstmögliche Wert ist eins. Es gibt keinen expliziten Maximalwert, doch die Maximalgröße einer Transaktion beschränkt Transaktionen effektiv auf einige Tausend Inputs. Die Anzahl ist als vorzeichenlose Ganzzahl im compactSize-Format codiert.

### Vorzeichenlose Ganzzahlen im compactSize-Format

Vorzeichenlose ganze Zahlen, die bei Bitcoin häufig kleine Werte haben, manchmal aber auch sehr groß sein können, werden üblicherweise im compactSize-Format codiert. CompactSize ist ein Integerwert variabler Länge und wird daher manchmal auch *var_int* oder *varint* genannt (Beispiele finden Sie in der Dokumentation der BIPs 37 und 144).

Verschiedene Spielarten für Integerwerte variabler Länge werden von unterschiedlichen Programmen (auch Bitcoin-Programmen) genutzt. Zum Beispiel serialisiert Bitcoin Core seine UTXO-Datenbank mit einem `VarInts` genannten Datentyp, der sich von compactSize unterscheidet. Zusätzlich wird das nBits-Feld eines Bitcoin-Block-Headers in einem `Compact` genannten Datentyp codiert, der mit compactSize nichts zu tun hat. Wenn wir bei der Serialisierung von Bitcoin-Transaktionen und anderen Teilen des Bitcoin-P2P-Protokolls über Integerwerte variabler Länge reden, geben wir immer dessen vollständigen Namen compactSize an.

Für Zahlen von 0 bis 252 sind compactSize-Werte mit dem C-Datentyp `uint8_t` identisch. Diese native Codierung ist wohl jedem Programmierer vertraut. Für andere Werte bis `0xffffffffffffffff` wird der Zahl ein Byte vorangestellt, das dessen Länge angibt – doch ansonsten sehen diese Zahlen wie normale C-codierte vorzeichenlose Integerzahlen aus:

| Wert | Länge in Bytes | Format |
|---|---|---|
| ≥ `0` && ≥ `252` (`0xfc`) | 1 | `uint8_t` |
| ≥ `253` && ≥ `0xffff` | 3 | `0xfd` gefolgt von der Zahl als `uint16_t` |
| ≥ `0x10000` && ≥ `0xffffffff` | 5 | `0xfe` gefolgt von der Zahl als `uint32_t` |
| ≥ `0x100000000` && ≥ `0xffffffffffffffff` | 9 | `0xff` gefolgt von der Zahl als `uint64_t` |

Jeder Input einer Transaktion muss drei Felder enthalten: ein *Outpoint*-Feld, ein *Input-Skript*-Feld mit einem Längenpräfix und eine *Sequenz*.

Wir sehen uns jedes dieser Felder in den folgenden Abschnitten an. Einige Inputs enthalten auch einen Witness-Stack, doch dieser wird am Ende einer Transaktion serialisiert; daher betrachten wir uns das später.

## Outpoint

Eine Bitcoin-Transaktion fordert Full Nodes auf, ihre Datenbank mit Informationen zur Coin-Eigentümerschaft zu aktualisieren. Damit Alice die Kontrolle eines Teils ihrer Bitcoins an Bob abtreten kann, muss sie den Full Nodes zuerst mitteilen, wie sie den vorherigen Transfer finden, mit dem sie diese Bitcoins erhalten hat. Da die Kontrolle über Bitcoins in Transaktions-Outputs festgelegt wird, zeigt (englisch *point*) Alice auf den vorherigen *Output* mittels eines *Outpoint*-Felds. Jeder Input muss einen einzelnen Outpoint enthalten.

Der Outpoint enthält eine 32-Byte-txid der Transaktion, mit der Alice die Bitcoins erhalten hat, die sie nun ausgeben will. Diese txid liegt in Bitcoins interner Byteordnung für Hashes vor (siehe »Interne Byteordnung und externe Ausgabe« auf Seite 149).

Da Transaktionen mehrere Outputs enthalten können, muss Alice auch den sogenannten *Output-Index* angeben, der festlegt, welcher Output für diese Transaktion genau verwendet werden soll. Output-Indizes sind vorzeichenlose 4-Byte-Integerwerte und beginnen bei null.

Entdeckt eine Full Node einen Outpoint, nutzt sie diese Information, um den referenzierten Output zu bestimmen. Full Nodes müssen sich nur frühere Transaktionen in der Blockchain ansehen. Alice' Transaktion ist zum Beispiel in Block 774.958 enthalten. Eine Full Node, die ihre Transaktionen verifiziert, sucht nur nach vorherigen Outputs, die durch den Outpoint in diesem oder vorherigen Blöcke referenziert werden. Sie sieht sich keine späteren Blöcke an. Innerhalb des Blocks 774.958 sieht sie sich lediglich Transaktionen an, die im Block vor Alice' Transaktion liegen, wie es die Blätter im Merkle-Baum des Blocks vorgeben (siehe »Merkle Trees (Hashbäume)« auf Seite 273).

Nachdem der vorherige Output aufgefunden wurde, ruft die Full Node verschiedene wichtige Informationen daraus ab:

- Die Bitcoin-Menge, die diesem vorherigen Output zugewiesen wurde. Die Gesamtheit dieser Bitcoins wird in dieser Transaktion transferiert. In unserer Beispieltransaktion lag der Wert der vorherigen Transaktion bei 100.000 Satoshi.
- Die Autorisierungsbedingungen für diesen vorherigen Output. Das sind die Bedingungen, die erfüllt werden müssen, um die diesem Output zugeordneten Bitcoins ausgeben zu können.
- Bei bestätigten Transaktionen die Höhe des Blocks, der sie bestätigt hat, sowie die MTP (*Median Time Past*) dieses Blocks. Wird für relative Timelocks (siehe »Sequenz als durch Konsens erzwungener relativer Timelock« auf Seite 153)

und die Outputs der Coinbase-Transaktionen (siehe »Coinbase-Transaktionen« auf Seite 163) benötigt.

- Der Beweis, dass der vorherige Output in der Blockchain (oder als bekannte unbestätigte Transaktion) existiert und dass er von keiner anderen Transaktion ausgegeben wurde. Eine der Konsensregeln von Bitcoin verbietet es, einen Output innerhalb einer gültigen Blockchain mehr als einmal auszugeben. Das ist die Regel gegen das sogenannte *Double Spending*: Alice kann den gleichen vorherigen Output nicht verwenden, um Bob und Carol in separaten Transaktionen zu bezahlen. Zwei Transaktionen, die versuchen, den gleichen vorherigen Output auszugeben, werden als *kollidierende Transaktionen* (engl. *Conflicting Transactions*) bezeichnet, weil nur eine in eine gültige Blockchain aufgenommen werden kann.

Zu verschiedenen Zeitpunkten wurden von unterschiedlichen Full-Node-Implementierungen verschiedene Ansätze verfolgt, um die vorherigen Outputs nachzuhalten. Bitcoin Core nutzt aktuell die vermeintlich effektivste Lösung, die alle notwendigen Informationen vorhält und gleichzeitig den benötigten Plattenplatz minimiert: Es hält eine Datenbank vor, die alle UTXOs und wesentlichen Metadaten (wie die Blockhöhe der Bestätigung) enthält. Geht ein neuer Block mit Transaktionen ein, werden alle ausgegebenen Outputs aus der UTXO-Datenbank entfernt und alle neu erzeugten Outputs in die Datenbank eingefügt.

## Interne Byteordnung und externe Ausgabe

Bitcoin nutzt den Output von Hashfunktionen, den sogenannten *Digests*, auf verschiedene Art und Weise. Digests stellen eindeutige Bezeichner für Blöcke und Transaktionen bereit. Sie werden in Commitments für Adressen, Blöcke, Transaktionen, Signaturen usw. verwendet, und Bitcoins Proof-of-Work-Funktion iteriert über Digests. In manchen Fällen werden dem Benutzer Hash-Digests in einer bestimmten Byteordnung ausgegeben, doch intern wird eine andere Byteordnung verwendet, was für Verwirrung sorgt. Nehmen wir zum Beispiel die txid des vorherigen Outputs des Outpoints unserer Beispieltransaktion:

```
eb3ae38f27191aa5f3850dc9cad00492b88b72404f9da135698679268041c54a
```

Wenn wir diese txid nutzen, um diese Transaktion per Bitcoin Core abzurufen, erhalten wir eine Fehlermeldung und müssen die Byteordnung umkehren:

```
$ bitcoin-cli getrawtransaction \
eb3ae38f27191aa5f3850dc9cad00492b88b72404f9da135698679268041c54a
error code: -5
error message:
No such mempool or blockchain transaction.
Use gettransaction for wallet transactions.

$ echo eb3ae38f27191aa5f3850dc9cad00492b88b72404f9da135698679268041c54a \
| fold -w2 | tac | tr -d "\n"
4ac541802679866935a19d4f40728bb89204d0cac90d85f3a51a19278fe33aeb
```

```
$ bitcoin-cli getrawtransaction \
4ac541802679866935a19d4f40728bb89204d0cac90d85f3a51a19278fe33aeb
0200000000000101c25ae90c9f3d40cc1fc509ecfd54b06e35450702...
```

Dieses seltsame Verhalten ist wohl die ungewollte Konsequenz einer Designentscheidung früher Bitcoin-Software (*https://oreil.ly/01JH2*). In der Praxis müssen Entwicklerinnen und Entwickler von Bitcoin-Software daran denken, die Reihenfolge der Bytes in Transaktions- und Blockbezeichnern umzukehren, die sie den Nutzern zeigen.

In diesem Buch verwenden wir den Begriff *interne Byteordnung* für die Daten, die in den Transaktionen und Blöcken stehen. Außerdem verwenden wir *Ausgabe-Byteordnung* für die Form, die den Nutzern präsentiert wird. Andere gängige Begriffe sind *Little-Endian* für die interne Version und *Big-Endian* für die Ausgabevariante.

## Input-Skript

Das Input-Skript-Feld ist ein Relikt des alten Transaktionsformats. Der Input unserer Beispieltransaktion gibt einen nativen Segwit-Output aus, der keine Daten im Input-Skript benötigt, weshalb das Längenpräfix auf null (0x00) gesetzt ist.

Als Beispiel für ein Input-Skript mit Längenpräfix, das einen alten Output ausgibt, verwenden wir eine zufällige Transaktion eines jüngeren Blocks:

```
6b483045022100a6cc4e8cd0847951a71fad3bc9b14f24d44ba59d19094e0a8c
fa2580bb664b020220366060ea8203d766722ed0a02d1599b99d3c95b97dab8e
41d3e4d3fe33a5706201210369e03e2c91f0badec46c9c903d9e9edae67c167b
9ef9b550356ee791c9a40896
```

Das Längenpräfix ist ein vorzeichenloser Integerwert im compactSize-Format, der die Länge des serialisierten Input-Skript-Felds angibt, in diesem Fall ein einzelnes Byte (0x6b), das die Länge des Input-Skripts mit 107 Byte angibt. Das Parsing und die Nutzung von Skripten sehen wir uns in Kapitel 7 genauer an.

## Sequenz

Die letzten vier Bytes eines Inputs bildet dessen *Sequenznummer*. Nutzung und Bedeutung dieses Felds haben sich mit der Zeit verändert.

### Ursprüngliche sequenzbasierte Transaktionsersetzung

Das Sequenzfeld war ursprünglich dazu gedacht, mehrere Versionen der gleichen Transaktion zu erzeugen, wobei spätere Versionen frühere Versionen als Kandidaten für die Bestätigung ersetzten. Die Sequenznummer hielt die Version der Transaktion nach.

Stellen Sie sich zum Beispiel vor, dass Alice und Bob auf ein Kartenspiel wetten wollen. Zu Beginn signiert jeder eine Transaktion, die etwas Geld in einem Output hinterlegt. Um ausgegeben werden zu können, verlangt das dazugehörige Skript Signaturen von beiden, ein sogenanntes *Multisignaturskript* (kurz *Multisig*). Das wird als

*Setup-Transaktion* bezeichnet. Sie erzeugen dann eine Transaktion, die diesen Output einlöst:

- Die erste Version der Transaktion mit nSequence 0 (0x00000000) zahlt Alice und Bob ihr ursprünglich eingezahltes Geld zurück. Das ist die sogenannte *Rückerstattungstransaktion* (engl. *Refund*). Keiner von beiden veröffentlicht diese Transaktion. Sie wird nur benötigt, falls es ein Problem gibt.
- Alice gewinnt die erste Runde des Kartenspiels. Die zweite Version der Transaktion mit der Sequenz 1 erhöht daher den an Alice zu zahlenden Betrag und verringert entsprechend Bobs Anteil. Beide signieren die aktualisierte Transaktion. Auch diese Version der Transaktion wird nicht veröffentlicht, es sei denn, es gibt ein Problem.
- Bob gewinnt die zweite Runde. Die Sequenz wird auf 2 erhöht, Alice' Anteil wird verringert und Bobs Anteil erhöht. Die Transaktion wird wieder signiert, aber nicht veröffentlicht.
- Nach vielen weiteren Runden, bei denen die Sequenz erhöht, die Mittel neu verteilt und die resultierende Transaktion signiert, aber nicht veröffentlicht wurde, entscheiden beide, die Transaktion zu finalisieren. Sie erzeugen eine Transaktion mit den abschließenden Guthaben und setzen die Sequenz auf den Maximalwert (0xffffffff), wodurch die Transaktion finalisiert wird. Sie veröffentlichen diese Version der Transaktion, die im Netzwerk verbreitet und schließlich von den Minern bestätigt wird.

Wir sehen die Ersetzungsregeln für die Sequenz im Einsatz, wenn wir uns alternative Szenarien vorstellen:

- Stellen Sie sich vor, dass Alice die finale Transaktion mit der Sequenz 0xffffffff veröffentlicht und Bob dann eine der früheren Transaktionen verbreitet, bei der er ein höheres Guthaben hatte. Weil Bobs Version der Transaktion eine kleinere Sequenznummer aufweist, würden Full Nodes mit dem ursprünglichen Bitcoin-Code sie nicht an Miner weiterleiten, und Miner, die ebenfalls den Originalcode nutzen, würden sie nicht verarbeiten.
- Stellen Sie sich ein anderes Szenario vor, in dem Bob eine frühere Version der Transaktion ein paar Sekunden früher veröffentlicht als Alice die finale Version. Nodes werden Bobs Version weiterleiten, und die Miner werden versuchen, sie zu verarbeiten, doch sobald Alice' Version mit der höheren Versionsnummer eingeht, wird auch diese von den Nodes weitergeleitet, und die Miner mit dem Original-Bitcoin-Code werden diese Version anstelle von Bobs Version verarbeiten. Wenn Bob nicht ganz viel Glück hat und ein Block gefunden wird, bevor Alice' Version eingeht, wird Alice' Version der Transaktion bestätigt.

Diese Art Protokoll ist das, was wir nun als *Zahlungskanal* (engl. *Payment Channel*) bezeichnen. Bitcoins Erfinder nannte sie in einer ihm zugeschriebenen E-Mail *Hochfrequenztransaktionen* und beschrieb eine Reihe von Features, die dem Protokoll zu deren Unterstützung hinzugefügt wurden. Sie werden später verschiedene dieser Features kennenlernen, und wir werden auch zeigen, wie moderne Versionen dieser Zahlungskanäle heutzutage zunehmend bei Bitcoin genutzt werden.

Es gab einige Probleme mit rein sequenzbasierten Zahlungskanälen. Das erste war, dass die Regeln zum Ersetzen von Transaktionen mit niedrigerer Sequenz durch Transaktionen mit höherer Sequenz rein auf Software basierten. Es gab für Miner keinen direkten Anreiz, eine Version der Transaktion gegenüber einer anderen zu bevorzugen. Das zweite Problem war, dass die erste Person, die eine Transaktion sendete, Glück haben konnte und sie bestätigt bekam, selbst wenn sie nicht die Transaktion mit der höchsten Sequenz war. Ein Sicherheitsprotokoll, das durch Pech bei einigen Prozent fehlschlägt, ist kein sehr effektives Protokoll.

Das dritte Problem bestand darin, dass eine Version einer Transaktion beliebig oft durch eine andere ersetzt werden konnte. Jede Ersetzung würde Bandbreite bei allen weiterleitenden Full Nodes im Netzwerk verbrauchen. Während wir diese Zeilen schreiben, gibt es beispielsweise 50.000 weiterleitende Full Nodes. Ein Angreifer, der 1.000 Ersetzungstransaktionen zu je 200 Byte erzeugt, würde pro Minute etwa 20 KB seiner eigenen Bandbreite verbrauchen, doch etwa 18 GB der Bandbreite des Full-Node-Netzwerks. Außer den Kosten der Bandbreite von 20 KB pro Minute und einer gelegentlichen Gebühr, wenn eine Transaktion bestätigt wird, muss der Angreifer keine Kosten für die enorme Last tragen, die er den Full-Node-Betreibern aufbürdet.

Um das Risiko eines solchen Angriffs zu beseitigen, wurde die ursprüngliche Form der sequenzbasierten Transaktionsersetzung in einer frühen Version der Bitcoin-Software deaktiviert. Für mehrere Jahre erlaubten Bitcoin-Full-Nodes nicht, dass eine unbestätigte Transaktion, die einen bestimmten Input enthielt (der durch dessen Outpoint angezeigt wurde), durch eine andere Transaktion mit dem gleichen Input ersetzt wurde. Doch diese Situation blieb nicht ewig bestehen.

### Opt-in-Signalisierung der Transaktionsersetzung

Nachdem die ursprüngliche, sequenzbasierte Transaktionsersetzung aufgrund des möglichen Missbrauchs deaktiviert wurde, gab es einen Lösungsvorschlag: Bitcoin Core und andere Software für weiterleitende Full Nodes so zu programmieren, dass eine Transaktion, die eine höhere Transaktionsgebühr zahlt, die kollidierende Transaktion ersetzen kann, die eine geringere Gebühr zahlt. Das wird als *Ersetzen durch Gebühr*, englisch *Replace By Fee*, kurz *RBF*, bezeichnet. Einige Benutzer und Unternehmen sprachen sich dagegen aus, die Ersetzung von Transaktionen wieder in Bitcoin Core einzuführen, es wurde aber ein Kompromiss gefunden, der erneut das Sequenzfeld für die Unterstützung der Ersetzung nutzte.

Wie in BIP125 dokumentiert, signalisiert eine unbestätigte Transaktion mit einem Input, dessen Sequenz auf einem Wert unter 0xfffffffe (also mindestens 2 unter dem Maximalwert) liegt, dass der Unterzeichner eine kollidierende Transaktion durch eine mit einer höheren Gebühr ersetzen möchte. Bitcoin Core erlaubte die Ersetzung solcher unbestätigten Transaktionen, während andere Transaktionen nicht ersetzt werden durften. Auf diese Weise konnten Nutzer und Unternehmen, die sich gegen die Ersetzung ausgesprochen hatten, unbestätigte Transaktionen mit dem BIP125-Signal einfach ignorieren, bis diese bestätigt wurden.

Es gibt neben Gebühren und Sequenzsignalen weitere, moderne Ersetzungsregeln, die wir uns in »Replace-By-Fee (RBF)« auf Seite 229 noch genauer ansehen werden.

### Sequenz als durch Konsens erzwungener relativer Timelock

In »Version« auf Seite 145 haben Sie gelernt, dass der BIP68-Soft-Fork neue Beschränkungen für Transaktionen mit der Versionsnummer 2 (oder höher) eingeführt hat. Diese Beschränkungen gelten für das Sequenzfeld.

Transaktions-Inputs mit Sequenzwerten kleiner als $2^{31}$ werden so interpretiert, als hätten sie einen relativen Timelock. Solche Transaktionen können erst in die Blockchain aufgenommen werden, wenn der vorherige Output (der durch den Outpoint referenziert wird) um diesen relativen Timelock-Wert »gealtert« ist. Zum Beispiel kann eine Transaktion mit einem Input mit einem relativen Timelock von 30 Blöcken in einem Block nur dann bestätigt werden, wenn mindestens 29 Blöcke zwischen ihr und dem bei dieser Transaktion ausgegebenen Output liegen. Da sich die Sequenz auf das Inputs-Feld bezieht, kann eine Transaktion eine beliebige Anzahl von Inputs mit Timelocks enthalten, und bei allen muss genug Zeit vergangen sein, damit die Transaktion gültig wird. Ein Disable-Flag erlaubt der Transaktion, Inputs mit (Sequenz $< 2^{31}$) und ohne relative Timelocks (Sequenz $\geq 2^{31}$) zu verwenden.

Der Sequenzwert wird in Blöcken oder in Sekunden angegeben. Ein Typ-Flag wird verwendet, um zwischen Blöcken und Sekunden zu unterscheiden. Das Typ-Flag wird im 23. niederwertigsten Bit gesetzt (d.h. Wert 1<<22). Ist das Typ-Flag gesetzt, wird der Sequenzwert als Vielfaches von 512 Sekunden interpretiert. Ist das Typ-Flag nicht gesetzt, wird der Sequenzwert als Anzahl der Blöcke interpretiert.

Wird die Sequenz als relativer Timelock interpretiert, werden nur die 16 niederwertigsten signifikanten Bits berücksichtigt. Sobald die Flags (Bits 32 und 23) evaluiert wurden, wird der Sequenzwert üblicherweise mit einer 16-Bit-Maske »maskiert« (d.h. `Sequenz` & 0x0000FFFF). Das Vielfache von 512 Sekunden entspricht grob der Durchschnittszeit zwischen den Blöcken, weshalb die maximalen relativen Timelocks sowohl in Blöcken als auch in Sekunden bei 16 Bit ($2^{16}$) etwas über einem Jahr liegen.

Abbildung 6-3 zeigt das binäre Layout des Sequenzwerts, wie es BIP68 definiert.

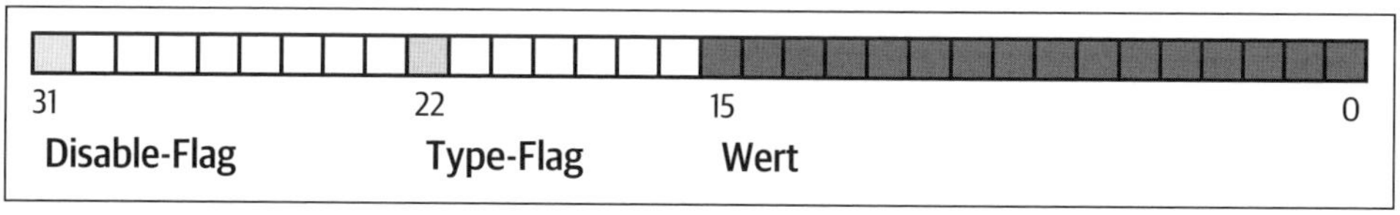


*Abbildung 6-3: BIP68-Definition der Sequenzcodierung (Quelle: BIP68)*

Beachten Sie, dass jede Transaktion, die einen relativen Timelock mittels der Sequenz festlegt, auch das Signal für die Opt-in-Ersetzung durch Gebühr sendet (siehe »Opt-in-Signalisierung der Transaktionsersetzung« auf Seite 152 beschrieben).

## Outputs

Das Outputs-Feld einer Transaktion enthält verschiedene Felder, die sich auf bestimmte Outputs beziehen. Genau wie bei den Inputs-Feldern wollen wir uns zuerst eine Byte-Map der spezifischen Bytes des Outputs-Felds der Beispieltransaktion zwischen Alice und Bob ansehen.

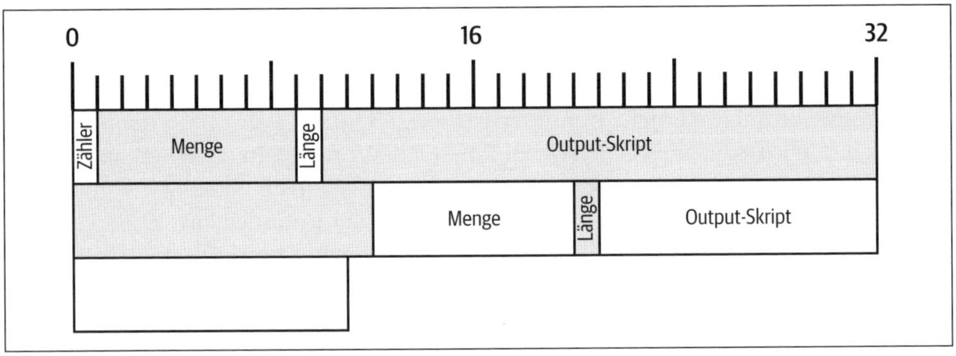


*Abbildung 6-4: Byte-Map des Outputs-Felds der Transaktion von Alice*

### Outputs-Zähler

Das Outputs-Feld einer Transaktion beginnt genau wie der Inputs-Abschnitt mit einem Zähler, der die Anzahl der Outputs in dieser Transaktion angibt. Es handelt sich um einen compactSize-Integerwert, der größer als null sein muss.

Die Beispieltransaktion hat zwei Outputs.

### Menge

Das erste Feld eines Outputs ist dessen *Menge*, bei Bitcoin Core auch *Wert* genannt. Dabei handelt es sich um einen 8 Byte langen vorzeichenbehafteten Integerwert, der die Menge der zu transferierenden Satoshis angibt. Ein Satoshi ist die kleinste Währungseinheit, die in einer Bitcoin-Transaktion onchain dargestellt werden kann. Ein Bitcoin entspricht 100 Millionen Satoshis.

Die Konsensregeln von Bitcoin erlauben Outputs mit dem kleinsten Wert null und dem Maximalwert von 21 Millionen Satoshis (2,1 Billiarden Satoshis).

#### Unwirtschaftliche Outputs und unzulässiger Staub

Auch wenn er keinen Wert hat, kann ein Output mit dem Wert null nach den gleichen Regeln ausgegeben werden wie jeder andere Output auch. Allerdings erhöht das Ausgeben eines Outputs (der als Input in einer Transaktion dient) die Größe der Transaktion, was die zu zahlende Gebühr erhöht. Ist der Wert des Outputs kleiner als die Kosten für die zusätzliche Gebühr, ergibt es ökonomisch gesehen keinen Sinn, diesen Output auszugeben. Solche Transaktionen werden *unwirtschaftliche Outputs* genannt.

Ein Output mit dem Wert null ist immer ein unwirtschaftlicher Output. Er steuert keinen Wert zu einer Transaktion bei, selbst wenn die Gebühr bei null liegt. Allerdings können viele Outputs mit niedrigem Wert ebenfalls unwirtschaftlich sein, auch ungewollt. Zum Beispiel kann ein Output heute (bei den typischen Gebühren im Netz) den Wert einer Transaktion noch steigern, doch schon morgen kann die Gebühr steigen und den Output unwirtschaftlich machen.

Die Notwendigkeit von Full Nodes, alle UTXOs nachzuhalten (siehe »Outpoint« auf Seite 148), bedeutet, dass jeder UTXO den Betrieb einer Full Node ein wenig erschwert. Bei UTXOs von erheblichem Wert gibt es einen Anreiz, diese irgendwann wieder auszugeben, weshalb sie kein Problem darstellen. Doch für die Person, die den unwirtschaftlichen UTXO kontrolliert, gibt es keinen Anreiz, diesen jemals auszugeben, wodurch sie zu einer ständigen Belastung für die Betreiber von Full Nodes werden. Weil Bitcoins Dezentralisierung davon abhängig ist, dass viele Menschen bereit sind, eine Full Node zu betreiben, wirken verschiedene Full-Node-Implementierungen wie Bitcoin Core der Erzeugung von unwirtschaftlichen Outputs entgegen, indem sie Regeln nutzen, die sich auf das Weiterleiten und Mining unbestätigter Transaktionen auswirken.

Diese Policies gegen die Weiterleitung und das Mining von Transaktionen, die neue unwirtschaftliche Outputs erzeugen, werden *Dust*-Policies (also *Staub*-Policies) genannt. (Metaphorisch werden hier Outputs mit sehr kleinen Werten mit sehr kleinen Partikeln verglichen.) Die Dust-Policy von Bitcoin Core ist kompliziert und enthält verschiedene willkürliche Werte. Viele uns bekannte Programme betrachten daher einfach Outputs mit weniger als 546 Satoshi als »Staub« und leiten diese standardmäßig weder weiter, noch werden sie geschürft. Es gibt gelegentlich Vorschläge, das Dust-Limit zu verringern, ebenso wie Gegenvorschläge, es zu erhöhen, weshalb wir vorsignierte Transaktionen oder Multipart-Protokolle nutzende Entwicklerinnen und Entwickler dazu auffordern, zu prüfen, ob sich die Regeln seit Veröffentlichung dieses Buchs geändert haben.

> Seit Bitcoin eingeführt wurde, musste jede Full Node eine Kopie jeder UTXO vorhalten, doch das muss nicht immer so bleiben. Einige Entwickler arbeiten an Utreexo. Dieses Projekt erlaubt es Full Nodes, anstelle der eigentlichen Daten ein Commitment für eine Reihe von UTXOs zu speichern. Ein minimales Commitment muss nur ein oder zwei Kilobytes groß sein – vergleichen Sie das mit den über fünf Gigabytes, die Bitcoin Core speichert, während wir diese Zeilen schreiben.
>
> Allerdings müssen auch unter Utreexo einige Nodes alle UTXO-Daten speichern, insbesondere Nodes, die Daten für Miner oder andere Dienstleister vorhalten, die neue Blöcke schnell validieren müssen. Das bedeutet, dass unwirtschaftliche Outputs für Full Nodes immer noch ein Problem darstellen können, selbst wenn zukünftig die meisten Nodes Utreexo nutzen.

Bitcoin Cores Policy-Regeln in Bezug auf Dust besitzen eine Ausnahme: Output-Skripte, die mit einem `OP_RETURN` beginnen (sogenannte *Data Carrier Outputs*), können den Wert null haben. Der Opcode `OP_RETURN` lässt das Skript sofort fehlschlagen, und zwar unabhängig davon, was auf diesen Opcode folgt. Das bedeutet, dass diese Outputs niemals ausgegeben werden können, und das bedeutet, dass Full Nodes diese nicht nachhalten müssen. Das nutzt Bitcoin Core aus, um es den Nutzern zu erlauben, kleine Mengen beliebiger Daten in der Blockchain zu speichern, ohne die Größe der UTXO-Datenbank zu erhöhen. Da die Outputs nicht ausgegeben werden können, sind sie auch nicht unwirtschaftlich – alle ihnen zugewiesenen Satoshis können nicht mehr ausgegeben werden –, d.h., wenn der Wert null sein darf, werden auch keine Satoshis zerstört.

## Output-Skripte

Auf die Höhe des Outputs folgt ein Integerwert im compactSize-Format, der die Länge des *Output-Skripts* angibt. Dieses Skript enthält die Bedingungen, die erfüllt werden müssen, um die Bitcoins einlösen zu können. Entsprechend den Konsensregeln von Bitcoin ist die minimale Größe eines Output-Skripts null.

Die laut Konsens erlaubte Maximalgröße eines Output-Skripts hängt davon ab, wann es geprüft wird. Es gibt keine explizite Größenbeschränkung für ein Output-Skript im Output einer Transaktion, doch eine spätere Transaktion kann einen vorherigen Output nur ausgeben, wenn das Skript 10.000 Byte nicht übersteigt. Implizit kann ein Output-Skript nur so groß sein wie die Transaktion, die es enthält, und eine Transaktion kann maximal so groß sein wie der sie enthaltende Block.

> Ein Output-Skript der Länge null kann mit einem Input-Skript eingelöst werden, das den Opcode `OP_TRUE` enthält. Jeder kann ein solches Input-Skript erzeugen, d.h., jeder kann ein leeres Output-Skript einlösen. Es gibt grundsätzlich eine unbeschränkte Anzahl von Skripten, die jeder einlösen kann. Bitcoin-Protokollentwickler nennen sie *anyone can spend*. Upgrades der Bitcoin-Skriptsprache nutzen häufig ein existierendes Anyone-can-spend-Skript und ergänzen es um neue Nebenbedingungen. Diese Skripte können dann nur unter den neuen Bedingungen eingelöst werden. Anwendungsentwickler sollten niemals ein Anyone-can-spend-Skript benötigen, aber falls doch, müssen Sie Ihre Pläne den Bitcoin-Nutzern und -Entwicklern laut und deutlich verkünden, damit zukünftige Upgrades Ihr System nicht stören.

Die Bitcoin-Core-Policy für die Weiterleitung und das Mining von Transaktionen ist tatsächlich auf nur wenige Templates, die sogenannten *Standard-Transaktions-Outputs*, beschränkt. Diese wurden ursprünglich implementiert, nachdem verschiedene frühe Bugs in der Bitcoin-eigenen Skriptsprache entdeckt wurden, und wurden in modernen Bitcoin-Core-Versionen beibehalten, um Anyone-can-spend-Upgrades zu unterstützen und um die bewährte Methode zu fördern, Skriptbedingungen in P2SH-Redeem-Skripten, Segwit-v0-Witness-Skripten und Segwit-v1-(Taproot-)Leaf-Skripten zu platzieren.

Wir sehen uns die aktuellen Standard-Transaktions-Templates in Kapitel 7 an und zeigen, wie man Skripte verarbeitet.

## Witness-Struktur

Bei Gericht ist ein Zeuge (engl. *Witness*) jemand, der aussagt, etwas Wichtiges gesehen zu haben. Menschliche Zeugen sind nicht immer vertrauenswürdig, daher haben die Gerichte verschiedene Prozesse zu deren Befragung etabliert, um (idealerweise) nur die Beweise der vertrauenswürdigen Zeugen zuzulassen.

Stellen Sie sich vor, wie ein »Zeuge« für ein mathematisches Problem auszusehen hätte. Lautet dieses wichtige Problem etwa $x + 2 == 4$ und jemand behauptet, die Lösung zu kennen, welche Fragen würden Sie ihm stellen? Wir würden einen mathematischen Beweis fordern, der uns einen Wert liefert, der zu 2 addiert den Wert 4 liefert. Wir könnten auch die Person weglassen und nur den vorgeschlagenen Wert für $x$ als unseren »Zeugen« verwenden. Wenn man uns sagt, dass der bezeugte Wert *2* lautet, fügen wir diesen Wert in die Gleichung ein, überprüfen das Ergebnis und entscheiden, ob das wichtige Problem gelöst wurde.

Wenn Bitcoins eingelöst werden, besteht dieses wichtige Problem darin, herauszufinden, ob der einzulösende Betrag durch die Personen autorisiert wurde, die diese Bitcoins kontrollieren. Die vielen Full Nodes, die Bitcoins Konsensregeln erzwingen, können keine menschlichen Zeugen befragen, doch sie können Zeugen (engl. *Witnesses*) akzeptieren, die allein aus den Daten bestehen, die zur Lösung des mathematischen Problems benötigt werden. Zum Beispiel erlaubt der »Zeuge« mit dem Wert *2*, die durch folgendes Skript geschützten Bitcoins auszugeben:

```
2 OP_ADD 4 OP_EQUAL
```

Natürlich ist es nicht sicher, wenn Sie es jedem ermöglichen, Ihre Bitcoins durch das Lösen einer einfachen Gleichung einzulösen. Wie wir in Kapitel 8 gesehen haben, verwendet eine fälschungssichere digitale Signatur eine Gleichung, die nur von jemandem gelöst werden kann, der im Besitz bestimmter (geheim gehaltener) Daten ist. Dieser Jemand kann diese geheimen Daten über einen öffentlichen Bezeichner vorweisen. Der öffentliche Bezeichner wird als öffentlicher Schlüssel (*Public Key*) bezeichnet, und eine Lösung dieser Gleichung nennt man *Signatur*.

Das folgende Skript enthält einen öffentlichen Schlüssel und einen Opcode, der einen passenden Signatur-Commit für die Daten in der einlösenden Transaktion verlangt. Wie die Zahl *2* in unserem einfachen Beispiel bildet die Signatur unseren Zeugen:

```
<Public Key> OP_CHECKSIG
```

Diese Zeugen, also die Werte, die verwendet werden, um das mathematische Problem zu lösen, das die Bitcoins schützt, müssen in die Transaktionen eingefügt werden, wo sie für die Verifikation durch Full Nodes verwendet werden. Beim veralteten Transaktionsformat, das für alle frühen Bitcoin-Transaktionen verwendet wurde, werden Signaturen und andere Daten im Input-Skript-Feld abgelegt. Als die Entwickler aber damit begannen, Vertragsprotokolle in Bitcoin zu implementieren (siehe »Ursprüngliche sequenzbasierte Transaktionsersetzung« auf Seite 150), erkannten sie verschiedene schwerwiegende Probleme, die durch das Platzieren der Witness-Werte im Input-Skript-Feld verursacht wurden.

## Zirkulare Abhängigkeiten

Viele Vertragsprotokolle für Bitcoin verlangen eine Reihe von Transaktionen, die in einer beliebigen Reihenfolge signiert werden können. Zum Beispiel möchten Alice und Bob Mittel in einem Skript hinterlegen, die nur ausgegeben werden können, wenn es von beiden signiert wird. Gleichzeitig möchten sie aber ihr Geld zurückerhalten können, wenn einer der beiden plötzlich nicht mehr reagiert. Eine einfache Lösung besteht darin, Transaktionen nicht entsprechend ihrer Reihenfolge zu signieren:

- $Tx_0$ hinterlegt Geld von Alice und Bob in einem Output, dessen Skript von beiden signiert werden muss, um eingelöst werden zu können.
- $Tx_1$ teilt den vorherigen Output auf zwei Outputs auf. Mit dem einen erhält Alice ihr Geld zurück, mit dem anderen Bob (abzüglich einer kleinen Transaktionsgebühr).
- Signieren Alice und Bob $Tx_1$, bevor sie $Tx_0$ signieren, können beide sicher sein, zu jeder Zeit ihr Geld zurückzuerhalten. Das Protokoll verlangt von keinem, dem anderen zu trauen, was es zu einem *vertrauensfreien Protokoll* macht.

Ein Problem dieses Konstrukts im alten Transaktionsformat besteht darin, dass jedes Feld, auch das Signaturen enthaltende Input-Skript-Feld, genutzt wird, um eine Transaktionskennung (*Transaction Identifier*, txid) abzuleiten. Die txid für $Tx_0$ ist Teil des Outpoints im Input in $Tx_1$. Das bedeutet, dass es für Alice und Bob keine Möglichkeit gibt, $Tx_1$ zu konstruieren, bis beide Signaturen für $Tx_0$ bekannt sind. Doch wenn sie die Signaturen für $Tx_0$ kennen, kann einer von ihnen diese Transaktion veröffentlichen, bevor die Rückerstattungstransaktion signiert wird. Die Garantie einer Rückerstattung ist also nicht mehr gegeben. Man nennt das eine *zirkuläre Abhängigkeit.*

## Transaktionsverformbarkeit durch eine dritte Partei

Eine komplexere Folge von Transaktionen kann die zirkuläre Abhängigkeit manchmal auflösen, doch viele Protokolle stehen dann vor einem neuen Problem: Es ist häufig möglich, das gleiche Skript auf unterschiedliche Weise zu lösen. Sehen wir uns noch einmal das einfache Skript auf »Witness-Struktur« auf Seite 157 an:

```
2 OP_ADD 4 OP_EQUAL
```

Das Skript läuft durch, wenn wir ihm den Wert 2 in einem Input-Skript übergeben, doch es gibt verschiedene Möglichkeiten, diesen Wert auf dem Stack abzulegen. Hier nur einige Beispiele:

```
OP_2
OP_PUSH1 0x02
OP_PUSH2 0x0002
OP_PUSH3 0x000002
...
OP_PUSHDATA1 0x0102
OP_PUSHDATA1 0x020002
```

```
...
OP_PUSHDATA2 0x000102
OP_PUSHDATA2 0x00020002
...
OP_PUSHDATA4 0x0000000102
OP_PUSHDATA4 0x000000020002
...
```

Jede alternative Codierung der Zahl 2 in einem Input-Skript führt zu einer leicht unterschiedlichen Transaktion mit einer völlig anderen txid. Jede Version der Transaktion gibt die gleichen Inputs (Outpoints) aus wie jede andere Version der Transaktion, d.h., alle *kollidieren* miteinander. Nur eine Version dieser kollidierenden Transaktionen kann in eine gültige Blockchain aufgenommen werden.

Nehmen wir an, Alice erzeugt eine Version der Transaktion mit `OP_2` im Input-Skript und einen an Bob gerichteten Output. Bob löst diesen Output direkt ein und leitet ihn sofort an Carol weiter. Jeder im Netzwerk kann `OP_2` durch `OP_PUSH1 0x02` ersetzen und kollidiert so mit Alice' Originalversion. Wird diese kollidierende Transaktion bestätigt, gibt es keine Möglichkeit, Alice' ursprüngliche Version in dieselbe Blockchain aufzunehmen, was wiederum bedeutet, dass es für Bob keine Möglichkeit gibt, die Transaktion einzulösen. Bobs Zahlung an Carol wäre ungültig, obwohl weder Alice noch Bob noch Carol etwas falsch gemacht haben. Jemand (eine dritte Partei), der nicht in die Transaktion involviert war, konnte Alice' Transaktion verändern (mutieren). Dieses Problem nennt man *unerwünschte Transaktionsverformbarkeit durch eine dritte Partei.*

> Es gibt Fälle, in denen man die Verformbarkeit einer Transaktion wünscht. Bitcoin bietet hierzu verschiedene Features an, insbesondere Signatur-Hashes (*Sighash*), die Sie in »Arten von Signatur-Hashes (SIGHASH)« auf Seite 207 kennenlernen werden. Zum Beispiel kann Alice einen Sighash nutzen, um es Bob zu erlauben, ihr bei der Bezahlung einiger Transaktionsgebühren zu helfen. Alice' Transaktion wird so mutiert, aber nur in einer Form, die Alice wünscht. Aus diesem Grund stellen wir dem Begriff *Transaktionsverformbarkeit* manchmal das Wort *unerwünscht* voran. Selbst wenn wir und andere Bitcoin-Autoren die kürzere Form verwenden, sprechen wir so gut wie immer von der unerwünschten Variante der Verformbarkeit.

## Transaktionsverformbarkeit durch eine zweite Partei

Als das veraltete Transaktionsformat das einzige Transaktionsformat war, arbeiteten Entwicklerinnen und Entwickler an Vorschlägen, wie etwa BIP62, zur Minimierung der Verformbarkeit durch dritte Parteien. Doch selbst wenn sie in der Lage waren, die Verformbarkeit durch Drittparteien vollständig zu lösen, standen die Nutzer von Vertragsprotokollen vor einem weiteren Problem: Benötigten sie eine Signatur von jemand anderem, der in das Protokoll involviert war, konnte dieser alternative Signaturen erzeugen und die txid ändern.

Zum Beispiel können Alice und Bob Geld in einem Skript hinterlegt haben, das von beiden eine Signatur verlangt, um eingelöst werden zu können. Sie haben außerdem eine Rückerstattungstransaktion erzeugt, die es jedem von ihnen erlaubt, sich ihr Geld jederzeit zurückzuholen. Alice entscheidet, nur einen Teil ihres Geld einlösen zu wollen, und kooperiert daher mit Bob, um eine Folge von Transaktionen zu erzeugen:

- $Tx_0$ enthält Signaturen von Alice und Bob und übergibt deren Bitcoins an zwei Outputs. Der erste Output weist einen Teil von Alice' Geld an, der zweite Output gibt den Rest an das Skript weiter, das Alice' und Bobs Signaturen verlangt. Bevor sie diese Transaktion signieren, erzeugen sie eine neue Rückerstattungstransaktion $Tx_1$.
- $Tx_1$ verteilt den zweiten Output von $Tx_0$ auf zwei neue Outputs: einen an Alice für ihren Anteil an den gemeinsamen Mitteln und einen an Bob für seinen Anteil. Alice und Bob signieren diese Transaktion beide, bevor sie dann $Tx_0$ signieren.

Es gibt hier keine zirkuläre Abhängigkeit. Wenn wir die mögliche Verformbarkeit durch eine Drittpartei ignorieren, sieht es so aus, als hätten wir es mit einem vertrauenslosen Protokoll zu tun. Allerdings ist es eine Eigenschaft von Bitcoin-Signaturen, dass der Unterzeichner eine große Zufallszahl wählen muss, wenn er seine Signatur erzeugt. Die Wahl einer anderen Zufallszahl erzeugt eine andere Signatur, selbst wenn alles, was signiert wurde, gleich bleibt. Das ist so, als würden Sie zwei Ausfertigungen eines Vertrags handschriftlich unterschreiben. Jede Unterschrift sieht etwas anders aus.

Diese Mutabilität der Signaturen bedeutet, dass, wenn Alice $Tx_0$ veröffentlichen will (die Bobs Signatur enthält), Bob eine andere Signatur erzeugen kann, um eine kollidierende Transaktion mit einer anderen txid zu erzeugen. Wird Bobs alternative Version von $Tx_0$ bestätigt, kann Alice die vorsignierte Version von $Tx_1$ nicht verwenden, um ihre Rückerstattung durchzusetzen. Diese Art der Mutation nennt man *unerwünschte Transaktionsverformbarkeit durch eine zweite Partei.*

## Segregated Witness

Schon 2011 (*https://oreil.ly/---bp*) wussten die Protokollentwickler, wie man die Probleme mit zirkulären Abhängigkeiten sowie die Verformbarkeit durch dritte und zweite Parteien löst. Die Idee war, das Input-Skript bei der Berechnung der txid einer Transaktion nicht mit einzubeziehen. Erinnern Sie sich daran, dass ein abstrakter Name für die Daten in einem Input-Skript »Zeuge« (engl. *Witness*) ist. Die Idee, zur Generierung der txid die Daten einer Transaktion von dessen Witness zu trennen, wird *Segregated Witness*, kurz *Segwit*, genannt (zu Deutsch etwa »isolierter/getrennter Zeuge«).

Die offensichtliche Methode zur Implementierung von Segwit verlangt eine Änderung von Bitcoins Konsensregeln, die zu älteren Full Nodes nicht kompatibel ist, genannt *Hard-Fork*. Hard-Forks stellen uns vor einige Herausforderungen, auf die wir in »Hard-Forks« auf Seite 313 genauer eingehen.

Ein alternativer Ansatz für Segwit wurde gegen Ende 2015 beschrieben. Dieser hätte eine rückwärtskompatible Änderung der Konsensregeln verlangt, was als *Soft-Fork* bezeichnet wird. Rückwärtskompatibel bedeutet, dass Full Nodes, die die Neuerungen übernommen haben, keine Blöcke akzeptieren müssen, die Full Nodes ohne diese Änderungen als ungültig betrachten würden. Solange sie diese Regeln befolgen, können neuere Full Nodes Blöcke ablehnen, die ältere Full Nodes akzeptiert hätten. Sie können daher die neuen Konsensregeln durchsetzen, solange die neueren Full Nodes den ökonomischen Konsens zwischen den Bitcoin-Nutzern repräsentieren. Wir sehen uns die Aktualisierung von Bitcoins Konsensregeln in Kapitel 12 im Detail an.

Der Segwit-Soft-Fork basiert auf Anyone-can-spend-Output-Skripten. Ein Skript, das mit einer Zahl zwischen 0 und 16 beginnt und 2 bis 40 Datenbytes enthält, ist als Segwit-Output-Skript-Template definiert. Die Zahl gibt die Version an (d.h., 0 ist Segwit-Version 0 bzw. *segwit v0*). Die Daten werden als *Witness-Programm* bezeichnet. Es ist auch möglich, das Segwit-Template in ein P2SH-Commitment zu packen, worauf wir in diesem Kapitel aber nicht eingehen.

Aus der Sicht alter Nodes können diese Output-Skript-Templates mit einem leeren Input-Skript eingelöst werden. Aus Sicht einer neuen Node, die die neuen Segwit-Regeln kennt, kann jede Zahlung an ein Segwit-Output-Skript-Template nur mit einem leeren Input-Skript eingelöst werden. Beachten Sie den Unterschied: Alte Nodes *erlauben* ein leeres Input-Skript, während neue Nodes ein leeres Input-Skript *verlangen*.

Ein leeres Input-Skript verhindert, dass sich die Witnesses auf die txid auswirken, wodurch zirkuläre Abhängigkeiten sowie Verformbarkeiten durch dritte und zweite Parteien verhindert werden. Doch ohne die Daten, die in einem Input-Skript liegen, benötigen die Nutzer von Segwit-Output-Skript-Templates ein neues Feld. Dieses Feld wird *Witness-Struktur* genannt.

Die Einführung von Witness-Programmen und der Witness-Struktur verkompliziert Bitcoin, folgt aber dem Trend zur erhöhten Abstraktion. Wie Sie aus Kapitel 4 wissen, beschrieb das ursprüngliche Whitepaper ein System, bei dem Bitcoins über öffentliche Schlüssel (*Pubkeys*) empfangen und mittels Signaturen (*Sigs*) eingelöst wurden. Der öffentliche Schlüssel definiert, wer zum Einlösen der Schlüssel *autorisiert* ist (also der, der den entsprechenden privaten Schlüssel kennt). Die Signatur sorgte für die *Authentifizierung*, d.h., dass die einlösende Transaktion von jemandem mit dem privaten Schlüssel kam. Um dieses System flexibler zu gestalten, führte die ursprüngliche Bitcoin-Release Skripte ein, die es erlaubten, Bitcoins durch Output-Skripte zu empfangen und mit Input-Skripten einzulösen. Die späteren Erfahrungen mit Vertragsprotokollen regten dazu an, Bitcoins durch Witness-Programme zu empfangen und mit der Witness-Struktur auszugeben. Die Begriffe und Felder, die von den verschiedenen Bitcoin-Versionen verwendet werden, sind in Tabelle 6-1 zu sehen.

*Tabelle 6-1: Zur Autorisierung und Authentifizierung in verschiedenen Bitcoin-Bereichen verwendete Begriffe*

| | Autorisierung | Authentifizierung |
|---|---|---|
| **Whitepaper** | Public Key | Signatur |
| **Original (veraltet)** | Output-Skript | Input-Skript |
| **Segwit** | Witness-Programm | Witness-Struktur |

## Serialisierung der Witness-Struktur

Wie bei den Inputs- und Outputs-Feldern enthält auch die Witness-Struktur weitere Felder. Wir sehen uns daher zuerst eine Map der Bytes von Alice' Transaktion an (siehe Abbildung 6-5).

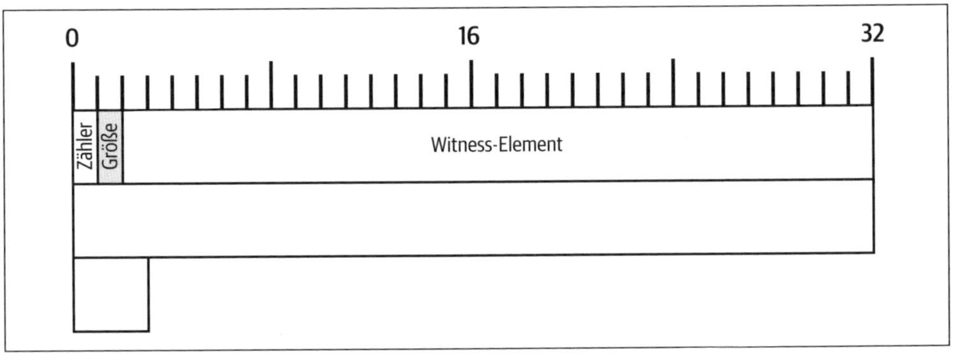


*Abbildung 6-5: Byte-Map der Witness-Struktur aus Alice' Transaktion*

Im Gegensatz zu den Inputs- und Outputs-Feldern beginnt die Witness-Struktur nicht mit der Anzahl der enthaltenen Witness-Stacks. Vielmehr wird das durch das Inputs-Feld vorgegeben – es gibt einen Witness-Strack für jeden Input in einer Transaktion.

Die Witness-Struktur für einen bestimmten Input beginnt hingegen mit einem Zähler für die Menge der darin enthaltenen Elemente. Diese Elemente werden *Witness-Elemente* genannt. Wir sehen sie uns in Kapitel 7 genauer an, für den Moment reicht es, zu wissen, dass jedem Witness-Element ein compactSize-Integerwert vorangestellt ist, der dessen Größe angibt.

Alte Inputs enthalten keine Witness-Elemente, weshalb deren Witness-Stack die Größe null (0x00) hat.

Alice' Transaktion enthält einen Input und ein Witness-Element.

# Locktime

Das letzte Feld einer serialisierten Transaktion ist deren Locktime, eine Art »Zeitschloss«. Dieses Feld war Teil von Bitcoins ursprünglichem Serialisierungsformat, wurde anfänglich aber nur von Bitcoins Policy für die Wahl der zu schürfenden Transaktionen verwendet. Bitcoins frühester bekannter Soft-Fork führte eine Regel ein, die, beginnend bei Block 31.000, die Aufnahme einer Transaktion in einen Block verbot, wenn nicht eine der folgenden Regeln erfüllt war:

- Die Transaktion anzeigt, dass sie in einen beliebigen Block aufgenommen werden kann, indem sie den Timelock auf 0 setzt.
- Die Transaktion anzeigt, dass sie einschränken will, in welche Blöcke eine Transaktion aufgenommen werden kann, indem sie den Timelock auf einen Wert kleiner 500.000.000 setzt. In diesem Fall kann die Transaktion nur in einen Block aufgenommen werden, dessen Höhe gleich oder höher dem Timelock ist. Ist der Timelock einer Transaktion zum Beispiel auf 123.456 gesetzt, kann er in Block 123.456 (oder höher) aufgenommen werden.
- Die Transaktion anzeigt, dass sie einschränken will, wann sie in die Blockchain aufgenommen werden will, indem sie den Timelock auf einen Wert von 500.000.000 oder höher setzt. In diesem Fall wird das Feld als Epoche interpretiert (die Anzahl von Sekunden seit dem 1.1.1970, 00:00 UTC). Die Transaktion kann nur in einen Block aufgenommen werden, deren MTP (*Median Time Past*) größer ist als die Locktime. Die MTP hinkt der normalen Zeit normalerweise ein oder zwei Stunden hinterher. Die MTP-Regeln werden in »Median Time Past (MTP)« auf Seite 301 erläutert.

# Coinbase-Transaktionen

Die erste Transaktion jedes Blocks stellt einen Sonderfall dar. Ältere Dokumentationen bezeichnen sie meist als *Generierungstransaktion*, doch in der neueren Dokumentation wird sie *Coinbase-Transaktion* genannt (nicht zu verwechseln mit Transaktionen, die vom Unternehmen namens »Coinbase« erzeugt werden).

Coinbase-Transaktionen werden von dem Miner angelegt, der diesen Block erzeugt hat, und sie ermöglichen ihm, alle Gebühren für die Transaktionen in diesem Block einzustreichen. Zusätzlich konnten Miner bis Block 6.720.000 einen »Zuschuss« (engl. *Subsidy*) für sich beanspruchen, der aus bisher nicht im Umlauf befindlichen Bitcoins bestand. Der Gesamtbetrag, den ein Miner für einen Block beanspruchen kann, ist die Summe aus Gebühren und Zuschuss, bezeichnet als *Blockbelohnung* (engl. *Reward*).

Einige der besonderen Regeln für Coinbase-Transaktionen sind:

- Sie dürfen nur einen Input besitzen.
- Dieser einzelne Input muss einen Outpoint enthalten, dessen txid null ist (d.h. komplett aus Nullen besteht) und den Output-Index auf das Maximum (0xffffffff) setzt. Die Coinbase-Transaktion kann daher keinen vorherigen Transaktions-Output referenzieren, was (zumindest) verwirrend wäre, da sie die Gebühren und den Zuschuss auszahlt.

- Das Feld, das bei einer normalen Transaktion das Input-Skript enthalten würde, wird *Coinbase* genannt. Es ist dieses Feld, das der Coinbase-Transaktion ihren Namen gibt. Es muss mindestens zwei und kann maximal 100 Byte lang sein. Das Skript wird nicht ausgeführt, doch es gelten die veralteten Limits für die Anzahl der signaturprüfenden Operationen (*Sigops*). Dort eingefügten Daten muss daher ein Daten pushender Opcode vorangestellt werden. Seit einem in BIP34 definierten Soft-Fork im Jahr 2013 müssen die ersten Bytes dieses Felds zusätzlichen Regeln folgen, die wir in »Coinbase-Daten« auf Seite 294 erläutern.
- Die Summe der Outputs darf den Wert der Gebühren aller Transaktionen im Block plus den Zuschuss nicht übersteigen. Der Zuschuss lag am Anfang bei 50 BTC pro Block und halbiert sich alle 210.000 Blöcke (etwa alle vier Jahre). Zuschüsse werden auf den nächsten Satoshi abgerundet.
- Seit dem in BIP141 dokumentierten Segwit-Soft-Fork im Jahr 2017 muss jeder Block mit einer Transaktion, die einen Segwit-Output verarbeitet, einen Output für die Coinbase-Transaktion enthalten, der alle Transaktionen in diesem Block (samt deren Witnesses) bestätigt. Wir sehen uns dieses Commitment in Kapitel 12 genauer an.

Eine Coinbase-Transaktion kann andere Outputs enthalten, die in einer normalen Transaktion gültig wären. Allerdings kann eine Transaktion, die einen dieser Outputs einlöst, erst in einen Block aufgenommen werden, wenn sie 100 Bestätigungen erhalten hat. Das wird als *Reife-Regel (Maturity Rule)* bezeichnet. Coinbase-Transaktions-Outputs mit weniger als 100 Bestätigungen werden als *unreif* (*immature*) bezeichnet.

Der größte Teil der Bitcoin-Software muss nicht mit Coinbase-Transaktionen arbeiten, doch ihre spezielle Natur kann gelegentlich zu ungewöhnlichen Problemen bei Software führen, die nicht mit ihnen umgehen kann.

## Gewicht und Vbytes

Jeder Bitcoin-Block ist in der Menge an Transaktionsdaten, die er enthalten kann, beschränkt. Der Großteil der Bitcoin-Software muss daher in der Lage sein, die Größe der von ihr erzeugten Transaktionen zu ermitteln und zu verarbeiten. Die moderne Maßeinheit für Bitcoin wird *Gewicht* (engl. *Weight*) genannt. Eine Alternative zum Gewicht sind *Vbytes*, wobei vier Gewichte einem Vbyte entsprechen. Das ermöglicht einen einfachen Vergleich mit der ursprünglichen Maßeinheit *Byte*, die von alten Bitcoin-Blöcken verwendet wird.

Blöcke sind auf ein Gewicht von vier Millionen beschränkt. Der Block-Header hat ein Gewicht von bis zu 240. Ein weiteres Feld, der Transaktionszähler, hat ein Gewicht von 4 oder 12. Das verbleibende Gewicht kann für Transaktionsdaten verwendet werden.

Um das Gewicht eines bestimmten Felds einer Transaktion zu ermitteln, wird die Größe des serialisierten Felds in Bytes mit einem Faktor multipliziert. Um das Gewicht einer Transaktion zu berechnen, summieren Sie die Gewichte aller Felder. Die Faktoren für jedes dieser Felder sehen Sie in Tabelle 6-2. Wir wollen auch beispielhaft das Gewicht jedes Felds für die in diesem Kapitel genutzte Beispieltransaktion zwischen Alice und Bob berechnen.

Die Faktoren und die Felder, auf die sie angewandt werden, wurden gewählt, um das Gewicht beim Einlösen eines UTXO zu reduzieren. Das wirkt der Erzeugung unwirtschaftlicher Outputs entgegen, die wir in »Unwirtschaftliche Outputs und unzulässiger Staub« auf Seite 154 erläutert haben.

*Tabelle 6-2: Gewichtsfaktoren für alle Felder einer Bitcoin-Transaktion*

| Feld | Faktor | Gewicht in Alice' Tx |
|---|---|---|
| Version | 4 | 16 |
| Marker & Flag | 1 | 2 |
| Inputs-Zähler | 4 | 4 |
| Outpoint | 4 | 144 |
| Input-Skript | 4 | 4 |
| Sequenz | 4 | 16 |
| Outputs-Zähler | 4 | 4 |
| Menge | 4 | 64 (2 Outputs) |
| Output-Skript | 4 | 232 (2 Outputs mit unterschiedlichen Skripten) |
| Witness-Zähler | 1 | 1 |
| Witness-Elemente | 1 | 66 |
| Locktime | 4 | 16 |
| **Gesamt** | | **569** |

Wir können unsere Gewichtsberechnung überprüfen, indem wir uns das Gesamtgewicht für Alice' Transaktion von Bitcoin Core ausgeben lassen:

```
$ bitcoin-cli getrawtransaction 466200308696215bbc949d5141a49a41\
38ecdfdfaa2a8029c1f9bcecd1f96177 2 | jq .weight
569
```

Sie sehen Alice' Transaktion aus Beispiel 6-1 vom Anfang dieses Kapitels mit deren Gewichten in Abbildung 6-6. Sie können auch die Faktoren bei der Arbeit sehen, wenn Sie die Größenunterschiede der verschiedenen Felder in den beiden Abbildungen vergleichen.

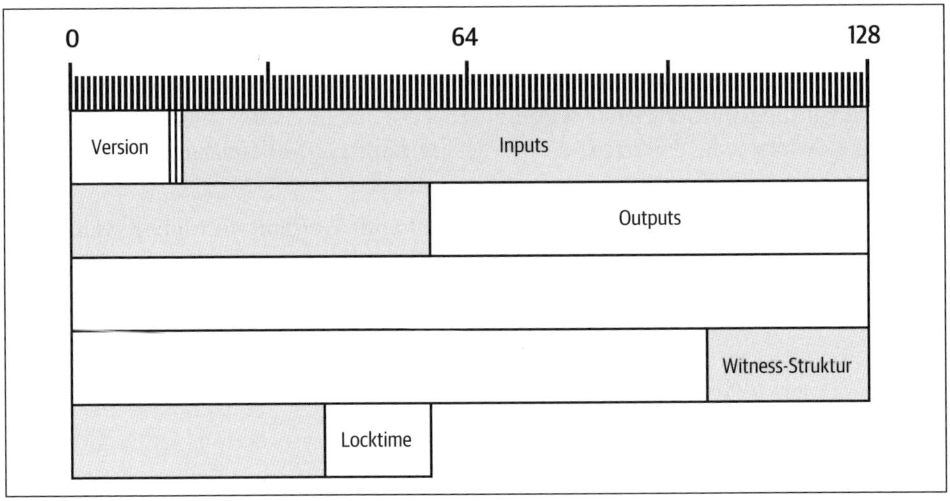


*Abbildung 6-6: Byte-Map von Alice' Transaktion*

## Veraltete Serialisierung

Während wir dieses Buch schreiben, wird das in diesem Kapitel beschriebene Serialisierungsformat vom Großteil neuer Bitcoin-Transaktionen verwendet. Für viele Transaktionen wird aber immer noch ein älteres Serialisierungsformat genutzt. Das alte Format, die *veraltete Serialisierung*, muss im Bitcoin-P2P-Netzwerk für alle Transaktionen mit einer leeren Witness-Struktur verwendet werden (was nur gültig ist, wenn die Transaktion keine Witness-Programme nutzt).

Die veraltete Serialisierung kennt keine Felder für Marker, Flag und Witness-Struktur.

In diesem Kapitel haben wir uns alle Felder einer Transaktion angesehen und gezeigt, wie sie Full Nodes die Details der zwischen Nutzern zu transferierenden Bitcoins übermitteln. Wir haben uns Output-Skript, Input-Skript und Witness-Struktur nur kurz angesehen. Sie bestimmen und erfüllen die Bedingungen, die festlegen, wer welche Bitcoins ausgeben darf. Das Verständnis der Konstruktion und Verwendung dieser Bedingungen ist unverzichtbar, wenn Sie sicherstellen wollen, dass nur Alice ihre Bitcoins ausgeben kann. Daher sind sie Gegenstand des nächsten Kapitels.

KAPITEL 7

# Autorisierung und Authentifizierung

Wenn Sie Bitcoins erhalten, müssen Sie entscheiden, wer das Recht hat, sie auszugeben – dies wird als *Autorisierung* bezeichnet. Sie müssen außerdem entscheiden, wie Full Nodes die autorisierte Person von allen anderen unterscheiden können – genannt *Authentifizierung*. Ihre Autorisierung und der Nachweis der Authentifizierung des Einlösenden wird von Tausenden unabhängigen Full Nodes geprüft. Alle müssen zu dem Ergebnis kommen, dass das Einlösen autorisiert und authentifiziert wurde, um die Transaktion als gültig zu betrachten.

In der Originalbeschreibung von Bitcoin wurde ein öffentlicher Schlüssel zur Autorisierung genutzt. Alice bezahlte Bob, indem sie seinen öffentlichen Schlüssel im Output einer Transaktion eintrug. Die Authentifizierung kam von Bob in Form einer Signatur, die eine auszahlende Transaktion bestätigte, etwa die von Bob an Carol.

Die tatsächliche Bitcoin-Version, die ursprünglich veröffentlicht wurde, bot einen flexibleren Mechanismus sowohl für die Autorisierung als auch für die Authentifizierung. Seitdem haben Verbesserungen diese Flexibilität noch erhöht. In diesem Kapitel wollen wir diese Features untersuchen und zeigen, wie sie üblicherweise eingesetzt werden.

## Transaktionsskripte und Skriptsprache

Die Originalversion von Bitcoin führte eine neue Programmiersprache namens *Script* ein. Die Sprache ähnelt Forth und basiert auf einem Stack. Sowohl das in einem Output stehende Skript als auch die alten Input-Skripte, die zum Ausgeben verwendet wurden, sind in dieser Skriptsprache geschrieben.

Script ist eine sehr einfache Sprache. Sie verlangt nur eine minimale Verarbeitung und kann nicht so einfach viele der tollen Dinge tun, die moderne Programmiersprachen können.

Als veraltete Transaktionen noch die am häufigsten genutzte Art von Transaktion waren, hatten die meisten im Bitcoin-Netzwerk verarbeiteten Transaktionen die Form »Zahlung an Bobs Bitcoin-Adresse« und basierten auf einem Skript namens *Pay-to-Public-Key-Hash* (P2PKH). Allerdings sind Bitcoin-Transaktionen nicht auf das »Zahlung an Bobs Bitcoin-Adresse«-Skript beschränkt. Tatsächlich können Skripte geschrieben werden, die eine Vielzahl komplexer Bedingungen ausdrücken. Um diese komplexeren Skripte verstehen zu können, müssen wir zuerst die Grundlagen von Skripten und Skriptsprache kennen.

In diesem Abschnitt stellen wir die grundlegenden Komponenten der Skriptsprache für Bitcoin-Transaktionen vor. Wir zeigen, wie man damit einfache Bedingungen für die Freigabe ausdrückt und wie diese Bedingungen erfüllt werden können.

> Die Validierung einer Bitcoin-Transaktion basiert nicht auf statischen Mustern, sondern erfolgt über die Ausführung einer Skriptsprache. Diese Sprache erlaubt es, eine nahezu unendliche Vielzahl von Bedingungen zu erfüllen.

## Turing-Unvollständigkeit

Die Skriptsprache für Bitcoin-Transaktionen kennt viele Operatoren, ist aber in einem wichtigen Punkt ganz bewusst eingeschränkt – es gibt keine Schleifen und keine komplexe Flusssteuerung (außer der bedingten Ausführung). Damit ist die Sprache nicht *Turing-vollständig*, d. h., die Komplexität der Skripte ist beschränkt, und ihre Ausführungszeiten sind vorhersagbar. Script ist keine Allzwecksprache. Die Einschränkungen stellen sicher, dass die Sprache nicht für Endlosschleifen oder andere Formen von »Logik-Bomben« verwendet werden kann, die eingebettet in einer Transaktion zu einem Denial-of-Service-Angriff auf das Bitcoin-Netzwerk führen könnten. Denken Sie daran, dass jede Transaktion von jeder Full Node im Bitcoin-Netzwerk validiert wird. Eine Sprache mit beschränkten Fähigkeiten verhindert, dass der Validierungsmechanismus als Schwachstelle ausgenutzt wird.

## Zustandlose Verifikation

Die Skriptsprache für Bitcoin-Transaktionen ist zustandslos. Das bedeutet, es gibt keinen Zustand vor der Ausführung des Skripts, und es wird nach der Ausführung des Skripts auch kein Zustand festgehalten. Daher sind alle Informationen, die zur Ausführung des Skripts benötigt werden, im Skript enthalten. Ein Skript wird vorhersehbar auf jedem System gleich ausgeführt. Wenn Ihr System ein Skript verifiziert, können Sie sicher sein, dass jedes andere System im Bitcoin-Netzwerk das Skript ebenfalls verifiziert, was wiederum bedeutet, dass eine gültige Transaktion für jedermann gültig ist und dass alle dies auch wissen. Diese Vorhersehbarkeit der Ergebnisse ist ein wesentlicher Vorteil des Bitcoin-Systems.

## Konstruktion von Skripten

Bitcoins veraltete Validierungs-Engine für Transaktionen basiert auf zwei Arten von Skripten: einem Output-Skript und einem Input-Skript.

Ein Output-Skript legt die Bedingungen fest, nach denen der Output zukünftig eingelöst werden kann, etwa wer autorisiert ist, den Output einzulösen, und wie er oder sie sich authentifizieren muss.

Ein Input-Skript »löst« die Bedingungen, die im Output-Skript festgelegt wurden, und ermöglicht es, die Outputs einzulösen. Input-Skripte sind Teil jedes Transaktions-Inputs. Meistens enthalten sie in veralteten Transaktionen eine digitale Signatur, die von der Wallet des Nutzers aus dessen privatem Schlüssel erzeugt wurde. Doch nicht alle Input-Skripte müssen Signaturen enthalten.

Jeder Bitcoin validierende Knoten prüft Transaktionen, indem er das Output- und das Input-Skript ausführt. Wie in Kapitel 6 gesehen, enthält jeder Input einen Outpoint, der auf einen vorherigen Transaktions-Output verweist. Der Input enthält auch ein Input-Skript. Die Validierungssoftware kopiert das Input-Skript, ruft den durch den Input referenzierten UTXO ab und kopiert das Output-Skript aus diesem UTXO. Die Input- und Output-Skripte werden dann zusammen ausgeführt. Der Input ist gültig, wenn das Input-Skript die Bedingungen des Output-Skripts erfüllt (siehe »Separate Ausführung der Output- und Input-Skripte« auf Seite 172). Alle Inputs werden als Teil der Gesamtvalidierung der Transaktion unabhängig von voneinander validiert.

Beachten Sie, dass die obigen Schritte Kopien aller Daten verlangen. Die ursprünglichen Daten im vorherigen Output und im aktuellen Input werden niemals verändert. Vor allem der vorherige Output ist unveränderlich und von fehlgeschlagenen Freigabeversuchen unberührt. Nur eine gültige Transaktion, die die Bedingungen des Output-Skripts erfüllt, gilt als »ausgegeben«.

Abbildung 7-1 ist ein Beispiel für die Output- und Input-Skripte für den gängigsten Typ veralteter Bitcoin-Transaktionen (einer Zahlung an einen Public-Key-Hash). Es zeigt das kombinierte Skript, das sich aus der Verkettung der Skripte vor der Validierung ergibt.

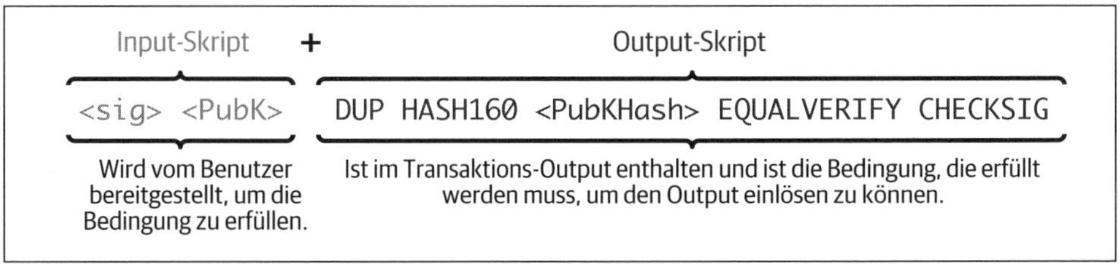


*Abbildung 7-1: Output- und Input-Skript zur Evaluierung eines Transaktionsskripts kombinieren*

## Der Skript-Ausführungsstack

Bitcoins Skriptsprache wird als stackbasierte Sprache bezeichnet, da es eine *Stack* (Stapel) genannte Datenstruktur verwendet. Ein Stack ist eine einfache Datenstruktur, die man sich wie einen Kartenstapel vorstellen kann. Ein Stack kennt zwei Operationen: *Push* und *Pop*. Ein Push legt ein Element auf den Stapel, ein Pop entfernt ein Element vom Stapel.

Die Skriptsprache führt das Skript aus, indem es nacheinander jedes Element von links nach rechts verarbeitet. Zahlen (Konstanten) werden auf den Stack geschoben. Operatoren entfernen ein oder mehrere Elemente vom Steck oder legen sie darauf ab, verarbeiten sie und können ein Ergebnis auf dem Stack ablegen. Beispielsweise entfernt `OP_ADD` zwei Elemente vom Stack, addiert sie und legt das Ergebnis wieder auf dem Stack ab.

Konditionaloperatoren evaluieren eine Bedingung und erzeugen ein boolesches Ergebnis der Form `TRUE` (wahr) oder `FALSE` (falsch). Zum Beispiel entfernt `OP_EQUAL` zwei Elemente vom Stack und legt `TRUE` (`TRUE` wird durch die Zahl 1 repräsentiert), wenn die Werte gleich sind, bzw. `FALSE` (repräsentiert durch die 0), wenn sie ungleich sind, auf dem Stack ab. Bitcoin-Transaktionsskripte enthalten üblicherweise einen Konditionaloperator, damit sie das Ergebnis `TRUE` erzeugen können, der eine gültige Transaktion signalisiert.

## Ein einfaches Skript

Wir wollen nun das, was wir über Skripte und Stacks gelernt haben, in einigen einfachen Beispielen anwenden.

In Abbildung 7-2 demonstriert das Skript `2 3 OP_ADD 5 OP_EQUAL` den Additionsoperator `OP_ADD`. Es addiert zwei Zahlen, legt das Ergebnis auf dem Stack ab und überprüft dann mit dem Konditionaloperator `OP_EQUAL`, ob die Summe der Addition gleich `5` ist. In der schrittweisen Erklärung lassen wir `OP_` der Kürze halber weg. Weitere Details zu den verfügbaren Skriptoperatoren und -funktionen finden Sie auf der Skriptseite des Bitcoin-Wikis (*https://oreil.ly/21vH9*).

Zwar verweisen die meisten veralteten Output-Skripte auf einen Public-Key-Hash (eine veraltete Bitcoin-Adresse), wodurch ein Eigentumsnachweis benötigt wird, um die Mittel einlösen zu können, doch das Skript muss nicht notwendigerweise komplex sein. Jede Kombination aus Output- und Input-Skript ist gültig, die einen `TRUE`-Wert ergibt. Die einfache Arithmetik, die wir als Beispiel verwendet haben, ist ebenfalls ein gültiges Skript.

Verwenden Sie einen Teil unseres Beispielskripts als Output-Skript:

```
3 OP_ADD 5 OP_EQUAL
```

Dann können Sie die Bedingungen der Transaktion mit einem Input mit dem folgenden Input-Skript erfüllen:

```
2
```

Die Validierungssoftware kombiniert die beiden Skripte:

```
2 3 OP_ADD 5 OP_EQUAL
```

Wie wir in Abbildung 7-2 sehen, liefert die Ausführung des Skripts `OP_TRUE` und macht so die Transaktion gültig. Das ist nicht nur ein gültiges Output-Skript, der resultierende UTXO kann auch von jedem ausgegeben werden, der mathematisch ausreichend bewandert ist, um zu wissen, dass die Zahl 2 die Bedingung des Skripts erfüllt.

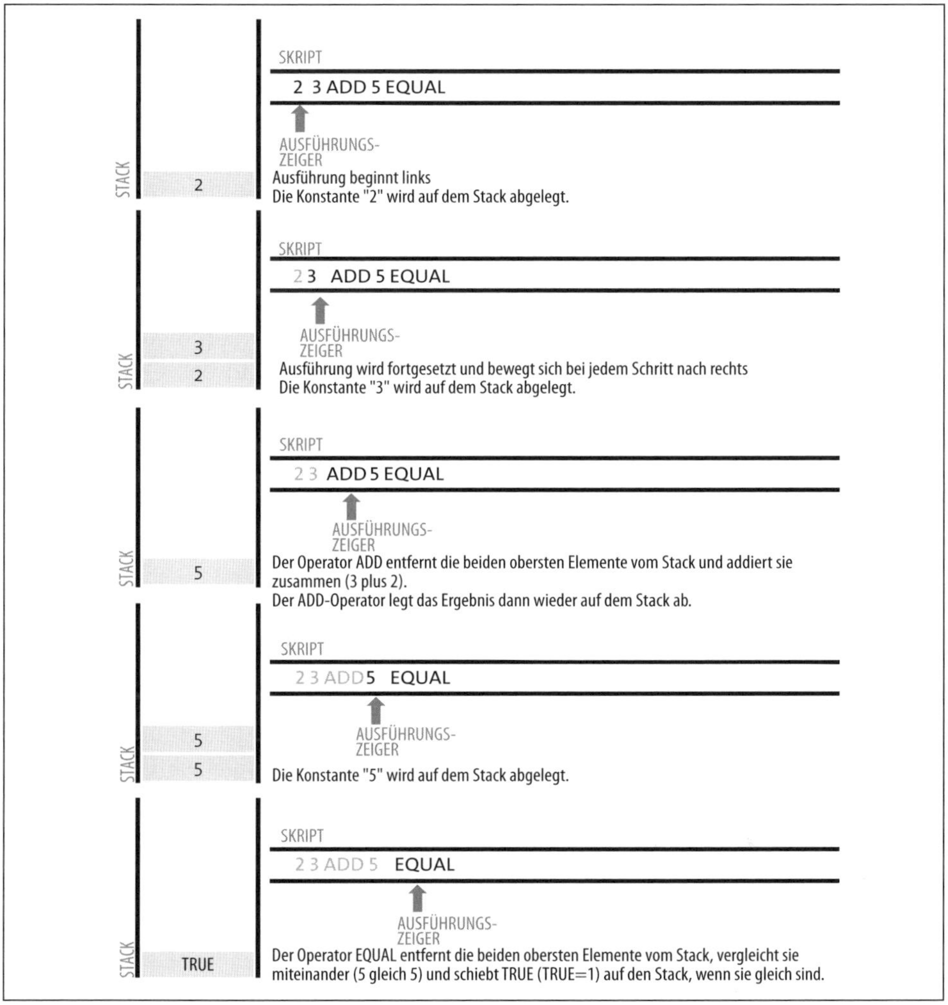


*Abbildung 7-2: Bitcoins Skriptvalidierung löst eine einfache Rechenaufgabe.*

> Transaktionen sind gültig, wenn nach der Ausführung auf dem Stack der Wert `TRUE` liegt, also ein Wert ungleich null. Transaktionen sind ungültig, wenn der oberste Wert auf dem Stack `FALSE` (der Wert null oder ein leerer Stack) ist oder wenn die Ausführung des Skripts explizit durch einen Operator wie `VERIFY`, `OP_RETURN` bzw. durch ein semantisch nicht korrektes Skript (etwa eine `OP_IF`-Anweisung ohne zugehörigen `OP_ENDIF`-Opcode) beendet wird. Details dazu finden Sie auf der Skriptseite des Bitcoin-Wikis (*https://oreil.ly/J2DXt*).

Es folgt ein etwas komplexeres Skript, das 2 + 7 – 3 + 1 berechnet. Folgen in einem Skript mehrere Operatoren aufeinander, erlaubt der Stack, dass das Ergebnis eines Operators vom nächsten Operator weiterverwendet werden kann:

```
2 7 OP_ADD 3 OP_SUB 1 OP_ADD 7 OP_EQUAL
```

Versuchen Sie, dieses Skript mit Papier und Bleistift selbst zu validieren. Wenn die Skriptausführung endet, sollte der Wert TRUE auf dem Stack liegen.

### Separate Ausführung der Output- und Input-Skripte

Im ursprünglichen Bitcoin-Client wurden die Output- und Input-Skripte aneinandergehängt und der Reihe nach ausgeführt. Das wurde im Jahr 2010 geändert, weil es eine Sicherheitslücke durch den sogenannten 1 OP_RETURN-Bug gab. In der aktuellen Implementierung werden die Skripte separat ausgeführt, und der Stack wird zwischen den Ausführungen transferiert.

Zuerst wird das Input-Skript ausgeführt. Wird es ohne Fehler durchlaufen (d. h., es bleiben keine Operatoren übrig), wird der Stack kopiert, und das Output-Skript wird ausgeführt. Ergibt die Ausführung des Output-Skripts mit den vom Input-Skript kopierten Stackdaten den Wert TRUE, hat das Input-Skript die Bedingungen des Outputs-Skripts erfüllt, der Input hat eine gültige Autorisierung, und der UTXO kann ausgegeben werden. Bleibt nach der Ausführung der beiden Skripte etwas anderes als TRUE übrig, ist der Input ungültig, weil die für das Einlösen des UTXO festgelegten Bedingungen nicht erfüllt wurden.

## Pay-to-Public-Key-Hash

Ein *Pay-to-Public-Key-Hash-Skript* (P2PKH) nutzt ein Output-Skript, das einen Hash an einen Public Key koppelt. P2PKH diente als Basis für die veralteten Bitcoin-Adressen. Ein P2PKH-Output kann durch »Vorlage« eines zum Hash-Commitment passenden öffentlichen Schlüssels und einer digitalen Signatur, die mit dem zugehörigen privaten Schlüssel (siehe Kapitel 8) erzeugt wurde, freigegeben werden. Sehen wir uns ein Beispiel für ein P2PKH-Output-Skript an:

```
OP_DUP OP_HASH160 <Key Hash> OP_EQUALVERIFY OP_CHECKSIG
```

Der Key Hash entspricht den Daten, die zu einer veralteten Base58Check-Adresse codiert werden. Die meisten Anwendungen würden im Skript den *Public-Key-Hash* in hexadezimaler Codierung ausgeben und nicht im vertrauten Base58Check-Format (das mit einer 1 beginnt).

Die Bedingung des vorstehenden Output-Skripts kann mit dem folgenden Input-Skript erfüllt werden:

```
<Signatur> <Public Key>
```

Die beiden Skripte zusammen ergeben folgendes Validierungsskript:

```
<Sig> <Pubkey> OP_DUP OP_HASH160 <Hash> OP_EQUALVERIFY OP_CHECKSIG
```

Das Ergebnis ist TRUE, wenn das Input-Skript eine gültige Signatur von Bobs privatem Schlüssel vorweisen kann, die zum Public-Key-Hash passt.

Die Abbildungen 7-3 und 7-4 zeigen (in zwei Teilen), wie schrittweise ein kombiniertes Skript ausgeführt wird, das beweist, dass eine Transaktion gültig ist.

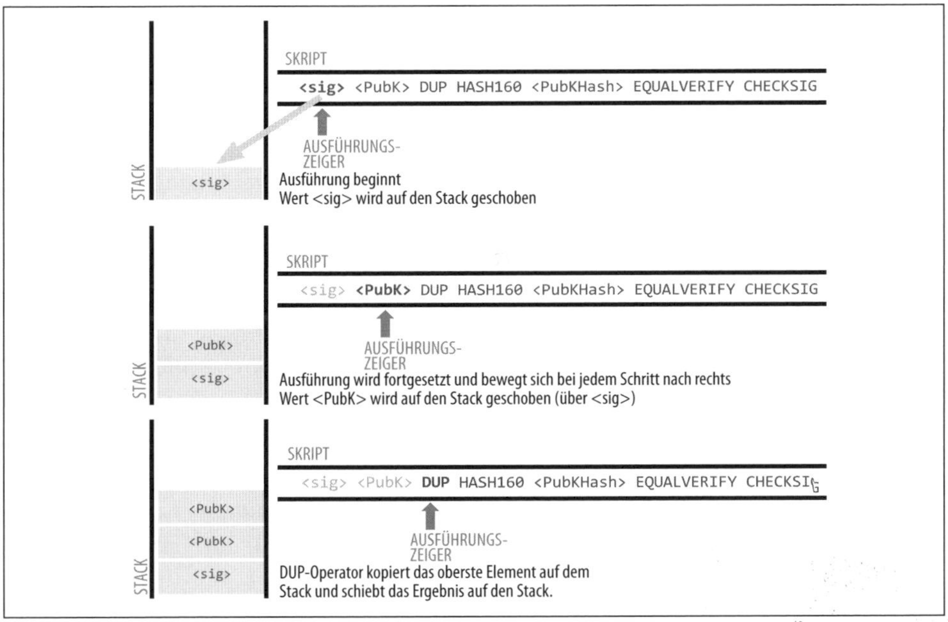


*Abbildung 7-3: Evaluierung eines Skripts für eine P2PKH-Transaktion (Teil 1 von 2)*

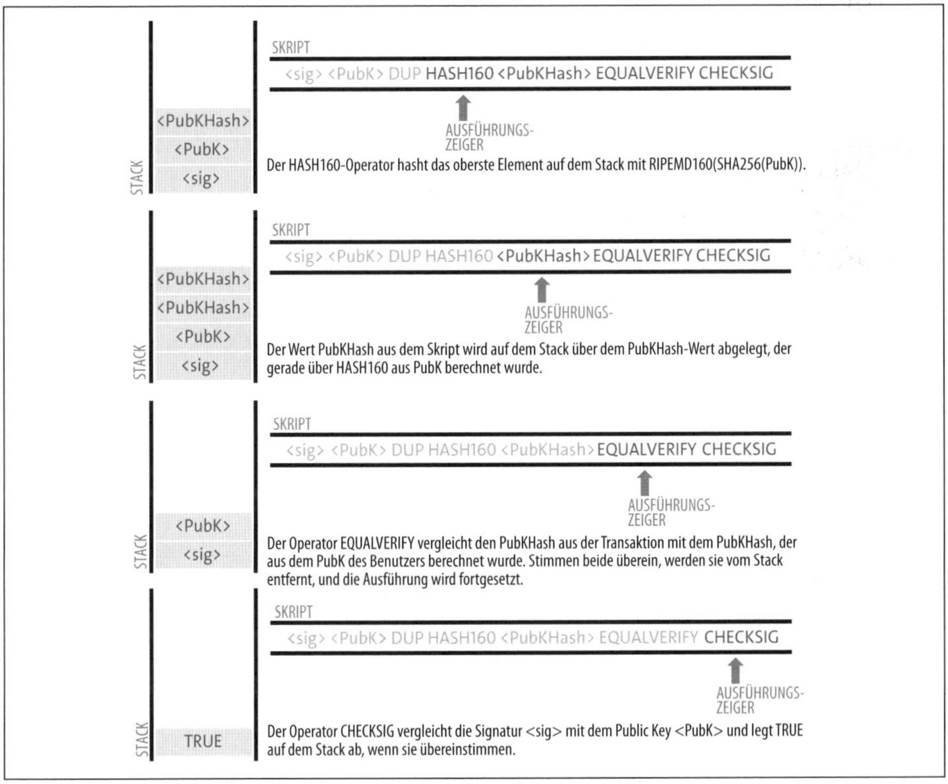


*Abbildung 7-4: Evaluierung eines Skripts für eine P2PKH-Transaktion (Teil 2 von 2)*

## Geskriptete Multisignaturen

Multisignaturskripte definieren eine Bedingung, bei der *k* öffentliche Schlüssel im Skript festgehalten werden, von denen mindestens *t* Schlüssel Signaturen bereitstellen müssen, um die Mittel freizugeben. Das wird auch als *t*-von-*k*-Schema bezeichnet. Bei einer 2-von-3-Multisignatur werden beispielsweise drei öffentliche Schlüssel als potenzielle Unterzeichner geführt, von denen mindestens zwei signieren müssen, um eine gültige Transaktion zu erzeugen (und die Mittel einzulösen).

> Ein Teil der Bitcoin-Dokumentation, einschließlich früherer Auflagen dieses Buchs, haben für eine traditionelle Multisignatur den Begriff »m-von-n« verwendet. Da man »m« und »n« aber nur schwer auseinanderhalten kann (es sei denn, man spricht es aus), verwenden wir den alternativen Begriff *t*-von-*k*. Beide Begriffe stehen für das gleiche Signaturschema.

Die allgemeine Form eines Outputs-Skripts mit einer *t*-von-*k*-Multisignaturbedingung ist:

```
t <Public Key 1> <Public Key 2> ... <Public Key k> k OP_CHECKMULTISIG
```

wobei *k* die Gesamtzahl der öffentlichen Schlüssel und *t* der Schwellenwert benötigter Signaturen ist, um den Output einlösen zu können.

Ein Output-Skript mit einer 2-von-3-Multisignaturbedingung sieht wie folgt aus:

```
2 <Public Key A> <Public Key B> <Public Key C> 3 OP_CHECKMULTISIG
```

Das obige Output-Skript kann durch ein Input-Skript freigegeben werden, das Signaturen enthält:

```
<Signature B> <Signature C>
```

oder eine Kombination aus zwei Signaturen der privaten Schlüssel, die den drei aufgeführten öffentlichen Schlüsseln entsprechen.

Die beiden Skripte würden zusammen das folgende Validierungsskript ergeben:

```
<Sig B> <Sig C> 2 <Pubkey A> <Pubkey B> <Pubkey C> 3 OP_CHECKMULTISIG
```

Bei der Ausführung dieses Skripts ist das Ergebnis `TRUE`, wenn das Input-Skript gültige Signaturen von privaten Schlüsseln vorlegen kann, die zu den drei angegebenen öffentlichen Schlüsseln gehören.

Bitcoin Core beschränkt durch seine Transaktionsweiterleitungs-Policy Multisignatur-Output-Skripte momentan auf maximal drei öffentliche Schlüssel. Das bedeutet, dass Sie jede Kombination zwischen 1-von-1 bis 3-von-3 verwenden können. Sie können die Funktion `IsStandard()` nutzen, um zu ermitteln, was im Netzwerk momentan akzeptiert wird. Beachten Sie, dass diese Grenze von drei Schlüsseln nur auf («reine«) Standard-Multisignaturskripte zutrifft. Sie gilt nicht für Skripte, die in andere Strukturen eingebettet sind (etwa P2SH, P2WSH oder P2TR). P2SH-Multisignaturskripte sind durch Policy und Konsens auf 15 Schlüssel beschränkt, erlauben also bis zu 15-von-15-Multisignaturen. Sie lernen P2SH in »Pay-to-Script-Hash« auf Seite 176 kennen. Alle anderen Skripte sind durch Konsens auf 20 Schlüssel je OP_CHECKMULTISIG- oder OP_CHECKMULTISIGVERIFY-Opcode beschränkt. Ein Skript kann aber mehrere dieser Opcodes enthalten.

## Eine Eigentümlichkeit in der CHECKMULTISIG-Ausführung

Die Ausführung von OP_CHECKMULTISIG weist eine Besonderheit auf, die einen kleinen Workaround benötigt. Bei der Ausführung von OP_CHECKMULTISIG sollten $t + k + 2$ Elemente des Stacks als Parameter verarbeitet werden. Durch die Eigentümlichkeit entfernt OP_CHECKMULTISIG aber einen Wert mehr als erwartet.

Sehen wir uns das etwas genauer anhand des obigen Beispiels an:

```
<Sig B> <Sig C> 2 <Pubkey A> <Pubkey B> <Pubkey C> 3 OP_CHECKMULTISIG
```

Zuerst nimmt OP_CHECKMULTISIG das oberste Element ($k$, in diesem Beispiel 3). Dann verarbeitet es $k$ Elemente, d.h. die signierfähigen Public Keys, hier die Public Keys A, B und C. Dann entfernt es das Element $t$, das Quorum (das die beschlussfähige Anzahl von Signaturen angibt. Hier ist $t = 2$. An diesem Punkt sollte OP_CHECKMULTISIG die finalen $t$ Elemente vom Stack entfernen, also die Signaturen, und prüfen, ob sie gültig sind. Unglücklicherweise entfernt OP_CHECKMULTISIG durch eine Eigentümlichkeit der Implementierung ein Element mehr ($t + 1$), als es sollte. Dieses zusätzliche Element wird bei der Signaturprüfung nicht berücksichtigt, hat auf OP_CHECKMULTISIG selbst also keine Auswirkungen. Allerdings muss ein zusätzlicher Wert vorhanden sein, weil OP_CHECKMULTISIG ansonsten beim Versuch, etwas von einem leeren Stack zu entfernen, einen Skriptfehler erzeugt und das Skript fehlschlägt (was die Transaktion ungültig macht). Da dieses zusätzliche Element ignoriert wird, kann es sich um alles handeln. Schon früh wurde standardmäßig der Wert OP_0 verwendet. Daraus wurde später eine Relay-Policy und schließlich (durch BIP147) eine Konsensregel.

Da das Entfernen des Dummy-Elements zu einem Teil der Konsensregeln wurde, muss es für immer repliziert werden. Ein solches Skript muss daher wie folgt aussehen:

```
OP_0 <Sig B> <Sig C> 2 <Pubkey A> <Pubkey B> <Pubkey C> 3 OP_CHECKMULTISIG
```

Das für Multisig verwendete Output-Skript ist also nicht:

```
<Signature B> <Signature C>
```

sondern:

```
OP_0 <Sig B> <Sig C>
```

Einige glauben, dass diese Eigentümlichkeit ein Bug im Originalcode von Bitcoin war, doch es gibt auch plausible alternative Erklärungen. Die Verifizierung von $t$-von-$k$ Signaturen kann sehr viel mehr als $t$ oder $k$ Signaturprüfungen erfordern. Sehen wir uns dazu beispielhaft eine 1-von-5-Multisignatur mit dem folgenden kombinierten Skript an:

```
<dummy> <Sig4> 1 <key0> <key1> <key2> <key3> <key4> 5 OP_CHECKMULTISIG
```

Die Signatur wird zuerst gegen `key0` geprüft, dann gegen `key1` und dann gegen die anderen Schlüssel, bevor es mit dem entsprechenden Schlüssel `key4` verglichen wird. Das bedeutet, dass fünf Signaturen geprüft werden müssen, obwohl es nur eine Signatur gibt. Eine Möglichkeit, diese Redundanz zu eliminieren, wäre, `OP_CHECKMULTISIG` mit einer Map zu versorgen, die die Signaturen auf die öffentlichen Schlüssel abbildet. Die `OP_CHECKMULTISIG`-Operation müsste dann nur genau *t* Signaturprüfungen vornehmen. Es ist durchaus möglich, dass die ursprünglichen Bitcoin-Entwickler dieses zusätzliche Element (das wir jetzt als Dummy-Stackelement bezeichnen) in die ursprüngliche Bitcoin-Version aufgenommen haben, um in einem späteren Soft-Fork eine Map übergeben zu können. Allerdings wurde dieses Feature nie implementiert, und das BIP147-Update der Konsensregeln im Jahr 2017 macht es unmöglich, dieses Feature zukünftig einzubinden.

Nur die ursprünglichen Bitcoin-Entwickler könnten uns sagen, ob das Dummy-Stackelement ein Bug oder ein Plan für ein zukünftiges Feature war. In diesem Buch nennen wir es einfach eine Eigentümlichkeit.

Wenn Sie ein Multisig-Skript sehen, sollten Sie von nun an immer davon ausgehen, dass ein `OP_0` an dessen Anfang steht, dessen einziger Zweck ein Workaround für eine Eigentümlichkeit der Konsensregeln ist.

## Pay-to-Script-Hash

Der *Pay-to-Script-Hash* (P2SH) wurde 2012 als leistungsfähiger neuer Transaktionstyp eingeführt, der die Verwendung komplexer Transaktionsskripte deutlich vereinfacht. Um die Notwendigkeit für P2SH zu erklären, wollen wir uns ein praktisches Beispiel ansehen.

Mohammed ist ein Elektronikimporteur aus Dubai. Mohammeds Unternehmen setzt das Multisignaturfeature für die Unternehmenskonten ein. Multisignaturskripte sind das am häufigsten genutzte Anwendungsgebiet für Bitcoins fortgeschrittene Skripting-Fähigkeiten und ein sehr mächtiges Feature. Mohammeds Firma verwendet ein Multisignaturskript für die Kundenzahlungen. Alle Kundenzahlungen sind derart geschützt, dass deren Freigabe mindestens zwei Signaturen verlangt: Mohammed, einer seiner drei Partner und sein Anwalt können jeder eine Signatur beisteuern. Ein solches Multisignaturschema bietet der Unternehmensführung Kontrolle und schützt vor Diebstahl, Veruntreuung und Verlust.

Das entsprechende Skript ist recht lang und sieht wie folgt aus:

```
2 <Mohammeds Public Key> <Partner1 Public Key> <Partner2 Public Key>
<Partner3 Public Key> <Anwalt Public Key> 5 OP_CHECKMULTISIG
```

Multisignaturskripte sind ein mächtiges Feature, in ihrer Anwendung aber etwas mühsam. Mohammed müsste das obige Skript vor jeder Zahlung an jeden Kunden weitergeben. Jeder Kunde müsste spezielle Bitcoin-Wallet-Software nutzen, die in der Lage ist, maßgeschneiderte Transaktionsskripte zu erzeugen, und jeder Kunde müsste wissen, wie man Transaktionen mit solchen Skripten aufbaut. Darüber hinaus wäre die resultierende Transaktion etwa fünfmal größer als eine einfache Zahlung, weil dieses Skript sehr lange öffentliche Schlüssel enthält. Die Last dieser großen Transaktion würde dem Kunden in Form von Gebühren auferlegt werden. Schließlich würde eine große Transaktion wie diese im UTXO-Set im RAM jeder Full Node vorgehalten werden, bis die Freigabe erfolgt. Alle diese Aspekte machen komplexe Locking-Skripte in der Praxis schwierig.

P2SH wurde entwickelt, um diese praktischen Schwierigkeiten zu lösen und komplexe Skripte so einfach zu machen wie Zahlungen an eine Bitcoin-Adresse. Mit P2SH-Zahlungen wird das komplexe Locking-Skript durch ein Commitment (den Digest eines kryptografischen Hash) ersetzt. Versucht eine Transaktion später, diesen UTXO auszugeben, muss sie ein Skript enthalten, das zu diesem Commitment passt, sowie die Daten, die dieses Skript benötigt. Einfach ausgedrückt, bedeutet P2SH: »Zahle an das Skript aus, das diesem Hash entspricht und das später vorgelegt wird, wenn der Output eingelöst wird.«

Bei P2SH-Transaktionen wird das Skript, das durch den Hash ersetzt wird, als *Einlöseskript* (engl. *Redeem Script*) bezeichnet, weil es dem System erst bei der Einlösung (und nicht als Output-Skript) vorgelegt wird. Tabelle 7-1 zeigt das Skript ohne P2SH und Tabelle 7-2 das gleiche Skript in P2SH codiert.

*Tabelle 7-1: Komplexes Skript ohne P2SH*

| | |
|---|---|
| Output-Skript | 2 PubKey1 PubKey2 PubKey3 PubKey4 PubKey5 5 OP_CHECKMULTISIG |
| Input-Skript | Sig1 Sig2 |

*Tabelle 7-2: Komplexes Skript als P2SH*

| | |
|---|---|
| Redeem-Skript | 2 PubKey1 PubKey2 PubKey3 PubKey4 PubKey5 5 OP_CHECKMULTISIG |
| Output-Skript | OP_HASH160 <20-Byte-Hash des Redeem-Skripts> OP_EQUAL |
| Input-Skript | Sig1 Sig2 <Redeem-Skript> |

Wie Sie sehen, ist bei P2SH das komplexe Skript, das die Bedingung für die Freigabe der Outputs festlegt (das Redeem-Skript), nicht im Locking-Skript enthalten. Stattdessen enthält das Locking-Skript nur einen entsprechenden Hash, und das Redeem-Skript selbst wird später als Teil des Input-Skripts vorgelegt, wenn der Output eingelöst wird. Die Last der Gebühren und die Komplexität gehen also vom Sender auf den Empfänger der Transaktion über.

Sehen wir uns Mohammeds Unternehmen, das komplexe Multisignaturskript und die resultierenden P2SH-Skripte an.

Zuerst das Multisignaturskript, das Mohammeds Unternehmen für alle eingehenden Kundenzahlungen verwendet:

```
2 <Mohammeds Public Key> <Partner1 Public Key> <Partner2 Public Key>
<Partner3 Public Key> <Anwalt Public Key> 5 OP_CHECKMULTISIG
```

Das ganze Skript lässt sich stattdessen durch einen 20 Byte langen kryptografischen Hash darstellen. Dazu wenden wir zuerst den SHA256-Algorithmus auf das Skript an und darauf dann den RIPEMD-160-Algorithmus. Der 20-Byte-Hash für Mohammeds Redeem-Skript lautet:

```
54c557e07dde5bb6cb791c7a540e0a4796f5e97e
```

Eine P2SH-Transaktion bindet den Output über eine spezielle Output-Skript-Vorlage an diesen Hash (anstelle des längeren Redeem-Skripts):

```
OP_HASH160 54c557e07dde5bb6cb791c7a540e0a4796f5e97e OP_EQUAL
```

Wie Sie sehen können, ist das wesentlich kürzer. Anstelle eines »Zahle an dieses 5-Schlüssel-Multisig-Skript« lautet die entsprechende P2SH-Transaktion: »Zahle an das Skript mit diesem Hash.« Ein Kunde, der eine Zahlung an Mohammeds Firma leiten möchte, muss in seiner Überweisung nur dieses wesentlich kürzere Output-Skript angeben. Wollen Mohammed und seine Partner diesen UTXO einlösen, müssen sie zur Freigabe das Original-Redeem-Skript (dessen Inhalt mit dem UTXO verknüpft ist) und die notwendigen Signaturen vorlegen:

```
<Sig1> <Sig2> <2 PK1 PK2 PK3 PK4 PK5 5 OP_CHECKMULTISIG>
```

Die beiden Skripte werden in zwei Schritten vereint. Zuerst wird das Redeem-Skript überprüft, um sicherzustellen, dass die Hashes passen:

```
<2 PK1 PK2 PK3 PK4 PK5 5 OP_CHECKMULTISIG> OP_HASH160 <script hash> OP_EQUAL
```

Stimmt der Redeem-Skript-Hash, wird das Redeem-Skript ausgeführt:

```
<Sig1> <Sig2> 2 <PK1> <PK2> <PK3> <PK4> <PK5> 5 OP_CHECKMULTISIG
```

## P2SH-Adressen

Ein weiterer wichtiger Teil von P2SH ist die Möglichkeit, den Skript-Hash als Adresse zu codieren. Der entsprechende Standard ist in BIP13 definiert. P2SH-Adressen sind Base58Check-codierte 20-Byte-Hashes eines Skripts (genau wie Bitcoin-Adressen die Base58Check-codierten 20-Byte-Hashes eines öffentlichen Schlüssels sind). P2SH-Adressen haben das Präfix `5`, was zu Base58Check-codierten Adressen führt, die mit `3` beginnen.

Zum Beispiel wird Mohammeds komplexes Skript, gehasht und Base58Check-codiert, zur P2SH-Adresse `39RF6JqABiHdYHkfChV6USGMe6Nsr66Gzw`.

Mohammed kann nun diese »Adresse« an seine Kunden weitergeben, und die wiederum können mit nahezu jeder Bitcoin-Wallet eine einfache Zahlung vornehmen, als würde es sich um eine normale Bitcoin-Adresse handeln. Das Präfix `3` ist ein Hinweis darauf, dass es sich um eine spezielle Art Schlüssel handelt, die auf ein Skript verweist und nicht auf einen öffentlichen Schlüssel. Ansonsten funktioniert sie aber genauso wie jede andere Zahlung an eine Bitcoin-Adresse.

P2SH-Adressen verstecken die ganze Komplexität, was bedeutet, dass die Person, die die Zahlung vornimmt, von dem Skript nichts zu sehen bekommt.

## Vorteile von P2SH

Verglichen mit der direkten Nutzung komplexer Skripte zum Schutz des Outputs bietet die Verwendung von P2SH folgende Vorteile:

- Die Ähnlichkeit mit den ursprünglichen (veralteten) Adressen bedeutet, dass Sender und Sender-Wallet keinen großen technischen Aufwand betreiben müssen, um P2SH zu implementieren.
- P2SH verlagert die Datenspeicherung langer Skripte vom Output (der neben der Blockchain auch im UTXO-Set gespeichert wird) an den Input (der nur in der Blockchain gespeichert ist).
- P2SH verlagert die Datenspeicherung langer Skripte vom Jetzt (Zahlung) in die Zukunft (wenn der Output ausgegeben wird).
- P2SH verlagert die Transaktionskosten vom Sender zum Empfänger (der das lange Redeem-Skript vorhalten muss).

## Redeem-Skript und Validierung

Sie können kein P2SH in ein P2SH-Redeem-Skript einfügen, weil die P2SH-Spezifikation nicht rekursiv ist. Und obwohl es technisch möglich ist, `OP_RETURN` (siehe »Data Recording Output (OP_RETURN)« auf Seite 179) in ein Redeem-Skript einzufügen (da es die Regeln nicht verbieten), hat das keinen praktischen Nutzen, da die Ausführung von `OP_RETURN` während der Validierung die Transaktion als ungültig markiert.

Sie sollten beachten, dass das Redeem-Skript dem Netzwerk nicht bekannt ist, bis ein P2SH-Output eingelöst werden soll. Wenn Sie einen Output mit dem Hash eines ungültigen Redeem-Skripts versehen, können Sie ihn nicht einlösen, weil die freigebende Transaktion, die das Redeem-Skript enthält, nicht akzeptiert wird, da es sich um ein ungültiges Skript handelt. Das ist also ein Risiko, da Sie Bitcoins an eine P2SH-Skript senden können, die später nicht eingelöst werden kann.

> P2SH-Output-Skripte enthalten den Hash eines Redeem-Skripts, der keinerlei Hinweise auf den Inhalt des Redeem-Skripts selbst enthält. Der P2SH-Output wird als gültig betrachtet und akzeptiert, selbst wenn das Redeem-Skript ungültig ist. Sie können versehentlich Bitcoins sperren, die später nicht mehr eingelöst werden können.

# Data Recording Output (OP_RETURN)

Bitcoins verteiltes und mit Zeitstempeln versehenes Kassenbuch, die Blockchain, bietet potenzielle Anwendungsmöglichkeiten, die weit über einfache Zahlungen hinausgehen. Viele Entwickler haben versucht, die Transaktionsskriptsprache sowie die Vorteile der Sicherheit und Robustheit des Systems für Anwendungen wie digitale Notardienste zu nutzen. Frühe Versuche, die Skriptsprache von Bitcoin für diese Zwecke zu nutzen, verlangten die Erzeugung von Transaktions-Outputs, die Daten in der Blockchain festhielten, zum Beispiel ein Commitment einer Akte in einer Weise, in der jedermann die Existenz dieser Akte zu einem bestimmten Datum nachweisen konnte, indem er auf diese Transaktion verwies.

Die Nutzung der Bitcoin-Blockchain zur Speicherung von Daten, die nichts mit Zahlungen zu tun haben, ist ein kontroverses Thema. Viele Menschen sehen in einer solchen Nutzung einen Missbrauch und möchten ihn verhindern. Andere betrachten sie als Demonstration der Leistungsfähigkeit der Blockchain-Technologie und möchten solche Experimente vorantreiben. Die Gegner argumentieren, dass die Aufnahme dieser »Nichtzahlungsdaten« die Blockchain »aufblähen« und Full-Node-Betreibern die Kosten für die Speicherung der Daten auferlegen würde, für die die Blockchain nie gedacht war. Darüber hinaus erzeugen solche Transaktionen UTXOs, die eine veraltete Bitcoin-Adresse als 20-Byte-Freiformfeld nutzen und daher nicht eingelöst werden können. Da die Adresse für Daten verwendet wird und zu keinem privaten Schlüssel passt, kann der resultierende UTXO *niemals* eingelöst werden. Es handelt sich also um Scheinzahlungen. Diese können niemals ausgegeben und daher niemals aus dem UTXO-Set entfernt werden, wodurch sich die Größe der UTXO-Datenbank immer weiter ausdehnt.

Durch die Einführung des `OP_RETURN`-Operators wurde ein Kompromiss erzielt. Im Gegensatz zu einem »Schein-UTXO« erzeugt der `OP_RETURN`-Operator einen *nachweislich nicht einzulösenden* Output, der nicht im UTXO-Set festgehalten werden muss. `OP_RETURN`-Outputs werden in der Blockchain festgehalten, verbrauchen also Plattenplatz und tragen zur Ausdehnung der Blockchain-Größe bei, müssen aber nicht im UTXO-Set gespeichert werden. Full Nodes bleiben also von den Kosten teurer Datenbankoperationen verschont.

`OP_RETURN`-Skripte sehen wie folgt aus:

```
OP_RETURN <daten>
```

Die Daten werden meist durch einen Hash repräsentiert, z. B. durch das Ergebnis des SHA256-Algorithmus (32 Byte). Viele Anwendungen stellen den Daten ein Präfix voran, das bei der Identifikation der Anwendung hilft: Zum Beispiel verwendet der digitale Notardienst Proof of Existence (*https://proofofexistence.com*) das 8-Byte-PräfixDOCPROOF. In ASCII codiert, entspricht das hexadezimal `44 4f 43 50 52 4f 4f 46`.

Denken Sie daran, dass es kein Input-Skript für `OP_RETURN` gibt, das verwendet werden könnte, um den `OP_RETURN`-Output einzulösen. Der einzige Zweck des `OP_RETURN`-Outputs besteht darin, anzuzeigen, dass das Geld in diesem Output nicht ausgegeben werden kann und daher nicht im UTXO-Set vorgehalten werden muss. `OP_RETURN`-Outputs können *nachweislich nicht eingelöst werden*. `OP_RETURN` ist üblicherweise ein Output mit null Bitcoin, da jeder diesem Output zugewiesene Bitcoin-Betrag für immer verloren ist. Wird ein `OP_RETURN`-Output als Input in einer Transaktion referenziert, hält die Validierungs-Engine die Ausführung an und markiert die Transaktion als ungültig. Bei der Ausführung von `OP_RETURN` wird `FALSE` zurückgegeben, und das Skript wird angehalten. Wenn Sie also versehentlich einen `OP_RETURN`-Output als Input in einer Transaktion referenzieren, ist diese Transaktion ungültig.

## Einschränkungen von Transaktions-Locktimes

Die Nutzung der Locktime erlaubt es zwar, Outputs erst bei einer bestimmten Blockhöhe in einen Block aufzunehmen, verhindert aber nicht, dass die Mittel in einer früheren Transaktion eingelöst werden. Lassen Sie uns das anhand des folgenden Beispiels veranschaulichen.

Alice signiert eine Transaktion an Bobs Adresse und setzt dabei die Transaktions-Locktime auf drei Monate in der Zukunft. Bei dieser Transaktion wissen Alice und Bob, dass:

- Bob die Mittel nicht freigeben kann, bis drei Monate verstrichen sind, und dass
- Bob die Transaktion nach drei Monaten freigeben kann.

Allerdings:

- Alice kann eine weitere Transaktion erzeugen, die den gleichen Input ohne Locktime noch einmal ausgibt. Alice kann den gleichen UTXO ausgeben, bevor die drei Monate verstrichen sind.
- Bob hat keine Garantie, dass Alice das nicht macht.

Es ist wichtig, die Beschränkungen der Transaktions-Locktime zu verstehen. Es besteht nur die Garantie, dass Bob keine Freigabe erhält, bevor nicht drei Monate verstrichen sind. Es gibt keine Garantie, dass Bob die Mittel erhält. Um das zu erreichen, muss die Timelock-Beschränkung nicht auf die Transaktion, sondern auf die UTXO selbst angewandt werden und Teil des Skripts sein. Das wird durch die nächste Form des Timelocks erreicht, die *Check Lock Time Verify* genannt wird.

## Check Lock Time Verify (OP_CLTV)

Im Dezember 2015 wurde eine neue Art von Timelock als Soft-Fork-Update in Bitcoin eingeführt. Basierend auf der Spezifikation BIP65 wurde ein neuer Skriptoperator namens `OP_CHECKLOCKTIMEVERIFY` (`OP_CLTV`) in die Skriptsprache aufgenommen. `OP_CLTV` ist ein Output-basierter Timelock, kein transaktionsbezogener wie Locktime. Das erlaubt eine deutlich größere Flexibilität bei der Anwendung von Timelocks.

Durch Hinzufügen des `OP_CLTV`-Opcodes kann der Output erst ausgegeben werden, wenn die festgelegte Zeit verstrichen ist.

`OP_CLTV` ist kein Ersatz für Locktime, sondern schränkt UTXOs nur insoweit ein, dass sie erst in einer zukünftigen Transaktion freigegeben werden können, deren Locktime größer oder gleich dem hier festgelegten Wert ist.

Der `OP_CLTV`-Opcode verlangt als Parameter eine Zahl im gleichen Format wie Locktime (entweder als Blockhöhe oder als Unix-Epoche). Wie durch die Endung `VERIFY` angedeutet, ist `OP_CLTV` die Art Opcode, die die Ausführung des Skripts anhält, wenn das Ergebnis `FALSE` ist. Ist das Ergebnis `TRUE`, wird die Ausführung fortgesetzt.

Um OP_CLTV zu nutzen, fügen Sie ihn in das Redeem-Skript für diesen Output ein. Wenn Alice an Bob überweist, würde er üblicherweise eine Zahlung an das folgende P2SH-Skript akzeptieren:

```
<Bobs Public Key> OP_CHECKSIG
```

Um es an eine Uhrzeit zu koppeln, z.B. »in drei Monaten«, würde das P2SH-Skript wie folgt lauten:

```
<Bobs Pubkey> OP_CHECKSIGVERIFY <in drei Monaten> OP_CHECKLOCKTIMEVERIFY
```

wobei `<in drei Monaten>` eine Blockhöhe oder eine Zeit ist, die schätzungsweise drei Monate vom Zeitpunkt des Minings der Transaktion entfernt ist: aktuelle Blockhöhe + 12.960 (Blöcke) oder aktuelle Unix-Epoche + 7.760.000 (Sekunden).

Versucht Bob, diesen UTXO einzulösen, konstruiert er eine Transaktion, die den UTXO als Input referenziert. Er verwendet seine Signatur und seinen Public Key im Input-Skript und setzt die Transaktions-Locktime auf einen Wert größer oder gleich dem von Alice gesetzten Timelock in OP_CHECKLOCKTIMEVERIFY. Diese Transaktion setzt Bob dann im Bitcoin-Netzwerk ab.

Bobs Transaktion wird wie folgt evaluiert. Ist der von Alice gesetzte OP_CHECKLOCKTIME VERIFY-Parameter kleiner oder gleich der Locktime der Transaktion, wird die Ausführung fortgesetzt (als wäre ein OP_NOP-Opcode ausgeführt worden). Andernfalls wird das Skript angehalten und die Transaktion als ungültig markiert.

Genauer gesagt, erklärt BIP65, dass die Ausführung von OP_CHECKLOCKTIMEVERIFY fehlschlägt und angehalten wird, wenn einer der folgenden Fälle eintritt:

- Der Stack ist leer.
- Das oberste Stackelement ist kleiner 0.
- Der Locktime-Typ (Höhe gegen Timestamps) des obersten Stackelements und das Locktime-Feld sind nicht identisch.
- Das oberste Stackelement ist größer als das Locktime-Feld der Transaktion.
- Das Sequenz-Feld des Inputs enthält den Wert 0xffffffff.

## Timelock-Konflikte

OP_CLTV und Locktime verwenden das gleiche Format für Timelocks, d.h. entweder die Blockhöhe oder die seit der Unix-Epoche verstrichene Zeit. Werden sie zusammen verwendet, muss in den Outputs das Locktime-Format dem OP_CLTV-Format entsprechen, also entweder die Blockhöhe oder die Zeit in Sekunden angeben.

Das bedeutet, dass ein Skript nie gültig sein kann, wenn es zwei verschiedene OP_CLTV-Aufrufe ausführen muss, bei denen der eine die Höhe und der andere die Zeit verwendet. Solche Fehler können sich bei der Entwicklung fortgeschrittener Skripte leicht einschleichen, weshalb Sie Ihre Skripte im Testnetzwerk ausgiebig testen müssen. Sie können auch ein Tool verwenden, das solche Fehler vermeidet (etwa einen Miniscript-Compiler).

> Das bedeutet außerdem, dass nur eine `OP_CLTV`-Variante für alle Skripte einer Transaktion verwendet werden kann. Nutzt ein Skript eines Inputs die Höhe und ein anderes Skript eines anderen Inputs die Zeit, kann keine gültige Transaktion erzeugt werden, die beide Inputs einlösen kann.

Ist die `OP_CLTV`-Bedingung nach der Ausführung erfüllt, liegt der vorherige Parameter noch auf dem Stack und muss per `OP_DROP` entfernt werden, damit nachfolgende Skript-Opcodes korrekt ausgeführt werden. Aus diesem Grund werden Sie in Skripten häufig `OP_CHECKLOCKTIMEVERIFY` gefolgt von einem `OP_DROP` sehen. `OP_CLTV` hinterlässt, wie auch `OP_CSV` (siehe »Relative Timelocks« auf Seite 183), im Gegensatz zu anderen `CHECKVERIFY`-Opcodes Elemente auf dem Stack, da die sie einführenden Soft-Forks vorhandene Opcodes umdefiniert haben, die keine Elemente vom Stack entfernen. Das Verhalten dieser früheren NOP-Opcodes musste natürlich erhalten bleiben.

Durch die Verwendung von Locktime im Zusammenspiel mit `OP_CLTV` ändert sich das Szenario aus »Einschränkungen von Transaktions-Locktimes« auf Seite 181. Weil Alice den UTXO selbst gesperrt hat, kann sie das Geld nicht selbst ausgeben, und Bob kann es nicht vor der dreimonatigen Sperre einlösen.

Die direkte Einführung der Timelock-Funktionalität in der Skriptsprache erlaubt `OP_CLTV` die Entwicklung einiger sehr interessanter komplexer Skripte.

Der Standard ist in BIP65 (OP_CHECKLOCKTIMEVERIFY) (*https://oreil.ly/YmJGD*) definiert.

## Relative Timelocks

Locktime und `OP_CLTV` sind beides *absolute Timelocks*, d. h., sie geben einen absoluten Zeitpunkt an. Die beiden nächsten vorgestellten Timelock-Features sind *relative Timelocks*, die (als Bedingung für die Freigabe von Outputs) eine zu verstreichende Zeitspanne ab der Bestätigung des Outputs in der Blockchain festlegen.

Relative Timelocks sind nützlich, da sie einer Transaktionen eine zeitliche Beschränkung auferlegen, die auf der seit der Bestätigung der vorherigen Transaktion verstrichenen Zeit basiert. Mit anderen Worten, die Uhr beginnt erst zu ticken, wenn der UTXO in der Blockchain festgehalten wird. Diese Funktionalität ist insbesondere für bidirektionale Zustandskanäle und Lightning Networks (LNs) nützlich, wie wir in »Zahlungs- und Zustandskanäle« auf Seite 338 noch sehen werden.

Relative Timelocks sind genau wie absolute Timelocks auf Transaktions- und auf Skriptebene implementiert. Der transaktionsbasierte relative Timelock ist per Konsensregel als Wert von `sequence` implementiert, einem Feld, das für jeden Transaktions-Input gesetzt wird. Relative Timelocks auf Skriptebene sind über den Opcode `OP_CHECKSEQUENCEVERIFY` (`OP_CSV`) implementiert.

Relative Timelocks sind entsprechend den Spezifikationen in BIP68, Relative Lock-Time Using Consensus-Enforced Sequence Numbers (*https://oreil.ly/ZuANb*), und BIP112, OP_CHECKSEQUENCEVERIFY (*https://oreil.ly/dLA2r*), implementiert.

BIP68 und BIP112 wurden im Mai 2016 als Soft-Fork-Upgrade zu den Konsensregeln aktiviert.

## Relative Timelocks mit OP_CSV

Wie für `OP_CLTV` und Locktime gibt es auch einen Skript-Opcode für relative Timelocks, die den Sequenzwert in Skripten verarbeiten. Dieser Opcode ist `OP_CHECKSEQUENCEVERIFY`, kurz `OP_CSV`.

Der `OP_CSV`-Opcode im Skript eines UTXO erlaubt nur die Freigabe in einer Transaktion, deren Sequenzwert im Input größer oder gleich dem `OP_CSV`-Parameter ist. Im Wesentlichen beschränkt das die Freigabe eines UTXO auf eine bestimmte Zeit (in Blöcken oder Sekunden) nach dem Mining dieses UTXO.

Wie bei CLTV muss der Wert im `OP_CSV` dem Format des dazugehörigen Sequenzwerts entsprechen. Wird also `OP_CSV` in Blöcken angegeben, muss auch der Sequenzwert in Blöcken angegeben werden. Wird `OP_CSV` in Sekunden angegeben, muss die Sequenz ebenfalls in diesem Format angegeben werden.

> Ein mehrere `OP_CSV`-Opcodes ausführendes Skript darf immer nur eine Variante nutzen, also entweder zeit- oder höhenbasiert. Vermischt man die Varianten, erzeugt man ein ungültiges Skript, das (wie bei `OP_CLTV` in »Timelock-Konflikte« auf Seite 182 gesehen) nicht mehr ausgegeben werden kann. Allerdings erlaubt es `OP_CSV`, zwei gültige Inputs in der gleichen Transaktion aufzunehmen, sodass das Problem der Interaktion zwischen Inputs wie bei `OP_CLTV` den `OP_CSV`-Opcode nicht betrifft.

Relative Timelocks mit `OP_CSV` sind besonders nützlich, wenn mehrere (verkettete) Transaktionen erzeugt und signiert, aber nicht propagiert werden, d.h., wenn man sie »offchain«, also außerhalb der (Blockchain-)Kette, vorhält. Eine Child-Transaktion kann nicht verwendet werden, solange die Parent-Transaktion nicht propagiert sowie »gemint« ist und das im relativen Timelock festgelegte »Alter« noch nicht erreicht hat. Einen solchen Anwendungsfall finden Sie in »Zahlungs- und Zustandskanäle« auf Seite 338 sowie in »Geroutete Zahlungskanäle (Lightning Network)« auf Seite 352.

`OP_CSV` ist ausführlich in BIP112, CHECKSEQUENCEVERIFY (*https://oreil.ly/z_Obw*), definiert.

# Skripte mit Ablaufsteuerung (Bedingungsklauseln)

Eines der leistungsfähigeren Features von Bitcoin Script ist die Ablaufsteuerung, auch Bedingungsklausel genannt. Die Ablaufsteuerung ist Ihnen wahrscheinlich aus verschiedenen Programmiersprachen vertraut, die das Konstrukt `IF...THEN...ELSE` verwenden. Bedingungsklauseln sehen bei Bitcoin anders aus, haben grundsätzlich aber den gleichen Aufbau.

Auf der elementaren Ebene erlauben die konditionalen Opcodes von Bitcoin die Konstruktion eines Skripts, das auf zwei Arten freigegeben werden kann, was wiederum vom TRUE/FALSE-Ergebnis der logischen Bedingung abhängt. Ist zum Beispiel x TRUE, wird Codepfad A ausgeführt, andernfalls (ELSE) Codepfad B.

Darüber hinaus können konditionale Ausdrücke tief »geschachtelt« werden, d.h., eine Bedingung kann eine weitere Bedingung enthalten, die wiederum eine weitere Bedingung enthält und so weiter. Mit der Ablaufsteuerung von Bitcoin Script können sehr komplexe Skripte mit Hunderten oder sogar Tausenden möglicher Ausführungspfade konstruiert werden. Es gibt kein Limit für die Verschachtelung, doch die Konsensregeln legen als Limit die maximale Größe eines Skripts (in Bytes) fest.

Bitcoin implementiert die Ablaufsteuerung über die Opcodes OP_IF, OP_ELSE, OP_ENDIF und OP_NOTIF. Zusätzlich können konditionale Ausdrücke boolesche Operatoren wie OP_BOOLAND, OP_BOOLOR und OP_NOT enthalten.

Auf den ersten Blick ist die Ablaufsteuerung bei Bitcoin ein wenig verwirrend. Das liegt daran, dass Bitcoin Script eine stackbasierte Sprache ist. Genau wie 1 + 1 etwas seltsam aussieht, wenn man es als 1 1 OP_ADD ausdrückt, wirken auch die Klauseln zur Ablaufsteuerung bei Bitcoin etwas merkwürdig.

Bei den meisten traditionellen (prozeduralen) Programmiersprachen sieht die Ablaufsteuerung etwa so aus:

```
if (bedingung):
  auszuführender code, wenn die bedingung wahr ist
else:
  auszuführender code, wenn die bedingung falsch ist
endif
in beiden fällen auszuführender code
```

Bei einer stackbasierten Sprache wie Bitcoin Script steht die logische Bedingung aber vor dem IF:

```
condition
IF
  auszuführender code, wenn die bedingung wahr ist
OP_ELSE
  auszuführender code, wenn die bedingung falsch ist
OP_ENDIF
in beiden fällen auszuführender code
```

Wenn Sie Bitcoin Script lesen, müssen Sie daran denken, dass die zu evaluierende Bedingung *vor* dem IF-Opcode steht.

## Bedingungsklausel mit VERIFY-Opcodes

Eine andere Form von Bedingung bei Bitcoin Script ist jeder Opcode, der mit VERIFY endet. Die Endung VERIFY bedeutet, dass bei einer Evaluierung ungleich TRUE das Skript sofort beendet und die Transaktion als ungültig betrachtet wird.

Im Gegensatz zur `IF`-Klausel, die alternative Ausführungspfade bietet, fungiert die Endung `VERIFY` als *Schutzklausel* (*Guard Clause*), bei der die Ausführung nur fortgesetzt wird, wenn eine Vorbedingung erfüllt ist.

Zum Beispiel verlangt das folgende Skript Bobs Signatur und ein Secret, das einen bestimmten Hash erzeugt. Zur Freigabe müssen beide Bedingungen erfüllt sein:

```
OP_HASH160 <erwarteter Hash> OP_EQUALVERIFY <Bobs Pubkey> OP_CHECKSIG
```

Um das freigeben zu können, muss Bob ein gültiges Secret und eine Signatur präsentieren:

```
<Bobs Sig> <hash secret>
```

Ohne das Secret zu präsentieren, kann Bob nicht zu dem Teil des Skripts gelangen, das die Signatur prüft.

Dieses Skript kann auch mit einem `OP_IF` formuliert werden:

```
OP_HASH160 <erwarteter Hash> OP_EQUAL
OP_IF
  <Bobs Pubkey> OP_CHECKSIG
OP_ENDIF
```

Bobs Authentifizierungsdaten bleiben identisch:

```
<Bobs Sig> <hash secret>
```

Das Skript mit dem `OP_IF` macht das Gleiche wie die Verwendung eines Opcodes mit der Endung `VERIFY`. Beide dienen als Schutzklauseln, allerdings ist das `VERIFY`-Konstrukt effektiver, da es weniger Opcodes nutzt.

Wann verwenden wir nun also `VERIFY` und wann `OP_IF`? Wollen wir nur eine Vorbedingung einbinden (eine Schutzklausel), ist `VERIFY` besser. Wenn wir hingegen mehr als einen Ausführungspfad wünschen (Ablaufsteuerung), müssen wir eine `OP_IF...OP_ELSE`-Klausel einsetzen.

## Die Ablaufsteuerung in Skripten nutzen

Eine sehr gängige Anwendung der Ablaufsteuerung in Bitcoin Script ist die Konstruktion eines Skripts, das mehrere Ausführungspfade anbietet, die jeweils unterschiedliche Möglichkeiten zur Freigabe des UTXO bieten.

Sehen wir uns ein einfaches Beispiel an, in dem wir zwei Unterzeichner haben (Alice und Bob), von denen jeder zur Freigabe berechtigt ist. Bei Multisig würden wir das mit einem 1-von-2-Multisig-Skript ausdrücken. Zu Demonstrationszwecken wollen wir das Gleiche mit einer `OP_IF`-Klausel formulieren:

```
OP_IF
  <Alice' Pubkey>
OP_ELSE
  <Bobs Pubkey>
OP_ENDIF
OP_CHECKSIG
```

Wenn Sie sich das Redeem-Skript ansehen, fragen Sie sich wahrscheinlich, wo denn die Bedingung ist. Es steht ja nichts vor der IF-Klausel!

Die Bedingung ist nicht Teil des Skripts. Stattdessen wird die Bedingung während der Freigabe geliefert, und das erlaubt Alice und Bob, den gewünschten Ausführungspfad zu »wählen«:

```
<Alice' Sig> OP_TRUE
```

Das OP_TRUE am Ende dient als Bedingung (TRUE), nach der die OP_IF-Klausel den ersten Ausführungspfad wählt. Diese Bedingung legt den Public Key auf dem Stack ab, für den Alice eine Signatur besitzt. Der Opcode OP_TRUE, auch als OP_1 bekannt, legt die Zahl 1 auf den Stack.

Damit Bob die Mittel einlösen kann, wählt er den zweiten Ausführungspfad in OP_IF, indem er den Wert FALSE angibt. Der OP_FALSE-Opcode, auch OP_0 genannt, schiebt ein leeres Byte-Array auf den Stack:

```
<Bob's Sig> OP_FALSE
```

Bobs Input-Skript lässt die OP_IF-Klausel das zweite Skripts (OP_ELSE) ausführen, das Bobs Signatur verlangt.

Da OP_IF-Klauseln verschachtelt werden dürfen, können wir ein ganzes »Labyrinth« an Ausführungspfaden aufbauen. Das Input-Skript kann einen »Plan« aufstellen, nach dem die Ausführungspfade ausgeführt werden:

```
OP_IF
  subskript A
OP_ELSE
  OP_IF
    subskript B
  OP_ELSE
    subskript C
  OP_ENDIF
OP_ENDIF
```

Bei diesem Szenario gibt es drei Ausführungspfade (subskript A, subskript B und subskript C). Das Input-Skript stellt einen Pfad in Form einer Folge von TRUE- oder FALSE-Werten bereit. Um beispielsweise den Pfad subskript B zu wählen, muss das Input-Skript mit OP_1 OP_0 (TRUE, FALSE) enden. Diese Werte werden auf dem Stack abgelegt, und der zweite Wert (FALSE) landet dabei als oberster Wert auf dem Stack. Die äußere OP_IF-Klausel entfernt den FALSE-Wert und führt die erste OP_ELSE-Klausel aus. Nun liegt TRUE im Stack obenauf, wird durch das innere (verschachtelte) OP_IF evaluiert, und der Ausführungspfad B wird gewählt.

Mit diesem Konstrukt können Sie Redeem-Skripte mit Dutzenden oder Hunderten von Ausführungspfaden entwickeln, die unterschiedliche Möglichkeiten zur Freigabe eines UTXO bieten. Für die Freigabe entwickeln wir ein Input-Skript, das sich durch die Ausführungspfade bewegt, indem es an jedem Kontrollpunkt die gewünschten TRUE- oder FALSE-Werte ablegt.

## Komplexes Skriptbeispiel

In diesem Abschnitt wollen wir viele Konzepte aus diesem Kapitel in einem einzigen Beispiel zusammenfassen.

Mohammed, ein Unternehmer aus Dubai, betreibt ein Import/Export-Geschäft. Er möchte ein Unternehmenskonto mit flexiblen Regeln aufbauen. Das von ihm entwickelte Schema verlangt verschiedene Autorisierungsebenen, die von Timelocks abhängig sind. Die Teilnehmenden an diesem Multisig-Schema sind Mohammed, seine beiden Partner Saeed und Zaira sowie der Anwalt des Unternehmens. Die drei Partner treffen die Entscheidungen mehrheitlich, das heißt, zwei von drei müssen zustimmen. Doch für den Fall, dass es ein Problem mit den Schlüsseln gibt, soll der Anwalt in der Lage sein, die Mittel mit einem dritten Partnerschlüssel wieder freizugeben. Sollten alle Partner abwesend oder handlungsunfähig sein, soll der Anwalt schließlich das Konto direkt verwalten dürfen.

Beispiel 7-1 zeigt das von Mohammed zu diesem Zweck entwickelte Redeem-Skript (mit vorangestellten Zeilennummern).

*Beispiel 7-1: Variable Multisignatur mit Timelock*

```
01 OP_IF
02   OP_IF
03     2
04   OP_ELSE
05     <30 Tage> OP_CHECKSEQUENCEVERIFY OP_DROP
06     <Anwalts-Pubkey> OP_CHECKSIGVERIFY
07     1
08   OP_ENDIF
09   <Mohammeds Pubkey> <Saeeds Pubkey> <Zairas Pubkey> 3 OP_CHECKMULTISIG
10 OP_ELSE
11 <90 Tage> OP_CHECKSEQUENCEVERIFY OP_DROP
12   <Anwalts-Pubkey> OP_CHECKSIG
13 OP_ENDIF
```

Mohammeds Skript implementiert drei Ausführungspfade über verschachtelte `OP_IF...OP_ELSE`-Klauseln.

Im ersten Ausführungspfad wird das Skript als einfaches 2-von-3-Multisig mit den drei Partnern betrieben. Der Ausführungspfad besteht aus den Zeilen 3 und 9. Zeile 3 legt die Beschlussfähigkeit der Multisignatur mit `2` (2-von-3) fest. Der Ausführungspfad kann gewählt werden, indem man `OP_TRUE OP_TRUE` an das Ende des Input-Skripts anhängt:

```
OP_0 <Mohammeds Sig> <Zairas Sig> OP_TRUE OP_TRUE
```

> Der `OP_0`-Opcode zu Beginn des Input-Skripts umgeht eine Merkwürdigkeit in `OP_CHECKMULTISIG`, die einen Wert zu viel vom Stack entfernt. Dieser zusätzliche Wert wird von `OP_CHECKMULTISIG` zwar ignoriert, muss aber vorhanden sein, da das Skript sonst mit einem Fehler abbricht. Der Push einer 0 mit `OP_0` dient als Workaround und wird in »Eine Eigentümlichkeit in der CHECKMULTISIG-Ausführung« auf Seite 175 beschrieben.

Der zweite Ausführungspfad kann nur genutzt werden, wenn seit der Erzeugung des UTXO 30 Tage vergangen sind. Zu diesem Zeitpunkt verlangt es die Signatur des Anwalts und eines der drei Partner (1-aus-3-Multisig). Das wird in Zeile 7 erreicht, wo die Beschlussfähigkeit der Multisignatur mit `1` festgelegt wird. Um diesen Ausführungspfad zu wählen, endet das Input-Skript mit `OP_FALSE OP_TRUE`:

```
OP_0 <Saeeds Sig> <Anwalts-Sig> OP_FALSE OP_TRUE
```

> Warum `OP_FALSE OP_TRUE`? Ist das nicht falsch herum? Weil zuerst `FALSE` auf den Stack geschoben wird und dann `TRUE`. `TRUE` wird daher *zuerst* vom ersten `OP_IF`-Opcode verwendet.

Schließlich erlaubt der dritte Ausführungspfad dem Anwalt, alle Mittel allein freizugeben, doch erst nach 90 Tagen. Für diesen Ausführungspfad muss das Input-Skript mit `OP_FALSE` enden:

```
<Anwalts-Sig> OP_FALSE
```

Führen Sie das Skript auf Papier aus und sehen Sie sich an, wie es sich auf dem Stack verhält.

## Segregated-Witness-Output- und Transaktionsbeispiele

Sehen wir uns an, wie sich einige unserer Beispieltransaktionen mit Segregated Witness ändern. Zuerst betrachten wir, wie man eine P2PKH-Zahlung als Segregated-Witness-Programm implementiert. Danach schauen wir uns das Segwit-Gegenstück zu P2SH-Skripten an. Zum Schluss zeigen wir, wie man die beiden vorherigen Segwit-Programme in ein P2SH-Skript einbetten kann.

### Pay-to-Witness-Public-Key-Hash (P2WPKH)

Sehen wir uns zunächst das Beispiel eines P2PKH-Output-Skripts an:

```
OP_DUP OP_HASH160 ab68025513c3dbd2f7b92a94e0581f5d50f654e7 OP_EQUALVERIFY OP_
CHECKSIG
```

Mit Segregated Witness würde Alice ein P2WPKH-Skript erzeugen. Nutzt das Skript den gleichen öffentlichen Schlüssel, würde es wie folgt aussehen:

```
0 ab68025513c3dbd2f7b92a94e0581f5d50f654e7
```

Wie Sie sehen können, ist das P2WPKH-Output-Skript wesentlich einfacher als das P2PKH-Äquivalent. Es besteht aus zwei Werten, die auf dem Evaluierungsstack abgelegt werden. Für einen alten (nicht Segwit-fähigen) Bitcoin-Client sieht dieser Output aus, als könnte ihn jeder einlösen. Für einen neueren, Segwit-fähigen Client ist die erste Zahl (`0`) eine Versionsnummer (die *Witness-Version*) und der zweite Teil (20 Byte) ist ein *Witness-Programm*. Dieses 20-Byte-Witness-Programm ist einfach der Hash des Public Key, genau wie bei einem P2PKH-Skript.

Schauen wir uns nun die Transaktion an, die Bob verwendet, um diesen Output einzulösen. Im Originalskript muss die freigebende Transaktion eine Signatur innerhalb des Transaktions-Inputs einbinden:

```
[...]
"vin" : [
  "txid": "abcdef12345...",
  "vout": 0,
  "scriptSig": "<Bobs scriptSig>",
]
[...]
```

Um den P2WPKH-Output einzulösen, enthält die Transaktion nun keine Signatur mehr im Input. Stattdessen enthält Bobs Transaktion ein leeres Input-Skript und fügt eine Witness-Struktur ein:

```
[...]
"vin" : [
  "txid": "abcdef12345...",
  "vout": 0,
  "scriptSig": "",
]
[...]
"witness": "<Bobs Witness-Struktur>"
[...]
```

### Konstruktion von P2WPKH durch die Wallet

Es ist extrem wichtig, zu beachten, dass P2WPKH-Witness-Programme nur vom Zahlungsempfänger und nicht vom Sender aus einem bekannten Public Key, P2PKH-Skript oder einer Adresse erzeugt werden darf. Der Sender kann nicht wissen, ob die Wallet des Empfängers Segwit-Transaktionen konstruieren und P2WPKH-Outputs einlösen kann.

Zusätzlich müssen P2WPKH-Outputs aus dem Hash eines *komprimierten* öffentlichen Schlüssels erzeugt werden. Unkomprimierte Public Keys sind bei Segwit kein Standard und könnten bei einem zukünftigen Soft-Fork explizit deaktiviert werden. Stammt der Hash im P2WPKH von einem unkomprimierten Public Key, könnte es passieren, dass er nicht eingelöst werden kann, und Sie verlieren Geld. P2WPKH-Outputs müssen von der Wallet des Empfängers erzeugt werden, indem ein komprimierter öffentlicher Schlüssel aus dem privaten Schlüssel abgeleitet wird.

P2WPKH muss durch den Zahlungsempfänger erzeugt werden, indem ein komprimierter Public Key in einen P2WPKH-Hash umgewandelt wird. Sie dürfen niemals ein P2PKH-Skript, eine Bitcoin-Adresse oder einen unkomprimierten Public Key in ein P2WPKH-Witness-Skript umwandeln. Generell sollte der Sender an den Empfänger nur in der Art und Weise etwas senden, die vom Empfänger vorgegeben wurde.

### Pay-to-Witness-Script-Hash (P2WSH)

Die zweite Form des v0-Witness-Programms entspricht einem P2SH-Skript. Sie haben diese Art Skript in »Pay-to-Script-Hash« auf Seite 176 kennengelernt. Im dortigen Beispiel wurde P2SH für Mohammeds Unternehmen für ein Multisignaturskript genutzt. Zahlungen an Mohammeds Firma wurden mit einem Skript wie dem folgenden versehen:

```
OP_HASH160 54c557e07dde5bb6cb791c7a540e0a4796f5e97e OP_EQUAL
```

Dieses P2SH-Skript referenziert den Hash eines *Redeem-Skripts*, das eine 2-von-3-Multisignatur für die Freigabe der Mittel verlangt. Um diesen Output einzulösen, präsentiert Mohammeds Unternehmen das Redeem-Skript (dessen Hash dem Skript-Hash im P2SH-Output entspricht) sowie die Signaturen, die benötigt werden, um die Bedingungen des Redeem-Skripts zu erfüllen. All das steht im Transaktions-Input:

```
[...]
"vin" : [
  "txid": "abcdef12345...",
  "vout": 0,
  "scriptSig": "<SigA> <SigB> <2 PubA PubB PubC PubD PubE 5 OP_CHECKMULTISIG>",
]
```

Sehen wir uns nun dieses Beispiel an, wenn es auf Segwit v0 aktualisiert wird. Verwendet Mohammeds Kunde eine Segwit-kompatible Wallet, könnte er eine Zahlung mit einem P2WSH-Output aufbauen, der wie folgt aussehen würde:

```
0 a9b7b38d972cabc7961dbfbcb841ad4508d133c47ba87457b4a0e8aae86dbb89
```

Wie zuvor beim P2WPKH-Beispiel ist das Segregated-Witness-Äquivalent des Skripts wesentlich einfacher und reduziert den Template-Overhead, den man in P2SH-Skripten sieht. Das Segregated-Witness-Programm besteht stattdessen aus zwei Werten, die auf dem Stack abgelegt werden: der Witness-Version (0) und dem 32-Byte-SHA256-Hash des Redeem-Skripts (dem Witness-Programm).

> Während P2SH den 20 Byte langen `RIPEMD160(SHA256(skript))`-Hash verwendet, nutzt das P2WSH-Witness-Programm einen 32 Byte langen `SHA256(skript)`-Hash. Diese unterschiedlichen Hashing-Algorithmen wurden bewusst gewählt, um in bestimmten Fällen eine höhere Sicherheit für P2WSH zu erreichen (128 Bit gegenüber 80 Bit bei P2SH). Details finden Sie in »P2SH-Kollisionsangriffe« auf Seite 97.

Mohammeds Unternehmen kann die P2WSH-Outputs ausgeben, indem es das passende Witness-Skript mit ausreichend Signaturen präsentiert. Sowohl das Witness-Skript als auch die Signaturen würden als Teil der Witness-Struktur vorliegen. Im Input-Skript sind keine Daten enthalten, weil es sich hier um ein natives Witness-Programm handelt, das das alte Input-Skript-Feld nicht nutzt:

```
[...]
"vin" : [
  "txid": "abcdef12345...",
```

```
      "vout": 0,
      "scriptSig": "",
    ]
    [...]
    "witness": "<SigA> <SigB> <2 PubA PubB PubC PubD PubE 5 OP_CHECKMULTISIG>"
    [...]
```

### Zwischen P2WPKH und P2WSH unterscheiden

In den beiden vorherigen Abschnitten haben wir zwei Arten von Witness-Programmen kennengelernt: »Pay-to-Witness-Public-Key-Hash (P2WPKH)« auf Seite 189 und »Pay-to-Witness-Script-Hash (P2WSH)« auf Seite 191. Beide Arten von Witness-Programmen bestehen aus der gleichen Versionsnummer, gefolgt von einem Daten Push. Sie sehen sich sehr ähnlich, werden aber völlig unterschiedlich interpretiert: der eine als Public-Key-Hash, der durch eine Signatur erfüllt wird, und der andere als Skript-Hash, der durch ein Witness-Skript erfüllt wird. Der wesentliche Unterschied zwischen beiden liegt in der Länge des Witness-Programms:

- Das Witness-Programm in P2WPKH ist 20 Byte lang.
- Das Witness-Programm in P2WSH ist 32 Byte lang.

Das ist der Unterschied, der eine Full Node zwischen den beiden Arten von Witness-Programmen unterscheiden lässt. Ein Blick auf die Länge des Hash erlaubt es einer Node, zu entscheiden, um welche Art Witness-Programm es sich handelt: P2WPKH oder P2WSH.

## Upgrade auf Segregated Witness

Wie Sie aus den vorangegangenen Beispielen ersehen konnten, ist das Upgrade auf Segregated Witness ein zweistufiger Prozess. Zuerst müssen Wallets spezielle Segwit-Outputs erzeugen. Diese Outputs können dann durch Wallets eingelöst werden, die wissen, wie Segregated-Witness-Transaktionen zu konstruieren sind. In den Beispielen war Alice' Wallet in der Lage, Outputs mit Segregated-Witness-Skripten zu erzeugen. Bobs Wallet ist ebenfalls Segwit-fähig und in der Lage, diese Outputs einzulösen.

Segregated Witness wurde als rückwärtskompatibles Upgrade implementiert, bei dem *alte und neue Clients nebeneinander existieren können*. Wallet-Entwicklerinnen und -entwickler haben ihre Software unabhängig um Segwit-Fähigkeiten erweitert. Traditionelle P2PKH- und P2SH-Zahlungen funktionieren mit älteren Wallets. Bleiben zwei wichtige Szenarien, die wir im nächsten Abschnitt behandeln:

- Die Fähigkeit einer nicht Segwit-fähigen Wallet, Zahlungen an die Segwit-fähige Wallet des Empfängers vorzunehmen.
- Die Fähigkeit der Segwit-fähigen Wallet des Senders, anhand der *Adressen* zu erkennen, ob der Empfänger Segwit verarbeiten kann oder nicht.

### Segregated Witness in P2SH einbetten

Nehmen wir zum Beispiel an, dass Alice' Wallet nicht auf Segwit aktualisiert wurde, während Bobs Wallet aktuell ist und Segwit-Transaktionen verarbeiten kann. Alice und Bob können »alte« Nicht-Segwit-Outputs verwenden. Doch Bob würde Segwit gern einsetzen, um die Transaktionsgebühren zu reduzieren, indem er die geringeren Kosten der Witness-Struktur nutzt.

In diesem Fall kann Bobs Wallet eine P2SH-Adresse erzeugen, in der ein Segwit-Skript enthalten ist. Alice' Wallet kann entsprechende Zahlungen anweisen, ohne etwas über Segwit wissen zu müssen. Bobs Wallet kann diese Zahlungen dann in einer Segwit-Transaktion einlösen, alle Vorteile von Segwit nutzen und die Transaktionsgebühren reduzieren.

Beide Arten von Witness-Skripten, P2WPKH und P2WSH, können in eine P2SH-Adresse eingebettet werden. Die erste wird verschachteltes (nested) P2WPKH und die zweite verschachteltes P2WSH genannt.

### Verschachtelter Pay-to-Witness-Public-Key-Hash

Die erste Form von Output-Skript, die wir uns ansehen wollen, ist verschachteltes P2WPKH. Das ist ein Pay-to-Witness-Public-Key-Hash-Witness-Programm, eingebettet in ein Pay-to-Script-Hash-Skript. Es kann daher von einer Wallet genutzt werden, die Segwit nicht kennt.

Bobs Wallet konstruiert ein P2WPKH-Witness-Programm mit Bobs Public Key. Dieses Witness-Programm wird dann gehasht, und das Ergebnis wird als P2SH-Skript codiert. Das P2SH-Skript wird in eine Bitcoin-Adresse umgewandelt, die mit einer `3` beginnt (wie wir in »Pay-to-Script-Hash« auf Seite 176 gesehen haben).

Bobs Wallet beginnt mit der P2WPKH-Version und dem Witness-Programm, das wir vorhin gesehen haben:

```
0 ab68025513c3dbd2f7b92a94e0581f5d50f654e7
```

Die Daten bestehen aus der Witness-Version und Bobs 20 Byte langem Public-Key-Hash.

Bobs Wallet hasht nun die Daten zuerst mit SHA256 und dann mit RIPEMD-160 und erzeugt so einen weiteren 20-Byte-Hash. Zum Schluss kann Alice' Wallet eine Zahlung an `37Lx99uaGn5avKBxiW26HjedQE3LrDCZru` so erzeugen wie an jede gewöhnliche Bitcoin-Adresse auch.

Um Bob zu bezahlen, würde Alice' Wallet den Output in ein P2SH-Skript packen:

```
OP_HASH160 3e0547268b3b19288b3adef9719ec8659f4b2b0b OP_EQUAL
```

Obwohl Alice' Wallet Segwit nicht unterstützt, kann die von ihr erzeugte Zahlung von Bob in einer Segwit-Transaktion eingelöst werden.

### Verschachtelter Pay-to-Witness-Script-Hash

Auch ein P2WSH-Witness-Programm für ein Multisig- oder ein anderes kompliziertes Skript kann in ein P2SH-Skript und eine Adresse eingebettet werden. Auf diese Weise wird es möglich, Segwit-kompatible Zahlungen vorzunehmen.

Wie wir in »Pay-to-Witness-Script-Hash (P2WSH)« auf Seite 191 gesehen haben, verwendet Mohammeds Unternehmen Segregated-Witness-Zahlungen an Multisignaturskripte. Um es jedem Kunden zu ermöglichen, das Unternehmen unabhängig davon zu bezahlen, ob dessen Wallet Segwit unterstützt oder nicht, bettet Mohammeds Wallet das P2WSH-Witness-Programm in ein P2SH-Skript ein.

Zuerst hasht Mohammeds Wallet das Witness-Skript mit SHA256 (genau einmal) und erzeugt den folgenden Hash:

```
9592d601848d04b172905e0ddb0adde59f1590f1e553ffc81ddc4b0ed927dd73
```

Anschließend wird das gehashte Witness-Skript in ein P2WSH-Witness-Programm mit vorangestellter Versionsnummer umgewandelt:

```
0 9592d601848d04b172905e0ddb0adde59f1590f1e553ffc81ddc4b0ed927dd73
```

Dann wird das Witness-Programm selbst mit SHA256 und RIPEMD-160 gehasht, um einen neuen 20-Byte-Hash zu erzeugen:

```
86762607e8fe87c0c37740cddee880988b9455b2
```

Als Nächstes erzeugt die Wallet eine Bitcoin-Adresse aus diesem Hash:

```
3Dwz1MXhM6EfFoJChHCxh1jWHb8GQqRenG
```

Mohammeds Kunden können nun Zahlungen an diese Adresse vornehmen, ohne Segwit unterstützen zu müssen. Um eine Zahlung an Mohammed zu senden, würde eine Wallet den Output mit folgendem P2SH-Skript sperren:

```
OP_HASH160 86762607e8fe87c0c37740cddee880988b9455b2 OP_EQUAL
```

Mohammeds Unternehmen kann jetzt Segwit-Transaktionen erzeugen, um diese Zahlungen einzulösen, und alle Vorteile von Segwit nutzen, inklusive geringerer Transaktionsgebühren.

## Merklized Alternative Script Trees (MAST)

Über `OP_IF` können Sie unterschiedliche Zahlungsbedingungen autorisieren, doch dieser Ansatz hat mehrere unerwünschte Aspekte:

*Gewicht (Kosten)*
: Jede eingefügte Bedingung erhöht den Umfang des Skripts, was wiederum das Gewicht der Transaktion und damit die Gebühr erhöht, die gezahlt werden muss, um die durch dieses Skript geschützten Bitcoins einlösen zu können.

*Beschränkte Größe*
: Selbst wenn Sie bereit sind, für zusätzliche Bedingungen zu zahlen, ist die maximale Anzahl von Bedingungen in einem Skript beschränkt. Alte Skripte sind

beispielsweise auf 10.000 Byte beschränkt, was Sie maximal auf einige Hundert Bedingungen beschränkt. Selbst wenn Sie ein Skript entwickeln könnten, das den gesamten Block einnimmt, würde es nur etwa 20.000 sinnvolle Verzweigungen enthalten. Das ist für einfache Zahlungen sehr viel, doch für einige angedachte Bitcoin-Anwendungen ziemlich wenig.

*Fehlende Privatsphäre*

Jede Bedingung, die Sie in ein Skript einfügen, wird öffentlich, sobald die durch dieses Skript geschützten Bitcoins eingelöst werden. Zum Beispiel könnten Mohammeds Anwalt und seine Geschäftspartner das gesamte Skript aus Beispiel 7-1 sehen, wenn damit jemand etwas bezahlt. Das bedeutet, dass der Anwalt, auch wenn er zum Signieren nicht benötigt wird, alle Transaktionen nachhalten kann.

Allerdings kennt Bitcoin bereits eine als *Merkle Tree* bezeichnete Datenstruktur, die es erlaubt, zu ermitteln, ob ein Element Mitglied einer Gruppe ist, ohne alle anderen Mitglieder dieser Gruppe identifizieren zu müssen.

Sie lernen Merkle Trees in »Merkle Trees (Hashbäume)« auf Seite 273 besser kennen, doch der wesentliche Punkt ist, dass die Mitglieder eines Datensatzes (z. B. die Autorisierungsbedingungen beliebiger Länge) an eine Hashfunktion übergeben werden können, um ein kurzes Commitment (das sogenannte *Blatt* bzw. *Leaf* des Merkle Tree) zu erzeugen. Jedes dieser Blätter wird mit einem anderen Blatt gepaart und erneut gehasht. Das so erzeugte Commitment für die Blätter wird *Ast*-Commitment (engl. *Branch*) genannt. Ein Commitment für ein Paar dieser Äste kann auf die gleiche Weise erzeugt werden. Dieser Schritt wird für alle Äste wiederholt, bis nur noch ein Identifikator übrig bleibt, der als *Merkle Root* bezeichnet wird. Wir wollen aus unserem Skript in Beispiel 7-1 einen Merkle Tree für jede der drei Autorisierungsbedingungen in Abbildung 7-5 erzeugen.

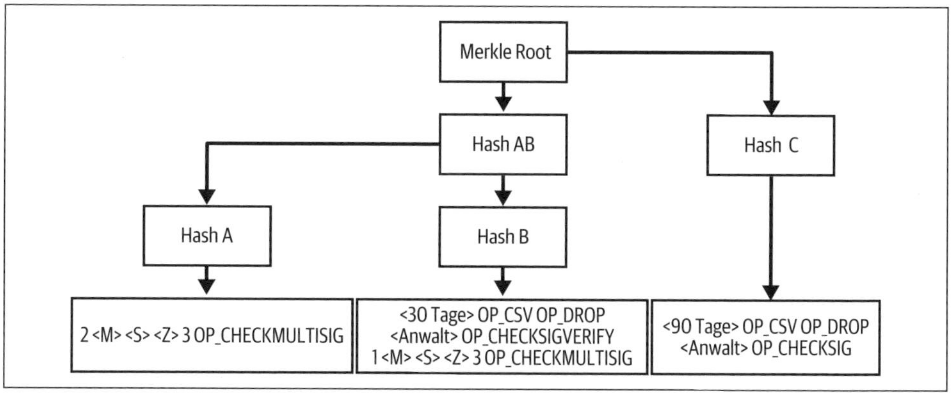


*Abbildung 7-5: Ein MAST mit drei Subskripten*

Wir können nun einen kompakten Nachweis der Mitgliedschaft erzeugen, der beweist, dass eine bestimmte Autorisierungsbedingung Mitglied des Merkle Tree ist, ohne Details über andere Mitglieder des Merkle Tree offenzulegen (siehe Abbildung

7-6). Beachten Sie, dass die schraffierten Nodes aus anderen Daten berechnet werden können, die der Nutzer bereitstellt, d.h., sie müssen bei der Zahlung nicht spezifiziert werden.

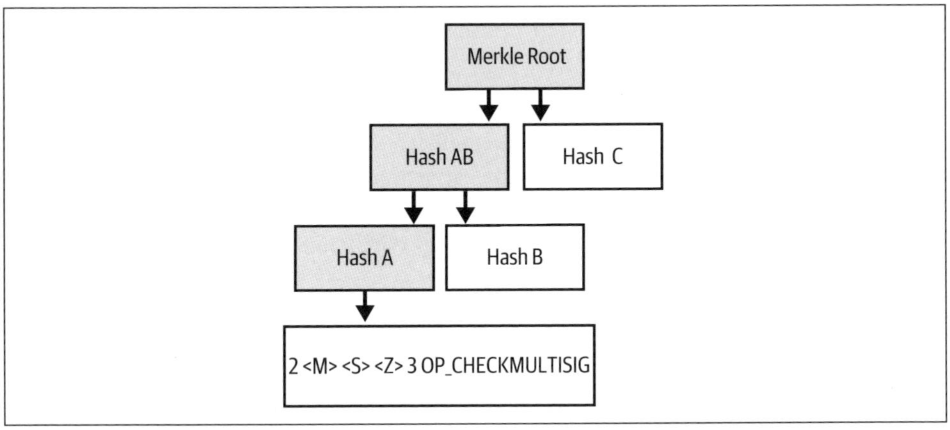


*Abbildung 7-6: Nachweis der Mitgliedschaft eines Subskripts bei MAST*

Die zur Erzeugung der Commitments verwendeten Hash-Digests sind jeweils 32 Byte lang, d.h., der Nachweis der Autorisierung (mittels Merkle Tree und entsprechender Bedingung) und Authentifizierung (mittels Signaturen) für die Freigabe in Abbildung 7-6 ist 383 Byte groß. Die gleiche Freigabe ohne Merkle Tree (also die Bereitstellung aller möglichen Autorisierungsbedingungen) benötigt 412 Byte.

Die in diesem Beispiel eingesparten 29 Byte (7 %) machen das Ausmaß möglicher Einsparungen nicht deutlich. Weil Merkle Trees auf binären Bäumen basieren, benötigen Sie nur jeweils ein zusätzliches 32-Byte-Commitment bei einer Verdopplung der Mitglieder im Datensatz (in diesem Fall Autorisierungsbedingungen). Bei dieser Instanz (mit drei Bedingungen) benötigen wir drei Commitments (eins für die Merkle Root, die in die Autorisierungsdaten eingefügt werden muss). Wir könnten ohne zusätzliche Kosten noch ein weiteres Commitment einfügen. Ein zusätzliches Commitment bietet uns bis zu acht Bedingungen. Mit nur 16 Commitments (512 Byte) können wir über 32.000 Autorisierungsbedingungen festlegen, also weit mehr, als wir effektiv in einen gesamten Transaktionsblock voller `OP_IF`-Anweisungen packen können. Mit 128 Commitments (4.096 Byte) übersteigt die Zahl der theoretisch möglichen Bedingungen bei Weitem die Zahl der Bedingungen, die alle Computer dieser Welt erzeugen können.

Üblicherweise werden nicht alle Autorisierungsbedingungen gleich oft genutzt. In unserem Beispiel gehen wir davon aus, dass Mohammed und seine Partner häufig Geld einlösen. Die Bedingungen mit Zeitverzögerung existieren nur für den Fall, dass etwas schiefgeht. Mit diesem Wissen können wir unseren Baum, wie in Abbildung 7-7 zu sehen, umstrukturieren.

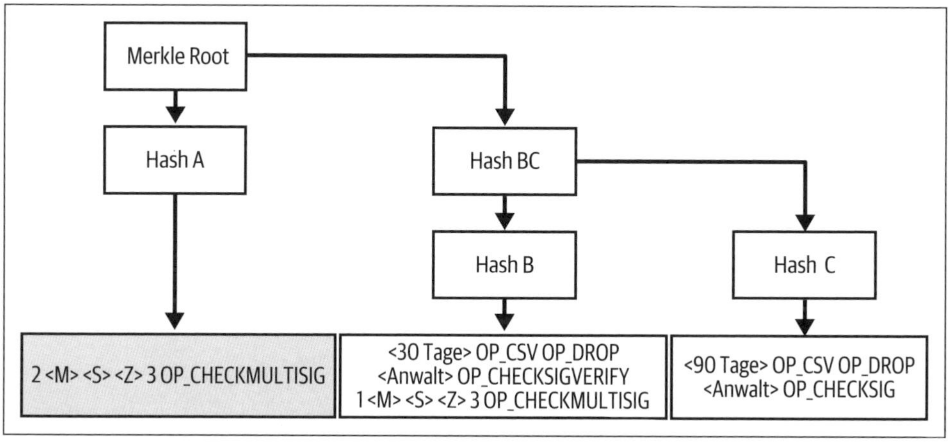


*Abbildung 7-7: MAST mit dem am meisten erwartetem Skript in der besten Position*

Nun müssen wir nur zwei Commitments für den gängigsten Fall bereitstellen (wodurch wir 32 Byte einsparen), allerdings werden für die weniger gängigen Fälle immer noch drei Commitments benötigt. Wenn Sie die Wahrscheinlichkeiten kennen (oder erraten können), mit denen die verschiedenen Autorisierungsbedingungen genutzt werden, können Sie den Huffman-Algorithmus nutzen, um sie im Baum mit der maximalen Effizienz zu platzieren. Details finden Sie in BIP341.

Unabhängig vom Aufbau des Baums können wir anhand der vorherigen Beispiele sehen, dass nur die Autorisierungsbedingung offenbart wird, die auch tatsächlich verwendet wird. Die anderen Bedingungen bleiben vertraulich. Auch die Anzahl der Bedingungen bleibt vertraulich: Ein Baum kann eine einzelne oder eine Billion Bedingungen enthalten. Allein aus den Onchain-Daten für eine einzelne Transaktion kann das niemand ermitteln.

Neben einer leicht erhöhten Komplexität gibt es durch MAST für Bitcoin keine gravierenden Nachteile. Es gab bereits zwei solide Vorschläge (BIP114 und BIP116), bevor ein verbesserter Ansatz entdeckt wurde, den Sie in »Taproot« auf Seite 201 kennenlernen werden.

## MAST kontra MAST

Die erste Idee dessen, was wir heute bei Bitcoin als *MAST* bezeichnen, waren die sogenannten *Merklized Abstract Syntax Trees*. Bei einem abstrakten Syntaxbaum (engl. *Abstract Syntax Tree*, kurz AST) erzeugt jede Bedingung eines Skripts einen neuen Ast (siehe Abbildung 7-8).

ASTs werden häufig von Programmen genutzt, die Code für andere Programme (etwa Compiler) parsen und optimieren. Ein »merkalisierter« AST würde jeden Teil eines Programms committen und so die in »Merklized Alternative Script Trees (MAST)« auf Seite 194 beschriebenen Features ermöglichen. Allerdings müsste er mindestens einen 32-Byte-Digest für jeden separaten Teil des Programms offenlegen, was für die meisten Programme auf der Blockchain nicht gerade platzsparend wäre.

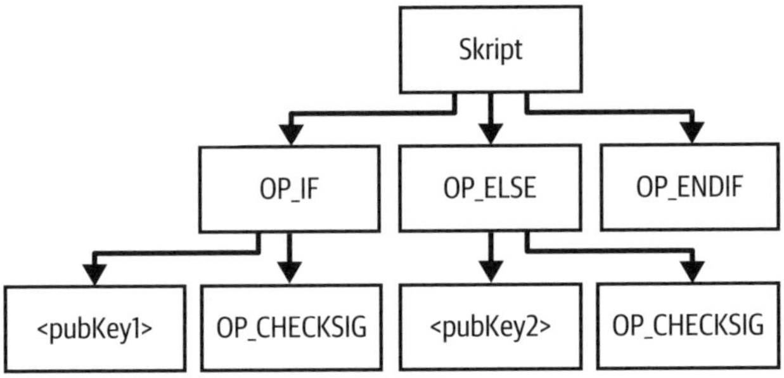


*Abbildung 7-8: Ein abstrakter Syntaxbaum (AST) für ein Skript*

Was bei Bitcoin heute meist als *MAST* bezeichnet wird, sind *Merklized Alternative Script Trees*, ein vom Entwickler Anthony Towns geprägtes Backronym. Ein solcher »alternativer Skriptbaum« besteht aus einer Reihe von (eigenständigen) Skripten, von denen nur eins gewählt werden kann (siehe Abbildung 7-9).

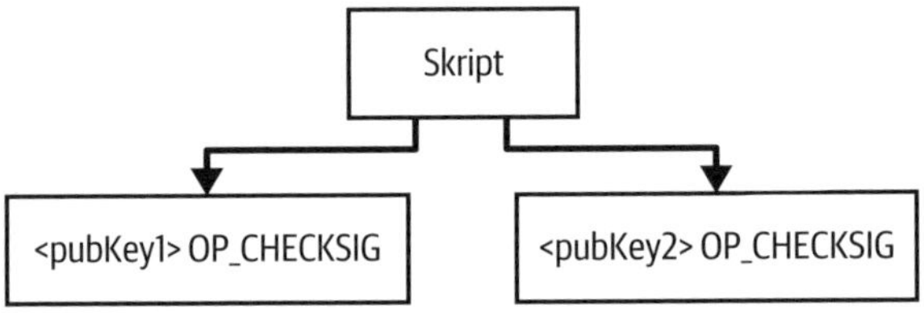


*Abbildung 7-9: Ein alternativer Skriptbaum*

Alternative Skriptbäume müssen für jede Ebene des gewählten Skripts und dem Stamm des Baums nur ein 32-Byte-Digest offenlegen. Für die meisten Skripte ist das eine wesentlich effizientere Nutzung des Blockchain-Speichers.

# Pay-to-Contract (P2C)

Wie wir in »Ableitung öffentlicher Child-Schlüssel« auf Seite 116 gesehen haben, erlaubt die Kryptografie mit elliptischen Kurven (*Elliptic Curve Cryptography*, ECC) Alice, einen privaten Schlüssel zu nutzen, um daraus einen öffentlichen Schlüssel abzuleiten, den sie Bob geben kann. Er kann einen beliebigen Wert zu diesem öffentlichen Schlüssel hinzuaddieren, um einen abgeleiteten öffentlichen Schlüssel zu erzeugen. Gibt er diesen beliebigen Wert an Alice weiter, kann sie ihn zu ihrem privaten Schlüssel hinzuaddieren, um den privaten Schlüssel für den abgeleiteten öffentlichen Schlüssel zu bestimmen. Kurz gesagt, kann Bob öffentliche Child-Schlüssel erzeugen, für die nur Alice die passenden privaten Schlüssel generieren kann. Das ist nützlich für die hierarchisch-deterministische (*Hierarchical Deterministic*, HD) Wallet-Wiederherstellung nach BIP32, kann aber auch anderweitig eingesetzt werden.

Nehmen wir an, Bob möchte etwas von Alice kaufen, gleichzeitig aber auch in der Lage sein, zu beweisen, für was er bezahlt hat, falls es zu einem Problem kommen sollte. Alice und Bob einigen sich auf einen Namen für den Artikel oder die Dienstleistung (z.B. »Alice' Podcast-Episode 123«), wandeln diese Beschreibung durch Hashing in eine Zahl um und interpretieren den Hash-Digest als Zahl. Bob addiert diese Zahl zu Alice' öffentlichem hinzu Schlüssel und bezahlt ihn. Diesen Prozess bezeichnet man als *Key Tweaking* (zu Deutsch etwa Schlüsseloptimierung), und die Zahl wird *Tweak* genannt.

Alice kann die Mittel einlösen, indem sie ihren privaten Schlüssel mit der gleichen Zahl (Tweak) »tweakt«.

Später kann Bob nachweisen, wofür er Alice bezahlt hat, indem er den zugrunde liegenden Schlüssel und die verwendete Beschreibung offenlegt. Jeder kann nachprüfen, dass der öffentliche Schlüssel (an den gezahlt wurde) dem zugrunde liegenden Schlüssel plus dem Hash-Commitment der Beschreibung entspricht. Gibt Alice zu, dass es sich um ihren Schlüssel handelt, hat sie die Zahlung erhalten. Hat Alice den Betrag ausgegeben, ist das ein weiterer Beweis dafür, dass sie die Beschreibung kannte, als sie die Transaktion signiert hat, da sie nur eine gültige Signatur für den getweakten öffentlichen Schlüssel erzeugen konnte, wenn sie den Tweak (die Beschreibung) kannte.

Wenn sich weder Alice noch Bob entscheidet, die verwendete Beschreibung zu veröffentlichen, sieht die Zahlung der beiden aus wie jede andere Zahlung auch. Die Privatsphäre wird nicht gefährdet.

Da P2C standardmäßig vertraulich ist, können wir nicht wissen, wie oft es für seinen ursprünglichen Zweck eingesetzt wurde. Theoretisch könnte sie jede Zahlung nutzen, was wir allerdings für unwahrscheinlich halten. Allerdings ist P2C heute in leicht abgewandelter Form sehr verbreitet, wie wir »Taproot« auf Seite 201 noch sehen werden.

## Skriptlose Multisignaturen und Threshold-Signaturen

In »Geskriptete Multisignaturen« auf Seite 174 haben wir uns Skripte angesehen, die Signaturen von mehreren Schlüsseln verlangten. Es gibt aber noch einen anderen Ansatz, der die Zusammenarbeit mehrerer Schlüssel verlangt und irritierenderweise ebenfalls *Multisignatur* genannt wird. Um diese beiden Arten in diesem Abschnitt zu unterscheiden, nennen wir die Version mit `OP_CHECKSIG`-artigen Opcodes *Skript-Multisignaturen* und die andere Variante *skriptlose Multisignaturen*.

Skriptlose Multisignaturen verlangen von jedem Teilnehmer ein eigenes Secret, das auf die gleiche Weise erzeugt wird wie ein privater Schlüssel. Wir nennen dieses Secret einen *partiell privaten Schlüssel*, auch wenn er genauso lang ist wie ein regulärer privater Schlüssel. Aus dem partiell privaten Schlüssel leitet jeder Teilnehmer einen partiell öffentlichen Schlüssel ab, wobei der gleiche Algorithmus verwendet wird, den wir in »Öffentliche Schlüssel« auf Seite 85 beschrieben haben. Jeder Teilnehmer teilt seinen partiell öffentlichen Schlüssel mit den anderen Teilnehmenden und fasst dann all diese Schlüssel zusammen, um einen öffentlichen Schlüssel für die skriptlose Multisignatur zu erzeugen.

Dieser kombinierte öffentliche Schlüssel sieht aus wie jeder andere öffentliche Bitcoin-Schlüssel. Eine dritte Partei kann nicht zwischen einem öffentlichen Mehrparteienschlüssel und einem normalen Schlüssel unterscheiden, der von einem einzelnen Nutzer erzeugt wurde.

Um die durch den skriptlosen öffentlichen Multisignaturschlüssel geschützten Bitcoins freizugeben, generiert jeder Teilnehmer eine partielle Signatur. Die partiellen Signaturen werden dann kombiniert, um eine reguläre Signatur zu erzeugen. Es gibt viele Methoden zur Erzeugung und Kombination partieller Signaturen; wir widmen uns diesem Thema in Kapitel 8. Genau wie bei den öffentlichen Schlüsseln für skriptlose Multisignaturen sehen die durch diesen Prozess erzeugten Signaturen aus wie alle anderen Bitcoin-Signaturen. Eine Drittpartei kann nicht erkennen, ob die Signatur von einer einzelnen Person oder von einer Million miteinander kooperierender Personen erzeugt wurde.

Skriptlose Multisignaturen sind kleiner und bieten eine höhere Privatsphäre als skriptbasierte Multisignaturen. Bei skriptbasierten Multisignaturen erhöht sich die Anzahl der in der Transaktion platzierten Bytes für jeden involvierten Schlüssel und jede Signatur. Bei skriptlosen Multisignaturen ist die Größe konstant. Eine Million Teilnehmer, von denen jeder seinen eigenen partiellen Schlüssel und seine eigene partielle Signatur einbringt, belegen genauso viel Speicherplatz in einer Transaktion wie eine Einzelperson mit einem einzigen Schlüssel und einer Signatur. Das Gleiche gilt auch für die Privatsphäre: Da jeder neue Schlüssel und jede Signatur Daten in die Transaktion einfügt, legen skriptbasierte Multisignaturen offen, wie viele Schlüssel und Signaturen verwendet werden. Daher ist es relativ leicht, herauszufinden, welche Gruppe von Teilnehmenden welche Transaktion erzeugt hat. Da aber jede skriptlose Multisignatur wie jede andere skriptlose Multisignatur und einfache Signatur aussieht, sickern keine die Privatsphäre gefährdenden Daten durch.

Es gibt bei skriptlosen Multisignaturen zwei Nachteile. Der eine ist, dass alle bekannten sicheren Algorithmen zu deren Erzeugung mehr Interaktion und eine sorgfältigere Verwaltung verlangen als skriptbasierte Multisignaturen. Das kann eine Herausforderung sein, wenn Signaturen durch nahezu zustandslose Hardwaresigniergeräte erzeugt und die Schlüssel physisch verteilt werden. Halten Sie Ihr Signiergerät beispielsweise in einem Bankschließfach vor, müssten Sie es bei einer skriptbasierten Multisignatur nur einmal aufsuchen, bei einer skriptlosen Multisignatur hingegen zwei- oder dreimal.

Der andere Nachteil ist, dass das Threshold-Signieren nicht offenlegt, wer signiert hat. Beim skriptbasierten Threshold-Signieren einigen sich beispielsweise Alice, Bob und Carol darauf, dass zwei beliebige Signaturen ausreichen, um die Mittel einzulösen. Signieren Alice und Bob, werden deren Signaturen in der Chain abgelegt, und jeder, der die Schlüssel kennt, weiß, dass die beiden signiert haben und Carol nicht. Beim skriptlosen Signieren ist die Signatur von Alice und Bob nicht von einer Signatur zwischen Alice und Carol oder Bob und Carol zu unterscheiden. Das ist der Privatsphäre förderlich, bedeutet aber auch, dass Carol zwar behaupten kann, nicht signiert zu haben, es aber nicht beweisen kann. Fragen zur Verantwortlichkeit und der Nachprüfbarkeit lassen sich so nicht klären.

Für viele Nutzer und Anwendungsfälle wiegt die reduzierte Größe und die erhöhte Privatsphäre die gelegentlichen Herausforderungen der Erzeugung und Auditierung der Signaturen auf.

## Taproot

Ein Grund, warum sich Menschen für Bitcoin entscheiden, ist die Möglichkeit, Kontrakte mit äußerst vorhersehbaren Ergebnissen zu erzeugen. Müssen Verträge gerichtlich durchgesetzt werden, hängt das Ergebnis zum Teil von den in den Fall involvierten Richtern und Geschworenen ab. Im Gegensatz dazu verlangen Bitcoin-Verträge häufig Aktionen der Teilnehmenden, werden ansonsten aber von Tausenden Full Nodes durchgesetzt, die alle den funktional gleichen Code ausführen. Jede Abweichung würde bedeuten, dass Bitcoin nicht funktioniert. Menschliche Richter und Geschworene sind wesentlich flexibler als Software, doch wenn diese Flexibilität weder gewünscht noch benötigt wird, ist die Vorhersehbarkeit von Bitcoin ein wesentlicher Vorteil.

Wenn alle an einem Vertrag Beteiligten erkennen, dass dessen Ergebnis völlig vorhersehbar ist, besteht für sie keine Notwendigkeit mehr, den Vertrag weiter zu nutzen. Sie können einfach tun, wozu sie der Vertrag verpflichtet, und den Vertrag dann enden lassen. In unserer Gesellschaft lassen wir Verträge so enden, dass niemand den Vertrag vor Gericht bringt, wenn alle beteiligten Parteien zufrieden sind. Bei Bitcoin bedeutet das, dass jeder Vertrag, der eine signifikante Menge Raum in einem Block einnimmt, um beglichen zu werden, eine Klausel enthalten muss, die die Begleichung auch durch »gegenseitige Zufriedenheit« erlaubt.

Bei MAST und skriptlosen Multisignaturen ist die Klausel der gegenseitigen Zufriedenheit leicht zu entwerfen. Sie machen einfach einen der oberen Äste des Skriptbaums zu einer skriptlosen Multisignatur zwischen allen beteiligten Parteien. Einen komplexen Vertrag zwischen mehreren Parteien und einer einfachen Klausel der gegenseitigen Zufriedenheit haben wir bereits in Abbildung 7-7 kennengelernt. Wir können das weiter optimieren, indem wir von skriptbasierten Multisignaturen zu skriptlosen Multisignaturen wechseln.

Das ist recht effizient, und die Privatsphäre bleibt gewahrt. Wird die Klausel der gegenseitigen Zufriedenheit angewandt, müssen wir nur einen einzigen Merkle-Ast bereitstellen und legen lediglich offen, dass eine Signatur involviert war (die von einer einzelnen Person oder von Tausenden Teilnehmenden stammen kann). Doch 2018 erkannten Entwickler, dass es noch besser geht, wenn man Pay-to-Contract nutzt.

In unserer vorherigen Beschreibung von Pay-to-Contract in »Pay-to-Contract (P2C)« auf Seite 198 haben wir einen öffentlichen Schlüssel »optimiert« (*tweaked*), um den Text einer Vereinbarung zwischen Alice und Bob zu bestätigen. Wir können stattdessen auch den Programmcode eines Vertrags festlegen, indem wir den Stamm eines MAST binden. Der von uns getweakte öffentliche Schlüssel ist ein normaler öffentlicher Bitcoin-Schlüssel, der eine Signatur von einer einzelnen Person oder von mehreren verlangt. (Er könnte aber auch auf eine besondere Weise erzeugt werden, die die Generierung einer passenden Signatur unmöglich macht.) Das bedeutet, dass wir den Vertrag entweder mit einer einzelnen Signatur aller beteiligten Parteien erfüllen können oder indem wir den MAST-Zweig offenlegen, den wir nutzen wollen. Der Commitment-Baum für einen öffentlichen Schlüssel und einen MAST ist in Abbildung 7-10 zu sehen.

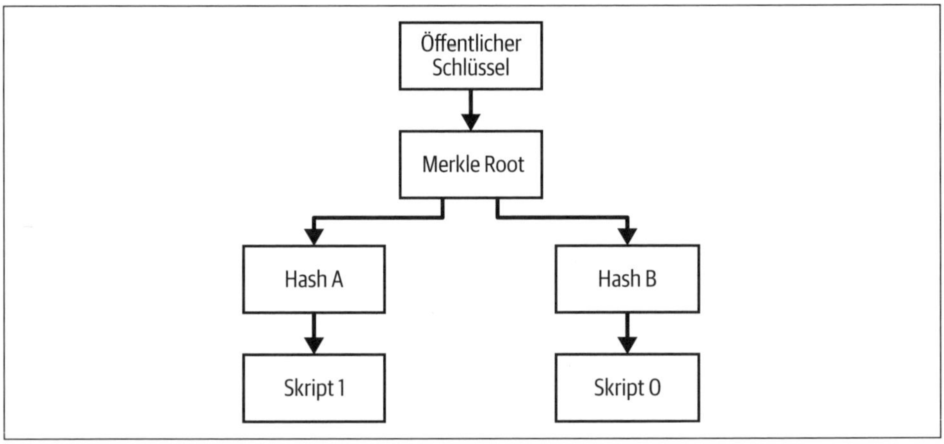


*Abbildung 7-10: Taproot mit einem an eine Merkle Root gebundenen öffentlichem Schlüssel*

Das macht diese Klausel der gegenseitigen Zufriedenheit extrem effizient und sehr vertraulich. Die Privatsphäre ist noch höher, als es scheinen mag, weil jede Transaktion, die durch einen einzelnen Nutzer erzeugt wird und durch eine einzelne Signatur (oder eine Multisignatur, die durch unterschiedliche Wallets generiert wurde), in der Blockchain genauso aussieht wie die Freigabe durch gegenseitige Zufriedenheit. In diesem Fall gibt es onchain keinen Unterschied zwischen der Freigabe durch eine Million Nutzer, die an einem außerordentlich komplexen Vertrag beteiligt sind, oder einem einzelnen Nutzer, der seine Bitcoins einlöst.

Ist die Freigabe nur mit dem Schlüssel möglich, etwa bei einer einfachen Signatur oder einer skriptlosen Multisignatur, bezeichnet man das als *Keypath Spending*. Wird ein Baum von Skripten genutzt, spricht man von *Scriptpath Spending*. Beim Keypath Spending wird der öffentliche Schlüssel (in einem Witness-Programm) und die Signatur (im Witness-Stack) in die Blockchain eingetragen.

Beim Scriptpath Spending umfassen die Onchain-Daten auch den öffentlichen Schlüssel, der in einem Witness-Programm abgelegt und in diesem Kontext als *Taproot Output Key* bezeichnet wird. Die Witness-Struktur enthält die folgenden Informationen:

- Eine Versionsnummer.
- Den zugrunde liegenden Schlüssel, d.h. den Schlüssel, der existierte, bevor er durch die Merkle Root getweakt wurde, um den Taproot Output Key zu erzeu-

gen. Dieser zugrunde liegende Schlüssel wird *Taproot-interner Schlüssel* (*Taproot Internal Key*) genannt.

- Das auszuführende Skript, genannt *Leaf-Skript*.
- Ein 32-Byte-Hash für jeden Knotenpunkt im Merkle Tree entlang des Pfads, der den Ast mit der Merkle Root verbindet.
- Alle Daten, die benötigt werden, um das Skript erfolgreich zu durchlaufen (etwa Signaturen oder Hash-Preimages).

Uns ist nur ein signifikanter Nachteil von Taproot bekannt: Wollen die Teilnehmer eines Kontrakts MAST verwenden, aber keine Klausel zur gegenseitigen Zufriedenheit einfügen, müssen sie einen Taproot-internen Schlüssel in die Blockchain aufnehmen, was einen Overhead von 33 Byte ergibt. Davon ausgehend, dass nahezu alle Kontrakte von einer Klausel zur gegenseitigen Zufriedenheit (oder einer anderen Multisignaturklausel, die den obersten öffentlichen Schlüssel nutzt) profitieren und dass alle Nutzer von der erhöhten Anonymität gleich aussehender Outputs profitieren, wurde dieser seltene Overhead von den an der Taproot-Aktivierung beteiligten Nutzern als unwichtig betrachtet.

Die Unterstützung für Taproot wurde bei Bitcoin durch einen Soft-Fork im November 2021 aktiviert.

## Tapscript

Taproot ermöglichte MAST aber nur mit einer leicht veränderten Version von Bitcoin Script. Diese neue Version wird *Tapscript* genannt. Die wesentlichen Unterschiede sind:

*Änderungen an skriptbasierten Multisignaturen*
: Die alten Opcodes `OP_CHECKMULTISIG` und `OP_CHECKMULTISIGVERIFY` wurden entfernt. Diese Opcodes passen nicht gut zu einer der anderen Änderungen des Taproot-Soft-Forks: der Fähigkeit, Schnorr-Signaturen mit der Batch-Validierung zu nutzen (siehe »Schnorr-Signaturen« auf Seite 209). Stattdessen wurde ein neuer `OP_CHECKSIGADD`-Opcode eingeführt. Kann er eine Signatur erfolgreich verifizieren, erhöht er einen Zähler um eins. So können die akzeptierten Signaturen einfach gezählt und mit der geforderten Anzahl an Signaturen verglichen werden. Das Verhalten von `OP_CHECKMULTISIG` wird so reimplementiert.

*Änderungen an allen Signaturen*
: Alle Signaturoperationen in Tapscript nutzen den in BIP340 definierten Schnorr-Signaturalgorithmus. Wir sehen uns Schnorr-Signaturen in Kapitel 8 genauer an.

: Zusätzlich muss jeder Signatur prüfenden Operation, die nicht erfolgreich sein soll, der Wert `OP_FALSE` (auch `OP_0` genannt) anstelle einer Signatur übergeben werden. Wird etwas anderes an eine fehlgeschlagene Signaturprüfungsoperation übergeben, schlägt das gesamte Skript fehl. Das hilft auch bei der Batch-Validierung von Schnorr-Signaturen.

OP_SUCCESSx-*Opcodes*
: In früheren Versionen von Bitcoin Script nicht nutzbare Opcodes wurden so umdefiniert, dass das gesamte Skript erfolgreich beendet wird, wenn sie genutzt werden. Das ermöglicht zukünftigen Soft-Forks, sie unter bestimmten Umständen als nicht erfolgreich umzudefinieren, was eine Einschränkung darstellt und so in einem Soft-Fork möglich ist. (Das Gegenteil, also die Definition einer nicht erfolgreichen Operation, kann nur durch einen Hard-Fork erfolgen, was ein deutlich schwierigerer Upgrade-Pfad ist.)

In diesem Kapitel haben wir uns die Autorisierung und Authentifizierung sehr genau angesehen. Einen ziemlich wichtigen Teil der Authentifizierung von Bitcoin haben wir aber ausgelassen: die Signaturen. Diese wollen wir uns in Kapitel 8 als Nächstes ansehen.

# KAPITEL 8
# Digitale Signaturen

Momentan werden bei Bitcoin zwei Signaturalgorithmen eingesetzt: der *Schnorr-Signaturalgorithmus* und der *Elliptic Curve Digital Signature Algorithmus* (ECDSA). Diese Algorithmen werden für digitale Signaturen basierend auf privaten/öffentlichen Schlüsselpaaren aus elliptischen Kurven verwendet, wie sie in »Kryptografie mit elliptischen Kurven« auf Seite 82 erläutert wurden. Sie werden zur Freigabe von Segwit-v0-P2WPKH-Outputs, beim Segwit v1 P2TR Keypath Spending und den Skriptfunktionen `OP_CHECKSIG`, `OP_CHECKSIGVERIFY`, `OP_CHECKMULTISIG`, `OP_CHECKMULTISIGVERIFY` und `OP_CHECKSIGADD` verwendet. Wird einer dieser Opcodes ausgeführt, muss eine Signatur zur Verfügung gestellt werden.

Eine digitale Signatur dient bei Bitcoin drei Zwecken. Erstens beweist die Signatur, dass der Besitzer des privaten Schlüssels, der implizit auch der Eigentümer der Geldmittel ist, die Ausgabe dieser Mittel *autorisiert* hat. Zweitens ist der Beweis der Autorisierung *nicht abstreitbar* (*Nonrepudiation*). Und drittens stellt die Signatur sicher, dass die Transaktion nach der Signierung durch Dritte *nicht modifiziert werden kann* (Integrität).

> Jeder Transaktions-Input und jede darin enthaltene Signatur ist völlig unabhängig von jedem anderen Input und jeder anderen Signatur. Mehrere Parteien können zusammenarbeiten, um Transaktionen zu erzeugen und jeweils nur einen Input zu signieren. Verschiedene Protokolle nutzen das aus, um die Privatsphäre mehrerer Parteien bei Transaktionen zu schützen.

In diesem Kapitel sehen wir uns an, wie digitale Signaturen funktionieren und wie sie den Besitz eines privaten Schlüssels beweisen, ohne diese privaten Schlüssel offenzulegen.

## Wie digitale Signaturen funktionieren

Eine digitale Signatur besteht aus zwei Teilen. Der erste Teil ist ein Algorithmus, der aus einer Nachricht (der Transaktion) und einem privaten Schlüssel (dem Signierschlüssel) eine Signatur erzeugt. Den zweiten Teil bildet ein Algorithmus, der es jedem erlaubt, die Signatur für die Nachricht und einen öffentlichen Schlüssel zu verifizieren.

## Eine digitale Signatur erzeugen

Bei der Nutzung digitaler Signaturen durch Bitcoin ist die zu signierende »Nachricht« die Transaktion, oder genauer gesagt ein Hash, einer bestimmten Teilmenge der Daten in der Transaktion (der sogenannte *Commitment-Hash*, siehe »Arten von Signatur-Hashes (SIGHASH)« auf Seite 207). Der Signierschlüssel ist der private Schlüssel des Nutzers. Das Ergebnis ist die Signatur:

$$Sig = F_{sig}(F_{hash}(m), x)$$

Dabei gilt:

- $x$ ist der signierende private Schlüssel.
- $m$ ist die zu signierende Nachricht, der Commitment-Hash (sowie Teile der Transaktion).
- $F_{hash}$ ist die Hashing-Funktion.
- $F_{sig}$ ist der Signieralgorithmus.
- $Sig$ ist die resultierende Signatur.

Details zur Mathematik hinter Schnorr- und ECDSA-Signaturen finden Sie in »Schnorr-Signaturen« auf Seite 209 und »ECDSA-Signaturen« auf Seite 219.

Bei Schnorr- und ECDSA-Signaturen erzeugt die Funktion $F_{sig}$ eine Signatur `Sig`, die aus zwei Werten besteht. Diese beiden Werte unterscheiden sich je nach Algorithmus – dies werden wir später noch erläutern. Sind die beiden Werte berechnet, erfolgt die Serialisierung in einen Bytestream. Für ECDSA-Signaturen wird ein internationales Standard-Codierungsschema namens *Distinguished Encoding Rules*, kurz DER, verwendet. Schnorr-Signaturen nutzen ein einfacheres Serialisierungsformat.

## Die Signatur verifizieren

Der Algorithmus zur Verifikation der Signatur nimmt die Nachricht (den Hash eines Teils der Transaktion und die dazugehörigen Daten), den öffentlichen Schlüssel der Unterzeichner sowie die Signatur und gibt `TRUE` zurück, wenn die Signatur für diese Nachricht und diesen öffentlichen Schlüssel gültig ist.

Zur Verifikation der Signatur benötigen Sie die Signatur, die serialisierte Transaktion, Daten zum freizugebenden Output und den öffentlichen Schlüssel, der zu dem privaten Schlüssel passt, mit dem die Signatur erzeugt wurde. Im Wesentlichen bedeutet die Verifikation einer Signatur: »Nur der Besitzer des privaten Schlüssels, der diesen öffentlichen Schlüssel erzeugt hat, kann diese Signatur für diese Transaktion erzeugt haben.«

## Arten von Signatur-Hashes (SIGHASH)

Digitale Signaturen werden auf Nachrichten angewandt. Im Fall von Bitcoin sind diese Nachrichten die Transaktionen. Die Signatur impliziert eine Zusage (ein *Commit*) aller anderen Transaktionsfelder. Allerdings kann die Signatur auch nur einen Teil der Daten einer Transaktion bestätigen, was für eine Reihe von Anwendungen nützlich ist, die wir in diesem Abschnitt noch kennenlernen werden.

Bitcoin-Signaturen zeigen über das `SIGHASH`-Flag an, welcher Teil der Transaktionsdaten im Hash enthalten ist. Das `SIGHASH`-Flag ist ein einzelnes Byte, das an die Signatur angehängt wird. Jede Signatur hat ein solches `SIGHASH`-Flag, und das Flag kann von Input zu Input verschieden sein. Eine Transaktion mit drei signierten Inputs kann drei Signaturen mit unterschiedlichen `SIGHASH`-Flags aufweisen, von denen jede Signatur einen anderen Teil der Transaktion signiert (bestätigt).

Erinnern Sie sich daran, dass jeder Input eine oder mehrere Signaturen enthalten kann. Eine Transaktion mit mehreren Inputs kann also Signaturen mit unterschiedlichen `SIGHASH`-Flags enthalten, die unterschiedliche Teile der Transaktion in den jeweiligen Inputs bestätigen. Beachten Sie auch, dass Bitcoin-Transaktionen Inputs verschiedener »Besitzer« enthalten können, die nur einen Input in einer partiell konstruierten Transaktion signieren und mit anderen zusammenarbeiten, um die für eine gültige Transaktion notwendigen Signaturen zusammenzubekommen. Viele Arten von `SIGHASH`-Flags ergeben nur Sinn, wenn man an mehrere Teilnehmer denkt, die außerhalb des Bitcoin-Netzwerks zusammenarbeiten und eine teilweise signierte Transaktion aktualisieren.

Es gibt drei `SIGHASH`-Flags: `ALL`, `NONE` und `SINGLE`, wie in Tabelle 8-1 zu sehen.

*Tabelle 8-1: Arten von SIGHASHs und deren Bedeutung*

| SIGHASH-Flag | Wert | Beschreibung |
|---|---|---|
| `ALL` | `0x01` | Signatur gilt für alle Inputs und Outputs. |
| `NONE` | `0x02` | Signatur gilt für alle Inputs und keinen Output. |
| `SINGLE` | `0x03` | Signatur gilt für alle Inputs, aber nur für den Output mit dem gleichen Index wie der signierte Input. |

Zusätzlich gibt es das Modifikator-Flag `SIGHASH_ANYONECANPAY`, das mit jedem der vorstehenden Flags kombiniert werden kann. Ist `ANYONECANPAY` gesetzt, wird nur ein Input signiert, und die restlichen Inputs (und deren Sequenznummern) bleiben für Modifikationen offen. `ANYONECANPAY` hat den Wert `0x80` und wird durch ein bitweises ODER angewandt, was die kombinierten Flags aus Tabelle 8-2 ergibt.

*Tabelle 8-2: Arten von SIGHASHs mit Modifikatoren und deren Bedeutung*

| SIGHASH-Flag | Wert | Beschreibung |
|---|---|---|
| `ALL|ANYONECANPAY` | `0x81` | Signatur gilt für einen Input und alle Outputs. |
| `NONE|ANYONECANPAY` | `0x82` | Signatur gilt für einen Input und keinen Output. |
| `SINGLE|ANYONECANPAY` | `0x83` | Signatur gilt für einen Input und den Output mit dem gleichen Index. |

Die `SIGHASH`-Flags werden während der Signierung und der Verifikation angewandt, indem eine Kopie der Transaktion erzeugt und bestimmte Felder darin abgeschnitten (auf die Länge null gesetzt und geleert) werden. Die daraus resultierende Transaktion wird serialisiert. Das `SIGHASH`-Flag wird an das Ende der serialisierten Transaktion angehängt, und das Ergebnis wird gehasht. Der Hash selbst ist die signierte »Nachricht«. Abhängig vom verwendeten `SIGHASH`-Flag werden unterschiedliche Teile der Transaktion aufgenommen. Indem das `SIGHASH`-Flag selbst aufgenommen wird, bestätigt die Signatur auch den `SIGHASH`-Typ, sodass dieser nicht mehr geändert werden kann (z. B. durch einen Miner).

In »Serialisierung von ECDSA-Signaturen (DER)« auf Seite 221 werden Sie sehen, dass der letzte Teil der DER-codierten Signatur den Wert `01` enthielt, was für das `SIGHASH_ALL`-Flag bei ECDSA-Signaturen steht. Das »verriegelt« die Transaktionsdaten, und Alice' Signatur bestätigt den Status aller Inputs und Outputs. Das ist die gängigste Form einer Signatur.

Sehen wir uns einige der anderen `SIGHASH`-Typen an und wie sie in der Praxis eingesetzt werden können:

`ALL|ANYONECANPAY`
: Diese Konstruktion kann für Crowdfunding-artige Transaktionen genutzt werden. Jemand, der Spenden einsammeln möchte, kann eine Transaktion mit einem einzigen Output konstruieren. Dieser Output definiert das »Ziel« der Spendensammlung. Eine solche Transaktion ist natürlich nicht gültig, da sie keine Inputs hat. Andere könnten das aber um einen eigenen Input mit dem vorgesehenen Spendenbetrag ergänzen. Sie signieren den eigenen Input mit `ALL|ANYONECANPAY`. Solange nicht genug Inputs zusammenkommen, um den Wert des Outputs zu erreichen, ist die Transaktion ungültig. Jede Spende ist ein »Pfand«, das durch den Spendensammler erst eingesammelt werden kann, wenn das Gesamtziel erreicht ist. Leider kann dieses Protokoll umgangen werden, indem der Spendensammler selbst (oder jemand, der ihm Geld leiht) einen eigenen Input einfügt und so die Spenden einsammeln kann, ohne dass der gewünschte Betrag erreicht wurde.

`NONE`
: Diese Konstruktion kann als »Blankoscheck« verwendet werden. Es bestätigt alle Inputs, erlaubt aber die Änderung der Outputs. Jeder kann seine eigene Bitcoin-Adresse in das Output-Skript schreiben. Für sich selbst genommen, erlaubt das einem Miner, das Ziel des Outputs zu ändern und die Mittel für sich selbst zu beanspruchen. Verwenden andere benötigte Signaturen aber `SIGHASH_ALL` oder eine andere Art von Commit für den Output, können diese Zahlungspflichtigen das Ziel ändern, ohne dass eine dritte Partei (etwa ein Miner) die Outputs ändern kann.

`NONE|ANYONECANPAY`
: Dies kann zum Aufbau eines »Staubfängers« verwendet werden. Benutzer mit sehr kleinen UTXOs können diese nicht einlösen, ohne dass die Gebühren den Wert des »Staubs« (engl. *Dust*) übersteigen würden (siehe »Unwirtschaftliche

Outputs und unzulässiger Staub« auf Seite 154). Mit dieser Art von Signatur können Sie diese Kleinst-UTXOs jemandem spenden, der sie einsammeln und nach Belieben ausgeben kann.

Es gibt eine Reihe von Vorschlägen zur Modifikation und Erweiterung des `SIGHASH`-Systems. Während wir dies schreiben, ist BIP118 der meistdiskutierte Entwurf, der die Einführung zweier neuer `SIGHASH`-Flags vorschlägt. Eine `SIGHASH_ANYPREVOUT` nutzende Signatur würde nicht das Outpoint-Feld eines Inputs bestätigen, wodurch es möglich wäre, jeden vorherigen Output für ein bestimmtes Witness-Programm einzulösen. Empfängt Alice zum Beispiel zwei Outputs mit dem gleichen Betrag mit dem gleichen Witness-Programm (d.h., es verlangt eine einzelne Signatur von ihrer Wallet), könnte eine `SIGHASH_ANYPREVOUT`-Signatur zum Einlösen eines dieser Outputs kopiert werden und den anderen Output für das gleiche Ziel freigeben.

Eine `SIGHASH_ANYPREVOUTANYSCRIPT` nutzende Signatur würde keinen Outpoint, keine Menge, kein Witness-Programm und keine bestimmte Art des Taproot-Merkle-Tree (Skriptbaums) bestätigen. So könnte jeder vorherige Output eingelöst werden, den die Signatur bestätigen kann. Empfängt Alice zum Beispiel zwei Outputs mit verschiedenen Beträgen und unterschiedlichen Witness-Programmen (d.h., einer verlangt eine einzelne Signatur und der andere ihre Signatur und zusätzliche Daten), könnte eine `SIGHASH_ANYPREVOUTANYSCRIPT`-Signatur zum Einlösen eines dieser Outputs kopiert werden und den anderen Output für das gleiche Ziel freigeben (wenn die zusätzlichen Daten für den zweiten Output bekannt waren).

Verschiedene Einsatzmöglichkeiten wurden beschrieben, doch das erwartete Haupteinsatzgebiet für diese beiden `SIGHASH_ANYPREVOUT`-Opcodes sind verbesserte Zahlungskanäle, wie sie im Lightning Network (LN) eingesetzt werden.

> Sie werden `SIGHASH`-Flags nicht häufig als Option in einer Wallet-Anwendung finden. Einfache Wallet-Anwendungen signieren mit `SIGHASH_ALL`-Flags. Komplexere Anwendung wie LN-Nodes können alternative `SIGHASH`-Flags nutzen, verwenden aber Protokolle, die umfassend geprüft wurden, um die Auswirkungen der alternativen Flags zu verstehen.

## Schnorr-Signaturen

Im Jahr 1989 veröffentlichte Claus Schnorr eine Arbeit, die einen Signaturalgorithmus beschreibt, der seitdem seinen Namen trägt. Der Algorithmus basiert nicht auf der Kryptografie mittels elliptischer Kurven (ECC), die von Bitcoin und vielen anderen Anwendungen eingesetzt wird, obwohl er heutzutage wohl am stärksten mit ECC assoziiert wird. Schnorr-Signaturen besitzen eine Reihe netter Eigenschaften:

*Nachweisbare Sicherheit*
: Ein mathematischer Beweis der Sicherheit von Schnorr-Signaturen basiert allein auf der Schwierigkeit, den diskreten Logarithmus in endlichen Gruppen (*Discrete Logarithm Problem*, DLP) zu lösen, insbesondere für elliptische Kurven (EV) bei Bitcoin, sowie auf der Fähigkeit einer Hashfunktion (wie der bei

Bitcoin verwendeten SHA256-Funktion), unvorhersehbare Werte zu erzeugen (das sogenannten *Random Oracle Model*, kurz ROM). Andere Signaturalgorithmen haben zusätzliche Abhängigkeiten oder verlangen wesentlich längere öffentliche Schlüssel oder Signaturen für das gleiche Maß an Sicherheit wie ECC-Schnorr (wenn man die Gefahr für klassische Computer definiert; andere könnten für Quantencomputer eine effizientere Sicherheit bieten).

*Linearität*

Schnorr-Signaturen weisen eine Eigenschaft auf, die Mathematiker als *Linearität* bezeichnen, die auf Funktionen angewandt wird, die zwei bestimmte Eigenschaften haben. Die erste Eigenschaft ist, dass die Summierung zweier oder mehr Parameter und der anschließende Aufruf einer Funktion mit dieser Summe den gleichen Wert ergeben, wenn man die Funktion unabhängig für jede Variable ausführt und deren Ergebnisse dann summiert: $f(x + y + z) == f(x) + f(y) + f(z)$. Diese Eigenschaft nennt man *Additivität*. Die zweite Eigenschaft ist, dass die Multiplikation einer Variablen und den anschließenden Aufruf einer Funktion mit diesem Produkt den gleichen Wert ergeben, wenn man die Funktion mit der Variablen aufruft und dann mit dem gleichen Wert multipliziert: $f(a \times x) == a \times f(x)$. Diese Eigenschaft nennt man *homogen vom Grade 1* (oder linear homogen).

Bei kryptografischen Operationen sind einige Funktionen nicht öffentlich (z.B. wenn sie mit privaten Schlüsseln oder geheimen Nonces arbeiten). Die Fähigkeit, das gleiche Ergebnis unabhängig davon zu erzeugen, ob eine Operation innerhalb oder außerhalb einer Funktion ausgeführt wird, erleichtert mehreren Parteien die Koordination und Kooperation, ohne Secrets teilen zu müssen. Einige spezifische Vorteile der Linearität von Schnorr-Signaturen lernen Sie in »Schnorr-basierte skriptlose Multisignaturen« auf Seite 215 und »Schnorr-basierte skriptlose Threshold-Signaturen« auf Seite 217 kennen.

*Batch-Verifikation*

Werden die Signaturen in einer bestimmten Weise genutzt (was bei Bitcoin der Fall ist), ist eine Konsequenz der Schnorr-Linearität, dass es relativ einfach ist, mehr als eine Schnorr-Signatur gleichzeitig zu verifizieren. Man benötigt also weniger Zeit, als man für die unabhängige Verifikation jeder einzelnen Signatur benötigen würde. Je mehr Signaturen in einem Batch verifiziert werden, desto größer ist der Zeitgewinn. Bei einer typischen Anzahl von Signaturen in einem Block benötigt die Verifikation etwa nur die Hälfte der Zeit (im Vergleich zu einer unabhängigen Verifikation jeder Signatur).

Weiter unten in diesem Kapitel beschreiben wir die genaue Funktionsweise von Schnorr-Signaturen bei Bitcoin, doch wir wollen mit einer vereinfachten Version beginnen und uns schrittweise dem eigentlichen Protokoll annähern.

Alice beginnt mit der Wahl einer großen Zufallszahl ($x$), die wir als ihren *privaten Schlüssel* bezeichnen. Sie kennt außerdem einen öffentlichen Punkt auf Bitcoins elliptischer Kurve, der Generator ($G$) genannt wird (siehe »Öffentliche Schlüssel« auf Seite 85). Alice nutzt die EC-Multiplikation, um $G$ mit ihrem privaten Schlüssel $x$ zu multiplizieren. In diesem Fall wird $x$ als *Skalar* bezeichnet, weil es $G$ »skaliert«. Das Ergebnis ist $xG$, das wir als Alice' *öffentlichen Schlüssel* bezeichnen. Alice gibt ihren öffentlichen Schlüssel an Bob weiter. Obwohl Bob $G$ ebenfalls kennt, verhindert das DLP, dass Bob $xG$ durch $G$ teilen kann, um Alice' Schlüssel abzuleiten.

Zu einem späteren Zeitpunkt fordert Bob Alice auf, ihre Identität nachzuweisen, indem sie den Skalar $x$ für den von Bob vorher empfangenen öffentlichen Schlüssel ($xG$) nennt. Alice kann Bob $x$ nicht direkt nennen, weil sie das anderen gegenüber als Alice identifizieren würde, d.h., sie muss ihre Kenntnis von $x$ nachweisen, ohne Bob gegenüber $x$ offenzulegen. Das wird *Zero-Knowledge Proof* genannt. Dafür beginnen wir mit dem Schnorr-Identitätsprozess:

1. Alice wählt eine weitere große Zufallszahl ($k$), die wir als *private Nonce* bezeichnen. Sie verwendet sie erneut als Skalar und multipliziert sie mit $G$, um $kG$ zu erzeugen, genannt *öffentliche Nonce*. Diese öffentliche Nonce gibt sie an Bob weiter.
2. Bob wählt eine eigene große Zufallszahl $e$, die wir *Challenge-Skalar* nennen. Wir sprechen von »Challenge«, weil Alice »herausgefordert« wird, zu beweisen, dass sie den privaten Schlüssel ($x$) für den öffentlichen Schlüssel ($xG$) kennt, den sie Bob vorher gegeben hat. Wir sprechen von »Skalar«, weil es später zur Multiplikation eines EC-Punkts verwendet wird.
3. Alice besitzt nun die Zahlen (Skalare) $x$, $k$ und $e$. Sie kombiniert sie mit der Formel $s = k + ex$ zu einem finalen Skalar $s$. Dieses $s$ gibt sie an Bob weiter.
4. Bob kennt nun die Skalare $s$ und $e$, nicht aber $x$ und $k$. Allerdings kennt Bob $xG$ und $kG$ und kann $sG$ und $exG$ selbst berechnen. Er kann also die Gleichheit einer hochskalierten Version der von Alice durchgeführten Operation prüfen: $sG == kG + exG$. Sind diese gleich, kann Bob sicher sein, dass Alice $x$ kannte, als sie $s$ erzeugt hat.

## Schnorr-Identitätsprotokoll mit ganzen Zahlen statt Punkten

Das interaktive Schnorr-Identitätsprotokoll ist vielleicht einfacher zu verstehen, wenn wir eine grobe (und unsichere) Vereinfachung vornehmen und alle vorherigen Werte (einschließlich $G$) der Punkte einer elliptischen Kurve durch simple ganze Zahlen ersetzen. Für unser Beispiel verwenden wir Primzahlen ab dem Wert 3:

Setup: Alice wählt $x = 3$ als privaten Schlüssel. Sie multipliziert ihn mit dem Generator $G = 5$, um den öffentlichen Schlüssel $xG = 15$ zu erzeugen. Sie gibt Bob den Wert 15.

1. Alice wählt die private Nonce $k = 7$ und erzeugt die öffentliche Nonce $kG = 35$. Sie gibt Bob den Wert 35.
2. Bob wählt $e = 11$ und gibt den Wert an Alice weiter.
3. Alice generiert $s = 40 = 7 + 11 \times 3$. Sie liefert Bob den Wert 40.
4. Bob leitet $sG = 200 = 40 \times 5$ und $exG = 165 = 11 \times 15$ ab. Dann prüft er, ob $200 == 35 + 165$ entspricht. Beachten Sie, dass das die gleiche Operation ist, die auch Alice durchgeführt hat, nur dass die Werte um 5 (den Wert von $G$) skaliert wurden.

> Natürlich ist das ein stark vereinfachtes Beispiel. Wenn mit ganzen Zahlen gearbeitet wird, können wir Produkte durch den Generator $G$ dividieren, um den zugrunde liegenden Skalar zu bestimmen, was nicht sicher ist. Eine wesentliche Eigenschaft der bei Bitcoin genutzten Kryptografie mit elliptischen Kurven ist, dass die Multiplikation einfach, aber die Division durch einen Punkt der Kurve unmöglich ist. Auch sind Brute-Force-Angriffe bei so kleinen Zahlen (oder gültigen Substituten) sehr einfach. Die von Bitcoin genutzten Zahlen sind wesentlich größer.

Sehen wir uns einige Features des interaktiven Schnorr-Identitätsprotokolls an, die es sicher machen:

*Die Nonce (k)*

Im ersten Schritt wählt Alice eine Zahl, dic Bob nicht kennt und nicht erraten kann, und liefert ihm eine skalierte Variante dieser Zahl ($kG$). An diesem Punkt besitzt Bob bereits ihren öffentlichen Schlüssel ($xG$), eine skalierte Variante von $x$, ihrem privaten Schlüssel. Wenn Bob an der finalen Gleichung ($sG = kG + exG$) arbeitet, kennt er also zwei unabhängige Variablen nicht ($x$ und $k$). Es ist mittels einfacher Algebra möglich, eine Gleichung mit einer Unbekannten zu lösen, nicht aber mit zwei Unbekannten. Das Vorhandensein von Alice' Nonce verhindert also, dass Bob ihren privaten Schlüssel ableiten kann. Es ist entscheidend, dass dieser Schutz davon abhängt, dass die Nonces in keiner Weise erraten werden können. Ist irgendetwas an Alice' Nonce vorhersagbar, kann Bob das zu seinem Vorteil nutzen und Alice' privaten Schlüssel herausbekommen. Weitere Details finden Sie in »Die Bedeutung der Zufälligkeit für Signaturen« auf Seite 222.

*Der Challenge-Skalar (e)*

Bob wartet darauf, dass Alice' öffentliche Nonce eingeht, und macht dann mit dem zweiten Schritt weiter, in dem er ihr eine Zahl (den Challenge-Skalar) weiterleitet, die Alice' weder kennt noch erraten haben kann. Wesentlich ist, dass Bob ihr den Challenge-Skalar erst gibt, nachdem sie die öffentliche Nonce übergeben hat. Denken Sie daran, was passiert, wenn sich jemand, der $x$ nicht kennt, sich als Alice ausgeben würde und Bob ihm versehentlich den Challenge-Skalar $e$ gibt, bevor er die öffentliche Nonce $kG$ erhalten hat. Das erlaubt es dem Bösewicht, die von Bob für die Verifikation verwendete Gleichung $sG = kG + exG$ auf beiden Seiten zu ändern, insbesondere $sG$ und $kG$. Stellen Sie sich eine vereinfachte Form dieses Ausdrucks vor: $x = y + a$. Wenn Sie $x$ und $y$ ändern können, neutralisieren Sie $a$ mittels $x' = (x - a) + a$. Jeder von Ihnen gewählte Wert für $x$ erfüllt nun die Gleichung. Für die tatsächliche Gleichung wählt der Bösewicht einfach eine Zufallszahl für $s$, generiert $sG$ und nutzt dann die EC-Subtraktion, um ein $kG$ zu wählen, bei dem $kG = sG - exG$ ist. Er liefert Bob sein berechnetes $kG$ und später sein zufälliges $sG$, und Bob denkt, es sei gültig, weil $sG == (sG - exG) + exG$. Das erklärt, warum die Reihenfolge der Operationen des Protokolls so wichtig ist: Bob darf Alice den Challenge-Skalar erst geben, nachdem Alice ihre öffentliche Nonce angegeben habt.

Das hier beschriebene interaktive Identitätsprotokoll stimmt in Teilen mit Claus Schnorrs Originalbeschreibung überein, für das dezentralisierte Bitcoin-Netzwerk fehlen aber zwei grundlegende Features. Zum einen verlässt es sich darauf, dass Bob auf Alice' öffentliche Nonce wartet und ihr dann einen zufälligen Challenge-Skalar liefert. Bei Bitcoin muss der Zahlende einer Transaktion von Tausenden Full Nodes authentifiziert werden – auch von Nodes, die den Betrieb erst noch aufnehmen und bei denen der Betreiber sichergehen will, dass die empfangenen Bitcoins aus einer Transferkette stammen, bei der jede Transaktion gültig war. Jede Bitcoin-Node, die (heute oder in Zukunft) nicht mit Alice kommunizieren kann, ist nicht in der Lage, ihr Transaktion zu authentifizieren, und steht im Widerspruch zu allen anderen Nodes, die sie authentifiziert haben. Für ein Konsenssystem wie Bitcoin ist das nicht akzeptabel. Damit Bitcoin funktioniert, benötigen wir ein Protokoll, das keine Interaktion zwischen Alice und jeder Node, die sie authentifizieren will, verlangt.

Eine einfache Technik, die nach ihren Entdeckern Fiat-Shamir-Transformation genannt wird, macht aus dem interaktiven Schnorr-Identitätsprotokoll ein nicht interaktives digitales Signaturschema. Erinnern Sie sich daran, wie wichtig der erst und zweite Schritt sind und dass sie in der richtigen Reihenfolge ausgeführt werden müssen. Alice muss eine unvorhersehbare Nonce liefern. Bob darf Alice einen unvorhersehbaren Challenge-Skalar erst dann liefern, wenn er ihren Wert erhalten hat. Erinnern Sie sich auch an die Eigenschaften sicherer kryptografischer Hashfunktionen zurück, die wir in diesem Buch genutzt haben: Für eine gegebene Eingabe liefert sie immer das gleiche Ergebnis, doch für eine andere Eingabe erzeugt sie einen Wert, der von zufälligen Daten nicht zu unterscheiden ist.

Das erlaubt Alice, eine private Nonce zu wählen, ihre öffentliche Nonce abzuleiten und diese dann zu hashen, um ihren Challenge-Skalar zu ermitteln. Weil Alice das Ergebnis der Hashfunktion (der Challenge) nicht vorhersagen kann und weil es für die gleiche Eingabe (die Nonce) immer gleich ist, wird sichergestellt, dass Alice eine zufällige Challenge erhält, obwohl sie die Nonce selbst wählt und das Ergebnis selbst hasht. Eine Interaktion mit Bob ist nicht länger notwendig. Sie kann einfach ihre öffentliche Nonce $kG$ und den Skalar $s$ veröffentlichen, und jede Full Node kann (jetzt und in Zukunft) $kG$ hashen, um $e$ zu ermitteln, um daraus $exG$ zu bestimmen und zu prüfen, ob $sG == kG + exG$ ist. Die Verifikationsgleichung wird zu $sG == kG + hash(kG) \times xG$.

Wir müssen noch eine Sache erledigen, um das interaktive Schnorr-Identitätsprotokoll in ein für Bitcoin nützliches digitales Signaturprotokoll umzuwandeln. Wir wollen nicht nur, dass Alice nachweisen kann, dass sie ihren privaten Schlüssel kennt, sondern wir wollen ihr auch die Fähigkeit gehen, eine Nachricht zu committen. Insbesondere wollen wir, dass sie die Daten einer Bitcoin-Transaktion bestätigt, die sie senden möchte. Mit aktivierter Fiat-Shamir-Transformation besitzen wir bereits ein Commitment, das zusätzlich auch die Nachricht bestätigen kann. Anstelle eines $hash(kG)$ können wir nun mittels $hash(kG \mid\mid m)$ auch die Nachricht $m$ bestätigen, wobei || für die Verkettung (Konkatenation) steht.

Wir haben nun eine Version des Schnorr-Signaturprotokolls definiert, doch es gibt noch etwas zu tun, um eine Bitcoin-spezifische Angelegenheit zu lösen. Bei der

Schlüsselableitung nach BIP32, die in »Ableitung öffentlicher Child-Schlüssel« auf Seite 116 beschrieben wurde, nimmt der Algorithmus für die nicht gehärtete Ableitung einen öffentlichen Schlüssel und addiert einen nicht geheimen Wert hinzu, um einen abgeleiteten öffentlichen Schlüssel zu erzeugen. Das bedeutet, dass es auch möglich ist, einen nicht geheimen Wert zu einer gültigen Signatur für einen Schlüssel hinzuzuaddieren, um eine Signatur für einen zugehörigen Schlüssel zu erzeugen. Diese zugehörige Signatur ist gültig, wurde aber nicht von der Person autorisiert, der der private Schlüssel gehört, was eine schwerwiegende Sicherheitslücke darstellt. Um ungehärtete Ableitungen nach BIP32 zu schützen und um verschiedene Protokolle zu unterstützen, die auf Schnorr-Signaturen aufbauen, committet Bitcoins Version von Schnorr-Signaturen (*BIP340 Schnorr Signatures for secp256k1*) neben der öffentlichen Nonce und der Nachricht auch den öffentlichen Schlüssel. Das vollständige Commitment lautet daher $hash(kG \mid\mid xG \mid\mid m)$.

Nachdem wir jeden Teil des Schnorr-Signaturalgorithmus nach BIP340 kennen und wissen, was es für uns tut, können wir das Protokoll definieren. Die Multiplikation von Integerwerten erfolgt *Modulo p*, was bedeutet, dass das Ergebnis der Operation durch $p$ (wie im secp256k1-Standard definiert) geteilt und der Rest verwendet wird. Die Zahl $p$ ist sehr groß, doch wäre sie 3 und das Ergebnis der Operation wäre 5, würden wir den Wert 2 nutzen (5 durch 3 ist 1, Rest 2).

Setup: Alice wählt eine große Zufallszahl ($x$) als privaten Schlüssel (entweder direkt oder mithilfe eines Protokolls wie BIP32, um deterministisch einen privaten Schlüssel aus einem großen zufälligen Seed-Wert abzuleiten). Sie nutzt die in secp256k1 definierten Parameter (siehe »Kryptografie mit elliptischen Kurven« auf Seite 82), um den Generator $G$ mit ihrem Skalar $x$ zu multiplizieren und so $xG$ (ihren öffentlichen Schlüssel) zu erzeugen. Sie gibt ihren öffentlichen Schlüssel an jeden weiter, der später ihre Bitcoin-Transaktionen authentifiziert (z. B. indem $xG$ in einen Transaktions-Output aufgenommen wurde). Wenn sie etwas bezahlen will, beginnt sie mit der Erzeugung ihrer Signatur:

1. Alice wählt ein große zufällige private Nonce $k$ und leitet die öffentliche Nonce $kG$ ab.
2. Sie wählt ihre Nachricht $m$ (z. B. Transaktionsdaten) und generiert den Challenge-Skalar $e = hash(kG \mid\mid xG \mid\mid m)$.
3. Sie erzeugt den Skalar $s = k + ex$. Die beiden Werte $kG$ und $s$ sind ihre Signatur. Sie gibt die Signatur an jeden weiter, der die Signatur verifizieren will. Sie muss auch sicherstellen, dass jeder ihre Nachricht $m$ empfängt. Bei Bitcoin geschieht dies, indem ihre Signatur in die Witness-Struktur einer Transaktion eingefügt und die Transaktion an Full Nodes übergeben wird.
4. Die Verifizierer (z. B. Full Nodes) verwenden $s$, um $sG$ abzuleiten und zu verifizieren, dass $sG == kG + hash(kG \mid\mid xG \mid\mid m) \times xG$. Ist die Gleichung gültig, hat Alice nachgewiesen, dass sie ihren privaten Schlüssel $x$ kennt (ohne ihn offenlegen zu müssen) und die Nachricht $m$ (die die Transaktionsdaten enthält) bestätigt.

## Serialisierung von Schnorr-Signaturen

Eine Schnorr-Signatur besteht aus den beiden Werten $kG$ und $s$. Der Wert $kG$ ist ein Punkt auf Bitcoins elliptischer Kurve (genannt secp256k1), den man normalerweise durch zwei 32-Bit-Koordinaten $(x, y)$ repräsentieren würde. Allerdings wird nur die $x$-Koordinate benötigt, weshalb auch nur dieser Wert festgehalten wird. Wenn Sie $kG$ in Schnorr-Signaturen für Bitcoin sehen, handelt es sich nur um die $x$-Koordinate dieses Punkts.

Der Wert $s$ ist ein Skalar (eine Zahl, die mit anderen Zahlen multipliziert werden soll). Bei Bitcoins secp256k1-Kurve kann er nicht länger als 32 Byte sein.

Zwar können $kG$ and $s$ manchmal Werte annehmen, die mit weniger als 32 Byte dargestellt werden können, doch es ist unwahrscheinlich, dass sie deutlich kleiner sind als 32 Byte, weshalb sie als zwei 32-Byte-Werte serialisiert werden (Werte mit weniger als 32 Byte werden mit führenden Nullen aufgefüllt). Zuerst wird $kG$ und dann $s$ serialisiert, was genau 64 Byte erzeugt.

Der Taproot-Soft-Fork, auch Segwit v1 genannt, führte Schnorr-Signaturen in Bitcoin ein und ist zurzeit die einzige Möglichkeit, sie bei Bitcoin zu nutzen. Wird die Schnorr-Signatur bei Taproot Keypath oder Scriptpath Spending genutzt, wird der Standard-Signatur-Hash (Sighash) `SIGHASH_ALL` erwartet. Wird ein alternativer Sighash genutzt oder möchte der Zahlungspflichtige Platz verschwenden, um `SIGHASH_ALL` explizit festzulegen, wird ein einzelnes Byte an die Signatur angehängt, die den Signatur-Hash spezifiziert. Die Länge der Signatur beträgt dann 65 Byte.

Wie wir noch sehen werden, sind 64 oder 65 Byte deutlich effizienter als die für ECDSA-Signaturen verwendete Serialisierung, die wir in »Serialisierung von ECDSA-Signaturen (DER)« auf Seite 221 beschreiben.

## Schnorr-basierte skriptlose Multisignaturen

Bei dem in »Schnorr-Signaturen« auf Seite 209 beschriebenen Schnorr-Protokoll für einzelne Signaturen verwendet Alice eine Signatur $(kG, s)$, um öffentlich die Kenntnis ihres privaten Schlüssels nachzuweisen, den wir in diesem Fall $y$ nennen. Stellen Sie sich nun vor, dass Bob ebenfalls einen privaten Schlüssel $(z)$ besitzt und gemeinsam mit Alice nachweisen will, dass sie $x = y + z$ kennen, ohne einander oder irgendjemand anderem ihre privaten Schlüssel offenlegen zu müssen. Gehen wir das Schnorr-Signaturprotokoll nach BIP340 noch einmal durch.

> Das von uns beschriebene einfache Protokoll ist aus Gründen, die wir gleich noch erläutern werden, nicht sicher. Wir nutzen es nur, um die Mechanik der Schnorr-Multisignaturen zu demonstrieren, bevor wir Protokolle beschreiben, die als sicher erachtet werden.

Alice und Bob müssen den öffentlichen Schlüssel für $x$ ableiten, also $xG$. Weil man Operationen der elliptischen Kurve nutzen kann, um zwei EC-Punkte zu addieren, leitet Alice zu $yG$ und Bob $zG$ ab. Dann addieren sie diese zu $xG = yG + zG$. Der

Punkt $xG$ ist ihr *aggregierter öffentlicher Schlüssel*. Zur Erzeugung einer Signatur beginnen sie mit dem einfachen Multisignaturprotokoll:

1. Jeder wählt für sich eine große zufällige private Nonce ($a$ für Alice und $b$ für Bob). Jeder für sich leitet auch die entsprechende öffentliche Nonce $aG$ und $bG$ ab. Zusammen erzeugen sie dann die aggregierte öffentliche Nonce $kG = aG + bG$.
2. Sie einigen sich auf die zu signierende Nachricht $m$ (z.B. eine Transaktion), und jeder erzeugt eine Kopie des Challenge-Skalars $e = hash(kG \mid\mid xG \mid\mid m)$.
3. Alice erzeugt den Skalar $q = a + ey$, Bob den Skalar $r = b + ez$. Sie addieren beide Skalare zu $s = q + r$. Ihre Signatur besteht aus den beiden Werten $kG$ und $s$.
4. Die Verifikation der öffentlichen Schlüssel und der Signatur erfolgt über die normale Gleichung $sG == kG + hash(kG \mid\mid xG \mid\mid m) \times xG$.

Alice und Bob haben nachgewiesen, dass sie die Summe ihrer privaten Schlüssel kennen, ohne sie einander oder irgendjemand anderem offengelegt zu haben. Das Protokoll kann auf eine beliebige Anzahl von Teilnehmenden ausgedehnt werden (d.h., eine Million Menschen können nachweisen, dass sie die Summe der Million unterschiedlicher Schlüssel kennen).

Das obige Protokoll weist verschiedene Sicherheitsprobleme auf. Das wohl größte ist, dass eine Partei den öffentlichen Schlüssel einer anderen Partei kennen könnte, bevor sie den eigenen öffentlichen Schlüssel beisteuert. Zum Beispiel könnte Alice ihren öffentlichen Schlüssel $yG$ ganz offen mit Bob teilen. Bob generiert seinen öffentlichen Schlüssel mit $zG - yG$. Werden beide Schlüssel kombiniert ($yG + zG - yG$), heben sich die positiven und negativen $yG$-Terme auf, sodass der öffentliche Schlüssel nur den privaten Schlüssel $z$ (also Bobs privaten Schlüssel) repräsentiert. Bob kann nun eine gültige Signatur erzeugen, ohne auf Alice angewiesen zu sein. Eine solche »Schlüsselannullierung« wird *Key Cancellation Attack* genannt.

Es gibt verschiedene Möglichkeiten, einen solchen Schlüsselannullierungsangriff zu verhindern. Der einfachste Ansatz besteht darin, dass jeder Teilnehmer seinen Teil des öffentlichen Schlüssels bestätigen muss, bevor er ihn mit den anderen Teilnehmern teilt. Zum Beispiel hashen Alice und Bob jeder für sich ihre öffentlichen Schlüssel und teilen ihre Digests miteinander. Sobald sie den Digest des anderen besitzen, können sie ihre Schlüssel teilen. Jeder für sich überprüft, ob der Schlüssel zum bereitgestellten Digest passt, und macht dann mit dem Protokoll weiter. Das verhindert, dass einer der beiden einen öffentlichen Schlüssel wählen kann, der die Schlüssel der anderen Teilnehmer annulliert. Allerdings kann die korrekte Implementierung dieses Schemas leicht scheitern, etwa indem man es naiv mit ungehärteten BIP32-Ableitungen nutzt. Darüber hinaus wird ein zusätzlicher Kommunikationsschritt zwischen den Parteien eingefügt, der in vielen Fällen unerwünscht ist. Komplexere Schemata wurden vorgeschlagen, die diese Schwachstellen beheben.

Neben Angriffen zur Schlüsselannullierung ist eine Reihe weiterer Angriffe gegen Nonces möglich. Erinnern Sie sich daran, dass der Zweck der Nonce darin besteht, zu verhindern, dass jemand sein Wissen über andere Werte der Signaturverifikation nutzen kann, um nach Ihrem privaten Schlüssel zu suchen und so seinen Wert zu ermitteln. Um das effektiv zu erreichen, müssen Sie jedes Mal eine andere Nonce (oder andere Signaturparameter) nutzen, um eine Nachricht zu signieren. Die verschiedene Nonces dürfen sich in keiner Weise ähnlich sein. Bei einer Multisignatur muss jeder Teilnehmer diesen Regeln folgen, weil andernfalls die Sicherheit der anderen Teilnehmenden kompromittiert wird. Zusätzlich müssen die Annullierung und andere Angriffe verhindert werden. Verschiedene Protokolle erreichen dies durch unterschiedliche Kompromisse, weshalb es nicht das eine Multisignaturprotokoll für alle Fälle gibt. Stattdessen stellen wir drei Protokolle der MuSig-Familie vor:

*MuSig*
: Auch *MuSig1* genannt. Dieses Protokoll verlangt drei Kommunikationsrunden während des Signierungsprozesses und ähnelt daher dem gerade beschriebenen Prozess. Der größte Vorteil von MuSig1 ist seine Einfachheit.

*MuSig2*
: Benötigt nur zwei Kommunikationsrunden und kann eine dieser Runden manchmal mit einem Schlüsselaustausch kombinieren. Das beschleunigt das Signieren bei bestimmten Protokollen deutlich, etwa beim geplanten Einsatz skriptloser Multisignaturen bei LN. MuSig2 ist in BIP327 spezifiziert (dem einzigen skriptlosen Multisignaturprotokoll, für das es momentan ein BIP gibt).

*MuSig-DN*
: DN steht für deterministische Nonce und löst ein Problem, das als *wiederholter Session-Angriff* (*Repeated Session Attack*) bekannt ist. Es kann nicht mit dem Schlüsselaustausch kombiniert werden und ist deutlich komplexer zu implementieren als MuSig und MuSig2.

Während diese Zeilen geschrieben werden, ist MuSig2 für die meisten Anwendungen das am besten geeignete Protokoll.

## Schnorr-basierte skriptlose Threshold-Signaturen

Skriptlose Multisignaturprotokolle funktionieren nur beim *k*-von-*k*-Signieren. Jeder, der mit einem partiellen öffentlichen Schlüssel Teil des aggregierten öffentlichen Schlüssels wird, muss eine partielle Signatur und eine partielle Nonce zur finalen Signatur beitragen. Manchmal wünschen die Teilnehmenden aber auch, dass nur ein Teil signiert werden muss, also *t*-von-*k*, wobei ein Schwellenwert (*Threshold*) von *t* Teilnehmenden reicht, um einen Schlüssel zu signieren, der von *k* Teilnehmenden erzeugt wurde. Diese Art der Signatur wird *Threshold-Signatur* genannt.

Sie haben skriptbasierte Threshold-Signaturen in »Geskriptete Multisignaturen« auf Seite 174 kennengelernt. Doch genau wie skriptlose Multisignaturen gegenüber skriptbasierten Multisignaturen Platz sparen und die Privatsphäre erhöhen, sparen auch *skriptlose Threshold-Signaturen* gegenüber *skriptbasierten Threshold-Signaturen* Platz und erhöhen die Privatsphäre. Für jeden, der nicht an der Signierung einer *skriptlosen Threshold-Signatur* beteiligt ist, sieht sie wie jede andere Signatur aus und könnte durch einen einzelnen signierenden Nutzer oder durch ein skriptloses Multisignaturprotokoll erzeugt worden sein.

Verschiedene Methoden zur Generierung skriptloser Threshold-Signaturen sind bekannt. Die einfachste ist eine leichte Modifikation der von uns vorhin genutzten Erzeugung skriptloser Multisignaturen. Das Protokoll basiert auch auf den verifizierbaren Teilen (*Sharing*) von Secrets (was wiederum auf dem sicheren Teilen von Secrets basiert).

Einfaches Teilen von Secrets ist durch simple Zerlegung möglich. Alice besitzt eine geheime Zahl, die sie in drei gleich große Teile zerlegt und mit Bob, Carol und Dan teilt. Diese drei können ihren Anteil (*Share*) in der richtigen Reihenfolge zusammenfügen, um Alice' Secret zu rekonstruieren. Ein ausgeklügelteres System würde bedeuten, dass Alice jeder Share eine zusätzliche Information, einen so genannten Korrekturcode, hinzufügt, der es zwei von drei Personen erlaubt, die Zahl wiederherzustellen. Dieses Schema ist nicht sicher, weil jede Share dem Nutzer partielles Wissen um Alice' Secret liefert. Dadurch wird es für die Teilnehmer einfacher, Alice' Passwort zu erraten, während alle anderen keinen Teil der Share kennen.

Ein sicheres Schema zum Secret-Sharing verhindert, dass die Teilnehmenden etwas über das Secret wissen, bis es zur kleinstmöglichen Anzahl (Schwellenwert) an Shares kombiniert wird. Zum Beispiel kann Alice den Schwellenwert 2 wählen, wenn zwei Personen der Gruppe Bob, Carol und Dan in der Lage sein sollen, das Secret zu rekonstruieren. Der bestbekannte Algorithmus zum sicheren Secret-Sharing ist *Shamirs Secret Sharing Scheme*. Er wird üblicherweise mit SSSS abgekürzt und ist nach seinem Entdecker bekannt. Er ist auch einer der Entdecker der Fiat-Shamir-Transformation, die wir in »Schnorr-Signaturen« auf Seite 209 kennengelernt haben.

Bei einigen kryptografischen Protokollen wie den skriptlosen Threshold-Signaturschemata, auf die wir hinarbeiten, müssen Bob, Carol und Dan wissen, dass Alice ihren Teil des Protokolls korrekt erfüllt hat. Sie müssen wissen, dass alle von ihr erzeugten Shares aus dem gleichen Secret abgeleitet wurden, dass sie den angegebenen Schwellenwert verwendet hat und dass sie jedem eine andere Share gegeben hat. Ein Protokoll, das all das ermöglicht und immer noch ein sicheres Secret-Sharing-Schema darstellt, ist ein *verifizierbares Secret-Sharing-Schema*.

Um zu zeigen, wie Multisignaturen und verifizierbares Secret-Sharing für Alice, Bob und Carol funktionieren, wollen wir annehmen, dass alle drei Mittel empfangen wollen, die von zwei Parteien eingelöst werden können. Sie arbeiten wie in »Schnorr-basierte skriptlose Multisignaturen« auf Seite 215 zusammen, um einen regulären öffentlichen Multisignaturschlüssel zu erzeugen, um die Mittel einzusammeln (*k-von-k*). Dann leitet jeder Teilnehmer zwei geheime Shares aus dem jeweiligen privaten Schlüssel ab – einen für jeden der anderen beiden Teilnehmer. Die Shares erlauben es zweien von ihnen, den ursprünglichen partiellen privaten Schlüssel für die Multisignatur zu rekonstruieren. Jeder Teilnehmer teilt eine seiner geheimen Shares mit den anderen beiden Teilnehmern. Jeder Teilnehmer besitzt also seinen eigenen partiellen privaten Schlüssel und eine Share jedes anderen Teilnehmers. Anschließend verifiziert jeder Teilnehmer die Authentizität und Einmaligkeit der empfangenen Shares im Vergleich zu den Shares der anderen Teilnehmer.

Später, wenn (zum Beispiel) Alice und Bob eine skriptlose Threshold-Signatur erzeugen wollen, ohne dass Carol involviert ist, tauschen sie die beiden Shares aus, die sie von Carol erhalten haben. Das ermöglicht ihnen, Carols partiellen privaten Schlüssel zu rekonstruieren. Alice und Bob besitzen auch eigene private Schlüssel, was ihnen ermöglicht, skriptlose Multisignaturen mit allen drei benötigten Schlüsseln zu erzeugen.

Mit anderen Worten, das gerade beschriebene skriptlose Threshold-Signaturschema ist mit einem skriptlosen Multisignaturschema identisch, nur dass eine als Schwellenwert festgelegte Anzahl von Teilnehmenden in der Lage ist, die partiellen privaten Schlüssel aller anderen Teilnehmer zu rekonstruieren, die nicht signieren können oder wollen.

Das weist auf einige Dinge hin, auf die man achten muss, wenn man ein skriptloses Threshold-Signaturprotokoll nutzen will:

*Keine Verantwortlichkeit*
: Weil Alice und Bob Carols partiellen privaten Schlüssel rekonstruieren, gibt es keinen grundlegenden Unterschied zwischen skriptlosen Multisignaturen, bei deren Erzeugung Carol beteiligt war oder einem, bei dem das nicht der Fall war. Selbst wenn Alice, Bob und Carol behaupten, nicht signiert zu haben, gibt es keine garantierte Möglichkeit, nachzuweisen, dass sie nicht bei der Erzeugung der Signatur geholfen haben. Ist es wichtig zu wissen, welche Mitglieder der Gruppe signiert haben, müssen Sie ein Skript nutzen.

*Manipulationsangriffe*
: Stellen wir uns vor, dass Bob Alice erzählt, dass Carol nicht verfügbar ist. Beide arbeiten dann zusammen, um Carols partiellen privaten Schlüssel zu rekonstruieren. Danach erzählt Bob Carol, dass Alice nicht verfügbar ist, und sie rekonstruieren zusammen Alice' partiellen privaten Schlüssel. Bob besitzt nun seinen eigenen partiellen privaten Schlüssel sowie die Schlüssel von Alice und Carol, was ihm ermöglicht, die Mittel ohne ihre Hilfe für sich einzustreichen. Dieser Angriff lässt sich verhindern, indem alle Teilnehmenden sich verpflichten, nur nach einem Schema miteinander zu kommunizieren, das es jedem erlaubt, alle anderen Nachrichten zu sehen. Wenn Bob nun Alice erzählt, dass Carol nicht verfügbar ist, sieht Carol diese Nachricht, bevor sie mit Bob zusammenarbeitet. Andere, möglicherweise robustere, Lösungen werden erforscht, während wir diese Zeilen schreiben.

Bisher wurde noch kein skriptloses Threshold-Protokoll als BIP vorgeschlagen, obwohl in dieser Richtung von mehreren Bitcoin-Mitwirkenden viel geforscht wurde. Wir erwarten die Verfügbarkeit begutachteter Lösungen nach der Veröffentlichung dieses Buchs.

## ECDSA-Signaturen

Zum Leidwesen der zukünftigen Entwicklung von Bitcoin und vielen anderen Anwendungen hat sich Claus Schnorr den von ihm entdeckten Algorithmus patentieren lassen und dessen Einsatz in offenen Standards und Open-Source-Software für nahezu zwei Jahrzehnte verhindert. Kryptografen der frühen 1990er-Jahre, die Schnorr-Signaturen nicht verwenden konnten, entwickelten ein alternatives Konstrukt namens *digitaler Signaturalgorithmus* (*Digital Signature Algorithm*, kurz DSA). Eine Version davon, ECDSA, wurde an elliptische Kurven angepasst.

Das ECDSA-Schema und standardisierte Parameter für Kurven, mit denen es genutzt werden kann, wurden in vielen kryptografischen Bibliotheken implementiert, als die Entwicklung von Bitcoin im Jahr 2009 begann. Das ist wohl auch der wesentliche Grund, warum ECDSA das einzige digitale Signaturprotokoll war, das von der ersten Release-Version bis zur Aktivierung des Taproot-Soft-Forks im Jahr 2021 unterstützt wurde. ECDSA wird auch heutzutage für alle Nicht-Taproot-Transaktionen unterstützt. Einige Unterschiede zu Schnorr-Signaturen sind:

*Komplexer*
: Wie wir noch sehen werden, verlangt ECDSA mehr Operationen als das Schnorr-Signaturprotokoll, um Signaturen zu erzeugen und zu verifizieren. Aus Sicht der Implementierung ist es nicht deutlich komplexer, doch die zusätzliche Komplexität macht ECDSA weniger flexibel, weniger performant, und die Sicherheit ist schwerer nachzuweisen.

*Geringere nachweisbare Sicherheit*
: Das interaktive Schnorr-Signatur-Identifikationsprotokoll hängt nur von der Stärke des *Elliptic Curve Discrete Logarithm Problem* (ECDLP) ab. Das von Bitcoin verwendete nicht interaktive Authentifizierungsprotokoll ist außerdem vom *Random Oracle Model* (ROM) abhängig. Durch die zusätzliche Komplexität von ECDSA wurde aber (soweit wir wissen) kein vollständiger Beweis für dessen Sicherheit veröffentlicht. Wir sind keine Experten für den Beweis kryptografischer Algorithmen, doch es scheint unwahrscheinlich, dass man nach 30 Jahren nachweist, dass ECSDA nur die zwei gleichen Voraussetzungen erfüllen muss wie Schnorr.

*Nicht linear*
: ECDSA-Signaturen können nicht einfach zu skriptlosen Multisignaturen (z.B. Signaturadaptern für mehrere Parteien) kombiniert werden. Es gibt Workarounds für dieses Problem, doch das erfordert zusätzliche Komplexität, die den Betrieb deutlich verlangsamt und in manchen Fällen sogar versehentlich private Schlüssel offengelegt hat.

## ECDSA-Algorithmus

Sehen wir uns die Mathematik hinter ECDSA an. Signaturen werden durch die mathematische Funktion $F_{sig}$ generiert, die aus zwei Werten bestehen. Bei ECDSA sind diese beiden Werte $R$ und $s$.

Der Signaturalgorithmus generiert zuerst eine private Nonce ($k$) und leitet daraus eine öffentliche Nonce ($K$) ab. Der $R$-Wert der digitalen Signatur ist dann die $x$-Koordinate der Nonce $K$.

Daraus berechnet der Algorithmus den Wert *s* der Signatur. Wie bei den Schnorr-Signaturen sind die Operationen mit ganzen Zahlen Modulus p:

$$s = k^{-1}(Hash(m) + x \times R)$$

Dabei gilt:

- *k* ist die private Nonce.
- *R* ist die *x*-Koordinate der öffentlichen Nonce.
- *x* ist Alice' privater Schlüssel.
- *m* ist die Nachricht (Transaktionsdaten).

Die Verifikation ist die Inverse der Signaturgenerierungsfunktion. Sie verwendet die Werte *R*, *s* und den öffentlichen Schlüssel, um einen Wert *K* zu berechnen, der ein Punkt auf der elliptischen Kurve ist (die öffentliche Nonce, die bei der Signaturgenerierung verwendet wurde):

$$s = k^{-1} \times (Hash(m) \times G + s^{-1} \times R \times X$$

Dabei gilt:

- *R* und *s* sind Signaturwerte.
- *X* ist Alice' öffentlicher Schlüssel.
- *m* ist die Nachricht (die signierten Transaktionsdaten).
- *G* ist der Generatorpunkt der elliptischen Kurve.

Ist die *x*-Koordinate des berechneten Punkts *K* gleich *R*, kann der Verifikator von einer gültigen Signatur ausgehen.

> Die Mathematik hinter ECDSA ist zwangsläufig recht kompliziert. Eine vollständige Erklärung würde den Rahmen dieses Buchs sprengen. Online finden Sie eine Reihe hilfreicher Einführungen. Suchen Sie nach »ECDSA Erklärung«.

## Serialisierung von ECDSA-Signaturen (DER)

Sehen wir uns die folgende DER-codierte Signatur an:

```
3045022100884d142d86652a3f47ba4746ec719bbfbd040a570b1deccbb6498c75c4ae24cb02204
b9f039ff08df09cbe9f6addac960298cad530a863ea8f53982c09db8f6e381301
```

Diese Signatur ist der serialisierte Bytestream der *R*- und *s*-Werte, den der Unterzeichner erzeugt hat, um zu beweisen, dass er den privaten Schlüssel besitzt, der die Ausgabe dieses Outputs autorisiert. Das Serialisierungsformat besteht aus den folgenden neun Elementen:

- `0x30`, signalisiert den Beginn der DER-Sequenz
- `0x45`, die Länge der Sequenz (69 Byte)
- `0x02`, ein Integerwert folgt

- `0x21`, die Länge des Integerwerts (33 Byte)
- `R`, `00884d142d86652a3f47ba4746ec719bbfbd040a570b1deccbb6498c75c4ae24cb`
- `0x02`, ein weiterer Integerwert folgt
- `0x20`, die Länge des Integerwerts (32 Byte)
- `S`, `4b9f039ff08df09cbe9f6addac960298cad530a863ea8f53982c09db8f6e3813`
- Endung (`0x01`), die den verwendeten Hashtyp (`SIGHASH_ALL`) angibt

# Die Bedeutung der Zufälligkeit für Signaturen

Wie wir in »Schnorr-Signaturen« auf Seite 209 und »ECDSA-Signaturen« auf Seite 219 gesehen haben, verwendet der Algorithmus zur Signaturgenerierung eine Zufallszahl *k* als Basis für ein öffentliches/privates Nonce-Paar. Der Wert von *k* ist nicht wichtig, *solange er zufällig ist*. Wird der gleiche Wert *k* für verschiedene Nachrichten (Transaktionen) verwendet, kann der signierende *private Schlüssel* von jedem berechnet werden. Die Wiederverwendung des *k*-Werts in einem Signaturalgorithmus führt zur Offenlegung des privaten Schlüssels!

> Wird derselbe *k*-Wert zur Signierung zweier verschiedener Transaktionen verwendet, kann der private Schlüssel berechnet und offengelegt werden!

Das ist keine rein theoretische Möglichkeit. Wir haben Fälle der Offenlegung privater Schlüssel in einigen wenigen Implementierungen Transaktionen signierender Algorithmen bei Bitcoin beobachtet. Menschen wurden Bitcoins gestohlen, weil sie versehentlich einen *k*-Wert wiederverwendet haben. Der Hauptgrund für die Wiederverwendung eines *k*-Werts ist ein unsachgemäß initialisierter Zufallszahlengenerator.

Um diese Schwachstelle auszumerzen, besteht die bewährte Methode darin, *k* nicht mit einem Zufallszahlengenerator mit normalem Seed-Wert zu erzeugen, sondern einen Prozess zu nutzen, bei dem die Transaktionsdaten selbst sowie der private Schlüssel den Seed-Wert bilden. Das stellt sicher, dass jede Transaktion ein anderes *k* erzeugt. Der Standardalgorithmus für die deterministische Initialisierung von *k* für ECDSA wurde von der Internet Engineering Task Force in RFC6979 (*https://oreil.ly/yuabl*) definiert. Für Schnorr-Signaturen empfiehlt BIP340 einen Standard-Signaturalgorithmus.

BIP340 und RFC6979 können *k* vollständig deterministisch erzeugen, d. h., die gleichen Transaktionsdaten ergeben immer den gleichen Wert für *k*. Viele Wallets tun das, weil es so einfach ist, Tests zu schreiben, um zu verifizieren, dass der sicherheitskritische Signiercode korrekte *k*-Werte erzeugt. BIP340 und RFC6979 erlauben es auch, zusätzliche Daten in die Berechnung einzubeziehen. Handelt es sich bei diesen Daten um Entropie, werden unterschiedliche *k*-Werte erzeugt, auch wenn die gleichen Transaktionsdaten signiert werden. Das kann den Schutz vor Seitenkanal- und Fehlerinjektionsangriffen reduzieren.

Wenn Sie einen Algorithmus zur Signierung von Bitcoin-Transaktionen implementieren, *müssen* Sie BIP340, RFC6979 oder einen vergleichbaren Algorithmus verwenden, um sicherzustellen, dass Sie für jede Transaktion ein anderes *k* generieren.

# Segregated Witness' neuer Signieralgorithmus

Signaturen in Bitcoin-Transaktionen werden auf einen *Commitment-Hash* angewandt, der aus den Transaktionsdaten berechnet wird und bestimmte Teile der Daten sperrt, für die der Unterzeichner eine Zusage erteilt hat. Zum Beispiel umfasst der Commitment-Hash bei einer einfachen Signatur vom Typ `SIGHASH_ALL` alle Inputs und Outputs.

Durch die Art und Weise, wie alte Commitment-Hashes berechnet wurden, konnte eine die Signatur verifizierende Node gezwungen sein, eine erhebliche Anzahl von Hashberechnungen durchzuführen. Konkret steigt die Zahl der Hashoperationen etwa quadratisch gegenüber der Anzahl von Transaktions-Inputs an. Ein Angreifer könnte daher eine Transaktion mit einer sehr großen Zahl von Signaturoperationen erzeugen, sodass das gesamte Bitcoin-Netzwerk Hunderte oder Tausende von Hashoperationen ausführen müsste, um die Transaktion zu verifizieren.

Segwit bot die Möglichkeit, dieses Problem zu lösen, indem es die Berechnung des Commitment-Hash änderte. Bei Witness-Programmen der Segwit-Version 0 erfolgt die Signaturverifikation mit einem in BIP143 spezifizierten verbesserten Commitment-Hashalgorithmus.

Der neue Algorithmus verringert die Anzahl der Hashoperationen auf ein etwas langsameres O(n) für die Anzahl der Signaturoperationen, was die Möglichkeit von Denial-of-Service-Angriffen durch allzu komplexe Transaktionen reduziert.

In diesem Kapitel haben wir Schnorr- und ECDSA-Signaturen für Bitcoin kennengelernt. Das erklärt, wie Full Nodes Transaktionen authentifizieren, um sicherzustellen, dass nur der die empfangenen Bitcoins ausgeben kann, der den passenden Schlüssel besitzt. Wir haben auch verschiedene fortgeschrittene Anwendungen von Signaturen untersucht, etwa skriptlose Multisignaturen und skriptlose Threshold-Signaturen. Diese können genutzt werden, um die Effizienz und Privatsphäre von Bitcoin zu erhöhen. In den letzten Kapiteln haben Sie gelernt, wie man Transaktionen erzeugt, sie durch Autorisierung und Authentifizierung schützt und wie man sie signiert. Als Nächstes betrachten wir, wie man Miner dazu bewegt, sie zu bestätigen, indem wir den von uns erzeugten Transaktionen Gebühren hinzufügen.

KAPITEL 9

# Transaktionsgebühren

Die von Alice in Kapitel 8 erzeugte digitale Signatur beweist nur, dass sie ihren privaten Schlüssel kennt und die Bob bezahlende Transaktion bestätigt. Sie könnte noch eine weitere Signatur erzeugen, die stattdessen eine Carol bezahlende Transaktion bestätigt – eine Transaktion, die den gleichen Output (Bitcoins) einlöst, den sie auch für die Zahlung an Bob genutzt hat. Wir haben es nun mit *kollidierenden Transaktionen* zu tun, weil eine Transaktion, die einen bestimmten Output einlöst, in die gültige Blockchain mit dem höchsten Proof-of-Work aufgenommen wird. Diese Blockchain wird von Full Nodes verwendet, um zu ermitteln, welche Schlüssel welche Bitcoins kontrollieren.

Um sich selbst vor kollidierenden Transaktionen zu schützen, wäre Bob gut beraten, abzuwarten, bis Alice' Transaktion mit ausreichender Tiefe in die Blockchain aufgenommen wurde, bevor er das empfangene Geld als sein Eigentum betrachtet (siehe »Bestätigungen« auf Seite 40). Damit Alice' Transaktion in die Blockchain aufgenommen wird, muss sie in einen *Block* von Transaktionen eingetragen werden. In einer bestimmten Zeitspanne kann nur eine bestimmte Anzahl von Blöcken erzeugt werden, und jeder Block hat nur begrenzt Platz. Lediglich der Miner, der den Block erzeugt, entscheidet, welche Transaktionen darin aufgenommen werden. Miner können Transaktionen nach ihren eigenen Kriterien auswählen. Sie könnten sich sogar entscheiden, alle Transaktionen abzulehnen.

Wenn wir in diesem Kapitel von »Transaktionen« sprechen, meinen wir jede Transaktion in einem Block außer der ersten Transaktion. Die erste Transaktion in einem Block ist die *Coinbase-Transaktion*, beschrieben in »Coinbase-Transaktionen« auf Seite 163, die es dem Miner des Blocks erlaubt, die Belohnung für die Erzeugung dieses Blocks einzuziehen. Im Gegensatz zu anderen Transaktionen gibt eine Coinbase-Transaktion nicht den Output einer vorherigen Transaktion frei. Auch verschiedene andere Regeln für normale Transaktionen gelten für Coinbase-Transaktionen nicht. Sie zahlen keine Transaktionsgebühren, müssen nicht durch Gebühren angeschoben werden, Transaktions-Pinning betrifft sie nicht, und sie sind für die folgende Diskussion über Gebühren größtenteils uninteressant – deshalb werden wir sie in diesem Kapitel ignorieren.

Das Kriterium, nach dem die meisten Miner die Transaktionen wählen, die in ihre Blöcke aufgenommen werden, ist die Höhe des Umsatzes. Bitcoin unterstützt das mit einem Mechanismus, der es einer Transaktion erlaubt, dem Miner Geld zu geben, der die Transaktion in einen Block aufnimmt. Wir nennen diesen Mechanismus *Transaktionsgebühren*, obwohl es sich dabei nicht um eine Gebühr im eigentlichen Sinne handelt. Sie ähnelt eher dem Gebot bei einer Auktion. Das gekaufte Gut ist dabei ein Teil des beschränkten Platzes in einem Block, den eine Transaktion verbraucht. Miner wählen eine Reihe von Transaktionen aus, die ihnen den größten Umsatz bringen.

In diesem Kapitel wollen wir verschiedene Aspekte dieser Gebote – Transaktionsgebühren – betrachten und wie sie die Erzeugung und Verwaltung von Bitcoin-Transaktionen beeinflussen.

## Wer zahlt die Transaktionsgebühr?

Die meisten Zahlungssysteme verlangen für die Abwicklung irgendeine Form von Gebühr, auch wenn diese dem typischen Käufer meist verborgen bleibt. Zum Beispiel könnte ein Händler einen Artikel zum gleichen Preis anbieten, unabhängig davon, ob man bar oder mit Kreditkarte bezahlt, obwohl der Zahlungsdienstleister für die Verarbeitung der Kreditkarte höhere Gebühren verlangt als die Bank für die Einzahlung von Bargeld.

Bei Bitcoin muss jede Zahlung authentifiziert werden (üblicherweise durch eine Signatur), sodass eine Transaktion keine Gebühr zahlen kann, ohne dass der Zahlungspflichtige dem zustimmt. Der Zahlungsempfänger kann eine Gebühr in einer anderen Transaktion zahlen – was wir später noch sehen werden –, doch wenn eine Transaktion ihre eigene Gebühr zahlen soll, muss sie mit dem Zahlungspflichtigen in irgendeiner Form abgesprochen sein. Versteckte Gebühren sind nicht möglich.

Bitcoin-Transaktionen sind so aufgebaut, dass der Zahlungspflichtige keinen zusätzlichen Raum in der Transaktion benötigt, um die Gebühr zu bestätigen. Das bedeutet, dass es zwar möglich ist, die Gebühr in einer anderen Transaktion zu bezahlen, dass es aber effizienter (und daher günstiger) ist, die Gebühr in einer einzelnen Transaktion zu bezahlen.

Bei Bitcoin ist die Gebühr ein (An-)Gebot, und die Höhe des Gebots bestimmt zu einem großen Teil, wie lange die Bestätigung einer Transaktion dauert. Der Zahlende und der Empfänger sind beide daran interessiert, dass die Bestätigung schnell erfolgt, weshalb es ein Problem sein kann, wenn nur der Zahlende die Gebühr wählt. Eine Lösung dieses Problems sehen wir uns in »Child-Pays-for-Parent (CPFP)« auf Seite 232 an. Allerdings sind bei den üblichen Zahlungsströmen die Parteien, die eine Transaktion schnell bestätigt sehen wollen (und daher auch eher bereit sind, höhere Gebühren zu bezahlen), die Zahlungspflichtigen.

Aus diesen Gründen ist es bei Bitcoin üblich, dass der Zahlungspflichtige die Gebühr zahlt. Es gibt aber auch Ausnahmen, etwa wenn ein Händler unbestätigte Transaktionen akzeptiert oder wenn Protokolle Transaktionen nicht sofort veröffentlichen, nachdem sie signiert wurden. (Der Zahlungspflichtige hat dann keine Möglichkeit, eine angemessene Gebühr zu wählen.) Diese Ausnahmen sehen wir uns später noch an.

## Gebühren und Gebührensätze

Jede Transaktion zahlt nur eine Gebühr. Wie groß die Transaktion ist, spielt dabei keine Rolle. Doch je größer eine Transaktion ist, desto weniger kann der Miner in einen Block aufnehmen. Aus diesem Grund bewerten Miner Transaktionen so ähnlich, wie Sie gleichwertige Produkte im Supermarkt auswählen: Sie teilen den Preis durch die Menge.

Während Sie verschiedene Packungen Reis durch das jeweilige Gewicht teilen, um den niedrigsten Preis pro Kilogramm zu bestimmen (bester Preis), teilen Miner die Gebühr einer Transaktion durch deren Größe (die auch *Gewicht*, *Weight*, genannt wird), um die höchste Gebühr pro Gewicht (den höchsten Umsatz) zu bestimmen. Bei Bitcoin verwenden wir den Begriff *Gebührensatz* (engl. *Fee Rate*) für die Größe einer Transaktion geteilt durch ihr Gewicht. Über die Jahre hat Bitcoin verschiedene Änderungen durchlaufen, weshalb der Gebührensatz in verschiedenen Einheiten ausgedrückt werden kann:

- BTC/Bytes (veraltet, wird heute nur noch selten verwendet)
- BTC/Kilobytes (veraltet, wird heute nur noch selten verwendet)
- BTC/Vbytes (wird selten verwendet)
- BTC/Kilo-vbyte (wird hauptsächlich von Bitcoin Core genutzt)
- Satoshi/Vbyte (wird heutzutage am häufigsten genutzt)
- Satoshi/Weight (wird heutzutage ebenfalls häufig genutzt)

Wir empfehlen entweder *sat/vbyte* oder *sat/weight* für die Darstellung von Gebührensätzen.

Vorsicht bei Vorschlägen für Gebührensätze. Kopiert ein Nutzer eine Gebührenrate mit einem bestimmten Nenner in ein Feld mit einem anderen Nenner, kann er die Gebühr bis tausendfach überzahlen. Ändert er stattdessen den Nenner, kann er die Gebühr theoretisch millionenfach überzahlen. Wallets machen es dem Nutzer schwer, exzessive Gebühren zu bezahlen, und wollen vom Nutzer eine Bestätigung, wenn die Gebührenrate nicht über eine vertrauenswürdige Datenquelle berechnet wurde.

Eine exzessive Gebühr, auch *absurde Gebühr*, ist jede Gebührenrate, die deutlich über der Gebührenschätzung liegt, die momentan als notwendig erachtet wird, um eine Transaktion in den nächsten Block aufzunehmen. Wallets sollen es Nutzern nicht unmöglich machen, absurde Gebührensätze zu wählen, sollen es aber erschweren, solche Gebührensätze versehentlich zu wählen. In seltenen Fällen gibt es für den Nutzer legitime Gründe, Gebühren zu überzahlen.

## Angemessene Gebührenraten bestimmen

Sie können eine geringe Gebührenrate zahlen, wenn Sie bereit sind, länger auf die Bestätigung Ihrer Transaktion zu warten. Ist die Gebühr allerdings zu gering, kann es passieren, dass die Transaktion nie bestätigt wird. Da die Gebührenraten in einer offenen Auktion Gebote für den Platz in einem Block darstellen, kann man nicht genau vorhersagen, welche Gebühr gezahlt werden muss, um die Transaktion innerhalb einer bestimmten Zeit zu bestätigen. Allerdings kann anhand der Gebührenraten früherer Transaktionen eine grobe Schätzung vorgenommen werden.

Eine Full Node hält drei Informationen zu jeder Transaktion fest: die Zeit (Blockhöhe), zu der die Transaktion eingegangen ist, die Blockhöhe, bei der die Transaktion bestätigt wurde, und die für die Transaktion gezahlte Gebührenrate. Indem wir Transaktionen zusammenfassen, die bei einer ähnlichen Höhe eingegangen sind, bei einer ähnlichen Höhe bestätigt wurden und vergleichbare Gebühren gezahlt haben, können wir berechnen, wie viele Blöcke es dauert, Transaktionen zu bestätigen, für die wir eine bestimmte Gebühr bezahlen. Wir können dann davon ausgehen, dass eine ähnliche Gebührenrate eine vergleichbare Anzahl von Blöcken für die Bestätigung benötigt. Bitcoin Core enthält einen Gebührenkalkulator, der auf diesen Prinzipien basiert. Sie können ihn über den `estimatesmartfee`-RPC aufrufen, wobei Sie als Parameter festlegen, wie viele Blöcke Sie zu warten bereit sind, bevor eine Transaktion höchstwahrscheinlich bestätigt wird (144 Blöcke entsprechen beispielsweise etwa einem Tag):

```
$ bitcoin-cli -named estimatesmartfee conf_target=144
{
  "feerate": 0.00006570,
  "blocks": 144
}
```

Viele webbasierte Dienste bieten über ein API ebenfalls Gebührenschätzungen an. Eine aktuelle Liste finden Sie unter *https://oreil.ly/TB6IN*.

Wie bereits erwähnt, kann die Gebührenschätzung niemals perfekt sein. Ein typisches Problem besteht darin, dass sich der grundlegende Bedarf ändern kann, wodurch sich das Gleichgewicht entweder in Richtung höherer Preise (Gebühren) oder in Richtung Minimum bewegt. Sinkt die Gebührenrate, zahlt eine Transaktion mit der bisher üblichen Gebühr plötzlich eine höhere Gebührenrate und wird früher als erwartet bestätigt. Es gibt keine Möglichkeit, die Gebühr einer bereits gesendeten Transaktion zu verringern, d.h., die höhere Gebühr bleibt an Ihnen hängen. Doch wenn die Gebühren steigen, muss es die Möglichkeit geben, die Gebührenraten für diese Transaktionen zu erhöhen. Dieses »Anstoßen« der Gebühren nennt man *Fee-Bumping*. Bei Bitcoin sind zwei Arten von Fee-Bumping üblich: RBF (*Replace-by-Fee*) und CPFP (*Child-Pays-for-Parent*).

# Replace-By-Fee (RBF)

Um die Gebühr einer Transaktion per RBF (*Replace-By-Fee*, deutsch etwa »Ersetze durch Gebühr«) zu erhöhen, erzeugen Sie eine kollidierende Version der Transaktion, die eine höhere Gebühr zahlt. Zwei oder mehr Transaktionen sind *kollidierende Transaktionen*, wenn nur eine in einen gültigen Block aufgenommen werden kann. Der Miner muss also entscheiden, welche der beiden er aufnimmt. Solche Kollisionen treten auf, wenn zwei oder mehr Transaktionen den gleichen UTXO ausgeben wollen, also wenn sie einen Input enthalten, der auf den gleichen Outpoint (den Output einer vorherigen Transaktion) verweist.

Um zu verhindern, dass jemand große Mengen an Bandbreite verbraucht, indem er eine unbeschränkte Anzahl kollidierender Transaktionen erzeugt und sie durch das Netzwerk weiterleitender Full Nodes sendet, verlangen Bitcoin Core und andere die Ersetzung von Transaktionen unterstützende Full Nodes, dass jede Ersatztransaktion eine höhere Gebühr zahlt als die zu ersetzende Transaktion. Bitcoin Core verlangt momentan außerdem, dass die Ersatztransaktion eine höhere Gesamtgebühr zahlt, was aber zu ungewollten Nebeneffekten führen kann. Während wir diese Zeilen schreiben, suchen Entwicklerinnen und Entwickler nach Möglichkeiten, dieses Problem zu beheben.

Bitcoin Core unterstützt momentan zwei RBF-Varianten:

*Opt-in-RBF*
: Eine unbestätigte Transaktion kann Minern und anderen Full Nodes signalisieren, dass der Ersteller der Transaktion sie durch eine Version mit einer höheren Gebühr ersetzen möchte. Das Signal und die dafür notwendigen Regeln sind in BIP125 spezifiziert. Während wir diese Zeilen schreiben, ist das bei Bitcoin Core seit Jahren standardmäßig aktiviert.

*Vollständiges (Full) RBF*
: Jede unbestätigte Transaktion kann durch eine Version mit einer höheren Gebührenrate ersetzt werden. Während wir dies schreiben, kann das bei Bitcoin Core optional aktiviert werden (ist standardmäßig aber deaktiviert).

### Warum gibt es zwei RBF-Varianten?

Der Grund für zwei verschiedene RBF-Varianten ist die Kontroverse um vollständiges RBF. Frühe Bitcoin-Versionen erlaubten das Ersetzen von Transaktionen, doch dieses Verhalten wurde für verschiedene Releases deaktiviert. Während dieser Zeit ersetzte ein diese Software (die heute Bitcoin Core genannt wird) nutzender Miner oder eine Full Node die erste Version einer unbestätigten Transaktion nicht, wenn sie eine andere Version empfingen. Einige Händler verließen sich auf dieses Verhalten. Sie gingen davon aus, dass eine unbestätigte Transaktion, die eine angemessene Gebühr bezahlt hat, letztlich bestätigt werden würde, und gaben ihre Güter oder Leistungen kurz nach dem Empfang einer unbestätigten Transaktion frei.

Allerdings kann das Bitcoin-Protokoll nicht garantieren, dass eine unbestätigte Transaktion irgendwann bestätigt wird. Wie bereits weiter oben in diesem Kapitel erläutert, entscheidet jeder Miner für sich, welche Transaktion er bestätigt, und das gilt auch für die Version der Transaktion. Bitcoin Core ist Open-Source-Software, sodass jeder im Quellcode das Ersetzen von Transaktionen hinzufügen (oder entfernen) kann. Selbst wenn Bitcoin Core nicht Open Source wäre, so ist Bitcoind doch ein offenes Protokoll, und jeder ausreichend kompetente Programmierer kann es implementieren. Diese Reimplementierung kann Ersatztransaktionen erlauben oder auch nicht.

Das Ersetzen von Transaktionen zerstört die Erwartungen einiger Händler, die sich darauf verlassen, dass unbestätigte Transaktionen letztlich bestätigt werden. Eine alternative Version einer Transaktion kann die gleichen Outputs bezahlen wie die Ursprungsversion, muss sie aber nicht. Zahlt die erste Version einer Transaktionen einen Händler aus, muss das bei der zweiten Version also nicht der Fall sein. Stellt der Händler basierend auf der ersten Version seine Güter oder Dienste zur Verfügung und wird die zweite Version bestätigt, wird der Händler nicht bezahlt.

Einige Händler (und ihre Unterstützer) haben gefordert, das Ersetzen von Transaktionen in Bitcoin Core nicht wieder zu aktivieren. Andere haben darauf hingewiesen, dass das Ersetzen von Transaktionen Vorteile bietet, einschließlich der Möglichkeit des Fee-Bumpings für Transaktionen mit ursprünglich zu geringen Gebühren.

Letztlich haben die an Bitcoin Core arbeitenden Entwicklerinnen und Entwickler einen Kompromiss implementiert: Statt die Ersetzung jeder unbestätigten Transaktion zu erlauben (vollständiges RBF), wurde Bitcoin Core so programmiert, dass nur Transaktionen ersetzt werden dürfen, die die Ersetzung erlauben wollen (Opt-in-RBF). Händler können eingehende Transaktion auf ein entsprechendes Opt-in-Signal prüfen und solche Transaktionen anders handhaben.

Das fundamentale Problem wird dadurch aber nicht gelöst: Jeder kann sich eine Kopie von Bitcoin Core beschaffen und eine eigene Version implementieren, um vollständige RBFs zu erlauben. Einige Entwickler haben das sogar getan, doch nur wenige Menschen haben ihre Software verwendet.

Nach einigen Jahren haben die an Bitcoin Core arbeitenden Entwickler diesen Kompromiss leicht abgewandelt. Neben dem standardmäßig aktiven Opt-in-RBF haben sie eine Option eingefügt, die die Aktivierung vollständiger RBFs erlaubt. Bei ausreichender Mining-Hashrate und genug Full Nodes, die diese Option aktivieren, kann irgendwann jede unbestätigte Transaktion durch eine Version mit einer höheren Gebühr ersetzt werden. Während wir dies schreiben, ist noch nicht klar, ob das bereits passiert ist.

Wenn Sie als Nutzer Fee-Bumping nach RBF nutzen wollen, müssen Sie zuerst eine Wallet wählen, die das unterstützt, etwa eine der in *https://oreil.ly/IhMzx* aufgeführten Wallets, bei denen »Sending support« aktiv ist.

Wollen Sie als Entwickler Fee-Bumping nach RBF implementieren, müssen Sie zuerst entscheiden, ob Sie Opt-in- oder vollständiges RBF unterstützen wollen. Während wir dies schreiben, ist Opt-in-RBF die einzige Methode, die garantiert funktioniert. Selbst wenn vollständige RBFs verlässlich arbeiten, werden Opt-in-RBFs auf Jahre hinaus immer noch etwas schneller bestätigt werden als Ersetzungen durch vollständige RBFs. Wenn Sie sich für Opt-in-RBF entscheiden, müssen Sie die Signalisierung nach BIP125 implementieren. Dabei handelt es sich um eine einfache Modifikation eines der Sequenzfelder einer Transaktion (siehe »Sequenz« auf Seite 150). Wenn Sie sich für vollständiges RBF entscheiden, müssen Sie Ihre Transaktionen nicht um eine Signalisierung ergänzen. Alle anderen Aspekte von RBF sind bei beiden Ansätzen identisch.

Braucht eine Transaktion einen Fee-Bump, erzeugen Sie einfach eine neue Transaktion mit mindestens einem UTXO der zu ersetzenden Transaktion. Die Outputs sollten gleich bleiben, um den oder die gleichen Empfänger zu erreichen. Sie können die Gebühr erhöhen, indem Sie Ihr Rückgeld reduzieren oder indem Sie zusätzliche Inputs in die Transaktion einfügen. Entwickler sollten eine Fee-Bumping-Schnittstelle zur Verfügung stellen, die dem Nutzer die gesamte Arbeit abnimmt und ihn einfach fragt (oder ihm empfiehlt), wie hoch die Gebührenrate sein soll.

Vorsicht bei der Erzeugung von mehr als einer Ersatztransaktion. Sie müssen sicherstellen, dass alle Versionen dieser Transaktion miteinander kollidieren. Ist das nicht der Fall, können mehrere separate Transaktionen bestätigt werden, und der Empfänger bekommt mehr, als ihm zusteht. Ein Beispiel:

- Transaktion Version 0 enthält Input *A*.
- Transaktion Version 1 enthält die Inputs *A* und *B* (d.h., Sie haben Input *B* eingefügt, um die zusätzlichen Gebühren zu bezahlen).
- Transaktion Version 2 enthält die Inputs *B* und *C* (d.h., Sie haben Input *C* eingefügt, um die zusätzlichen Gebühren zu bezahlen, doch *C* war groß genug, sodass Input *A* nicht länger benötigt wurde).

Bei diesem Szenario kann jeder Miner, der Version 0 dieser Transaktion gespeichert hat, sowohl diese als auch Version 2 der Transaktion bestätigen. Zahlen beide Versionen den gleichen Empfänger aus, wird er zweimal bezahlt (und der Miner erhält die Gebühren für zwei verschiedene Transaktionen).

Eine einfache Methode, dieses Problem zu vermeiden, besteht darin, in die Ersatztransaktion immer die gleichen Inputs aufzunehmen wie in die vorherige Version der Transaktion.

Der Vorteil des RBF-Fee-Bumpings gegenüber anderen Fee-Bumping-Arten ist die sehr effiziente Nutzung des Platzes im Block. Häufig hat die Ersatztransaktion die gleiche Größe wie die Transaktion, die sie ersetzt. Selbst wenn sie größer ist, hat sie häufig die gleiche Größe wie die Transaktion, die der Nutzer erzeugt hätte, wenn er von vornherein die höhere Gebühr verwendet hätte.

Der grundlegende Nachteil von RBF-Fee-Bumping ist, dass es normalerweise nur der Urheber der Transaktion (also die Personen, die Signaturen oder andere Authentifizierungsdaten für diese Transaktion bereitstellen mussten) veranlassen kann. Eine Ausnahme bilden diejenigen Transaktionen, die über Sighash-Flags das Einfügen zusätzlicher Inputs erlauben (siehe »Arten von Signatur-Hashes (SIGHASH)« auf Seite 207), doch das stellt einen vor ganz eigene Herausforderungen. Wenn Sie der Empfänger einer unbestätigten Transaktion sind und diese beschleunigen wollen, gilt generell, dass Sie keine RBF-Fee-Bumps nutzen können. Sie müssen eine andere Methode verwenden.

Es gibt weitere Probleme mitRBF, die wir uns in »Transaktions-Pinning« auf Seite 234 noch genauer ansehen.

## Child-Pays-for-Parent (CPFP)

Der Empfänger einer unbestätigten Transaktion kann Miner zur Bestätigung dieser Transaktion animieren, indem er den entsprechenden Output einlöst. Die Transaktion, die Sie bestätigt haben wollen, wird *Eltern-(Parent-)Transaktion*) genannt. Die Transaktion, die einen Output der Parent-Transaktion einlöst, nennt man *Kind-(Child-)Transaktion*.

Wie wir in »Outpoint« auf Seite 148 gelernt haben, muss jeder Input einer bestätigten Transaktion den nicht eingelösten Output einer Transaktion referenzieren, der an einer früheren Stelle der Blockchain steht (sei es im gleichen oder in einem vorherigen Block). Das bedeutet, dass der Miner, der eine Child-Transaktion bestätigen will, sicherstellen muss, dass auch die Parent-Transaktion bestätigt ist. Ist die Parent-Transaktion noch nicht bestätigt, die Gebühr der Child-Transaktion aber hoch genug, kann es für den Miner profitabel sein, beide im gleichen Block zu bestätigen.

Um die Profitabilität des Minings einer Parent- und einer Child-Transaktion zu ermitteln, betrachtet der Miner sie als *Transaktionspaket* mit aggregierter Größe und Gebühr. Die Gebühr kann dann durch die Größe geteilt werden, um eine *Paket-Gebührenrate* (*Package Fee Rate*) zu berechnen. Der Miner sortiert alle ihm bekannten Transaktionen und Transaktionspakete und nimmt die profitabelsten in den Block auf, den er zu schürfen versucht, wobei er die maximale Größe (Gewicht) berücksichtigt, die in den Block eingefügt werden darf. Um noch profitablere Pakete aufzuspüren, kann der Miner sogar Pakete über mehrere Generationen hinweg analysieren (z.B. eine unbestätigte Eltern-Transaktion in Kombination mit dessen Kind und Enkel). Das wird als *Ancestor-Fee-Rate-Mining* bezeichnet (zu Deutsch etwa *vorfahrenbasiertes Gebührenraten-Mining*).

Bitcoin Core hat Ancestor-Fee-Rate-Mining seit vielen Jahren implementiert, und man geht davon aus, dass nahezu alle Miner es nutzen, während diese Zeilen geschrieben werden. Es ist den Wallets also möglich, dieses Feature für das Fee-Bumping einer eingehenden Transaktion zu nutzen, indem man mit einer Child-Transaktion für dessen Parent bezahlt (CPFP).

CPFP hat gegenüber RBF mehrere Vorteile. Jeder, dem ein Output einer Transaktion zusteht, kann CPFP nutzen – sowohl der Zahlungsempfänger als auch der Zahlende (wenn ihm Wechselgeld zusteht). Darüber hinaus muss die ursprüngliche Transaktion nicht ersetzt werden, wodurch es für einige Händler besser geeignet ist als RBF.

Der wesentliche Nachteil von CPFP gegenüber RBF ist, dass CPFP üblicherweise mehr Platz in einem Block benötigt. Bei RBF hat eine Fee-Bump-Transaktion meist die gleiche Größe wie die Transaktion, die sie ersetzt. Bei CPFP fügt der Fee-Bump eine weitere Transaktion ein. Dieser zusätzliche Platz im Block verlangt über die Kosten des Fee-Bumps hinaus zusätzliche Gebühren.

CPFP stellt einen vor verschiedene Herausforderungen, von denen wir uns einige in »Transaktions-Pinning« auf Seite 234 ansehen werden. Ein weiteres Problem, das wir explizit ansprechen müssen, ist die minimale Relay-Gebührenrate, die wir im nächsten Abschnitt diskutieren.

## Paketweiterleitung (Package Relay)

Bei früheren Versionen von Bitcoin Core gab es für die Mempools keine Beschränkung der Anzahl unbestätigter Transaktionen für die spätere Weiterleitung und das Mining (siehe »Mempools und Waisenpools« auf Seite 264). Doch natürlich haben Computer physikalische Grenzen, sei es Arbeitsspeicher (RAM) oder Plattenplatz. Eine Full Node kann unmöglich eine unbeschränkte Anzahl unbestätigter Transaktionen speichern. Spätere Versionen von Bitcoin Core schränkten die Größe des Mempools auf etwa die Tagesmenge an Transaktionen ein und speicherten nur die Transaktionen und Pakete mit der höchsten Gebührenrate.

Das funktioniert in den meisten Fällen ausgezeichnet, führt aber zu einem Abhängigkeitsproblem. Um die Gebührenrate eines Transaktionspakets berechnen zu können, benötigen wir die Parent-Transaktion sowie alle Transaktionen der Nachkommen. Doch wenn die Parent-Transaktion keine ausreichend hohe Gebührenrate zahlt, wird sie nicht im Mempool der Node vorgehalten. Empfängt die Node eine Child-Transaktion, ohne auf deren Parent zugreifen zu können, kann sie mit der Transaktion nichts anfangen.

Die Lösung dieses Problems besteht darin, die Transaktionen als Paket zu versenden, was man als *Package Relay* bezeichnet. Die empfangende Node kann die Gebührenrate des gesamten Pakets untersuchen, bevor sie an einzelnen Transaktionen arbeitet. Während diese Zeilen geschrieben werden, haben die Bitcoin-Core-Entwicklerinnen und -Entwickler deutliche Fortschritte bei der Implementierung der Paketweiterleitung gemacht. Eine frühe Version wird wohl verfügbar sein, wenn dieses Buch veröffentlicht wird.

Package Relay ist für Protokolle besonders wichtig, die auf zeitkritischen, vorsignierten Transaktionen basieren, etwa das Lightning Network (LN). In einigen nicht kooperativen Fällen ist ein Fee-Bumping per RBF für Transaktionen nicht möglich, weshalb sie von CPFP abhängig sind. Bei diesen Protokollen können einige Transaktionen auch sehr viel früher erzeugt werden, als sie veröffentlicht werden, daher ist es unmöglich, eine angemessene Gebührenrate zu ermitteln. Zahlt eine vorsignierte Transaktion eine zu niedrige Gebühr, schafft sie es nicht in den Mempool, und es gibt für eine Child-Transaktion keine Möglichkeit des Fee-Bumpings. Wird dadurch die rechtzeitige Bestätigung der Transaktion verhindert, kann ein ehrlicher Nutzer Geld verlieren. Package Relay ist die Lösung dieses ernsten Problems.

## Transaktions-Pinning

Obwohl das Fee-Bumping bei RBF und CPFP in den grundlegenden Fällen wie beschrieben funktioniert, gibt es bei beiden Methoden Regeln, die Denial-of-Service-Angriffe auf Miner und weiterleitende Full Nodes verhindern sollen. Ein unglücklicher Nebeneffekt dieser Regeln ist, dass sie das Fee-Bumping manchmal verhindern. Das Fee-Bumping einer Transaktion unmöglich zu machen oder zu erschweren, wird *Transaktions-Pinning* genannt.

Eine der wesentlichen Sorgen in Bezug auf Denial-of-Service-Angriffe ergibt sich aus den Beziehungen zwischen den Transaktionen. Sobald der Output einer Transaktion eingelöst wird, wird die Transaktionskennung (txid) durch die Child-Transaktion referenziert. Wird eine Transaktion aber ersetzt, ändert sich auch die txid. Und wird die Ersatztransaktion bestätigt, kann keine ihrer Nachfolgetransaktion in die gleiche Blockchain aufgenommen werden. Es ist möglich, die Nachfolgetransaktionen neu zu erzeugen und zu signieren, doch dafür gibt es keine Garantie. Das hat für RBF und CPFP ähnliche, aber doch voneinander abweichende Auswirkungen:

- Wenn Bitcoin Core im RBF-Kontext eine Ersatztransaktion akzeptiert, vergisst es einfach die Originaltransaktion und alle Nachfolgetransaktionen, die vom Original abhängen. Um sicherzustellen, dass es für Miner profitabel ist, Ersatztransaktionen zu akzeptieren, lässt Bitcoin Core nur Ersatztransaktionen zu, die höhere Gebühren zahlen als alle zu vergessenden Transaktionen zusammen.

  Der Nachteil dieses Ansatzes ist, dass Alice eine kleine Transaktion erzeugen kann, um Bob zu bezahlen, und Bob dann diesen Output nutzt, um eine große Child-Transaktion zu erzeugen. Möchte Alice die Originaltransaktion ersetzen, muss sie eine Gebühr bezahlen, die höher ist als die, die sie und Bob ursprünglich bezahlt haben. Lag Alice' Originaltransaktion beispielsweise bei etwa 100 vbytes und Bobs Transaktion bei etwa 100.000 vbytes und haben beide die gleiche Gebührenrate genutzt, muss Alice bei RBF nun tausendmal mehr für das Fee-Bumping ihrer Transaktion zahlen.

- Erwägt eine Node im CPFP-Kontext, ein Paket in einen Block aufzunehmen, muss sie die Transaktionen in diesem Paket aus allen anderen Paketen entfernen, die für den gleichen Block infrage kommen. Zahlt eine Child-Transaktion beispielsweise für 25 Vorfahren und hat jeder dieser Vorfahren 25 andere Children, verlangt das Einfügen des Pakets in den Block die Aktualisierung von etwa 625 Paketen ($25^2$). Gleiches gilt für eine Transaktion mit 25 Nachkommen, die aus dem Mempool einer Node entfernt werden soll (z. B. weil sie in einen Block aufgenommen wird). Hat jeder dieser Nachkommen ebenfalls 25 Nachkommen, müssen weitere 625 Pakete aktualisiert werden. Und wenn wir die Zahl der Parameter verdoppeln (z. B. von 25 auf 50), dann muss die Node viermal so viel Arbeit erledigen.

  Darüber hinaus ist es nicht sinnvoll, eine Transaktion und ihre Nachkommen langfristig im Mempool vorzuhalten, wenn eine alternative Version dieser

Transaktion gemint wurde. Keine dieser Transaktionen kann noch bestätigt werden (es sei denn, es kommt zu einer seltenen Reorganisation der Blockchain). Bitcoin Core entfernt alle Transaktionen aus dem Mempool, die in der aktuellen Blockchain nicht mehr bestätigt werden können. Im schlimmsten Fall kann das bei der Node eine enorme Bandbreite verbrauchen und möglicherweise die korrekte Propagation von Transaktionen verhindern.

Um solche (und ähnliche) Probleme zu verhindern, schränkt Bitcoin Core eine Parent-Transaktion auf maximal 25 Vorfahren und Nachfolger im Mempool ein und beschränkt die Gesamtgröße dieser Transaktionen auf 100.000 vbytes. Der Nachteil dieses Ansatzes besteht darin, dass Nutzer keine CPFP-Fee-Bumps erzeugen können, wenn die Transaktion bereits zu viele Nachfahren hat (oder wenn sie und ihre Nachfahren zu groß sind).

Zum Transaktions-Pinning kann es versehentlich kommen, doch es stellt für zeitkritische Multipart-Protokolle wie LN auch eine ernste Schwachstelle dar. Kann eine Gegenpartei verhindern, dass eine ihrer Transaktionen rechtzeitig bestätigt wird, kann sie Ihr Geld stehlen.

Protokollentwickler arbeiten seit Jahren daran, Probleme mit Transaktions-Pinning zu beheben. Eine Teillösung wird in »CPFP-Carve-out und Anker-Outputs« auf Seite 235 beschrieben. Verschiedene andere Lösungen wurden vorgeschlagen, und zumindest eine Lösung wird aktiv entwickelt, während wir diese Zeilen schreiben – kurzlebige Anker (*https://oreil.ly/300dv*).

## CPFP-Carve-out und Anker-Outputs

2018 standen die Entwickler von LN vor einem Problem. Ihr Protokoll nutzte Transaktionen, die von zwei verschiedenen Parteien signiert werden mussten. Keine Partei wollte der anderen vertrauen, deshalb mussten die Transaktionen an einem Punkt signiert werden, an dem Vertrauen nicht nötig war. Beide Parteien konnten diese Transaktionen veröffentlichen, wenn die Gegenpartei ihre Pflichten nicht erfüllen wollte (oder konnte). Da keine Partei der anderen vertrauen will, müssen Transaktionen signiert werden. Das Problem mit diesem Ansatz besteht darin, dass die Transaktionen zu einem unbekannten (weit in der Zukunft liegenden) Zeitpunkt veröffentlicht werden müssen. Eine vernünftige Schätzung der Gebührenrate ist daher unmöglich.

Theoretisch hätten die Entwickler ihre Transaktionen so entwerfen können, dass ein Fee-Bumping sowohl per RBF (mittels spezieller Sighash-Flags) als auch per CPFP möglich ist, doch beide Protokolle sind für Transaktions-Pinning anfällig. Da die involvierten Transaktionen zeitkritisch sind, ist die Möglichkeit einer Partei, durch Transaktions-Pinning die Bestätigung zu verzögern, eine reproduzierbare Sicherheitslücke, die bösartige Parteien ausnutzen können, um ehrlichen Parteien Geld zu stehlen.

Der LN-Entwickler Matt Corallo hat eine Lösung vorgeschlagen, die die CPFP-Fee-Bumping-Regeln um eine Ausnahme erweitert: das sogenannte *CPFP-Carve-out*.

Die normalen CPFP-Regeln verbieten die Aufnahme eines weiteren Nachkommens, wenn die Parent-Transaktion dann 26 oder mehr Nachfahren hat oder wenn ein Parent und all seine Nachfahren die Größe von 100.000 vbytes übersteigen. Beim CPFP-Carve-out kann einem Paket zusätzlich eine einzelne Transaktion mit einer Größe von bis zu 1.000 vbytes hinzugefügt werden (selbst wenn alle anderen Grenzen überschritten wurden), solange es sich um eine direkte Child-Transaktion einer unbestätigten Transaktion ohne unbestätigte Nachfolger handelt.

Beispielsweise signieren Bob und Mallory beide eine Transaktion mit zwei Outputs (einen für jeden von ihnen). Mallory veröffentlicht diese Transaktion und nutzt ihren Output, um entweder 25 Child-Transaktionen oder eine kleinere Zahl von Transaktionen mit einer Größe von 100.000 vbytes zu erzeugen. Ohne Carve-out wäre Bob nicht in der Lage, das CPFP-Fee-Bumping mit einer weiteren Child-Transaktion anzustoßen. Mittels Carve-out kann er einen der beiden Outputs der Transaktion (der ihm gehört) einlösen, solange die Child-Transaktion kleiner als 1.000 vbytes ist (was mehr als ausreichend ist).

Ein CPFP-Carve-out darf nur einmal genutzt werden, deshalb funktioniert es nur bei Zwei-Parteien-Protokollen. Es gab Vorschläge, das auf Protokolle mit mehreren Teilnehmenden auszuweiten, doch der Bedarf dafür ist gering, und die Entwicklerinnen und Entwickler konzentrieren sich lieber auf eine allgemeine Lösung für Transaktions-Pinning-Angriffe.

Während wir dies schreiben, nutzen die meisten beliebten LN-Implementierungen eine Transaktionsvorlage namens *Anker-Outputs* (engl. *Anchor Outputs*), die für den CPFP-Carve-out entwickelt wurde.

## Gebühren in Transaktionen einfügen

Die Datenstruktur für Transaktionen kennt kein Feld für Gebühren. Sie werden vielmehr implizit als die Differenz der Summe von Inputs und Outputs aufgefasst. Jeder Betrag, der nach Abzug aller Outputs von allen Inputs übrig bleibt, ist die Gebühr, die der Miner einbehält:

$$Gebühren = Summe(Inputs) - Summe(Outputs)$$

Dieser Aspekt bei Transaktionen verwirrt ein wenig, und es ist wichtig, dass Sie ihn verstehen, da Sie beim Aufbau eigener Transaktionen sicherstellen müssen, nicht versehentlich zu viele Gebühren zu bezahlen, weil Sie die Inputs falsch angesetzt haben. Sie müssen also alle Inputs berücksichtigen und bei Bedarf Wechselgeld erzeugen, sonst geben Sie den Minern ein sehr hohes Trinkgeld!

Wenn Sie beispielsweise einen 20-Bitcoin-UTXO für eine Zahlung von einem Bitcoin verwenden, muss ein Wechselgeld von 19 Bitcoin an Ihre Wallet zurückgehen. Ansonsten gilt das »Überbleibsel« von 19 Bitcoin als Transaktionsgebühr und wird von dem Miner eingesackt, der Ihre Transaktion in einen Block schreibt. Zwar ist die Verarbeitungspriorität sehr hoch, und Sie machen einen Miner sehr glücklich, in Ihrem Sinne ist das aber sicher nicht.

Wenn Sie vergessen, den Change-Output (also das »Wechselgeld«) in Ihre händisch erzeugte Transaktion einzutragen, zahlen Sie dieses Wechselgeld als Transaktionsgebühr. »Der Rest ist für Sie« ist aber sicher nicht ganz das, was Sie beabsichtigt haben.

## Timelock-Schutz gegen Fee-Sniping

*Fee-Sniping*, zu Deutsch etwa »Gebühren schneiden«, ist ein theoretisches Angriffsszenario, bei dem Miner versuchen, zurückliegende Blöcke neu zu schreiben und Transaktionen mit höheren Gebühren aus zukünftigen Blöcken einzufügen, um die Profitabilität zu steigern.

Nehmen wir zum Beispiel an, der höchste existierende Block sei #100000. Statt nun Block #100001 zu minen, um die Kette zu erweitern, könnten einige Miner versuchen, Block #100000 erneut zu schürfen. Diese Miner könnten jede gültige Transaktion (die noch nicht gemint wurde) in ihren Kandidatenblock #100000 aufnehmen. Sie müssen den Block nicht mit den gleichen Transaktionen erneut schürfen. Vielmehr versuchen sie, die profitabelsten Transaktionen (mit den höchsten Gebühren pro Kilobyte) in ihren Block aufzunehmen. Sie können jegliche Transaktion aus dem »alten« Block #100000 aufnehmen sowie jede Transaktion aus dem aktuellen Mempool. Prinzipiell haben sie also die Möglichkeit, Transaktionen aus der »Gegenwart« in die »Vergangenheit« zu schreiben, indem sie den Block #100000 neu schreiben.

Heutzutage ist dieser Angriff nicht sehr lukrativ, weil die Belohnung für den Block wesentlich höher ist als die Gebühren. Doch irgendwann in der Zukunft werden Transaktionsgebühren den Großteil der Belohnung (oder sogar die einzige Belohnung) darstellen. Zu diesem Zeitpunkt wird das Szenario unausweichlich.

Um dieses »Fee-Sniping« zu unterbinden, erzeugen Wallets Transaktionen mit einer Locktime, die sie standardmäßig auf den nächsten oder einen späteren Block beschränkt. In unserem Beispiel würde die Wallet die Locktime bei jeder erzeugten Transaktion auf 100001 setzen. Unter normalen Bedingungen hat diese Locktime keinen Einfluss, da die Transaktionen sowieso nur in Block #100001, also den nächsten Block, aufgenommen werden.

Bei einem Reorganisationsangriff wären die Miner nun aber nicht mehr in der Lage, die Transaktionen mit hohen Gebühren aus dem Mempool zu ziehen, weil diese Transaktionen über den Timelock an Block #100001 gekoppelt sind. Sie könnten nur Block #100000 mit den zu dieser Zeit gültigen Gebühren neu minen, ohne zusätzliche Gebühren abgreifen zu können.

Dies verhindert das Fee-Sniping nicht vollständig, aber es macht es in einigen Fällen weniger profitabel und kann helfen, die Stabilität des Bitcoin-Netzwerks zu erhalten, wenn die Blockbelohnung abnimmt. Wir empfehlen allen Wallets, Maßnahmen gegen das Fee-Sniping zu implementieren, wenn es anderen Anwendungsfällen des Locktime-Felds nicht widerspricht.

Während Bitcoin weiter reift und die Belohnung kontinuierlich sinkt, werden Gebühren für Bitcoin-Nutzer immer wichtiger. Das gilt für den täglichen Einsatz, um Transaktionen schnell zu bestätigen, aber auch um für die Miner einen Anreiz zu schaffen, Bitcoin-Transaktionen auch weiterhin durch neuen Proof-of-Work abzusichern.

## KAPITEL 10

# Das Bitcoin-Netzwerk

Bitcoin ist aufbauend auf dem Internet als Peer-to-Peer-Netzwerk angelegt. Der Begriff *Peer-to-Peer*, kurz P2P, bedeutet, dass die am Netzwerk teilnehmenden Computer alle gleich sind, dass es keine »speziellen« Knoten gibt und dass sich alle Knoten (Nodes) die Last gleichmäßig teilen. Die Netzwerkknoten verbinden sich in einer »flachen« Topologie zu einem Netzwerk. Es gibt keine Server, keinen zentralisierten Dienst und keine Hierarchie innerhalb dieses Netzwerks. Die Nodes in einem P2P-Netzwerk nutzen Dienste, bieten gleichzeitig aber auch Dienste an. P2P-Netzwerke sind von Natur aus robust, dezentralisiert und offen. Ein herausragendes Beispiel für eine P2P-Netzwerkarchitektur ist das frühe Internet selbst, bei dem die Knoten im IP-Netzwerk alle gleich waren. Die heutige Internetarchitektur ist etwas hierarchischer strukturiert, doch das Internetprotokoll hat seine flache Topologie beibehalten. Neben Bitcoin und dem Internet ist die größte und erfolgreichste Anwendung der P2P-Technik das Filesharing. Napster war dabei der Pionier, und BitTorrent ist die jüngste Evolution dieser Architektur.

Bitcoins P2P-Architektur ist weit mehr als nur eine Entscheidung für eine Topologie. Bitcoin ist ganz bewusst ein P2P-basiertes System digitalen Geldes, und die Netzwerkarchitektur spiegelt das wider, ist gleichzeitig aber auch die Grundlage dieses Kernmerkmals. Die Dezentralisierung der Kontrolle ist ein wesentlicher Gestaltungsgrundsatz, der nur durch ein flaches, dezentralisiertes P2P-Konsensnetzwerk erreicht werden kann.

Der Begriff *Bitcoin-Netzwerk* steht für eine Reihe von Nodes, die das Bitcoin-P2P-Protokoll ausführen. Darüber hinaus gibt es andere Protokolle zum Mining und für leichtgewichtige Wallets. Diese zusätzlichen Protokolle werden von Servern bereitgestellt, die als Gateway-Router fungieren, mit dem Netzwerk über das Bitcoin-P2P-Protokoll kommunizieren und dieses Netzwerk dann um Nodes erweitern, die diese Protokolle verwenden. Zum Beispiel verbinden Stratum-Server Stratum-Mining-Nodes über das Stratum-Protokoll mit dem Bitcoin-Netzwerk und binden das Stratum-Protokoll in das Bitcoin-P2P-Protokoll ein. Neben dem grundlegenden Bitcoin-P2P-Protokoll beschreiben wir in diesem Kapitel auch einige der weitverbreiteten anderen Protokolle.

## Arten und Rollen von Nodes

Obwohl Full Nodes (Peers) im Bitcoin-P2P-Netzwerk gleich sind, können sie unterschiedliche Rollen einnehmen, je nachdem, welche Funktionalität sie anbieten. Eine Full Node validiert Blöcke und kann andere Funktionen übernehmen, etwa Routing-, Mining- und Wallet-Dienste.

Einige Nodes, sogenannte *archivarische Full Nodes*, halten auch eine vollständige und aktuelle Kopie der Blockchain vor. Solche Nodes können Daten an Clients liefern, die nur einen Teil der Blockchain vorhalten und Transaktionen über eine Methode namens *Simplified Payment Verification*, kurz SPV, verifizieren. Diese Clients werden *leichtgewichtige Clients* genannt.

Miner konkurrieren bei der Erzeugung neuer Blöcke. Dazu betreiben sie spezialisierte Hardware, um den Proof-of-Work-Algorithmus zu lösen. Einige Miner betreiben Full Nodes, validieren also jeden Block in der Blockchain, während andere als Clients am Pool-Mining teilnehmen und ihre Aufgaben von einem Poolserver erhalten.

Nutzer-Wallets können Teil einer Full Node sein, was bei Desktop-Bitcoin-Clients manchmal der Fall ist. Zunehmend sind Nutzer-Wallets aber leichtgewichtige Clients, insbesondere bei schwach ausgestatteten Geräten wie Smartphones.

Neben den Node-Hauptarten im Bitcoin-P2P-Protokoll gibt es Server und Nodes, die andere Protokolle ausführen, z. B. spezialisierte Pool-Mining-Protokolle und Protokolle für leichtgewichtige Clients.

## Das Netzwerk

Während wir dies schreiben, besteht das Bitcoin-Hauptnetzwerk, das das Bitcoin-P2P-Netzwerk ausführt, aus etwa 10.000 Nodes, die verschiedene Versionen von Bitcoin Core ausführen, sowie einigen Hundert Nodes, die verschiedene andere Implementierungen des Bitcoin-P2P-Protokolls wie BitcoinJ, btcd und bcoin ausführen. Einen kleinen Prozentsatz der Nodes im Bitcoin-P2P-Netzwerk bilden auch Mining-Nodes. Verschiedene Einzelpersonen und Unternehmen stellen die Verbindung mit dem Bitcoin-Netzwerk über archivarische Full Nodes her, d. h., sie halten vollständige Kopien der Blockchain und einen Netzwerkknoten vor, stellen aber weder Mining- noch Wallet-Funktionen bereit. Diese Nodes fungieren als sogenannte Edge-Router, auf denen verschiedene andere Dienste (Börsen, Wallets, Block-Explorer, Zahlungsabwicklung) aufbauen können.

## Compact Block Relay

Findet ein Miner einen neuen Block, gibt er ihn im Bitcoin-Netzwerk bekannt (an dem auch die anderen Miner teilnehmen). Der Miner, der den Block gefunden hat, kann direkt darauf aufbauen. Alle anderen Miner, die ihn noch nicht kennen, arbeiten weiter am vorherigen Block, bis sie vom neuen Block erfahren.

Findet ein Miner einen weiteren Block, bevor er vom anderen Block erfährt, steht er in direkter Konkurrenz zum anderen Miner. Nur einer dieser Blöcke wird in die Blockchain aufgenommen, die von allen Full Nodes verwendet wird, und die Miner werden nur bezahlt, wenn ihre Blöcke akzeptiert werden.

Es gewinnt der Block, auf den der nächste Block zuerst aufsetzt (es sei denn, es wird zeitnah ein weiterer Block gefunden). Dieses »Wettrennen« um den nächsten Block wird *Blocksuche-Rennen* genannt (siehe Abbildung 10-1). Das Wettrennen um den nächsten Block bietet den größten Minern einen Vorteil, was der eigentlich gewünschten Dezentralisierung von Bitcoin widerspricht. Um Blocksuche-Rennen zu verhindern und Minern jeder Größe eine faire Teilnahme an der Lotterie (nichts anderes ist Bitcoin-Mining) zu erlauben, ist es extrem wichtig, die Zeit zwischen der Ankündigung eines neuen Blocks und dem Empfang dieses Blocks durch andere Miner zu minimieren.

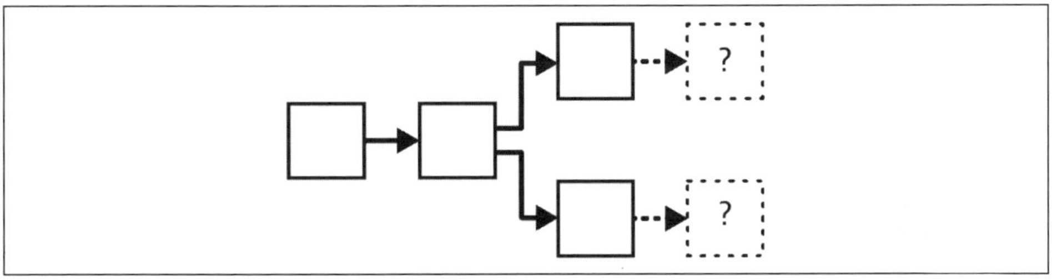


*Abbildung 10-1: Ein Blockchain-Fork führt zu einem Mining-Rennen.*

Im Jahr 2015 wurde mit einer neuen Version von Bitcoin Core ein Feature namens *Compact Block Relay* eingeführt. Es ist in BIP152 spezifiziert und erlaubt den schnelleren Transfer neuer Blöcke bei gleichzeitig geringerer Bandbreite.

Hintergrund ist, dass Full Nodes, die unbestätigte Transaktionen weiterleiten, viele dieser Transaktionen auch in ihren Mempools vorhalten (siehe »Mempools und Waisenpools« auf Seite 264). Werden einige dieser Transaktionen in einem neuen Block bestätigt, muss eine Node keine weitere Kopie dieser Transaktionen empfangen.

Statt redundante Kopien unbestätigter Transaktionen zu empfangen, erlauben kompakte Blöcke den Peers, für jede Transaktion eine 6 Byte kurze Kennung zu senden. Empfängt Ihre Node einen kompakten Block mit einer oder mehreren Kennungen, sucht sie im Mempool nach diesen Transaktionen und verwendet sie, wenn sie sie findet. Für jede Transaktion, die von der lokalen Node nicht im Mempool gefunden wird, kann vom Peer eine Kopie angefordert werden.

Glaubt ein entfernter Peer hingegen, dass der Mempool Ihrer Node einen Teil der Transaktionen des Blocks nicht enthält, fügt er diese Transaktionen in den kompakten Block ein. Zum Beispiel sendet Bitcoin Core immer die Coinbase-Transaktion eines Blocks mit.

Errät der entfernte Peer, welche Transaktionen Ihre Node im Mempool vorhält (und welche nicht), sendet er einen Block mit nahezu der theoretisch möglichen Effizienz (bei einem typischen Block liegt die Effizienz zwischen 97 und 99%).

> Compact Block Relay macht einen Block nicht kleiner, es verhindert nur die Übertragung redundanter Informationen, die eine Node bereits besitzt. Hat eine Node noch keine Informationen zu einem Block, zum Beispiel weil sie gerade erst gestartet wurde, muss sie vollständige Kopien aller Blöcke empfangen.

Momentan implementiert Bitcoin Core zwei Modi für das Senden kompakter Blöcke, die in Abbildung 10-2 dargestellt sind.

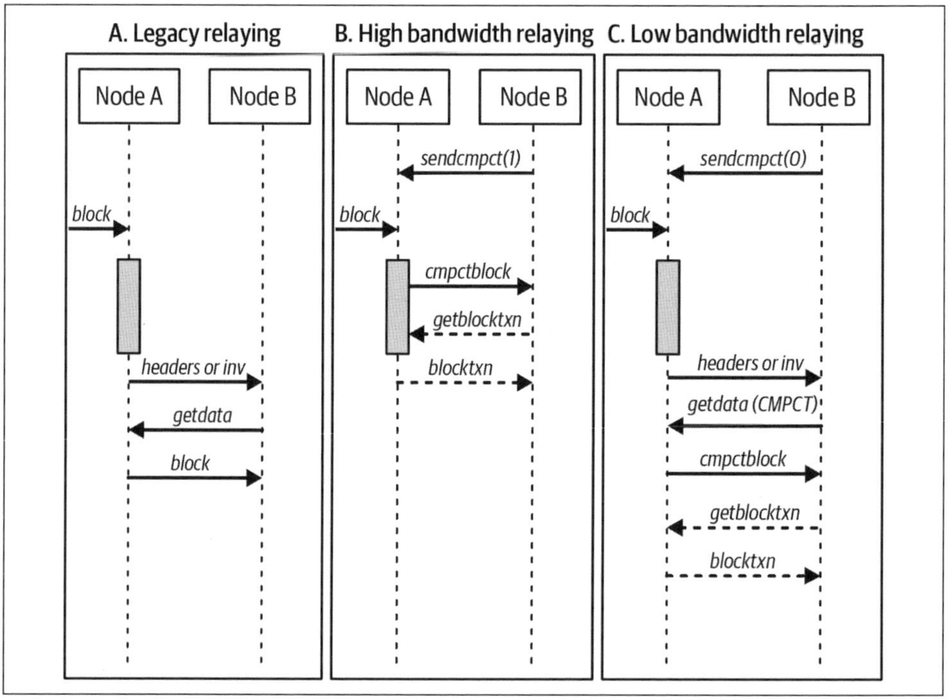


*Abbildung 10-2: Vergleich der BIP152-Modi (aus BIP152). Die schraffierten Linien geben die Zeit an, die die Node zur Validierung des Blocks benötigt.*

*Niedrige Bandbreite*
: Fordert Ihre Node von einem Peer den Modus mit niedriger Bandbreite an (was der Voreinstellung entspricht), nennt der Peer Ihrer Node die 32-Byte-Kennung (Header-Hash) des neuen Blocks, ohne ihr weitere Details zu senden. Erhält Ihre Node diesen Block zuerst aus einer anderen Quelle, wird auf diese Weise keine Bandbreite verschwendet, weil eine redundante Kopie dieses Blocks angefordert wird. Benötigt Ihre Node den Block, fordert sie einen kompakten Block an.

*Hohe Bandbreite*

Fordert Ihre Node von einem Peer den Modus mit hoher Bandbreite an, sendet der Peer einen kompakten Block des neuen Blocks, ohne zu prüfen, ob er gültig ist. Der Peer prüft nur, ob der Block-Header den korrekten Proof-of-Work enthält. Da die Generierung des Proof-of-Work teuer ist (während wir dies schreiben, etwa 150.000 US-Dollar), ist es unwahrscheinlich, dass ein Miner ihn fälscht, nur um die Bandbreite weiterleitender Nodes zu verschwenden. Das Überspringen der Validierung vor der Weiterleitung erlaubt die Ausbreitung neuer Blöcke im Netzwerk mit minimaler Verzögerung an den Hops.

Der Nachteil der hohen Bandbreite ist, dass Ihre Node sehr wahrscheinlich redundante Informationen von jedem schnellen Peer erhält. Zum jetzigen Zeitpunkt fordert Bitcoin Core nur drei Peers auf, den High-Bandwidth Modus zu verwenden (und es wird versucht, Peers auszuwählen, die Blöcke in der Vergangenheit schnell gemeldet haben).

Die Namen der beiden Methoden (die aus BIP152 stammen) können ein bisschen verwirrend sein. Bei niedriger Bandbreite wird Bandbreite gespart, indem in den meisten Fällen keine Blöcke gesendet werden. Bei hoher Bandbreite wird mehr Bandbreite verbraucht, doch in den meisten Fällen weit weniger als vor der Einführung kompakter Blöcke.

## Private Block-Relay-Netzwerke

Obwohl kompakte Blöcke die Propagation von Blöcken durch das Netzwerk deutlich verkürzt haben, ist es möglich, die Latenz noch weiter zu senken. Im Gegensatz zu kompakten Blöcken haben andere Lösungen aber Nachteile, durch die sie für das öffentliche P2P-Relay-Netzwerk entweder nicht verfügbar oder ungeeignet sind. Aus diesem Grund gab es Experimente mit privaten Relay-Netzwerken für Blöcke.

Eine einfache Technik besteht darin, die Route zwischen den Endpunkten vorab festzulegen. Zum Beispiel kann ein Relay-Netzwerk aus Servern, die in Rechenzentren nahe der großen transatlantischen Glasfaserleitungen stehen, neue Blöcke schneller weiterleiten als die von irgendeinem privaten Nutzer betriebene Node, die viele Kilometer von der nächsten Glasfaserleitung entfernt steht.

Eine weitere, etwas komplexere Technik ist *Forward Error Correction* (FEC). Sie erlaubt die Aufteilung einer kompakten Blocknachricht auf mehrere Teile, wobei jedem Teil zusätzliche Daten angehängt werden. Kann ein Teil nicht empfangen werden, wird er basierend auf den empfangenen Teilen wiederhergestellt. In Abhängigkeit von den Einstellungen können mehrere verloren gegangene Teile wiederhergestellt werden.

FEC löst das Problem, dass ein kompakter Block (oder ein Teil davon) aufgrund von Netzwerkproblemen nicht ankommt. Das kommt oft vor, doch wir nehmen es nicht wahr, weil wir meist Protokolle verwenden, die fehlende Daten automatisch erneut anfordern. Allerdings erhöht sich die Zeit auf das Dreifache, wenn wir fehlende Daten erneut anfordern müssen. Hier ein Beispiel:

1. Alice sendet Bob einige Daten.
2. Bob kann die Daten nicht empfangen (oder sie sind beschädigt). Bob fordert die Daten von Alice noch einmal an.
3. Alice sendet die Daten erneut.

Eine dritte Technik geht einfach davon aus, dass alle Daten empfangenden Nodes mehr oder weniger die gleichen Transaktionen in ihrem Mempool vorhalten und daher alle den gleichen kompakten Block akzeptieren können. Das spart nicht nur Zeit bei der Berechnung eines kompakten Blocks an jedem Hop, sondern bedeutet auch, dass jeder Hop FEC-Pakete schon vor der Validierung einfach an den nächsten Hop weiterleiten kann.

Der Nachteil aller genannten Methoden besteht darin, dass sie in zentralisierten Netzwerken gut funktionieren, aber nicht in Netzwerken, in denen die Nodes anderen Nodes nicht vertrauen. Server in Rechenzentren kosten Geld und sind für die Betreiber der Rechenzentren oft zugänglich, sie sind daher nicht so vertrauenswürdig wie ein sicherer Heimcomputer. Die Weiterleitung von Daten erleichtert die Verschwendung von Bandbreite, deshalb kann sie nur in privaten Netzwerken halbwegs sinnvoll eingesetzt werden, wo es ein gewisses Maß an Vertrauen und Verantwortung zwischen den Parteien gibt.

Das ursprüngliche Bitcoin Relay Network (*https://oreil.ly/30ZKi*) wurde 2015 vom Entwickler Matt Corallo entwickelt, um die schnelle Synchronisation von Blöcken zwischen Minern mit sehr geringer Latenz zu ermöglichen. Das Netzwerk bestand aus mehreren virtuellen privaten Servern (*Virtual Private Servers*, VPSes), die über die Welt verteilt gehostet wurden und den Großteil der Miner und Mining-Pools miteinander verbanden.

2016 wurde das ursprüngliche Bitcoin-Relay-Netzwerk durch die *Fast Internet Bitcoin Relay Engine*, kurz *FIBRE* (*https://bitcoinfibre.org*), ersetzt, die ebenfalls von Matt Corallo entwickelt wurde. FIBRE ist ein UDP-basiertes Relay-Netzwerk, das Blöcke innerhalb eines Netzwerks von Knoten verteilt. FIBRE implementiert FEC und die *Compact-Block*-Optimierung, um die Menge der übertragenen Daten und die Netzwerklatenz weiter zu reduzieren.

## Netzwerkerkundung

Wird eine neue Node hochgefahren, muss sie andere Bitcoin-Nodes im Netzwerk finden, um am Netzwerk teilnehmen zu können. Um diesen Prozess zu starten, muss ein neuer Knoten mindestens eine existierende Node im Netzwerk finden und die Verbindung herstellen. Die geografische Lage der anderen Node ist dabei irrelevant. Die Topologie des Bitcoin-Netzwerks ist nicht geografisch definiert. Daher kann zufällig jeder existierende Bitcoin-Knoten gewählt werden.

Die Verbindung zu einem bekannten Peer erfolgt über TCP üblicherweise an Port 8333 (der standardmäßig von Bitcoin genutzt wird) oder über einen anderen Port, falls einer angegeben wurde. Sobald die Verbindung steht, startet die Node einen

*Handshake* (siehe Abbildung 10-3), indem sie eine `version`-Nachricht sendet, die grundlegende Informationen enthält, die die Node identifizieren. Dazu gehören:

`Version`
: Die Version des Bitcoin-P2P-Protokolls, die dieser Client »spricht« (z.B. 70002).

`nLocalServices`
: Eine Liste der durch die Node unterstützten lokalen Dienste.

`nTime`
: Die aktuelle Zeit.

`addrYou`
: Die IP-Adresse der entfernten Node, wie sie diese Node sieht.

`addrMe`
: Die IP-Adresse der lokalen Node, ermittelt durch die lokale Node.

`subver`
: Subversion der auf dieser Node laufenden Software (z.B. `/Satoshi:0.9.2.1/`).

`BestHeight`
: Die Blockhöhe der Blockchain dieser Node.

`fRelay`
: Ein durch BIP37 eingefügtes Feld. Gibt an, keine unbestätigten Transaktionen empfangen zu wollen.

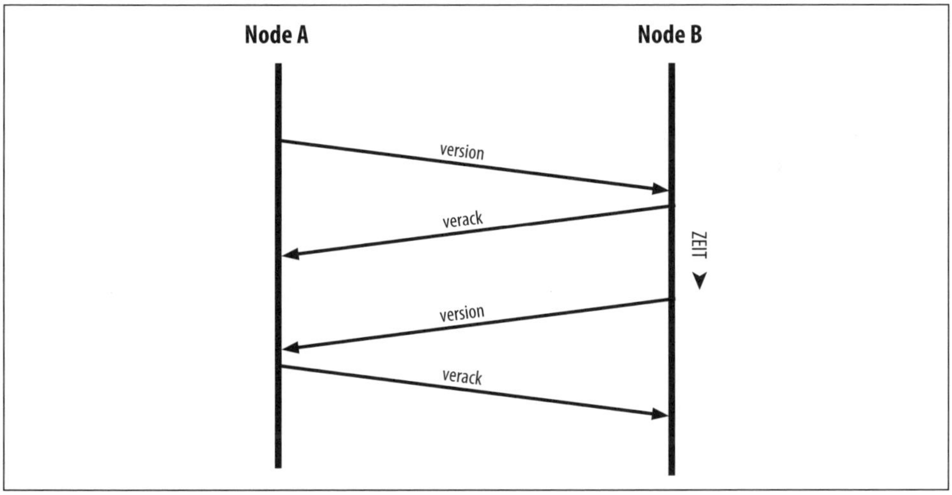


*Abbildung 10-3: Der initiale Handshake zwischen Peers*

Die `version`-Nachricht ist immer die erste Nachricht, die von einem Peer zu einem anderen Peer gesendet wird. Der die `version`-Nachricht empfangende lokale Peer untersucht die vom entfernten Peer gesendete `Version` und entscheidet, ob diese kompatibel ist. Ist der entfernte Peer kompatibel, bestätigt der lokale Peer die `version`-Nachricht und stellt die Verbindung über eine `verack`-Nachricht her.

Wie findet ein neuer Knoten Peers? Die erste Methode besteht in einer DNS-Abfrage bei einer Reihe sogenannter *DNS-Seeds*, die eine Liste mit IP-Adressen von Bitcoin-Nodes liefern. Einige dieser DNS-Seeds liefern eine statische Liste der IP-Adressen stabiler Bitcoin-Nodes zurück. Andere DNS-Seeds sind angepasste Implementierungen von BIND (*Berkeley Internet Name Daemon*), die eine zufällige Subliste von Bitcoin-Node-Adressen zurückgeben, die ein Crawler oder eine lang laufende Bitcoin-Node gesammelt hat. Der Bitcoin-Core-Client enthält die Namen mehrerer DNS-Seeds. Die Vielfalt unterschiedlicher Eigentümer und Implementierungen der DNS-Seeds sorgt für ein hohes Maß an Zuverlässigkeit des Bootstrap-Prozesses. Im Bitcoin-Core-Client heißt die Option zur Verwendung des DNS-Seeds `-dnsseed`. Die Option ist standardmäßig auf 1 gesetzt, um den DNS-Seed zu verwenden.

Einem gerade startenden Knoten, der noch nichts über das Netzwerk weiß, muss alternativ die IP-Adresse mindestens eines Bitcoin-Knotens übergeben werden, über die er Verbindungen herstellen kann, nachdem er sich bei weiteren Nodes »vorgestellt« hat. Das Kommandozeilenargument `-seednode` kann verwendet werden, um die Verbindung mit einem Knoten herzustellen und sich dort vorzustellen. Nachdem diese Seed-Node für die Vorstellung genutzt wurde, trennt der Client die Verbindung und verwendet die neu entdeckten Peers.

Sobald eine oder mehrere Verbindungen stehen, sendet der neue Knoten eine `addr`-Nachricht mit der eigenen IP-Adresse an seine Nachbarn. Die Nachbarn leiten die `addr`-Nachricht wiederum an ihre Nachbarn weiter und stellen so sicher, dass ein neuer Knoten bekannter wird und gut verbunden ist. Darüber hinaus sendet die neue Node eine `getaddr`-Nachricht an die Nachbarn, um eine Liste von IP-Adressen anderer Peers zu erhalten. Auf diese Weise kann eine Node Peers aufspüren, mit denen sie die Verbindung herstellen kann, und gibt ihre Existenz gleichzeitig im Netzwerk bekannt, sodass andere Peers sie finden können. Abbildung 10-4 zeigt das Protokoll zum Aufspüren von Adressen.

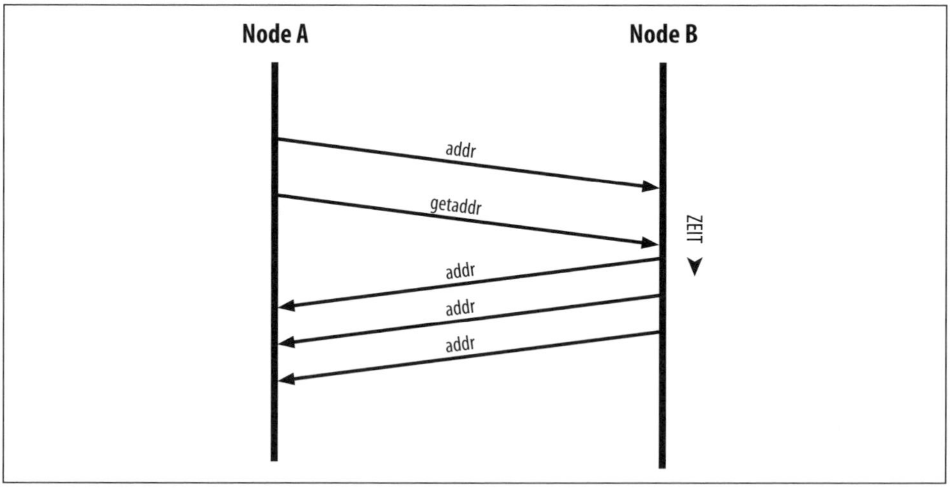


*Abbildung 10-4: Adressen propagieren und aufspüren*

Eine Node muss die Verbindung mit verschiedenen Peers herstellen, um mehrere Pfade im Bitcoin-Netzwerk aufzubauen. Pfade sind nicht zuverlässig – Nodes kommen und gehen. Deshalb muss eine Node auch weiterhin neue Nodes aufspüren, um den Verlust alter Verbindungen auszugleichen, aber auch um andere Knoten beim Bootvorgang zu unterstützen. Für das Booten ist nur eine Verbindung nötig, weil der erste Knoten seine Peer-Nodes vorstellen kann und diese Peers wieder andere Peers kennen. Andererseits ist es unnötig und eine Verschwendung von Netzwerkressourcen, die Verbindung zu mehr als einer Handvoll Peers herzustellen. Nach dem Start merkt sich jede Node die letzten erfolgreichen Peer-Verbindungen, sodass sie nach einem Neustart die Verbindung zum alten Peer-Netzwerk schnell wiederherstellen kann. Antwortet keiner der früheren Peers auf die Verbindungsanfrage, kann die Node die Seed-Knoten für einen neuen Bootstrap verwenden.

Auf einer Node, die den Bitcoin-Core-Client ausführt, können Sie sich die Peer-Verbindungen mit dem Befehl `getpeerinfo` ansehen:

```
$ bitcoin-cli getpeerinfo
```

```
[
  {
    "id": 0,
    "addr": "82.64.116.5:8333",
    "addrbind": "192.168.0.133:50564",
    "addrlocal": "72.253.6.11:50564",
    "network": "ipv4",
    "services": "0000000000000409",
    "servicesnames": [
      "NETWORK",
      "WITNESS",
      "NETWORK_LIMITED"
    ],
    "lastsend": 1683829947,
    "lastrecv": 1683829989,
    "last_transaction": 0,
    "last_block": 1683829989,
    "bytessent": 3558504,
    "bytesrecv": 6016081,
    "conntime": 1683647841,
    "timeoffset": 0,
    "pingtime": 0.204744,
    "minping": 0.20337,
    "version": 70016,
    "subver": "/Satoshi:24.0.1/",
    "inbound": false,
    "bip152_hb_to": true,
    "bip152_hb_from": false,
    "startingheight": 788954,
    "presynced_headers": -1,
    "synced_headers": 789281,
    "synced_blocks": 789281,
    "inflight": [
    ],
    "relaytxes": false,
    "minfeefilter": 0.00000000,
    "addr_relay_enabled": false,
```

```
        "addr_processed": 0,
        "addr_rate_limited": 0,
        "permissions": [
        ],
        "bytessent_per_msg": {
          ...
        },
        "bytesrecv_per_msg": {
          ...
        },
        "connection_type": "block-relay-only"
      },
    ]
```

Um die automatische Verwaltung von Peers abzuschalten und stattdessen eine Liste mit IP-Adressen anzugeben, können Nutzer die Option `-connect=<IPAddress>` verwenden und eine oder mehrere IP-Adressen angeben. Wird diese Option verwendet, stellt die Node die Verbindung nur zu den angegebenen IP-Adressen her, statt Verbindungen automatisch aufzuspüren und zu pflegen.

Laufen keine Daten über eine Verbindung, senden die Nodes periodisch eine Nachricht, um die Verbindung aufrechtzuerhalten. Hat ein Knoten seit mehr als 90 Minuten nicht mehr über eine Verbindung kommuniziert, wird davon ausgegangen, dass die Verbindung unterbrochen wurde, und ein neuer Peer wird gesucht. Auf diese Weise reagiert das Netzwerk dynamisch auf transiente Nodes sowie Netzwerkprobleme und kann ohne zentrale Kontrolle organisch wachsen oder schrumpfen.

# Full Nodes

Full Nodes sind Knoten, die die vollständige (aktuelle) Blockchain mit allen Transaktionen vorhalten.

Full Nodes verarbeiten eigenständig jeden Block. Sie beginnen dabei mit dem ersten Block (dem sogenannten Genesis-Block) und arbeiten sich bis zum letzten bekannten Block vor. Eine Full Node kann eigenständig und verbindlich jede Transaktion verifizieren. Die Full Node ist auf das Netzwerk angewiesen, um Aktualisierungen über neue Transaktionsblöcke zu erhalten, die sie dann verifiziert und in ihre lokale Kopie aufnimmt. Welche Skripte aus ihrer Sicht welche Bitcoins kontrollieren, steht dabei in den UTXOs (*Unspent Transaction Outputs*).

Der Betrieb einer Full Node ist die pure Bitcoin-Erfahrung: unabhängige Verifikation aller Transaktionen, ohne von anderen Systemen abhängig zu sein (und diesen vertrauen zu müssen).

Es gibt alternative Implementierungen der Full-Node-Clients, die mit unterschiedlichen Programmiersprachen und Softwarearchitekturen entwickelt wurden. Die am weitesten verbreitete Implementierung ist Bitcoin Core. Mehr als 95 % der Nodes im Bitcoin-Netzwerk führen verschiedene Versionen von Bitcoin Core aus. Der Client identifiziert sich als »Satoshi« im Subversionsstring, den wir in der `version`-Nachricht gesendet und im `getpeerinfo`-Befehl gesehen haben (z. B. `/Satoshi:24.0.1/`).

## »Inventar« austauschen

Das Erste, was eine Full Node macht, nachdem sie die Verbindung mit den Peers hergestellt hat, ist der Aufbau einer vollständigen Blockchain. Handelt es sich um einen brandneuen Knoten, der noch keine Blockchain besitzt, kennt er nur einen Block, den Genesis-Block, der statisch in die Clientsoftware eingebettet ist. Beginnend mit Block #0 (Genesis-Block), muss die neue Node Hunderttausende Blöcke herunterladen, um sich mit dem Netzwerk zu synchronisieren und die komplette Blockchain aufzubauen.

Die Synchronisation der Blockchain beginnt mit der `version`-Nachricht, weil diese die `BestHeight` enthält, d.h. die aktuelle Blockchain-Höhe (die Anzahl der Blöcke). Eine Node sieht die `version`-Nachrichten seiner Peers, weiß, wie viele Blöcke sie jeweils besitzen, und kann das mit der Anzahl von Blöcken in der eigenen Blockchain vergleichen. Peers tauschen eine `getheaders`-Nachricht aus, die den Hash des obersten Blocks ihrer lokalen Blockchain enthält. Einer der Peers wird den empfangenen Hash als zu einem Block gehörig identifizieren, der nicht ganz oben liegt, also zu einem älteren Block. Daraus kann er ableiten, dass seine lokale Blockchain länger ist als die der Peers.

Der Peer mit der längeren Blockchain hat mehr Blöcke als die andere Node und kann feststellen, welche Blöcke die andere Node benötigt, um »gleichzuziehen«. Er identifiziert die 2.000 Header und teilt sie in einer `headers`-Nachricht. Die Node fordert dann weitere Header an, bis jeder Block empfangen wurde, den der Peer besitzt.

Parallel dazu beginnt die Node damit, für alle empfangenen Header die jeweiligen Blöcke über `getdata`-Nachrichten abzurufen. Die Node fordert von jedem gewählten Peer andere Blöcke an. Auf diese Weise kann sie Verbindungen mit Peers beenden, die deutlich langsamer sind als der Durchschnitt, und so neuere (und auch schnellere) Peers aufspüren.

Nehmen wir zum Beispiel an, dass eine Node nur den Genesis-Block besitzt. Sie erhält von ihren Peers eine `headers`-Nachricht mit den nächsten 2.000 Blöcken der Kette. Sie beginnt dann damit, Blöcke von allen aktiven Peers anzufordern, und hält dabei eine Queue von bis zu 1.024 Blöcken vor. Blöcke müssen nacheinander validiert werden, d.h., wenn der älteste Block in der Queue – also der als Nächstes zu validierende Block – noch nicht empfangen wurde, schließt die Node die Verbindung mit dem Peer, der diesen Block hätte liefern sollen. Sie sucht sich dann einen neuen Peer, der diesen einen Block liefern kann, bevor die anderen Peers die restlichen 1.023 Blöcke bereitstellen.

Wie wir in Kapitel 11 noch sehen werden, wird jeder empfangene Block in die Blockchain eingefügt. Während die lokale Blockchain schrittweise aufgebaut wird, werden weitere Blöcke angefordert und empfangen. Dieser Prozess wird fortgesetzt, bis der Knoten zum Rest des Netzwerks aufgeschlossen hat.

Dieser Prozess des Vergleichs der lokalen Blockchain mit den Peers und dem Abruf fehlender Blöcke findet immer dann statt, wenn ein Knoten eine Zeit lang offline war.

## Leichtgewichtige Clients

Viele Bitcoin-Clients wurden für Geräte mit eingeschränktem Speicherplatz und geringer Leistung wie Smartphones, Tablets oder eingebettete Systeme entwickelt. Bei solchen Geräten wird die »vereinfachte Zahlungsverifikation« (*Simplified Payment Verification*, SPV) verwendet, um die Aufgaben erledigen zu können, ohne die vollständige Blockchain validieren zu müssen. Diese Arten von Clients werden leichtgewichtige Clients genannt.

Leichtgewichtige Clients laden nur die Block-Header herunter und nicht die in jedem Block enthaltenen Transaktionen. Die resultierende Transaktionskette ohne Transaktionen ist etwa 10.000-mal kleiner als die vollständige Blockchain. Leichtgewichtige Clients können sich kein vollständiges Bild der verfügbaren UTXOs machen, da sie nichts über die Transaktionen im Netzwerk wissen. Vielmehr verifizieren sie Transaktionen über eine leicht veränderte Methode, die davon abhängt, dass Peers bei Bedarf einen partiellen Überblick über relevante Teile der Blockchain liefern.

Sie können eine Full Node mit einer Touristin in einer fremden Stadt vergleichen, die mit einem vollständigen Stadtplan mit allen Straßen und Adressen ausgerüstet ist. Der leichtgewichtige Client ist eher der Tourist in einer fremden Stadt, der nur die Hauptstraße kennt und den nächstbesten Fremden nach dem Weg fragt. Beide Touristen können die Existenz einer Straße durch ihren Besuch bestätigen, doch der Tourist ohne Stadtplan weiß nicht, was links und rechts der Straße liegt und welche Straßen es überhaupt gibt. Steht er vor der »23 Church Street«, weiß der Tourist ohne Stadtplan nicht, ob es nicht ein Dutzend weiterer »23 Church Street«-Adressen in der Stadt gibt und ob diese die richtige ist. Seine beste Chance besteht darin, genügend Menschen zu fragen und darauf zu hoffen, dass man ihn nicht ausraubt.

Leichtgewichtige Clients verifizieren Transaktionen anhand ihrer *Tiefe* in der Blockchain. Während eine Full Node eine komplett verifizierte Kette mit Tausenden von Blöcken und Millionen von Transaktionen bis hinunter zum Genesis-Block aufbaut, verifiziert der leichtgewichtige Client den Proof-of-Work aller Blöcke (aber nicht aller Transaktionen) und verknüpft diese Kette mit der Transaktion von Interesse.

Bei der Untersuchung einer Transaktion in Block 800.000 verknüpft eine Full Node alle 800.000 Blöcke bis hinunter zum Genesis-Block und baut eine vollständige Datenbank aller UTXOs auf. Die Gültigkeit der Transaktion wird dadurch bestätigt, dass der UTXO nicht ausgegeben wurde. Ein leichtgewichtiger Client kann hingegen nur prüfen, ob diese Transaktion existiert. Der Client stellt stattdessen über einen *Merkle-Pfad* (siehe »Merkle Trees (Hashbäume)« auf Seite 273) einen Link zwischen der Transaktion und dem sie enthaltenden Block her. Der leichtgewichtige Client wartet dann, bis die sechs Blöcke 800.001 bis 800.006 an den die Transaktion enthaltenden Block angehängt wurden, und verifiziert ihn durch dessen Tiefe unter den Blöcken 800.006 bis 800.001. Die Tatsache, dass andere Knoten im Netzwerk den Block 800.000 akzeptiert und die notwendige Arbeit für sechs weitere Blöcke geleistet haben, dient als Beweis dafür, dass die Transaktion tatsächlich existiert.

Sie können einen leichtgewichtigen Client nicht glauben machen, dass eine Transaktion in einem Block existiert, wenn diese Transaktion nicht tatsächlich vorhanden ist. Der leichtgewichtige Client bestimmt die Existenz einer Transaktion in einem Block, indem er als Beweis den Merkle-Pfad anfordert und durch die Validierung des Proof-of-Work in der Blockkette. Allerdings kann man die Existenz einer Transaktion vor einem leichtgewichtigen Client »verstecken«. Er kann definitiv belegen, dass eine Transaktion existiert, kann aber nicht verifizieren, ob nicht eine Transaktion existiert, die den gleichen UTXO noch einmal ausgeben will, da er nicht alle Transaktionen vorhält. Diese Lücke kann für Denial-of-Service- oder Double-Spending-Angriffe auf leichtgewichtige Clients genutzt werden. Um sich davor zu schützen, muss der leichtgewichtige Client zufällige Verbindungen mit unterschiedlichen Nodes herstellen, um die Wahrscheinlichkeit zu erhöhen, zumindest mit einer »ehrlichen« Node zu kommunizieren. Diese Notwendigkeit zufälliger Verbindungen macht leichtgewichtige Clients auch anfällig für Netzwerkpartitionierungs- oder Sybil-Angriffe, bei denen sie mit fingierten Nodes oder Netzwerken verbunden sind und keinen Zugriff auf »ehrliche« Nodes oder das reale Bitcoin-Netzwerk haben.

Aus praktischer Sicht sind gut angebundene leichtgewichtige Clients sicher genug und stellen eine gute Balance zwischen Ressourcenbedarf, Praxistauglichkeit und Sicherheit dar. Wer hingegen großen Wert auf Sicherheit legt, kommt am Betrieb einer Full Node nicht vorbei.

> Eine Full Node verifiziert eine Transaktion, indem sie die gesamte Kette von Tausenden darunterliegenden Blöcken durchgeht und so garantieren kann, dass der UTXO nicht eingelöst wurde. Der leichtgewichtige Client prüft hingegen nur, wie viele Blöcke über der fraglichen Transaktion liegen.

Um an die Block-Header zu gelangen, die ein leichtgewichtiger Client benötigt, um zu verifizieren, dass eine Transaktion Teil der Kette ist, verwenden leichtgewichtige Clients eine `getheaders`-Nachricht. Der antwortende Peer sendet bis zu 2.000 Block-Header in einer einzigen `headers`-Nachricht. Abbildung 10-5 zeigt die Synchronisation der Block-Header.

Block-Header erlauben einem leichtgewichtigen Client, zu prüfen, ob ein einzelner Block zur aktuellen Blockchain gehört. Sie sagen dem Client aber nicht, welcher Block die für die Wallet relevanten Transaktionen enthält. Der Client könnte jeden Block herunterladen und das herausfinden, doch das würde auf den Ressourcenverbrauch einer Full Node hinauslaufen. Deshalb haben sich Entwicklerinnen und Entwickler nach einer anderen Lösung für dieses Problem umgesehen.

Kurz nach der Einführung leichtgewichtiger Clients haben die Bitcoin-Entwickler ein Feature, den sogenannten *Bloomfilter*, ergänzt, um die Bandbreite zu reduzieren, die leichtgewichtige Clients nutzen, um etwas über die ein- und ausgehenden Transaktionen zu erfahren. Bloomfilter erlauben leichtgewichtigen Clients, auf eine Teilmenge von Transaktionen zuzugreifen, ohne sagen zu müssen, an welchen Adressen sie genau interessiert sind. Das geschieht mithilfe eines Filtermechanismus, der Wahrscheinlichkeiten anstelle fester Muster verwendet.

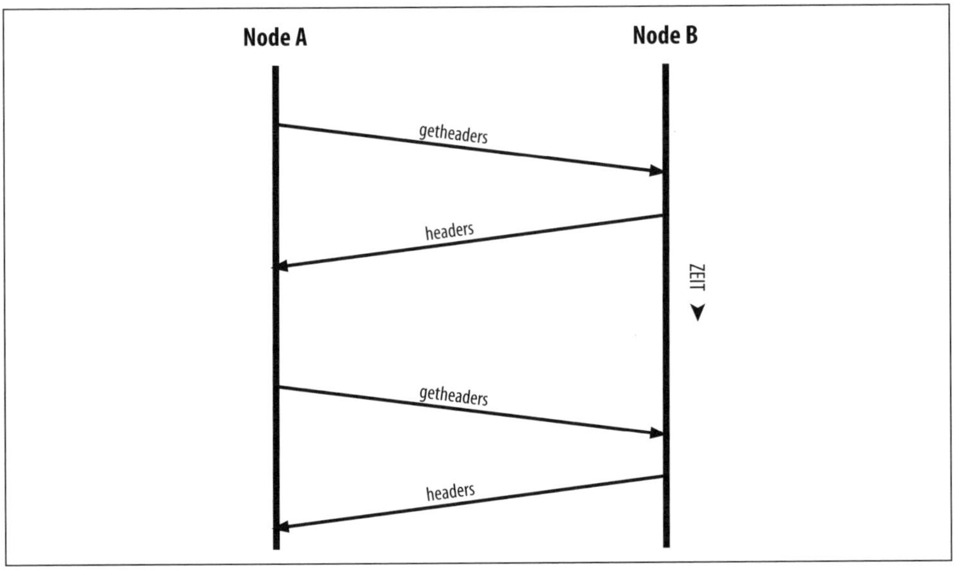


*Abbildung 10-5: Synchronisation der Block-Header eines leichtgewichtigen Clients*

## Bloomfilter

Ein Bloomfilter ist ein probabilistischer Suchfilter, mit dessen Hilfe Sie das gewünschte Muster beschreiben, ohne es genau angeben zu müssen. Bloomfilter sind eine effektive Möglichkeit, Suchmuster auszudrücken und gleichzeitig die Privatsphäre zu schützen. Sie werden von leichtgewichtigen Clients verwendet, um einem bestimmten Muster entsprechende Transaktionen von den Peers anzufordern, ohne genau angeben zu müssen, nach welchen Adressen, Schlüsseln oder Transaktionen sie suchen.

Entsprechend unserer früheren Analogie fragt der Tourist ohne Stadtplan nach dem Weg zu einer bestimmten Adresse: »23 Church St.«. Die Frage nach dem Weg gibt unweigerlich das Ziel preis. Ein Bloomfilter fragt eher »gibt es Straßen in der Nähe, die mit R-C-H enden«? Eine solche Frage gibt etwas weniger über das eigentliche Ziel preis als die Frage nach »23 Church St.«. Mit dieser Technik könnte unser Tourist die gewünschte Frage etwas detaillierter angeben, etwa als »mit U-R-C-H endend« oder, weniger detailliert, als »mit H endend«. Durch die Veränderung der Genauigkeit der Suche gibt der Tourist mehr oder weniger Informationen preis und erhält dafür im Gegenzug mehr oder weniger genaue Ergebnisse. Bei einem weniger spezifischen Muster erhält man mehr mögliche Adressen und eine bessere Privatsphäre, doch viele Ergebnisse sind irrelevant. Je genauer das Muster ist, desto weniger Ergebnisse erhält man, Sie verlieren aber gleichzeitig auch immer mehr an Privatsphäre.

Bloomfilter übernehmen diese Funktion, indem sie dem leichtgewichtigen Client ermöglichen, Suchmuster für Transaktionen festzulegen, die sich in Richtung Genauigkeit oder Privatsphäre anpassen lassen. Je genauer der Bloomfilter ist, desto besser sind die Ergebnisse, doch gleichzeitig wird auch offenbar, an welchem Muster der leichtgewichtige Client interessiert ist, d.h., die Wallet-Adressen der Eigentümer können aufgedeckt werden. Ein weniger genauer Bloomfilter erzeugt mehr Transaktionsdaten, von denen viele für den Client irrelevant sind, sorgt aber für eine bessere Privatsphäre.

## Wie Bloomfilter funktionieren

Bloomfilter sind als Arrays variabler Größe mit N binären Ziffern (einem Bitfeld) und einer variablen Zahl von M Hashfunktionen implementiert. Die Hashfunktionen sind so entworfen, dass ihre Ausgaben immer zwischen 1 und N (der Größe des Arrays der binären Ziffern) liegen. Die Hashfunktionen werden deterministisch erzeugt, das heißt, jede Node, die einen Bloomfilter implementiert, nutzt immer die gleichen Hashfunktionen und liefert für eine bestimmte Eingabe immer das gleiche Ergebnis zurück. Durch die Wahl unterschiedlich langer Bloomfilter (N) und einer unterschiedlichen Zahl (M) von Hashfunktionen kann der Bloomfilter angepasst, Genauigkeit und Privatsphäre können variiert werden.

In Abbildung 10-6 verwenden wir ein sehr kleines Array aus 16 Bits und drei Hashfunktionen, um die Funktionsweise eines Bloomfilters zu demonstrieren.

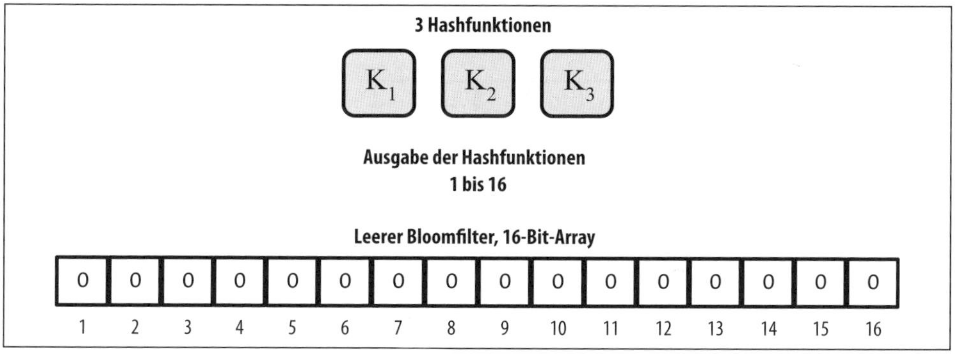


*Abbildung 10-6: Beispiel eines sehr einfachen Bloomfilters mit einem 16-Bit-Feld und drei Hashfunktionen*

Der Bloomfilter wird so initialisiert, dass alle Bits des Arrays null sind. Um dem Bloomfilter ein Muster hinzuzufügen, wird es nacheinander von jeder Hashfunktion gehasht. Die Anwendung der ersten Hashfunktion auf die Eingabe führt zu einer Zahl zwischen 1 und N. Das entsprechende Bit im Array (zwischen 1 und N) wird auf 1 gesetzt, wodurch das Ergebnis der Hashfunktion festgehalten wird. Dann wird die nächste Hashfunktion verwendet und ein weiteres Bit gesetzt und so weiter. Sobald alle M Hash-Funktionen angewendet wurden, wird das Suchmuster im Bloomfilter als M Bits »aufgezeichnet«, die von 0 auf 1 geändert wurden.

Abbildung 10-7 fügt beispielhaft das Muster »A« in unseren einfachen Bloomfilter aus Abbildung 10-6 ein.

Um ein zweites Muster hinzuzufügen, wird der Prozess einfach wiederholt. Das Muster wird nacheinander durch jede Hashfunktion gehasht, und das Ergebnis wird durch das Setzen des entsprechenden Bits auf 1 festgehalten. Wird der Bloomfilter mit zusätzlichen Mustern gefüllt, könnte die Hashfunktion ein Bit liefern, das bereits auf 1 gesetzt ist. In diesem Fall wird das Bit nicht geändert. Steigt die Anzahl der Filter, erhöht sich mit der Zeit auch die Zahl der auf 1 gesetzten Bits, und die Genauigkeit des Filters sinkt. Darum ist dieser Filter eine probabilistische Datenstruktur – die Genauigkeit sinkt, je mehr Muster hinzugefügt werden. Die Genauigkeit ist abhängig von der Anzahl der Muster in Relation zur Größe des Bit-Arrays (N) und der Anzahl der Hashfunktionen (M). Ein größeres Bit-Array und mehr Hashfunktionen können mehr Muster mit höherer Genauigkeit festhalten. Ein kleineres Array oder weniger Hashfunktionen halten weniger Muster fest und sind weniger genau.

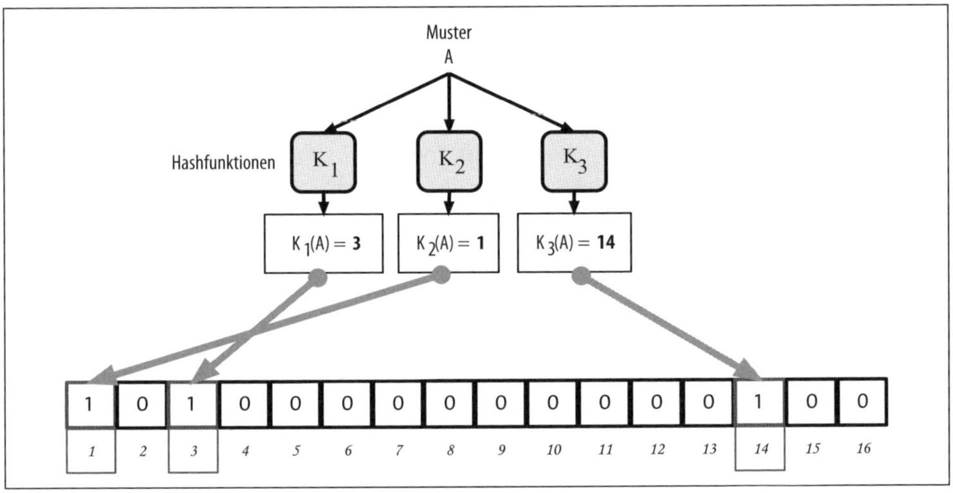


*Abbildung 10-7: Muster »A« unserem einfachen Bloomfilter hinzufügen*

Abbildung 10-8 zeigt beispielhaft das Hinzufügen eines zweiten Musters B zu unserem einfachen Bloomfilter.

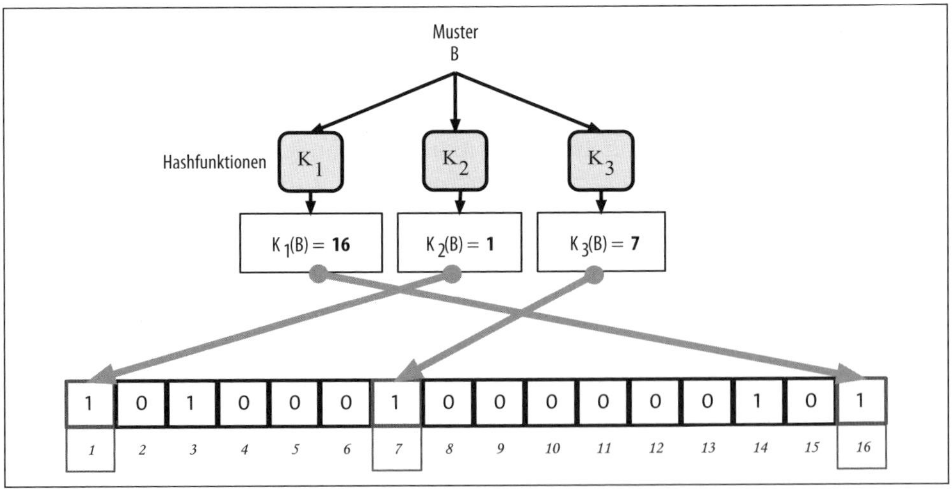


*Abbildung 10-8: Ein zweites Muster »B« unserem einfachen Bloomfilter hinzufügen*

Um zu testen, ob ein Muster Teil eines Bloomfilters ist, wird das Muster von jeder Hashfunktion gehasht, und das resultierende Bitmuster wird mit dem Bit-Array verglichen. Sind alle durch die Hashfunktionen indexierten Bits auf `1` gesetzt, ist das Muster *wahrscheinlich* im Bloomfilter enthalten. Da die Bits durch sich überlappende Muster gesetzt werden können, ist die Antwort nicht sicher, sondern eher probabilistisch. Anders ausgedrückt, bedeutet ein positiver Treffer des Bloomfilters ein »möglicherweise ja«.

Abbildung 10-9 zeigt ein Beispiel für den Test der Existenz des Musters X in unserem einfachen Bloomfilter. Die entsprechenden Bits sind auf `1` gesetzt, d.h., das Muster ist möglicherweise ein Treffer.

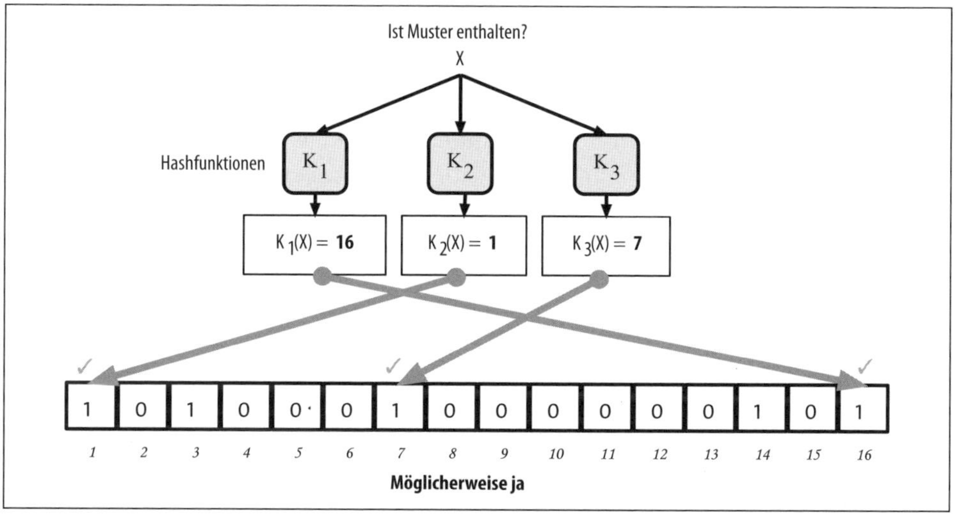


*Abbildung 10-9: Test des Existenz des Musters »X« im Bloomfilter. Das Ergebnis ist ein probabilistisch positiver Treffer, also ein »möglicherweise ja«.*

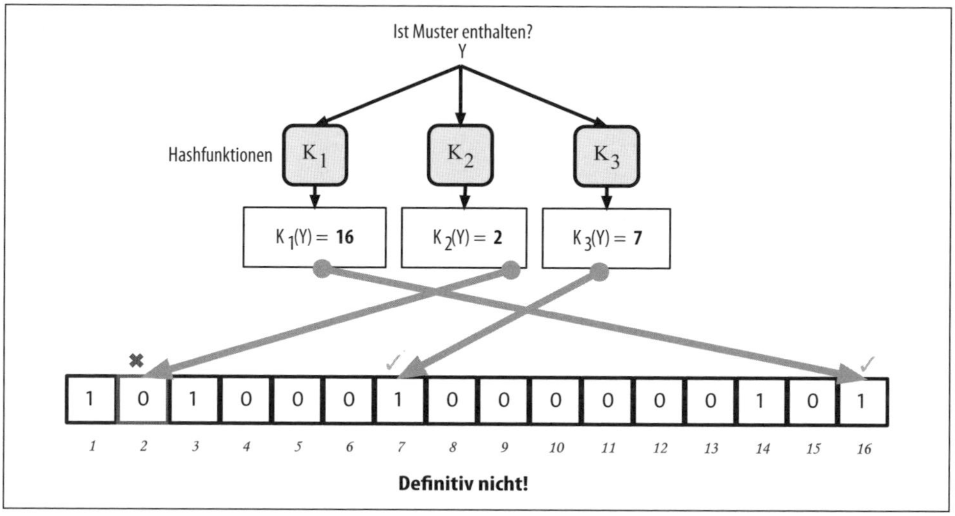


*Abbildung 10-10: Test der Existenz des Musters »Y« im Bloomfilter. Das Ergebnis ist ein definitiv negativer Treffer, also ein »Definitiv nicht!«.*

Wird andererseits ein Muster gegen den Bloomfilter geprüft und ist eines der Bits auf 0 gesetzt, ist das Muster garantiert nicht im Bloomfilter enthalten. Das negative Ergebnis ist nicht wahrscheinlich, sondern Gewissheit. Anders ausgedrückt, bedeutet ein negativer Treffer: »Definitiv nicht!«.

Abbildung 10-10 zeigt beispielhaft den Test des Vorhandenseins des Musters Y in unserem einfachen Bloomfilter. Eines der entsprechenden Bits ist auf 0 gesetzt, weshalb das Muster definitiv kein Treffer ist.

## Wie leichtgewichtige Clients Bloomfilter nutzen

Bloomfilter werden zum Filtern von Transaktionen (und den sie enthaltenden Blöcken) verwendet, die ein leichtgewichtiger Client von seinen Peers empfängt. Dabei werden nur für den leichtgewichtigen Client interessante Transaktionen ausgewählt, ohne die Adressen oder Schlüssel preiszugeben, an denen sie interessiert sind.

Nach der Initialisierung durch den leichtgewichtigen Client ist der Bloomfilter »leer«. In diesem Zustand erkennt er keinerlei Muster. Der leichtgewichtige Client erzeugt dann eine Liste aller Adressen, Schlüssel und Hashes, an denen er interessiert ist. Das geschieht durch Extrahierung der Public-Key-Hashes, der Skript-Hashes und der Transaktions-IDs aus den UTXOs, die durch die Wallet kontrolliert werden. Diese werden dann durch den leichtgewichtigen Client in den Bloomfilter eingefügt, d. h., der Bloomfilter »erkennt«, wenn diese Muster in einer Transaktion enthalten sind, ohne die Muster selbst offenlegen zu müssen.

Der leichtgewichtige Client sendet dann eine `filterload`-Nachricht an seine Peers, die den Bloomfilter enthalten, der für diese Verbindung genutzt werden soll. Auf Peer-Seite werden die Bloomfilter mit den eingehenden Transaktionen verglichen. Die Full Node überprüft verschiedene Teile der Transaktion über den Bloomfilter und sucht nach Treffern für:

- die Transaktions-ID,
- die Datenkomponenten von Skripten aller Transaktions-Outputs (jeden Schlüssel und Hash im Skript),
- jeden Transaktions-Input,
- alle Datenkomponenten der Input-Signatur (oder des Witness-Skripts).

Durch die Prüfung all dieser Komponenten können Bloomfilter Public-Key-Hashes, Skripte, `OP_RETURN`-Werte, öffentliche Schlüssel in Signaturen und alle zukünftigen Komponenten eines Smart Contract oder eines komplexen Skripts erkennen.

Nachdem der Filter eingerichtet ist, testet der Peer die Outputs jeder Transaktion gegen den Bloomfilter. Nur Transaktionen, die zum Filter passen, werden an die Node gesendet.

Als Antwort auf eine `getdata`-Nachricht vom Client senden Peers eine `merkleblock`-Nachricht, die nur Block-Header für Blöcke enthält, die zum Filter passen, sowie den Merkle-Pfad (siehe »Merkle Trees (Hashbäume)« auf Seite 273) für jede passende Transaktion. Der Peer sendet dann auch `tx`-Nachrichten mit den zum Filter passenden Transaktionen.

Während die Full Node Transaktionen an den leichtgewichtigen Client sendet, entfernt dieser alle falschen Positive und verwendet nur die richtigen Transaktionen, um das UTXO-Set und die Wallet zu aktualisieren. Während er seine eigene Sicht des UTXO-Sets aktualisiert, modifiziert er auch den Bloomfilter, um zukünftige Transaktionen zu erkennen, die neu gefundenen UTXOs entsprechen. Die Full Node verwendet dann den neuen Bloomfilter, um neue Transaktionen zu erkennen, und der gesamte Prozess beginnt von vorn.

Der den Bloomfilter setzende Client kann interaktiv Muster zum Filter hinzufügen, indem er eine `filteradd`-Nachricht sendet. Um den Bloomfilter zu leeren, sendet der Client eine `filterclear`-Nachricht. Da es nicht möglich ist, ein Muster aus dem Bloomfilter zu entfernen, muss die Node den Filter löschen und einen neuen Bloomfilter senden, wenn ein bestimmtes Muster nicht länger benötigt wird.

Das Netzwerkprotokoll und der Bloomfilter-Mechanismus für leichtgewichtige Clients sind in BIP37 definiert.

Leider wurde nach der Einführung von Bloomfiltern schnell deutlich, dass sie keine große Privatsphäre bieten. Eine den Bloomfilter empfangende Full Node könnte den Filter auf die gesamte Blockchain anwenden, um alle Transaktionen des Clients (samt falscher Positive) aufzuspüren. Sie könnte dann nach Mustern und Beziehungen zwischen den Transaktionen suchen. Bei zufällig gewählten falschen Positiven wären Parent-Child-Beziehungen vom Output zum Input sehr unwahrscheinlich, bei Transaktionen der Nutzer-Wallet hingegen sehr wahrscheinlich. Weisen alle zugehörigen Transaktion bestimmte Charakteristika auf, etwa mindestens einen P2PKH-Output, kann man davon ausgehen, dass Transaktionen ohne diese Charakteristika nicht zu dieser Wallet gehören.

Es wurde außerdem entdeckt, dass speziell konstruierte Filter der verarbeitenden Full Node sehr viel Arbeit aufbürden und so zu Denial-of-Service-Angriffen führen können.

Diese beiden Gründe führten dazu, dass Bitcoin Core die Unterstützung für Bloomfilter letztendlich nur bei Clients unterstützt, deren IP-Adressen von den Node-Betreibern explizit zugelassen werden. Das bedeutete auch, dass für leichtgewichtige Clients eine andere Methode gefunden werden musste, ihre Transaktionen aufzuspüren.

## Kompakte Blockfilter

Die Idee, den Bloomfilter-Prozess umzukehren, wurde 2016 von einem anonymen Entwickler auf der Bitcoin-Dev-Mailingliste gepostet. Bei Bloomfiltern nach BIP37 hasht jeder Client seine Adressen, um einen Bloomfilter aufzubauen, und die Nodes hashen Teile jeder Transaktion, um zu diesem Filter passende Treffer zu finden. Beim neuen Vorschlag hashen Nodes Teile jeder Transaktion in einem Block, um einen Bloomfilter aufzubauen, und die Clients hashen ihre Adressen, um einen Treffer im Filter zu finden. Findet der Client einen Treffer, laden sie den gesamten Block herunter.

Trotz der Namensähnlichkeit sind *kompakte Blöcke* nach BIP152 und *kompakte Blockfilter* nach BIP157/158 nicht miteinander verwandt.

Nodes können auf diese Weise einzelne Filter für jeden Block erzeugen, auf Festplatte speichern und immer wieder ausliefern. Die bei BIP37 möglichen Denial-of-Service-Angriffe werden so unterbunden. Clients liefern Full Nodes keinerlei Informationen über vergangene oder zukünftige Adressen. Sie laden nur Blöcke herunter, die Tausende von Transaktionen enthalten können, die nicht vom Client erzeugt wurden. Sie können passende Blöcke sogar von anderen Peers herunterladen, was es Full Nodes erschwert, Beziehungen zwischen Transaktionen des Clients über mehrere Blöcke hinweg zu verfolgen.

Diese Idee servergenerierter Filter bietet keine perfekte Privatsphäre. Auch ist sie für Full Nodes immer noch mit gewissen Kosten verbunden (und die leichtgewichtigen Clients verbrauchen mehr Bandbreite für den Block-Download). Darüber hinaus können die Filter nur für bestätigte Transaktionen (nicht für unbestätigte Transaktionen) genutzt werden. Dennoch ist dieser Ansatz deutlich zuverlässiger und bietet eine höhere Privatsphäre als von Clients gelieferte Bloomfilter nach BIP37.

Nachdem die ursprüngliche auf Bloomfiltern basierende Idee beschrieben wurde, erkannten Entwickler, dass es eine bessere Datenstruktur für servergenerierte Filter gilt: *Golomb-Rice Coded Sets* (GCS).

## Golomb-Rice Coded Sets (GCS)

Stellen Sie sich vor, Alice möchte eine Liste von Zahlen an Bob senden. Die einfache Lösung besteht darin, ihm einfach die gesamte Liste zu schicken:

```
849
653
476
900
379
```

Doch es gibt einen effizienteren Weg. Zuerst sortiert Alice die Liste numerisch:

```
379
476
653
849
900
```

Dann sendet Alice die erste Zahl. Bei den restlichen Zahlen sendet sie die Differenz dieser Zahl zur vorherigen Zahl. Zum Beispiel sendet Alice 97 (476 – 379) für die zweite Zahl, 177 (653 – 476) für die dritte Zahl und so weiter:

```
379
97
177
196
51
```

Wir erkennen, dass die Differenz zweier Zahlen einer sortierten Liste zu kleineren Zahlen führt als in der ursprünglichen Liste. Wenn Bob die Liste erhält, kann er die Originalliste wiederherstellen, indem er jede Zahl zur vorherigen Zahl hinzuaddiert. Wir sparen also Speicherplatz, ohne Informationen zu verlieren, was man als *verlustfreie Codierung* bezeichnet.

Wählen wir zufällig Zahlen aus einem festgelegten Wertebereich aus, sinkt die durchschnittliche Größe (Mittelwert) der Differenzen, je mehr Zahlen wir wählen. Die Menge der zu übertragenden Daten wächst also nicht so schnell wie die Länge unserer Liste (bis zu einem gewissen Punkt).

Noch nützlicher ist es, dass sich die Länge der zufällig gewählten Zahlen in einer Differenzliste natürlicherweise in Richtung einer kürzeren Länge bewegt. Nehmen wir an, Sie würfeln zweimal, um zwei Zufallszahlen zwischen 1 und 6 zu erhalten. Bei zwei Würfen gibt es 36 unterschiedliche Kombinationen:

```
11   12  13  14  15  16
21   22  23  24  25  26
31   32  33  34  35  36
41   42  43  44  45  46
51   52  53  54  55  56
61   62  63  64  65  66
```

Sehen wir uns die Differenz zwischen den größeren und den kleineren Zahlen an:

```
0  1  2  3  4  5
1  0  1  2  3  4
2  1  0  1  2  3
3  2  1  0  1  2
4  3  2  1  0  1
5  4  3  2  1  0
```

Wenn wir die Häufigkeit aller Differenzen zählen, stellen wir fest, dass die kleinen Differenzen viel wahrscheinlicher sind als die großen:

| Differenz | Häufigkeit |
|---|---|
| 0 | 6 |
| 1 | 10 |
| 2 | 8 |
| 3 | 6 |
| 4 | 4 |
| 5 | 2 |

Wenn wir wissen, dass wir große Zahlen speichern müssen (weil große Differenzen vorkommen können, auch wenn das selten der Fall ist), meist aber nur kleine Zahlen speichern müssen, können wir jede Zahl in einem System codieren, das wenig Platz für kleine und mehr Platz für große Zahlen benötigt. Im Schnitt wird dieses System besser abschneiden, als wenn für jede Zahl die gleiche Menge an Speicherplatz verwendet wird.

Die Golomb-Codierung bietet diese Möglichkeit. Die Rice-Codierung ist eine Untermenge der Golomb-Codierung, die in manchen Fällen einfacher zu verwenden ist, was auch für Bitcoin-Blockfilter gilt.

## Welche Daten in einen Blockfilter gehören

Unser Hauptziel besteht darin, Wallets wissen zu lassen, ob ein Block eine Transaktion enthält, die die Wallet betrifft. Damit eine Wallet effektiv sein kann, muss sie zwei Arten von Informationen kennen:

*Wenn sie Geld empfangen hat*
: Genauer, wenn ein Transaktions-Output ein von der Wallet kontrolliertes Skript enthält (z.B. wenn sie den autorisierten privaten Schlüssel kontrolliert).

*Wenn sie Geld ausgegeben hat*
: Genauer, wenn ein Transaktions-Input einen vorherigen Transaktions-Output referenziert, den die Wallet kontrolliert.

Während der Entwicklung kompakter Blockfilter bestand ein zweites Ziel darin, der die Filter empfangenden Wallet die Möglichkeit zu geben, die Korrektheit eines von einem Peer empfangenen Filters zu verifizieren. Zum Beispiel kann die Wallet nach dem Herunterladen des Blocks, für den der Filter erzeugt wurde, einen eigenen Filter erzeugen. Sie kann diesen Filter dann mit dem Filter des Peers vergleichen und so sicherstellen, dass der Peer einen korrekten Filter erzeugt hat.

Damit beide Ziele erreicht werden, muss ein Filter zwei Arten von Informationen verarbeiten:

- Das Skript jedes Outputs jeder Transaktion in einem Block.
- Den Outpoint jedes Inputs in jeder Transaktion in einem Block.

Ein früher Entwurf kompakter Blockfilter umfasste beide Arten von Informationen, doch man erkannte, dass man das Primärziel effizienter erreicht, wenn man beim Sekundärziel Abstriche macht. Beim neuen Entwurf greift der Blockfilter immer noch auf zwei Arten von Informationen zu, diese stehen aber in einer engeren Beziehung zueinander:

- Wie zuvor das Skript für jeden Output in jeder Transaktion in einem Block.
- Nun wird aber auch das Skript des Outputs referenziert, das für jeden Input jeder Transaktion in einem Block durch den Outpoint referenziert wird – mit anderen Worten das eingelöste Output-Skript.

Das hat mehrere Vorteile. Zum einen müssen Wallets Outpoints nicht nachhalten, sondern können stattdessen nur nach Output-Skripten suchen, von denen sie Geld erwarten. Zum anderen wird, wenn eine spätere Transaktion in einem Block den Output einer früheren Transaktion im gleichen Block einlöst, von beiden das gleiche Output-Skript referenziert. Mehr als eine Referenz auf das gleiche Output-Skript ist in einem kompakten Blockfilter redundant. Diese redundanten Kopien können entfernt werden, wodurch die Größe des Filters weiter sinkt.

Wenn Full Nodes einen Block validieren, müssen sie auf die Output-Skripte des aktuellen Transaktions-Outputs in einem Block und auf die Transaktions-Outputs in vorherigen Blöcken (die als Inputs referenziert werden) zugreifen. Sie sind daher in der Lage, kompakte Blockfilter nach diesem vereinfachten Modell zu erzeugen. Doch ein Block selbst enthält keine Outputs-Skripten von Transaktionen aus früheren Blöcken, weshalb es keine praktische Möglichkeit gibt, den korrekten Aufbau eines Blockfilters zu verifizieren. Es gibt aber eine Alternative, die einem Client dabei hilft, zu erkennen, ob ein Peer lügt: den gleichen Filter von mehreren Peers abrufen.

## Blockfilter von mehreren Peers herunterladen

Ein Peer kann einer Wallet einen fehlerhaften Filter liefern. Es gibt zwei Möglichkeiten, einen fehlerhaften Filter zu erzeugen. Ein Peer kann einen Filter erzeugen, der eine Transaktion referenziert, die im entsprechenden Block nicht enthalten ist (Falsch-Positiv). Alternativ kann ein Peer einen Filter erzeugen, der eine Transaktion nicht referenziert, die tatsächlich im Block enthalten ist (Falsch-Negativ).

Der erste Schutz eines Clients vor fehlerhaften Filtern besteht darin, den Filter von mehreren Peers abzurufen. Das BIP157-Protokoll erlaubt dem Client, ein kurzes 32-Byte-Commitment herunterzuladen. Mit diesem Commitment lässt sich ermitteln, ob jeder Peer den gleichen Filter anbietet wie die anderen Peers des Clients. Das minimiert die Bandbreite, die der Peer aufwenden muss, um Filter von verschiedenen Peers abzurufen (wenn die Peers dem zustimmen).

Haben zwei oder mehr Peers unterschiedliche Filter für den gleichen Block, kann der Client alle herunterladen. Er kann auch den zugehörigen Block herunterladen. Enthält der Block eine für die Wallet relevante Transaktion, die nicht Teil eines Filters ist, kann die Wallet sicher sein, dass, welcher Peer auch immer den Filter erzeugt hat, dieser falsch lag. Golomb-Rice Coded Sets enthalten immer einen potenziellen Treffer.

Enthält ein Block hingegen keine Transaktion, die laut Filter zur Wallet gehört, muss der Filter nicht unbedingt fehlerhaft sein. Um die Größe eines GCS zu minimieren, erlauben wir eine gewisse Zahl an Falsch-Positiven. Eine Wallet kann (zufällig oder bei einem Treffer) weitere Filter vom Peer herunterladen und die Falsch-Positiv-Rate nachhalten. Weicht sie deutlich von der üblichen Falsch-Positiv-Rate ab, kann die Wallet diesen Peer aussortieren. In den meisten Fällen verbraucht die Wallet bei fehlerhaften Filtern nur mehr Bandbreite als erwartet.

## Bandbreite reduzieren durch verlustbehaftete Codierung

Die Daten der Transaktionen in einem Block, die wir kommunizieren wollen, bestehen aus einem Output-Skript. Output-Skripte variieren in der Länge und folgen Mustern, die Unterschiede zwischen ihnen sind nicht so gleich verteilt, wie wir es uns wünschen. Allerdings haben wir an verschiedenen Stellen in diesem Buch bereits gesehen, dass wir über eine Hashfunktion ein Commitment für irgendwelche Daten erzeugen und gleichzeitig einen Wert generieren können, der wie eine zufällig gewählte Zahl aussieht.

An anderen Stellen im Buch haben wir eine kryptografisch sichere Hashfunktion genutzt, die die Stärke des Commitments und die Nicht-Unterscheidbarkeit von einem zufälligen Wert für den Output gewährleistet. Es gibt allerdings schnellere und besser konfigurierbare nicht kryptografische Hashfunktionen wie SipHash, die wir für kompakte Blockfilter nutzen wollen.

Die Details des verwendeten Algorithmus werden in BIP158 beschrieben, doch der Kernpunkt ist, dass jedes Output-Skript per SipHash (und einigen arithmetischen Operationen) auf ein 64-Bit-Commitment reduziert wird. Stellen Sie sich das so vor, dass Sie eine Reihe großer Zahlen nehmen und sie zu kürzeren Zahlen »zurechtstutzen«. Dabei gehen einige Informationen verloren, weshalb man von *verlustbehafteter Codierung* spricht. Da wir etwas an Information verlieren, müssen wir später nicht so viele Informationen speichern, was Speicherplatz spart. In unserem Fall gehen wir von einem typischen Output-Skript aus, das 160 Bit (oder länger) oder nur bis zu 64 Bit lang ist.

## Kompakte Blockfilter nutzen

Die 64-Bit-Werte jedes Commitments eines Output-Skripts in einem Block wird sortiert, Duplikate werden entfernt, und die GCS wird erzeugt, indem man die Differenzen (Deltas) zwischen den Einträgen ermittelt. Dieser kompakte Blockfilter wird dann von den Peers an die Clients (etwa Wallets) verteilt.

Ein Client nutzt die Deltas, um die Original-Commitments wiederherzustellen. Der Client, etwa eine Wallet, nimmt alle von ihm überwachten Output-Skripte und generiert ebenfalls Commitments nach BIP158. Er prüft dann, ob eines der von ihm generierten Commitments mit denen im Filter übereinstimmt.

Wie gesagt, verlustbehaftete kompakte Blockfilter ähneln dem Kürzen einer Zahl. Sucht ein Client nach einem Block mit der Zahl 123456 und enthält ein korrekter (aber verlustbehafteter) kompakter Blockfilter den Wert 1234, wird der Client den dazugehörigen Block herunterladen.

Es gibt eine 100-prozentige Garantie, dass ein akkurater Filter, der 1234 enthält, es einem Client ermöglicht, etwas über einen Block zu erfahren, der 123456 enthält, was als »True Positive« bezeichnet wird. Es besteht jedoch auch die Möglichkeit, dass der Block 123400, 123401 oder fast hundert andere Einträge enthält, die nicht das sind, wonach der Kunde sucht (in diesem Beispiel), was als falsch positiv bezeichnet wird.

Eine 100%ig richtig-positive Trefferquote ist super. Sie bedeutet, dass sich die Wallet darauf verlassen kann, dass die kompakten Blockfilter jede die Wallet betreffende Transaktion finden. Eine Falsch-Positiv-Rate ungleich null heißt, dass die Wallet einige Blöcke herunterlädt, die keine relevanten Transaktionen enthalten. Die wesentliche Konsequenz ist, dass der Client zusätzliche Bandbreite verbraucht, was kein großes Problem darstellt. Die tatsächliche Falsch-Positiv-Rate für kompakte Blockfilter nach BIP158 ist sehr gering, stellt also kein Problem dar. Eine Falsch-Positiv-Rate erhöht (wie bei Bloomfiltern) die Privatsphäre des Clients. Wer allerdings Wert auf die höchstmögliche Privatsphäre legt, sollte nach wie vor eine eigene Full Node betreiben.

Auf lange Sicht plädieren einige Entwickler dafür, dass die Blöcke die Filter für diese Blöcke committen. Beim wahrscheinlichsten Schema bestätigt jede Coinbase-Transaktion den Filter für diesen Block. Full Nodes können den Filter für jeden Block selbst berechnen und akzeptieren Blöcke nur, wenn sie den richtigen Commit enthalten. Leichtgewichtige Clients müssten dann lediglich einen 80 Byte großen Block-Header, eine (üblicherweise) kleine Coinbase-Transaktion und den Filter für den Block herunterladen, um sicher sein zu können, dass der Filter korrekt ist.

## Leichtgewichtige Clients und Privatsphäre

Bei leichtgewichtigen Clients ist die Privatsphäre niedriger als bei einer Full Node. Eine Full Node empfängt alle Transaktionen und gibt daher keine Informationen darüber heraus, ob sie eine bestimmte Adresse in ihrer Wallet nutzt. Ein leichtgewichtiger Client lädt nur Transaktionen herunter, die in Beziehung zu seiner Wallet stehen.

Bloomfilter und kompakte Blockfilter sind eine Möglichkeit, den Verlust der Privatsphäre zu reduzieren. Ohne sie würde ein leichtgewichtiger Client explizit die Adressen angeben müssen, an denen er interessiert ist, was eine schwerwiegende Verletzung der Privatsphäre wäre. Doch selbst mit Filtern kann ein Gegenspieler, der den Datenverkehr eines leichtgewichtigen Clients überwacht oder in einem P2P-Netzwerk als Node direkt mit dem Client verbunden ist, mit der Zeit die Adressen in der Wallet des leichtgewichtigen Clients ermitteln.

## Verschlüsselte und authentifizierte Verbindungen

Die meisten Bitcoin-Neulinge gehen davon aus, dass die Netzwerkkommunikation einer Bitcoin-Node verschlüsselt erfolgt. Tatsächlich kommuniziert die Originalimplementierung des Bitcoin völlig unverschlüsselt. Während wir dies schreiben, gilt das auch für die aktuelle Bitcoin-Core-Implementierung.

Um die Privatsphäre und die Sicherheit des Bitcoin-P2P-Netzwerks zu erhöhen, gibt es eine Lösung, die die Verschlüsselung der Kommunikation bietet: *Tor-Transport*.

Tor (steht für *The Onion Routing Network*) ist ein Softwareprojekt und ein Netzwerk, die die Verschlüsselung und Kapselung von Daten über randomisierte Netzwerkpfade bereitstellen. Diese Pfade bieten Anonymität, Privatsphäre und sind nicht zurückverfolgbar.

Bitcoin Core kennt verschiedene Konfigurationsoptionen, die es der Bitcoin-Node erlauben, ihren Traffic über das Tor-Netzwerk zu transportieren. Darüber hinaus kann Bitcoin Core einen *Tor Hidden Service* anbieten, mit dem Tor-Nodes direkt über Tor mit Ihrer Node kommunizieren können.

Seit Bitcoin-Core-Version 0.12 bietet ein Knoten automatisch einen Tor-Service an, wenn er sich mit einem lokalen Tor-Service verbinden kann. Wenn Sie Tor installiert haben und der Bitcoin-Core-Prozess unter einem Benutzer läuft, der ausreichende Rechte besitzt, um auf das Tor-Authentifizierungs-Cookie zuzugreifen, sollte das automatisch laufen. Verwenden Sie das `debug`-Flag, um das Bitcoin-Core-Debugging für den Tor-Service zu aktivieren:

```
$ bitcoind --daemon --debug=tor
```

Sie sollten `tor: ADD_ONION successful` in den Logs sehen, was bedeutet, dass Bitcoin Core einen Hidden Service in das Tor-Netzwerk eingebunden hat.

Eine Anleitung zum Betrieb von Bitcoin Core als Tor Hidden Service finden Sie in der Bitcoin-Core-Dokumentation (*docs/tor.md*) und in verschiedenen Onlinetutorials.

## Mempools und Waisenpools

Nahezu jede Node im Bitcoin-Netzwerk pflegt eine temporäre Liste unbestätigter Transaktionen, die als *Memory Pool* (*Mempool*) bezeichnet wird. Nodes nutzen diesen Pool, um die Transaktionen nachzuhalten, die dem Netzwerk bekannt sind, aber noch nicht in die Blockchain aufgenommen wurden (die sogenannten *unbestätigten Transaktionen*).

Beim Empfang und der Verifikation unbestätigter Transaktionen werden diese in den Mempool eingefügt und an benachbarte Nodes weitergeleitet, um sie durch das Netzwerk zu propagieren.

Einige Node-Implementierungen pflegen einen separaten Pool für »verwaiste« Transaktionen. Zeigt der Input einer Transaktion auf eine noch unbekannte Transaktion, wird diese verwaiste Transaktion temporär in einem *Waisenpool* abgelegt, bis die Parent-Transaktion eintrifft.

Wird eine Transaktion in den Mempool eingetragen, wird auch geprüft, ob im Waisenpool Referenzen auf die Transaktions-Outputs enthalten sind. Ist das der Fall, sind diese »Waisen« validiert. Sind sie gültig, werden sie aus dem Waisenpool entfernt und in den Mempool eingefügt, und die mit der Parent-Transaktion begonnene Kette ist komplett. Im Zuge dieser neu hinzugefügten Transaktion, die nicht länger verwaist ist, wird der Prozess rekursiv wiederholt, und es wird nach weiteren Abkömmlingen gesucht. Durch diesen Prozess löst das Eintreffen einer Parent-Transaktion eine kaskadierte Rekonstruktion einer ganzen Kette voneinander abhängiger Transaktionen aus, die die »Waisen« wieder mit ihren Parents vereint.

Einige Bitcoin-Implementierungen pflegen auch eine UTXO-Datenbank, d.h. die Menge aller nicht ausgegebenen Outputs der Blockchain. Diese enthält einen völlig anderen Datensatz als der Mempool. Im Gegensatz zu Mempool und Waisenpool enthält die UTXO-Datenbank nach der Initialisierung Millionen von Einträgen nicht ausgegebener Transaktions-Outputs (und zwar bis hinunter zum Genesis-Block). Die UTXO-Datenbank wird in Form einer Tabelle auf der Festplatte vorgehalten.

Während Mempool und Waisenpool die lokale Perspektive einer einzelnen Node widerspiegeln und sich, je nachdem, wann sie gestartet (oder neu gestartet) wurden, deutlich unterscheiden können, repräsentiert die UTXO-Datenbank den kommenden Konsens des Netzwerks und unterscheidet sich daher kaum zwischen den Nodes.

Nachdem Sie nun die vielen Datentypen und -strukturen verstehen, die von Nodes und Clients verwendet werden, um Daten über das Bitcoin-Netzwerk zu senden, ist es an der Zeit, sich die Software anzusehen, die dafür sorgt, dass das Netzwerk sicher und funktionsfähig bleibt.

## KAPITEL 11

# Die Blockchain

Die Blockchain ist die Geschichte jeder bestätigten Bitcoin-Transaktion. Sie erlaubt es jeder Full Node, selbstständig zu ermitteln, welche Schlüssel und Skripte welche Bitcoins kontrollieren. In diesem Kapitel sehen wir uns die Struktur der Blockchain an und zeigen, wie sie kryptografische Commitments und einige clevere Tricks nutzt, um Full Nodes (und manchmal auch leichtgewichtigen Clients) eine einfache Validierung zu ermöglichen.

Die Blockchain-Datenstruktur ist eine geordnete, rückwärts verlinkte Liste von Blöcken mit Transaktionen. Die Blockchain kann als normale Textdatei oder als einfache Datenbank gespeichert werden. Blöcke sind »rückwärts« verlinkt, d.h., sie verweisen auf den vorherigen Block in der Kette. Die Blockchain wird oft als vertikaler Stapel dargestellt, bei dem die Blöcke übereinanderliegen und der erste Block als Basis des Stapels dient. Dieses Aufeinanderstapeln von Blöcken führt zu Begriffen wie »Höhe« für die Distanz vom ersten Block oder »Top« für den jüngst hinzugefügten Block.

Jeder Block in der Blockchain wird über einen Hash identifiziert, der über den SHA256-Algorithmus aus dem Block-Header erzeugt wird. Jeder Block referenziert außerdem den vorherigen Block, den sogenannten *Parent-Block*, über das Feld »Vorheriger Block-Hash« im Block-Header. Diese Folge von Hashes, die jeden Block mit seinem Parent verknüpft, erzeugt eine Kette, die bis zurück zum ersten Block reicht, dem sogenannten *Genesis-Block*.

Obwohl ein Block nur einen Parent hat, kann er kurzfristig mehrere Children besitzen. Jeder Child-Block zeigt auf denselben Block wie dessen Parent. Mehrere Children entstehen während eines Blockchain-Forks, einer Situation, die auftreten kann, wenn verschiedene Blöcke fast gleichzeitig von verschiedenen Minern entdeckt werden (siehe »Ketten von Blöcken zusammensetzen und auswählen« auf Seite 304). Letztendlich wird nur ein Child-Block Teil der Blockchain, und der Fork wird aufgelöst.

Das Feld »Vorheriger Block-Hash« liegt innerhalb des Block-Headers und beeinflusst daher den Block-Hash des *aktuellen* Blocks. Jede Änderung im Parent-Block verlangt eine Änderung im Hash des Childs, was eine Änderung des Zeiger im »Grandchild« verlangt, was wiederum das Grandchild ändert und so weiter. Sobald einem Block also viele Generationen folgen, stellt dieser Kaskadeneffekt sicher, dass der Block nicht mehr geändert werden kann, ohne auch die Neuberechnung der nachfolgenden Blöcke zu erzwingen. Da eine solche Neuberechnung eine enorme Rechenleistung (und einen riesigen Energieverbrauch) erfordern würde, sorgt die lange Kette von Blöcken dafür, dass die Geschichte der Blockchain unveränderlich ist. Das ist ein Schlüsselelement der Sicherheit der Blockchain.

Stellen Sie sich die Blockchain wie die Schichten einer geologischen Formation vor. Die oberflächlichen Schichten können sich mit den Jahreszeiten ändern oder sogar fortgeweht werden, bevor sie Zeit haben, sich zu setzen. Doch sobald sie ein paar Zentimeter tief liegen, werden sie zusehends stabiler. Wenn Sie dann ein paar Hundert Meter tief graben, sehen Sie einen Schnappschuss der Vergangenheit, der sich seit Millionen von Jahren nicht geändert hat. Bei der Blockchain können die jüngeren Blöcke revidiert werden, wenn eine Chain durch einen Fork neu berechnet wird. Die obersten sechs Blöcke sind wie ein paar Zentimeter des Mutterbodens. Doch sobald Sie tiefer als sechs Blöcke in der Blockchain graben, sinkt die Wahrscheinlichkeit der Änderung der Blöcke immer weiter. 100 Blöcke tief ist die Sache so stabil, dass die Coinbase-Transaktion – die Transaktion, die neu geschürfte Bitcoins enthält – eingelöst werden kann. Zwar erlaubt es das Protokoll jederzeit, eine Kette durch eine längere Kette zu ersetzen, und es ist auch jederzeit möglich, dass ein Block annulliert wird, doch die Wahrscheinlichkeit eines solchen Ereignisses nimmt mit der Zeit immer weiter ab.

## Struktur eines Blocks

Ein Block ist eine Container-Datenstruktur. Er fasst Transaktionen zusammen, um sie in das öffentliche Kassenbuch, die Blockchain, einzufügen. Der Block besteht aus einem Header mit Metadaten, gefolgt von einer langen Liste mit Transaktionen, die das Gros der Größe ausmachen. Der Block-Header ist 80 Byte lang, während die Gesamtlänge aller Transaktionen in einem Block bis zu 4.000.000 Byte betragen kann. Ein vollständiger Block mit allen Transaktionen ist daher bis zu 50.000-mal größer als der Block-Header. Tabelle 11-1 beschreibt die Struktur eines Blocks bei Bitcoin Core.

*Tabelle 11-1: Die Struktur eines Blocks*

| Größe | Feld | Beschreibung |
|---|---|---|
| 4 Byte | Blockgröße | Die Größe des Blocks (in Byte), der auf dieses Feld folgt. |
| 80 Byte | Block-Header | Verschiedene Felder bilden den Block-Header. |
| 1–3 Byte (compactSize) | Transaktionszähler | Wie viele Transaktionen folgen. |
| Variabel | Transaktionen | Die Transaktionen in diesem Block. |

## Block-Header

Der Block-Header besteht aus Metadaten, die in Tabelle 11-2 beschrieben werden.

*Tabelle 11-2: Die Struktur des Block-Headers*

| Größe | Feld | Beschreibung |
|---|---|---|
| 4 Byte | Version | Ursprünglich ein Versionsfeld. Die Nutzung hat sich im Laufe der Zeit geändert. |
| 32 Byte | Vorheriger Block-Hash | Hash des vorherigen (Parent-)Blocks in der Kette. |
| 32 Byte | Merkle Root | Der Hash der Wurzel des Merkle Tree der Transaktionen in diesem Block. |
| 4 Byte | Timestamp | Die ungefähre Erstellungszeit dieses Blocks (Sekunden seit der Unix-Epoche). |
| 4 Byte | Target | Kompakte Codierung des Proof-of-Work-Targets für diesen Block. |
| 4 Byte | Nonce | Vom Proof-of-Work-Algorithmus verwendete zufällige Daten. |

Nonce, Target und Timestamp werden vom Mining verwendet und in Kapitel 12 detailliert erläutert.

## Blockkennungen: Block-Header-Hash und Blockhöhe

Die primäre Kennung eines Blocks ist sein kryptografischer Hash, der durch das doppelte Hashing des Block-Headers mit dem SHA256-Algorithmus erzeugt wird. Der resultierende 32-Byte-Hash wird *Block-Hash* genannt, obwohl er eigentlich *Block-Header-Hash* heißen müsste, da nur der Block-Header zu seiner Berechnung verwendet wird. So ist beispielsweise `000000000019d6689c085ae165831e934ff763ae46a2a6c172b3f1b60a8ce26f` der Block-Hash des ersten jemals erzeugten Bitcoin-Blocks. Der Block-Hash identifiziert einen Block eindeutig und kann von jeder Node unabhängig abgeleitet werden, indem sie einfach den Block-Header hasht.

Beachten Sie, dass der Block-Hash nicht Teil der Datenstruktur des Blocks ist. Stattdessen wird der Block-Hash von jeder Node berechnet, wenn sie einen Block vom Netzwerk empfängt. Der Block-Hash kann in einer separaten Datenbanktabelle als Teil der Metadaten des Blocks gespeichert werden, um eine Indexierung und so einen schnelleren Abruf eines Blocks von der Festplatte zu ermöglichen.

Eine zweite Möglichkeit der Identifizierung eines Blocks ist seine Position innerhalb der Blockchain, was man als *Blockhöhe* bezeichnet. Der Genesis-Block liegt auf Blockhöhe 0 (null) und ist der gleiche Block, den wir vorhin über den Block-Hash `000000000019d6689c085ae165831e934ff763ae46a2a6c172b3f1b60a8ce26f` referenziert haben. Ein Block kann also auf zwei Arten identifiziert werden: über den Block-Hash sowie über die Blockhöhe. Jeder neue Block wird auf den letzten oben draufgelegt und liegt »höher« in der Blockchain, genau wie Kartons, die man aufeinanderstapelt. Die Blockhöhe lag Mitte 2023 (als wir an diesem Buch schrieben) bei ca. 800.000, d.h., ca. 800.000 Blöcke wurden über den ersten Block gestapelt, der im Januar 2009 erzeugt wurde.

Im Gegensatz zum Block-Hash ist die Blockhöhe keine eindeutige Kennung. Zwar hat ein einzelner Block immer eine bestimmte und unveränderliche Blockhöhe, doch der umgekehrte Fall trifft nicht unbedingt zu – die Blockhöhe muss nicht immer einen einzelnen Block identifizieren. Zwei oder mehr Blöcke können die gleiche Blockhöhe haben, wenn sie um die gleiche Position in der Blockchain wetteifern. Dieses Szenario wird in »Ketten von Blöcken zusammensetzen und auswählen« auf Seite 304 im Detail behandelt. Bei alten Blöcken war die Blockhöhe auch nicht Teil der Block-Datenstruktur, d.h., sie wurde nicht innerhalb des Blocks gespeichert. Jede Node bestimmte dynamisch die Position (Höhe) in der Blockchain, wenn sie einen Block aus dem Bitcoin-Netzwerk empfing. Eine spätere Änderung des Protokolls (BIP34) begann damit, die Blockhöhe in die Coinbase-Transaktion einzufügen, auch wenn das nur sicherstellen sollte, dass jeder Block eine andere Coinbase-Transaktion hat. Dennoch müssen Nodes die Blockhöhe dynamisch identifizieren, um das Coinbase-Feld validieren zu können. Die Blockhöhe kann ebenfalls als Metadaten in einer indexierten Datenbank abgelegt werden, um einen Block schneller abrufen zu können.

> Der *Block-Hash* identifiziert einen einzelnen Block immer eindeutig. Ein Block hat auch immer eine bestimmte *Blockhöhe*. Allerdings kann die Blockhöhe nicht unbedingt einem einzelnen Block eindeutig zugeordnet werden, da zwei oder mehr Blöcke um eine bestimmte Position in der Blockchain wetteifern können.

## Der Genesis-Block

Der erste Block in der Blockchain wurde 2009 erzeugt und wird *Genesis-Block* genannt. Er ist der gemeinsame Urahn aller Blöcke in der Blockchain. Wenn Sie bei einem beliebigen Block beginnen und die Kette in der Zeit zurückverfolgen, landen Sie letztendlich beim Genesis-Block.

Jede Node beginnt mit einer Blockchain mit mindestens einem Block, weil der Genesis-Block fest in Bitcoin Core integriert ist, sodass er nicht geändert werden kann. Jeder Knoten »kennt« den Hash des Genesis-Blocks, die Zeit, zu der er erzeugt wurde, und sogar die einzige darin enthaltene Transaktion. Auf diese Weise hat jede Node einen Anfangspunkt für die Blockchain, einen sicheren »Stamm«, von dem aus eine vertrauenswürdige Blockchain aufgebaut werden kann.

Sie können sich den fest codierten Genesis-Block des Bitcoin-Core-Clients unter *chainparams.cpp* (*https://oreil.ly/FqPW5*) ansehen.

Die folgende Hash-Kennung gehört zum Genesis-Block:

```
000000000019d6689c085ae165831e934ff763ae46a2a6c172b3f1b60a8ce26f
```

Sie können nach diesem Block-Hash auf jeder Block-Explorer-Website wie *blockstream.info* suchen und werden eine Seite finden, die den Inhalt dieses Blocks beschreibt. Dazu verwenden Sie die URL, die den Hash angibt:

*https://blockstream.info/block/*
*000000000019d6689c085ae165831e934ff763ae46a2a6c172b3f1b60a8ce26f*

Alternativ geben Sie für Bitcoin Core in der Kommandozeile Folgendes ein:

```
$ bitcoin-cli getblock \
  000000000019d6689c085ae165831e934ff763ae46a2a6c172b3f1b60a8ce26f

{
  "hash": "000000000019d6689c085ae165831e934ff763ae46a2a6c172b3f1b60a8ce26f",
  "confirmations": 790496,
  "height": 0,
  "version": 1,
  "versionHex": "00000001",
  "merkleroot": "4a5e1e4baab89f3a32518a88c3[...]76673e2cc77ab2127b7afdeda33b",
  "time": 1231006505,
  "mediantime": 1231006505,
  "nonce": 2083236893,
  "bits": "1d00ffff",
  "difficulty": 1,
  "chainwork": "[...]000000000000000000000000000000000000000000000100010001",
  "nTx": 1,
  "nextblockhash": "00000000839a8e6886ab5951d7[...]fc90947ee320161bbf18eb6048",
  "strippedsize": 285,
  "size": 285,
  "weight": 1140,
  "tx": [
    "4a5e1e4baab89f3a32518a88c31bc87f618f76673e2cc77ab2127b7afdeda33b"
  ]
}
```

Im Genesis-Block ist eine versteckte Nachricht enthalten. Der Coinbase-Transaktions-Input enthält den Text »The Times 03/Jan/2009 Chancellor on brink of second bailout for banks«. Diese Nachricht war als Beweis für den frühesten Zeitpunkt gedacht, zu dem dieser Block erzeugt werden konnte, indem sie die Schlagzeile der britischen Zeitung *The Times* zitiert. Sie dient auch als ironische Erinnerung an die Bedeutung eines unabhängigen Währungssystems, wurde Bitcoin doch zur der Zeit einer noch nie da gewesenen weltweiten Finanzkrise vorgestellt. Die Nachricht wurde von Satoshi Nakamoto (dem Erfinder des Bitcoins) in den ersten Block eingefügt.

# Blöcke in der Blockchain verlinken

Full Nodes halten bei Bitcoin eine lokale Kopie vor, beginnend mit dem Genesis-Block. Diese lokale Kopie wird laufend aktualisiert, sobald neue Blöcke gefunden werden und die Kette erweitern. Wenn eine Node aus dem Netzwerk eingehende Blöcke empfängt, validiert sie diese Blöcke und verlinkt sie mit der existierenden Blockchain. Um einen Link herzustellen, untersucht die Node den Header und sieht sich den »vorherigen Block-Hash« an.

Nehmen wir zum Beispiel an, dass eine Node 277.314 Blöcke in ihrer lokalen Kopie der Blockchain vorhält. Der letzte Block, den die Node kennt, ist Block 277.314 mit dem folgenden Block-Header-Hash:

```
00000000000000027e7ba6fe7bad39faf3b5a83daed765f05f7d1b71a1632249
```

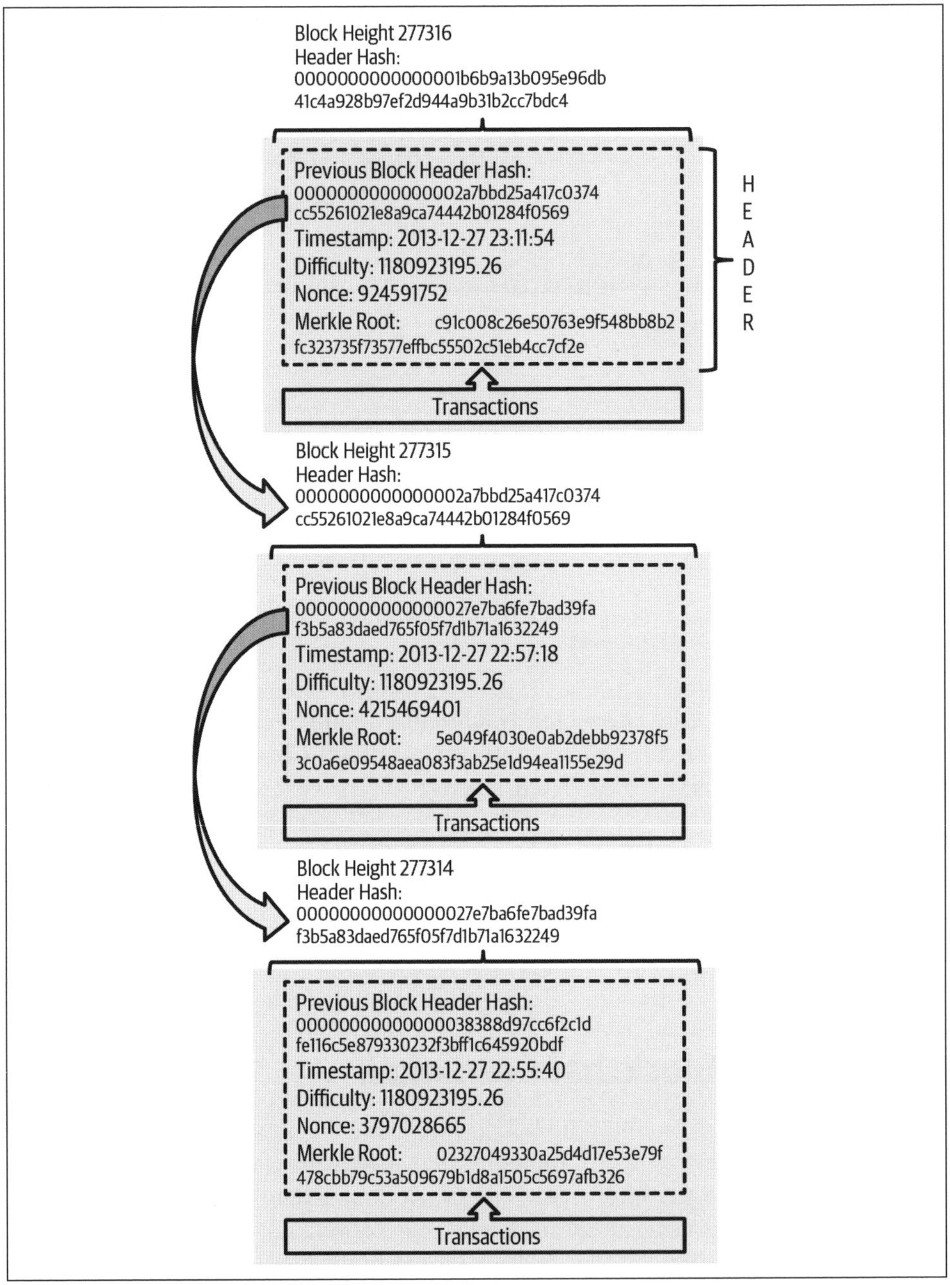


*Abbildung 11-1: In einer Kette verlinkte Blöcke referenzieren den vorherigen Block-Header-Hash.*

Die Bitcoin-Node empfängt dann einen neuen Block aus dem Netzwerk, den sie wie folgt analysiert:

```
{
  "size" : 43560,
  "version" : 2,
  "previousblockhash" :
    "00000000000000027e7ba6fe7bad39faf3b5a83daed765f05f7d1b71a1632249",
  "merkleroot" :
      "5e049f4030e0ab2debb92378f53c0a6e09548aea083f3ab25e1d94ea1155e29d",
  "time" : 1388185038,
  "difficulty" : 1180923195.25802612,
  "nonce" : 4215469401,
  "tx" : [
    "257e7497fb8bc68421eb2c7b699dbab234831600e7352f0d9e6522c7cf3f6c77",
    "[... viele, viele weitere Transaktionen ...]",
    "05cfd38f6ae6aa83674cc99e4d75a1458c165b7ab84725eda41d018a09176634"
  ]
}
```


In diesem neuen Block findet die Node das Feld `previousblockhash`, das den Hash des Parent-Blocks enthält. Dieser Hash ist der Node bekannt, es handelt sich um den letzten Block der Kette mit der Höhe 277.314. Daher ist dieser neue Block ein Child-Block des letzten Blocks in der Kette und erweitert die existierende Blockchain. Die Node hängt diesen neuen Block an das Ende der Kette an und verlängert die Blockchain mit einer neuen Höhe von 277.315. Abbildung 11-1 zeigt die Kette für drei Blöcke, die über Referenzen im `previousblockhash`-Feld verlinkt sind.

## Merkle Trees (Hashbäume)

Jeder Block in der Bitcoin-Blockchain enthält eine Zusammenfassung aller Transaktionen des Blocks über einen sogenannten *Merkle Tree*.

Ein *Merkle Tree*, auch *binärer Hashbaum* genannt, ist eine Datenstruktur, die zur effizienten Zusammenfassung bei der Integritätsprüfung großer Datensätze verwendet wird. Merkle Trees sind binäre Bäume, die kryptografische Hashes enthalten. Der Begriff »Baum« wird in der Informatik verwendet, um sich verzweigende Datenstrukturen zu beschreiben, allerdings werden diese Bäume üblicherweise auf dem Kopf stehend dargestellt, d.h., der »Stamm« (oder die »Wurzel«, engl. *Root*) ist oben und die »Blätter« unten, wie Sie in den folgenden Beispielen sehen werden.

Merkle Trees werden bei Bitcoin genutzt, um alle Transaktionen in einem Block zusammenzufassen und ein Commitment für den gesamten Satz an Transaktionen zu erzeugen. Auf diese Weise lässt sich effizient verifizieren, ob eine Transaktion in einem Block enthalten ist. Ein Merkle Tree wird erzeugt, indem rekursiv Knotenpaare gehasht werden, bis nur noch ein Hash übrig bleibt, die sogenannte *Root*, oder *Merkle Root*. Der für Bitcoins Merkle Trees verwendete Hashalgorithmus SHA256 wird dabei zweimal angewandt.

Werden N Datenelemente in einem Merkle Tree zusammengefasst, können Sie mit maximal $\log_2(N)$ Berechnungen prüfen, ob ein Datenelement im Baum vorhanden ist, was ihn zu einer sehr effektiven Datenstruktur macht.

Der Merkle Tree wird von unten nach oben erzeugt. Im folgenden Beispiel beginnen wir mit den vier Transaktionen A, B, C und D, die die Blätter (engl. *Leaves*) des Merkle Tree bilden (siehe Abbildung 11-2). Die Transaktionen werden nicht im Merkle Tree gespeichert, vielmehr werden die Daten gehasht, und dieser Hash wird in jedem Blattknoten als $H_A$, $H_B$, $H_C$ und $H_D$ gespeichert:

$$H_A = SHA256(SHA256(Transaktion\ A))$$

Aufeinanderfolgende Paare von Blattknoten werden dann in einem Parent-Knoten zusammengefasst, indem die beiden Hashes verbunden und dann gehasht werden. Um beispielsweise den Parent-Knoten $H_{AB}$ zu erzeugen, werden die beiden 32-Byte-Hashes der Children zu einem 64-Byte-String verbunden. Dieser String wird dann zweimal gehasht, um den Hash des Parent-Knotens zu erzeugen:

$$H_{AB} = SHA256(SHA256(H_A \mid\mid H_B))$$

Dieser Prozess wird wiederholt, bis oben nur noch ein Knoten übrig bleibt, der als Merkle Root bezeichnet wird. Dieser 32-Byte-Hash wird im Block-Header gespeichert und fasst alle Daten aller vier Transaktionen zusammen. Abbildung 11-2 zeigt, wie die Merkle Root durch die paarweisen Hashes der Knoten berechnet wird.

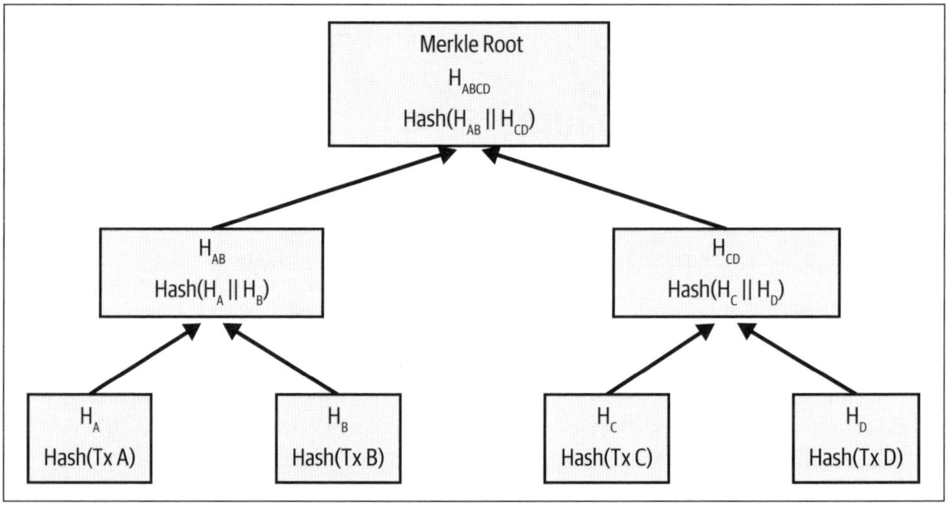


*Abbildung 11-2: Berechnung der Knoten in einem Merkle Tree*

Da ein Merkle Tree ein binärer Baum ist, benötigt er eine gerade Anzahl von Knoten. Bei einer ungeraden Zahl von Transaktionen wird der Hash der letzten Transaktion dupliziert, um für eine gerade Anzahl von Knoten zu sorgen. Man nennt das einen *balancierten Baum*. Dieser ist in Abbildung 11-3 zu sehen, wo Transaktion C dupliziert wurde. Genauso wird auf jeder Ebene mit einer ungeraden Anzahl von Hashes umgegangen: Der letzte Hash wird dupliziert.

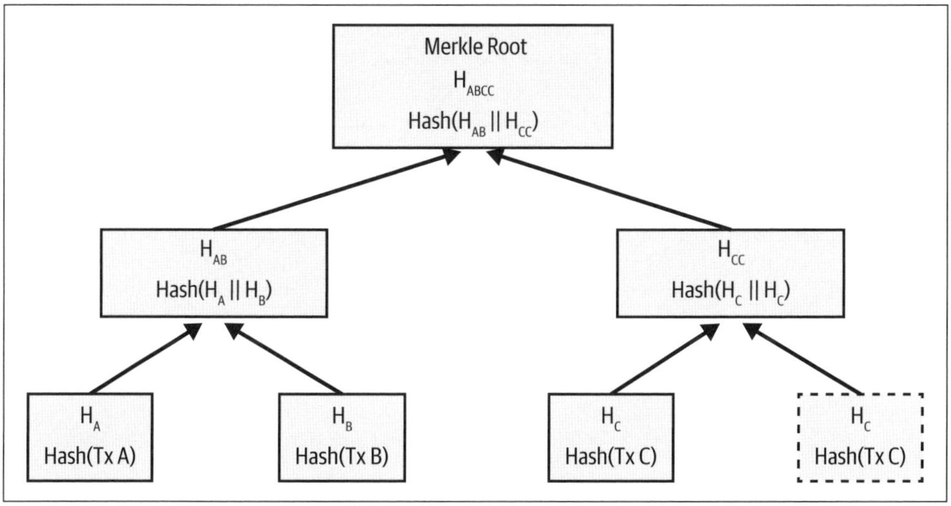


*Abbildung 11-3: Die Duplizierung eines Datenelements sorgt für eine gerade Anzahl von Datenelementen.*

## Ein Designfehler in Bitcoins Merkle Tree

Ein ausführlicher Kommentar im Bitcoin-Core-Quellcode, den wir hier leicht überarbeitet wiedergeben, beschreibt ein ernstes Problem im Design der Duplizierung gerader Elemente in Bitcoins Merkle Tree:

> WARNING! If you're reading this because you're learning about crypto and/or designing a new system that will use merkle trees, keep in mind that the following merkle tree algorithm has a serious flaw related to duplicate txids, resulting in a vulnerability (CVE-2012-2459).
>
> Ist die Anzahl der Hashes in der Liste einer bestimmten Ebene gerade, wird der letzte dupliziert, bevor die nächste Ebene berechnet wird (was für Merkle Trees ungewöhnlich ist). Das führt zu bestimmten Transaktionssequenzen, die die gleiche Merkle Root ergeben, zum Beispiel die beiden Bäume in Abbildung 11-4:

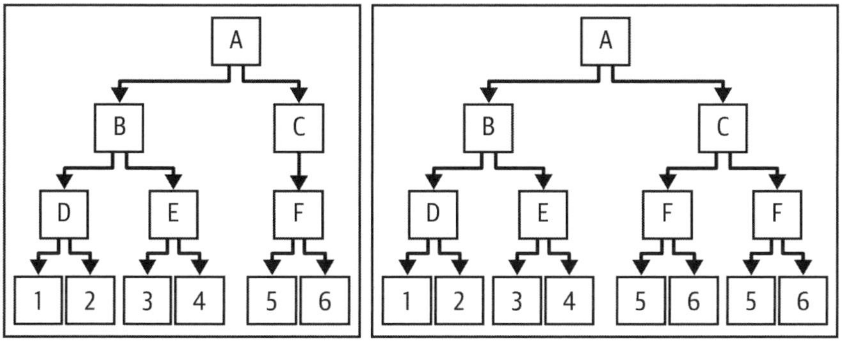


*Abbildung 11-4: Zwei Bitcoin-artige Merkle Trees mit gleicher Root, aber unterschiedlicher Anzahl von Knoten*

Die Transaktionslisten [1,2,3,4,5,6] und [1,2,3,4,5,6,5,6] (wobei sich 5 und 6 wiederholen) führen zum gleichen Root-Hash A (weil der Hash von (F) und (F,F) C ergibt).

Die Sicherheitslücke ergibt sich aus der Möglichkeit, einen Block mit einer solchen Transaktionsliste zu senden mit der gleichen Merkle Root und dem gleichen Block-Hash wie das Original ohne Duplikate, wodurch die Validierung fehlschlägt. Markiert die verarbeitende Node den Block als permanent ungültig, werden unmodifizierte (und somit potenziell gültige) Versionen des gleichen Blocks nicht mehr akzeptiert. Wir schützen uns davor, indem wir den Fall erkennen, bei dem zwei identische Hashes am Ende der Liste zusammen gehasht werden, und sie als identisch mit dem Block mit der ungültigen Merkle Root betrachten. Ohne Doppel-SHA256-Kollisionen erkennt man so alle bekannten Möglichkeiten, die Transaktionen zu verändern, ohne die Merkle Root zu ändern.

*– Bitcoin Core src/consensus/merkle.cpp*

Diese Methode zur Konstruktion eines Baums aus vier Transaktionen kann generalisiert werden, um Bäume beliebiger Größe aufzubauen. Bei Bitcoin sind üblicherweise viele Tausend Transaktionen in einem Block enthalten, die auf genau die gleiche Weise zu einer nur 32 Byte langen Merkle Root zusammengefasst werden. In Abbildung 11-5 sehen Sie einen aus 16 Transaktionen aufgebauten Baum. Der Stamm sieht im Diagramm zwar größer aus als die Blätter, hat aber exakt die gleiche Größe, also 32 Byte. Egal ob eine oder Tausende Transaktionen im Block enthalten sind – die Merkle Root ist immer 32 Byte lang.

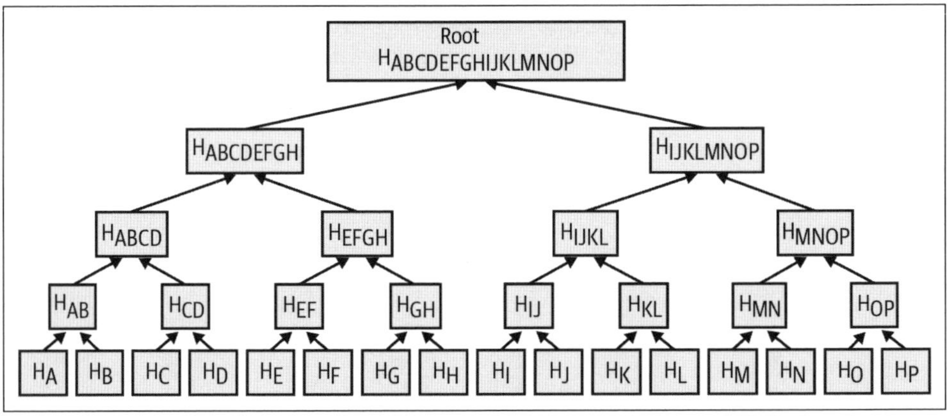


*Abbildung 11-5: Viele Datenelemente zusammenfassender Merkle Tree*

Um zu prüfen, ob eine bestimmte Transaktion in einem Block enthalten ist, muss eine Node nur $\log_2(N)$ 32-Byte-Hashes erzeugen, die einen *Authentifizierungspfad* oder *Merkle-Pfad* bilden, der die Transaktion mit der Merkle Root verbindet. Das ist besonders wichtig, wenn die Anzahl der Transaktionen steigt, weil der Logarithmus zur Basis 2 wesentlich langsamer ansteigt. Bitcoin-Nodes können auf diese Weise effiziente Pfade aus zehn oder zwölf Hashes erzeugen (320 bis 384 Byte), die belegen, ob eine einzelne Transaktion in einem Megabyte-großen Block enthalten ist.

In Abbildung 11-6 kann eine Node prüfen, ob die Transaktion K im Block enthalten ist, indem sie einen Merkle-Pfad erzeugt, der nur vier 32-Byte-Hashes lang ist (128 Byte). Der Pfad besteht aus den vier Hashes (zu erkennen am schraffierten Hintergrund): $H_L$, $H_{IJ}$, $H_{MNOP}$ und $H_{ABCDEFGH}$. Mit diesen vier Hashes als Authentifizierungspfad kann jede Node nachweisen, dass $H_K$ (unten im Diagramm mit schwarzem Hintergrund) in der Merkle Root enthalten ist, indem sie paarweise die vier Hashes, $H_{KL}$, $H_{IJKL}$, $H_{IJKLMNOP}$ sowie die Merkle Root (im Diagramm schraffiert dargestellt) berechnet.

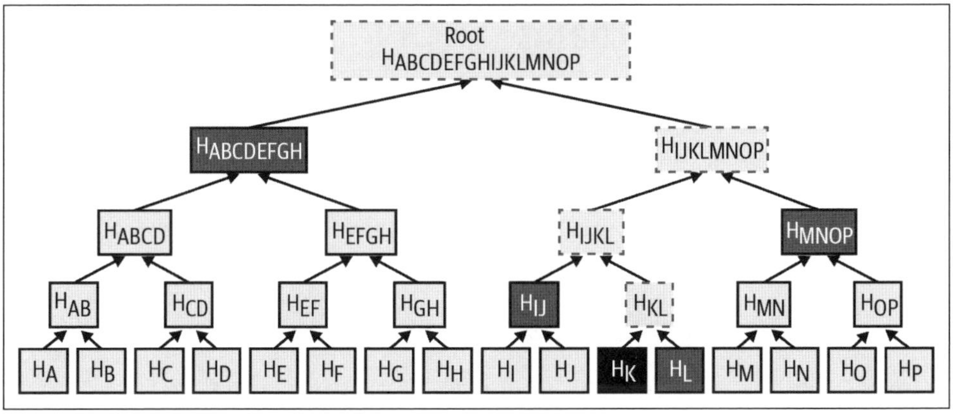


*Abbildung 11-6: Ein Merkle-Pfad belegt, ob ein Datenelement enthalten ist.*

Die Effektivität von Merkle Trees wird offensichtlich, wenn sich die Größe erhöht. Der größtmögliche Block kann fast 16.000 Transaktionen mit einer Gesamtgröße von 4.000.000 Byte enthalten. Um zu prüfen, ob eine bestimmte Transaktion Teil dieses 16.000 Transaktionen umfassenden Blocks ist, braucht man nur eine Kopie der Transaktion, den 80 Byte großen Block-Header und 448 Byte für den Merkle-Beweis. Der größtmögliche Beweis ist daher gut 10.000-mal kleiner als der größte mögliche Bitcoin-Block.

# Merkle Trees und leichtgewichtige Clients

Merkle Trees werden von leichtgewichtigen Clients ausgiebig genutzt, da diese nicht alle Transaktionen vorhalten und auch keine vollständigen Blöcke (sondern nur Block-Header) herunterladen. Um zu prüfen, ob eine Transaktion in einem Block enthalten ist, ohne alle Transaktionen im Pfad herunterladen zu müssen, verwenden sie einen Merkle-Pfad.

Nehmen wir beispielsweise an, dass ein leichtgewichtiger Client an eingehenden Zahlungen für eine ihrer Wallet-Adressen interessiert ist. Der leichtgewichtige Client richtet einen Bloomfilter (siehe »Bloomfilter« auf Seite 252) für die Verbindungen mit den Peers ein, um nur Transaktionen mit der gewünschten Adresse zu empfangen. Sieht ein Peer eine Transaktion, die auf den Bloomfilter passt, sendet er diesen Block in einer `merkleblock`-Nachricht. Die `merkleblock`-Nachricht enthält den Block-Header sowie den Merkle-Pfad, der die fragliche Transaktion mit der Merkle Root des Blocks verknüpft. Der leichtgewichtige Client nutzt den Block-Header auch, um den Block mit dem Rest der Blockchain zu verknüpfen. Die Kombination dieser beiden Links zwischen der Transaktion und dem Block sowie zwischen dem Block mit der Blockchain beweist, dass die Transaktion in der Blockchain festgehalten wurde. Alles in allem empfängt der leichtgewichtige Client weniger als 1 KB an Daten für den Block-Header und den Merkle-Pfad, also mehr als tausendmal weniger als für einen vollständigen Block (momentan etwa 2 MB).

## Bitcoins Test-Blockchains

Möglicherweise überrascht es Sie, zu erfahren, dass es mehr als eine Blockchain gibt. Die »Haupt-Bitcoin-Blockchain«, die Satoshi Nakamoto am 3. Januar 2009 mit dem Genesis-Block (den Sie weiter oben in diesem Kapitel kennengelernt haben) erzeugt hat, wird *Mainnet* genannt. Neben diesem Hauptnetz gibt es andere Bitcoin-Blockchains, die zu Testzwecken genutzt werden. In Moment sind das *Testnet*, *Signet* und *Regtest*. Sehen wir uns das etwas näher an.

### Testnet: Bitcoins Testspielwiese

Testnet ist der Name der Test-Blockchain, des Testnetzwerks und der Testwährung, die zu Testzwecken verwendet werden. Das Testnet ist ein vollwertiges Live-P2P-Netzwerk mit Wallets, Test-Bitcoins (Testnet-Coins), Mining und allen anderen Features des Hauptnetzes. Der wichtigste Unterschied ist, dass Testnet-Coins wertlos sind.

Jede für den Produktiveinsatz im Bitcoin-Hauptnetz gedachte Softwareentwicklung sollte zuerst im Testnet mit Testnet-Coins getestet werden. Das schützt die Entwickler vor durch Bugs verursachte finanzielle Verluste und das Netzwerk vor unbeabsichtigtem Verhalten.

Das aktuelle Testnet heißt *Testnet3* und ist die dritte Testnet-Iteration. Es wurde im Februar 2011 neu gestartet, um die Difficulty des alten Testnetzes wieder zurückzusetzen. Testnet3 besitzt eine große Blockchain, die 2023 auf über 30 GB angewachsen ist. Die vollständige Synchronisation braucht Zeit und verbraucht einige Ressourcen auf Ihrem Computer. Sie ist nicht so groß wie im Mainnet, aber auch nicht wirklich »leichtgewichtig«.

> Testnet und andere in diesem Buch beschriebene Test-Blockchains verwenden andere Adresspräfixe als Mainnet-Adressen, um zu verhindern, dass reale Bitcoins an Testadressen gesendet werden. Mainnet-Adressen beginnen mit `1`, `3` oder `bc1`. In diesem Buch genannte Testnetzadressen beginnen mit `m`, `n` oder `tb1`. Andere Testnetzwerke oder in Testnetzen neu entwickelte Protokolle können andere Präfixe verwenden.

## Das Testnet nutzen

Bitcoin Core unterstützt, wie die meiste andere Bitcoin-Software auch, den Betrieb im Testnet anstelle des Mainnets. Alle Funktionen von Bitcoin Core laufen auch im Testnet, einschließlich der Wallet, dem Mining von Testnet-Coins und dem Betrieb einer vollständigen Testnet-Node.

Um Bitcoin Core mit dem Testnet anstelle des Mainnets zu starten, verwenden Sie die Option `testnet`:

```
$ bitcoind -testnet
```

In den Logs sollten Sie sehen können, dass `bitcoind` eine neue Blockchain im Unterverzeichnis *testnet3* des bitcoind-Standardverzeichnisses aufbaut:

```
bitcoind: Using data directory /home/username/.bitcoin/testnet3
```

Die Verbindung zu bitcoind stellen wir mit dem Kommandozeilenwerkzeug `bitcoin-cli` her, müssen aber auch in den Testnet-Modus schalten:

```
$ bitcoin-cli -testnet getblockchaininfo
{
  "chain": "test",
  "blocks": 1088,
  "headers": 139999,
  "bestblockhash": "0000000063d29909d475a1c[...]368e56cce5d925097bf3a2084370128",
  "difficulty": 1,
  "mediantime": 1337966158,
  "verificationprogress": 0.001644065914099759,
  "chainwork": "[...]00000000000000000000000000000000000000000000000044104410441",
  "pruned": false,
  "softforks": [

  [...]
```

Sie können Testnet3 auch mit anderen Full-Node-Implementierungen nutzen, wie etwa `btcd` (geschrieben in Go) und `bcoin` (geschrieben in JavaScript), um mit anderen Programmiersprachen und Frameworks zu experimentieren.

Testnet3 unterstützt alle Features des Mainnets, einschließlich Segregated Witness v0 und v1 (siehe »Segregated Witness« auf Seite 160 und »Taproot« auf Seite 201). Sie können Testnet3 also auch nutzen, um Segwit-Features zu testen.

## Probleme mit Testnet

Testnet verwendet nicht nur die gleichen Datenstrukturen wie Bitcoin, sondern nutzt auch den gleichen Proof-of-Work-Sicherheitsmechanismus. Ein wesentlicher Unterschied des Testnets ist, dass die minimale Difficulty nur halb so hoch ist wie bei Bitcoin und dass man einen Block mit dieser minimalen Difficulty einfügen kann, wenn der Timestamp des Blocks 20 Minuten über dem des vorherigen Blocks liegt.

Unglücklicherweise basiert Bitcoins PoW-Sicherheitsmechanismus auf ökonomischen Anreizen – Anreizen, die in einer Test-Blockchain nicht existieren, weil sie keinen Wert haben darf. Im Mainnet ist es für Miner ein Anreiz, Transaktionen in ihre Blöcke aufzunehmen, weil diese Transaktionen Gebühren einbringen. Im Testnet enthalten Transaktionen ebenfalls so etwas wie Gebühren, doch diese haben keinen ökonomischen Wert. Der einzige Anreiz für einen Testnet-Miner, Transaktionen aufzunehmen, besteht darin, anderen Nutzern und Entwicklern zu helfen, ihre Software zu testen.

Leider ist es für manche Menschen ein höherer (wenn auch nur kurzfristiger) Anreiz, Systeme zu stören. Da man für das PoW-Mining keine Genehmigung braucht, kann jeder minen, unabhängig davon, ob seine Absichten gut oder böse sind. Das bedeutet, dass störende Miner viele Blöcke hintereinander erzeugen können, ohne irgendwelche Transaktionen von Nutzern aufzunehmen. Kommt es zu solchen Angriffen, ist das Testnet weder für Nutzer noch für Entwickler nutzbar.

## Signet: das Proof-of-Authority-Testnet

Es gibt für ein auf genehmigungsfreiem PoW basierenden System keine bekannte Möglichkeit, eine gut nutzbare Blockchain bereitzustellen, ohne ökonomische Anreize zu schaffen. Die Bitcoin-Entwicklerinnen und -Entwickler begannen daher, über Alternativen nachzudenken. Das primäre Ziel bestand dabei darin, die Bitcoin-Struktur so weit wie möglich zu erhalten, damit Software im Testnet mit nur minimalen Änderungen läuft, gleichzeitig aber auch eine nützliche Systemumgebung zu erhalten. Ein zweites Ziel war die Entwicklung eines wiederverwendbaren Designs, die es Entwicklern neuer Software erlauben würde, eigene Testnetzwerke zu betreiben.

Die von Bitcoin Core und anderer Software implementierte Lösung heißt *Signet* und ist in BIP325 definiert. Ein Signet ist ein Testnetzwerk, bei dem jeder Block einen Nachweis (*Proof*, etwa eine Signatur) dafür enthalten muss, dass die Erzeugung dieses Blocks durch eine vertrauenswürdige Instanz genehmigt wurde.

Während man für das Mining bei Bitcoin keine Genehmigung braucht – jeder kann minen –, muss im Signet alles genehmigt werden. Nur wer die Genehmigung hat, kann es auch nutzen. Das wäre für Bitcoins Mainnet eine völlig inakzeptable Änderung – niemand würde die Software nutzen –, für ein Testnetz, bei dem Coins keinen Wert haben und der einzige Zweck darin besteht, Software und Systeme zu testen, ist es aber sinnvoll.

BIP325-Signets wurden so entworfen, dass es sehr einfach ist, eigene Testnetze aufzubauen. Wenn es Ihnen nicht passt, wie ein anderer sein Signet betreibt, können Sie ein eigenes Signet starten und Ihre Software damit verbinden.

### Das Standard-Signet und benutzerdefinierte Signets

Bitcoin Core unterstützt ein Standard-Signet. Während wir diese Zeilen schreiben, ist es das unserer Meinung nach am häufigsten genutzte Signet und wird momentan von zwei Projektmitarbeitenden betrieben. Starten Sie Bitcoin Core mit der Option `signet` und ohne weitere Signet-bezogene Optionen, nutzen Sie dieses Standard-Signet.

Als wir dies schrieben, umfasste das Standard-Signet etwa 150.000 Blöcke und hatte eine Größe von etwa einem Gigabyte. Es unterstützt die gleichen Features wie das Bitcoin-Mainnet und wird zum Testen von Upgrades auch vom Bitcoin-Inquisition-Projekt genutzt, einem Software-Fork von Bitcoin Core, das nur im Signet laufen soll.

Möchten Sie ein eigenes, *benutzerdefiniertes Signet* betreiben, müssen Sie wissen, welches Skript zur Autorisierung eines Blocks verwendet wird (das sogenannte *Challenge*-Skript). Dabei handelt es sich um ein normales Bitcoin-Skript, d.h., es werden auch Features wie Multisig unterstützt, um es mehreren Menschen zu erlauben, Blöcke zu autorisieren. Möglicherweise müssen Sie auch eine Seed-Node nutzen, die Sie mit den Peer-Adressen des benutzerdefinierten Signets versorgt. Hier ein Beispiel:

```
bitcoind -signet -signetchallenge=0123...cdef -signetseednode=example.com:1234
```

Während wir diese Zeilen schreiben, lautet unsere allgemeine Empfehlung, öffentliche Tests einer Mining-Software im Testnet3 durchzuführen und alle anderen öffentlichen Tests von Bitcoin-Software im Standard-Signet.

Um mit dem gewählten Signet zu interagieren, verwenden Sie (ähnlich wie beim Testnet) die Option `-signet` mit `bitcoin-cli`, zum Beispiel:

```
$ bitcoin-cli -signet getblockchaininfo
{
  "chain": "signet",
  "blocks": 143619,
  "headers": 143619,
  "bestblockhash": "000000c46cb3505ddd296537[...]ad1c5768e2908439382447572a93",
  "difficulty": 0.003020638517858618,
  "time": 1684530244,
  "mediantime": 1684526116,
  "verificationprogress": 0.999997961940662,
  "initialblockdownload": false,
  "chainwork": "[...]000000000000000000000000000000000000000000019ab37d2194",
  "size_on_disk": 769525915,
  "pruned": false,
  "warnings": ""
}
```

## Regtest: die lokale Blockchain

Regtest (steht für *Regression Testing*) ist ein Bitcoin-Core-Feature, das den Aufbau einer lokalen Blockchain zu Testzwecken erlaubt. Im Gegensatz zu Signet und Testnet3, die öffentliche und von allen geteilte Test-Blockchains sind, sind Regtest-Blockchains für geschlossene Systeme und lokale Tests gedacht. Sie starten eine Regtest-Blockchain von Grund auf. Sie können andere Nodes in das Netzwerk einbinden oder nur eine einzelne Node nutzen, um Bitcoin-Core-Software zu testen.

Um Bitcoin Core im Regtest-Modus zu starten, verwenden Sie das `regtest`-Flag:

```
$ bitcoind -regtest
```

Genau wie bei Testnet initialisiert Bitcoin Core eine neue Blockchain im Unterverzeichnis *regtest* Ihres bitcoind-Stammverzeichnisses:

```
bitcoind: Using data directory /home/username/.bitcoin/regtest
```

Wenn Sie die Kommandozeilentools verwenden, müssen Sie ebenfalls das `regtest`-Flag nutzen. Lassen Sie uns die Regtest-Blockchain mit dem Befehl `getblockchaininfo` inspizieren:

```
$ bitcoin-cli -regtest getblockchaininfo
{
  "chain": "regtest",
  "blocks": 0,
  "headers": 0,
  "bestblockhash": "0f9188f13cb7b2c71f2a335e3[...]b436012afca590b1a11466e2206",
  "difficulty": 4.656542373906925e-10,
  "mediantime": 1296688602,
  "verificationprogress": 1,
  "chainwork": "[...]000000000000000000000000000000000000000000000000000002",
  "pruned": false,
  [...]
```

Wie Sie sehen können, gibt es noch keine Blöcke. Wir wollen nun eine Standard-Wallet anlegen, eine Adresse erzeugen, einige (500) Blöcke minen und die Belohnung einstreichen:

```
$ bitcoin-cli -regtest createwallet ""

$ bitcoin-cli -regtest getnewaddress
bcrt1qwvfhw8pf79kw6tvpmtxyxwcfnd2t4e8v6qfv4a

$ bitcoin-cli -regtest generatetoaddress 500 \
  bcrt1qwvfhw8pf79kw6tvpmtxyxwcfnd2t4e8v6qfv4a
[
  "3153518205e4630d2800a4cb65b9d2691ac68eea99afa7fd36289cb266b9c2c0",
  "621330dd5bdabcc03582b0e49993702a8d4c41df60f729cc81d94b6e3a5b1556",
  "32d3d83538ba128be3ba7f9dbb8d1ef03e1b536f65e8701893f70dcc1fe2dbf2",
  ...,
  "32d55180d010ffebabf1c3231e1666e9eeed02c905195f2568c987c2751623c7"
]
```

Es dauert nur ein paar Sekunden, um all diese Blöcke zu minen, was das Testen besonders leicht macht. Wenn Sie sich den Kontostand Ihrer Wallet ansehen, werden Sie die Belohnung für die ersten 400 Blöcke vorfinden (Coinbase-Belohnungen müssen 100 Blöcke tief liegen, bevor sie eingelöst werden dürfen):

```
$ bitcoin-cli -regtest getbalance
12462.50000000
```

## Test-Blockchains zur Entwicklung nutzen

Bitcoins unterschiedliche Blockchains (Regtest, Signet, Testnet3, Mainnet) bieten eine Reihe von Testumgebungen für die Bitcoin-Entwicklung. Verwenden Sie diese Test-Blockchains, wenn Sie für Bitcoin Core, einen anderen Full-Node-Client, eine Anwendung wie etwa eine Wallet, eine Börse, eine E-Commerce-Site oder auch neuartige Smart Contracts oder komplexe Skripten entwickeln.

Sie können die Test-Blockchains nutzen, um eine Entwicklungs-Pipeline einzurichten. Testen Sie Ihren Code während der Entwicklung lokal unter Regtest. Sobald Sie so weit sind, Ihre Entwicklung in einem öffentlichen Netzwerk auszuprobieren, wechseln Sie ins Testnet, um den Code einer etwas dynamischeren Umgebung mit vielfältigerem Code und diversen Anwendungen auszusetzen. Wenn Sie schließlich sicher sind, dass Ihr Code wie erwartet funktioniert, wechseln Sie zum Mainnet. Sobald Sie Änderungen, Verbesserungen, Bug-Fixes usw. vornehmen, starten Sie die Pipeline von vorn und wenden jede Änderung zuerst auf Regtest, dann auf Signet oder Testnet und schließlich produktiv im Mainnet an.

Da Sie nun wissen, welche Daten die Blockchain enthält und wie kryptografische Commitments die verschiedenen Teile sicher verbinden, wollen wir uns ein spezielles Commitment ansehen, das für rechnerische Sicherheit sorgt und verhindert, dass ein Block verändert werden kann, ohne die darüberliegenden Blöcke ungültig zu machen: Bitcoins Mining-Funktion.

## KAPITEL 12

# Mining und Konsens

Der Begriff *Mining* ist etwas irreführend. Da wir dabei an die Gewinnung wertvoller Metalle denken, richten wir unsere Aufmerksamkeit auf die Belohnung für das Minen, d. h. auf die neuen Bitcoins, die mit jedem Block erzeugt werden. Zwar wird das Mining durch diese Belohnung gefördert, doch die Hauptaufgabe des Minings ist nicht die Belohnung bzw. die Generierung neuer Bitcoins. Wenn Sie das Mining nur als den Prozess der Generierung neuer Coins betrachten, verwechseln Sie das Mittel (den Anreiz) mit dem eigentlichen Ziel des Prozesses. Das Mining ist der Mechanismus für die dezentrale Verrechnungsstelle, durch die Transaktionen validiert und verrechnet werden. Das Mining ist die Erfindung, die den Bitcoin so besonders macht: ein dezentralisierter Konsensmechanismus, der die Basis für digitales P2P-Geld bildet.

Das Mining *sichert das Bitcoin-System* ab und ermöglicht die Bildung eines netzwerkweiten *Konsens ohne zentrale Autorität.* Die Belohnung durch neu geschürfte Bitcoins und Transaktionsgebühren bildet ein Anreizsystem, das die Arbeit der Miner mit der Sicherheit des Netzwerks verknüpft und gleichzeitig die Geldversorgung sichert.

> Das Mining ist ein Mechanismus, durch den die *Konsenssicherheit* des Bitcoins *dezentralisiert wird.*

Miner halten neue Transaktionen im globalen Kassenbuch (der Blockchain) fest. Ein neuer Block, der die Transaktionen seit dem letzten Block enthält, wird durchschnittlich alle zehn Minuten *geschürft*, wodurch diese Transaktionen in die Blockchain aufgenommen werden. Transaktionen, die Teil eines Blocks sind und in die Blockchain aufgenommen werden, gelten als *bestätigt*. Die neuen Besitzer können sicher sein, dass viel Arbeit investiert wurde, um die in diesen Transaktionen empfangenen Bitcoins abzusichern.

Zusätzlich weisen die Transaktionen in der Blockchain eine *topologische Ordnung* auf, die durch ihre Position in der Blockchain bestimmt wird. Eine Transaktion erfolgte früher als eine andere, wenn sie in einem früheren Block steht oder im gleichen Block früher erscheint. Im Bitcoin-Protokoll ist eine Transaktion nur gültig, wenn sie die Outputs einer Transaktion einlöst, die früher in die Blockchain eingetragen wurde (egal ob im gleichen oder einem früheren Block), und wenn keine vorherige Transaktion einen der gleichen Outputs eingelöst hat. Innerhalb einer einzigen Kette von Blöcken stellt die Durchsetzung der topologischen Reihenfolge sicher, dass zwei gültige Transaktionen nicht den gleichen Output einlösen können. Auf diese Weise wird das *Double-Spending-Problem* gelöst.

Bei einigen auf Bitcoin aufsetzenden Protokollen wird die topologische Ordnung von Bitcoin-Transaktionen außerdem genutzt, um eine Folge von Ereignissen festzulegen. Wir sehen uns diese Idee in »Single-Use Seals« auf Seite 334 genauer an.

Miner erhalten für die Absicherung durch das Mining zwei Arten von Vergütungen: neue Coins, die mit jedem neuen Block erzeugt werden, sowie die Gebühren aller Transaktionen, die im Block enthalten sind. Um diese Vergütung zu erhalten, konkurrieren die Miner bei der Lösung eines schwierigen mathematischen Problems, das auf einem kryptografischen Hashalgorithmus basiert. Die Lösung des Problems, der sogenannte *Proof-of-Work*, wird in den neuen Block aufgenommen und dient als Beweis, dass der Miner eine erhebliche Rechenleitung erbracht hat. Der Wettstreit um die Lösung des Proof-of-Work-Algorithmus und damit das Recht, Transaktionen in der Blockchain festzuhalten und die Vergütung einzustreichen, bilden die Basis von Bitcoins Sicherheitsmodell.

Bitcoins Geldvorrat wird durch das Mining erzeugt, ähnlich wie eine Zentralbank neues Geld ausgibt, indem sie Banknoten druckt. Die maximale Menge an neu geschaffenen Bitcoins, die ein Miner zu einem Block hinzufügen kann, verringert sich etwa alle vier Jahre (oder genau alle 210.000 Blöcke). Es begann mit 50 Bitcoin pro Block im Januar 2009 und wurde im November 2012 auf 25 Bitcoin pro Block halbiert. Im Juli 2016 wurde die Menge erneut auf 12,5 Bitcoin halbiert und im Mai 2020 auf 6,25 Bitcoin (Anm. des Übers.: Seit dem 19.4.24 auf 3,125 BTC). Basierend auf dieser Formel sinkt die Mining-Vergütung exponentiell bis etwa ins Jahr 2140, wenn alle Bitcoins ausgegeben sein werden. Nach 2140 gibt es keine neuen Bitcoins.

Bitcoin-Miner erhalten außerdem Gebühren für die Transaktionen. Jede Transaktion kann eine Transaktionsgebühr enthalten, die sich aus dem Unterschied zwischen den Inputs und Outputs der Transaktion ergibt. Der »siegreiche« Bitcoin-Miner darf den »Rest« der im Block enthaltenen Transaktionen behalten. Heutzutage stellen die Gebühren nur einen kleinen Prozentsatz des Einkommens der Bitcoin-Miner dar. Während die Vergütung mit der Zeit sinkt und die Zahl der Transaktionen pro Block steigt, wird aber ein größerer Teil des Ertrags der Bitcoin-Miner von Gebühren stammen. Schrittweise wird die Mining-Vergütung von Transaktionsgebühren dominiert werden und den primären Anreiz für die Miner bilden. Nach 2140 sinkt die Menge neuer Bitcoins für jeden Block auf null, und das Mining wird sich nur über die Gebühren finanzieren.

In diesem Kapitel wollen wir zuerst das Mining als Mechanismus zur Geldversorgung untersuchen und uns die wichtigste Funktion des Minings ansehen: den dezentralen Konsensmechanismus, der für die Sicherheit des Bitcoins sorgt.

Um Mining und Konsens zu verstehen, wollen wir verfolgen, wie Alice' Transaktion von Jings Mining-Equipment empfangen und in einen Block aufgenommen wird. Wir sehen uns an, wie der Block geschürft, in die Blockchain aufgenommen und letztlich durch einen Prozess wachsenden Konsenses vom Bitcoin-Netzwerk akzeptiert wird.

## Bitcoin-Ökonomie und Währungsgenerierung

Bitcoins werden während der Erzeugung jedes Blocks mit einer festen und abnehmenden Rate »geschürft«. Jeder Block, der durchschnittlich alle zehn Minuten generiert wird, enthält neue Bitcoins aus dem Nichts. Alle 210.000 Blöcke, also ungefähr alle vier Jahre, wird die Ausgaberate um 50 % reduziert. In den ersten vier Betriebsjahren enthielt jeder Block 50 neue Bitcoins.

Die erste Halbierung erfolgte bei Block 210.000, das letzte Halbieren bei Block 840.000 im April 2024. Die Ausgaberate für neue Coins sinkt exponentiell über 32 dieser *Halvings* bis zu Block 6.720.000 (der etwa im Jahr 2137 geschürft wird), bis die kleinste Währungseinheit von 1 Satoshi erreicht ist. Nach 6,93 Millionen Blöcken, also ca. 2140, werden nahezu 2.099.999.997.690,000 Satoshi (also fast 21 Millionen Bitcoin) ausgegeben worden sein. Danach werden Blöcke keine neuen Bitcoins mehr enthalten, und die Miner werden allein durch die Transaktionsgebühren entlohnt. Abbildung 12-1 zeigt die im Umlauf befindlichen Bitcoins über die Zeit, während die Ausgaberate sinkt.

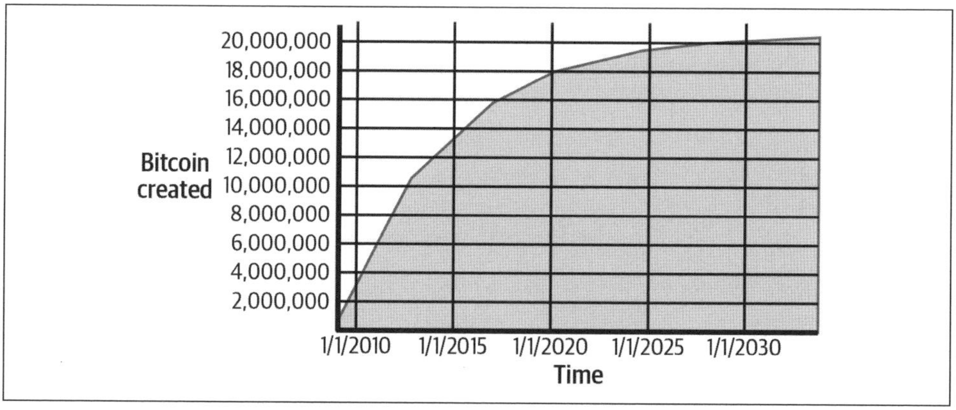


*Abbildung 12-1: Bitcoin-Menge über die Zeit mit geometrisch abnehmender Ausgaberate*

Die maximale Anzahl geschürfter Coins ist die *obere Grenze* der möglichen Mining-Vergütung. In der Praxis kann ein Miner bewusst einen Block schürfen und weniger als die maximale Vergütung einstreichen. Solche Blöcke wurden bereits geschürft, und weitere könnten in Zukunft geschürft werden, was zu einer geringeren Ausgaberate führen würde.

Der Beispielcode in Beispiel 12-1 berechnet die Gesamtmenge der Bitcoins, die ausgegeben werden.

*Beispiel 12-1: Ein Skript zur Berechnung der Gesamtmenge ausgegebener Bitcoins*

```
# Ursprüngliche Belohnung für einen Miner lag bei 50 BTC
start_block_reward = 50
# 210000 sind bei einem Blockintervall von 10 Minuten etwa 4 Jahre
reward_interval = 210000


def max_money():
  # 50 BTC = 50 0000 0000 Satoshis
  current_reward = 50 * 10**8
  total = 0
  while current_reward > 0:
    total += reward_interval * current_reward
    current_reward /= 2
  return total


print("Total BTC to ever be created:", max_money(), "Satoshis")
```

Beispiel 12-2 zeigt die von diesem Skript erzeugte Ausgabe.

*Beispiel 12-2: Ausführung des max_money.py-Skripts*

```
$ python max_money.py
Total BTC to ever be created: 2099999997690000 Satoshis
```

Die endliche und sinkende Ausgabe sorgt für eine feste Geldversorgung, die eine Inflation verhindert. Im Gegensatz zu Fiatwährungen, die von Zentralbanken in beliebiger Zahl gedruckt werden können, kann Bitcoin nicht einfach nachgedruckt werden.

## Deflationäres Geld

Die wichtigste und am häufigsten diskutierte Konsequenz einer festen und sinkenden Geldausgabe ist, dass die Währung von Natur aus dazu neigt, deflationär zu sein. *Deflation* beschreibt das Phänomen der Wertsteigerung durch ein Missverhältnis von Angebot und Nachfrage, das den Wert (den Wechselkurs) einer Währung nach oben treibt. Als Gegenteil der Inflation bedeutet die Deflation, dass Geld mit der Zeit mehr Kaufkraft besitzt.

Viele Volkswirte sagen, dass eine deflationäre Ökonomie eine Katastrophe ist und um jeden Preis vermieden werden sollte. Der Grund ist, dass in Zeiten einer rapiden Deflation die Menschen dazu neigen, ihr Geld zu horten, statt es auszugeben, in der Hoffnung, dass die Preise fallen. Ein solches Phänomen ist während Japans »verlorener Dekade« aufgetreten, in der ein kompletter Zusammenbruch der Nachfrage die Währung in eine Deflationsspirale trieb.

Bitcoin-Experten argumentieren, dass eine Deflation per se nicht schlecht ist. Vielmehr wird die Deflation mit dem Zusammenbruch der Nachfrage verbunden, weil das das einzige Beispiel einer Deflation ist, die wir untersuchen müssen. Bei einer Fiatwährung mit der Möglichkeit des unendlichen Druckens von Geld ist eine Deflationsspirale schwer zu erreichen, es sei denn, die Nachfrage bricht völlig ein, und man ist gleichzeitig nicht gewillt, neues Geld zu drucken. Deflation erfolgt beim Bitcoin nicht durch den Zusammenbruch der Nachfrage, sondern durch eine vorhersehbar beschränkte Geldmenge.

Der positive Aspekt der Deflation ist natürlich, dass sie das Gegenteil von Inflation ist. Inflation sorgt für eine langsame, aber unaufhaltsame Abwertung einer Währung, was zu einer Form verdeckter Besteuerung führt, die Sparer betrifft, um Schuldnern aus der Patsche zu helfen (einschließlich des größten Schuldners, nämlich des Staats selbst). Währungen unter staatlicher Kontrolle leiden unter der Gefahr des einfachen Schuldenmachens, die später auf Kosten der Sparer durch die Abwertung der Währung getilgt wird.

Es bleibt abzuwarten, ob der deflationäre Aspekt der Währung ein Problem darstellt, wenn er nicht durch zügige wirtschaftliche Gegenmaßnahmen gesteuert wird, oder ob der Schutz vor Inflation und Abwertung die Risiken der Deflation mehr als aufwiegt.

# Dezentralisierter Konsens

Im vorherigen Kapitel haben wir uns die Blockchain angesehen, das globale öffentliche Kassenbuch aller Transaktionen, die jeder im Bitcoin-Netzwerk als verbindliche Aufzeichnung der Besitzverhältnisse akzeptiert.

Doch wie kann jeder im Netzwerk einer universellen »Wahrheit« zustimmen, ohne irgendwem vertrauen zu müssen? Alle traditionellen Zahlungssysteme basieren auf einem Vertrauensmodell, das eine zentrale Autorität zur Verfügung stellt, die als Verrechnungsstelle fungiert und grundsätzlich alle Transaktionen prüft und abrechnet. Bitcoin kennt keine zentrale Autorität. Jede Full Node besitzt eine vollständige Kopie des öffentlichen Kassenbuchs, dem als zentrale Autorität vertraut wird. Die Blockchain wird nicht von einer zentralen Autorität erstellt, sondern unabhängig von jeder Node im Netzwerk erzeugt. Irgendwie kommt jede Node im Netzwerk mit den Informationen, die über unsichere Verbindungen aus dem Netzwerk eingehen, zum gleichen Ergebnis und baut eine Kopie des Kassenbuchs auf, die überall gleich ist. Dieses Kapitel sieht sich den Prozess an, durch den das Bitcoin-Netzwerk einen globalen Konsens ohne zentrale Autorität erzielt.

Satoshi Nakamoto wesentliche Erfindung ist der dezentralisierte Mechanismus für *entstehenden (emerging) Konsens*. Entstehend, weil der Konsens nicht explizit erreicht wird. Es gibt keine Wahl und auch keinen festen Zeitpunkt, zu dem der Konsens erreicht wird. Vielmehr ist der Konsens ein entstehendes Artefakt der asynchronen Interaktion Tausender unabhängiger Nodes, die alle einfachen Regeln folgen. Alle Eigenschaften des Bitcoins, inklusive Währung, Transaktionen und Zahlungen, sowie das Sicherheitsmodell, das nicht auf einer zentralen Autorität oder Vertrauen basiert, leiten sich aus dieser Erfindung ab.

Bitcoins dezentralisierter Konsens entsteht aus dem Zusammenspiel von vier Prozessen, die unabhängig voneinander auf den Nodes im Netzwerk ablaufen:

- Unabhängige Verifikation jeder Transaktion durch jede Full Node basierend auf einer umfassenden Liste von Kriterien.
- Unabhängige Zusammenfassung dieser Transaktionen in neuen Blöcken durch Mining-Nodes, gekoppelt an die erwiesene Berechnung durch einen Proof-of-Work-Algorithmus.
- Unabhängige Verifikation jedes neuen Blocks durch jede Node und Einfügen in eine Kette.
- Durch jede Node unabhängige Wahl der Chain mit der höchsten kumulierten Berechnung, die durch Proof-of-Work bewiesen wurde.

In den nächsten Abschnitten wollen wir uns diese Prozesse ansehen und beschreiben, wie sie interagieren, um den entstehenden netzwerkweiten Konsens zu erreichen, der es jeder Bitcoin-Node erlaubt, eine eigene Kopie des verbindlichen, vertrauenswürdigen, öffentlichen Kassenbuchs aufzubauen.

## Unabhängige Verifikation von Transaktionen

In Kapitel 6 haben Sie gesehen, wie Wallet-Software Transaktionen erzeugt, die passenden Authentifizierungsdaten bereitstellt und dann an den neuen Eigentümer gerichtete Outputs konstruiert. Die resultierende Transaktion wird anschließend an die benachbarten Nodes im Bitcoin-Netzwerk geschickt, damit sie sich im gesamten Bitcoin-Netzwerk verbreiten kann.

Doch bevor sie Transaktionen an ihre Nachbarn weiterleitet, überprüft jede Node zuerst jede eingehende Transaktion. Das stellt sicher, dass nur gültige Transaktionen im Netzwerk propagiert werden, während ungültige Transaktionen von der ersten Node, die sie entdeckt, aussortiert werden.

Jede Node prüft jede Transaktion anhand einer langen Checkliste:

- Syntax und Struktur jeder Transaktion müssen korrekt sein.
- Listen mit Inputs und Outputs dürfen nicht leer sein.
- Die Größe der Transaktion (ihr Gewicht) ist klein genug, um in einen Block zu passen.
- Jeder Output-Wert sowie der Gesamtwert müssen im Bereich der erlaubten Werte liegen (null oder höher, aber unter 21 Millionen Coins).
- Die Locktime ist gleich `INT_MAX`, oder Locktime und Sequenz werden entsprechend der Locktime- und BIP68-Regeln erfüllt.
- Die Anzahl der in der Transaktion enthaltenen Signaturoperationen (Sigops) liegt unter der Grenze für Signaturoperationen.
- Die eingelösten Outputs müssen mit den Outputs im Mempool oder den nicht eingelösten Outputs in einem Block des Hauptzweigs übereinstimmen.

- Ist die referenzierte Output-Transaktion für einen Input ein Coinbase-Output, muss sie mindestens `COINBASE_MATURITY` (100) Bestätigungen aufweisen. Alle absoluten oder relativen Timelocks müssen ebenfalls erfüllt sein. Nodes können Transaktionen einen Block früher weiterleiten, da sie beim Einfügen in den nächsten Block bestätigt sind.
- Ablehnung, wenn die Summe der Input-Werte kleiner ist als die Summe der Output-Werte.
- Die Skripte für jeden Input müssen zu den entsprechenden Output-Skripten passen.

Diese Bedingungen können sich mit der Zeit ändern, um neue Features zu integrieren oder neue Arten von Denial-of-Service-Angriffen abzuwehren.

Durch die unabhängige Verifikation jeder Transaktion beim Eintreffen und vor ihrer Propagation baut jede Node einen Pool gültiger (aber unbestätigter) Transaktionen auf, der als *Memory-Pool* oder *Mempool* bezeichnet wird.

## Mining-Nodes

Einige der Nodes im Bitcoin-Netzwerk sind spezialisierte Nodes, die als *Miner* bezeichnet werden. Jing ist ein Bitcoin-Miner, der Bitcoins verdient, indem er eine *Mining-Rig* betreibt, ein auf das Mining von Bitcoins spezialisiertes Hardwaresystem. Jings spezialisierte Hardware ist mit einem Server verbunden, der eine Full Node betreibt. Wie jede andere Full Node empfängt und propagiert Jings Node unbestätigte Transaktionen im Bitcoin-Netzwerk. Jings Node fasst diese Transaktionen aber auch zu neuen Blöcken zusammen.

Lassen Sie uns die Blöcke verfolgen, die erzeugt wurden, während Alice etwas von Bob gekauft hat (siehe »Kaufen im Onlineshop« auf Seite 42). Um die Konzepte dieses Kapitels zu demonstrieren, wollen wir annehmen, dass Jings Mining-System diesen Block geschürft hat. Sehen wir uns an, wie Alice' Transaktion Teil eines neuen Blocks wurde.

Jings Mining-Node hält eine lokale Kopie der Blockchain vor. Während Alice etwas kauft, hat Jings Node die Kette bis zum höchsten Proof-of-Work aufgebaut. Jings Node wartet auf Transaktionen, versucht, einen neuen Block zu schürfen, und achtet auch auf Blöcke, die von anderen Nodes erschürft wurden. Während Jings Node schürft, empfängt sie einen neuen Block durch das Bitcoin-Netzwerk. Das Eintreffen dieses Blocks signalisiert das Ende des Rennens um diesen Block und den Start des Rennens um den nächsten Block.

In den vergangenen Minuten, während Jings Node nach einer Lösung für den vorherigen Block suchte, hat sie gleichzeitig Transaktionen als Vorbereitung für den nächsten Block gesammelt. Bisher haben sich einige Tausend Transaktionen im Memory-Pool angesammelt. Während der neue Block empfangen und validiert wird, vergleicht Jings Node ihn auch mit den Transaktionen im Memory-Pool und entfernt alle Transaktionen, die in diesem Block enthalten sind. Im Memory-Pool verbliebene Transaktionen sind noch nicht bestätigt und warten darauf, in einem neuen Block festgehalten zu werden.

Jings Node erzeugt direkt einen neuen partiellen Block, einen Anwärter auf den nächsten Block. Dieser Block wird *Anwärterblock* genannt, weil es sich noch nicht um einen gültigen Block handelt, da er bisher keinen gültigen Proof-of-Work enthält. Der Block wird nur gültig, wenn der Miner eine Lösung für den Proof-of-Work-Algorithmus findet.

Nachdem Jings Node alle Transaktionen aus dem Memory-Pool zusammengefasst hat, beinhaltet der neue Anwärterblock mehrere Tausend Transaktionen, von denen jede Transaktionsgebühren zahlt, die er für sich erschürfen will.

## Die Coinbase-Transaktion

Die erste Transaktion eines jeden Blocks ist eine spezielle als *Coinbase-Transaktion* bezeichnete Transaktion. Diese Transaktion wird von Jings Node erzeugt und erhält die Belohnung für das Mining.

Jings Node erzeugt die Coinbase-Transaktion als Zahlung an seine eigene Wallet. Die Gesamtsumme der Belohnung, die Jing für das Mining eines Blocks erhält, setzt sich aus der Coinbase-Belohnung (2023 noch 6,25 neue Bitcoins) und den Transaktionsgebühren aller im Block enthaltenen Gebühren zusammen.

Im Gegensatz zu normalen Transaktionen verbraucht die Coinbase-Transaktion keine UTXOs als Inputs. Stattdessen verwendet sie nur einen Input, die sogenannte *Coinbase*, die die Blockbelohnung implizit enthält. Die Coinbase-Transaktion muss mindestens einen Output enthalten, kann aber so viele Outputs enthalten, wie in einen Block passen. 2023 sind für Coinbase-Transaktionen zwei Outputs üblich: einer mit einem Output-Wert ungleich 0, der `OP_RETURN` nutzt, um alle Witnesses für Segwit-Transaktionen in diesem Block zu bestätigen. Der andere Output zahlt dem Miner seine Belohnung aus.

## Coinbase-Belohnungen und Gebühren

Um die Coinbase-Transaktion aufzubauen, berechnet Jings Node zuerst die Summe der Transaktionsgebühren:

$$Gebühren = Summe(Inputs) - Summe(Outputs)$$

Als Nächstes berechnet Jings Node die korrekte Belohnung für den neuen Block. Die Berechnung basiert auf der Blockhöhe. Sie beginnt mit 50 Bitcoin pro Block und halbiert sich alle 210.000 Blöcke.

Die Berechnung können Sie sich in der Funktion `GetBlockSubsidy` im Bitcoin-Core-Client ansehen, die Beispiel 12-3 zeigt.

*Beispiel 12-3: Berechnung der Blockbelohnung – Funktion GetBlockSubsidy, Bitcoin-Core-Client, main.cpp*

```
CAmount GetBlockSubsidy(int nHeight, const Consensus::Params& consensusParams)
{
  int halvings = nHeight / consensusParams.nSubsidyHalvingInterval;
  // Force block reward to zero when right shift is undefined.
  if (halvings >= 64)
    return 0;

  CAmount nSubsidy = 50 * COIN;
  // Subsidy is cut in half every 210,000 blocks.
  nSubsidy >>= halvings;
  return nSubsidy;
}
```

Die anfängliche Belohnung berechnet sich in Satoshis durch Multiplikation von 50 mit der Konstanten `COIN` (100.000.000 Satoshi). Die anfängliche Belohnung (`nSubsidy`) lag also bei fünf Milliarden Satoshis.

Als Nächstes berechnet die Funktion die Anzahl der Halvings über die Division der aktuellen Blockhöhe durch das Halving-Intervall (`SubsidyHalvingInterval`).

Danach verwendet die Funktion eine binäre Schiebeoperation nach rechts, um die Belohnung (`nSubsidy`) für jedes Halving durch zwei zu teilen. Im Fall von Block 277.316 wird die Belohnung von fünf Milliarden Satoshis einmal (ein Halving) binär nach rechts geschoben. Das Ergebnis sind 2,5 Milliarden Satoshis oder 25 Bitcoin. Nach dem 33. Halving wird die Belohnung auf null abgerundet. Der binäre Rechts-Shift-Operator wird genutzt, weil er wesentlich effizierter ist als mehrere sich wiederholende Divisionen. Um einen möglichen Bug zu vermeiden, wird die Shift-Operation nach 63 Halvings übersprungen und die Belohnung auf 0 gesetzt.

Zum Schluss wird die Coinbase-Belohnung (`nSubsidy`) auf die Transaktionsgebühren (`nFees`) aufaddiert, und die Summe wird zurückgegeben.

> Was hält Jings Mining-Node davon ab, eine Belohnung von 100 oder 1.000 Bitcoin in die Coinbase-Transaktion zu schreiben? Die Antwort ist, dass eine falsche Belohnung im Block von allen anderen für ungültig erklärt wird. Jing würde also nur unnötig Strom für den Proof-of-Work verbraten. Er kann die Belohnung nur einlösen, wenn der Block von allen akzeptiert wird.

## Struktur einer Coinbase-Transaktion

Mithilfe dieser Berechnungen baut Jings Node schließlich eine Coinbase-Transaktion auf, um sich selbst die Blockbelohnung auszuzahlen.

Die Coinbase-Transaktion hat ein spezielles Format. Anstelle eines Transaktions-Inputs, der den vorherigen UTXO angibt, wird ein *Coinbase*-Input verwendet. Wir haben Transaktions-Inputs in »Inputs« auf Seite 146 untersucht. Lassen Sie uns einen normalen Transaktions-Input mit einem Coinbase-Transaktions-Input vergleichen.

Tabelle 12-1 zeigt die Struktur einer regulären Transaktion, während Tabelle 12-2 die Struktur des Inputs der Coinbase-Transaktion verdeutlicht.

*Tabelle 12-1: Struktur eines »normalen« Transaktions-Inputs*

| Größe | Feld | Beschreibung |
|---|---|---|
| 32 Byte | Transaktions-Hash | Zeiger auf die Transaktion, die den auszugebenden UTXO enthält. |
| 4 Byte | Output-Index | Index des auszugebenden UTXO, beginnend bei 0. |
| 1–9 Byte (compactSize) | Script Size | Länge des nachfolgenden Skripts in Bytes. |
| Variabel | Input-Skript | Ein Skript, das die Bedingungen des UTXO-Output-Skripts erfüllt. |
| 4 Byte | Sequenznummer | Mehrzweckfeld. Wird für BIP68-Timelocks und zur Signalisierung einer Transaktionsersetzung genutzt. |

*Tabelle 12-2: Struktur eines Coinbase-Transaktions-Inputs*

| Größe | Feld | Beschreibung |
|---|---|---|
| 32 Byte | Transaktions-Hash | Alle Bits auf null gesetzt: keine Transaktions-Hashreferenz. |
| 4 Byte | Output-Index | Alle Bits auf eins gesetzt: 0xFFFFFFFF. |
| 1 Byte | Größe der Coinbase-Daten | Länge der Coinbase-Daten (zwischen 2 und 100 Byte). |
| Variabel | Coinbase-Daten | Beliebige Daten. Verwendet für Extra-Nonce und Mining-Tags. Muss bei v2-Blöcken mit der Blockhöhe beginnen. |
| 4 Byte | Sequenznummer | Auf 0xFFFFFFFF gesetzt. |

Bei einer Coinbase-Transaktion enthalten die ersten beiden Felder Werte, die keine UTXO-Referenz darstellen. Anstelle eines *Transaktions-Hash* werden die 32 Byte des ersten Felds komplett auf null gesetzt. Die 4 Byte des *Output-Index* werden auf 0xFF (255 dezimal) gesetzt. Das *Input-Skript* wird durch *Coinbase-Daten* ersetzt. Dieses Datenfeld wird von Minern genutzt und als Nächstes erklärt.

## Coinbase-Daten

Coinbase-Transaktionen besitzen kein Input-Skript. Stattdessen wird dieses Feld durch die Coinbase-Daten ersetzt, die zwischen 2 und 100 Byte lang sind. Mit Ausnahme der ersten paar Bytes können die Coinbase-Daten von Minern in jeder gewünschten Weise genutzt werden. Die Daten sind frei wählbar.

Im Genesis-Block hat Satoshi Nakamoto beispielsweise den Text »The Times 03/Jan/2009 Chancellor on brink of second bailout for banks« in die Coinbase-Daten eingefügt. Er hat damit ein Datum bewiesen und eine Nachricht übermittelt. Momentan verwenden Miner die Coinbase-Daten, um zusätzliche Nonce-Werte zu übertragen, und fügen Strings ein, die den Mining-Pool identifizieren.

Die ersten paar Bytes waren ursprünglich ebenfalls beliebig, doch das ist nicht länger der Fall. Seit BIP34 müssen Blöcke der Version 2 (Blöcke, deren Versionsfeld auf 2 oder höher gesetzt ist) die Blockhöhe als *Push-Operation* an den Anfang des Coinbase-Felds stellen.

## Den Block-Header aufbauen

Um den Block-Header aufzubauen, muss die Mining-Node sechs Felder ausfüllen, die in Tabelle 12-3 aufgeführt sind.

*Tabelle 12-3: Struktur des Block-Headers*

| Größe | Feld | Beschreibung |
|---|---|---|
| 4 Byte | Version | Mehrzweck-Bitfeld. |
| 32 Byte | vorheriger Block-Hash | Referenz auf den Hash des vorherigen (Parent-)Blocks in der Kette. |
| 32 Byte | Merkle Root | Hash der Root des Merkle Tree der Transaktionen dieses Blocks. |
| 4 Byte | Timestamp | Ungefähre Erstellungszeit dieses Blocks (Sekunden seit Unix-Epoche). |
| 4 Byte | Target | Target des Proof-of-Work-Algorithmus für diesen Block. |
| 4 Byte | Nonce | Ein für den Proof-of-Work-Algorithmus verwendeter Zähler. |

Das Versionsfeld war ursprünglich ein Integerfeld und wurde von drei Updates des Bitcoin-Netzwerks genutzt, die in den BIPs 34, 66 und 65 definiert sind. Jedes Mal wurde die Versionsnummer erhöht. Spätere Upgrades machten aus dem Versionsfeld ein Bitfeld (die sogenannten *Versionsbits*), die bis zu 29 Upgrade-Prozess gleichzeitig erlauben. Details finden Sie in »BIP9: Signalisierung und Aktivierung« auf Seite 319. Noch später begannen ein paar Miner damit, einige dieser Versionsbits als zusätzliches Nonce-Feld zu verwenden.

Die Protokoll-Upgrades erfolgten in der Reihenfolge BIPs 34, 66 und 65, wobei BIP66 (striktes DER) vor BIP65 (`OP_CHECKTIMELOCKVERIFY`) erfolgte. Bitcoin-Entwickler geben sie deshalb häufig in dieser Reihenfolge an, statt sie numerisch zu sortieren.

Heutzutage hat das *Versionsbits*-Feld nur dann eine Bedeutung, wenn ein Upgrade des Konsensprotokolls ansteht. In diesem Fall müssen Sie in der Dokumentation nachlesen, wie die Versionsbits verwendet werden.

Als Nächstes muss die Mining-Node den vorherigen Block-Hash (`prevhash`) hinzufügen. Das ist der Hash des Block-Headers des vom Netzwerk vorher empfangenen Blocks. Diesen hat Jing akzeptiert und als Parent des Anwärterblocks gewählt.

Durch die Auswahl eines bestimmten Parent-Blocks, der im Feld *vorheriger Block-Hash* des Anwärterblocks steht, setzt Jing seine Mining-Leistung ein, um die Kette zu verlängern, die mit diesem bestimmten Block endet.

Der nächste Schritt besteht darin, alle Transaktionen mit einem Merkle Tree zusammenzufassen. Jede Transaktion wird in topografischer Reihenfolge über ihre Witness-Transaktionskennung (*wtxid*) eingefügt, wobei 32 0x00-Bytes die wtxid der ersten Transaktion (der Coinbase) kennzeichnen. Wie wir in »Merkle Trees (Hashbäume)« auf Seite 273 gesehen haben, wird die letzte wtxid mit sich selbst gehasht, wenn eine ungerade Anzahl von wtxids vorliegt. Die Transaktions-Hashes werden dann zu Paaren kombiniert und bilden so die jeweilige Ebene des Baums, bis alle Transaktionen zu einem Knoten an der Wurzel (Root) des Baums zusammengefasst wurden. Die Root des Merkle Tree fasst alle Transaktionen in einem einzigen 32-Byte-Wert zusammen, der *Witness-Root-Hash* genannt wird.

Der Witness-Root-Hash wird dann zu einem Output der Coinbase-Transaktion hinzugefügt. Dieser Schritt kann übersprungen werden, wenn keine Transaktion des Blocks eine Witness-Struktur verlangt. Jede Transaktion (einschließlich der Coinbase-Transaktion) wird dann über ihre Transaktionskennung (txid) ausgeführt und zum Aufbau eines zweiten Merkle Tree genutzt, dessen Root nun zur Merkle Root wird, die der Block-Header bestätigt.

Jings Mining-Node fügt anschließend einen 4 Byte langen Zeitstempel hinzu, der als »Unix-Epoche« codiert ist, d.h. Anzahl der Sekunden, die seit dem 1. Januar 1970 um Mitternacht (UTC/GMT) verstrichen ist.

Dann trägt Jings Node das *Target* ein, das den Proof-of-Work angibt, der benötigt wird, um diesen Block zu einem gültigen Block zu machen. Das Target wird im Block in Form der *Target-Bits-Metrik* eingetragen, einer Mantisse/Exponent-Codierung des Targets. Diese Codierung verwendet einen 1-Byte-Exponenten gefolgt von einer 3-Byte-Manisse (Koeffizient). In Block 277.316 lautet dieser Target-Bits-Wert beispielsweise `0x1903a30c`. Der erste Teil (`0x19`) ist der hexadezimale Exponent, während der Rest (`0x03a30c`) den Koeffizienten darstellt. Das Konzept des Targets wird in »Retargeting zur Anpassung der Difficulty« auf Seite 299 erläutert, die *Target-Bits-Darstellung* in »Target-Darstellung« auf Seite 299.

Das letzte Feld ist die *Nonce*, die mit Nullen initialisiert wird.

Nachdem alle anderen Felder ausgefüllt sind, ist der Block-Header komplett, und der Mining-Prozess kann beginnen. Das Ziel besteht nun darin, einen Header zu finden, dessen Hash kleiner ist als das Target. Die Mining-Node muss Milliarden oder Billionen von Variationen des Headers testen, bevor eine Version gefunden wird, die die Anforderung erfüllt.

## Mining des Blocks

Wurde ein Anwärterblock durch Jings Node aufgebaut, ist es für Jings Mining-Rig an der Zeit, den Block zu »schürfen«, das heißt eine Lösung für den Proof-of-Work-Algorithmus zu finden, die den Block gültig werden lässt. Im Verlauf dieses Buchs haben wir immer wieder kryptografische Hashfunktionen studiert, die für verschiedene Aspekte des Bitcoin-Systems verwendet werden. Die Hashfunktion SHA256 wird in Bitcoins Mining-Prozess genutzt.

Einfach ausgedrückt, ist das Mining der Prozess, bei dem der Block-Hash wiederholt (mit einem geänderten Parameter) gehasht wird, bis der resultierende Hash mit einem bestimmten Ziel, dem Target, übereinstimmt. Das Ergebnis der Hashfunktion kann nicht im Voraus bestimmt werden, und es kann auch kein Muster erzeugt werden, das einen bestimmten Hashwert produziert. Dieses Merkmal von Hashfunktionen bedeutet, dass die einzige Möglichkeit, einen Hashwert zu erzeugen, der einem bestimmten Target entspricht, darin besteht, es immer und immer wieder zu versuchen (wobei die Eingabe zufällig modifiziert wird), bis sich der gewünschte Hashwert zufällig ergibt.

## Proof-of-Work-Algorithmus

Ein Hash-Algorithmus erwartet als Eingabe Daten beliebiger Länge und erzeugt ein deterministisches Ergebnis fester Länge, den sogenannten *Digest*. Der Digest ist das digitale Commitment des Inputs. Für eine bestimmte Eingabe ist der resultierende Hash immer gleich und kann von jedem, der den gleichen Hashalgorithmus implementiert, einfach berechnet und verifiziert werden. Die Schlüsselcharakteristik eines kryptografischen Hashalgorithmus ist, dass es rechentechnisch unmöglich ist, zwei unterschiedliche Eingaben zu finden, die den gleichen Digest erzeugen (was man als *Kollision* bezeichnet). Die logische Konsequenz ist, dass es nahezu unmöglich ist, eine Eingabe zu wählen, die den gewünschten Digest erzeugt. Man muss Eingaben nach dem Zufallsprinzip ausprobieren.

Bei SHA256 ist die Ausgabe immer 256 Bits lang, unabhängig von der Größe der Eingabe. Das folgende Beispiel berechnet den SHA256-Hash des Satzes »Hello, world!«:

```
$ echo "Hello, world!" | sha256sum
d9014c4624844aa5bac314773d6b689ad467fa4e1d1a50a1b8a99d5a95f72ff5  -
```

Dieser 256-Bit-Output (in hex) ist der *Hash* (oder *Digest*) des Satzes und von jedem Teil des Satzes abhängig. Wenn Sie einen einzelnen Buchstaben, ein Interpunktionszeichen oder jedes andere Zeichen hinzufügen, ergibt sich ein anderer Hashwert.

Eine in einem solchen Szenario verwendete Variable wird als *Nonce* bezeichnet. Die Nonce wird verwendet, um die Ausgabe der kryptografischen Funktion zu variieren, in diesem Fall das SHA256-Commitment des Satzes.

Um daraus eine Aufgabe zu machen, legen wir ein Ziel (das Target) fest: »Finde einen Satz, der einen hexadezimalen Hash erzeugt, der mit null beginnt.« Glücklicherweise ist das nicht schwer, wie Beispiel 12-4 zeigt.

*Beispiel 12-4: Einfache Proof-of-Work-Implementierung*

```
$ for nonce in $( seq 100 ) ; do echo "Hello, world! $nonce" | sha256sum ; done
3194835d60e85bf7f728f3e3f4e4e1f5c752398cbcc5c45e048e4dbcae6be782  -
bfa474bbe2d9626f578d7d8c3acc1b604ec4a7052b188453565a3c77df41b79e  -
[...]
f75a100821c34c84395403afd1a8135f685ca69ccf4168e61a90e50f47552f61  -
09cb91f8250df04a3db8bd98f47c7cecb712c99835f4123e8ea51460ccbec314  -
```

Der Satz »Hello, world! 32« erzeugt den Hash `09cb91f8250df04a3db8bd98f47c7cecb712c99835f4123e8ea51460ccbec314`, der dieses Kriterium erfüllt. Es hat 32 Versuche gebraucht, um ihn zu finden. Ist das Ergebnis gleichmäßig verteilt, würden wir in Bezug auf die Wahrscheinlichkeit erwarten, ein Ergebnis mit einer 0 als hexadezimalem Präfix alle 16 Hashes zu finden (eine der 16 Hexadezimalziffern von 0 bis F). Numerisch betrachtet, suchen wir einen Hashwert, der kleiner ist als `0x1000000000000000000000000000000000000000000000000000000000000000`. Wir nennen diesen Schwellenwert *Target*, und das Ziel ist es, einen Hash zu finden, der numerisch kleiner ist als das Target. Wenn wir das Target verkleinern, wird die Suche nach einem Hash, der kleiner ist als das Target, immer schwieriger.

Eine einfache Analogie ist ein Spiel, bei dem die Spieler wiederholt zwei Würfel werfen und versuchen, weniger als ein vorgegebenes Ziel (das Target) zu würfeln. In der ersten Runde ist das Target 12. Solange Sie nicht zwei Sechser würfeln, haben Sie gewonnen. In der zweiten Runde wird das Target auf 11 verringert. Die Spieler müssen 10 oder weniger würfeln, um zu gewinnen. Auch das ist nicht besonders schwer. Nach einigen Runden ist das Target auf 5 gefallen. Nun wird mehr als die Hälfte aller Würfe über dem Target liegen und daher ungültig sein. Je kleiner das Target wird, desto mehr Würfe benötigen Sie. Zum Schluss liegt das Target bei 3 (dem möglichen Minimum), und es wird nur einer von 36 Würfen (etwa 3 %) gewinnen.

Aus Sicht eines Beobachters, der weiß, dass das Target bei 3 liegt, waren für einen Gewinnerwurf durchschnittlich 36 Würfe erforderlich. Man kann also abschätzen, wie viel Arbeit geleistet werden musste, um den durch das Target vorgegebenen Schwierigkeitsgrad (die *Difficulty*) zu meistern. Basiert ein Algorithmus auf einer deterministischen Funktion wie SHA256, ist der Eingabewert selbst der Beweis (*Proof*) dafür, dass eine bestimmte Menge an Arbeit (*Work*) geleistet wurde, um ein Ergebnis unter dem Target zu erzielen – daher *Proof-of-Work*.

> Zwar erzeugt jeder Versuch ein anderes Ergebnis, doch die Wahrscheinlichkeit jedes möglichen Ergebnisses kann im Voraus berechnet werden. Deshalb ist das Ergebnis einer festgelegten Difficulty der Beweis für die geleistete Arbeit.

In Beispiel 12-4 ist die 32 die »Sieger-Nonce«, und das kann von jedem unabhängig bestätigt werden. Jeder kann die Zahl 32 an den Satz »Hello, world!« anhängen, den Hash berechnen und verifizieren, dass er kleiner ist als das Target:

```
$ echo "Hello, world! 32" | sha256sum
09cb91f8250df04a3db8bd98f47c7cecb712c99835f4123e8ea51460ccbec314  -
```

Während die Verifikation nur die Berechnung eines Hash verlangt, mussten wir 32 Hashes berechnen, um eine passende Nonce zu finden. Bei einem kleineren Target (einer höheren Difficulty) sind mehr Hashberechnungen nötig, um eine passende Nonce zu finden, doch jeder muss nur einen Hash berechnen, um sie zu verifizieren. Wenn man das Target kennt, kann man darüber hinaus mithilfe der Statistik die Difficulty abschätzen und weiß daher, wie viel Arbeit nötig ist, um diese Nonce zu finden.

> Der PoW muss einen Hash erzeugen, der *kleiner als* das Target ist. Ein größeres Target bedeutet, dass es einfacher ist, einen Hash zu finden, der unter dem Target liegt, ein kleineres Target macht es schwieriger, einen Hash unter dem Target zu finden. Target und Difficulty stehen umgekehrt proportional zueinander.

Bitcoins PoW ist der Aufgabe in Beispiel 12-4 sehr ähnlich. Der Miner baut einen Anwärterblock auf, der mit Transaktionen gefüllt ist. Dann berechnet der Miner den Hash des Headers dieses Blocks und überprüft, ob er kleiner ist als das aktuelle Target. Ist der Hash nicht kleiner als das Target, modifiziert der Miner die Nonce (üblicherweise durch eine Inkrementierung um eins) und versucht es erneut. Bei der aktuellen Difficulty des Bitcoin-Netzwerks müssen die Miner Abermilliarden Versuche starten, bevor sie eine Nonce mit einem ausreichend kleinen Block-Header-Hash finden.

## Target-Darstellung

Block-Header enthalten das Target in einer Notation, die *Target Bits* oder einfach *Bits* genannt wird. In Block 277.316 hat es den Wert `0x1903a30c`. Diese Notation drückt das Proof-of-Work-Target in einem Format aus Koeffizienten und Exponenten aus. Die ersten beiden hexadezimalen Ziffern sind der Exponent, und die nächsten sechs hexadezimalen Ziffern bilden den Koeffizienten. In diesem Block hat der Exponent also den Wert `0x19`, und der Koeffizient ist `0x03a30c`.

Die Formel zur Berechnung des Difficulty-Targets in diesem Format lautet:

- $\text{target} = \text{coeffizient} \times 2^{(8 \times (\text{exponent} - 3))}$

Mit dieser Formel und dem Target-Bits-Wert `0x1903a30c` erhalten wir Folgendes:

- $\text{target} = 0\text{x}03\text{a}30\text{c} \times 2^{0\text{x}08 \times (0\text{x}19 - 0\text{x}03)}$

oder dezimal:

- 22.829.202.948.393.929.850.749.706.076.701.368.331.072.452.018.388.575.715.328

oder hexadezimal:

- 0x0000000000000003A30C00000000000000000000000000000000000000000000

Das bedeutet, dass ein gültiger Block für die Höhe 277.316 einen Block-Header-Hash aufweisen muss, der unter diesem Target liegt. Im Binärformat müssen bei dieser Zahl die ersten 60 Bits auf null gesetzt sein. Bei dieser Difficulty würde ein einzelner Miner, der eine Billion Hashes pro Sekunde verarbeitet (ein Terahash pro Sekunde, kurz 1 TH/s), eine Lösung im Schnitt nur alle 8.496 Blöcke (oder alle 59 Tage) finden.

## Retargeting zur Anpassung der Difficulty

Wie Sie gesehen haben, bestimmt das Target die Difficulty und damit die Dauer für das Finden einer Lösung für den Proof-of-Work-Algorithmus. Das führt zu offensichtlichen Fragen: Warum kann die Difficulty angepasst werden, wer passt sie an, und wie passt man sie an?

Bitcoin-Blöcke werden im Schnitt alle zehn Minuten erzeugt. Das ist der Herzschlag des Bitcoins, der die Geschwindigkeit der Ausgabe neuer Bitcoins und der Verarbeitung von Transaktionen festlegt. Dieser soll nicht nur über eine kurze Zeitspanne konstant bleiben, sondern über viele Dekaden hinweg. Man kann davon ausgehen, dass in dieser Zeitspanne die Leistungsfähigkeit von Computern dramatisch ansteigen wird. Darüber hinaus wird sich die Zahl der Miner (und der genutzten Hardware) ständig ändern. Um die Blockgenerierungszeit bei zehn Minuten zu halten, muss die Mining-Difficulty angepasst werden, um auf diese Änderungen zu reagieren. Tatsächlich ist das Proof-of-Work-Target ein dynamischer Parameter, der in regelmäßigen Abständen angepasst wird, um das Blockintervall bei zehn Minuten zu halten. Einfach ausgedrückt, wird das Target so gesetzt, dass die aktuelle Mining-Leistung zu einem Blockintervall von zehn Minuten führt.

Wie läuft aber eine solche Anpassung in einem vollständig dezentralisierten Netzwerk ab? Dieses Retargeting erfolgt auf jeder Node unabhängig und automatisch. Alle 2.016 Blöcke passen alle Nodes die Difficulty an. Das Verhältnis von aktueller Dauer zu der gewünschten Dauer (zehn Minuten) wird berechnet, um eine anteilige Korrektur (nach oben oder unten) am Target vorzunehmen. Findet das Netzwerk also Blöcke in weniger als zehn Minuten, wird die Difficulty erhöht (das Target wird kleiner). Dauert es länger als erwartet, wird die Difficulty verringert (das Target wird größer).

Die Gleichung lässt sich wie folgt zusammenfassen:

```
Neues Target = Altes Target * (20160 Minuten / Dauer der letzten 2015 Blöcke)
```

Zwar findet die Rekalibrierung alle 2.016 Blöcke statt, doch aufgrund eines Off-by-one-Fehlers in der Original-Bitcoin-Software basiert sie auf der Zeit der vergangenen 2.015 Blöcke (nicht 2.016), wie es eigentlich sein sollte), was zu einem Retargeting-Fehler mit einer erhöhten Difficulty von 0,05 % führt.

Beispiel 12-5 zeigt den im Bitcoin-Core-Client verwendeten Code.

*Beispiel 12-5: Retargeting des Proof-of-Work: CalculateNextWorkRequired() in pow.cpp*

```
// Limit adjustment step
int64_t nActualTimespan = pindexLast->GetBlockTime() - nFirstBlockTime;
LogPrintf("  nActualTimespan = %d  before bounds\n", nActualTimespan);
if (nActualTimespan < params.nPowTargetTimespan/4)
  nActualTimespan = params.nPowTargetTimespan/4;
if (nActualTimespan > params.nPowTargetTimespan*4)
    nActualTimespan = params.nPowTargetTimespan*4;

// Retarget
const arith_uint256 bnPowLimit = UintToArith256(params.powLimit);
arith_uint256 bnNew;
arith_uint256 bnOld;
bnNew.SetCompact(pindexLast->nBits);
```

```
bnOld = bnNew;
bnNew *= nActualTimespan;
bnNew /= params.nPowTargetTimespan;

if (bnNew > bnPowLimit)
  bnNew = bnPowLimit;
```

Die Parameter `Interval` (2.016 Blöcke) und `TargetTimespan` (zwei Wochen als 1.209.600 Sekunden) sind in *chainparams.cpp* definiert.

Um eine extreme Volatilität der Difficulty zu vermeiden, darf die Korrektur des Targets den Faktor vier bei einem Durchlauf nicht überschreiten. Liegt die benötigte Target-Anpassung über dem Faktor vier, wird er um den Faktor vier angepasst und nicht mehr. Eine weitere Anpassung erfolgt in der nächsten Retargeting-Periode, weil das Ungleichgewicht über die nächsten 2.016 Blöcke bestehen bleibt. Bei großen Unterschieden zwischen Hashing-Leistung und Difficulty kann es mehrere 2.016-Block-Zyklen dauern, bis das Verhältnis wieder passt.

Beachten Sie, dass das Target unabhängig von der Anzahl und dem Wert der Transaktionen ist. Das bedeutet, dass die Hashing-Leistung (und damit die Stromkosten) zur Sicherung des Bitcoin ebenfalls völlig unabhängig von der Zahl der Transaktionen ist. Bitcoin kann skalieren und eine weitere Verbreitung erreichen, ohne die Hashing-Leistung steigern zu müssen. Die Erhöhung der Hashing-Leistung spiegelt die Marktsituation wider, wenn neue Miner den Wettstreit um die Belohnung aufnehmen. Solange ausreichend Hashing-Leistung unter der Kontrolle verschiedener Miner steht, die ernsthaft um die Belohnung kämpfen, ist man vor »Übernahmeangriffen« sicher, und damit ist auch der Bitcoin ausreichend geschützt.

Die Difficulty des Minings ist eng mit den Stromkosten verknüpft sowie dem Wechselkurs des Bitcoins für die Währung, in der man diesen Strom bezahlt. Hochleistungs-Mining-Systeme sind mit der aktuellen Generation der Halbleiterfertigung so effizient wie möglich und wandeln Strom in die höchstmögliche Hashing-Rate um. Wesentlichen Einfluss auf den Mining-Markt hat der Preis pro Kilowattstunde in Bitcoin, weil das die Profitabilität des Minings bestimmt und damit den Anreiz, in den Mining-Markt einzusteigen oder auch daraus auszusteigen.

## Median Time Past (MTP)

Bei Bitcoin gibt es einen kleinen, aber sehr wichtigen Unterschied zwischen lokaler Ortszeit (*Wall Time)* und Konsenszeit. Bitcoin ist ein dezentralisiertes Netzwerk, d.h., jeder und jede Teilnehmende hat seine oder ihre eigene Vorstellung der Zeit. Ereignisse im Netzwerk finden nicht unmittelbar überall statt. Die Netzwerklatenz muss für jede Node berücksichtigt werden. Letztlich wird alles synchronisiert und eine gemeinsame Blockchain geschaffen. Bitcoin erreicht alle zehn Minuten einen Konsens über den Zustand der Blockchain, wie er in der *Vergangenheit* war.

Die in den Block-Headern festgehaltenen Zeitstempel werden von den Minern eingetragen. Die Konsensregeln erlauben einen gewissen Spielraum, um die Zeitunterschiede dezentralisierter Nodes zu berücksichtigen. Leider schafft das für die Miner einen Anreiz, bei der Zeitangabe im Block zu schummeln. Legt ein Miner seinen Zeitstempel beispielsweise in die Zukunft, kann er die Difficulty verringern, um so mehr Blöcke zu schürfen und die Belohnung einzustreichen, die für zukünftige Miner gedacht war. Legt er die Zeit für einige Blöcke in die Vergangenheit, kann er die aktuelle Zeit für andere Blöcke verwenden und es so aussehen lassen, als läge eine lange Zeitspanne zwischen den Blöcken. Auf diese Weise kann er die Difficulty manipulieren.

Um der Manipulation vorzubeugen, besitzt Bitcoin zwei Konsensregeln. Die erste ist, dass Nodes keine Blöcke akzeptieren, deren Zeitstempel mehr als zwei Stunden in der Zukunft liegen. Die zweite ist, dass Nodes keine Blöcke akzeptieren, deren Zeit kleiner oder gleich der durchschnittlichen (medianen) Zeit der letzten elf Blöcke ist (der sogenannten *Median Time Past*, MTP).

Als Teil der Aktivierung von relativen Timelocks nach BIP68 gab es auch eine Änderung der Art und Weise, wie »Zeit« für (absolute und relative) Timelocks in Transaktionen berechnet wird. Zuvor konnte ein Miner jede Transaktion in einen Block aufnehmen, deren Timelock gleich oder kleiner der Zeit des Blocks war. Das führte dazu, dass Miner die ihrer Meinung nach späteste Zeit (nahe an den zwei Stunden in der Zukunft) nutzten, sodass mehr Transaktionen für ihre Blöcke geeignet waren.

Um das zu verhindern und die Sicherheit der Timelocks zu erhöhen, wurde BIP113 vorgeschlagen und gemeinsamen mit den BIPs für relative Timelocks aktiviert. MTP wurde zur Konsenszeit für alle Timelock-Berechnungen. Durch die Wahl des Mittelpunkts der circa letzten zwei Stunden wurde der Einfluss des Block-Timestamps reduziert. Durch die Berücksichtigung von elf Blöcken kann kein Miner die Timestamps beeinflussen, um Gebühren von Transaktionen einzustreichen, deren Timelock noch nicht abgelaufen ist.

MTP ändert die Implementierung der Zeitberechnung für Locktime, `CLTV`, Sequenz und `CSV`. Die durch MTP berechnete Konsenszeit hinkt der Ortszeit üblicherweise eine Stunde hinterher. Beim Aufbau von Timelock-Transaktionen müssen Sie das berücksichtigen, wenn Sie die gewünschten Werte für Locktime, Sequenz, `CLTV` und `CSV` bestimmen.

## Den Block erfolgreich schürfen

Wie Sie vorhin gesehen haben, hat Jings Node einen Anwärterblock erzeugt und für das Mining vorbereitet. Jing betreibt mehrere Hardware-Mining-Rigs mit anwendungsspezifischen Schaltkreisen (ASICs), bei denen Hunderttausende integrierte Schaltungen den SHA256-Algorithmus mit unglaublicher Geschwindigkeit parallel ausführen. Viele dieser spezialisierten Maschinen sind mit der Mining-Node über USB oder das lokale Netzwerk verbunden. Die Mining-Node, die auf Jings Desktop läuft, überträgt den Block-Header nun an die Mining-Hardware, die damit beginnt, Billionen von Nonces pro Sekunde zu testen. Weil die Nonce nur 32 Bit umfasst, ändert die Mining-Hardware den Block-Header (den zusätzlichen Nonce-Platz der Coinbase, die Versionsbits oder den Timestamp), sobald alle Möglichkeiten der

Nonce (etwa vier Milliarden) durchprobiert wurden. Der Nonce-Zähler wird dann zurückgesetzt, und neue Kombinationen werden durchprobiert.

Etwa elf Minuten nach dem Start des Minings findet einer der Miner eine Lösung für den Block und sendet diese zurück an die Mining-Node.

Sofort überträgt Jings Mining-Node den Block an alle seine Peers. Diese empfangen und validieren den Block und propagieren ihn dann weiter. Während sich der Block über das Netzwerk verbreitet, fügt ihn jede Node in ihre eigene Blockchain ein und erweitert sie so auf eine neue Höhe. Sobald Mining-Nodes den Block empfangen und validiert haben, brechen sie die Suche nach einem Block mit der gleichen Höhe ab und beginnen sofort damit, den nächsten Block zu berechnen. Jings Block wird dabei als *Parent* verwendet. Da sie mit Jings neu entdecktem Block arbeiten, stimmen sie mit ihrer Mining-Leistung für Jings Block und für die Kette, die sie erweitert.

Im nächsten Abschnitt sehen wir uns den Prozess an, mit dem jede Node einen Block validiert und die längste Kette wählt. So entsteht der Konsens, der die dezentrale Blockchain aufbaut.

# Einen neuen Block validieren

Der dritte Schritt des Konsensmechanismus von Bitcoin ist die unabhängige Validierung jedes neuen Blocks durch jede Node. Während sich der neu gefundene Block durch das Netzwerk ausbreitet, führt jede Node eine Reihe von Tests durch, um diesen zu validieren, bevor sie ihn an ihre Peers weiterleitet. Die unabhängige Validierung stellt außerdem sicher, dass die Blöcke der redlichen Miner in die Blockchain aufgenommen werden und diese die Belohnung erhalten. Die Blöcke der unlauter arbeitenden Miner werden abgelehnt. Diese Miner verlieren nicht nur die Belohnung, sondern verschwenden auch Rechenleistung für den Proof-of-Work und bleiben auf den Stromkosten sitzen.

Wenn eine Node einen neuen Block empfängt, muss sie diesen mit einer langen Liste von Kriterien abgleichen, die alle erfüllt werden müssen. Andernfalls wird der Block abgelehnt. Diese Kriterien finden sich im Bitcoin-Core-Client in den Funktionen `CheckBlock` und `CheckBlockHeader` und umfassen Folgendes:

- Die Datenstruktur des Blocks ist syntaktisch korrekt.
- Der Block-Header-Hash ist kleiner als das Target (setzt den Proof-of-Work durch).
- Der Zeitstempel des Blocks liegt zwischen MTP und zwei Stunden in der Zukunft (was eine gewisse Fehlertoleranz erlaubt).
- Die Blockgröße (das »Gewicht«) liegt innerhalb der erlaubten Grenzen.
- Die erste Transaktion (und nur die erste) ist eine Coinbase-Transaktion.
- Alle Transaktionen innerhalb des Blocks sind laut Prüfliste aus »Unabhängige Verifikation von Transaktionen« auf Seite 290 gültig.

Die unabhängige Validierung jedes neuen Blocks durch jede Node des Netzwerks stellt sicher, dass die Miner nicht schummeln können. In den vorherigen Abschnitten haben Sie gesehen, wie Miner eine neue Transaktion aufbauen, die ihnen die durch den Block generierten Bitcoins und die Transaktionsgebühren zuspricht. Warum erzeugen die Miner nicht einfach eine Transaktion, die ihnen 1.000 Bitcoin anstelle der gültigen Belohnung zuspricht? Weil jede Node die Blöcke nach den gleichen Regeln validiert. Eine ungültige Coinbase-Transaktion macht den gesamten Block ungültig, d.h., der Block wird abgelehnt, und die Transaktion wird niemals Teil des Kassenbuchs. Die Miner müssen einen sauberen Block aufbauen, der auf den von allen Nodes verwendeten Regeln basiert, und eine korrekte Lösung für den Proof-of-Work liefern. Dazu wenden sie sehr viel Strom für das Mining auf, und der gesamte Strom und der Aufwand sind umsonst, wenn sie schummeln. Die unabhängige Validierung ist daher die Schlüsselkomponente des dezentralisierten Konsens.

## Ketten von Blöcken zusammensetzen und auswählen

Der letzte Schritt bei Bitcoins dezentralisiertem Konsensmechanismus ist das Zusammensetzen der Blöcke in Ketten und die Wahl der Kette mit dem meisten Proof-of-Work.

Die *Haupt-Chain* (die »beste« Kette) ist zu jeder Zeit die mit dem höchsten kumulierten PoW. Die Haupt-Chain weist auch Verzweigungen auf mit Blöcken, die »Geschwister« von Blöcken der Haupt-Chain sind. Diese Blöcke sind gültig, aber nicht Teil der Haupt-Chain. Sie werden zur späteren Verwendung vorgehalten, falls eine der Chains erweitert wird und die Haupt-Chain überrundet. Geschwister-Blöcke sind üblicherweise das Ergebnis des nahezu gleichzeitigen Minings unterschiedlicher Blöcke gleicher Höhe.

Wird ein neuer Block empfangen, versucht die Node, sie in die vorhandene Blockchain einzufügen. Die Node sieht sich das Feld *vorheriger Block-Hash* an, in dem der Verweis auf den Parent des Blocks steht. Die Node versucht dann, diesen Parent in der vorhandenen Blockchain zu finden. Meistens ist der Parent die »Spitze« der Haupt-Chain, d.h., dieser neue Block erweitert die Haupt-Chain.

Manchmal erweitert der neue Block nicht die Haupt-Chain. In diesem Fall hängt die Node den neuen Block an ihre Sekundär-Chain an und vergleicht dann die Arbeit dieser Sekundär-Chain mit der Haupt-Chain. Hat die Sekundär-Chain mehr Arbeit geleistet als die Haupt-Chain, wird die Sekundär-Chain zur neuen Haupt-Chain, und die Node *organisiert* ihre Sicht bestätigter Transaktionen und verfügbaren UTXOs neu. Ist die Node ein Miner, erzeugt dieser nun einen Block, der diese neue längere Chain erweitert.

Durch die Wahl der gültigen Chain mit der kumulativ größten geleisteten Arbeit erreichen alle Nodes irgendwann einen netzwerkweiten Konsens. Temporäre Unterschiede zwischen den Chains werden letztendlich aufgelöst, sobald mehr Arbeit erledigt ist und eine der möglichen Chains erweitert wurde.

> Die in diesem Abschnitt beschriebenen Blockchain-Forks sind das natürliche Ergebnis der zeitlichen Verzögerungen der Datenübertragung im globalen Netzwerk. Vorsätzlich veranlasste Forks sehen wir uns später in diesem Kapitel noch an.

Forks werden fast immer innerhalb eines Blocks aufgelöst. Es ist theoretisch möglich, dass ein Fork auf zwei Blöcke anwächst, wenn diese nahezu gleichzeitig von den Minern beider »Seiten« gefunden werden. Allerdings ist die Chance, dass das passiert, sehr gering.

Das Blockintervall von zehn Minuten ist bei Bitcoin ein Kompromiss zwischen schneller Bestätigung (Abwicklung von Transaktionen) und der Wahrscheinlichkeit eines Fork. Eine kürzere Blockzeit würde die Transaktion schneller verarbeiten, gleichzeitig aber auch zu mehr Forks führen. Eine längere Blockzeit würde die Zahl der Forks verringern, aber die Abwicklung langsamer erscheinen lassen.

> Was ist sicherer: eine Transaktion, die durchschnittlich alle zehn Minuten in einen Block aufgenommen wird, oder eine Transaktion in einem Block, über den bei einer Durchschnittszeit von einer Minute neun neue Blöcke aufgesetzt wurden? Die Antwort lautet, dass sie gleich sicher sind. Ein bösartiger Miner muss die Arbeit von zehn Minuten der Hashrate des Netzwerks erledigen, damit er eine Kette mit einem gleichwertigen Proof-of-Work erzeugen kann.
>
> Kürzere Zeitintervalle zwischen Blöcken führen zu einer schnelleren Abwicklung. Ihr einziger Vorteil besteht darin, dass sie denjenigen, die bereit sind, diese Garantien zu akzeptieren, schwächere Garantien bietet. Wenn Ihnen beispielsweise die Bestätigung von drei Minern in drei Minuten für die Haupt-Chain ausreicht, werden Sie ein System mit Blöcken im Minutentakt einem System mit einem Block alle zehn Minuten vorziehen. Je kürzer die Zeit zwischen den Blöcken, desto mehr Arbeit der Miner wird (neben anderen Problemen) durch falsche Forks verschwendet. Viele Menschen bevorzugen daher Bitcoins Zehn-Minuten-Blöcke gegenüber kürzeren Blockintervallen.

# Mining und der Hashing-Wettlauf

Die Konkurrenz beim Bitcoin-Mining ist extrem hoch. Die Hashing-Leistung steigt seit Einführung des Bitcoins exponentiell an. In bestimmten Jahren spiegelt der Anstieg einen vollständigen Technologiewechsel wider, z.B. als 2010 und 2011 viele Miner vom CPU-Mining auf GPU- und FPGA-Mining umstiegen. Im Jahr 2013 führte die Einführung von ASIC-Minern zu einem weiteren Quantensprung in der Mining-Leistung. Dafür wurde die SHA256-Funktion direkt in für das Mining spezialisierte Chips »gegossen«. Die ersten dieser Chips konnten mehr Mining-Leistung in einem einzigen Gerät zur Verfügung stellen als das gesamte Bitcoin-Netzwerk im Jahr 2010.

Während wir dies schreiben, rechnet niemand mehr mit großen Sprüngen beim Mining, weil sich die Industrie dem mooreschen Gesetz angenähert hat, nach dem sich die Komplexität integrierter Schaltkreise etwa alle 18 Monate verdoppelt. Dennoch steigt die Mining-Leistung des Netzwerks auch weiterhin mit hohem Tempo an.

## Die Lösung mit der Extra-Nonce

Seit 2012 hat sich das Bitcoin-Mining so weiterentwickelt, dass es eine fundamentale Beschränkung der Struktur des Block-Headers behoben hat. In den frühen Tagen des Bitcoin konnte ein Miner einen Block finden, indem er über die Nonce iterierte, bis der resultierende Hash unter dem Target lag. Als sich die Difficulty erhöhte, sind die Miner häufig alle möglichen vier Milliarden Werte der Nonce durchgegangen, ohne einen Block zu finden. Das konnte allerdings einfach gelöst werden, indem man den Blockzeitstempel aktualisierte, um die verstrichene Zeit zu berücksichtigen. Da der Zeitstempel Teil des Headers ist, erlaubte diese Änderung, die Werte der Nonce noch einmal durchzugehen und andere Ergebnisse zu erhalten. Ab dem Zeitpunkt, da die Mining-Hardware die Grenze von 4 GH/s überstieg, wurde auch dieser Ansatz schwierig, weil die Nonce-Werte nach weniger als einer Sekunde verbraucht waren. Als ASIC-Hardware aufkam und die Hashrate TH/s überschritt, benötigte die Mining-Software mehr Platz für Nonce-Werte, um überhaupt gültige Blöcke finden zu können. Der Zeitstempel konnte ein wenig gestreckt werden, doch wenn man ihn zu weit in die Zukunft legte, wurde der Block ungültig. Eine neue Quelle der »Veränderung« wurde im Block-Header benötigt.

Eine weitverbreitete Lösung bestand darin, die Coinbase-Transaktion als Quelle für zusätzliche Nonce-Werte zu verwenden. Da das Coinbase-Skript zwischen 2 und 100 Byte Daten speichern kann, begannen die Miner damit, diesen Platz als zusätzlichen Nonce-Speicher zu nutzen. So erhielten sie eine wesentlich größere Auswahl an Block-Header-Werten, um einen gültigen Block zu finden. Die Coinbase-Transaktion ist in der Merkle Root enthalten, d.h., jede Änderung des Coinbase-Skripts ändert auch die Merkle Root. Acht Bytes einer »Extra-Nonce« und vier Bytes »Standard-Nonce« erlauben den Minern, insgesamt $2^{96}$ (eine 8 gefolgt von 28 Nullen) Möglichkeiten *pro Sekunde* durchzuprobieren, ohne den Zeitstempel modifizieren zu müssen.

Eine andere, heute sehr verbreitete Lösung ist, bis zu 16 Bit des *Versionsbit*-Felds des Block-Headers so zu nutzen, wie es in BIP320 beschrieben ist. Hat jede Mining-Hardware eine eigene Coinbase-Transaktion, kann sie auf diese Weise mit bis zu 281 TH/s arbeiten, indem sie nur den Block-Header ändert. Mining-Hardware und -Protokolle bleiben so einfacher als die Inkrementierung der Extra-Nonce in der Coinbase-Transaktion alle vier Milliarden Hashes (die die Neuberechnung der gesamten linken Seite des Merkle Tree bis hinunter zur Root verlangt).

## Mining-Pools

In diesem hart umkämpften Umfeld haben allein arbeitende Miner (sogenannte Solo-Miner) keine Chance. Die Wahrscheinlichkeit, einen Block zu finden, mit dem sie ihre Strom- und Hardwarekosten wieder reinholen, ist so klein, dass es sich eher um ein Glücksspiel handelt. Selbst die schnellsten ASIC-Miner für Endverbraucher können nicht mit den kommerziellen Systemen mithalten, die Zehntausende dieser Chips in riesigen Datenzentren in der Nähe von Kraftwerken betreiben. Viele Miner arbeiten daher in Form von Mining-Pools zusammen, d.h., sie bündeln ihre Hashing-Leistung und teilen die Belohnung unter den Teilnehmenden auf. Durch die Teilnahme an einem Pool erhält der Miner einen kleinen Anteil an der Belohnung, doch üblicherweise erhält er diese Belohnung jeden Tag, was die Unsicherheit reduziert.

Sehen wir uns ein Beispiel an. Angenommen, ein Miner hat Mining-Hardware mit einer kombinierten Hashrate von 0,0001 % der aktuellen Netzwerk-Hashrate gekauft. Wenn sich die Difficulty nicht ändert, findet dieser Miner etwa alle 20 Jahre einen neuen Block. Das ist eine lange Zeit bis zum Zahltag. Nimmt der Miner hingegen an einem Mining-Pool teil, dessen aggregierte Hashrate bei einem Prozent der Netzwerk-Hashrate liegt, finden sie im Schnitt mehr als einen Block pro Tag. Der Miner erhält nur seinen Anteil an der Belohnung (abzüglich der Gebühren des Pools), also nur einen kleinen Betrag pro Tag. Würden sie 20 Jahre lang ununterbrochen schürfen, kämen sie auf die gleiche Menge gefundener Blöcke (ohne Pool-Gebühren), als würden sie selbst schürfen. Der grundlegende Unterschied ist die Häufigkeit des Zahlungseingangs.

Mining-Pools koordinieren Hunderte oder Tausende von Minern über spezialisierte Pool-Mining-Protokolle. Die einzelnen Miner richten ihre Mining-Hardware so ein, dass sie die Verbindung mit einem Poolserver herstellen (nachdem sie einen Account bei diesem Pool eingerichtet haben). Die Mining-Hardware bleibt während des Minings mit dem Poolserver verbunden, der die Arbeit mit den anderen Minern abgleicht. Die Pool-Miner teilen sich also die Arbeit beim Mining eines Blocks und teilen sich die Belohnung.

Erfolgreich geschürfte Blöcke werden an die Bitcoin-Adresse des Pools ausgezahlt, nicht an einzelne Miner. Der Poolserver führt regelmäßig Auszahlungen an die Bitcoin-Adressen der Miner durch, sobald der jeweilige Anteil eine gewisse Höhe erreicht hat. Üblicherweise behält der Pool eine kleine Gebühr für die Bereitstellung des Diensts ein.

Die an einem Pool teilnehmenden Miner teilen die Suche nach einer Lösung für den Anwärterblock auf und erhalten dafür entsprechend ihrem Beitrag Anteile (engl. *Shares*). Der Mining-Pool definiert ein höheres Target (niedrigere Difficulty) für den Erhalt einer Share, das üblicherweise tausendmal kleiner (einfacher) ist als das Target des Bitcoin-Netzwerks. Schürft jemand im Pool erfolgreich einen Block, erhält der Pool die Belohnung und teilt sie dann unter allen Minern proportional zur Anzahl der Shares, die sie zur Lösung beigetragen haben, auf.

Viele Pools sind für jeden Miner offen, egal ob groß oder klein, ob Profi oder Amateur. Ein Pool wird daher ein paar Teilnehmende mit einer einzelnen kleinen Maschine haben, aber auch andere mit einer Garage voller High-End-Mining-Hardware. Einige werden mit einigen Zehntel Kilowatt schürfen, andere werden Rechenzentren betreiben, die ein Megawatt Leistung verbraten. Wie misst der Mining-Pool den individuellen Beitrag, sodass die Belohnungen fair verteilt werden können, ohne dass jemand schummelt? Die Lösung ist, den Proof-of-Work-Algorithmus zu verwenden, um den Beitrag jedes Miners zu messen, diesen aber auf eine kleinere Difficulty zu setzen, damit selbst die kleinsten Miner einen Anteil erhalten, der die Teilnahme an einem Pool lohnenswert macht. Sobald ein Pool-Miner einen Block-Header-Hash findet, der unter dem Pool-Target liegt, beweist er, dass er Hashing-Arbeit geleistet hat, um diese Lösung zu finden. Dieser Header bestätigt letztlich die Coinbase-Transaktion und beweist, dass der Miner eine Coinbase-Transaktion genutzt hat, die die Belohnung an den Pool auszahlt. Jeder Pool-Miner erhält eine leicht unterschiedliche Coinbase-Transaktion, sodass jeder andere Anwärterblock-Header hasht und so Doppelarbeit vermeidet.

Die Arbeit an Shares trägt statistisch messbar zu den Gesamtbemühungen bei, einen Hash unter dem Bitcoin-Target zu finden. Tausende von Minern, die versuchen, Hashes mit niedrigem Wert zu finden, werden schließlich einen finden, der niedrig genug ist, um das Target des Bitcoin-Netzwerks zu erfüllen.

Kehren wir noch einmal zu unserem Würfelspiel zurück. Wenn die Spielerinnen und Spieler mit dem Ziel würfeln, weniger als 4 zu werfen (die eigentliche Difficulty), würde der Pool ein einfacheres Target wählen und zählen, wie oft ein Spieler weniger als 8 wirft. Würfelt der Spieler weniger als 8 (das Pool-Target für eine Share), erhält er einen Anteil, gewinnt aber das Spiel nicht, weil er das Spiel-Target (weniger als 4) nicht erreicht hat. Die Spieler erreichen das Pool-Target wesentlich häufiger und erhalten sehr regelmäßig Anteile, selbst wenn sie das viel schwierigere Spiel-Target nicht erreichen. Hin und wieder würfelt einer der Poolspieler weniger als 4, und der Pool gewinnt. Dann können die Erträge, basierend auf den jeweiligen Shares, an die Poolspieler verteilt werden. Auch wenn das Target 8 nicht gewonnen hat, war es ein faires Maß für die Würfe der Spieler, und gelegentlich kommt dabei auch ein Wurf unter 4 heraus.

In gleicher Weise setzt ein Mining-Pool ein (höheres und einfacheres) Pool-Target, das sicherstellt, dass ein einzelner Pool-Miner Block-Header-Hashes findet, die häufig unter dem Pool-Target liegen, sodass er regelmäßig Shares erhält. Hin und wieder liefert einer dieser Versuche einen Block-Header-Hash zurück, der unter dem Target des Bitcoin-Netzwerks liegt, was einen gültigen Block ergibt, und der gesamte Pool gewinnt.

### Managed Pools

Die meisten Mining-Pools sind *Managed Pools*, d.h., dass es ein Unternehmen oder eine Einzelperson gibt, die den Poolserver betreibt. Der Betreiber des Poolservers, im Englischen *Pool Operator* genannt, erhebt von den Pool-Minern eine prozentuale Gebühr von den Einnahmen.

Der Poolserver führt spezialisierte Software und ein Pool-Mining-Protokoll aus, die die Aktivitäten der Pool-Miner koordinieren. Der Poolserver ist darüber hinaus mit einem oder mehreren Full Nodes verbunden. Das erlaubt dem Poolserver, Blöcke und Transaktionen für die Pool-Miner zu validieren, die sich den Betrieb einer Full Node ersparen. Für einige Pool-Miner ist das Mining ohne eigene Full Node ein weiterer Vorteil eines Managed Pool.

Pool-Miner stellen die Verbindung mit dem Poolserver über Mining-Protokolle wie Stratum (Version 1 oder 2) her. Stratum v1 erzeugt Block-Templates, die eine »Schablone« des Anwärterblocks enthalten. Der Poolserver baut einen Anwärterblock auf, indem er die Transaktionen zusammenfasst, eine Coinbase-Transaktion (mit Extra-Nonce) hinzufügt, die Merkle Root berechnet und den Hash des vorherigen Blocks verlinkt. Der Header des Anwärterblocks wird anschließend als Template an alle Pool-Miner geschickt. Jeder Pool-Miner schürft dann über dieses Block-Template mit einem höheren (einfacheren) Target als dem eigentlichen Bitcoin-Target und sendet erfolgreiche Ergebnisse an den Poolserver zurück, um Shares einzunehmen.

Stratum v2 erlaubt einzelnen Minern optional die Aufnahme eigener Transaktionen in die Blöcke, die mithilfe einer eigenen Full Node ausgewählt werden können.

### Peer-to-Peer-Mining-Pool (P2Pool)

Bei Stratum v1 nutzenden Managed Pools ist es dem Poolbetreiber möglich zu schummeln, da er die Poolleistung auf ein Double Spending von Transaktionen oder die Annullierung von Blöcken (siehe »Konsensangriffe (Hashrate Attacks)« auf Seite 310) ansetzen kann. Außerdem stellen zentralisierte Poolserver einen Single-Point-of-Failure als eine einzelne Schwachstelle dar. Ist der Poolserver down oder wegen eines DoS-Angriffs langsam, können die Pool-Miner nicht schürfen. Im Jahr 2011 wurden diese Aspekte der Zentralisierung gelöst, und eine neue Methode des Pool-Minings wurde vorgeschlagen und implementiert: P2Pool, ein Peer-to-Peer-Mining-Pool ohne zentralen Betreiber.

P2Pool basiert auf der Dezentralisierung der Funktionen des Poolservers und implementiert ein paralleles, Blockchain-artiges System namens *Share Chain*. Eine Share Chain ist eine Blockchain, die mit einer geringeren Difficulty läuft als die Bitcoin-Blockchain. Die Share Chain erlaubt Pool-Minern die Zusammenarbeit in einem dezentralisierten Pool durch das Schürfen von Shares in der Share Chain mit einer Geschwindigkeit von einem Share-Block alle 30 Sekunden. Jeder Block dieser Share Chain hält eine anteilige Belohnung für die von den Pool-Minern geleistete Arbeit fest, wobei die Shares aus dem vorherigen Share-Block übernommen werden. Erreicht einer der Share-Blöcke auch das Bitcoin-Target, wird er propagiert und in die Blockchain eingetragen. Die Pool-Miner, die vor dem »Siegerblock« in den bisherigen Share-Blöcken stehen, werden dann ausbezahlt. Anstelle eines Poolservers, der die Shares und Belohnungen der Miner nachhält, erlaubt die Share Chain allen Pool-Minern, alle Shares nachzuhalten. Dabei wird ein dezentraler Konsensmechanismus wie bei der Bitcoin-Blockchain verwendet.

P2Pool-Mining ist komplexer als Pool-Mining, da die Pool-Miner einen dedizierten Rechner betreiben müssen, der über ausreichend Plattenplatz, Speicher und Internetbandbreite verfügt, um eine Full Node und die P2Pool-Software zu betreiben. Bei P2Pool verbinden sie ihre Mining-Hardware mit ihrer lokalen P2Pool-Node, die die Funktionen eines Poolservers simuliert, indem sie Block-Templates an die Mining-Hardware schickt. Bei P2Pool erzeugen einzelne Pool-Miner eigene Anwärterblöcke, d.h., sie fassen Transaktionen wie Solo-Miner zusammen, schürfen aber gemeinsam auf der Share Chain. P2Pool ist ein hybrider Ansatz, der (gegenüber Solo-Mining) den Vorteil regelmäßiger Auszahlungen bietet, ohne zu viel Kontrolle an den Poolbetreiber abzugeben.

Auch wenn P2Pool die Konzentration der Leistung auf Mining-Pool-Betreiber reduziert, ist es möglicherweise anfällig für 51-%-Angriffe auf die Share Chain selbst. Eine weitere Verbreitung von P2Pool löst das Risiko eines 51-%-Angriffs für Bitcoin nicht. Vielmehr macht P2Pool als Teil eines diversifizierten Mining-Ökosystems den Bitcoin robuster. Während wir diese Zeilen schreiben, wird P2Pool kaum noch genutzt, doch neue Protokolle wie Stratum v2 erlauben es den einzelnen Minern, zu entscheiden, welche Transaktion sie in ihre Blöcke aufnehmen.

## Konsensangriffe (Hashrate Attacks)

Bitcoins Konsensmechanismus ist, zumindest theoretisch, anfällig für Angriffe durch Miner (oder Pools), die ihre Hashing-Leistung für unlautere oder schädliche Zwecke einsetzen. Wie wir gesehen haben, ist der Konsensmechanismus davon abhängig, dass die Mehrheit der Miner aus eigenem Interesse ehrlich agiert. Wenn aber ein Miner, oder eine Gruppe von Minern, einen signifikanten Anteil an der Mining-Leistung erreicht, kann der Konsensmechanismus angegriffen und Sicherheit wie Verfügbarkeit des Bitcoin-Netzwerks können gestört werden.

Es ist wichtig, anzumerken, dass sich Konsensangriffe nur auf den zukünftigen Konsens auswirken oder bestenfalls auf die jüngste Vergangenheit. Bitcoins Kassenbuch wird mit der Zeit immer unveränderlicher. Zwar kann ein Fork theoretisch mit jeder Tiefe erfolgen, doch in der Praxis ist die Rechenleistung immens, die für einen sehr tiefen Fork notwendig ist. Alte Blöcke lassen sich daher praktisch nicht mehr ändern. Konsensangriffe wirken sich auch nicht auf die Sicherheit privater Schlüssel oder den Signaturalgorithmus aus.

Ein Angriffsszenario gegen den Konsensmechanismus wird *51-%-Angriff* genannt. Bei diesem Szenario tut sich eine Gruppe von Minern zusammen, die den Großteil der Hashing-Leistung des Netzwerks (51 %) unter ihrer Kontrolle haben, um den Bitcoin anzugreifen. Da sie den Großteil der Blöcke schürfen, können sie bewusst »Forks« erzeugen und Transaktionen doppelt einlösen (*Double Spending*) oder DoS-Angriffe gegen bestimmte Transaktionen oder Adressen fahren. Bei einem Fork/Double-Spend-Angriff sorgt der Angreifer dafür, dass bereits bestätigte Blöcke für ungültig erklärt werden, indem er einen Fork und den Wechsel zu einer anderen Chain erzwingt. Bei ausreichend Leistung kann ein Angreifer sechs oder mehr Blöcke auf einmal annullieren, was bedeutet, dass Transaktionen, die als unveränderlich galten (sechs Bestätigungen), ungültig werden. Beachten Sie, dass ein Double Spending nur für die Transaktionen des Angreifers möglich ist, für die er gültige Signaturen vorweisen kann. Das Double Spending eigener Transaktionen lohnt sich, wenn der Angreifer durch die Annullierung eine unwiderrufliche Überweisung oder ein Produkt erhält, ohne dafür bezahlen zu müssen.

Sehen wir uns ein praktisches Beispiel für einen 51-%-Angriff an. Im ersten Kapitel haben wir eine Transaktion zwischen Alice und Bob verfolgt. Bob, der Verkäufer, akzeptiert die Zahlung für eine Tasse Kaffee, ohne auf die Bestätigung (das Mining eines Blocks) zu warten, da das Risiko eines Double Spending bei einer Tasse Kaffee gering ist. Das entspricht der (amerikanischen) Praxis, Kreditkartenzahlungen unter 25 Dollar ohne Unterschrift zu akzeptieren. Das Risiko der Rückbelastung ist gering. Im Gegensatz dazu ist das Risiko eines Double-Spending-Angriffs beim Verkauf eines teureren Produkts deutlich höher. Dabei erzeugt der Käufer zwei konkurrierende Inputs (UTXOs) und widerruft die Zahlung an den Verkäufer. Ein 51-%-Angriff erlaubt dem Angreifer, seine eigenen Transaktionen in der neuen Chain erneut auszugeben, indem er die entsprechende Transaktion in der alten Chain rückgängig macht.

In unserem Beispiel besucht der böse Angreifer Mallory Carols Galerie und kauft ein wundervolles Triptychon, das Satoshi Nakamoto als Prometheus zeigt. Carol verkauft das Werk für 250.000 Dollar in Bitcoins an Mallory. Statt auf sechs oder mehr Bestätigungen für die Transaktion zu warten, übergibt Carol es nach nur einer Bestätigung an Mallory. Dieser arbeitet mit einem Komplizen, Paul, zusammen, der einen großen Mining-Pool betreibt. Paul startet den 51-%-Angriff, sobald Mallorys Transaktion in einem Block enthalten ist. Paul sorgt dafür, dass der Mining-Pool einen Block mit der gleichen Blockhöhe wie der Block, in dem Mallorys Transaktion enthalten ist, noch einmal schürft, und ersetzt dadurch Mallorys Zahlung an Carol durch eine Transaktion, die den gleichen Input wie bei Mallorys Zahlung noch einmal ausgibt. Diese Double-Spending-Transaktion verbraucht den gleichen UTXO und zahlt ihn an Mallorys Wallet zurück, statt Carol zu bezahlen. Mallory behält seine Bitcoins also. Paul sorgt dann dafür, dass der Mining-Pool einen zusätzlichen Block schürft, sodass die Chain, die die Double-Spending-Transaktion enthält, länger ist als die ursprüngliche Chain (was zu einem Fork unter dem Block mit Mallorys Transaktion führt). Wenn der Blockchain-Fork zugunsten der neuen (längeren) Chain aufgelöst wird, ersetzt die Double-Spending-Transaktion die ursprüngliche Zahlung an Carol. Carol ist jetzt um ein Triptychon ärmer, und Bitcoins hat sie auch nicht bekommen. Die Miner in Pauls Pool bekommen von diesem Double-Spending-Versuch nichts mit, weil das Mining automatisiert erfolgt und nicht jede Transaktion oder jeder Block überwacht werden kann.

Um sich vor dieser Art von Angriff zu schützen, muss ein teurere Produkte verkaufender Händler auf mindestens sechs Bestätigungen warten, bevor er das Produkt dem Käufer übergibt. Alternativ kann der Verkäufer einen treuhänderischen Multisignatur-Account nutzen und auch hier wieder auf einige Bestätigungen warten. Je mehr Bestätigungen eingehen, desto schwieriger wird es, eine Transaktion mit einem 51-%-Angriff zu annullieren. Bei hochwertigen Gütern ist die Zahlung per Bitcoin immer noch bequem und effizient, selbst wenn der Käufer 24 Stunden auf die Lieferung warten muss (was etwa 144 Bestätigungen entspricht).

Neben dem Double-Spending-Angriff ist ein weiteres Szenario eines Konsensangriffs die »Dienstverweigerung« (*Denial-of-Service*) für bestimmte Bitcoin-Teilnehmer (also bestimmte Bitcoin-Adressen). Ein Angreifer, der über einen Großteil der Mining-Leistung verfügt, kann bestimmte Transaktionen einfach ignorieren. Sind diese in einem Block enthalten, der von einem anderen Miner geschürft wurde, kann der Angreifer ganz bewusst einen Fork vornehmen und den Block erneut schürfen, was die Transaktionen wieder ausschließt. Diese Art des Angriffs kann zu einem anhaltenden Denial-of-Service führen, solange der Angreifer den Großteil der Mining-Leistung kontrolliert.

Trotz des Namens benötigt ein 51-%-Angriff nicht 51% der Hashing-Leistung. Tatsächlich kann ein solcher Angriff auch mit einem geringeren Anteil der Hashing-Leistung durchgeführt werden. Der Schwellenwert von 51% sagt nur aus, dass ein Angriff auf diesem Level nahezu immer erfolgreich ist. Ein Konsensangriff ist im Wesentlichen ein Tauziehen um den nächsten Block, und die »stärkere« Gruppe wird wahrscheinlich gewinnen. Bei weniger Hashing-Leistung sinkt die Erfolgswahrscheinlichkeit, weil andere Miner die Generierung einiger Blöcke mit ihrer Mining-Leistung kontrollieren. Anders ausgedrückt: Je mehr Hashing-Leistung ein Angreifer hat, desto länger kann der bewusst erzeugte Fork sein, desto mehr Blöcke der jüngsten Vergangenheit kann er annullieren, und desto mehr zukünftige Blöcke kann er kontrollieren. Laut den statistischen Modellen einiger Sicherheitsforscher sind bestimmte Arten von Konsensangriffen mit einer Hashing- Leistung von nur 30% möglich.

Die durch Mining-Pools erfolgte Zentralisierung birgt das Risiko gewinnorientierter Angriffe durch Poolbetreiber. Der Betreiber eines Managed Pool kontrolliert die Erzeugung von Anwärterblöcken, und er kontrolliert auch, welche Transaktionen enthalten sind. Der Poolbetreiber hat die Möglichkeit, Transaktionen auszuschließen oder Double-Spending-Angriffe durchzuführen. Erfolgt dieser Missbrauch der Leistung in eingeschränkter und unauffälliger Form, kann ein Poolbetreiber nachhaltig Profit aus dem Konsensangriff schlagen, ohne weiter aufzufallen.

Nicht allen Angreifern geht es um Profit. Bei einem anderen möglichen Angriffsszenario möchte der Angreifer nur das Bitcoin-Netzwerk lahmlegen, ohne aus dieser Unterbrechung Profit schlagen zu können. Ein Angriff, der Bitcoin lahmlegen soll, verlangt Unsummen an Geld und eine gute Planung, könnte von einem finanziell gut gerüsteten (wahrscheinlich von einem Staat unterstützten) Angreifer aber durchgeführt werden. Ein finanziell gut ausgestatteter Angreifer kann den Konsens alternativ angreifen, indem er konzentriert Mining-Hardware ansammelt, Poolbetreiber kompromittiert und andere Pools mit DoS-Angriffen überzieht. All diese Szenarien sind theoretisch möglich.

Zweifellos würde ein ernsthafter Konsensangriff das Vertrauen in den Bitcoin kurzfristig erschüttern und zu einem deutlichen Preisverfall führen. Allerdings entwickelt sich das Bitcoin-Netzwerk und die Software ständig weiter, d.h., ein Konsensangriff würde zu sofortigen Gegenmaßnahmen durch die Bitcoin-Community führen und den Bitcoin härter, schlauer und robuster denn je machen.

# Die Konsensregeln ändern

Die Konsensregeln bestimmen die Gültigkeit von Transaktionen und Blöcken. Diese Regeln bilden die Basis der Zusammenarbeit aller Bitcoin-Knoten und sorgen dafür, dass alle lokalen Ansichten in einer einzigen konsistenten Blockchain im gesamten Netzwerk münden.

Zwar sind die Konsensregeln kurzfristig unveränderlich und über alle Nodes hinweg gleich, doch langfristig können sie sich durchaus ändern. Damit sich das Bitcoin-System entwickeln und wachsen kann, müssen die Regeln von Zeit zu Zeit angepasst werden, um neue Features, Verbesserungen und Bug-Fixes zu integrieren. Im Gegensatz zur traditionellen Softwareentwicklung ist ein Upgrade des Konsenssystems jedoch wesentlich schwieriger und verlangt die Koordination zwischen allen Teilnehmern.

## Hard-Forks

In »Ketten von Blöcken zusammensetzen und auswählen« auf Seite 304 haben Sie erfahren, wie sich das Bitcoin-Netzwerk kurz in zwei Teile aufspaltet und zwei unterschiedlichen Ästen der Blockchain folgt. Sie wissen nun, dass dieser Vorgang während des normalen Betriebs des Netzwerks auftreten kann und wie das Netzwerk nach einem oder mehr Blöcken wieder zu einer einheitlichen Blockchain findet.

Es gibt einen weiteren Fall, in dem sich das Netzwerk in zwei Chains aufteilen kann: bei einer Änderung der Konsensregeln. Diese Art Fork wird als *Hard-Fork* bezeichnet, weil das Netzwerk nach dem Fork nicht mehr zu einer einzelnen Chain zurückkehrt. Stattdessen entwickeln sich zwei voneinander unabhängige Chains. Hard-Forks treten ein, wenn ein Teil des Netzwerks mit anderen Konsensregeln betrieben wird als der Rest des Netzwerks. Das kann infolge eines Bugs passieren oder aufgrund einer bewussten Änderung der Konsensregeln.

Mit Hard-Forks kann man die Konsensregeln ändern, doch sie verlangen die Koordinierung aller Teilnehmenden des Systems. Alle Nodes, die die neuen Konsensregeln nicht übernehmen, können nicht mehr am Konsensmechanismus teilnehmen und werden im Augenblick des Hard-Fork Teil einer anderen Chain. Eine durch einen Hard-Fork herbeigeführte Änderung ist also nicht »vorwärtskompatibel«, d.h., nicht aktualisierte Systeme können die neuen Konsensregeln nicht länger verarbeiten.

Sehen wir uns den Mechanismus eines Hard-Fork an einem konkreten Beispiel an.

Abbildung 12-2 zeigt eine Blockchain mit zwei Forks. An Blockhöhe 4 kommt es zu einem Ein-Block-Fork. Das ist die Art spontaner Fork, die wir in »Ketten von Blöcken zusammensetzen und auswählen« auf Seite 304 gesehen haben. Mit dem Schürfen von Block 5 wird der Fork aufgelöst, und das Netzwerk kehrt wieder zu einer gemeinsamen Chain zurück.

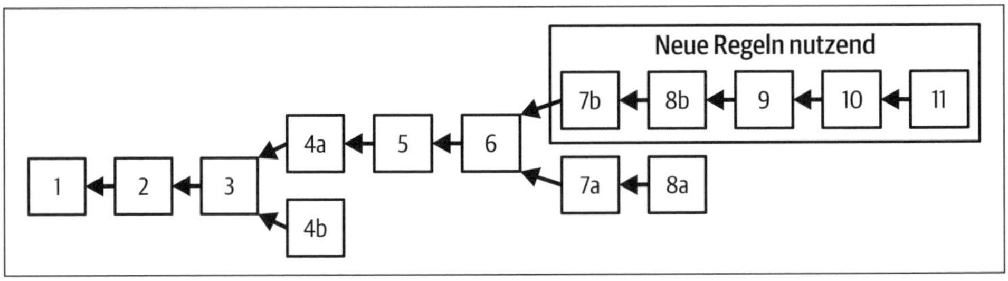


*Abbildung 12-2: Eine Blockchain mit Forks*

Später kommt es an Blockhöhe 6 allerdings zu einem Hard-Fork. Nehmen wir an, dass eine neue Implementierung des Clients veröffentlicht wurde, die eine Änderung der Konsensregeln enthält. Beginnend bei Block 7, akzeptieren Miner, die die neue Implementierung ausführen, eine neue Art Bitcoin (wir wollen sie »Foocoin« nennen). Unmittelbar danach erzeugt eine Node, die diese Implementierung nutzt, einen neuen Block, der einen Foocoin enthält, und ein Miner mit der aktualisierten Software schürft Block 7b, der diese Transaktion enthält.

Jede Node bzw. jeder Miner, der die Software nicht aktualisiert hat, kann den Foocoin nicht validieren und Block 7b nicht verarbeiten. Aus ihrer Sicht sind sowohl die Transaktion, die den Foocoin enthält, als auch Block 7b ungültig, weil die Prüfung nach den alten Konsensregeln erfolgt. Diese Nodes lehnen die Transaktion und den Block ab und propagieren sie nicht weiter. Alle Miner, die noch den alten Regeln folgen, werden Block 7b nicht akzeptieren und versuchen weiterhin, einen Anwärterblock zu schürfen, dessen Parent Block 6 ist. Tatsächlich bekommen die den alten Regeln folgenden Miner Block 7b gar nicht zu sehen, wenn die Nodes, mit denen sie verbunden sind, ebenfalls den alten Regeln folgen und den Block gar nicht erst weiterleiten. Irgendwann werden sie Block 7a schürfen, der nach den alten Regeln gültig ist und keine Transaktionen mit Foocoins enthält.

Ab diesem Punkt driften die beiden Chains auseinander. Miner auf der »b«-Chain akzeptieren und schürfen Transaktionen mit Foocoins, während die Miner in der »a«-Chain diese Transaktionen ignorieren. Selbst wenn Block 8b keine Foocoins enthält, können die Miner in der »a«-Chain sie nicht verarbeiten. Für sie ist er ein verwaister Block, weil der Parent »7b« nicht als gültiger Block erkannt wurde.

### Hard-Forks: Software, Netzwerk, Mining und die Chain

Für Softwareentwickler hat der Begriff *Fork* eine andere Bedeutung, was beim Begriff *Hard-Fork* für zusätzliche Verwirrung sorgt. Bei Open-Source-Software kommt es zu einem Fork, wenn eine Gruppe von Entwicklern einem anderen »Softwarefahrplan« folgt und mit einer konkurrierenden Implementierung der Open-Source-Software beginnt. Wir haben bereits zwei Umstände erläutert, bei denen es zu einem Hard-Fork kommen kann: bei einem Bug in den Konsensregeln und bei einer bewussten Modifikation der Konsensregeln. Im Fall der bewussten Änderung der Konsensregeln steht vor dem Hard-Fork ein Software-Fork. Damit diese Art von Hard-

Fork eintreten kann, muss zuerst eine neue Software für die Konsensregeln entwickelt, übernommen und eingeführt werden.

Beispiele für Software-Forks, die die Konsensregeln ändern wollten, sind Bitcoin XT und Bitcoin Classic. Allerdings hat keiner dieser Software-Forks zu einem Hard-Fork geführt. Zwar ist ein Software-Fork eine notwendige Voraussetzung für einen Hard-Fork, reicht für sich genommen aber nicht aus, um diesen auch zu erzwingen. Damit der Hard-Fork eintritt, muss die konkurrierende Implementierung von Minern, Wallets und vermittelnden Nodes verwendet und die neuen Regeln müssen aktiviert werden. Umgekehrt gibt es eine Vielzahl alternativer Bitcoin-Core-Implementierungen und sogar Software-Forks, die die Konsensregeln nicht ändern und (sofern sie keinen Bug enthalten) im Netzwerk koexistieren, ohne zu einem Hard-Fork zu führen.

Konsensregeln können sich auf offensichtliche und eindeutige Weise in der Validierung von Transaktionen oder Blöcken unterscheiden. Die Regeländerungen können auch subtiler sein, etwa ihre Anwendung auf Bitcoin-Skripte oder kryptografische Primitive (wie digitale Signaturen). Die Konsensregeln können aber auch auf unerwartete Weise abweichen, etwa durch Einschränkungen, die einem System oder einer Implementierung geschuldet sind. Letzteres ist zum Beispiel bei einem unerwarteten Hard-Fork während des Upgrades von Bitcoin Core 0.7 auf 0.8 passiert, der durch eine Einschränkung der Berkley-DB-Implementierung (die zur Speicherung der Blöcke verwendet wird) verursacht wurde.

Konzeptionell entwickelt sich ein Hard-Fork in vier Schritten: einem Software-Fork, einem Netzwerk-Fork, einem Mining-Fork und einem Chain-Fork. Der Prozess beginnt, wenn von den Programmierern eine alternative Implementierung des Clients mit modifizierten Konsensregeln entwickelt wird.

Sobald diese Implementierung im Netzwerk zur Verfügung steht, wird ein gewisser Prozentsatz der Miner, Wallet-Nutzer und der vermittelnden Nodes diese übernehmen und ausführen. Zuerst erfolgt die Spaltung des Netzwerks. Auf der ursprünglichen Implementierung der Konsensregeln basierende Nodes lehnen alle Transaktionen und Blöcke ab, die nach den neuen Konsensregeln erstellt wurden. Darüber hinaus werden die Nodes, die den ursprünglichen Konsensregeln folgen, alle Nodes temporär sperren und vom Netz trennen, die ihnen ungültige Transaktionen und Blöcke senden. Infolgedessen spaltet sich das Netzwerk in zwei Teile auf: Alte Nodes bleiben mit anderen alten Nodes verbunden, und neue Nodes stellen die Verbindung nur zu neuen Nodes her. Eine einzelne Transaktion oder ein einzelner Block breitet sich durch das Netzwerk aus und führt zu einer Spaltung in zwei Netzwerke.

Neue Miner schürfen auf dem neuen Block, während alte Miner eine separate Chain schürfen, die auf den alten Regeln basiert. Die nach unterschiedlichen Konsensregeln arbeitenden Miner senden sich nicht gegenseitig Blöcke zu, da sie mit verschiedenen Netzwerken verbunden sind.

### Divergierende Miner und Difficulty

Während die Miner sich auf zwei verschiedene Chains aufteilen, teilt sich auch die Hashing-Leistung zwischen den Chains auf. Die Mining-Leistung kann sich in beliebigen Proportionen zwischen den beiden Chains aufteilen. Den neuen Regeln kann nur eine kleine Minderheit oder ein Großteil der Miner (und damit der Mining-Leistung) folgen.

Nehmen wir zum Beispiel einen 80-%-20-%-Split an, bei dem ein Großteil der Miner den neuen Konsensregeln folgt. Nehmen wir außerdem an, dass der Fork unmittelbar nach einem Retargeting erfolgt.

Die beiden Chains würden also die Difficulty der aktuellen Retargeting-Periode erben. Die neuen Konsensregeln versammeln 80% der alten Mining-Leistung auf sich. Aus Sicht dieser Chain ist die Mining-Leistung gegenüber der vorherigen Periode plötzlich um 20% gefallen. Blöcke werden durchschnittlich alle zwölf Minuten gefunden, d.h., die zur Erweiterung der Chain verfügbare Mining-Leistung ist um 20% gesunken. Diese Geschwindigkeit, mit der neue Blöcke gefunden werden, setzt sich nun fort, bis 2.016 Blöcke geschürft wurden (wenn man eventuell neu hinzugekommene Mining-Leistung ignoriert), was (bei zwölf Minuten pro Block) ungefähr 24.192 Minuten oder 16,8 Tage dauert. Nach 16,8 Tagen erfolgt ein Retargeting, und die Difficulty wird angepasst (um 20% reduziert). Basierend auf der reduzierten Hashing-Leistung dieser Chain wird nun wieder alle zehn Minuten ein Block geschürft.

Die Chain, die auch weiterhin nach den alten Regeln schürft, verfügt jetzt nur noch über 20% der Hashing-Leistung und steht vor einer wesentlich schwierigeren Aufgabe. Bei dieser Chain werden Blöcke im Schnitt alle 50 Minuten geschürft. Die Difficulty wird 2.016 Blöcke lang nicht angepasst, was etwa 100.800 Minuten bzw. ca. zehn Wochen dauert. Geht man von einer festen Kapazität pro Block aus, führt das auch zu einer Reduzierung der Transaktionskapazität um den Faktor 5, weil jetzt weniger Blöcke pro Stunde zur Verfügung stehen, in denen Transaktionen festgehalten werden können.

### Umstrittene Hard-Forks

Dies ist erst der Beginn der Entwicklung von Konsenssoftware. Genau wie die Open-Source-Entwicklung sowohl die Methoden als auch die Softwareprodukte verändert und in ihrem Kielwasser neue Vorgehensweisen, Tools und neue Communitys geschaffen hat, stellt auch die Entwicklung von Konsenssoftware einen neuen Bereich der Informatik dar. Aus den Debatten, Experimenten und dem Ärger um die Entwicklungs-Roadmap werden neue Entwicklungswerkzeuge, Praktiken, Methoden und Communitys entstehen.

Hard-Forks werden als Risiko betrachtet, weil sie eine Minderheit dazu zwingen, entweder ihre Software zu aktualisieren oder in der »kleineren« Chain zu verbleiben. Die Spaltung des gesamten Systems in zwei konkurrierende Systeme wird von vielen als inakzeptabel angesehen. Deshalb zögern viele Entwickler bei der Nutzung des Hard-Fork-Mechanismus zur Implementierung von Änderungen an den Konsensregeln, solange es nicht ein nahezu einstimmiges Einverständnis des Netzwerks gibt.

Bei jedem Vorschlag eines Hard-Fork, der nicht nahezu einstimmig unterstützt wird, gilt das Risiko einer Aufspaltung des Systems als zu hoch.

Bereits heute sind neue Methoden entstanden, die sich mit den Risiken von Hard-Forks beschäftigen. Im nächsten Abschnitt sehen wir uns Soft-Forks sowie die Methoden zur Signalisierung und Aktivierung von Konsensänderungen an.

## Soft-Forks

Nicht alle Änderungen der Konsensregeln führen zu einem Hard-Fork. Nur Konsensregeln, die »vorwärtsinkompatibel« sind, führen zu einem Fork. Wird die Implementierung in einer Weise implementiert, dass ein nicht modifizierter Client die Transaktion oder den Block nach den alten Regeln immer noch als gültig erachtet, kann die Änderung ohne Fork erfolgen.

Der Begriff *Soft-Fork* wurde eingeführt, um diese Update-Methode von einem *Hard-Fork* zu unterscheiden. Praktisch gesehen, ist ein Soft-Fork gar kein Fork. Ein Soft-Fork ist eine vorwärtskompatible Änderung der Konsensregeln, die es allen alten Clients erlaubt, im Konsens mit den neuen Regeln weiterzulaufen.

Ein nicht direkt offensichtlicher Aspekt von Soft-Forks ist die Tatsache, dass Soft-Fork-Upgrades nur verwendet werden können, um die Konsensregeln zu beschränken, und nicht, um sie zu erweitern. Um vorwärtskompatibel zu sein, müssen unter den neuen Regeln erzeugte Transaktionen und Blöcke auch nach den alten Regeln gültig sein, nicht aber umgekehrt. Die neuen Regeln können nur beschränken, was gültig ist. Andernfalls würden sie einen Hard-Fork auslösen, wenn sie nach den alten Regeln abgelehnt werden.

Soft-Forks können auf unterschiedliche Weise implementiert werden – der Begriff definiert keine einzelne Methode, sondern eine Reihe von Methoden, die alle eines gemeinsam haben: Sie verlangen keinen Upgrade der Nodes und drängen nicht aktualisierte Nodes nicht aus dem Konsens.

Zwei Soft-Forks wurden bei Bitcoin implementiert, die auf der Umdefinition von NOP-Opcodes basieren. Bitcoin Script hat die zehn Opcodes NOP1 bis NOP10 für die zukünftige Verwendung reserviert. Nach den Konsensregeln werden diese Opcodes in einem Skript als Null-Operatoren betrachtet, d. h., sie haben keinerlei Effekt. Die Ausführung geht nach einem NOP-Opcode weiter, als wäre er nicht vorhanden.

Ein Soft-Fork kann daher die Semantik eines NOP-Codes verändern und ihm eine neue Bedeutung geben. Zum Beispiel interpretiert BIP65 (`CHECKLOCKTIMEVERIFY`) den Opcode NOP2 neu. BIP65 implementierende Clients interpretieren NOP2 als `OP_CHECKLOCKTIMEVERIFY` und erzwingen eine absolute Locktime-Regel für UTXOs, die diesen Opcode in ihren Locking-Skripten enthalten. Diese Änderung ist ein Soft-Fork, weil eine unter BIP65 gültige Transaktion auch bei jedem Client gültig ist, der BIP65 nicht implementiert. Für die alten Clients enthält das Skript einen NOP-Opcode, den sie ignorieren.

### Kritik an Soft-Forks

Auf NOP-Opcodes basierende Soft-Forks sind relativ unumstritten. Die NOP- Opcodes wurden in Bitcoin Script mit dem expliziten Ziel implementiert, kompatible Upgrades zu ermöglichen.

Allerdings machen sich viele Entwicklerinnen und Entwickler Sorgen darüber, dass andere Methoden des Soft-Fork-Upgrades inakzeptable Kompromisse darstellen. Häufig geäußerte Kritikpunkte an Soft-Forks sind:

*Technische Schuld*
: Da Soft-Forks technisch komplexer sind als ein Hard-Fork-Upgrade, führen sie zu einer *technischen Schuld*. Dieser Begriff steht für die Steigerung der zukünftigen Wartungskosten für den Code, der durch in der Vergangenheit eingegangene Kompromisse am Design verursacht wird. Die Komplexität des Codes erhöht im Gegenzug die Wahrscheinlichkeit von Bugs und Sicherheitslücken.

*Lockerung der Validierung*
: Nicht modifizierte Clients betrachten Transaktionen als gültig, ohne die modifizierten Konsensregeln zu evaluieren. Die alten Clients validieren also nicht nach allen Konsensregeln, da sie für die neuen Regeln blind sind. Das gilt für NOP-basierte Upgrades, aber auch für andere Arten von Soft-Forks.

*Unumkehrbare Upgrades*
: Da Soft-Forks Transaktionen mit zusätzlichen Konsensbeschränkungen erzeugen, sind sie praktisch unumkehrbar. Müsste ein Soft-Fork nach der Aktivierung rückgängig gemacht werden, könnten alle Transaktionen, die unter den neuen Regeln erzeugt wurden, nach den alten Regeln zu einem Verlust von Bitcoins führen. Wird zum Beispiel eine CLTV-Transaktion nach den alten Regeln evaluiert, gibt es keinen Timelock, und die Transaktion kann zu einem beliebigen Zeitpunkt ausgegeben werden. Kritiker behaupten daher, dass ein fehlgeschlagener Soft-Fork, der aufgrund eines Bugs rückgängig gemacht werden muss, zweifellos zum Verlust von Bitcoins führen würde.

### Soft-Fork-Signalisierung mittels Blockversion

Da Soft-Forks alten Clients erlauben, innerhalb des Konsenses weiterzulaufen, ist ein Mechanismus der »Aktivierung« eines Soft-Fork die Signalisierung der Miner, dass sie bereit und willens sind, die neuen Konsensregeln zu befolgen. Wenn alle Miner die neuen Regeln durchsetzen, gibt es kein Risiko, dass nicht angepasste Nodes einen Block akzeptieren, den aktualisierte Nodes ablehnen würden. Dieser Mechanismus wurde mit BIP34 eingeführt.

### BIP34: Signalisierung und Aktivierung

BIP34 nutzte das Blockversionsfeld, um es den Minern zu ermöglichen, ihre Bereitschaft für eine bestimmte Änderung der Konsensregeln zu signalisieren. Vor BIP34 war die Blockversion per *Konvention*, nicht per *Konsens*, auf »1« gesetzt.

BIP34 definierte eine Änderung der Konsensregeln, die verlangte, dass das Coinbase-Feld (Input) der Coinbase-Transaktion die Blockhöhe enthielt. Vor BIP34 konnte die Coinbase beliebige vom Miner frei gewählte Daten enthalten. Nach der Aktivierung von BIP34 mussten gültige Blöcke die jeweilige Blockhöhe am Anfang der Coinbase eintragen und mit einer Versionsnummer größer oder gleich »2« identifizieren.

Um die Änderung und Aktivierung von BIP34 zu signalisieren, änderten die Miner die Blockversion von 1 auf 2. Das machte Version-1-Blöcke nicht sofort ungültig. Einmal aktiviert, wären Version-1-Blöcke ungültig, und alle Version-2-Blöcke müssten die Blockhöhe in der Coinbase angeben, um gültig zu sein.

BIP34 definierte einen zweistufigen Aktivierungsmechanismus mit einem Fenster von 1.000 Blöcken. Ein Miner würde seine Bereitschaft für BIP34 signalisieren, indem er Blöcke mit der Versionsnummer 2 erzeugt. Genau genommen, mussten diese Blöcke den neuen Konsensregeln (also der Aufnahme der Blockhöhe in die Coinbase-Transaktion) noch nicht entsprechen, weil die Konsensregel noch nicht aktiviert war. Diese Aktivierung erfolgte in zwei Schritten:

- Wenn 75 % (750 der letzten 1.000 Blöcke) mit der Version 2 markiert wurden, müssen Version-2-Blöcke die Blockhöhe in der Coinbase-Transaktion enthalten, oder sie werden als ungültig abgelehnt. Version-1-Blöcke werden vom Netzwerk weiterhin akzeptiert und müssen die Blockhöhe nicht enthalten. Die alten und die neuen Konsensregeln sind während dieser Periode beide gültig.
- Wenn 95 % (950 der letzten 1.000 Blöcke) auf Version 2 basieren, werden Version-1-Blöcke nicht länger als gültig erachtet. Version-2-Blöcke sind nur gültig, wenn sie (wie im ersten Schritt) die Blockhöhe in der Coinbase enthalten. Danach müssen alle Blöcke den neuen Konsensregeln folgen, und alle gültigen Blöcke müssen die Blockhöhe in der Coinbase-Transaktion enthalten.

Nach der erfolgreichen Signalisierung und Aktivierung unter den BIP34-Regeln wurde dieser Mechanismus noch zweimal zur Aktivierung von Soft-Forks genutzt:

- BIP66 (*https://oreil.ly/Xes2l*) Die strikte DER-Codierung von Signaturen wurde durch eine Signalisierung im BIP34-Stil aktiviert. Die Blockversion wurde dabei auf »3« gesetzt.
- BIP65 (*https://oreil.ly/pk8tz*) `CHECKLOCKTIMEVERIFY` wurde durch eine Signalisierung im BIP34-Stil aktiviert. Die Blockversion wurde dabei auf »4« gesetzt.

Nach der Aktivierung von BIP65 wurde der Signalisierungs- und Aktivierungsmechanismus von BIP34 »außer Dienst gestellt« und durch den BIP9-Signalisierungsmechanismus ersetzt, den wir nachfolgend erläutern.

### BIP9: Signalisierung und Aktivierung

Der bei BIP34, BIP66 und BIP65 verwendete Mechanismus war bei der Aktivierung von drei Soft-Forks erfolgreich. Aufgrund verschiedener Einschränkungen wurde er dennoch ersetzt:

- Durch die Verwendung eines Integerwerts für die Blockversion konnte nur jeweils ein Soft-Fork aktiviert werden. Das verlangte die Koordinierung der Soft-Fork-Proposals und die Zustimmung zu deren Priorisierung und Sequenzierung.
- Da die Blockversion inkrementiert wurde, bot dieser Mechanismus keine einfache Möglichkeit, eine Änderung abzulehnen und dann eine andere vorzuschlagen. Alte Clients könnten die Signalisierung einer neuen Änderung als Signalisierung einer vorher abgelehnten Änderung interpretieren.
- Jede neue Änderung reduzierte unwiderruflich die Anzahl der Blockversionen für zukünftige Änderungen.

BIP9 wurde vorgeschlagen, um diese Probleme zu lösen und die Geschwindigkeit und Einfachheit der Implementierung zukünftiger Änderungen zu verbessern.

BIP9 interpretiert die Blockversion nicht als Integerwert, sondern als Bitfeld. Da die Blockversion ursprünglich als Integerwert für die Versionen 1 bis 4 verwendet wurde, bleiben nur 29 Bit für das Bitfeld übrig. Diese 29 Bit können unabhängig und simultan genutzt werden, um die Bereitschaft für 29 verschiedene Proposals zu signalisieren.

BIP9 legt außerdem eine maximale Zeitspanne für die Signalisierung und Aktivierung fest. Auf diese Weise müssen die Miner ihre Bereitschaft nicht ständig signalisieren. Wird ein Vorschlag nicht innerhalb der `TIMEOUT`-Periode aktiviert (die im Proposal definiert ist), wird er als abgelehnt betrachtet. Das Proposal kann durch Signalisierung über ein anderes Bit für eine weitere Aktivierungsperiode erneut vorgeschlagen werden.

Ist die `TIMEOUT`-Periode verstrichen und ein Feature aktiviert oder abgelehnt worden, kann das Signalisierungsbit außerdem ohne Probleme für ein anderes Feature wiederverwendet werden. Insgesamt können also 29 Änderungen gleichzeitig angezeigt werden, und nach der `TIMEOUT`-Periode können die Bits für neue Änderungen wiederverwendet werden.

> Zwar können die Bits recycelt werden, doch solange sich die Wahlperioden nicht überlappen, empfehlen die Autoren von BIP9, die Bits nur bei Bedarf wiederzuverwenden, da es durch Bugs in älterer Software zu unerwartetem Verhalten kommen kann. Kurz gesagt, Sie werden kein Recycling sehen, solange nicht alle 29 Bits einmal verwendet wurden.

Die vorgeschlagenen Änderungen werden durch eine Datenstruktur identifiziert, die die folgenden Felder enthält:

*name*
: Eine kurze Beschreibung zur Unterscheidung der Vorschläge, meist das den Vorschlag beschreibende Proposal als »bipN«, wobei N für die BIP-Nummer steht.

*bit*
: 0 bis 28. Das Bit in der Blockversion, über das die Miner ihre Zustimmung zu diesem Proposal signalisieren.

*starttime*
: Die Zeit (basierend auf MTP), ab der der Bitwert als Bereitschaftssignal für das Proposal interpretiert wird.

*endtime*
: Die Zeit (basierend auf MTP), nach der die Änderung als abgelehnt gilt, wenn die Aktivierungsgrenze nicht erreicht wird.

Im Gegensatz zu BIP34 zählt BIP9 die Aktivierungssignalisierung in ganzen Intervallen, die auf der Retargeting-Periode von 2.016 Blöcken basiert. Übersteigt in einer Periode die Summe der Blöcke, die für eine Änderung sind, 95 % (1.916 von 2.016), wird das Proposal eine Retargeting-Periode später aktiviert.

BIP9 stellt ein Zustandsdiagramm für Proposals bereit, das die verschiedenen Phasen und Übergänge eines Proposals illustriert und das in Abbildung 12-3 zu sehen ist.

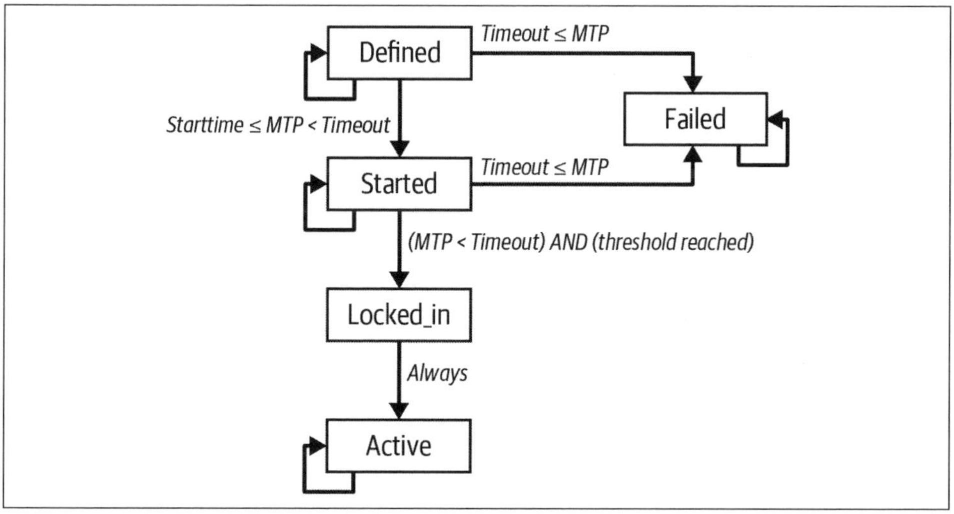


*Abbildung 12-3: BIP9-Zustandsübergangsdiagramm*

Proposals beginnen mit dem Zustand `DEFINED`, sobald ihre Parameter in der Bitcoin-Software bekannt (definiert) sind. Bei Blöcken mit einer MTP über der Startzeit wechselt der Zustand zu `STARTED`. Ist die Aktivierungsschwelle innerhalb einer Retargeting-Periode erreicht und das Timeout noch nicht überschritten, geht das Proposal in den Zustand `LOCKED_IN` über. Eine Retargeting-Periode später wird das Proposal `ACTIVE`. Proposals bleiben im `ACTIVE`-Zustand, wenn sie diesen Zustand einmal erreicht haben. Kommt es zum Timeout, bevor der Schwellenwert erreicht ist, geht das Proposal in den Zustand `FAILED` über, d. h., das Proposal wird abgelehnt. Abgelehnte Proposals verbleiben in diesem Zustand.

BIP9 wurde erstmals für die Aktivierung von `CHECKSEQUENCEVERIFY` und den zugehörigen BIPs (68, 112, 113) implementiert. Das Proposal namens »csv« wurde im Juli 2016 erfolgreich aktiviert.

Der Standard ist in BIP9 (Version bits with timeout and delay) (*https://oreil.ly/FoCsz*) definiert.

## BIP8: Zwingende Zustimmung mit früher Aktivierung

Nachdem BIP9 erfolgreich für den CSV-Soft-Fork genutzt wurde, sollte die nächste Implementierung eines Soft-Fork der Konsensregeln von den Minern aktiviert werden. Allerdings waren einige Leute gegen den Soft-Fork namens *Segwit*, und für mehrere Monate signalisierten nur wenige Miner ihre Unterstützung für Segwit.

Später stellte sich heraus, dass einige Miner (insbesondere aus dem Lager der Verweigerer) Hardware nutzten, die ihnen ein Feature namens *covert (verdeckter) ASICBoost* einen verheimlichten Vorteil verschaffte. Ungewollt beeinträchtige Segwit die Möglichkeit zur Nutzung des verdeckten ASICBoost. Sobald Segwit aktiviert wäre, verlören die Miner ihren verdeckten Vorteil.

Nachdem die Community diesen Interessenkonflikt aufgedeckt hatte, entschieden einige Nutzer, ihre Macht ausüben zu wollen und nur noch Blöcke von Minern anzunehmen, die bestimmten Regeln folgten. Die Regeln, die die Nutzer letztlich wollten, waren die von Segwit aufgestellten neuen Regeln, doch die Nutzer wollten den Druck erhöhen, indem sie die große Zahl von Nodes nutzten, die die Segwit-Regeln anwenden wollten, sobald ausreichend Miner ihre Bereitschaft signalisieren würden. Ein pseudonymer Entwickler schlug BIP148 vor, bei dem jede es implementierende Node alle Blöcke ablehnt, die den Start von Segwit nicht zu einem bestimmten Datum signalisieren (bis Segwit aktiviert ist).

Obwohl nur eine beschränkte Zahl von Nutzern tatsächlich BIP148-Code ausführte, schienen viele andere Nutzer der gleichen Meinung zu sein und bereiteten sich auf die Nutzung von BIP148 vor. Einige Tage vor der Aktivierung von BIP148 begannen nahezu alle Miner ihre Bereitschaft zu signalisieren, die Segwit-Regeln durchzusetzen. Segwit erreichte die Aktivierungsschwelle etwa zwei Wochen später und wurde zwei Wochen danach aktiviert.

Viele Nutzer hielten es für einen Schwachpunkt von BIP9, dass Miner eine Aktivierung erfolgreich verhindern konnten, indem sie ein Jahr lang ihr Einverständnis nicht signalisierten. Sie wollten einen Mechanismus, der einen Soft-Fork an einer bestimmten Blockhöhe garantiert aktivierte, der es den Minern aber gleichzeitig erlaubte, ihre Zustimmung schon früher zu signalisieren.

Die dafür entwickelte Methode war BIP8, die BIP9 sehr ähnlich ist, aber zusätzlich eine `MUST_SIGNAL`-Periode definiert, innerhalb der die Miner ihre Zustimmung zum Soft-Fork-Proposal signalisieren müssen.

2021 wurde Software veröffentlicht, die Taproot mittels BIP8 aktiviert hätte, und nachweislich hat zumindest eine kleine Anzahl von Nutzern diese Software ausgeführt. Einige dieser Nutzer behaupten auch, dass ihre Bereitschaft des Einsatzes von

BIP8, um Miner zur Aktivierung von Taproot zu zwingen, ein Grund war, warum es letztlich aktiviert wurde. Sie behaupten, dass, wenn Taproot nicht schnell aktiviert worden wäre, auch andere Nutzer damit begonnen hätten, BIP8 zu nutzen. Leider lässt sich nicht beweisen, was passiert wäre, und wir können nicht mit Sicherheit sagen, wie viel BIP8 zur Aktivierung von Taproot beigetragen hat.

### Speedy Trial: Schnelles Scheitern oder langfristiger Erfolg

Obwohl BIP9 selbst (außer der breiten Zustimmung für das Proposal) wohl nicht zur Aktivierung von Segwit geführt hat, war vielen Protokollentwicklern nicht klar, ob BIP9 selbst ein Fehler war. Wie bereits erwähnt, war die ursprüngliche Weigerung der Miner, Zustimmung für Segwit zu signalisieren, größtenteils das Ergebnis eines einmaligen Interessenkonflikts, den es in Zukunft nicht mehr geben wird. Einigen schien BIP9 einen weiteren Versuch wert zu sein. Andere sahen das anders und wollten BIP8 nutzen.

Nach monatelangen Diskussionen zwischen den Parteien, die an bestimmten Aktivierungsideen interessiert waren, wurde ein Kompromiss vorgeschlagen, um Taproot zu aktivieren. Eine modifizierte Version von BIP9 wurde vorgeschlagen, die Minern nur ein sehr kurzes Zeitfenster ließen, um ihre Zustimmung zu den Taproot-Regeln zu signalisieren. Wäre die Signalisierung nicht erfolgreich, könnte ein anderer Aktivierungsmechanismus verwendet (oder die Idee verworfen) werden. Wäre die Signalisierung erfolgreich, würde sie etwa sechs Monate später bei einer festgelegten Blockhöhe aktiviert werden. Der Mechanismus wurde von einem der Befürworter *Speedy Trial* (zu Deutsch etwa »schnelles (Gerichts-)Verfahren«) genannt.

Die Speedy-Trial-Aktivierung wurde ausprobiert, Miner signalisierten schnell Zustimmung zu den Taproot-Regeln, und Taproot wurde sechs Monate später erfolgreich aktiviert. Für die Befürworter von Speedy Trial war es ein klarer Erfolg. Andere waren enttäuscht, dass BIP8 nicht genutzt wurde.

Es ist nicht klar, ob Speedy Trial bei der zukünftigen Aktivierung eines Soft-Fork noch einmal verwendet wird.

## Entwicklung von Konsenssoftware

Die Entwicklung von Konsenssoftware schreitet stetig voran, und es gibt viele Diskussionen zu den verschiedenen Mechanismen zur Änderung der Konsensregeln. Naturgemäß legt Bitcoin die Latte für die Koordinierung und den Konsens bei Änderungen sehr hoch. Als dezentralisiertes System gibt es keine »Autorität«, die ihren Willen gegenüber den Teilnehmenden des Netzwerks durchsetzen kann. Die Macht teilt sich auf verschiedene »Wahlberechtigte« wie Miner, Core-Entwickler, Wallet-Entwickler, Börsen, Händler und Endanwender auf. Beispielsweise können die Miner die Regeln durch einfache Mehrheit (51 %) ändern, sind aber durch den Konsens der anderen Wahlberechtigten eingeschränkt. Wenn sie zu einseitig handeln, könnten die restlichen Teilnehmer die Gefolgschaft schlicht verweigern und ihre wirtschaftlichen Aktivitäten auf eine andere Chain verlagern. Ohne diese wirtschaftlichen Aktivitäten schürfen die Miner einen wertlosen Coin voller leerer Blöcke. Diese Streuung der Macht bedeutet, dass alle Teilnehmer koordiniert handeln müssen, da sonst keine Änderungen durchgeführt werden können. Status quo ist der stabile Zustand dieses Systems, bei dem nur wenige Änderungen möglich sind, wenn starker Konsens durch eine sehr große Mehrheit herrscht. Der Schwellenwert von 95 % für Soft-Forks spiegelt diese Realität wider.

Es ist wichtig, zu erkennen, dass es keine perfekte Lösung für die Herstellung des Konsenses gibt. Sowohl Hard- als auch Soft-Forks verlangen Kompromisse. Für einige Änderungen mögen Soft-Forks die bessere Wahl sein, bei anderen sind es Hard-Forks. Es gibt nicht die perfekte Wahl, beide bergen Risiken. Die einzig konstante Charakteristik der Entwicklung der Konsenssoftware besteht darin, dass Änderungen schwierig sind und dass der Konsens Kompromisse erzwingt.

Einige betrachten das als Schwäche des Konsenssystems. Mit der Zeit werden sie es vielleicht so sehen wie ich, nämlich als eine der größten Stärken des Systems.

An diesem Punkt des Buchs endet die Beschreibung des eigentlichen Bitcoin-Systems. Was bleibt, sind Software, Tools und andere Protokolle, die auf Bitcoin aufbauen.

# KAPITEL 13
# Bitcoins und Sicherheit

Die Sicherheit von Bitcoin ist eine Herausforderung, weil Bitcoin kein abstrakter Verweis auf einen Wert ist, wie etwa der Kontostand bei der Bank. Bitcoin ist viel mehr wie digitales Bargeld oder Gold. Vielleicht kennen Sie den Ausdruck: »Das Recht steht auf der Seite der Besitzenden.« Nun, beim Bitcoin gilt das ganz besonders. Der Besitz des Schlüssels, der die Bitcoins freigibt, entspricht dem Besitz von Geld oder einem Stück seltenen Metalls. Wenn Sie ihn verlieren, verlegen, wenn er gestohlen wird oder wenn Sie ihn versehentlich dem Falschen geben, ist er verloren. So, als würde Ihnen Geld aus der Tasche fallen, so können Sie in all diesen Fällen niemanden haftbar machen.

Allerdings besitzt Bitcoin Fähigkeiten, die Bargeld, Gold und Bankkonten fehlen. Eine Bitcoin-Wallet, die Ihre Schlüssel enthält, kann wie eine beliebige Datei gesichert werden. Sie können mehrere Kopien anlegen und sie sogar auf Papier ausdrucken. Ein Backup von Bargeld, Gold oder Ihrem Bankkonto können Sie nicht erstellen. Bitcoin unterscheidet sich von allem bisher Dagewesenen so stark, dass wir über die Bitcoin-Sicherheit ebenfalls neu nachdenken müssen.

## Sicherheitsgrundsätze

Das Kernprinzip von Bitcoin ist die Dezentralisierung, was wichtige Auswirkungen auf die Sicherheit hat. Ein zentralisiertes System wie eine traditionelle Bank oder ein Zahlungsnetzwerk basiert auf Zugriffskontrollen und gründlicher Prüfung, um die »bösen Jungs« aus dem System herauszuhalten. Im Vergleich dazu übergibt ein dezentralisiertes System wie der Bitcoin die Verantwortung und die Kontrolle an die Benutzenden. Da die Sicherheit des Netzwerks auf dem Proof-of-Work basiert und nicht auf Zugriffskontrollen, kann das Netzwerk offen sein, und der Bitcoin-Datenverkehr benötigt keine Verschlüsselung.

Bei traditionellen Zahlungsnetzwerken, wie etwa einem Kreditkartensystem, ist die Zahlung offen, weil sie die private Kennung des Nutzers (die Kreditkartennummer) enthält. Jeder, der Zugriff auf diese Kennung hat, kann Geldmittel »abgreifen« und den Eigentümer immer und immer wieder belasten. Daher muss das Zahlungsnetzwerk durch eine Ende-zu-Ende-Verschlüsselung geschützt werden, und es muss sichergestellt sein, dass kein Lauscher den Zahlungsverkehr abhören kann. Gelingt den bösen Jungs der Zugriff auf das System, können sie aktuelle Transaktionen und auch Zahlungen kompromittieren, die für neue Transaktionen verwendet werden können. Schlimmer noch, wenn die Daten des Kunden bekannt werden, besteht die Gefahr des Identitätsdiebstahls, und er muss Maßnahmen treffen, um sich vor einer betrügerischen Nutzung seines Kontos zu schützen.

Bitcoin ist da radikal anders. Eine Bitcoin-Transaktion autorisiert nur einen bestimmten Wert an einen bestimmten Empfänger und kann weder gefälscht noch manipuliert werden. Sie gibt keine privaten Informationen wie die Identität der Parteien preis und kann nicht verwendet werden, um zusätzliche Zahlungen zu autorisieren. Aus diesem Grund muss das Zahlungsnetzwerk des Bitcoin weder verschlüsselt noch vor Lauschern geschützt werden. Tatsächlich können Sie Bitcoin-Transaktionen über öffentliche Kanäle wie ungesicherte Wi-Fi- oder Bluetooth-Verbindungen abwickeln, ohne an Sicherheit zu verlieren.

Bitcoins dezentralisiertes Sicherheitsmodell gibt dem Nutzer sehr viel Macht in die Hand. Mit dieser Macht geht aber auch die Verantwortung für die Sicherheit der Schlüssel einher. Für die meisten Nutzer ist das nicht so einfach, insbesondere auf internetfähigen Allzweckgeräten wie Smartphones oder Notebooks. Zwar verhindert Bitcoins dezentralisiertes Modell die Art von Massenangriffen, die wir von Kreditkarten kennen, doch viele Nutzer sind nicht in der Lage, ihre Schlüssel adäquat zu schützen, und werden einer nach dem anderen gehackt.

## Bitcoin-Systeme sicher entwickeln

Das wichtigste Prinzip für Bitcoin-Entwickler ist die Dezentralisierung. Die meisten Entwickler sind mit zentralisierten Sicherheitsmodellen vertraut und könnten versucht sein, dieses Modell auf ihre Bitcoin-Anwendungen anzuwenden. Das hätte katastrophale Folgen.

Bitcoins Sicherheit hängt von der dezentralen Kontrolle über die Schlüssel sowie die unabhängige Validierung der Transaktionen durch die Nutzer ab. Wenn Sie die Sicherheit von Bitcoin erhalten wollen, müssen Sie sich innerhalb des Bitcoin-Sicherheitsmodells bewegen. Einfach ausgedrückt: Entziehen Sie den Nutzern nicht die Kontrolle über ihre Schlüssel und nehmen Sie Transaktionen nicht aus der Blockchain heraus.

Zum Beispiel haben viele frühe Bitcoin-Börsen die Einlagen aller Nutzer in einer einzigen Wallet vorgehalten und alle Schlüssel auf einem einzigen Server gespeichert. Ein solches Design entzieht dem Nutzer die Kontrolle über die Schlüssel und zentralisiert diese auf einem einzigen System. Viele dieser Systeme wurden gehackt – mit katastrophalen Folgen für die Kunden.

Solange Sie nicht bereit sind, sehr viel in die Betriebssicherheit sowie mehrstufige Zugriffskontrollen und Audits zu investieren (wie traditionelle Banken das machen), sollten Sie es sich sorgfältig überlegen, bevor Sie Einlagen aus Bitcoins dezentralisiertem Sicherheitssystem abziehen. Selbst wenn Sie über die Mittel und die Disziplin verfügen, ein robustes Sicherheitsmodell zu implementieren, kopiert dieser Ansatz lediglich das fragile Modell traditioneller Finanznetzwerke, die von Identitätsdiebstahl, Korruption und Veruntreuung geplagt sind. Um die Vorteile des einmaligen dezentralen Sicherheitsmodells von Bitcoin nutzen zu können, müssen Sie der Versuchung zentralisierter Architekturen widerstehen, die einem zwar vertraut sind, letztendlich aber die Sicherheit des Bitcoin untergraben.

## Die Wurzel des Vertrauens

Traditionelle Sicherheitsarchitekturen basieren auf dem Konzept der *Root of Trust*, also der »Wurzel des Vertrauens«. Dabei bildet ein vertrauenswürdiger Kern die Grundlage der Sicherheit des gesamten Systems oder der Anwendung. Die Sicherheitsarchitektur wird wie eine Zwiebel in konzentrischen Kreisen um diese Root of Trust herum aufgebaut und dehnt so das Vertrauen vom Zentrum weg aus. Jede Schicht baut auf der »vertrauenswürdigeren« inneren Schicht über Zugriffskontrollen, digitale Signaturen, Verschlüsselung und andere Sicherheitselemente auf. Je komplexer Softwaresysteme werden, desto wahrscheinlicher enthalten sie Fehler, und desto anfälliger sind sie für Sicherheitslücken. Je komplexer ein Softwaresystem ist, desto schwieriger ist es abzusichern. Das Root-of-Trust-Konzept stellt sicher, dass ein Großteil des »Vertrauens« im einfachsten Teil des Systems konzentriert ist, während komplexere Software in Schichten darübergelegt wird. Diese Sicherheitsarchitektur wird auf verschiedenen Ebenen wiederholt, d.h., zuerst wird eine Root of Trust innerhalb der Hardware eines einzelnen Systems etabliert, dann wird diese Root of Trust auf das Betriebssystem ausgedehnt, dann auf die Systemdienste und schließlich auf viele verschiedene Server.

Die Sicherheitsarchitektur von Bitcoin ist anders. Bei Bitcoin sorgt das Konsenssystem für ein vertrauenswürdiges, vollständig dezentralisiertes Kassenbuch. Eine korrekt validierte Blockchain nutzt den Genesis-Block als Root of Trust und baut darauf eine »Kette des Vertrauens« (*Chain of Trust*) bis zum aktuellen Block auf. Bitcoin-Systeme können und sollten die Blockchain als ihre Root of Trust verwenden. Wenn Sie komplexe Bitcoin-Anwendungen entwickeln, die mehrere Dienste umfassen, sollten Sie die Sicherheitsarchitektur sorgfältig untersuchen, um herauszufinden, wo das Vertrauen ansetzt. Doch letztendlich sollten Sie nur einer vollständig validierten Blockchain vertrauen. Wenn Ihre Anwendung explizit oder implizit etwas anderem als der Blockchain vertraut, sollten Sie stutzig werden, da das eine potenzielle Sicherheitslücke darstellt. Eine gute Methode, die Sicherheitsarchitektur einer Anwendung zu evaluieren, besteht darin, jede einzelne Komponente zu betrachten und ein hypothetisches Szenario durchzuspielen, bei dem die Komponente unter die vollständige Kontrolle eines Angreifers gerät. Gehen Sie nacheinander jede Komponente Ihrer Anwendung durch und bewerten Sie die Auswirkungen auf die Sicherheit des Gesamtsystems, wenn diese Komponente kompromittiert wird. Ist Ihre Anwendung dann nicht mehr sicher, ist das »Vertrauen« in diese Komponente nicht richtig integriert. Eine Bitcoin-Anwendung ohne Sicherheitslücken sollte nur durch eine Kompromittierung des Bitcoin-Konsensmechanismus verwundbar sein, d.h., ihre Root of Trust basiert auf dem stärksten Teil der Bitcoin-Sicherheitsarchitektur.

Die zahllosen Beispiele gehackter Bitcoin-Börsen unterstreichen diesen Punkt, da deren Sicherheitsarchitektur und deren Design selbst einer einfachen Überprüfung nicht standhalten. Diese zentralisierten Implementierungen haben Vertrauen explizit in eine Vielzahl von Komponenten außerhalb der Blockchain investiert, etwa in »Hot Wallets«, zentralisierte Kassenbücher, anfällige Schlüssel und ähnliche Dinge.

## Best Practices für den Nutzer

Menschen verwenden Sicherheitskontrollen seit Jahrtausenden. Im Vergleich dazu reicht unsere Erfahrung mit digitaler Sicherheit erst 50 Jahre zurück. Moderne Allzweckbetriebssysteme sind nicht besonders sicher und eignen sich insbesondere nicht zur Speicherung digitalen Gelds. Unsere Computer sind über permanente Internetverbindungen laufend externen Angriffen ausgesetzt. Sie führen Tausende von Softwarekomponenten von Tausenden Autoren aus, die häufig uneingeschränkten Zugang zu den Dateien des Benutzers haben. Ein einziges Stück bösartige Software, das sich unter den Tausenden Programmen auf Ihrem Computer versteckt, kann Ihre Tastatur und Ihre Dateien übernehmen und alle Bitcoins aus Ihrer Wallet stehlen. Das Wissen und der Aufwand, die notwendig sind, um einen Computer viren- und trojanerfrei zu halten, gehen weit über die Fähigkeiten eines Durchschnittsanwenders hinaus.

Trotz jahrzehntelanger Forschung und einiger Fortschritte in der Informationssicherheit sind digitale Vermögenswerte vor entschlossenen Angreifern kaum sicher. Selbst stark gesicherte Systeme bei Finanzdienstleistern, Geheimdiensten und der Verteidigungsindustrie werden häufig geknackt. Bitcoin erzeugt digitale Vermögenswerte, die einen eigenen Wert besitzen und unmittelbar und unwiderruflich an neue Besitzer übertragen werden können. Für Hacker ist das ein enormer Anreiz. Bisher mussten Hacker nach dem Diebstahl die Identitäten bzw. Informationen wie Kreditkarten und Bankdaten zu »Geld« machen. Trotz der damit verbundenen Schwierigkeiten ist es zu immer größeren Diebstählen gekommen. Bitcoin vergrößert dieses Problem noch, weil es nicht erst einer Geldwäsche unterzogen werden muss, sondern das digitale Asset selbst einen Wert darstellt.

Glücklicherweise schafft Bitcoin auch einen Anreiz, um die Computersicherheit zu erhöhen. War das Risiko des Kompromittierens eines Computers vorher eher vage und indirekt, macht der Bitcoin die Risiken klar und offensichtlich. Liegen Bitcoins auf einem Computer, erkennt der Nutzer schnell den Bedarf an erhöhter Sicherheit. Als direkte Folge der Verbreitung von Bitcoin und anderen digitalen Währungen sehen wir einen deutlichen Anstieg der Hacking-Techniken, aber auch der Sicherheitslösungen. Einfach ausgedrückt, haben Hacker jetzt ein sehr attraktives Ziel und die Nutzer ein klares Interesse daran, sich selbst zu schützen.

In den letzten Jahren haben wir, als direktes Ergebnis der Verbreitung von Bitcoin, sehr viele Innovationen im Bereich Computersicherheit gesehen: Hardwareverschlüsselung, Speicherung von Schlüsseln und Hardware-Wallets, Multisignaturtechniken und digitale Treuhanddienste. In den folgenden Abschnitten wollen wir uns die verschiedenen Best Practices für die Sicherheit ansehen.

## Physische Speicherung von Bitcoins

Da die meisten Nutzerinnen und Nutzer mit physischer Sicherheit deutlich vertrauter sind als mit Informationssicherheit, besteht eine sehr effektive Form des Schutzes von Bitcoin darin, sie in eine physische Form umzuwandeln. Bitcoin-Schlüssel sind nicht mehr als lange Zahlen, was bedeutet, dass man sie in physischer Form speichern kann, z.B. auf Papier gedruckt oder auf eine Metallplatte geätzt. Der Schutz der Schlüssel besteht dann einfach in der physischen Sicherung der ausgedruckten Kopie der Bitcoin-Schlüssel. Ein auf Papier gedruckter Bitcoin-Schlüssel wird *Papier-Backup* genannt, und viele Wallets können sie erzeugen. Bitcoins offline vorzuhalten, bezeichnet man als *Cold Storage*, und das ist eine der effektivsten Sicherheitstechniken. Bei einem Cold-Storage-System werden die Schlüssel auf einem Offlinesystem (das nie mit dem Internet verbunden ist) erzeugt und auch offline gespeichert, entweder auf Papier oder einem digitalen Medium wie einem USB-Stick.

## Hardware-Wallets

Auf lange Sicht wird sich die Bitcoin-Sicherheit zunehmend in Richtung manipulationssicherer Hardware-Wallets entwickeln. Im Gegensatz zu einem Smartphone oder einem Desktoprechner dient eine Hardware-Wallet nur dem Zweck, Schlüssel zu verwahren und damit Signaturen zu generieren. Ohne Allzwecksoftware, die man kompromittieren könnte, und mit eingeschränkten Schnittstellen bieten Hardware-Wallets Nichtfachleuten ein hohes Maß an Sicherheit. Hardware-Wallets könnten die dominierende Methode zur Bitcoin-Speicherung werden.

## Zugriff sicherstellen

Den meisten Nutzerinnen und Nutzern ist das Risiko eines Bitcoin-Diebstahls durchaus bewusst, doch es gibt ein noch größeres Risiko: Dateien gehen immer wieder verloren. Enthalten diese Dateien Bitcoins, ist der Verlust umso schmerzhafter. In ihrem Bemühen, ihre Bitcoin-Wallets zu schützen, dürfen Nutzer nicht zu weit gehen, um ihre Bitcoins nicht zu verlieren. Im Juli 2011 verlor ein bekanntes Bitcoin-bezogenes Projekt fast 7.000 Bitcoins. Durch ihr Bestreben, einen Diebstahl zu verhindern, verwendeten die Eigentümer eine komplexe Serie verschlüsselter Backups. Letztlich gingen die Schlüssel aber verloren, die Backups wurden wertlos, und sie verloren ein Vermögen. Analog zu Bargeld, das man irgendwo in der Wüste vergräbt, riskieren Sie auch bei Bitcoin, Ihr Geld zu verlieren, wenn Sie es zu gut schützen.

> Um Bitcoins ausgeben zu können, müssen Sie mehr sichern als die privaten Schlüssel oder den BIP32-Seed, aus dem sie abgeleitet wurden. Das gilt insbesondere dann, wenn Multisignatur- oder komplexe Skripte genutzt werden. Die meisten Output-Skripte sind an die zu erfüllenden Bedingungen gebunden, um die Bitcoins in diesem Output einlösen zu können. Sie sind nicht in der Lage, dieses Commitment zu erfüllen, wenn Ihre Wallet-Software diese Bedingungen dem Netzwerk nicht offenlegen kann. Wallet-Wiederherstellungscodes müssen diese Informationen enthalten. Weitere Details finden Sie in Kapitel 5.

## Risikodiversifizierung

Würden Sie Ihr gesamtes Vermögen in Ihrem Portemonnaie mit sich herumtragen? Nahezu alle Menschen sehen das zu Recht als fahrlässig an, und doch halten die meisten Nutzer ihre Bitcoins in einer einzigen Wallet vor. Stattdessen sollten sie das Risiko auf mehrere und unterschiedliche Wallets verteilen. Umsichtige Nutzende halten nur einen kleinen Teil (5 % oder weniger) ihrer Bitcoins in einer Mobile oder einer Online-Wallet als »Kleingeld« vor, den Rest verteilen sie auf unterschiedliche Speichermechanismen wie Desktop-Wallets oder Cold Storage.

## Multisignaturen und Kontrolle

Wenn Unternehmen oder Einzelpersonen große Mengen an Bitcoins speichern, sollten sie immer die Nutzung einer Multisignaturadresse in Erwägung ziehen. Multisignaturadressen sichern Vermögenswerte ab, indem sie mehrere Signaturen für eine Auszahlung verlangen. Die signierenden Schlüssel sollten an unterschiedlichen Orten gespeichert sein und von verschiedenen Personen kontrolliert werden. In einem Unternehmen sollten die Schlüssel beispielsweise unabhängig voneinander erzeugt werden und im Besitz verschiedener Führungskräfte sein. So wird sichergestellt, dass eine einzelne Person nicht an die Mittel herankommt. Multisignaturadressen bieten auch Redundanz, wenn eine einzelne Person mehrere Schlüssel an verschiedenen Orten vorhält.

## Überlebensfähigkeit

Ein wichtiger Sicherheitsaspekt, der häufig übersehen wird, ist die Verfügbarkeit. Das gilt besonders im Fall des Todes oder der Rechtsunfähigkeit des Besitzers. Bitcoin-Nutzerinnen und -Nutzern wird eingebläut, komplizierte Passwörter zu verwenden, ihre Schlüssel sicher zu verwahren und sie mit niemandem zu teilen. Leider macht es diese Praxis den Familienangehörigen nahezu unmöglich, an das Vermögen zu gelangen, wenn der Besitzer nicht mehr da ist und sie freigeben kann. Tatsächlich wissen die Familien von Bitcoin-Nutzern häufig gar nichts von der Existenz der Bitcoins.

Wenn Sie viele Bitcoins besitzen, sollten Sie darüber nachdenken, Details mit einer vertrauenswürdigen Person oder einem Anwalt zu teilen. Ein anspruchsvolleres Schema könnte mit Multisignaturen arbeiten und mit einem Nachlassplan, der durch einen spezialisierten »digitalen Nachlassverwalter« abgewickelt wird.

Bitcoin ist eine völlig neue, komplexe Technologie, die von den Entwicklerinnen und Entwicklern immer noch erschlossen wird. Mit der Zeit werden wir bessere Sicherheitstools und Praktiken entwickeln, deren Einsatz auch für Nichtexperten leichter sein wird. Bis dahin können Bitcoin-Nutzer viele der hier vorgestellten Tipps ausprobieren, um Bitcoins sicher und problemlos zu verwenden.

KAPITEL 14

# Blockchain-Anwendungen

Bauen wir nun auf unserem Wissen um das primäre Bitcoin-System (engl. *First Layer*) auf und betrachten wir es als Plattform für Anwendungen (*Second Layer*). In diesem Kapitel sehen wir uns die Features der Bitcoin-Blockchain als Anwendungsplattform an. Sie erfahren, wie Anwendungen *Primitive* aufbauen, die den Grundstein jeder Blockchain-Anwendung bilden. Außerdem werfen wir einen Blick auf verschiedene wichtige Anwendungen, die diese Primitive nutzen, etwa kundenseitige Validierung, Zahlungskanäle und geroutete Zahlungskanäle (*Lightning Network*).

## Grundbausteine (Primitive)

Wird das Bitcoin-System langfristig korrekt betrieben, bietet es bestimmte Garantien an, die als Grundlage für die Entwicklung von Anwendungen genutzt werden können. Hierzu gehören:

*Kein Double Spending*
: Die grundlegendste Garantie des dezentralisierten Konsensalgorithmus von Bitcoin stellt sicher, dass kein UTXO zweimal ausgegeben werden kann.

*Unveränderlichkeit*
: Sobald eine Transaktion in der Blockchain festgehalten ist und ausreichend Arbeit in zusätzlichen Blöcken geleistet wurde, lassen sich die Transaktionsdaten nicht mehr verändern. Diese Unveränderlichkeit wird durch »Energie« garantiert, da ein Umschreiben der Blockchain durch den Proof-of-Work die Aufwendung von Energie verlangt. Die benötigte Energie und damit der Grad der Unveränderlichkeit steigen mit der Zahl bestätigter Blöcke, die über dem entsprechenden Transaktionsblock liegen.

*Neutralität*
: Das dezentralisierte Bitcoin-Netzwerk propagiert gültige Transaktionen unabhängig vom Ursprung oder Inhalt dieser Transaktionen. Das bedeutet, dass jeder, der eine gültige Transaktion (mit ausreichend Gebühren) erstellt, darauf vertrauen kann, dass diese Transaktion übertragen und in die Blockchain eingetragen wird.

*Sichere Zeitstempel*
: Die Konsensregeln lehnen alle Blöcke ab, deren Zeitstempel zu weit in der Vergangenheit oder Zukunft liegen. Das stellt sicher, dass man den Zeitstempeln in Blöcken vertrauen kann. Der Zeitstempel in einem Block garantiert, dass die Inputs aller in einem Block enthaltenen Transaktionen vor diesem Zeitpunkt garantiert nicht ausgegeben wurden.

*Autorisierung*
: Digitale Signaturen, validiert durch ein dezentralisiertes Netzwerk, garantieren die Autorisierung. Skripte, die eine digitale Signatur für die Ausführung verlangen, können ohne Zustimmung des Eigentümers des privaten Schlüssels nicht ausgeführt werden.

*Überprüfbarkeit*
: Alle Transaktionen sind öffentlich und können überprüft werden. Alle Transaktionen und Blöcke können in einer ununterbrochenen Kette bis zum Genesis-Block zurückverfolgt werden.

*Buchhaltung*
: In jeder Transaktion (mit Ausnahme der Coinbase-Transaktion) entspricht der Wert der Inputs dem Wert der Outputs plus der Gebühren. Es ist unmöglich, Bitcoin-Werte in einer Transaktion zu erzeugen oder zu löschen. Die Outputs können die Inputs nicht übersteigen.

*Kein Verfallsdatum*
: Eine gültige Transaktion verfällt nicht. Ist sie heute gültig, bleibt sie auch in naher Zukunft gültig, solange die Inputs nicht ausgegeben werden und die Konsensregeln sich nicht ändern.

*Integrität*
: Die Outputs einer mit `SIGHASH_ALL` signierten Transaktion oder mit `SIGHASH` signierte Teile einer Transaktion können nicht geändert werden, ohne die Signatur, und damit die Transaktion selbst, ungültig zu machen.

*Atomische Transaktionen*
: Bitcoin-Transaktionen sind atomisch. Sie sind entweder gültig und bestätigt (geschürft) oder nicht. Partielle Transaktionen können nicht geschürft werden, und es gibt keinen Übergangszustand für eine Transaktion. Zu jedem Zeitpunkt ist eine Transaktion entweder geschürft oder nicht.

*Diskrete (unteilbare) Werteeinheiten*
: Transaktions-Outputs sind diskrete und unteilbare Werteeinheiten. Sie können entweder vollständig ausgegeben werden oder gar nicht. Sie können nicht geteilt und nur partiell ausgegeben werden.

*Beschlussfähigkeit*
: Multisignaturen erzwingen in Skripten einen Mehrheitsbeschluss, der durch das Multisignaturschema vordefiniert ist. Diese M-von-N-Forderung wird durch die Konsensregeln erzwungen.

*Zeitsperren/Alterung*
: Jedes Skript, das eine Klausel mit einer relativen oder absoluten Zeitsperre (Timelock) enthält, kann erst ausgeführt werden, wenn die festgelegte Zeit erreicht ist.

*Replikation*
: Die dezentrale Speicherung in der Blockchain stellt sicher, dass eine Transaktion im gesamten Netzwerk repliziert wird, sobald sie geschürft wurde und ausreichend Bestätigungen vorliegen. Auf diese Weise ist sie haltbar und robust bei Stromausfällen, Datenverlusten usw.

*Fälschungssicherheit*
: Eine Transaktion kann nur existierende validierte Outputs einlösen. Einen Wert zu fälschen, ist nicht möglich.

*Konsistenz*
: Die Wahrscheinlichkeit von Änderungen oder Ungereimtheiten bei Blöcken nimmt exponentiell ab, je tiefer ein Block in der Blockchain steht. Einmal tief integriert, macht die benötigte Energie eine Änderung praktisch unmöglich.

*Externe Zustände festhalten*
: Eine Transaktion kann über `OP_RETURN` einen Wert binden, was einem Zustandsübergang in einem externen Zustandsautomaten entspricht.

*Vorhersehbare Emission*
: Weniger als 21 Millionen Bitcoins werden mit einer kalkulierbaren Geschwindigkeit ausgegeben.

Die Liste dieser Grundbausteine ist nicht vollständig, und neue kommen hinzu, wenn neue Features für Bitcoin eingeführt werden.

## Anwendungen aus Grundbausteinen

Die von Bitcoin angebotenen Grundbausteine sind Elemente einer Vertrauensplattform, die zur Entwicklung von Anwendungen genutzt werden können. Hier einige Beispiele für heute existierende Anwendungen sowie die Grundbausteine, die sie verwenden:

*Proof-of-Existence (digitaler Notar)*
: Unveränderlichkeit, Zeitstempel und Langlebigkeit. Eine Transaktion auf der Blockchain kann an einen Wert gebunden sein und so beweisen, dass bestimmte Daten zu der Zeit, zu der die Transaktion festgehalten wurde, existierte (Zeitstempel). Das Commitment kann nachträglich nicht modifiziert werden (Unveränderlichkeit), und der Beweis wird permanent gespeichert (Langlebigkeit).

*Kickstarter (Lighthouse)*
: Konsistenz, Atomarität und Integrität. Wenn Sie einen Input und den Output (Integrität) einer Fundraising-Transaktion signieren, können andere dem Fundraiser etwas zukommen lassen, der Betrag kann aber nicht ausgegeben werden (Atomarität), bis das Ziel (Output-Wert) erreicht ist (Konsistenz).

*Zahlungskanäle*
: Mehrheitsbeschluss, Zeitsperre, kein Double Spending, kein Verfallsdatum, Zensurschutz und Autorisierung. Eine 2-von-2-Multisignatur (Beschlussfähigkeit) mit einer Zeitsperre, die als *Settlement*-Transaktion für einen Zahlungskanal genutzt wird, kann von jeder Partei (Autorisierung) gehalten (kein Verfallsdatum) und eingelöst werden (Zensurschutz). Beide Parteien können dann Commitment-Transaktionen erzeugen, die das Settlement (kein Double Spending) zu einem früherem Zeitpunkt erlauben (Zeitsperre).

## Colored Coins

Die erste von uns betrachtete Bitcoin-Anwendung sind *Colored Coins*.

Colored Coins stehen für eine Reihe ähnlicher Techniken, die Bitcoin-Transaktionen verwenden, um die Erzeugung, den Besitz und die Übertragung extrinsischer Vermögenswerte festzuhalten. Mit »extrinsisch« meinen wir Vermögenswerte, die nicht direkt in der Bitcoin-Blockchain gespeichert werden, im Gegensatz zum Bitcoin, der einen Blockchain-eigenen (intrinsischen) Vermögenswert darstellt.

Colored Coins werden genutzt, um digitale, aber auch physische Vermögenswerte nachzuhalten, die von Dritten über Colored-Coins-Eigentumszertifikate gehandelt werden. Colored Coins für digitale Assets können immaterielle Vermögenswerte darstellen, wie etwa Börsenzertifikate, Lizenzen, virtuelle Güter (z.B. aus Spielen) oder jede andere Form lizenzierten intellektuellen Eigentums (Schutzmarken, Urheberrechte usw.) Colored Coins für materielle Vermögenswerte repräsentieren Eigentumszertifikate für Güter (Gold, Silber, Öl), Landtitel, Pkws, Schiffe, Flugzeuge usw.

Der Begriff leitet sich aus der Idee ab, einen namentlichen Bitcoin-Betrag, z.B. einen einzelnen Satoshi, so zu markieren («einzufärben«), dass er etwas anderes darstellt als den Bitcoin-Wert selbst. Stellen Sie sich eine Ein-Dollar-Note vor, auf der »das ist ein Börsenzertifikat von ACME« oder »diese Note kann gegen eine Unze Silber getauscht werden« aufgedruckt ist. Die erste Implementierung von Colored Coins namens *Enhanced Padded-Order-Based Coloring*, kurz *EPOBC*, wies extrinsischen Assets einen 1-Satoshi-Output zu. Damit war sie ein echter »Colored Coin«, da jedes Asset als Attribut (Farbe) zu einem einzelnen Satoshi hinzugefügt wurde.

Jüngere Implementierungen von Colored Coins verwenden andere Mechanismen, um Metadaten in einer Transaktion festzuhalten, und kombinieren das mit externen Datenspeichern, die diese Metadaten mit bestimmten Assets verknüpfen. Während wir dies schreiben, sind Single-Use Seals, Pay-to-Contract und clientseitige Validierung die drei hauptsächlich genutzten Mechanismen.

### Single-Use Seals

Single-Use Seals (zu Deutsch etwa »Einwegsiegel«) stammen aus der physischen Sicherheit. Möchte man Pakete durch Dritte versenden, müssen Manipulationen erkannt werden können. Die Pakete werden daher mit einem speziellen Mechanismus gesichert, der beschädigt wird, sobald man das Paket öffnet. Trifft das Paket mit unbeschädigtem Siegel ein, können Sender und Empfänger sicher sein, dass das Paket während des Transports nicht geöffnet wurde.

Im Kontext von Colored Coins ist das Einwegsiegel eine Datenstruktur, die mit einer anderen Datenstruktur nur einmal verknüpft werden kann. Bei Bitcoin wird diese Definition durch UTXOs erfüllt. Ein UTXO kann innerhalb einer gültigen Blockchain nur einmal ausgegeben werden, und der Einlöseprozess verknüpft sie mit den Daten der einlösenden Transaktion.

Das ist Teil der Basis für den modernen Transfer von Colored Coins. Ein oder mehrere Colored Coins gehen an einen UTXO. Wird der UTXO ausgegeben, muss die einlösende Transaktion beschreiben, wie die Colored Coins ausgegeben werden. Das führt uns zu Pay-to-Contract (P2C).

## Pay-to-Contract (P2C)

Sie haben P2C in »Pay-to-Contract (P2C)« auf Seite 198 kennengelernt. Es war grundlegender Teil des Taproot-Upgrades der Bitcoin-Konsensregeln. P2C erlaubt einem Zahlungspflichtigen (Bob) und einem Empfänger (Alice), sich auf irgendwelche Daten (etwa einen Kontrakt) zu einigen und Alice' Public Key dann so zu ändern (*tweak*), dass er den Kontrakt bestätigt. Bob kann jederzeit Alice' Schlüssel und den zur Bestätigung des Kontrakts verwendeten Tweak offenlegen, um zu belegen, dass sie die Mittel erhalten hat. Gibt Alice das Geld aus, beweist das, dass sie den Kontrakt kannte, weil man die Mittel bei P2C nur einlösen kann, wenn man den Tweak (also den Kontrakt) kennt.

Eine wesentliche Eigenschaft der bei P2C getweakten Schlüssel ist, dass sie für alle anderen (außer für Bob und Alice) genauso aussehen wie jeder öffentliche Schlüssel auch. Das ändert sich nur, wenn sie entscheiden, den für den Tweak verwendeten Kontrakt offenzulegen. Andernfalls wird über den Kontrakt nichts öffentlich – noch nicht einmal, dass ein Vertrag zwischen den beiden besteht.

Ein P2C-Kontrakt kann beliebig lang und detailliert sein, die Bedingungen können in jeder Sprache niedergeschrieben werden, und er kann alles enthalten, was den Vertragspartnern wichtig ist, weil der Kontrakt von Full Nodes nicht validiert wird und nur der öffentliche Schlüssel mit dem Commitment in der Blockchain veröffentlicht wird.

Bei Colored Coins kann Bob sein Einwegsiegel (das seine Colored Coins enthält) öffnen, indem er den dazugehörigen UTXO ausgibt. In der den UTXO einlösenden Transaktion kann er einen Kontrakt bestätigen, der die Bedingungen enthält, die der nächste Eigentümer erfüllen muss, um die Coins wieder ausgeben zu können. Die neue Eigentümerin muss nicht Alice sein, obwohl sie den UTXO empfängt, den Bob einlöst, und ihren öffentlichen Schlüssel entsprechend getweakt hat.

Weil die Full Nodes nicht validieren (können), dass der Kontrakt korrekt erfüllt wurde, müssen wir herausfinden, wer für die Validierung verantwortlich ist. Das bringt uns zur *clientseitigen Validierung*.

## Clientseitige Validierung

Bob besitzt einige Colored Coins, die mit einem UTXO verknüpft sind. Beim Einlösen dieses UTXO wird ein Kontrakt verwendet, der festlegt, wie der oder die Empfänger der Colored Coins die Eigentumsrechte an diesen Coins nachweisen müssen, um sie ausgeben zu können.

In der Praxis bestätigt Bobs P2C-Kontrakt wohl einfach eine oder mehrere Kennungen der UTXOs, die als Einwegsiegel verwendet werden, und entscheidet so, welche Colored Coins als nächste ausgegeben werden. Zum Beispiel kann Bobs Kontrakt festgelegt haben, dass der UTXO, den Alice auf ihren getweakten Schlüssel hin erhalten hat, nun die Hälfte dieser Colored Coins kontrolliert, während die andere Hälfte einem anderen UTXO zugewiesen wird, der mit der Transaktion zwischen Alice und Bob nichts zu tun hat. Das bietet einen deutlichen Schutz vor Blockchain-Überwachung.

Wenn Alice später ihre Colored Coins an Dan weitergeben möchte, muss sie Dan zuerst beweisen, dass sie die Colored Coins kontrolliert. Alice kann Dan dazu den zugrunde liegenden öffentlichen P2C-Schlüssel und die von Bob gewählten Bedingungen des P2C-Kontrakts vorlegen. Alice legt Dan auch den UTXO vor, den Bob als Einwegsiegel verwendet hat, sowie alle weiteren Informationen, die Bob ihr über die vorherigen Besitzer der Cólored Coins überlassen hat. Kurz gesagt, liefert Alice Dan die vollständige Historie aller vorherigen Transfers der Colored Coins. Alle Schritte sind dabei in der Bitcoin-Blockchain festgehalten worden, aber ohne besondere Daten in der Chain zu hinterlegen – lediglich die öffentlichen Schlüssel. Diese Historie ähnelt stark der Historie normaler Bitcoin-Transaktionen, die wir Blockchain nennen, doch die Colored-Historie ist für andere Nutzer der Blockchain völlig unsichtbar.

Dan validiert diese Historie mit seine Software, was man *clientseitige Validierung* nennt. Dabei muss Dan nur die Teile der Colored-Coin-Historie empfangen und validieren, die er empfangen möchte. Er benötigt keine Informationen über die Colored Coins anderer Leute. Er muss beispielsweise nie erfahren, was mit der anderen Hälfte von Bobs Coins passiert (die er nicht an Alice transferiert hat). Auch das erhöht die Privatsphäre des Colored-Coin-Protokolls.

Nachdem wir nun wissen, was Single-Use Seals, Pay-to-Contract und clientseitige Validierung sind, wollen wir uns die beiden Protokolle ansehen, die sie aktuell hauptsächlich nutzen: RGB und Taproot-Assets.

## RGB

Die Entwickler des RGB-Protokolls haben vielen Ideen den Weg bereitet, die heute bei modernen, Bitcoin-basierten Colored-Coin-Protokollen verwendet werden. Eine primäre Forderung des RGB-Designs war, das Protokoll zu Offchain-Zahlungskanälen (siehe »Zahlungs- und Zustandskanäle« auf Seite 338) wie dem Lightning Network (LN) kompatibel zu halten. Das wird auf jeder Ebene des RGB-Protokolls erreicht:

*Single-Use Seals*

Um einen Zahlungskanal zu erzeugen, weist Bob seine Colored Coins einem UTXO zu, der zum Einlösen eine Signatur von ihm und Alice verlangt. Die beiderseitige Kontrolle über den UTXO dient als Einwegsiegel für zukünftige Transfers.

*Pay-to-Contract (P2C)*

Alice und Bob können nun mehrere Versionen eines P2C-Kontrakts abschließen. Der Durchsetzungsmechanismus des zugrunde liegenden Zahlungskanals stellt sicher, dass beide Parteien nur die letzte Version des Kontrakts in die Chain aufnehmen.

*Clientseitige Validierung*

Damit sich Alice und Bob nicht gegenseitig vertrauen müssen, prüfen beide alle vorherigen Transfers der Colored Coins bis zurück zu deren Erzeugung, um sicherzustellen, dass alle Regeln korrekt eingehalten wurden.

Die Entwickler von RGB haben auch andere Anwendungsfälle für ihr Protokoll beschrieben, etwa die Erzeugung von Identitätstoken, die regelmäßig aktualisiert werden können, um vor der Kompromittierung privater Schlüssel zu schützen.

Weitere Informationen finden Sie in der RGB-Dokumentation (*https://rgb.tech*).

## Taproot-Assets

Taproot-Assets (früher Taro genannt) sind ein von RGB stark beeinflusstes Colored-Coin-Protokoll. Im Gegensatz zu RGB verwenden Taproot-Assets eine Form von P2C-Kontrakten, die dem sehr ähnlich ist, was Taproot für die MAST-Funktionalität verwendet (siehe »Merklized Alternative Script Trees (MAST)« auf Seite 194). Der geltend gemachte Vorteil von Taproot-Assets gegenüber RGB ist die Ähnlichkeit mit dem weitverbreiteten Taproot-Protokoll, die Wallets und anderer Software die Implementierung vereinfacht. Ein Nachteil ist, dass es nicht ganz so flexibel ist wie RGB, insbesondere bei der Implementierung nicht Asset-basierter Features wie Identitätstoken.

> *Taproot* ist Teil des Bitcoin-Protokolls, *Taproot-Assets* (trotz des Namens) nicht. Sowohl RGB als auch Taproot-Assets sind auf dem Bitcoin-Protokoll aufsetzende Protokolle. Das einzige von Bitcoin direkt unterstützte Asset ist Bitcoin.

Taproot-Assets sind noch mehr als RGB auf die Kompatibilität mit LN ausgelegt. Eine Herausforderung von Nicht-Bitcoin-Assets über LN besteht darin, dass es zwei Möglichkeiten der Weiterleitung gibt, jede mit ihren eigenen Nachteilen:

*Native Weiterleitung (Forwarding)*

Jeder Hop zwischen Sender und Empfänger muss das Asset (die Art des Colored Coin) kennen und ausreichend Guthaben besitzen, um eine Zahlung weiterleiten zu können.

*Übersetzte Weiterleitung*
: Der Hop des Senders und der Hop des Empfängers müssen das Asset kennen und ausreichend Guthaben besitzen, um eine Zahlung weiterleiten zu können, doch alle anderen Hops müssen nur Bitcoin-Zahlungen weiterleiten können.

Natives Forwarding ist konzeptionell einfacher, verlangt aber ein eigenes Lightning-Netzwerk für jedes Asset. Bei der übersetzten Weiterleitung können Sie die Skaleneffekte von Bitcoin-LN nutzen, doch es besteht die Gefahr der sogenannten *free American call option*, bei der ein Empfänger (je nachdem, wie sich der Wechselkurs gerade entwickelt) Zahlungen selektiv annehmen oder ablehnen kann, um Mittel vom nächsten Hop abzuschöpfen. Obwohl es keine perfekte Vorgehensweise gibt, um dieses Problem zu lösen, finden sich vielleicht praktische Möglichkeiten, die den Schaden begrenzen.

Technisch können Taproot-Assets und RGB sowohl native als auch übersetzte Weiterleitung unterstützen. Taproot-Assets wurde speziell für das übersetzte Forwarding entworfen, während es bei RGB Vorschläge für die Implementierung beider Varianten gab.

Weitere Informationen finden Sie in der Taproot-Asset-Dokumentation (*https://oreil.ly/Ef4hb*). Zusätzlich arbeiten die Taproot-Asset-Entwickler an BIPs, die verfügbar sein könnten, wenn dieses Buch in Druck geht.

## Zahlungs- und Zustandskanäle

*Zahlungskanäle* sind ein »vertrauensunabhängiger« Mechanismus zum Austausch von Bitcoin-Transaktionen zwischen zwei Parteien außerhalb der Bitcoin-Blockchain. Diese Transaktionen, die gültig wären, wenn man sie in die Bitcoin-Blockchain platzieren würde, werden stattdessen für die spätere Abrechnung außerhalb der Blockchain festgehalten. Da die Transaktionen nicht abgerechnet werden, können sie ohne die übliche Abrechnungslatenz ausgetauscht werden, was einen sehr hohen Transaktionsdurchsatz, niedrige Latenzen (unter einer Millisekunde) und eine hohe Granularität erlaubt.

Tatsächlich ist der Begriff *Kanal* eine Metapher. Zustandskanäle sind virtuelle Konstrukte, die den Austausch von Zuständen zwischen zwei Parteien außerhalb der Blockchain repräsentieren. Es gibt per se keine »Kanäle«, und der zugrunde liegende Transportmechanismus ist ebenfalls kein Kanal. Wir verwenden den Begriff *Kanal*, um die Beziehung und den einvernehmlichen Zustand zwischen zwei Parteien außerhalb der Blockchain darzustellen.

Um dieses Konzept weiter zu erläutern, wollen wir uns einen TCP-Stream vorstellen. Aus Sicht des übergeordneten Protokolls ist das ein »Socket«, der zwei Anwendungen über das Internet miteinander verbindet. Sieht man sich hingegen den Datenverkehr an, ist ein TCP-Stream nur ein virtueller Kanal über IP-Pakete. Jeder Endpunkt des TCP-Streams sequenziert die IP-Pakete und fasst sie zusammen, sodass die Illusion eines Bytestreams entsteht. Letztendlich handelt es sich aber um unzusammenhängende Pakete. In gleicher Weise ist ein Zahlungskanal nur eine Folge von Transaktionen. Richtig sequenziert und verbunden, erzeugen sie einlösbare Verbindlichkeiten, denen man vertrauen kann, auch wenn man der anderen Seite des Kanals nicht vertraut.

In diesem Abschnitt sehen wir uns die verschiedenen Formen von Zahlungskanälen an. Zuerst betrachten wir die Mechanismen, die zum Aufbau eines (unidirektionalen) Einwegkanals für einen Micropayment-Dienst, wie etwa das Streaming von Videos, genutzt werden können. Wir erweitern diesen Mechanismus dann um bidirektionale Zahlungskanäle. Abschließend sehen wir uns an, wie man bidirektionale Kanäle »Ende zu Ende« verbindet, um Multihop-Kanäle in gerouteten Netzwerken aufzubauen. Diese Technik wurde erstmals unter dem Namen *Lightning Network* vorgeschlagen.

Zahlungskanäle sind Teil des weiter gefassten Konzepts eines *Zustandskanals*, der die Änderung eines Zustands außerhalb der Chain repräsentiert, die durch eine abschließende Verrechnung in der Blockchain gesichert wird. Ein Zahlungskanal ist ein Zustandskanal, bei dem der geänderte Zustand der Saldo einer virtuellen Währung ist.

## Zustandskanäle – grundlegende Konzepte und Terminologie

Ein Zustandskanal wird zwischen zwei Parteien aufgebaut. Eine Transaktion legt dabei einen für beide Parteien geltenden Zustand in der Blockchain fest. Das ist die sogenannte *Funding-Transaktion*. Diese Transaktion muss an das Netzwerk übermittelt und geschürft werden, um den Kanal aufzubauen. Bei einem Zahlungskanal ist der festgehaltene Zustand des Kanals der initiale Saldo.

Die beiden Parteien tauschen dann signierte Transaktionen, sogenannte *Commitment-Transaktionen*, aus, die diesen initialen Zustand verändern. Diese Transaktionen sind gültige Transaktionen, da sie von jeder Partei zur Abrechnung übertragen werden *könnten*. Beide Parteien zögern das Schließen des Kanals aber hinaus und behalten die Transaktion offline in einem schwebenden Zustand. Zustandsänderungen können so schnell erzeugt werden, wie die Parteien eine Transaktion erzeugen, signieren und an die andere Partei senden können. Das bedeutet in der Praxis, dass Tausende Transaktionen pro Sekunde ausgetauscht werden können.

Beim Austausch von Commitment-Transaktionen zwischen den Parteien wird der vorherige Zustand ungültig, sodass die aktuelle Commitment-Transaktion auch immer die einzige ist, die eingelöst werden kann. Das verhindert, dass eine der Parteien schummelt und einseitig den Kanal mit einem veralteten Zustand schließt, wenn dieser gerade günstig für die Partei ist. Im Verlauf des Kapitels werden wir uns die verschiedenen Methoden ansehen, mit denen man ältere Zustände für ungültig erklären kann.

Abschließend kann der Kanal entweder einvernehmlich geschlossen werden, indem eine letzte *Settlement-Transaktion* an die Blockchain geschickt wird, oder einseitig, indem eine der Parteien eine letzte Commitment-Transaktion an die Blockchain sendet. Das einseitige Schließen eines Kanals muss möglich sein, falls die Verbindung zwischen den Parteien unerwartet unterbrochen wird. Die Settlement-Transaktion bildet den abschließenden Zustand des Kanals und wird in der Blockchain festgehalten.

Während der gesamten Lebensdauer des Kanals müssen nur zwei Transaktionen für das Mining an die Blockchain übermittelt werden: die Funding- und die Settlement-Transaktion. Zwischen diesen beiden Zuständen können beide Parteien eine beliebige Anzahl von Commitment-Transaktionen austauschen, die von niemandem sonst gesehen werden können und die auch nicht an die Blockchain übertragen werden.

Abbildung 14-1 zeigt, wie Emma den Videostreaming-Dienst von Fabian über einen Zahlungskanal kauft.

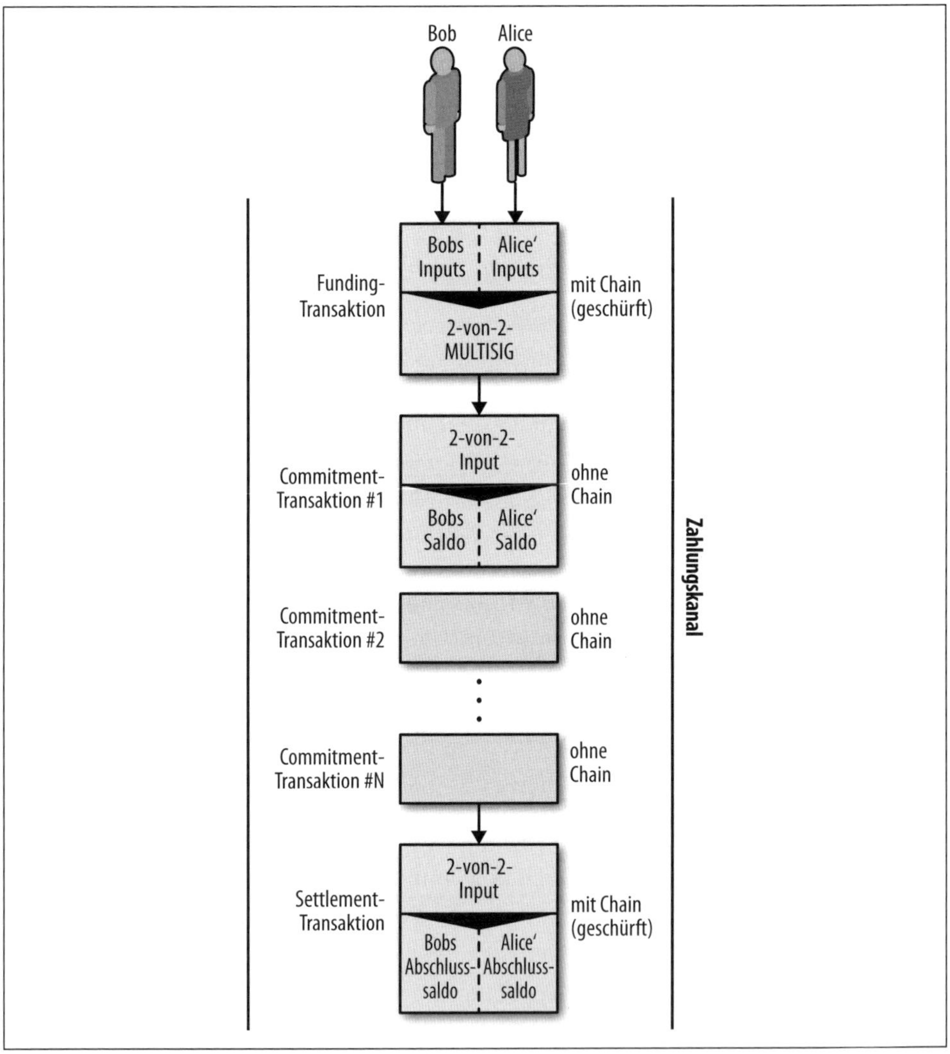


*Abbildung 14-1: Zahlungskanal zwischen Bob und Alice mit Funding-, Commitment- und Settlement-Transaktionen*

## Einfaches Zahlungskanalbeispiel

Um Zustandskanäle zu erklären, wollen wir mit einem sehr einfachen Beispiel beginnen. Wir demonstrieren einen Einwegkanal, d.h., der Wert fließt nur in eine Richtung. Um die Dinge einfach zu halten, gehen wir auch von der naiven Annahme aus, dass niemand schummelt. Sobald die grundlegende Kanal-Idee klar ist, sehen wir uns an, wie man das für beide Parteien »vertrauensfrei« gestalten kann, damit niemand betrügen kann, selbst wenn er es versucht.

In unserem Beispiel agieren zwei Teilnehmende: Emma und Fabian. Fabian bietet einen Videostreaming-Dienst an, der sekundengenau über einen Micropayment-Kanal abgerechnet wird. Fabian berechnet 0,01 Millibit (0,00001 BTC) für jede Sekunde Video, also 36 Millibit (0,036 BTC) pro Stunde. Emma ist eine Anwenderin, die diesen Streaming-Dienst von Fabian nutzt. Abbildung 14-2 zeigt, wie Emma den Videostream von Fabian über einen Zahlungskanal kauft. (Anm. des Übers.: Dies ist ein Rechenbeispiel; der aktuelle Bitcoin-Kurs könnte hier unrealistische Preise ergeben.)

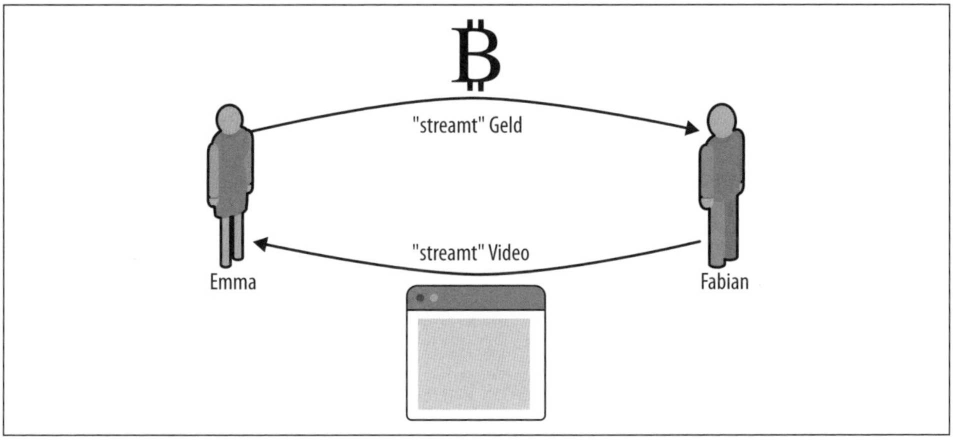


*Abbildung 14-2: Emma kauft einen Videostream von Fabian über einen Zahlungskanal mit sekundengenauer Abrechnung.*

In diesem Beispiel nutzen Fabian und Emma eine spezielle Software, die sowohl den Zahlungskanal als auch das Videostreaming verarbeitet. Emma führt die Software in ihrem Browser aus, Fabian auf einem Server. Die Software verfügt über grundlegende Wallet-Funktionalitäten und kann Bitcoin-Transaktionen erzeugen und signieren. Sowohl das Konzept als auch der Begriff »Zahlungskanal« werden vor den Nutzern vollständig versteckt. Was diese sehen, ist ein Video, das sekundenweise abgerechnet wird.

Um den Zahlungskanal aufzubauen, richten Emma und Fabian eine 2-von-2-Multisignaturadresse ein, wobei jeder einen der Schlüssel besitzt. Für Emma stellt die Software im Browser einen QR-Code mit einer Adresse bereit und fordert sie auf, eine »Einzahlung« für bis zu eine Stunde Videostreaming vorzunehmen. An diese Adresse überweist Emma. Emmas Transaktion, also die Überweisung an die Multisignaturadresse, bildet die Funding- oder Anker-Transaktion für den Zahlungskanal.

Nehmen wir an, dass Emma 36 Millibit (0,036 BTC) an den Kanal überweist. Das erlaubt ihr, bis zu eine Stunde Video zu schauen. Die Funding-Transaktion legt in diesem Fall den Maximalbetrag fest, der in diesem Kanal übertragen werden kann (die sogenannte *Kanalkapazität*).

Die Funding-Transaktion verbraucht ein oder mehr Inputs aus Emmas Wallet, um die Zahlung vorzunehmen. Sie erzeugt einen Output von 36 Millibit, der an die 2-von-2-Multisignaturadresse überwiesen wird, die von Emma und Fabian gemeinsam kontrolliert wird. Die Transaktion könnte zusätzliche Outputs enthalten, um Emma ihr Wechselgeld zu erstatten.

Sobald die Funding-Transaktion bestätigt ist, kann Emma mit dem Videostreaming beginnen. Emmas Software erzeugt und signiert eine Commitment-Transaktion, die Fabians Adresse 0,01 Millibit gutschreibt und Emma 35,99 Millibit zurücküberweist. Die von Emma signierte Transaktion verbraucht den 36-Millibit-Output und erzeugt zwei Outputs: eine für ihr Wechselgeld und eine weitere für die Zahlung an Fabian. Die Transaktion ist nur zum Teil signiert, sie benötigt zwei Signaturen (2-von-2), enthält aber nur Emmas Signatur. Wenn Fabians Server diese Transaktion empfängt, fügt er die zweite Signatur hinzu (für den 2-von-2- Input) und liefert ihn (zusammen mit dem Gegenwert von einer Sekunde Videostream) an Emma zurück. Beide Parteien besitzen nun eine vollständig signierte Commitment-Transaktion (die jeder einlösen kann), die den aktuellen Kontostand des Kanals widerspiegelt. Keine der beiden Parteien sendet diese Transaktion an das Netzwerk.

In der nächsten Runde erzeugt und signiert Emmas Software eine weitere Commitment-Transaktion (Commitment #2), die *denselben* 2-von-2-Output aus der Funding-Transaktion nutzt. Diese zweite Transaktion erstellt einen Output mit 0,2 Millibit an Fabians Adresse und einen Output mit 35,98 Millibit zurück an Emmas Adresse. Diese neue Transaktion ist die Bezahlung für zwei kumulierte Sekunden Video. Fabians Software signiert die zweite Commitment-Transaktion und gibt sie mit einer weiteren Sekunde Video zurück.

Auf diese Weise sendet Emmas Software fortlaufend Commitment-Transaktionen an Fabians Server im Tausch gegen den Videostream. Der Saldo verschiebt sich schrittweise in Richtung Fabian, während Emma weitere Sekunden des Videos anschaut. Nehmen wir an, Emma schaut 600 Sekunden Video (10 Minuten) und erzeugt und signiert dabei 600 Commitment-Transaktionen. Die letzte Commitment-Transaktion (#600) umfasst zwei Outputs, die den Saldo des Kanals aufteilt: 6 Millibit an Fabian und 30 Millibit an Emma.

Zum Schluss klickt Emma auf *Stop*, um das Video anzuhalten. Nun kann entweder Fabian oder Emma die letzte Transaktion übertragen, um den abschließenden Zustand festzuhalten. Diese letzte Transaktion ist die *Settlement-Transaktion*, die Fabian für Emmas Videokonsum vergütet und den Rest an Emma zurücküberweist.

Abbildung 14-3 zeigt den Kanal zwischen Emma und Fabian mit den Commitment-Transaktionen, die den Saldo des Kanals aktualisieren.

Am Ende werden nur zwei Transaktionen in der Blockchain festgehalten: die Funding-Transaktion, die den Kanal aufbaut, sowie die Settlement-Transaktion, die den finalen Kontostand zwischen den beiden Teilnehmern korrekt festhält.

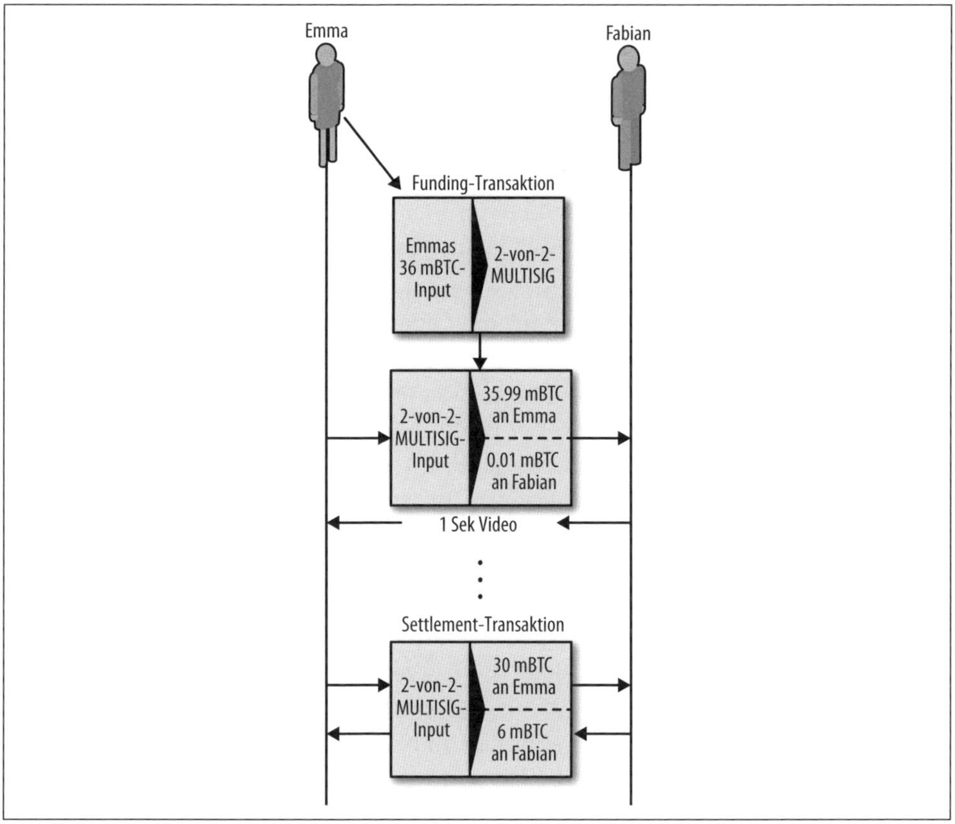


*Abbildung 14-3: Die Commitment-Transaktionen in Emmas und Fabians Zahlungskanal, die den Kontostand des Kanals aktualisieren*

## Vertrauensfreie Kanäle aufbauen

Der gerade beschriebene Kanal funktioniert, aber nur solange beide Parteien kooperieren, keine Fehler machen und nicht betrügen. Betrachten wir einige Szenarien, die diesen Kanal sprengen, und was nötig ist, um das zu beheben:

- Sobald die Funding-Transaktion erfolgt ist, braucht Emma Fabians Signatur, um ihr Geld zurückzubekommen. Wenn Fabian verschwindet, ist Emmas Geld in einer 2-von-2-Multisignatur gefangen und effektiv verloren. Dieser Kanal führt so, wie er konstruiert ist, zum Verlust der Einlage, wenn eine der Parteien die Verbindung trennt, bevor zumindest eine Commitment-Transaktion von beiden Seiten signiert wurde.
- Während der Kanal offen ist, kann Emma jede von Fabian gegengezeichnete Commitment-Transaktion an die Blockchain senden. Warum 600 Sekunden

Video bezahlen, wenn sie Commitment-Transaktion #1 senden kann und nur eine Sekunde Video bezahlen muss? Der Kanal funktioniert nicht, weil Emma betrügen kann, indem sie ein altes (für sie vorteilhaftes) Commitment überträgt.

Diese beiden Probleme lassen sich mit Timelocks lösen – sehen wir uns an, wie wir dazu Timelocks auf Transaktionsebene verwenden können.

Emma kann es nicht riskieren, eine 2-von-2-Multisig zu bezahlen, solange sie ihr Geld nicht garantiert rückerstattet bekommt. Um dieses Problem zu lösen, erzeugt sie gleichzeitig eine Zahlungs- und eine Rückerstattungstransaktion. Sie signiert die Funding-Transaktion, sendet diese aber an niemanden. Sie sendet nur die Rückerstattungstransaktion und erhält von Fabian die Signatur.

Diese Rückerstattungstransaktion fungiert als erste Commitment-Transaktion, und ihr Timelock legt die obere Grenze für die Lebensdauer des Kanals fest. In diesem Fall sollte Emma die Locktime auf 30 Tage (oder 4.320 Blöcke) in der Zukunft setzen. Alle nachfolgenden Commitment-Transaktionen müssen einen kürzeren Timelock haben, damit sie vor der Rückerstattungstransaktion eingelöst werden können.

Emma besitzt nun eine vollständig signierte Rückerstattungstransaktion und kann beruhigt signierte Funding-Transaktionen übertragen, weil sie weiß, dass sie letztlich (wenn der Timelock abläuft) ihr Restguthaben zurückerhält, auch wenn Fabian verschwindet.

Jede Commitment-Transaktion, die die Parteien während der Lebensdauer des Kanals austauschen, ist mit einem Timelock versehen. Doch die Zeitspanne wird für jedes Commitment etwas kürzer, sodass das letzte Commitment schon eingelöst werden kann, bevor das vorherige abläuft. Aufgrund der Locktime kann keine Partei irgendwelche Commitment-Transaktionen im Netz verbreiten, bis deren Timelocks abgelaufen sind. Geht alles gut, kooperieren beide Seiten und schließen den Kanal sauber mit einer Settlement-Transaktion ab, was die Übertragung einer Commitment-Transaktion unnötig macht. Commitment-Transaktionen werden nur verwendet, wenn eine Partei die Verbindung unterbricht und die andere Partei den Kanal einseitig schließen muss.

Wird der Timelock der Commitment-Transaktion #1 auf 4.320 Blöcke in der Zukunft gesetzt, bekommt Commitment-Transaktion #2 einen Timelock von 4.319 Blöcken. Die Commitment-Transaktion #600 kann 600 Blöcke vor der Commitment-Transaktion #1 eingelöst werden.

Abbildung 14-4 zeigt, wie jede Commitment-Transaktion einen kürzeren Timelock setzt und es damit erlaubt, vor früheren Commitments eingelöst zu werden.

Jede folgende Commitment-Transaktion muss einen kürzeren Timelock verwenden, damit sie vor ihren Vorgängern und vor der Rückerstattungstransaktion eingelöst werden kann. Die Möglichkeit, ein Commitment früher im Netz zu propagieren, stellt sicher, dass ein Output eingelöst werden kann, und verhindert gleichzeitig, dass frühere Transaktionen eingelöst werden können. Die von der Bitcoin-Blockchain gebotenen Garantien, wie die Unterbindung von Double Spendings und das

Einhalten von Timelocks, ermöglichen jeder Commitment-Transaktion, ihre Vorgänger effizient zu annullieren.

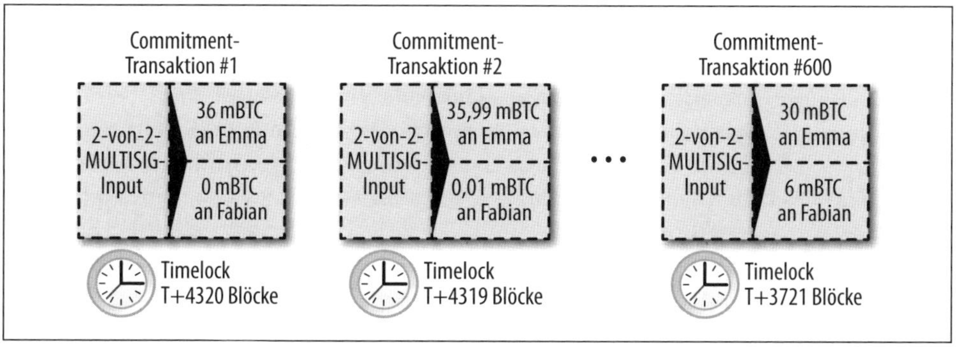


*Abbildung 14-4: Jedes Commitment legt einen kürzeren Timelock fest, sodass es vor früheren Commitments eingelöst werden kann.*

Zustandskanäle verwenden Timelocks, um Smart Contracts über eine Zeitdimension hinweg durchzusetzen. Dieses Beispiel zeigt, wie diese Zeitdimension garantiert, dass die jüngste Commitment-Transaktion vor früheren Commitments gültig wird. Die aktuelle Commitment-Transaktion kann also übertragen und die Inputs können eingelöst werden, wodurch ältere Commitment-Transaktionen automatisch ungültig werden. Dieses Erzwingen von Smart Contracts über absolute Timelocks schützt vor Betrügereien durch eine der beiden Parteien. Die Implementierung verlangt nur Timelocks auf Transaktionsebene. Als Nächstes sehen wir uns Timelocks auf Skriptebene an (`CHECKLOCKTIMEVERIFY` und `CHECKSEQUENCEVERIFY`), mit deren Hilfe flexiblere, nützlichere und anspruchsvollere Zustandskanäle aufgebaut werden können.

Timelocks sind nicht die einzige Möglichkeit, ältere Commitment-Transaktionen zu annullieren. In den nächsten Abschnitten zeigen wir, wie man mit einem Widerrufsschlüssel (*Revocation Key*) das gleiche Ergebnis erzielt. Timelocks sind effizient, haben aber zwei Nachteile. Die Festlegung eines maximalen Timelocks schränkt die Lebensdauer des Kanals ein. Schlimmer noch, gleichzeitig müssen die Implementierungen langlebige Kanäle erlauben, wodurch eine der beiden Parteien gezwungen ist, im Fall einer vorzeitigen Schließung sehr lange auf die Rückerstattung zu warten. Darf ein Kanal beispielsweise 30 Tage offen bleiben und eine Partei fällt direkt aus, muss die andere Partei 30 Tage auf die Rückerstattung warten. Je weiter der maximale Timelock entfernt ist, desto länger dauert die Rückerstattung.

Das zweite Problem besteht darin, dass jede Commitment-Transaktion den Timelock um 1 verringern muss, was die Anzahl der Commitment-Transaktionen beschränkt, die zwischen den Parteien ausgetauscht werden können. Wird beispielsweise bei einem 30-Tage-Kanal der Timelock auf 4.320 Blöcke gesetzt, können nur 4.320 Commitment-Transaktionen ausgeführt werden, bevor der Kanal geschlossen werden muss. Setzt man das Timelock-Intervall zwischen Commitment-Transaktionen auf nur einen Block, stehen die Parteien unter Druck, weil sie online bleiben und bereit sein müssen, um zu jeder Zeit die richtige Commitment-Transaktion zu senden.

In unserem Beispiel eines unidirektionalen Kanals ist es einfach, den Commitment-basierten Timelock aufzulösen. Nachdem Emma die Signatur der zeitlich gesperrten Refund-Transaktion von Fabian erhält, werden keine Timelocks in die Commitment-Transaktionen eingefügt. Stattdessen sendet Emma ihre Signatur mit jeder Commitment-Transaktion an Fabian, doch Fabian schickt ihr keine seiner Signaturen für die Commitment-Transaktionen. Das bedeutet, dass nur Fabian beide Signaturen für eine Commitment-Transaktion besitzt, weshalb nur er eines dieser Commitments senden kann. Beendet Emma das Videostreaming, wird Fabian immer die Transaktion veröffentlichen, die ihm am meisten einbringt, also den letzten Zustand. Diese Konstruktion ist ein Zahlungskanal nach Spillmann, der 2013 erstmals erläutert und implementiert wurde. Sicher ist er aber nur mit Segwit-Transaktionen, die erst 2017 eingeführt wurden.

Nachdem Sie nun verstehen, wie Timelocks zur Annullierung älterer Transaktionen verwendet werden können, erkennen Sie sicher auch den Unterschied zwischen einem kooperativen Schließen des Kanals und einem Schließen durch das einseitige Senden einer Commitment-Transaktion. Alle Commitment-Transaktionen enthalten einen Timelock, d.h., bei der Übertragung einer Commitment-Transaktion muss man warten, bis der Timelock abläuft. Sind sich beide Parteien beim abschließenden Saldo einig und halten beide Commitment-Transaktionen, die diesen Saldo irgendwann ergeben, können sie eine Settlement-Transaktion erzeugen, die den gleichen Saldo ohne Timelock enthält. Beim kooperativen Schließen nimmt eine Partei die jüngste Transaktion und erzeugt daraus eine Settlement-Transaktion, die in allen Punkten identisch ist, nur dass der Timelock fehlt. Beide Parteien können diese Settlement-Transaktion signieren, wohl wissend, dass niemand betrügen und sich einen besseren Saldo erschleichen kann. Durch die gemeinsame Signierung und Übertragung der Settlement-Transaktion kann der Kanal geschlossen werden und der Ausgleich der Salden sofort erfolgen. Schlimmstenfalls kann sich eine Partei querstellen, die Kooperation verweigern und die andere Partei zum einseitigen Schließen mit der jüngsten Commitment-Transaktion zwingen. Doch in diesem Fall müssen sie ebenfalls auf den Ausgleich der Salden warten.

## Asymmetrisch widerrufliche Commitments

Eine andere Möglichkeit, ältere Commitment-Zustände zu handhaben, besteht darin, sie explizit zu widerrufen. Allerdings ist das nicht so einfach zu erreichen. Eine wesentliche Charakteristik von Bitcoin ist ja, dass eine Transaktion, sobald sie gültig ist, auch gültig bleibt und nicht verfällt. Die einzige Möglichkeit, eine Transaktion zu annullieren, ist ein Double Spending des Inputs durch eine andere Transaktion, bevor sie geschürft wird. Aus diesem Grund haben wir in unserem einfachen Zahlungskanal-Beispiel Timelocks genutzt. So konnten wir sicherstellen, dass jüngere Commitments eingelöst werden, bevor ältere Commitments gültig werden. Allerdings ergeben sich durch die Sequenzierung der Commitments nach und nach einige Beschränkungen, die die Nutzung von Zahlungskanälen schwierig machen.

Zwar kann eine Transaktion nicht widerrufen werden, doch sie kann so aufgebaut werden, dass ihre Nutzung unvorteilhaft wird. Dazu geben wir jeder Partei einen *Widerrufsschlüssel* (*Revocation Key*), mit dem die andere Partei bestraft werden kann, wenn sie einen Betrugsversuch unternimmt. Dieser Mechanismus des Widerrufs vorangegangener Commitment-Transaktionen wurde erstmals als Teil des Lightning Network vorgeschlagen.

Um Widerrufsschlüssel zu erklären, wollen wir einen etwas komplexeren Zahlungskanal zwischen zwei Börsen aufbauen. Hitesh und Irene betreiben ihre Bitcoin-Börsen in Indien bzw. den USA. Die Kunden von Hiteshs indischer Börse senden oft Zahlungen an Kunden von Irenes amerikanischer Börse und umgekehrt. Momentan laufen diese Transaktionen über die Bitcoin-Blockchain, d. h., man muss Gebühren bezahlen und mehrere Blöcke auf die Bestätigung warten. Die Einrichtung eines Zahlungskanals zwischen den Börsen würde die Kosten deutlich reduzieren und den Transaktionsfluss beschleunigen.

Hitesh und Irene starten den Kanal, indem sie gemeinsam eine Funding-Transaktion aufbauen, bei der beide jeweils 5 Bitcoin in den Kanal einzahlen. Bevor sie die Funding-Transaktion signieren, müssen sie zuerst eine Reihe von Commitments signieren (den sogenannten Widerruf, engl. *Refund*), der ein Anfangssaldo von 5 Bitcoin für Hitesh und 5 Bitcoin für Irene festlegt. Die Funding-Transaktion versetzt den Kanal in einen 2-von-2-Multisig-Zustand (genau wie in unserem Beispiel mit einem einfachen Kanal).

Die Funding-Transaktion kann einen oder mehrere Inputs von Hitesh (die sich auf 5 oder mehr Bitcoin aufsummieren) und einen oder mehrere Inputs von Irene (die sich ebenfalls auf 5 oder mehr Bitcoin aufsummieren) enthalten. Die Inputs müssen leicht über der Kapazität des Kanals liegen, um die Transaktionsgebühren abzudecken. Die Transaktion hat einen Output, der die insgesamt 10 Bitcoin an eine 2-von-2-Multisig-Adresse koppelt, die sowohl von Hitesh als auch von Irene kontrolliert wird. Die Funding-Transaktion kann auch eine oder mehrere Outputs enthalten, die Wechselgeld an Hitesh und Irene rausgeben, falls deren Inputs den vereinbarten Beitrag übersteigen. Das ist die einzige Transaktion, bei der Inputs von beiden Parteien angeboten und signiert werden. Sie muss von beiden Parteien gemeinsam erzeugt und signiert werden, bevor sie übertragen wird.

Anstelle einer einzigen Commitment-Transaktion, die von beiden Parteien signiert wird, erzeugen Hitesh und Irene nun zwei verschiedene, *asymmetrische*, Commitment-Transaktionen.

Hiteshs Commitment-Transaktion hat zwei Outputs. Der erste Output zahlt Irene die von ihr eingebrachten 5 Bitcoin unmittelbar zurück. Der zweite Output zahlt Hitesh die von ihm eingebrachten 5 Bitcoin zurück, aber erst nach einem Timelock von 1.000 Blöcken. Die Transaktions-Outputs sehen wie folgt aus:

```
Input: 2-of-2-Funding-Output, signiert von Irene

Output 0 <5 bitcoins>:
    <Irenes Public Key> CHECKSIG
```

```
Output 1 <5 bitcoins>:
    <1000 Blöcke>
    CHECKSEQUENCEVERIFY
    DROP
    <Hiteshs Public Key> CHECKSIG
```

Irene verwendet eine andere Commitment-Transaktion, ebenfalls mit zwei Outputs. Die erste zahlt Hitesh die von ihm eingebrachten 5 Bitcoin sofort zurück. Der zweite Output zahlt Irene die von ihr eingebrachten 5 Bitcoin zurück, aber erst nach einem Timelock von 1.000 Blöcken. Irenes Commitment-Transaktion (die von Hitesh signiert ist) sieht wie folgt aus:

```
Input: 2-of-2-Funding-Output, signiert von Hitesh

Output 0 <5 bitcoins>:
    <Hiteshs Public Key> CHECKSIG

Output 1 <5 bitcoins>:
    <1000 Blöcke>
    CHECKSEQUENCEVERIFY
    DROP
    <Irenes Public Key> CHECKSIG
```

Jede Partei besitzt also eine Commitment-Transaktion, die den 2-von-2-Funding-Output einlöst. Dieser Input ist von der jeweils anderen Partei signiert. Die Partei, die die Transaktion besitzt, kann sie jederzeit signieren (und damit das 2-von-2 vervollständigen) und ans Netzwerk senden. Sendet man allerdings diese Commitment-Transaktion, wird die andere Partei sofort ausbezahlt, während man selbst auf den Ablauf des Timelocks warten muss. Wenn man eine »Zeitverzögerung« für die Auszahlung eines Outputs verhängt, sind beide Parteien leicht im Nachteil, wenn sich eine Partei entscheiden sollte, eine einseitige Commitment-Transaktion zu senden. Doch eine Zeitverzögerung allein reicht nicht aus, um eine faire Abwicklung sicherzustellen.

Abbildung 14-5 zeigt zwei asymmetrische Commitment-Transaktionen mit verzögerter Auszahlung an den Halter der Transaktion.

Nun führen wir das letzte Element dieses Schemas ein: einen Widerrufsschlüssel, der einen Betrüger davon abhält, ein veraltetes Commitment zu veröffentlichen. Der Widerrufsschlüssel erlaubt der benachteiligten Partei, den Betrüger zu bestrafen, indem ihm der gesamte Saldo des Kanals entzogen wird.

Der Widerrufsschlüssel besteht aus zwei Secrets, die von beiden Parteien erzeugt werden. Er ähnelt einer 2-von-2-Multisig, wird aber mithilfe elliptischer Kurven generiert. Beide Parteien kennen also den öffentlichen Widerrufsschlüssel, aber nur eine Hälfte des geheimen Widerrufsschlüssels.

Bei jeder Runde legen beide Parteien ihre Hälfte des Widerrufs-Secrets offen. Die andere Partei (die jetzt beide Hälften kennt) kann nun die Straftransaktion durchführen, falls die aufgehobene Transaktion jemals veröffentlicht werden sollte.

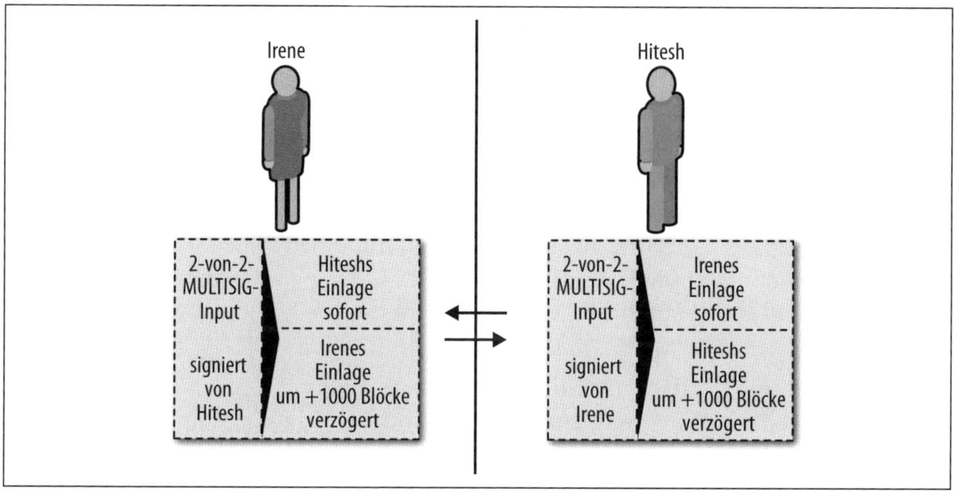


*Abbildung 14-5: Zwei asymmetrische Commitment-Transaktionen mit verzögerter Auszahlung an den Halter der Transaktion*

Jede Commitment-Transaktion besitzt einen »verzögerten« Output. Das Freigabeskript erlaubt einer Partei, ihn nach 1.000 Blöcken einzulösen, *oder* der anderen Partei, ihn zu annullieren, um die Veröffentlichung einer aufgehobenen Transaktion zu bestrafen.

Wenn also Hitesh eine Commitment-Transaktion erzeugt, die Irene signieren soll, macht er den zweiten Output nach 1.000 Blöcken, zahlbar an sich selbst oder an jeden, der den Widerrufsschlüssel vorlegen kann. Hitesh baut diese Transaktion auf und erzeugt einen Widerrufsschlüssel, den er geheim hält. Er wird ihn Irene nur bekannt geben, wenn er bereit ist, in einen neuen Kanalzustand zu wechseln und dieses Commitment zu widerrufen.

Das Skript des zweiten Outputs sieht wie folgt aus:

```
Output 0 <5 bitcoins>:
    <Irenes Public Key> CHECKSIG

Output 1 <5 bitcoins>:
IF
    # Widerruf
    <Public Key des Widerrufs>
ELSE
    <1000 Blöcke>
    CHECKSEQUENCEVERIFY
    DROP
    <Hiteshs Public Key>
ENDIF
CHECKSIG
```

Irene kann diese Transaktion getrost signieren, da sie ihre Einlage sofort zurückerhält, wenn sie ins Netz übertragen wird. Hitesh hält die Transaktion, doch er weiß, dass er 1.000 Blöcke auf sein Geld warten muss, wenn er den Kanal einseitig schließt.

Bevor der Kanal in den nächsten Zustand übergeht, muss Hitesh diese Commitment-Transaktion *widerrufen*, bevor Irene bereit ist, die nächste Commitment-Transaktion zu signieren. Dazu muss er nur den *Widerrufsschlüssel* an Irene senden. Sobald Irene den Widerrufsschlüssel für dieses Commitment kennt, kann sie beruhigt das nächste Commitment signieren. Sie weiß, dass sie den Widerrufsschlüssel verwenden kann, um Hiteshs zeitverzögerten Output zu annullieren, sollte Hitesh betrügen und das vorherige Commitment ins Netz stellen. *Wenn Hitesh betrügt, erhält Irene beide Outputs.* Hitesh besitzt hingegen nur eine Hälfte des Secrets für diesen Widerrufsschlüssel und kann ihn 1.000 Blöcke lang nicht einlösen. Irene kann den Output einlösen und Hitesh bestrafen, bevor die 1.000 Blöcke verstrichen sind.

Das Widerrufsprotokoll ist bilateral, das heißt, in jeder Runde, in der der Kanalzustand geändert wird, tauschen beide Parteien neue Commitments aus sowie die Widerrufsschlüssel für das vorangegangene Commitment und signieren die Commitment-Transaktionen des jeweils anderen. Sobald der neue Zustand akzeptiert ist, wird der alte Zustand unbrauchbar gemacht, indem die notwendigen Widerrufsschlüssel ausgetauscht werden, die jeden Betrugsversuch bitter bestrafen.

Sehen wir uns an, wie das funktioniert. Einer von Irenes Kunden möchte 2 Bitcoin an einen von Hiteshs Kunden senden. Um 2 Bitcoin über den Kanal zu übertragen, müssen Hitesh und Irene den Zustand des Kanals so ändern, dass er den neuen Kontostand widerspiegelt. Sie bestätigen diesen neuen Zustand (Zustand 2), bei dem die 10 Bitcoin des Kanals aufgeteilt werden: 7 Bitcoin für Hitesh und 3 Bitcoin für Irene. Um den Zustand zu ändern, erzeugen beide neue Commitment-Transaktionen, die den neuen Kontostand des Kanals widerspiegeln.

Wie zuvor sind auch diese Commitment-Transaktionen asymmetrisch. Das bedeutet, die Commitment-Transaktionen, die jede Partei hält, zwingen sie zu warten, ob sie eingelöst werden. Wesentlich ist, dass zuerst Widerrufsschlüssel ausgetauscht werden müssen, um vorherige Commitments zu annullieren. In diesem Beispiel ist Hitesh am korrekten Zustand des Kanals interessiert und hat daher kein Interesse daran, den vorangegangenen Zustand zu veröffentlichen. Doch bei Zustand 1 hat Irene einen höheren Kontostand als bei Zustand 2. Wenn Irene den Widerrufsschlüssel für ihre vorangegangene Commitment-Transaktion (Zustand 1) an Hitesh übergibt, verzichtet sie faktisch darauf, Profit aus der vorherigen Transaktion zu schlagen, weil Hitesh beide Outputs der vorangegangenen Commitment-Transaktion sofort einlösen kann. Überträgt Irene also den vorherigen Zustand ins Netz, kann Hitesh von seinem Recht Gebrauch machen und beide Outputs einlösen.

Noch wichtiger ist, dass der Widerruf nicht automatisch erfolgt. Solange Hitesh in der Lage ist, Irene für einen Betrug zu bestrafen, muss er die Blockchain aufmerksam nach Anzeichen für einen Betrug beobachten. Taucht eine vorangegangene Commitment-Transaktion in der Blockchain auf, hat er 1.000 Blöcke Zeit, zu handeln und den Widerrufsschlüssel zu nutzen, um Irenes Betrugsversuch zu vereiteln und sie zu bestrafen, indem er den gesamten Kontostand, also 10 Bitcoin, einlöst.

Asymmetrische, widerrufliche Commitments mit relativen Timelocks (`CSV`) sind eine wesentlich bessere Möglichkeit zur Implementierung von Zahlungskanälen und eine grundlegende Innovation dieser Technik. Mit diesem Konstrukt kann der Kanal unendlich lange offen bleiben und Milliarden von Commitment-Transaktionen durchführen. Die Implementierung des Lightning-Netzwerks nutzt zur Identifizierung des Commitment-Zustands einen 48-Bit-Index, also mehr als 281 Billionen ($2{,}8 \times 10^{14}$) Zustandsübergänge in einem einzigen Kanal.

## Hash Time Lock Contracts (HTLC)

Zahlungskanäle können mit einer speziellen Form von Smart Contract noch erweitert werden. Diese erlauben den Teilnehmenden eine Zahlung an widerrufbare Secrets mit einem Verfallsdatum. Diese Möglichkeit wird *Hash Time Lock Contract*, kurz *HTLC*, genannt und wird sowohl in bidirektionalen als auch in gerouteten Zahlungskanälen verwendet.

Kommen wir zuerst zum *Hash*-Teil des HTLC. Um ein HTLC zu erzeugen, generiert der vorgesehene Empfänger der Zahlung zuerst ein Secret *R*. Dann berechnet er den Hash *H* dieses Secrets:

$$H = Hash(R)$$

Der so erzeugte Hash *H* kann in ein Output-Skript eingebunden werden. Wer dieses Secret kennt, kann den Output einlösen. Das Secret *R* wird auch als das *Preimage* für die Hashfunktion bezeichnet. Das Preimage entspricht einfach den Daten, die als Eingabe für die Hashfunktion dienen.

Der zweite Teil eines HTLC ist die *Timelock*-Komponente. Wird das Secret nicht preisgegeben, kann der Zahlungspflichtige des HTLC nach einiger Zeit eine Rückerstattung erhalten. Das wird mit einem absoluten Timelock per `CHECKLOCKTIMEVERIFY` erreicht.

Ein HTLC implementierendes Skript könnte wie folgt aussehen:

```
IF
    # Zahlung, wenn Sie das Secret R kennen
    HASH160 <H> EQUALVERIFY
    <Public Key des Empfängers> CHECKSIG
ELSE
    # Rückerstattung nach Timeout
    <locktime> CHECKLOCKTIMEVERIFY DROP
    <Public Key des Zahlungspflichtigen> CHECKSIG
ENDIF
```

Jeder, der das Secret *R* kennt (das nach dem Hashing *H* entspricht), kann diesen Output einlösen, indem er die erste Klausel der `IF`-Anweisung ausführt.

Wird das Secret nicht vorgelegt und der HTLC eingefordert, kann der Zahlungspflichtige nach ein paar Blöcken eine Rückerstattung über die zweite Klausel der `IF`-Anweisung einfordern.

Das ist eine grundlegende Implementierung des HTLC. Er kann von *jedem* eingelöst werden, der das Secret *R* kennt. Ein HTLC kann viele verschiedene Formen mit leichten Veränderungen des Skripts annehmen. Fügt man beispielsweise einen `CHECKSIG`-Operator und einen Public Key in die erste Klausel ein, beschränkt man die Freigabe auf einen benannten Empfänger, der außerdem das Secret *R* kennen muss.

## Geroutete Zahlungskanäle (Lightning Network)

Das Lightning Network ist ein vorgeschlagenes geroutetes Netzwerk von bidirektionalen Zahlungskanälen, die »Ende zu Ende« miteinander verbunden sind. Ein solches Netzwerk erlaubt den Teilnehmenden, eine Zahlung von Kanal zu Kanal zu übertragen (zu routen), ohne den dazwischenliegenden Teilnehmern vertrauen zu müssen. Das Lightning Network wurde im Februar 2015 erstmals von Joseph Poon und Thadeus Dryja beschrieben (*https://oreil.ly/NM8LC*), basierend auf einem Konzept für Zahlungskanäle, das von vielen anderen vorgeschlagen und verfeinert wurde.

*Lightning Network* verweist auf ein spezifisches Design für ein geroutetes Zahlungskanalnetzwerk, das mittlerweile von fünf verschiedenen Open-Source-Teams implementiert wurde. Die unabhängigen Implementierungen werden durch eine Reihe von Interoperabilitätsstandards koordiniert, die im *Basics-of-Lightning-Technology-(BOLT-)*Repository (*https://oreil.ly/lIGIA*) beschrieben sind.

### Einfaches Lightning-Network-Beispiel

Sehen wir uns an, wie das funktioniert.

In unserem Beispiel haben wir fünf Teilnehmende: Alice, Bob, Carol, Diana und Eric. Diese fünf haben paarweise Kanäle miteinander geöffnet: Alice mit Bob, Bob mit Carol, Carol mit Diana und Diana mit Eric. Der Einfachheit halber wollen wir annehmen, dass jeder Teilnehmer 2 Bitcoin in den jeweiligen Kanal eingezahlt hat, insgesamt also 4 Bitcoin pro Kanal.

Abbildung 14-6 zeigt die fünf Teilnehmenden in einem Lightning Network, die über bidirektionale Zahlungskanäle verbunden sind. Diese können miteinander verbunden werden, damit Alice eine Zahlung an Eric vornehmen kann (siehe »Geroutete Zahlungskanäle (Lightning Network)« auf Seite 352).

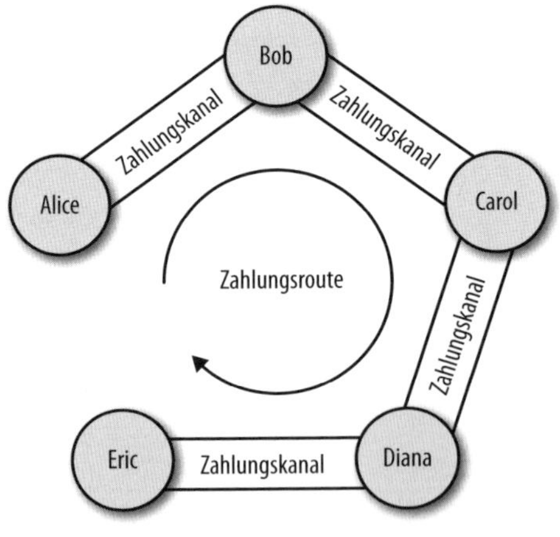


*Abbildung 14-6: Eine Reihe miteinander verbundener bidirektionaler Zahlungskanäle bilden ein Lightning Network, das eine Zahlung von Alice an Eric routen kann.*

Alice möchte Eric 1 Bitcoin bezahlen. Allerdings ist Alice nicht über einen Zahlungskanal mit Eric verbunden. Um den Zahlungskanal einzurichten, wird eine Funding-Transaktion benötigt, die an die Bitcoin-Blockchain übergeben werden muss. Alice möchte keinen neuen Zahlungskanal öffnen und noch mehr Kapital binden. Gibt es eine indirekte Möglichkeit, Eric zu bezahlen?

Abbildung 14-7 zeigt das schrittweise Routing einer Zahlung von Alice an Eric über eine Folge von HTLC-Commitments an die Zahlungskanäle, die die Teilnehmenden miteinander verbinden.

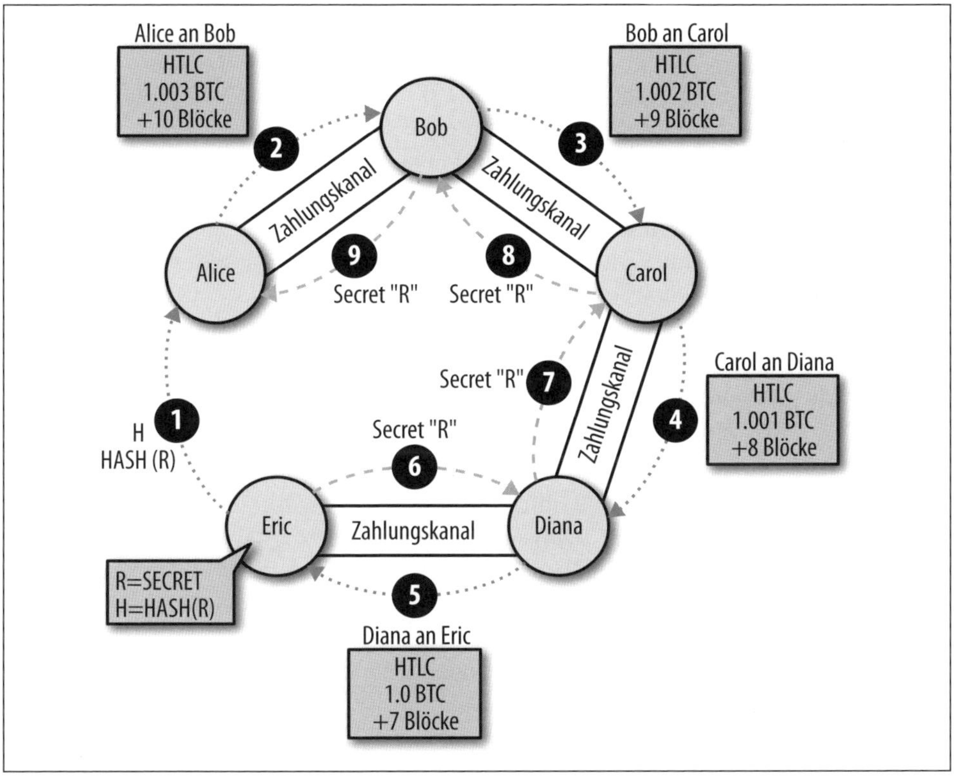


*Abbildung 14-7: Schritt-für-Schritt-Routing durch ein Lightning Network*

Alice betreibt einen Lightning-Network-Node (LN), der ihren Zahlungskanal mit Bob aufrechterhält und in der Lage ist, Routen zwischen den Zahlungskanälen aufzuspüren. Alice' LN-Node kann außerdem über das Internet die Verbindung mit Erics LN-Node herstellen. Erics LN-Node erzeugt mithilfe eines Zufallszahlengenerators ein Secret `R`. Erics Node gibt dieses Secret nicht preis, sondern berechnet vielmehr einen Hash `H` des Secrets `R` und sendet diesen Hash an Alice' Node (siehe Abbildung 14-7, Schritt 1).

Alice' LN-Node konstruiert nun eine Route zwischen Alice' und Erics LN-Node. Den verwendeten Routing-Algorithmus sehen wir uns später noch genauer an. Im Moment gehen wir einfach davon aus, dass Alice' Node eine effiziente Route findet.

Alice' Node baut nun einen HTLC über 1,003 Bitcoin auf (siehe Abbildung 14-7, Schritt 2), zahlbar an den Hash `H` mit einem Rückerstattungs-Timeout von zehn Blöcken. Die zusätzlichen 0,003 Bitcoin werden genutzt, um die dazwischenliegenden Nodes für ihre Teilnahme an diesem Zahlungskanal zu entschädigen. Alice bietet Bob diesen HTLC an, der 1,003 Bitcoin von ihrem Kanalsaldo mit Bob abzieht und dem HTLC zuspricht. Der HTLC definiert Folgendes: »*Alice zahlt 1,003 BTC ihres Kanalsaldos an Bob, wenn Bob das Secret kennt, andernfalls wird der Betrag nach Ablauf von 10 Blöcken an Alice zurückerstattet.*« Der Kanalsaldo zwischen Alice und Bob wird nur über Commitment-Transaktionen mit drei Outputs ausgedrückt: 2 Bitcoin Saldo an Bob, 0,997 Bitcoin Saldo an Alice, 1,003 Bitcoin in Alice' HTLC. Alice' Saldo wird um den im HTLC festgelegten Betrag reduziert.

Bob hat nun die Bestätigung, dass er die 1,003 Bitcoin von Alice einlösen kann, wenn er innerhalb der nächsten zehn Blöcke das Secret `R` vorlegt. Basierend auf diesem Commitment, erzeugt Bobs Node ein HTLC in seinem Zahlungskanal mit Carol. Bobs HTLC spricht dem Hash `H` 1,002 Bitcoin für neun Blöcke zu, die Carol einlösen kann, wenn sie das Secret `R` kennt (siehe Abbildung 14-7, Schritt 3). Bob weiß, dass Carol `R` vorlegen muss, um seinen HTLC einlösen zu können. Wenn Bob `R` innerhalb von neun Blöcken erhält, kann er ihn nutzen, um Alice' HTLC an sich einzulösen. Er bekommt außerdem 0,001 Bitcoin, weil er seinen Kanalsaldo für neun Blöcke zur Verfügung gestellt hat. Kann Carol den HTLC nicht einlösen, wird alles auf die alten Kanalsalden zurückgesetzt, und niemand erleidet einen Verlust. Die Kanalsalden zwischen Bob und Carol sehen nun wie folgt aus: 2 an Carol, 0,998 an Bob, 1,002 von Bob im HTLC.

Carol hat nun ein Commitment, mit dem sie die 1,002 Bitcoin von Bob einlösen kann, wenn sie innerhalb der nächsten neun Blöcke `R` erhält. Sie kann jetzt ein HTLC-Commitment über ihren Kanal mit Diana erzeugen. Ihr HTLC umfasst 1,001 Bitcoin an Hash `H` für acht Blöcke, die Diana mit dem Secret `R` einlösen kann (siehe Abbildung 14-7, Schritt 4). Aus Carols Sicht steht sie um 0,001 Bitcoin besser da, wenn das funktioniert – und wenn nicht, hat sie auch nichts verloren. Ihr HTLC an Diana ist nur gültig, wenn `R` offengelegt wird, und in diesem Moment kann sie den HTLC von Bob einlösen. Der Kanalsaldo zwischen Carol und Diana ist nun: 2 für Diana, 0,999 für Carol und 1,001 von Carol im HTLC.

Zum Schluss kann Diana Eric einen HTLC anbieten, der 1 Bitcoin für sieben Blöcke an den Hash `H` bereitstellt (siehe Abbildung 14-7, Schritt 5). Der Kanalsaldo zwischen Diana und Eric ist nun: 2 für Eric, 1 für Diana, 1 von Diana dem HTLC zugewiesen.

An diesem Punkt der Route (*Hop*) besitzt Eric das Secret `R`. Er kann daher den von Diana angebotenen HTLC einlösen. Er sendet `R` an Diana, löst den Bitcoin ein und fügt ihn seinem Kanalsaldo hinzu (siehe Abbildung 14-7, Schritt 6). Kanalsaldo ist nun: 1 für Diana und 3 für Eric.

Diana besitzt nun das Secret `R` und kann den HTLC von Carol einlösen. Diana sendet `R` an Carol und fügt ihrem Kanal 1,001 Bitcoin hinzu (siehe Abbildung 14-7, Schritt 7). Der Kanalsaldo zwischen Carol und Diana ist nun: 0,999 für Carol, 3,001 für Diana. Diana hat 0,001 Bitcoin »verdient«, weil sie an dieser Zahlungsroute teilgenommen hat.

Während das Secret `R` über die Route zurückfließt, kann jeder Teilnehmer den ausstehenden HTLC einlösen. Carol erhält 1,002 von Bob, d.h., der Saldo auf ihrem Kanal ist: 0,998 für Bob und 3,002 für Carol (siehe Abbildung 14-7, Schritt 8). Zum Schluss löst Bob den HTLC von Alice ein (siehe Abbildung 14-7, Schritt 9), und ihr Kanalsaldo sieht wie folgt aus: 0,997 für Alice und 3,003 für Bob.

Alice hat Eric 1 Bitcoin bezahlt, ohne einen Kanal mit Eric zu öffnen. Keine der in die Zahlung involvierten Parteien musste einem anderen vertrauen. Für die kurzfristige Überlassung ihrer Einlagen erhalten sie eine kleine Gebühr, und die einzige Gefahr ist eine leichte Verzögerung bei der Rückerstattung, falls der Kanal geschlossen wird oder die Zahlung fehlschlägt.

## Lightning Network – Transport und Routing

Die gesamte Kommunikation zwischen den LN-Nodes erfolgt durch Ende-zu-Ende-Verschlüsselung. Zusätzlich besitzen alle Nodes einen dauerhaften Public Key, den sie zur Identifikation und zur gegenseitigen Authentifizierung verwenden.

Will eine Node eine Zahlung an eine andere Node senden, muss sie zuerst einen *Pfad* durch das Netzwerk konstruieren, indem sie Zahlungskanäle mit ausreichender Kapazität verbindet. Nodes bieten Routing-Informationen an, darunter auch die offenen Kanäle, die Kapazität jedes Kanals und die für Routing-Zahlungen geforderten Gebühren. Die Routing-Informationen können auf vielfältige Weise geteilt werden, und sehr wahrscheinlich werden sich verschiedene Routing-Protokolle entwickeln, während sich die Lightning-Network-Technik weiterentwickelt. Aktuelle Implementierungen zum Aufspüren von Routen nutzt ein P2P-Modell, bei dem Nodes Kanalmeldungen an ihre Peers propagieren. Dieses *Flooding-Modell* ähnelt der Bitcoin-Propagation von Transaktionen.

Im vorherigen Beispiel hat Alice' Node einen dieser Routenerkennungsmechanismen genutzt, um einen oder mehrere Pfade zu finden, die ihre Node mit Erics Node verbinden. Sobald Alice' Node einen Pfad aufgebaut hat, initialisiert sie ihn durch das Netzwerk, indem sie eine Folge verschlüsselter und verschachtelter Anweisungen sendet, um alle angrenzenden Zahlungskanäle zu verbinden.

Tatsächlich kennt nur Alice' Node den gesamten Pfad. Alle anderen Teilnehmenden der Zahlungsroute kennen lediglich die benachbarten Nodes. Aus Carols Sicht sieht es nach einer Zahlung von Bob an Diana aus. Carol weiß nicht, dass Bob eigentlich eine Zahlung von Alice weiterleitet. Sie weiß auch nicht, dass Diana eine Zahlung an Eric weiterleitet.

Das ist ein wesentliches Merkmal des Lightning Network, weil es den Datenschutz bei Zahlungen gewährleistet und Überwachung, Zensur und Blacklists sehr schwierig macht. Doch wie baut Alice diesen Zahlungspfad auf, ohne etwas an die dazwischenliegenden Nodes zu verraten?

Das Lightning Network implementiert ein Onion-Routing-Protokoll, das auf einem Schema basiert, das Sphinx (*https://oreil.ly/fuCiK*) genannt wird. Dieses Routing-Protokoll stellt sicher, dass der Zahlungssender einen Pfad durch das Lightning Network aufbauen (und darüber kommunizieren) kann, das die folgenden Eigenschaften aufweist:

- Zwischengeschaltete Nodes können ihren Teil der Routing-Information verifizieren und entschlüsseln, um den nächsten Hop zu finden.
- Außer über den vorherigen und den nächsten Hop erfahren sie nichts über die anderen Nodes, die Teil des Pfads sind.
- Sie können die Länge des Zahlungspfads oder ihre eigene Position innerhalb dieses Pfads nicht erkennen.
- Jeder Teil des Pfads ist so verschlüsselt, dass ein Angreifer auf Netzwerkebene Pakete von verschiedenen Teilen des Pfads nicht miteinander assoziieren kann.
- Im Gegensatz zu Tor (einem Onion-Routing-Netzwerk) gibt es keine »Exit-Nodes«, die überwacht werden könnten. Die Zahlungen müssen nicht an die Bitcoin-Blockchain übermittelt werden, was bedeutet, dass die Nodes nur die Kanalsalden aktualisieren.

Mithilfe des Onion-Routing-Protokolls packt Alice jedes Element des Pfads in eine Verschlüsselungsschicht, die am Ende beginnt und sich zurückarbeitet. Sie verschlüsselt eine Nachricht an Eric mit Erics öffentlichem Schlüssel. Diese Nachricht wird in eine Nachricht gepackt, die verschlüsselt an Diana geht und Eric als nächsten Empfänger identifiziert. Die Nachricht an Diana wird in eine Nachricht verpackt, die mit Carols Public Key verschlüsselt wird und Diana als nächsten Empfänger identifiziert. Die Nachricht an Carol wird mit Bobs Schlüssel verschlüsselt. Alice hat so eine »Multilayer-Onion« von Nachrichten aufgebaut. Sie sendet diese an Bob, der nur die äußere Schicht entschlüsseln und entpacken kann. Darin findet Bob eine an Carol adressierte Nachricht, die er an Carol weiterleiten, aber nicht selbst entschlüsseln kann. Dem Pfad folgend wird die Nachricht weitergeleitet, entschlüsselt, weitergeleitet und so weiter, bis sie Eric erreicht. Jeder Teilnehmende kennt bei jedem Hop nur die vor- und nachgelagerte Node.

Jedes Element des Pfads enthält Informationen im HTLC, die auf den nächsten Hop ausgedehnt werden müssen: die gesendete Menge, die einzufügende Gebühr und das Verfallsdatum des HTLC als CLTV-Locktime (in Blöcken). Während die Routeninformationen propagiert werden, machen die Nodes HTLC-Commitments an den nächsten Hop.

An diesem Punkt fragen Sie sich vielleicht, wie es möglich ist, dass die Nodes die Länge des Pfads und ihre Position darin nicht kennen. Schließlich empfangen sie eine Nachricht und leiten sie an den nächsten Hop weiter. Wird diese nicht kürzer, und lassen sich so die Größe des Pfads und die Position darin nicht ableiten? Um das zu vermeiden, ist der Pfad immer 20 Hops lang und wird mit zufälligen Daten aufgefüllt. Jede Node sieht den nächsten Hop und eine verschlüsselte Nachricht fester Länge, die sie weiterleiten soll. Nur der eigentliche Empfänger sieht, dass es keinen nächsten Hop gibt. Für alle anderen sieht es so aus, als lägen noch 20 Hops vor ihnen.

## Vorteile des Lightning Network

Ein Lightning Network ist eine auf dem sogenannten Second-Layer angesiedelte Routing-Technik. Sie kann auf jede Blockchain angewandt werden, die einige grundlegende Fähigkeiten wie Multisignaturtransaktionen, Timelocks und einfache Smart Contracts besitzt.

Liegt ein Lightning Network über dem Bitcoin-Netzwerk, erfährt das Bitcoin-Netzwerk eine deutliche Steigerung an Kapazität, Privatsphäre, Granularität und Geschwindigkeit, ohne die Prinzipien des »vertrauensfreien« Betriebs ohne Mittelsmänner zu verletzen:

*Privatsphäre*
: Zahlungen im Lightning Network sind wesentlich privater als Zahlungen in der Bitcoin-Blockchain, da sie nicht öffentlich sind. Zwar sehen die Teilnehmenden an einer Route, dass Zahlungen über ihre Kanäle laufen, aber sie kennen weder Sender noch Empfänger.

*Übertragbarkeit*
: Ein Lightning Network macht eine Überwachung und den Einsatz von Blacklists beim Bitcoin wesentlich schwieriger, was die Übertragbarkeit der Währung deutlich erhöht.

*Geschwindigkeit*
: Bitcoin-Transaktionen im Lightning Network können innerhalb von Millisekunden (und nicht Minuten) festgehalten werden, da die HTLCs verrechnet werden, ohne Transaktionen in einen Block eintragen zu müssen.

*Granularität*
: Ein Lightning Network erlaubt kleine Zahlungen am Bitcoin-*Dust*-Limit, vielleicht sogar darunter.

*Kapazität*
: Ein Lightning Network erhöht die Kapazität des Bitcoin-Systems um mehrere Größenordnungen. Es gibt praktisch keine obere Grenze für die Anzahl der Zahlungen pro Sekunde, die über ein Lightning Network übertragen werden können, da diese nur von der Kapazität und der Geschwindigkeit der Node abhängt.

*»Vertrauensfreier« Betrieb*
: Ein Lightning Network nutzt Bitcoin-Transaktionen zwischen als Peers betriebenen Nodes, die einander nicht vertrauen (müssen). Ein Lightning Network hält also an den Prinzipien des Bitcoin-Systems fest, während es gleichzeitig die Betriebsparameter signifikant erweitert.

Sie haben einige der neu auftauchenden Anwendungen kennengelernt, die auf der Bitcoin-Blockchain als Vertrauensplattform aufsetzen. Diese Anwendungen erweitern den Einsatzbereich von Bitcoin als Zahlungs- und Finanzinstrument.

Sie haben nun das Ende des Buchs erreicht, doch was werden Sie mit dem erworbenen Wissen anfangen? Millionen, wenn nicht Milliarden von Menschen kennen den Begriff »Bitcoin«, doch nur ein sehr kleiner Prozentsatz von ihnen weiß so viel über

Bitcoin wie Sie. Dieses Wissen ist wertvoll. Noch wertvoller sind Menschen wie Sie, die bereit sind, mehrere Hundert Seiten darüber zu lesen.

Falls Sie es noch nicht tun, sollten Sie in Erwägung ziehen, in irgendeiner Form zu Bitcoin beizutragen. Sie können eine Full Node betreiben, um empfangene Zahlungen zu validieren, Anwendungen entwickeln, um anderen den Umgang mit Bitcoin zu erleichtern, oder andere Menschen über Bitcoin und sein Potenzial aufzuklären. Sie könnten auch etwas zur Open-Source-Software der Bitcoin-Infrastruktur (etwa Bitcoin Core) beitragen und mit einigen wenigen wirklich cleveren Menschen Tools entwickeln, für die nie jemand etwas bezahlen wird, auf die eines Tages aber Milliarden Menschen angewiesen sein könnten.

Wie auch immer Ihr Weg mit Bitcoin aussehen mag, wir danken Ihnen, dass *Bitcoin – Grundlagen und Programmierung* ein Teil davon ist.

# ANHANG A
# Das Bitcoin-Whitepaper von Satoshi Nakamoto

Hier erhalten Sie das Original-Whitepaper, und zwar genau so, wie es von Satoshi Nakamoto im Oktober 2008 veröffentlicht wurde.

## Bitcoin – A Peer-to-Peer Electronic Cash System

Satoshi Nakamoto

*satoshin@gmx.com*

*www.bitcoin.org* (*https://bitcoin.org/en/*)

**Abstract.** A purely peer-to-peer version of electronic cash would allow online payments to be sent directly from one party to another without going through a financial institution. Digital signatures provide part of the solution, but the main benefits are lost if a trusted third party is still required to prevent double-spending. We propose a solution to the double-spending problem using a peer-to-peer network. The network timestamps transactions by hashing them into an ongoing chain of hash-based proof-of-work, forming a record that cannot be changed without redoing the proof-of-work. The longest chain not only serves as proof of the sequence of events witnessed, but proof that it came from the largest pool of CPU power. As long as a majority of CPU power is controlled by nodes that are not cooperating to attack the network, they'll generate the longest chain and outpace attackers. The network itself requires minimal structure. Messages are broadcast on a best effort basis, and nodes can leave and rejoin the network at will, accepting the longest proof-of-work chain as proof of what happened while they were gone.

## Introduction

Commerce on the Internet has come to rely almost exclusively on financial institutions serving as trusted third parties to process electronic payments. While the system works well enough for most transactions, it still suffers from the inherent weaknesses of the trust based model. Completely non-reversible transactions are not really possible, since financial institutions cannot avoid mediating disputes. The cost of mediation increases transaction costs, limiting the minimum practical transaction size and cutting off the possibility for small casual transactions, and there is a broader cost in the loss of ability to make non-reversible payments for non-reversible services. With the possibility of reversal, the need for trust spreads. Merchants must be wary of their customers, hassling them for more information than they would otherwise need. A certain percentage of fraud is accepted as unavoidable. These costs and payment uncertainties can be avoided in person by using physical currency, but no mechanism exists to make payments over a communications channel without a trusted party.

What is needed is an electronic payment system based on cryptographic proof instead of trust, allowing any two willing parties to transact directly with each other without the need for a trusted third party. Transactions that are computationally impractical to reverse would protect sellers from fraud, and routine escrow mechanisms could easily be implemented to protect buyers. In this paper, we propose a solution to the double-spending problem using a peer-to-peer distributed timestamp server to generate computational proof of the chronological order of transactions. The system is secure as long as honest nodes collectively control more CPU power than any cooperating group of attacker nodes.

## Transactions

We define an electronic coin as a chain of digital signatures. Each owner transfers the coin to the next by digitally signing a hash of the previous transaction and the public key of the next owner and adding these to the end of the coin. A payee can verify the signatures to verify the chain of ownership.

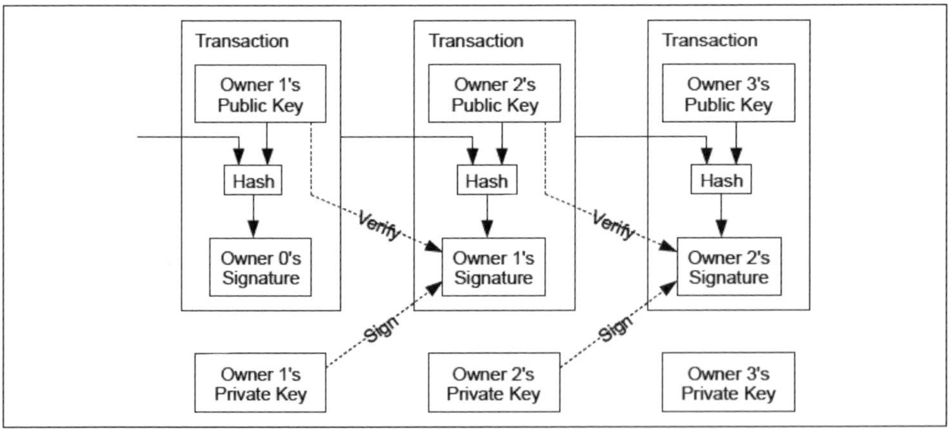


The problem of course is the payee can't verify that one of the owners did not double-spend the coin. A common solution is to introduce a trusted central authority, or mint, that checks every transaction for double spending. After each transaction, the coin must be returned to the mint to issue a new coin, and only coins issued directly from the mint are trusted not to be double-spent. The problem with this solution is that the fate of the entire money system depends on the company running the mint, with every transaction having to go through them, just like a bank.

We need a way for the payee to know that the previous owners did not sign any earlier transactions. For our purposes, the earliest transaction is the one that counts, so we don't care about later attempts to double-spend. The only way to confirm the absence of a transaction is to be aware of all transactions. In the mint based model, the mint was aware of all transactions and decided which arrived first. To accomplish this without a trusted party, transactions must be publicly announced [1], and we need a system for participants to agree on a single history of the order in which they were received. The payee needs proof that at the time of each transaction, the majority of nodes agreed it was the first received.

## Timestamp Server

The solution we propose begins with a timestamp server. A timestamp server works by taking a hash of a block of items to be timestamped and widely publishing the hash, such as in a newspaper or Usenet post [2-5]. The timestamp proves that the data must have existed at the time, obviously, in order to get into the hash. Each timestamp includes the previous timestamp in its hash, forming a chain, with each additional timestamp reinforcing the ones before it.

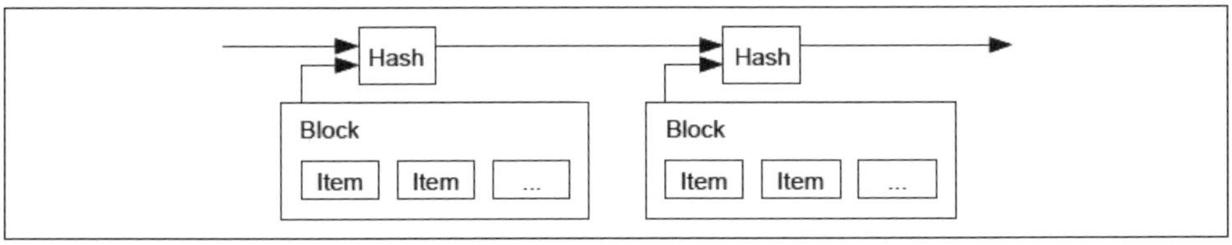


## Proof-of-Work

To implement a distributed timestamp server on a peer-to-peer basis, we will need to use a proof-of-work system similar to Adam Back's Hashcash [6], rather than newspaper or Usenet posts. The proof-of-work involves scanning for a value that when hashed, such as with SHA-256, the hash begins with a number of zero bits. The average work required is exponential in the number of zero bits required and can be verified by executing a single hash. For our timestamp network, we implement the proof-of-work by incrementing a nonce in the block until a value is found that gives the block's hash the required zero bits. Once the CPU effort has been expended to make it satisfy the proof-of-work, the block cannot be changed without redoing the work. As later blocks are chained after it, the work to change the block would include redoing all the blocks after it.

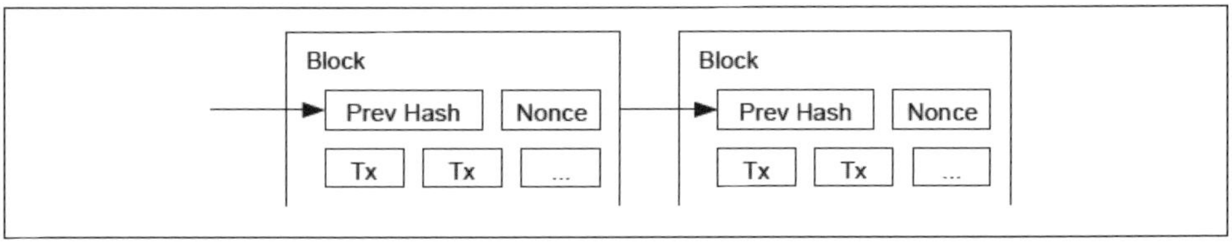


The proof-of-work also solves the problem of determining representation in majority decision making. If the majority were based on one-IP-address-one-vote, it could be subverted by anyone able to allocate many IPs. Proof-of-work is essentially one-CPU-one-vote. The majority decision is represented by the longest chain, which has the greatest proof-of-work effort invested in it. If a majority of CPU power is controlled by honest nodes, the honest chain will grow the fastest and outpace any competing chains. To modify a past block, an attacker would have to redo the proof-of-work of the block and all blocks after it and then catch up with and surpass the work of the honest nodes. We will show later that the probability of a slower attacker catching up diminishes exponentially as subsequent blocks are added.

To compensate for increasing hardware speed and varying interest in running nodes over time, the proof-of-work difficulty is determined by a moving average targeting an average number of blocks per hour. If they're generated too fast, the difficulty increases.

## Network

The steps to run the network are as follows:

1. New transactions are broadcast to all nodes.
2. Each node collects new transactions into a block.
3. Each node works on finding a difficult proof-of-work for its block.
4. When a node finds a proof-of-work, it broadcasts the block to all nodes.
5. Nodes accept the block only if all transactions in it are valid and not already spent.
6. Nodes express their acceptance of the block by working on creating the next block in the chain, using the hash of the accepted block as the previous hash.

Nodes always consider the longest chain to be the correct one and will keep working on extending it. If two nodes broadcast different versions of the next block simultaneously, some nodes may receive one or the other first. In that case, they work on the first one they received, but save the other branch in case it becomes longer. The tie will be broken when the next proof-of-work is found and one branch becomes longer; the nodes that were working on the other branch will then switch to the longer one.

New transaction broadcasts do not necessarily need to reach all nodes. As long as they reach many nodes, they will get into a block before long. Block broadcasts are also tolerant of dropped messages. If a node does not receive a block, it will request it when it receives the next block and realizes it missed one.

## Incentive

By convention, the first transaction in a block is a special transaction that starts a new coin owned by the creator of the block. This adds an incentive for nodes to support the network, and provides a way to initially distribute coins into circulation, since there is no central authority to issue them. The steady addition of a constant of amount of new coins is analogous to gold miners expending resources to add gold to circulation. In our case, it is CPU time and electricity that is expended.

The incentive can also be funded with transaction fees. If the output value of a transaction is less than its input value, the difference is a transaction fee that is added to the incentive value of the block containing the transaction. Once a predetermined number of coins have entered circulation, the incentive can transition entirely to transaction fees and be completely inflation free.

The incentive may help encourage nodes to stay honest. If a greedy attacker is able to assemble more CPU power than all the honest nodes, he would have to choose between using it to defraud people by stealing back his payments, or using it to generate new coins. He ought to find it more profitable to play by the rules, such rules that favour him with more new coins than everyone else combined, than to undermine the system and the validity of his own wealth.

## Reclaiming Disk Space

Once the latest transaction in a coin is buried under enough blocks, the spent transactions before it can be discarded to save disk space. To facilitate this without breaking the block's hash, transactions are hashed in a Merkle Tree [7] [2] [5], with only the root included in the block's hash. Old blocks can then be compacted by stubbing off branches of the tree. The interior hashes do not need to be stored.

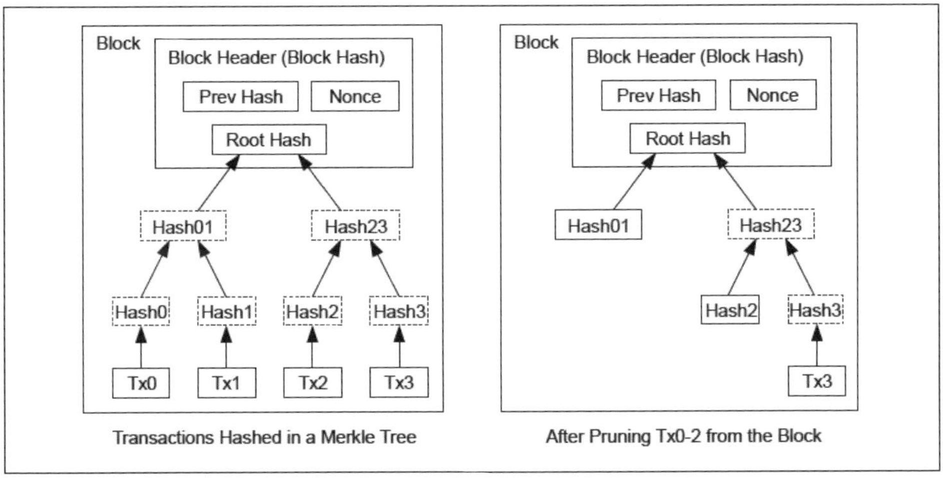


A block header with no transactions would be about 80 bytes. If we suppose blocks are generated every 10 minutes, `80 bytes * 6 * 24 * 365 = 4.2MB` per year. With computer systems typically selling with 2GB of RAM as of 2008, and Moore's Law predicting current growth of 1.2GB per year, storage should not be a problem even if the block headers must be kept in memory.

## Simplified Payment Verification

It is possible to verify payments without running a full network node. A user only needs to keep a copy of the block headers of the longest proof-of-work chain, which he can get by querying network nodes until he's convinced he has the longest chain, and obtain the Merkle branch linking the transaction to the block it's timestamped in. He can't check the transaction for himself, but by linking it to a place in the chain, he can see that a network node has accepted it, and blocks added after it further confirm the network has accepted it.

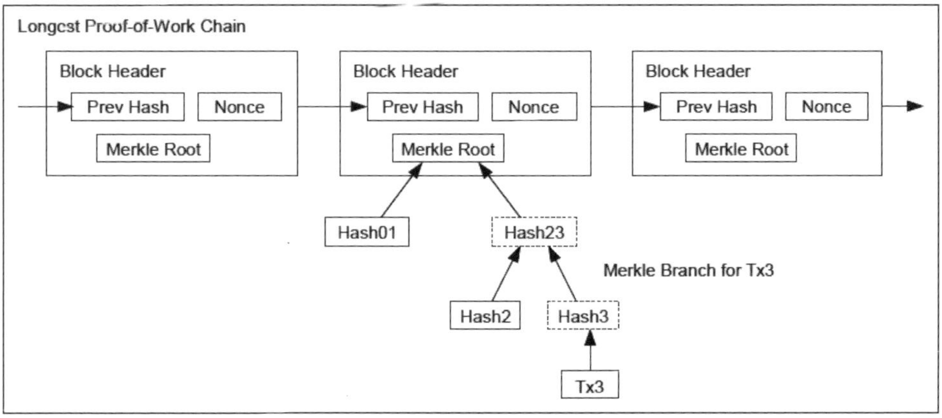


As such, the verification is reliable as long as honest nodes control the network, but is more vulnerable if the network is overpowered by an attacker. While network nodes can verify transactions for themselves, the simplified method can be fooled by an attacker's fabricated transactions for as long as the attacker can continue to overpower the network. One strategy to protect against this would be to accept alerts from network nodes when they detect an invalid block, prompting the user's software to download the full block and alerted transactions to confirm the inconsistency. Businesses that receive frequent payments will probably still want to run their own nodes for more independent security and quicker verification.

## Combining and Splitting Value

Although it would be possible to handle coins individually, it would be unwieldy to make a separate transaction for every cent in a transfer. To allow value to be split and combined, transactions contain multiple inputs and outputs. Normally there will be either a single input from a larger previous transaction or multiple inputs combining smaller amounts, and at most two outputs: one for the payment, and one returning the change, if any, back to the sender.

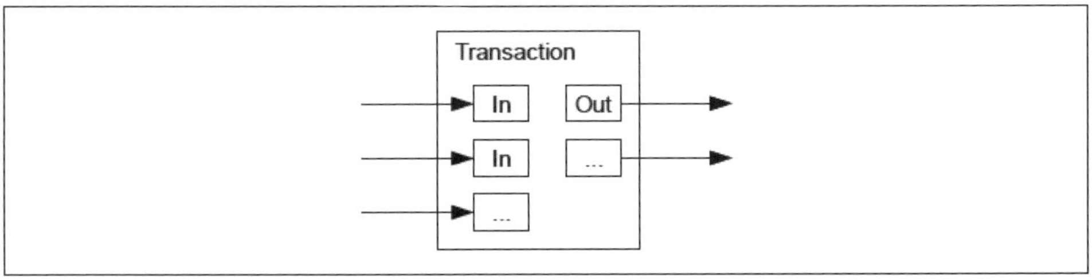


It should be noted that fan-out, where a transaction depends on several transactions, and those transactions depend on many more, is not a problem here. There is never the need to extract a complete standalone copy of a transaction's history.

## Privacy

The traditional banking model achieves a level of privacy by limiting access to information to the parties involved and the trusted third party. The necessity to announce all transactions publicly precludes this method, but privacy can still be maintained by breaking the flow of information in another place: by keeping public keys anonymous. The public can see that someone is sending an amount to someone else, but without information linking the transaction to anyone. This is similar to the level of information released by stock exchanges, where the time and size of individual trades, the »tape«, is made public, but without telling who the parties were.

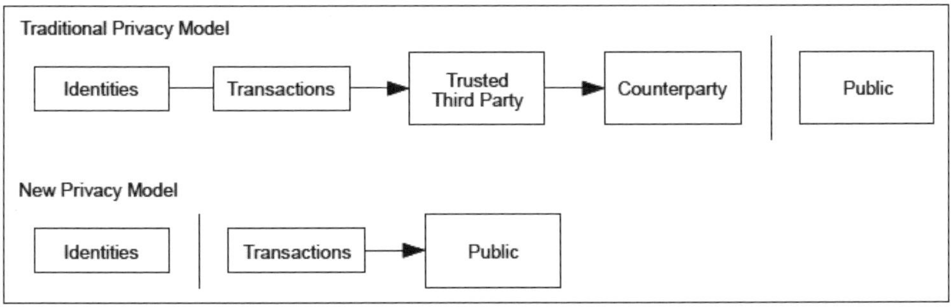


As an additional firewall, a new key pair should be used for each transaction to keep them from being linked to a common owner. Some linking is still unavoidable with multi-input transactions, which necessarily reveal that their inputs were owned by the same owner. The risk is that if the owner of a key is revealed, linking could reveal other transactions that belonged to the same owner.

## Calculations

We consider the scenario of an attacker trying to generate an alternate chain faster than the honest chain. Even if this is accomplished, it does not throw the system open to arbitrary changes, such as creating value out of thin air or taking money that never belonged to the attacker. Nodes are not going to accept an invalid transaction as payment, and honest nodes will never accept a block containing them. An attacker can only try to change one of his own transactions to take back money he recently spent.

The race between the honest chain and an attacker chain can be characterized as a Binomial Random Walk. The success event is the honest chain being extended by one block, increasing its lead by +1, and the failure event is the attacker's chain being extended by one block, reducing the gap by -1.

The probability of an attacker catching up from a given deficit is analogous to a Gambler's Ruin problem. Suppose a gambler with unlimited credit starts at a deficit and plays potentially an infinite number of trials to try to reach breakeven. We can calculate the probability he ever reaches breakeven, or that an attacker ever catches up with the honest chain, as follows [8]:

p = probability an honest node finds the next block

q = probability the attacker finds the next block

$q_z$ = probability the attacker will ever catch up from z blocks behind

$$q_z = \begin{Bmatrix} 1 & \text{if } p \leq q \\ (q/p)^z & \text{if } p > q \end{Bmatrix}$$

Given our assumption that p > q, the probability drops exponentially as the number of blocks the attacker has to catch up with increases. With the odds against him, if he doesn't make a lucky lunge forward early on, his chances become vanishingly small as he falls further behind.

We now consider how long the recipient of a new transaction needs to wait before being sufficiently certain the sender can't change the transaction. We assume the sender is an attacker who wants to make the recipient believe he paid him for a while, then switch it to pay back to himself after some time has passed. The receiver will be alerted when that happens, but the sender hopes it will be too late.

The receiver generates a new key pair and gives the public key to the sender shortly before signing. This prevents the sender from preparing a chain of blocks ahead of time by working on it continuously until he is lucky enough to get far enough ahead, then executing the transaction at that moment. Once the transaction is sent, the dishonest sender starts working in secret on a parallel chain containing an alternate version of his transaction.

The recipient waits until the transaction has been added to a block and z blocks have been linked after it. He doesn't know the exact amount of progress the attacker has made, but assuming the honest blocks took the average expected time per block, the attacker's potential progress will be a Poisson distribution with expected value:

$$\lambda = z\frac{q}{p}$$

To get the probability the attacker could still catch up now, we multiply the Poisson density for each amount of progress he could have made by the probability he could catch up from that point:

$$\sum_{k=0}^{\infty} \frac{\lambda^k e^{-\lambda}}{k!} \cdot \begin{Bmatrix} (q/p)^{(z-k)} & \text{if } k \le z \\ 1 & \text{if } k > z \end{Bmatrix}$$

Rearranging to avoid summing the infinite tail of the distribution...

$$1 - \sum_{k=0}^{z} \frac{\lambda^k e^{-\lambda}}{k!} \left(1 - (q/p)^{(z-k)}\right)$$

Converting to C code...

```
#include <math.h>
double AttackerSuccessProbability(double q, int z)
{
  double p = 1.0 - q;
  double lambda = z * (q / p);
  double sum = 1.0;
  int i, k;
  for (k = 0; k <= z; k++)
  {
    double poisson = exp(-lambda);
    for (i = 1; i <= k; i++)
      poisson *= lambda / i;
    sum -= poisson * (1 - pow(q / p, z - k));
  }
  return sum;
}
```

Running some results, we can see the probability drop off exponentially with z.

```
q=0.1
z=0 P=1.0000000
z=1 P=0.2045873
z=2 P=0.0509779
z=3 P=0.0131722
z=4 P=0.0034552
z=5 P=0.0009137
z=6 P=0.0002428
z=7 P=0.0000647
z=8 P=0.0000173
z=9 P=0.0000046
z=10 P=0.0000012

q=0.3
z=0 P=1.0000000
z=5 P=0.1773523
z=10 P=0.0416605
z=15 P=0.0101008
z=20 P=0.0024804
z=25 P=0.0006132
z=30 P=0.0001522
```

```
z=35 P=0.0000379
z=40 P=0.0000095
z=45 P=0.0000024
z=50 P=0.0000006
```

Solving for P less than 0.1%...

```
P < 0.001
q=0.10 z=5
q=0.15 z=8
q=0.20 z=11
q=0.25 z=15
q=0.30 z=24
q=0.35 z=41
q=0.40 z=89
q=0.45 z=340
```

## Conclusion

We have proposed a system for electronic transactions without relying on trust. We started with the usual framework of coins made from digital signatures, which provides strong control of ownership, but is incomplete without a way to prevent double-spending. To solve this, we proposed a peer-to-peer network using proof-of-work to record a public history of transactions that quickly becomes computationally impractical for an attacker to change if honest nodes control a majority of CPU power. The network is robust in its unstructured simplicity. Nodes work all at once with little coordination. They do not need to be identified, since messages are not routed to any particular place and only need to be delivered on a best effort basis. Nodes can leave and rejoin the network at will, accepting the proof-of-work chain as proof of what happened while they were gone. They vote with their CPU power, expressing their acceptance of valid blocks by working on extending them and rejecting invalid blocks by refusing to work on them. Any needed rules and incentives can be enforced with this consensus mechanism.

## References

[1] W. Dai, »b-money,« *http://www.weidai.com/bmoney.txt*, 1998.

[2] H. Massias, X.S. Avila, and J.-J. Quisquater, »Design of a secure timestamping service with minimal trust requirements,« In 20th Symposium on Information Theory in the Benelux, May 1999.

[3] S. Haber, W.S. Stornetta, »How to time-stamp a digital document,« In Journal of Cryptology, vol 3, no 2, pages 99-111, 1991.

[4] D. Bayer, S. Haber, W.S. Stornetta, »Improving the efficiency and reliability of digital time-stamping,« In Sequences II: Methods in Communication, Security and Computer Science, pages 329-334, 1993.

[5] S. Haber, W.S. Stornetta, »Secure names for bit-strings,« In Proceedings of the 4th ACM Conference on Computer and Communications Security, pages 28-35, April 1997.

[6] A. Back, »Hashcash - a denial of service counter-measure,« *http://www.hashcash.org/papers/hashcash.pdf*, 2002.

[7] R.C. Merkle, »Protocols for public key cryptosystems,« In Proc. 1980 Symposium on Security and Privacy, IEEE Computer Society, pages 122-133, April 1980.

[8] W. Feller, »An introduction to probability theory and its applications,« 1957.

# License

This whitepaper was published in October 2008 by Satoshi Nakamoto. It was later (2009) added as supporting documentation to the bitcoin software and carries the same MIT license. It has been reproduced in this book, without modification other than formatting, under the terms of the MIT license:

ANHANG B

# Errata zum Bitcoin-Whitepaper

Dieser Anhang enthält eine Beschreibung bekannter Probleme in Satoshi Nakamotos Whitepaper »Bitcoin: A Peer-to-Peer Electronic Cash System« sowie Anmerkungen zu Terminologieänderungen und wie sich Bitcoins Implementierung von der im Whitepaper beschriebenen Implementierung unterscheidet.

Dieses Dokument wurde ursprünglich 2016 von einem der Co-Autoren dieses Buchs zusammengestellt und wird hier (frei übersetzt) mit Updates wiedergegeben. Die Namen der Abschnitt in diesem Abschnitt entsprechen den Namen der Abschnitte in Nakamotos Original-Paper.

## Abstract

> »The longest chain not only serves as proof of the sequence of events witnessed, but proof that it came from the largest pool of CPU power.«

- **Implementierungsdetail:** Wenn jeder Link der Kette (bei Bitcoin *Block* genannt) mit der gleichen Menge *Proof-of-Work* (PoW) erzeugt werden würde, wäre die längste Kette diejenige mit dem größten Pool an Rechenleistung. Da Bitcoin aber so implementiert wurde, dass die PoW-Menge zwischen den Blöcken variieren kann, ist es wichtig, nicht »die längste Kette«, sondern »die Kette mit dem meisten PoW« zu wählen. Das wird meist mit »Most-Work-Chain« abgekürzt.

  Der Wechsel (*https://oreil.ly/XYZzx*) von der längsten Chain zur Most-Work-Chain erfolgte lange nach der Erstveröffentlichung von Bitcoin im Juli 2010:

  ```
  -    if (pindexNew->nHeight > nBestHeight)
  +    if (pindexNew->bnChainWork > bnBestChainWork)
  ```

- **Terminologieänderung:** Der zur Generierung früher Bitcoin-Blöcke genutzte PoW wurde üblicherweise von CPUs erbracht. Heutzutage wird der PoW hauptsächlich durch spezialisierte ASICs (*Application Specific Integrated Circuits*) erbracht. Statt von »CPU-Leistung« zu sprechen, spricht man heutzutage besser von »Rechenleistung« oder einfach »Hashrate«.

»As long as a majority of CPU power is controlled by nodes that are not cooperating to attack the network, they'll generate the longest chain and outpace attackers.«

- **Terminologieänderung:** Der Begriff »Node« wird heutzutage für vollständig validierende Nodes verwendet, also die Programme, die alle Regeln des Systems durchsetzen. Die Chain erweiternde Programme (und Hardware) werden heutzutage als »Miner« bezeichnet (basierend auf Nakamotos Analogie zu Goldschürfern in Abschnitt 6 des Whitepapers). Nakamoto erwartete, dass alle Miner Nodes sind, doch die von ihm veröffentlichte Software verlangte von den Nodes nicht, auch Miner zu sein. In der Originalsoftware erlaubte ein einfacher Menüpunkt in der Node-GUI die Aktivierung und Deaktivierung der Mining-Funktion.

  Heutzutage ist die überwiegende Mehrheit der Nodes keine Miner, und viele Personen mit eigener Mining-Hardware nutzen diese nicht für ihre eigenen Nodes. (Diejenigen, die mit eigenen Nodes schürfen, machen das nur für kurze Zeit bei neu entdeckten Blöcken, ohne darauf zu achten, ob ihre Nodes den neuen Block als gültig ansehen). In den ersten Teilen des Papers wird »Nodes« meist unverändert für das Mining mit vollständig validierenden Nodes verwendet. Wird in späteren Teilen des Papers von »network nodes« gesprochen, geht es hauptsächlich darum, was die Nodes tun können, auch wenn sie nicht schürfen.

- **Erkenntnis nach Veröffentlichung:** Wurde ein neuer Block erzeugt, kann der diesen Block schürfende Miner direkt mit der Arbeit am Nachfolger beginnen, doch alle anderen Miner sind sich des neuen Blocks nicht bewusst und müssen warten, bis er durch das Netzwerk propagiert wurde. Das gibt viele Blöcke produzierenden Minern einen Vorteil gegenüber Minern, die weniger Blöcke erzeugen. Dies kann für die sogenannte *Selfish Mining Attack* missbraucht werden, durch die ein Angreifer mit etwa 30% der Netzwerk-Hashrate die Erträge der anderen Miner reduziert und sie sogar dazu bewegen kann, seiner Mining-Policy zu folgen. Statt von »a majority of CPU power is controlled by nodes that are not cooperating to attack the network« spricht man wohl besser von »solange bei einem Angriff kooperierende Nodes weniger als 30% des Netzwerks kontrollieren«.

## Transactions

»We define an electronic coin as a chain of digital signatures. Each owner transfers the coin to the next by digitally signing a hash of the previous transaction and the public key of the next owner and adding these to the end of the coin.«

- **Implementierungsdetail:** Bitcoin implementiert eine etwas allgemeinere Variante dieses Systems, bei dem digitale Signaturen nicht direkt, sondern in Form eines »deterministischen Ausdrucks« verwendet werden. Genau wie eine Signatur, die zu einem bekannten öffentlichen Schlüssel passt, eine Zahlung ermöglicht, erlauben auch die Daten, die zu einem bekannten Ausdruck passen, diese Zahlung. Allgemein wird der Ausdruck, der bei Bitcoin benötigt wird, um einen

Coin einlösen zu können, als »Belastung« (engl. *Encumbrance*) bezeichnet. Bis heute verlangt bei Bitcoin jede Belastung die Vorlage zumindest einer Signatur. Statt von »einer Kette digitaler Signaturen« spricht man korrekterweise von einer »Kette von Belastungen«. Da Transaktionen häufig mehr als einen Input und mehr als einen Output aufweisen, ähnelt die Struktur nicht gerade einer Kette, sondern eher einem gerichteten azyklischen Graphen (*Directed Acyclic Graph*, DAG).

# Proof-of-Work

»... we implement the proof-of-work by incrementing a nonce in the block until a value is found that gives the block's hash the required zero bits.«

- **Implementierungsdetail:** Adam Backs Hashcash-Implementierung verlangt das Finden eines Hash mit der notwendigen Anzahl führender Null-Bits. Bitcoin behandelt den Hash als Integerzahl und verlangt einen Wert, der kleiner ist als der vorgegebene Integerwert, was die Angabe einer fraktionierten Anzahl von Bits erlaubt.

»Proof-of-work is essentially one-CPU-one-vote.«

- **Wichtiger Hinweis:** Zur Wahl stehen hier nicht die Regeln des Systems, sondern nur die Reihenfolge der Transaktionen, um sicherzustellen, dass der »elektronische Coin« nicht einfach doppelt ausgegeben werden kann. Das wird detailliert in Abschnitt 11 des Papers beschrieben: »We consider the scenario of an attacker trying to generate an alternate chain faster than the honest chain. Even if this is accomplished, it does not throw the system open to arbitrary changes, such as creating value out of thin air or taking money that never belonged to the attacker. Nodes are not going to accept an invalid transaction as payment, and honest nodes will never accept a block containing them.«

»... proof-of-work difficulty is determined by a moving average targeting an average number of blocks per hour.«

- **Implementierungsdetail:** Ein gleitender Durchschnitt wird nicht verwendet. Stattdessen wird die festgehaltene Generierungszeit jedes 2.016ten Blocks mit der Generierungszeit eines früheren Blocks verglichen, und die Differenz wird zur Berechnung eines Durchschnitts genutzt, der dann zur Korrektur verwendet wird.

  Darüber hinaus berechnet der bei Bitcoin implementierte Durchschnitt einen Durchschnittswert für zwei Wochen (und nicht für eine Stunde, wie es der Text vermuten lässt). Andere implementierte Regeln können die Anpassung weiter verlangsamen, etwa dass eine Korrektur die Produktionsgeschwindigkeit von Blöcken um nicht mehr als 300% erhöhen bzw. um mehr als 75% pro Periode verringern darf.

## Reclaiming Disk Space

»Once the latest transaction in a coin is buried under enough blocks, the spent transactions before it can be discarded to save disk space.«

- **Mögliche Erkenntnis nach Veröffentlichung:** Zwar kann die in diesem Abschnitt beschriebene Merkle-Tree-Struktur beweisen, dass eine Transaktion in einen bestimmten Block aufgenommen wurde, doch es gibt momentan keine Möglichkeit, zu prüfen, ob eine Transaktion eingelöst wurde (außer alle nachfolgenden Daten in der Blockchain zu verarbeiten). Das bedeutet, dass die hier beschriebene Methode nicht universell eingesetzt werden kann, um Plattenplatz zwischen allen Nodes freizugeben, da alle neuen Nodes alle Transaktionen verarbeiten müssen.

## Simplified Payment Verification

»One strategy to protect against this would be to accept alerts from network nodes when they detect an invalid block, prompting the user's software to download the full block and alerted transactions to confirm the inconsistency.«

- **Wichtiger Hinweis:** Zwar wurde Software entwickelt, die einige Teile dieses Abschnitts implementiert und dies *Simplified Payment Verification* (SPV) nennt, doch keines dieser Programme akzeptiert momentan Warnungen (*Alerts*) von Netzwerk-Nodes (vollständig validierenden Nodes), wenn ungültige Blöcke erkannt wurden. Das hat in der Vergangenheit Bitcoins in sogenannten SPV-Wallets in Gefahr gebracht.

## Privacy

»Some linking is still unavoidable with multi-input transactions, which necessarily reveal that their inputs were owned by the same owner.«

- **Erfindung nach Veröffentlichung:** Es ist nicht klar, ob die verschiedenen Inputs einer Transaktion denselben Besitzer haben, wenn die Besitzer ihre Inputs mit den Inputs anderer Besitzer vermischen. Zum Beispiel gibt es keinen öffentlich erkennbaren Unterschied zwischen Alice und Bob, die ihre Inputs bündeln, um Charlie und Dan zu bezahlen, und Alice allein, die ihre beiden Inputs nutzt, um Charlie und Dan zu bezahlen.

  Diese Technik wird heute CoinJoin (*https://oreil.ly/UBEJX*) genannt. Die sie implementierende Software gibt es seit 2015.

## Calculations

»The receiver generates a new key pair and gives the public key to the sender shortly before signing. This prevents the sender from preparing a chain of blocks ahead of time by working on it continuously until he is lucky enough to get far enough ahead, then executing the transaction at that moment.«

- **Entdeckung nach Veröffentlichung:** Nichts hindert einen Zahlungspflichtigen daran, kurz vor dem Signieren einer Transaktion eine Kette von Blöcken im Voraus zu erzeugen. Der frühe Bitcoin-Nutzer Hal Finney entdeckte diesen Angriff und beschrieb ihn (*https://oreil.ly/kg_Xe*): »Suppose the attacker is generating blocks occasionally. In each block he generates, he includes a transfer from address A to address B, both of which he controls. To cheat you, when he generates a block, he doesn't broadcast it. Instead, he runs down to your store and makes a payment to your address C with his address A. You wait a few seconds, don't hear anything, and transfer the goods. He broadcasts his block now, and his transaction will take precedence over yours.«

  Dieser Angriff funktioniert bei einer beliebigen Anzahl von Bestätigungen und wird manchmal Finney-Angriff genannt.

---

**Disclaimer:** Der Autor dieses Dokument war nicht der erste, der die hier beschriebenen Probleme entdeckt hat – er hat sie nur in einem einzelnen Dokument zusammengefasst.



Seit der Veröffentlichung dieses Buchs stattgefundene Updates finden Sie im Originaldokument (*https://oreil.ly/ygExa*).

## ANHANG C

# Bitcoin Improvement Proposals

Bitcoin Improvement Proposals sind Designdokumente mit Informationen für die Bitcoin-Community oder um ein neues Feature für Bitcoin, seine Prozesse oder seine Umgebung zu beschreiben.

Seit BIP1 *BIP Purpose and Guidelines* gibt es drei Arten von BIPs:

*Standard-BIP*
: Beschreibt jede Änderung, die die meisten (oder alle) Bitcoin-Implementierungen betreffen, etwa Änderungen im Netzwerkprotokoll, Änderungen der Validierungsregeln für Blöcke oder Transaktionen oder jede Änderung/Ergänzung, die die Interoperabilität Bitcoin nutzender Anwendungen betrifft.

*Informatives BIP*
: Beschreibt einen Designaspekt von Bitcoin oder stellt allgemeine Richtlinien/Informationen für die Bitcoin-Community bereit. Neue Features werden nicht vorgeschlagen. Informative BIPs stellen nicht unbedingt den Konsens oder eine Empfehlung der Bitcoin-Community dar, d.h., Implementoren können informative BIPs ignorieren oder deren Rat beherzigen.

*Prozess-BIP*
: Beschreibt einen Bitcoin-Prozess oder schlägt eine Änderung an einem Prozess bzw. an einem Event in einem Prozess vor. Prozess-BIPs ähneln Standard-BIPs, gelten aber für Bereiche abseits des Bitcoin-Protokolls selbst. Häufig verlangen sie den Konsens der Community, und im Gegensatz zu informativen BIPs sind sie mehr als Empfehlungen, d.h., die Nutzer können sie nicht einfach ignorieren. Zu den Beispielen gehören Prozeduren, Richtlinien, Änderungen am Entscheidungsfindungsprozess und Änderungen an den Tools oder der Umgebung, die für die Bitcoin-Entwicklung genutzt werden. Jedes Meta-BIP wird auch als Prozess-BIP betrachtet.

BIPs werden in einem versionierten Repository auf GitHub (*https://oreil.ly/jjO0R*) festgehalten. Ein MIT-lizenziertes Dokument des Open-Source-Projekts Bitcoin Core ist hier in editierter Form abgedruckt. Es beschreibt die implementierten BIPs und führt den Pull-Request (PR) sowie die Bitcoin-Core-Version auf, zu der jeder BIP eingeführt oder signifikant geändert wurde.

Bei Bitcoin Core implementierte BIPs:

- BIP9: Die Änderung erlaubte die parallele Einführung mehrerer Soft-Forks und ist seit v0.12.1 (PR #7575) implementiert.
- BIP11: Multisig-Outputs sind seit v0.6.0 (PR #669) Standard.
- BIP13: Das Adressformat für P2SH-Adressen ist seit v0.6.0 (PR #669) implementiert.
- BIP14: Der Subversion-String wird seit v0.6.0 (PR #669) als User-Agent verwendet.
- BIP16: Die Evaluierungsregeln für den Pay-to-Script-Hash wurden in v0.6.0 implementiert und sind seit dem 1. April 2012 aktiv (PR #748).
- BIP21: Das URI-Format für Bitcoin-Zahlungen ist seit v0.6.0 (PR #176) implementiert.
- BIP22: Das RPC-Protokoll *getblocktemplate* (GBT) für das Mining wurde in v0.7.0 (PR #936) implementiert.
- BIP23: Einige Erweiterungen für GBT wurden mit v0.10.0rc1 implementiert, darunter Longpolling und Block-Proposals (PR #1816).
- BIP30: Die Evaluierungsregeln, die die Erzeugung neuer Transaktionen verbieten, die die gleiche txid verwenden wie eine vorher nicht vollständig eingelöste Transaktion, wurden mit v0.6.0 eingeführt und traten am 15. März 2012 (PR # 915) in Kraft.
- BIP31: Die Protokollnachricht *pong* (und der Wechsel zur Protokollversion 60001) wurde mit v0.6.1 (PR #1081) implementiert.
- BIP32: Hierarchische, deterministische Wallets wurden mit v0.13.0 (PR #8035) implementiert.
- BIP34: Die Regel, dass Blöcke ihre Höhe (Zahl) im Coinbase-Input enthalten müssen, sowie die Einführung von Version-2-Blöcken wurden mit v0.7.0 implementiert. Die Regel trat für Version-2-Blöcke mit Block 224413 (5. März 2013) in Kraft. Version-1-Blöcke sind seit Block 227931 (25. März 2013) (PR #1526) nicht mehr erlaubt.
- BIP35: Die Protokollnachricht *mempool* (und der Wechsel zur Protokollversion 60002) wurde mit v0.7.0 (PR #1641) implementiert. Seit v0.13.0 ist sie nur für `NODE_BLOOM`-Peers (BIP111) verfügbar.
- BIP37: Die Bloomfilter für die Transaktionsweiterleitung, partielle Merkle Trees für Blöcke und der Wechsel zur Protokollversion 70001 (Freigabe leichtgewichtiger Clients mit geringer Bandbreite) wurden mit v0.8.0 (PR #1795) implementiert. Seit v0.19.0 standardmäßig deaktiviert. Kann über die Option -`peerbloomfilters` aktiviert werden.
- BIP42: Der Bug, der den Belohnungszeitplan nach Block 13440000 wieder aufgenommen hat, wurde mit v0.9.2 (PR #3842) korrigiert.

- BIP43: Die mit v0.21.0 eingeführten experimentellen Deskriptor-Wallets verwenden standardmäßig die durch BIP43 vorgeschlagene Ableitung für hierarchische, deterministische Wallets (PR #16528).
- BIP44: Die mit v0.21.0 eingeführten experimentellen Deskriptor-Wallets verwenden standardmäßig die durch BIP44 vorgeschlagene Ableitung für hierarchische, deterministische Wallets (PR #16528).
- BIP49: Die mit v0.21.0 eingeführten experimentellen Deskriptor-Wallets verwenden standardmäßig die durch BIP49 vorgeschlagene Ableitung für hierarchische, deterministische Wallets (PR #16528).
- BIP61: Die Protokollnachricht *reject* (und der Wechsel zur Protokollversion 70002) wurde mit v0.9.0 (PR #3185) eingeführt. Seit v0.17.0 kann man mit der Option `-enablebip61` festlegen, ob *reject*-Nachrichten gesendet werden sollen. Seit v0.18.0 ist die Option veraltet (und standardmäßig deaktiviert). Die Unterstützung wurde in v0.20.0 (PR #15437) entfernt.
- BIP65: Der Soft-Fork `CHECKLOCKTIMEVERIFY` wurde in v0.12.0 (PR #6351) und rückwirkend für v0.11.2 und v0.10.4 eingeführt. Rein Mempool-basiertes `CLTV` wurde in PR #6124 hinzugefügt.
- BIP66: Die strikten DER-Regeln und die dazugehörigen Version-3-Blöcke wurden in v0.10.0 (PR #5713) implementiert.
- BIP68: Sequenzsperren (*Sequence Locks*) wurden mit v0.12.1 (PR #7184) implementiert und wurden mit v0.19.0 (PR #16060) wieder entfernt.
- BIP70 71 72: Unterstützung für Zahlungsprotokolle war in der Bitcoin Core-GUI seit v0.9.0 (PR #5216) implementiert. Seit v0.18.0 (PR 14451) kann sie während der Kompilierung optional deaktiviert werden. Seit v0.19.0 (PR # 15584) ist sie während der Kompilierung standardmäßig deaktiviert. In v0.20.0 (PR 17165) wurde sie vollständig entfernt.
- BIP84: Die mit v0.21.0 eingeführten experimentellen Deskriptor-Wallets verwenden standardmäßig die durch BIP84 vorgeschlagene Ableitung für hierarchische, deterministische Wallets (PR #16528).
- BIP86: Deskriptor-Wallets verwenden seit v23.0 standardmäßig die durch BIP86 vorgeschlagene Ableitung für hierarchische, deterministische Wallets (PR #22364).
- BIP90: Der Trigger-Mechanismus zur Aktivierung der BIPs 34, 65 und 66 wurde mit v0.14.0 auf die Prüfung der Blockhöhe vereinfacht (PR #8391).
- BIP111: Das Service-Bit `NODE_BLOOM` wurde mit v0.13.0 eingeführt und für alle Peer-Versionen durchgesetzt (PR #6579 und PR #6641).
- BIP112: Der Opcode `CHECKSEQUENCEVERIFY` wurde mit v0.12.1 (PR #7524) eingeführt und mit v0.19.0 (PR #16060) vollständig entfernt.
- BIP113: Locktime-Berechnungen für MTP wurden mit v0.12.1 (PR #6566) implementiert und mit v0.19.0 (PR #16060) vollständig entfernt.
- BIP125: Signalisierung für Replace-by-Fee-Opt-in teilweise implementiert.

- BIP130: Direkte Header-Bekanntgabe wird seit den Versionen ≥70012 mit v0.12.0 (PR 6494) zwischen den Peers ausgehandelt.
- BIP133: *feefilter*-Nachrichten werden für Peer-Versionen ≥70013 seit v0.13.0 (PR 7542) respektiert und gesendet.
- BIP141: Segregated Witness (Konsensschicht) seit v0.13.0 (PR 8149), für das Mainnet seit v0.13.1 (PR 8937) definiert und mit v0.19.0 (PR #16060) vollständig entfernt.
- BIP143: Transaction Signature Verification für Version-0-Witness-Programme seit v0.13.0 (PR 8149), für das Mainnet seit v0.13.1 (PR 8937) definiert und mit v0.19.0 (PR #16060) vollständig entfernt.
- BIP144: Segregated Witness seit 0.13.0 (PR 8149).
- BIP145: *getblocktemplate*-Updates für Segregated Witness seit v0.13.0 (PR 8149).
- BIP147: `NULLDUMMY`-Soft-Fork seit v0.13.1 (PR 8636 und PR 8937), mit v0.19.0 (PR #16060) vollständig entfernt.
- BIP152: Transfer kompakter Blöcke und zugehörige Optimierungen werden seit v0.13.0 (PR 8068) verwendet.
- BIP155: Die Nachrichten *addrv2* und *sendaddrv2*, die eine Weiterleitung an Tor-V3-Adressen (und andere Netzwerke) erlauben, werden seit v0.21.0 (PR 19954) unterstützt.
- BIP157 158: Kompakte Blockfilter für leichtgewichtige Clients können seit v0.19.0 (PR #14121) indexiert und seit v0.21.0 an Peers im P2P-Netzwerk weitergeleitet werden (PR #16442).
- BIP159: Das Service-Bit `NODE_NETWORK_LIMITED` wird seit v0.16.0 (PR 11740) signalisiert, und solche Nodes sind seit v0.17.0 (PR 10387) miteinander verbunden.
- BIP173: Bech32-Adressen für native Segwit-Outputs werden seit v0.16.0 (PR 11167) unterstützt. Bech32-Adressen werden seit v0.20.0 (PR 16884) standardmäßig generiert.
- BIP174: Mit PSBT (*Partially Signed Bitcoin Transactions*) arbeitende RPCs wurden mi v0.17.0 (PR 13557) vorgestellt.
- BIP176: Bits-Denominierung [QT] wird seit v0.16.0 (PR 12035) unterstützt.
- BIP325: Das Signet-Testnetzwerk wird seit v0.21.0 (PR 18267) unterstützt.
- BIP339: Weiterleitung von Transaktionen nach wtxid wird seit v0.21.0 (PR 18044) unterstützt.
- BIP340 341 342: Validierungsregeln für Taproot (einschließlich Schnorr-Signaturen und Tapscript) wurden mit v0.21.0 (PR 19953) implementiert und im Mainnet mit v0.21.1 (PR 21377, PR 21686) aktiviert.
- BIP350: Adressen für native v1+-Segwit-Outputs nutzen seit v22.0 standardmäßig Bech32m statt Bech32 (PR 20861).

- BIP371: Taproot-Felder für PSBT seit v24.0 (PR 22558).
- BIP380 381 382 383 384 385: Output-Skript-Deskriptoren und ein Großteil der Skriptausdrücke sind seit v0.17.0 (PR 13697) implementiert.
- BIP386: `tr()`-Output-Skript-Deskriptoren sind seit v22.0 (PR 22051) implementiert.

# Index

## Symbole



## A



## B

## C

## J



## K



## L



## M

## N



## O

## P



## Q

## T

## U



## V

## W



## Z

# Über die Autoren

**Andreas M. Antonopoulos** ist ein bekannter Technologie-Experte und Unternehmer, der zu einer der bekanntesten und angesehensten Persönlichkeiten der Bitcoin-Branche geworden ist. Als engagierter öffentlicher Redner, Dozent und Autor vermittelt Andreas Antonopoulos komplexe Themen zugänglich und leicht verständlich. Als Berater hilft er Start-ups dabei, Sicherheits- und Geschäftsrisiken zu erkennen, zu bewerten und zu bewältigen.

Andreas wuchs mit dem Internet auf und gründete sein erstes Unternehmen als Teenager in seinem Elternhaus in Griechenland. Er erwarb Abschlüsse in Informatik, Datenkommunikation und verteilten Systemen am University College London (UCL), das kürzlich zu den 10 besten Universitäten der Welt gezählt wurde. Nach seinem Umzug in die USA war er Mitbegründer und Leiter eines erfolgreichen Technologieforschungsunternehmens und beriet in dieser Funktion Dutzende von Führungskräften von Fortune-500-Unternehmen in den Bereichen Netzwerke, Sicherheit, Datenzentren und Cloud Computing. Mehr als 200 seiner Artikel über Sicherheit, Cloud Computing und Datenzentren wurden in gedruckter Form veröffentlicht und weltweit verbreitet. Er ist Inhaber zweier Patente im Bereich Netzwerke und Sicherheit.

1990 begann Andreas, verschiedene IT-Themen im privaten, beruflichen und akademischen Umfeld zu unterrichten. Er verfeinerte seine Vortragsfähigkeiten vor einem Publikum, das von fünf Führungskräften in einem Sitzungssaal bis zu Tausenden von Menschen auf großen Konferenzen reichte. Mit mehr als vierhundert Auftritten gilt er als erstklassiger und charismatischer öffentlicher Redner und Dozent. Im Jahr 2014 wurde er zum Lehrbeauftragten der Universität von Nikosia ernannt, der ersten Universität der Welt, die einen Master-Abschluss in digitaler Währung anbietet. In dieser Funktion unterstützte er bei der Entwicklung des Lehrplans und unterrichtete den Kurs »Introduction to Digital Currencies«, der als Massive Open Online Course (MOOC) über die Universität angeboten wird.

Als Bitcoin-Unternehmer hat Andreas eine Reihe von Bitcoin-Unternehmen gegründet und mehrere Community-Open-Source-Projekte ins Leben gerufen. Er ist als Berater für mehrere Bitcoin- und Kryptowährungsunternehmen tätig. Als Autor hat er vielfach Artikel und Blogbeiträge über Bitcoin veröffentlicht. Er ist ständiger Gastgeber des beliebten Podcasts Let's Talk Bitcoin und ein häufiger Redner auf Technologie- und Sicherheitskonferenzen weltweit.

**David A. Harding** ist ein technischer Autor, der sich auf die Erstellung von Dokumentation für Open-Source-Software konzentriert. Er ist Co-Autor des wöchentlichen Newsletters *Bitcoin Optech* (2018–2023), des Tutorials *21.co Bitcoin Computer* (2015–2017) und der Bitcoin.org-Entwicklerdokumentation (2014–2015). Er ist außerdem Mitglied des Brink.dev Grant Committee (2022–2023) und ehemaliges Vorstandsmitglied (2020–2022).

# Kolophon

Das Tier auf dem Cover ist eine Blattschneiderameise (*Atta colombica*). Die Blattschneiderameise ist eine tropische, auf Pilze spezialisierte Ameise, die in Süd- und Mittelamerika, Mexiko und den südlichen Vereinigten Staaten vorkommt. Neben dem Menschen bilden die Völker der Blattschneiderameisen die größten und komplexesten Tiergesellschaften der Welt. Der Name kommt daher, dass sie Blätter mit ihren scherenartigen Mandibeln abschneiden und zerkauen. Dieser Blattbrei wird im Nest als Nahrungssubstrat in besonderen Höhlen ausgebreitet und hierauf ein Schimmelpilz der Gattung der Egerlingsschirmlinge wie in einer Pilzfarm »angebaut«. Von diesem Pilz ernähren sich die Ameisen.

Ist die Zeit für die Gründung einer neuen Kolonie gekommen, schwärmen geflügelte Ameisen, sowohl männliche als auch weibliche, aus und nehmen am Hochzeitsflug (der »Revoada«) teil. Die Weibchen paaren sich mit mehreren Männchen, um die 300 Millionen Spermien zu sammeln, die notwendig sind, um eine neue Kolonie aufzubauen. Die Weibchen nehmen auch Teile des Pilz-Mycels in einer Tasche der Mundhöhle mit; diese bilden die Grundlage, um eigene Pilzgärten anzulegen. Sobald die Weibchen wieder gelandet sind, verlieren sie ihre Flügel und bauen unterirdische Höhlen für ihre Kolonie. Die Erfolgsrate für neue Königinnen ist gering: 2,5 % schaffen es, eine langlebige Kolonie zu gründen.

Sobald die Kolonie sich stabilisiert hat, werden die Ameisen je nach Körpergröße in Kasten unterteilt, wobei jede Kaste verschiedene Funktionen erfüllt. Normalerweise gibt es vier Kasten: Die kleinsten Arbeiterinnen halten sich ausschließlich im Nest auf und kümmern sich um den Nachwuchs und die Pilzgärten; die etwas größeren Ameisen sind die erste Verteidigungslinie für die Kolonie und patrouillieren das umliegende Gelände und greifen Feinde an; die Erntesammlerinnen schneiden die Blätter und bringen die Blattteile zum Nest zurück; die größten Arbeiterameisen agieren als Soldaten und verteidigen das Nest vor Eindringlingen. Außerdem säubern sie wichtige Futterpfade und tragen sperrige Gegenstände zurück ins Nest.

Viele der Tiere auf den Umschlägen der O'Reilly-Bücher sind vom Aussterben bedroht; alle von ihnen sind wichtig für unsere Welt. Weitere Informationen darüber, wie Sie helfen können, finden Sie unter *animals.oreilly.com*.

Die Umschlagillustration stammt von Karen Montgomery, basierend auf einem Bild aus *Insects Abroad*. Auf dem Cover verwenden wir die Schriften Gilroy Semibold und Guardian Sans, als Textschrift die Linotype Birka, die Überschriftenschrift ist die Adobe Myriad Condensed, und die Nichtproportionalschrift für Code ist LucasFonts TheSans Mono Condensed.